甲行家税收筹划系列之一

税 收 优 惠

贾忠华　著

中国商业出版社

图书在版编目（CIP）数据

税收优惠 / 贾忠华著 . —北京：中国商业出版社，
2023.6
　　（甲行家税收筹划系列）
　　ISBN 978-7-5208-2468-2

　　Ⅰ.①税…　　Ⅱ.①贾…　　Ⅲ.①税收优惠–研究–中国
Ⅳ.①F812.422

　　中国图家版本馆 CIP 数据核字（2023）第 076916 号

责任编辑：刘毕林

中国商业出版社出版发行
010-63180647　　www.c-cbook.com
（100053　北京广安门内报国寺 1 号）
新 华 书 店 经 销
北京中兴印刷有限公司印刷
＊　　＊　　＊
787 毫米×1092 毫米　16 开　35.5 印张　526 千字
2023 年 6 月第 1 版　2023 年 6 月第 1 次印刷
定价：**100.00 元**
＊　　＊　　＊　　＊
（如有印装质量问题可更换）

序　言

　　税收由来已久，无论是称为"平等""均平"，还是"公平"或"公平税负"，税收公平原则是税收的首要原则。首先，是制度公平，即税制设计公平或税收负担公平，是指税收制度设计的税收负担分配的均衡状态，税收负担应该公平地业着于每一位纳税人身上，尽可能地合情合理。其次，是征税公平，即应收尽收或应减免尽减免，是指税务局在征税过程中应保障公平，同样负有纳税义务的不能有的征而有的没有征，同样享受减免税优惠的不能有的减免而有的没有减免。

　　政府征税，包括税制的建立和税收政策的运用，应确保公平，遵循公平原则。

　　如果税收违背公平原则，侵害纳税人的合法权益，将不利于社会安定。收税要公平合理，无论是横向公平还是纵向公平，征税中应做到按负担能力征税，即根据纳税人收入不同而不同：能力相同的人同等纳税，能力不同的人纳不同的税。从利益的角度看，征税导致纳税人利益的直接减少，因此，在征税过程中，纳税人对征税是否公平、合理，自然就备受关注。

　　税收公平的结果，无论是社会公平还是经济公平，是同样迫切的、现实的。因此，有了税收优惠，因普遍征税出现不公平而给予特定纳税主体的特别照顾，只有在税法遵从度越高和应收尽收率越高的前提下，才能充分发挥税收优惠的作用，才能实现真正的税收公平。

　　利用税收优惠政策获取税收利益，以实现税后利润最大化，是税收筹划的基本方式。《税收优惠》一书是贾忠华先生潜心研究归集整理的结果，坚持理论联系实际，突出系统性、全面性、实用性和工具性，不失为一本财税执业的指南读本。

甲行郭

2023 年 2 月 23 日

前　言

在不知不觉中，我著书立说的重心转移了。早年出版的《税源专业化管理》（台海出版社 2014 年 10 月版）是以税收征管整体和"征、管、评、查"全流程为出发点的一本税务专业著作，也是甲行家财税图书系列的核心。经过这些年的深入研究和思考，感觉到税务干部关心和学习业务的热情，还是稍逊于企业办税人员、税务（会计）事务所执业者和律师一筹的，权大于法的潜意识，还是很有影响的。为了帮助后者特别是基层的财税执业人员提升税务素养和基本能力，我决定从事甲行家税收筹划系列图书的写作。首先推出的，就是呈现在读者面前的这本《税收优惠》。

税收筹划，又称纳税筹划，前提是合法的，国家税务总局注册税务师管理中心在其编写的《税务代理实务》中，把税收筹划明确定义为：税收筹划又称为纳税筹划，是指在遵循税收法律、法规的情况下，企业为实现企业价值最大化或股东权益最大化，在法律许可的范围内，自行或委托代理人，通过对经营、投资、理财等事项的安排和策划，以充分利用税法所提供的包括减免税在内的一切优惠，对多种纳税方案进行优化选择的一种财务管理活动。

我认为，税收筹划可分三层：第一层是基础和前提条件，即税收优惠；第二层是应用和技术战术，即纳税规划；第三层是统筹和谋略，即纳税筹划。税收筹划的目的是节税或避税，实质就是"不多交、不少缴，不该交的不缴"而获得相应的经济利益。因筹划而形成"偷、逃、抗、骗"等未及时足额履行纳税义务的结果的，因纳税筹划没有消除潜在纳税风险，甚至使纳税风险倍增的，都不是税收筹划。税收筹划应该是零涉税风险的。

税收优惠，是在税收公平主义原则下，因普遍征税出现不公平而给予特定纳税主体的特别照顾，只有在税法遵从度越高和应收尽收率越高的前提下，才能充分体现税收优惠的公平所在。税收优惠是客观公平，不是潜在公平，更不是人为公平。甲行家的税收优惠理论，可以分为三个层次：免除纳税义务（免税层面）、减少纳税义务（减税层面）和税收饶让降低税负（降税层面）。

税收优惠，是指国家运用税收政策在税收法律、行政法规中规定对某一部分特定企业和课税对象给予减轻或免除税收负担的一种措施。它是国家在税收方面相应采取的激励和照顾措施，以减轻某些纳税人应履行的纳税义务来补贴纳税人的某些活动或相应的纳税人。其目的是鼓励特定行业或基础产业的发展，促进科教文卫事业进步和第三产业发展，扶持社会福利和提高环境保护，鼓励出口和吸引外资，同时践行税收公平主义原则。

税基式减免是指以缩小计税依据为形式的税收减免，如提高起征点；税率式减免是指以降低税率为形式的税收减免，包括减按低税率征税和实行零税率；税额式减免是指以直接减免应纳税额为形式的税收减免，包括全部免征、减半征收、规定减征比例和核定减征税额等。

全球各国及地区的税收优惠形式多种多样，主要包括免税、减税、退税、税式支出、投资抵免、税前还贷、加速折旧、亏损结转抵补和延期纳税等。甲行家的税收优惠理论，分别按照优惠结果、课税要素和优惠方式的不同而分为三类：（1）免除、减征、饶让类优惠；（2）纳税主体、计税依据、税率、其他类优惠；（3）免、减、缓、退、抵类优惠。

本书坚持理论联系实际，注重实用性、突出工具性，参考国家税务总局公布的《减免税政策代码目录》，按照"流转税、所得税和财产行为税"三个分类，分别对十六个税种及教育费附加的现行有效的896项税收优惠政策进行有效性和实用性甄别，再按照"免征税款、减税降负和饶让优惠"进行归集、补充和整理。

截至2022年12月31日，我国分税种现行有效的税收优惠政策数量如下：增值税193项、消费税16项、营业税40项、企业所得税160项、个人所得税88项、资源税24项、城市维护建设税14项、房产税48项、印花税74项、城镇土地使用税63项、土地增值税 25 项、车船税 13 项、车辆购置税 18 项、耕地占用税 14 项、契税 66 项、环境保护税 5 项、教育费附加 18 项，其他 18 项。共计 905 项。

总之，必须明确的是，无论是对课税对象还是纳税主体的不征税，都不是税收优惠。熟知和运用税收优惠，是财税执业人员的基本能力。

2022 年 3 月 15 日

目　录

第一章 税收的本质

税收是国家凭借公共权力对国民收入进行分配，是国家（政府）公共财政最主要的收入形式和来源。收税是国家存在的基础，通过征税维持国家（政府）运营所需开支。构成税收范畴的要素，主要包括纳税人、征税对象、纳税义务发生时间和税率。

税收优惠是指税法对某些特定的纳税人或征税对象给予的一种免除纳税义务的规定，它包括减税、免税、退税、税式支出、投资抵免、税前还贷、加速折旧、亏损结转抵补和税收抵免等多种形式。只有纳税主体，才能享受税收优惠！

税收优惠的实现方式包括：纳税申报、到税务局备案和留存备查。

税目确定征税范围、税率决定税负高低，计税依据是影响应纳税额和税负的核心变量，也是税务管理的核心因素。税基式减免和税率式减免是税收优惠的核心内容，"税率式减免"是指以降低税率为形式的税收减免，包括减按低税率征税和实行零税率。

目前，无论是税目设置还是税务登记的行业分类，国家税务总局制定的相关规定，都没有与国民经济行业分类标准统一而同一。无论是哪个税种的税目设置，都应该以国民经济行业分类与代码（GB/T 4754-2017）的大类、中类和小类为标准、为依据。

必须明确几个概念：课税对象是解决为什么征税；纳税主体是确定对谁征税；计税依据和税率（目）是解决怎么计算征税；纳税义务发生时间是解决什么时间征税；税收管辖权和纳税地点则是解决在哪里纳税的问题。

重复征税是国家对同一征税对象多次征税，它违背了税收的税收公平原则和合理负担原则。任何一个国家在制定税收制度时都应力求避免重复征税。国内重复征税是应该尽量避免，国际重复征税也应该努力减少。

在我国，严重的流转税重复征税问题在营改增后得到了基本解决。但个人所得税手续费再征增值税却是典型的重复征税。

第一节　课税要素概述

税，"禾"字+"兑"字＝"税"字。

禾，田也，税的本义：田赋，征收的农产品，最初纳税是交粮。

"税者，田租也。"下面是相关史书的记载及注释：

1. 敛财曰赋，敛谷曰税，田税曰租。——《急就篇》注

2. 有税有赋，税以足食，赋以足兵。——《汉书·刑法志》

3. 康熙字典的【午集下】【禾字部】

税：《说文》租也。《广韵》敛也。《礼记·王制》古者公田，藉而不税。《春秋·宣十五年》初税亩。《周礼·天官·司书》凡税敛，掌事者受法焉。《前汉·食货志》有赋有税。税谓公田什一，及工商虞衡之入也。赋共车马甲兵士徒之役，充实府库，赐予之用。税给郊社宗庙百神之祀，天子奉养，百官禄食，庶事之费。

税，是指国家向纳税人征收的货币或实物。甲行家思考：税收或收税的发展经历是把粮食换成钱，最初纳粮捐赋发展转变到缴纳银子、货币。因此，QQ用户名，就是"把粮食换成钱"。

最近几年，我国的全国税收收入持续高速增长：2015年税收收入124892亿元。2016年税收收入130354亿元。2017年税收收入144360亿元。2018年税收收入156401亿元，比上年增加12041亿元。《中华人民共和国2021年国民经济和社会发展统计公报》中显示：2021年，全国税收收入172731亿元，比2020年增长了11.9%。

一、课税要素相关概念

税收是以实现国家公共财政职能为目的，基于政治权力和法律规定，参与社会产品的分配，由政府专门机构向居民和非居民就其财产或特定行为实施强制、非罚与不直接偿还的金钱或实物课征，是国家最主要的一种财政收入形式。税收具有无偿性、强制性和固定性的形式特征。税收三性是一个完整的体系，是统一的整体。它们相辅相成、缺一不可，强制性是实现税收无偿征收的强有力保证，无偿性是税收本质的体现，固定性是强制性和无偿性的必然要求。

税收是国家凭借公共权力对社会产品的剩余价值进行再分配的形式；收税是国家存在的基础，通过征税，维持政府运营所需开支。税法是国家制定的以保证其"强制、固定、无偿"地取得税收收入的法律规范的总称。

税法即税收法律制度，是调整税收关系的法律规范的总称，是国家法律的重要组成部分。它是以宪法为依据，调整国家与社会成员在征纳税上的权利与义务关系，维

护社会经济秩序和税收秩序，保障国家利益和纳税人合法权益的一种法律规范，是国家税务机关（各级税务局和税务所）及一切纳税单位和个人依法征纳税的行为规则。

课税要素也称为税法构成要素，是税收课征制度构成的基本因素，是各种单行税法具有的共同基本要素的总称，是既包括实体性政策也包括程序性制度的所有完善的单行税法都共同具备的内容。课税要素的主要内容包括：纳税主体、征税对象、计税依据、税目税率、纳税环节、纳税期限、纳税地点、申报纳税、税收优惠、税务争议以及税收法律责任，其中纳税人、课税对象、税率三项是一种税收课征制度或一种税收基本构成的基本因素。不同的税种的课税对象肯定是不同的，很多时候的纳税人和税率会是相同的，即同一纳税人要缴纳多种不同的税。

税收要素是指构成税收范畴的基本因素，包括纳税人、课税对象和税率。税收要素是税收内容的具体表现，根据其是否具体和抽象，可以分为税收制度要素和税收分配关系要素。

税收制度要素：主要包括纳税人、课税客体、税基、税率等。纳税人是直接负有纳税义务的单位及个人，表明国家直接向谁征税或谁直接向国家纳税，包括自然人和法人两大类。课税客体是国家征税的目的物，表明国家对什么事物征税，包括人身、事实、物件三类，物件又分为资源、商品、所得和财产。税基是据以计算应纳税额的基数，有实物量（如占地面积的平米数）和价值量（如经营收入额万元）两类。税率是据以计算应纳税额的比率，按与税基的关系可以分为三种：比例税率、累进税率和定额税率。

税收分配关系要素：主要包括税源、负税人、税收负担率及行使课税权的国家。其中，税源是税收的来源，负税人是最终负担税款的主体，税收负担率是负税人所负税款占其收入的比率。同时，国家作为行使课税权的主体也是一个重要的因素。这些要素组合在一起，构成了国家与纳税人或负税人之间在税收分配中的社会关系。课税也称为征税，是国家凭借政治权力，按照法律规定对有纳税义务的单位和个人征收货币或实物的行为，其客体为不同类型的征税对象。

二、课税要素的主要内容

课税要素，就是税收的基本单元，如同心肝脾胃肺构成人体内脏器官一样，也是税收优惠、纳税规划和纳税筹划的基本单元或着眼点和落脚点。熟悉课税要素，才能懂税；知己知彼，百战不殆。只有做到真正地弄懂每个课税要素，才能驾轻就熟或为我所用。当我们看到任何一条或一款（项）税收优惠政策规定时，很快就能确定是针对哪个课税要素制定的优惠，也才能称之为熟知。

（一）纳税义务人

纳税义务人，又称纳税人或纳税主体，是指税法规定的直接负有纳税义务的自然人、法人或其他组织。纳税人应当与负税人进行区别，负税人是经济学中的概念，即税收的实际负担者，而纳税人是法律用语，即依法缴纳税收的人。税法只规定纳税人，不规定负税人。二者有时可能相同，有时不尽相同，如个人所得税的纳税人与负税人是相同的，而增值税的纳税人与负税人就不一定一致。

例如：《中华人民共和国耕地占用税法》（以下简称《耕地占用税法》）的第七条第四款内容规定，农村烈士遗属、因公牺牲军人遗属、残疾军人以及符合农村最低生活保障条件的农村居民，在规定用地标准以内新建自用住宅，免征耕地占用税。这就是针对纳税主体的税收优惠。

我国的税法中规定的纳税人有自然人和法人两种最基本的形式，自然人是基于自然规律而出生的，有民事权利和义务的主体，包括本国公民，也包括外国人和无国籍人。法人是自然人的对称，根据《中华人民共和国民法典》第五十七条规定，法人是基于法律规定享有权利能力和行为能力，具有独立的财产和经费，依法独立承担民事责任的社会组织。法人主要有四种：机关法人、事业法人、企业法人和社团法人。无论是自然人还是法人，根据国际税收原则，又分为居民和非居民。

（二）征税对象

征税对象又叫课税对象、征税客体，是指税法规定对什么征税，是征纳税双方权利义务共同指向的客体或标的物，是各个税种之间相互区别的根本标志。征税对象是税法最基本的要素，因为它体现着征税的最基本界限，决定着某一种税的基本征税范围，同时，征税对象也决定了各个不同税种的名称。征税对象按其性质的不同，通常划分为五大类：流转额、所得额、财产、资源及行为。也因此将税收分为相应的五大类即流转税（商品和劳务税）、所得税、财产税、资源税和特定行为税。

《财政部、税务总局、工业和信息化部关于对挂车减征车辆购置税的公告》（2018年第69号）中规定"自2018年7月1日至2021年6月30日，对购置挂车减半征收车辆购置税。"，这就是针对课税对象的税收优惠。

（三）计税依据

计税依据又叫税基，是据以计算征税对象应纳税款的直接数量依据，它解决对征税对象课税的计算问题，是对课税对象的量的规定。

例如：企业所得税应纳税额的基本计算方法是应纳税所得额乘以适用税率，其中，应纳税所得额是据以计算所得税应纳税额的数量基础，为企业所得税的税基。《财政部、国家税务总局关于完善固定资产加速折旧企业所得税政策的通知》（财税〔2014〕75号）中规定："对所有行业企业持有的单位价值不超过5000元的固定资产，允许一次性计入当期成本费用在计算应纳税所得额时扣除，不再分年度计算折旧。"，这就是税基式减免的税收优惠。

计税依据按照计量单位的性质划分两大类：从价计征和从量计征。

从价计征是以价值形态作为税基，即按征税对象的货币价值计征，包括应纳税所得额、销售商品收入、提供劳务收入和让渡资产使用权收入等；例如，生产销售化妆品应纳消费税税额是由化妆品的销售收入乘以适用税率计算产生，其税基为销售收入，属于从价计征的方法。

从量计征是直接按征税对象的自然单位计算，包括面积、体积、容积、重量等。例如，城镇土地使用税的应纳税额是由占用土地面积乘以每单位面积应纳税额计算产生，其税基为占用土地的面积，属于从量计征的方法。

（四）税目

税目是指各个税种所规定的具体征税项目，在税法中对征税对象分类规定的具体的征税项目，反映具体的征税范围，是对课税对象质的界定。设置税目的目的：一是明确具体的征税范围，凡列入税目的即为应税项目，未列入税目的，则不属于应税项目。税目，体现了征税的广度。二是划分税目也是贯彻国家税收调节政策的需要，国家可根据不同项目的利润水平以及国家经济政策等为依据制定高低不同的税率，以体现不同的税收政策。

并非所有税种都需规定税目，例如，企业所得税不分课税对象的具体项目，一律按照课税对象的应税数额采用同一税率而计算征收税款。有些税种具体课税对象比较复杂，需要规定税目，如消费税、增值税和个人所得税等，一般都规定有不同的税目。

（五）税率

税率是指对征税对象的征收比例或征收额度，是应纳税额与课税对象之间的数量关系或比例，是计算税额的尺度。税率不仅体现征税的深度，也是衡量税负轻重与否的主要标志。各个税种的税率的高低直接关系到纳税人的负担和国家税收收入的多少，是国家在一定时期内的税收政策的主要表现形式，也是税收制度的核心要素。

税率主要有比例税率、累进税率和定额税率三种基本形式。

1. 比例税率

比例税率是对同一课税对象不论数额大小，都按同一比例征税，税额占课税对象的比例总是相同的。比例税率是最常见的税率之一，应用广泛，我国的增值税、营业税、城市维护建设税、企业所得税等采用的都是比例税率。比例税率在适用中又分为三种形式：

（1）单一比例税率，是指对同一征税对象的所有纳税人都适用同一比例。

（2）差别比例税率，是指对同一征税对象的不同纳税人适用不同的比例计算征税。我国现行税法又分别按产品、行业和地区的不同划分差别比例税率：一是产品差别比例税率，即对不同产品分别适用不同的比例税率，同产品采用同一比例税率，如消费税、关税等；二是行业差别比例税率，即对不同行业分别适用不同的比例税率，同一行业采用同一比例税率，如增值税等；三是地区差别比例税率，即区分不同的地区分别适用不同的比例税率，同一地区采用同一比例税率，如城市维护建设税等。

（3）幅度比例税率，是指对同一征税对象，税法只规定最低税率和最高税率，各地区在该幅度内确定具体的适用税率，如城镇土地使用税等。

比例税率具有横向公平性，其主要优点是计算简便，税负透明度高、有利于保证财政收入、有利于纳税人公平竞争、不妨碍商品流转额或非商品营业额扩大等优点，符合税收效率原则且便于征收和缴纳。但是，比例税率不能针对不同的收入水平实施不同的税收负担，在调节纳税人的收入水平方面难以体现公平原则。

2. 累进税率

累进税率是指按课税对象数额的大小规定不同的等级，随着课税数量增大而随之提高的税率。具体做法是按课税对象数额的大小划分为若干等级，规定最低税率、最高税率和若干等级的中间税率，不同等级的课税数额分别适用不同的税率，课税数额越大，适用税率越高。累进税率一般在所得课税中使用，可以充分体现对纳税人"收入多的多征、收入少的少征、无收入的不征"的税收原则，从而有效地调节纳税人的收入，正确处理税收负担的纵向公平问题。

累进税率是指随着征税对象数量增大而随之提高的税率，课税数额越大，适用税率越高。

全额累进税率，是把征税对象的数额划分为若干等级，对每个等级分别规定相应税率，当税基超过某个级距时，课税对象的全部数额都按提高后级距的相应税率征税。

超额累进税率是指把征税对象按数额的大小分成若干等级，每一等级规定一个税率，税率依次提高，但每一纳税人的征税对象则依所属等级同时适用几个税率分别计算，将计算结果相加后得出应纳税款。

超率累进税率是以征税对象数额的相对率划分若干级距，分别规定相应的差别税率，相对率每超过一个级距的，对超过的部分就按高一级的税率计算征税。目前，我国税收体系中土地增值税是采用的这种税率。

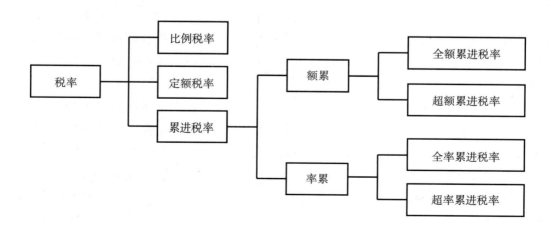

3. 定额税率又称固定税率

定额税率是按课税对象的计量单位直接规定应纳税额的税率形式，课税对象的计量单位主要有吨、升、平方米、千立方米、辆等。定额税率一般适用于从量定额计征的某些课税对象，实际是从量比例税率。目前，采用定额税率的有城镇土地使用税、耕地占用税和车船税等。

《财政部、税务总局关于对营业账簿减免印花税的通知》（财税〔2018〕50 号）中规定："自 2018 年 5 月 1 日起，对按万分之五税率贴花的资金账簿减半征收印花税，对按件贴花五元的其他账簿免征印花税。"，这就是税率的税收优惠。

（六）纳税环节

纳税环节是指征税对象在从生产到消费的流转过程中应当缴纳税款的环节。纳税环节有广义和狭义之分，广义的纳税环节是指全部课税对象在再生产中的分布情况。如资源税分布在资源生产环节纳税，流转税在生产和流通环节纳税，所得税在分配环节纳税等。狭义的纳税环节特指应税商品在流转过程中应纳税的环节。商品从生产到消费要经历诸多流转环节，各环节都存在销售额，都可能成为纳税环节。要掌握生产、批发、零售、进出口、收入取得、费用支出等各个环节上的税种分布，但考虑到税收对经济的影响、财政收入的需要以及税收征管的能力等因素，国家常常对在商品流转过程中所征税种规定不同的纳税环节。按照某种税征税环节的多少，可以将税种划分为一次课征制或多次课征制。合理选择纳税环节，对加强税收征管、有效控制税源、保证国家财政收入的及时、稳定、可靠，方便纳税人生产经营活动和财务核算，灵活机动地发挥税收调节经济的作用，具有十分重要的理论和实践意义。

（七）纳税期限（申报纳税）

纳税期限是税法规定的纳税主体向税务局进行纳税申报和缴纳税款的具体时限。纳税期限是衡量征纳双方是否按时行使征税权力和履行纳税义务的尺度。纳税期限一般分为按次征收和按期征收两种。

纳税期限是指税法规定的关于税款缴纳时间方面的限定。在实务中，一般还将纳税期限分为申报期限和缴税期限两段，包含四个概念：税款所属时期、纳税义务发生时间、纳税申报期限和解缴入库期限。

税款所属时期，是指纳税单位和个人在一定时期内实现的，按税法规定应当缴纳税款的产品销售收入、经营业务收入和利润额等发生的月份或年度。例如，企业 8 月份商品销售收入额应纳的增值税，规定在 9 月 15 日前纳税申报和解缴入库，其税款所属时期应为一个月。

纳税义务发生时间，是指应税行为发生的时间。如增值税条例规定采取预收货款方式销售货物未开具增值税专用发票的，其纳税义务发生时间为货物发出的当天，开具增值税专用发票的为开具专用发票当天。

纳税期限，纳税人每次发生纳税义务后，不可能马上去缴纳税款。税法规定了每种税的纳税期限，即每隔固定时间汇总一次纳税义务的时间。如增值税条例规定，增值税的具体纳税期限分别为1日、3日、5日、10日、15日、1个月或者1个季度。纳税人的具体纳税期限，由主管税务局根据纳税人应纳税额的大小分别核定；对于不能按照固定期限纳税的，可以按次纳税。

解缴入库期限，即税法规定的纳税期满后，纳税人将应纳税款缴入国库的期限。如增值税暂行条例规定，纳税人以1个月或者1个季度为1个纳税期的，自期满之日起15日内完成申报纳税。

纳税申报是指纳税人按照税法规定的期限和内容向税务局提交有关纳税事项书面报告的法律行为，是纳税人履行纳税义务、承担法律责任的主要依据，是税务局税收管理信息的主要来源和对纳税人或扣缴义务人实施税务管理的一项重要制度。

纳税人、扣缴义务人的纳税申报或者代扣代缴、代收代缴税款报告表的主要内容应包括：税种、税目、应纳税项目或者应代扣代缴、代收代缴税款项目、适用税率或者单位税额、计税依据、扣除项目及标准、应纳税额或者应代扣代缴、代收代缴税额、税款所属期限等。

（八）纳税地点

纳税地点是指税收征管属地管辖原则下，纳税人（包括代征、代扣、代缴义务人）的具体纳税地点。纳税地点一般为纳税人的住所地，也有规定在营业地、财产所在地或特定行为发生地的。

（九）税收优惠

税收优惠是指税法对某些特定的纳税人或征税对象给予的一种免除（减少）纳税义务的规定，主要包括减税、免税、退税、税式支出、投资抵免、税前还贷、加速折旧、亏损结转抵补和税收抵免等多种形式。税收优惠按照优惠目的通常可以分为照顾性和鼓励性两种；按照优惠范围可以分为区域性和行业性两种。目前，我国制定了一系列企业所得税的不同地区税负存在差别的税收优惠政策。

减免税是税收优惠的主要形式，是对某些纳税人和征税对象采取减少征税或免予征税的特殊规定。

当税收利益大于税收优惠筹划成本时，税收优惠政策的运用才具有可行性。税收利益一般根据优惠政策带来的净收益现值与筹划成本现值的差额确定。

（十）税务争议

税务争议是指税务局与其管理的相对人之间，因确认或实施税收法律关系而产生的纠纷。解决税务争议主要通过税务行政复议和行政诉讼（税务）两种方式，并且一般要以税务管理相对人已经缴纳税款（税款滞纳金）或提供纳税担保为前提。在税务争议期间，税务处理决定是不停止执行的。

（十一）税收法律责任

税收法律责任是税收法律关系的主体因违反税法所应当承担的法律后果。税法规定的纳税人法律责任形式主要有三种：

1. 经济责任，包括补缴税款、加收滞纳金和罚款等；
2. 行政责任，包括吊销税务登记证、行政处罚、税收保全及强制执行等；
3. 刑事责任，对违反税法情节严重构成犯罪的行为，要依法承担刑事责任。

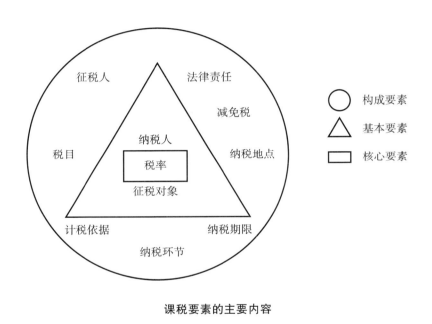

课税要素的主要内容

第二节　纳税主体

只有纳税主体，即纳税人才能享受税收优惠！代收或代扣的扣缴义务人不行！
纳税主体，应按照税法规定如实及时履行纳税申报和缴纳入库的义务。

一、相关概念

税收主体是指当一国政府凭借政权组织税收活动时，政府与纳税人之间会产生特定的税收法律关系。在这种税收法律关系中的主体统称为税收主体，它又可分为税收征税权主体和纳税权主体两类。税收法律责任也是如此的。

税收征税主体又称征税人，是在税收分配过程中行使征税权力的主体，即税收法律关系的权力主体。税收是以国家为主体的特殊分配形式，则征税主体只能是国家。在我国，具体的征税主体包括：税务、财政和海关。

纳税主体，是指税收法律关系中依法履行纳税义务，进行税款缴纳行为的一方当事人。狭义的纳税主体仅指纳税人，广义的纳税主体是将在税收征纳活动中所履行的主要义务在性质上属于纳税义务的有关主体均称为纳税主体，主要包括：纳税人、扣缴义务人、纳税担保人和税务代理人。

（一）纳税人

又称纳税义务人，是最主要、最广泛的纳税主体，是指法律规定的直接负有纳税义务的单位和个人。

（二）扣缴义务人

是指依照法律规定，负有代扣代缴、代收代缴税款义务的单位和个人。

（三）纳税担保人

是为纳税人的税收债务的履行提供担保的单位和个人，纳税担保包括人的担保和物的担保。

（四）税务代理人

是接受纳税主体的委托，在法定的代理范围内依法代理其办理税务事宜的机构和人员。

负税人是税款的实际负担者。纳税人是纳税的法律主体，负税人则是纳税的经济主体。例如：个人所得税的税款由纳税人自己负担，纳税人就是负税人；相反，增值税的税款随同价格转嫁给其他人负担，因此，税款虽由纳税人缴纳，但纳税人不一定是负税人。

扣缴义务人是指依照法律、行政法规规定负有代扣代缴、代收代缴税款义务的单位和个人。一般来说，必须是与纳税人之间有支付和收入关系的单位和个人才能充当扣缴义务人，其扣缴义务主要包括"代扣代缴"和"代收代缴"两种。

代扣代缴义务人，是指虽不承担纳税义务，但依照有关规定，在向纳税人支付收入、结算货款时，有义务代扣代缴其应纳税款的单位和个人。

个人所得税的扣缴义务人：凡支付个人应纳税所得的企业（公司）、事业单位、机关、社团组织、军队、驻华机构、个体户等单位或者个人，为个人所得税的扣缴义务人。

代收代缴义务人是指虽不承担纳税义务，但依照有关规定，在向纳税人收取商品或劳务收入时，有义务代收代缴其应纳税款的单位和个人。

只有纳税主体，即纳税义务人或称纳税人，才能享受税收优惠！扣缴义务人、纳税担保人和税务代理人等非纳税义务人，是无税收优惠可享受的。

二、纳税主体分类

准确区分纳税主体,是准确应用和享受税收优惠政策的前提。

(一)纳税义务人

纳税人是最主要、最广泛的纳税主体,是法律规定的直接负有纳税义务的法人或自然人。

纳税义务人亦称"纳税人",是税法上规定的直接负有纳税义务的纳税主体。每种税收都有各自的纳税人,纳税人究竟是谁,一般随课税对象的确定而确定。纳税人必须依法纳税,否则按照税法规定,承担相应的法律责任。

法人是指依法成立并能够独立地行使法定权利和承担法律义务的社会组织。在我国,实行独立经济核算的国营企业、集体经济组织、中外合资经营企业,或享有独立预算经费的机关、事业单位以及合法成立的社会团体,都是法人。

依法独立享有法定权利,并承担法律义务的公民,以及居住在我国境内的外国人和无国籍的人,都是自然人。

纳税人是税收程序法和税收实体法共同的主体,是税收征管法和各个税种法律法规都必须明确规定的普通要素。根据税收法定原则的相关规定,认定某一主体是否为纳税人,在形式上必须有法律的明确规定。

特别需要注意的是:

同一法人或自然人,可以成为不同税种的纳税人;不是所有的法人和自然人都是纳税人。

首先,在我国及大多数国家,合伙企业、个人独资企业等非法人组织的经营所得不是按企业所得税法缴纳企业所得税,而是缴纳个人所得税,他们是个人所得税纳税人而不是企业(法人)所得税的纳税人。其次,不具有法人资格的其他组织可以成为纳税主体。比如一般认为对同时具有公益性和非营利性的法人主体不应征税,即国家机关、事业单位、社会团体等一般情况下都是不征税的,这些主体不会成为纳税主体。但是,如果这些法人单位事实上从事了营利性应税行为,如闲置房产出租、内招设施对外经营等,就会成为纳税人。最后,我国在增值税征纳中,根据纳税人的生产经营规模大小、会计核算是否健全、能否提供准确的税务资料等,将纳税人分为一般纳税人和小规模纳税人,并赋予他们在征纳活动中不同的税法地位和待遇。例如,一般纳税人可使用增值税专用发票,应纳税额的计算和确定适用"扣税法";小规模纳税人不得使用(可以到税务局代开)增值税专用发票,其应纳税额的计算适用简易的办法。

（二）扣缴义务人

扣缴义务人，是不能享受税收优惠的。《中华人民共和国税收征收管理法》（以下简称《税收征管法》）在第八条集中规定了纳税人和扣缴义务人享有的七项权利，其中的六项权利是两者共同享有的，唯独申请减税、免税、退税的权利只赋予纳税人，扣缴义务人是不享有该项权利的。

扣缴义务人是指依照法律规定，负有代扣代缴、代收代缴税款义务的法人和自然人。纳税人、扣缴义务人必须依照法律、行政法规的规定缴纳税款、代扣代缴、代收代缴税款。《税收征管法》第4条规定：法律、行政法规规定负有纳税义务的单位和个人为纳税人。法律、行政法规规定负有代扣代缴、代收代缴税款义务的单位和个人为扣缴义务人。第6条第2款规定：纳税人、扣缴义务人和其他有关单位应当按照国家有关规定如实向税务机关提供与纳税和代扣代缴、代收代缴税款有关的信息。

税法规定扣缴义务人的目的是加强税收的源泉控制，减少税款流失，简化征纳手续，方便纳税人。因此，并不是每一种税收的征纳活动都有扣缴义务人，它一般规定在实行源泉征收的部分税种法中，是税法的特别主体。

甲行家比较赞同下面的观点：

扣缴征收制度是一个具有三方主体和两重法律关系的复合结构，扣缴义务的内容和扣缴义务人的身份也因其处于征纳活动的不同阶段和不同法律关系中而不同。在代扣、代收税款阶段，法律关系发生在扣缴义务人与纳税人（本来的纳税人）之间，扣缴义务人按照法律的规定，履行法定的代扣、代收税款的义务，即扣缴义务人将纳税人应缴纳的税款从其持有的纳税人的收入中扣除下来，或者在向纳税人收取款项时将其应缴纳的税款一并收取，这种代扣、代收税款的行为从内容上讲相当于征税主体的征收行为，因而这一阶段扣缴义务人在主体身份上具有"征税主体"的性质。但扣缴义务人毕竟不是具有行政执法权力的征税主体，当纳税人拒绝其实施代扣、代收行为时，扣缴义务人也只能"及时报告税务机关处理"，而不能直接采取强制执行措施，因此，扣缴义务人与纳税人之间的关系是一种私法性质的法律关系，只不过这种私法关系不是由当事人任意约定的，而是由法律直接规定的，是一种法定的私法上税收债务征纳关系。

在解缴税款阶段，法律关系发生在征税主体与扣缴义务人之间，即扣缴义务人必须依法将其代扣代收的税款全部、及时向征税主体解缴，这种解缴税款的行为从内容上讲相当于纳税人的纳税行为，因而这一阶段上的扣缴义务人在主体身份上具有"纳税主体"的性质。依法解缴税款是扣缴义务人的法定义务，当其已经代扣代收税款但拒绝、延期或者少解缴时，征税主体将对其适用与给予纳税人在实施相同行为时基本相同的加收滞纳金、强制执行、罚款等措施和制裁，因此，征税主体与扣缴义务人之间的关系是一种公法上的税收债务征纳关系，与一般的征税主体与纳税人之间的税务债务征纳关系是一样的。可见，在税收扣缴征纳关系中，原来的纳税人与征税主体之间的关系被切断，而只能通过扣缴义务人作为中介间接地进行联系。但综观扣缴义务人在上述二元性法律关系中的地位，其所履行的代扣代缴、代收代缴税款义务与一般的纳税义务没有根本的区别，在其具有的双重性身份中，解缴税款的纳税者身份居主导地位。所以，尽管扣缴义务人不能与纳税人完全等同，但将其作为税收征纳中的一个独立的纳税主体看待应无疑义。

只有在代扣代缴出现两种特殊情况时，征税主体才直接与纳税人发生关系：一种是该法第三十条规定的纳税人拒绝扣缴义务人履行代扣、代收税款义务时，扣缴义务人应当及时报告税务局处理，这时税务局应直接向纳税人征收税款；另一种是该法第六十九条规定的扣缴义务人应扣未扣、应收而不收税款时，由税务局直接向纳税人追缴税款，并对扣缴义务人处应扣未扣、应收未收税款50%以上3倍以下的罚款。对于扣缴义务人超额扣缴税款或误扣税款时，纳税人应如何寻求救济的问题，我国税收征管法未予明确规定。

国家税务总局发布的《税务行政复议规则（试行）》第八条规定，扣缴义务人作出的代扣代缴、代收代缴行为属于税务行政复议的范围，这一规定应解释为肯定了扣缴税款行为是公法上的行为。因此，扣缴义务人超额扣缴税款时，纳税人应通过直接向征税局请求返还来寻求救济，而不能由纳税人向扣缴义务人请求损失赔偿，再由扣缴义务人向征税局请求返还多缴的税款。

（三）纳税担保人

纳税担保是经税务局认可的第三人（保证人）同意以自己的信誉和财产（人的担保）、纳税人（或第三人）自愿以自己的财产（权利）为纳税人的税收债务提供担保（物的担保）并签订纳税担保书或纳税担保财产的清单而成立的，当纳税人不履行纳税义务时，纳税担保人应代其履行纳税义务，从而使自己由可能的纳税主体成为现实的纳税主体。但与纳税人缴纳的税款最终只能由自己承担不同的是，纳税担保人缴纳税款后，可以依法向被担保的纳税人追偿损失。赋予纳税担保人在税收征纳程序中独立的纳税主体资格，有助于其依法行使权利，保护自己的合法利益。

纳税担保人是为纳税人的税收债务的履行提供担保的法人和自然人，纳税担保包括人的担保和物的担保。纳税担保是税收征纳活动中的一项重要制度，也是一项重要的保护纳税人权益的法律制度。

我国的《税收征收管理法》在多处规定了纳税担保人享有的作为纳税主体的权利，例如：

第四十条规定了"在对纳税担保人实施强制执行措施时，应责令限期缴纳（即提前给予缴纳告知），并不得强制执行纳税担保人个人及其所扶养家属维持生活必需的住房和用品"；

第四十二条、第四十三条规定了"对纳税担保人实施强制执行措施时应依法定权限和法定程序进行，税务机关滥用职权、违法或不当采取强制执行措施使其合法权益遭受损失时，纳税担保人有请求赔偿的权利"；

第八十八条规定了"纳税担保人有对其所担保的税收债务提出异议权，在有关纳税问题与税务机关发生争议时，有权提供相应的担保，并享有以当事人的身份申请行政复议和提起诉讼的权利，对税务机关的强制执行措施或者税收保全措施不服时，有权以当事人的身份依法申请行政复议或提起诉讼"。

纳税担保人是纳税主体，也是不能享受税收优惠的。

（四）税务代理人

税务代理人是接受纳税主体的委托，在法定的代理范围内依法代理其办理税务事宜的机构和人员。税务代理人是依据纳税主体的自愿委托，在委托代理权限范围内，依法为其办理法律允许的各种税务事宜，在本质上是为纳税人、扣缴义务人等纳税主体提供涉税服务的行为，税务代理适用代理制度的基本法理，代理结果由委托的纳税主体承担。因此，税务代理人的代理行为不是在独立履行纳税义务，不是税收征纳活动中的一个独立的纳税主体（税收法律关系是征税主体与纳税主体之间的关系），而是以第三者的身份为纳税主体提供纳税帮助、服务、协助的纳税帮助主体。

特别强调的是：客观公正是税务代理人的执业原则和底线！税务代理人必须要依法公正、独立地进行代理行为，既维护国家利益，又保护委托人的合法权益，在委托权限范围内，依照法律的规定办理纳税主体委托的涉税事宜，维护作为委托人的纳税主体的正当法律权利，税务代理人是为纳税主体提供服务的纳税帮助主体，而不是征税部门的辅助主体。

三、纳税主体的权利与义务

（一）纳税主体的权利

1. 延期纳税权。
2. 申请减税、免税权。
3. 多缴税款申请退还权。
4. 委托税务代理权。
5. 要求税务局承担赔偿责任权。
6. 申请税务行政复议和提起行政诉讼权。

（二）纳税主体的义务

我国《税收征收管理法》规定，纳税主体的义务包括：

1. 依法按期办理税务登记、变更登记或重新登记。

2. 依法设置账簿，合法、正确使用有关凭证。

3. 按规定定期向主管税务局报送纳税申报表、财务会计报表和其他有关资料。

4. 按期进行纳税申报，及时、足额地缴纳税款。

5. 主动接受和配合税务局的纳税检查，如实报告其生产经营和纳税情况，并提供有关资料。

6. 违反本法规定的纳税人，应按规定缴纳滞纳金、罚款，并接受其他法定处罚。

纳税人与税务局的权利与义务是不对等的，关于纳税人的权利与义务的详细内容，请查阅《税收法律经济》（中国商业出版社 贾忠华著）第一章第二节 纳税人的权利与义务。

四、纳税主体的法律责任

在税收法律关系中，纳税主体可能承担的税收法律责任有哪些？

（一）纳税人的法律责任

1. 纳税人未按规定期限缴纳税款的，税务局除责令限期缴纳外，从滞纳税款之日起，按日加收滞纳税款万分之五的滞纳金。

2. 纳税人有下列行为之一的，由税务局责令限期改正，可以处二千元以下的罚款；情节严重的，处二千元以上一万元以下的罚款：

（1）未按照规定的期限申报办理税务登记、变更或者注销登记的；

（2）未按照规定设置、保管账簿或者保管记账凭证和有关资料的；

（3）未按照规定将财务、会计制度或者财务、会计处理办法和会计核算软件报送税务机关备查的；

（4）未按照规定将其全部银行账号向税务机关报告的；

（5）未按照规定安装、使用税控装置，或者损毁或者擅自改动税控装置的。

3. 纳税人不办理税务登记的，由税务局责令限期改正；逾期不改正的，经税务局提请，由工商行政管理局吊销其营业执照。

4. 纳税人未按照规定使用税务登记证件，或者转借、涂改、损毁、买卖、伪造税务登记证件的，处二千元以上一万元以下的罚款；情节严重的，处一万元以上五万元以下的罚款。

5. 纳税人未按照规定的期限办理纳税申报和报送纳税资料的，由税务局责令限期改正，可以处二千元以下的罚款；情节严重的，可以处二千元以上一万元以下的罚款。

6. 纳税人伪造、变造、隐匿、擅自销毁账簿、记账凭证，或者在账簿上多列支出或者不列、少列收入，或者经税务局通知申报而拒不申报或者进行虚假的纳税申报，不缴或者少缴应纳税款的，是偷税。对纳税人偷税的，由税务局追缴其不缴或者少缴的税款、滞纳金，并处不缴或者少缴的税款百分之五十以上五倍以下的罚款；构成犯罪的，依法追究刑事责任。

7. 纳税人、扣缴义务人编造虚假计税依据的，由税务局责令限期改正，并处五万元以下的罚款。

8. 纳税人不进行纳税申报，不缴或者少缴应纳税款的，由税务局追缴其不缴或者少缴的税款、滞纳金，并处不缴或者少缴的税款百分之五十以上五倍以下的罚款。

9. 纳税人欠缴应纳税款，采取转移或者隐匿财产的手段，妨碍税务局追缴欠缴的税款的，由税务局追缴欠缴的税款、滞纳金，并处欠缴税款百分之五十以上五倍以下的罚款；构成犯罪的，依法追究刑事责任。

10. 以假报出口或者其他欺骗手段，骗取国家出口退税款，由税务局追缴其骗取的退税款，并处骗取税款一倍以上五倍以下的罚款；构成犯罪的，依法追究刑事责任。对骗取国家出口退税款的，税务局可以在规定期间内停止为其办理出口退税。

11. 以暴力、威胁方法拒不缴纳税款的，是抗税，除由税务局追缴其拒缴的税款、滞纳金外，依法追究刑事责任。情节轻微，未构成犯罪的，由税务局追缴其拒缴的税款、滞纳金，并处拒缴税款一倍以上五倍以下的罚款。

12. 纳税人、扣缴义务人在规定期限内不缴或者少缴应纳或者应解缴的税款，经税务局责令限期缴纳，逾期仍未缴纳的，税务局除依照本法第四十条的规定采取强制执行措施追缴其不缴或者少缴的税款外，可以处不缴或者少缴的税款百分之五十以上五倍以下的罚款。

13. 纳税人、扣缴义务人逃避、拒绝或者以其他方式阻挠税务局检查的，由税务局责令改正，可以处一万元以下的罚款；情节严重的，处一万元以上五万元以下的罚款。

14. 纳税人、扣缴义务人的开户银行或者其他金融机构拒绝接受税务局依法检查纳税人、扣缴义务人存款账户，或者拒绝执行税务局作出的冻结存款或者扣缴税款的决定，或者在接到税务局的书面通知后帮助纳税人、扣缴义务人转移存款，造成税款流失的，由税务局处十万元以上五十万元以下的罚款，对直接负责的主管人员和其他直接责任人员处一千元以上一万元以下的罚款。

15. 纳税人拒绝代扣、代收税款的，扣缴义务人应当向税务局报告，由税务局直接向纳税人追缴税款、滞纳金；纳税人拒不缴纳的，依照税收征管法第六十八条的规定执行。

16. 纳税人、扣缴义务人有下列情形之一的，依照《税收征收管理法》第七十条的规定处罚：

（1）提供虚假资料，不如实反映情况，或者拒绝提供有关资料的；

（2）拒绝或者阻止税务机关记录、录音、录像、照相和复制与案件有关的情况和资料的；

（3）在检查期间，纳税人、扣缴义务人转移、隐匿、销毁有关资料的；

（4）有不依法接受税务检查的其他情形的。

（二）扣缴义务人的法律责任

1. 扣缴义务人未按照规定期限解缴税款的，税务局除责令限期缴纳外，从滞纳税款之日起，按日加收滞纳税款万分之五的滞纳金。

2. 扣缴义务人未按照规定设置、保管代扣代缴、代收代缴税款账簿或者保管代扣代缴、代收代缴税款记账凭证及有关资料的，由税务局责令限期改正，可以处二千元以下的罚款；情节严重的，处二千元以上五千元以下的罚款。

3. 扣缴义务人未按照规定的期限向税务局报送代扣代缴、代收代缴税款报告表和有关资料的，由税务局责令限期改正，可以处二千元以下的罚款；情节严重的，可以处二千元以上一万元以下的罚款。

4. 纳税人伪造、变造、隐匿、擅自销毁账簿、记账凭证，或者在账簿上多列支出或者不列、少列收入，或者经税务局通知申报而拒不申报或者进行虚假的纳税申报，不缴或者少缴应纳税款的，是偷税。对纳税人偷税的，由税务局追缴其不缴或者少缴的税款、滞纳金，并处不缴或者少缴的税款百分之五十以上五倍以下的罚款；构成犯罪的，依法追究刑事责任。

扣缴义务人采取前款所列手段，不缴或者少缴已扣、已收税款，由税务局追缴其不缴或者少缴的税款、滞纳金，并处不缴或者少缴的税款百分之五十以上五倍以下的罚款；构成犯罪的，依法追究刑事责任。

5. 纳税人、扣缴义务人编造虚假计税依据的，由税务局责令限期改正，并处五万元以下的罚款。

6. 纳税人、扣缴义务人在规定期限内不缴或者少缴应纳或者应解缴的税款，经税务局责令限期缴纳，逾期仍未缴纳的，税务局除依照本法第四十条的规定采取强制执行措施追缴其不缴或者少缴的税款外，可以处不缴或者少缴的税款百分之五十以上五倍以下的罚款。

7. 扣缴义务人应扣未扣、应收而不收税款的，由税务局向纳税人追缴税款，对扣缴义务人处应扣未扣、应收未收税款百分之五十以上三倍以下的罚款。

8. 纳税人、扣缴义务人逃避、拒绝或者以其他方式阻挠税务局检查的，由税务局责令改正，可以处一万元以下的罚款；情节严重的，处一万元以上五万元以下的罚款。

9. 纳税人、扣缴义务人的开户银行或者其他金融机构拒绝接受税务局依法检查纳税人、扣缴义务人存款账户，或者拒绝执行税务局作出的冻结存款或者扣缴税款的决定，或者在接到税务局的书面通知后帮助纳税人、扣缴义务人转移存款，造成税款流失的，由税务局处十万元以上五十万元以下的罚款，对直接负责的主管人员和其他直接责任人员处一千元以上一万元以下的罚款。

10. 纳税人拒绝代扣、代收税款的，扣缴义务人应当向税务局报告，由税务局直接向纳税人追缴税款、滞纳金；纳税人拒不缴纳的，依照税收征管法第六十八条的规定执行。

11. 纳税人、扣缴义务人有下列情形之一的，依照《税收征收管理法》第七十条的规定处罚：

（1）提供虚假资料，不如实反映情况，或者拒绝提供有关资料的；

（2）拒绝或者阻止税务机关记录、录音、录像、照相和复制与案件有关的情况和资料的；

（3）在检查期间，纳税人、扣缴义务人转移、隐匿、销毁有关资料的；

（4）有不依法接受税务检查的其他情形的。

（三）纳税担保人的法律责任

纳税担保范围包括税款、滞纳金和实现税款、滞纳金的费用。费用包括抵押、质押登记费用，质押保管费用，以及保管、拍卖、变卖担保财产等相关费用支出。

用于纳税担保的财产、权利的价值不得低于应当缴纳的税款、滞纳金，并考虑相关的费用。纳税担保的财产价值不足以抵缴税款、滞纳金的，税务局应当向提供担保的纳税人或纳税担保人继续追缴。

1. 连带保证责任

连带保证责任，根据试行办法的规定，纳税保证人承担的保证责任为连带保证责任，即纳税人在税收法律、行政法规或税务局确定的期限届满未缴清税款及滞纳金的（即民法上所称"主债履行期届满的"），税务局既可以向纳税人要求履行义务，也可以要求纳税保证人承担保证责任。

2. 保证期间的确定与效力

根据试行办法的规定，纳税担保书中约定的保证期间必须是自纳税人应缴纳税款期限届满之日起的60日。纳税人应缴纳税款的期限届满后在60日内，税务局有权直接要求纳税保证人承担保证责任，缴纳税款和滞纳金。如果在保证期间内税务局自始至终没有通知保证人承担保证责任的，则自保证期间60日届满后，保证人免除纳税担保责任。

3. 强制执行

责令缴纳税款期届满后保证人仍未缴纳税款、滞纳金的，经县以上税务局（分局）局长批准，税务局有权对保证人采取强制执行措施，包括通知其开户银行或其他金融机构从其存款中扣缴，扣押、查封、拍卖、变卖保证人的等值财产抵缴税款、滞纳金。

4. 罚则

国家税务总局令第11号《纳税担保试行办法》第三十一条：

纳税人、纳税担保人采取欺骗、隐瞒等手段提供担保的，由税务机关处以1000元以下的罚款；属于经营行为的，处以10000元以下的罚款。

非法为纳税人、纳税担保人实施虚假纳税担保提供方便的，由税务机关处以1000元以下的罚款。

（四）税务代理人的法律责任

1.《中华人民共和国民法典》第一百六十四条规定：代理人不履行或者不完全履行代理职责，造成被代理人损害的，应当承担民事责任。代理人和相对人恶意串通，损害被代理人合法权益的，代理人和相对人应该承担连带责任。

根据此项规定，税务代理如因工作失误或未按期完成税务代理事务等未履行税务代理职责，给委托方造成不应有损失的，应由受托方负责。

2.《税收征管法实施细则》第九十八条规定，税务代理人违反税收法律、行政法规，造成纳税人未缴或者少缴税款的，除由纳税人缴纳或者补缴应纳税款、滞纳金外，对税务代理人处纳税人未缴或者少缴税款50%以上3倍以下的罚款。

3.《税务代理试行办法》第七章代理责任规定，对注册税务师及其所在机构违反该规定的行为，分别按下列规定进行处理：

第四十三条 税务师未按照委托代理协议书的规定进行代理或违反税收法律、行政法规的规定进行代理的，由县以上国家税务局处以二千元以下的罚款。

第四十四条 税务师在一个会计年度内违反本办法规定从事代理行为二次以上的，由省、自治区、直辖市国家税务局注销税务登记，收回税务师执业证书，停止其从事税务代理业务二年。

第四十五条 税务师知道被委托代理的事项违法仍进行代理活动或知道自身的代理行为违法仍进行的，由省、自治区、直辖市国家税务局吊销其税务师执业证书，禁止从事税务代理业务。

第四十六条 税务师触犯刑律，构成犯罪的，由司法机关依法惩处。

第四十七条 税务代理机构违反本办法规定的，由县以上国家税务局根据情节轻重，给予警告、处以二千元以下罚款、停业整顿、责令解散等处分。

第四十八条 税务师、税务代理机构从事地方税代理业务时违反本办法规定的，由县以上地方税务局根据本办法的规定给予警告、处以二千元以下的罚款或提请省、自治区、直辖市国家税务局处理。

五、税收优惠的实现方式

税收优惠的实现方式主要有三种：纳税申报、备案和留存备查。

（一）纳税申报

税收优惠通过纳税申报方式确认或落实，是纳税主体享受税收优惠的核心方式或关键环节。

纳税申报是指在发生法定纳税义务后，纳税人、扣缴义务人按照税法或税务局相关行政法规所规定的内容，在申报期限内，以书面形式向主管税务局提交有关纳税事项及应缴税款的法律行为。纳税申报和缴纳入库是两个相互独立的环节，纳税申报更重要，它是不仅在履行纳税义务，更要承担应如实及时而未如实及时纳税申报的法律责任。

按照《税收征收管理法》的相关规定：纳税人必须依照法律、行政法规规定或者税务机关依照法律、行政法规的规定确定的申报期限、申报内容如实办理纳税申报，报送纳税申报表、财务会计报表以及税务机关根据实际需要要求纳税人报送的其他纳税资料。扣缴义务人必须依照法律、行政法规规定或者税务在依照法律、行政法规的规定确定的申报期限、申报内容如实报送代扣代缴、代收代缴税款报告表以及税务机关根据实际需要要求扣缴义务人报送的其他有关资料。

纳税人办理纳税申报时，应当如实填写纳税申报表。纳税申报表是指纳税人履行纳税义务，按期向税务局申报纳税期应缴税额时应填报的表格。纳税申报表，是税务局指定，由纳税人填写，以完成纳税申报程序的一种税收文书。纳税人、扣缴义务人的纳税申报或者代扣代缴、代收代缴税款报告表的主要内容包括：税种、税目，应纳税项目或者应代扣代缴、代收代缴税款项目，计税依据，扣除项目及标准，适用税率或者单位税额，应退税项目及税额、应减免税项目及税额，应纳税额或者应代扣代缴、代收代缴税额，税款所属期限、延期缴纳税款、欠税、滞纳金等。

（二）备案

备案制度是指依照法定程序报送有关机关备案，对符合法定条件的，有关机关应当予以登记的法律性要求。

备案登记是备案审查制度的基础性环节。对符合登记要求的予以登记，对不符合登记要求的，视不同情况予以不同处理。对备案审查的最低要求——"报备"，作出了对纳税人或扣缴义务人的法律责任规定，至于其他不予登记情形以及主要负责人是否需要负责则未规定。

（三）留存备查

留存备查是企业享受企业所得税优惠的前提条件，留存备查资料是指企业申请享受优惠事项时，需要提供的证明材料，包括：与享受优惠事项相关的合同、协议、凭证、证书、文件、账册、说明等。例如，企业所得税的留存备查，详见《国家税务总局关于企业所得税资产损失资料留存备查有关事项的公告》（国家税务总局公告2018年第15号）。

国家税务总局关于企业所得税资产损失资料留存备查有关事项的公告

（国家税务总局公告 2018 年第 15 号）

为了进一步深化税务系统"放管服"改革，简化企业纳税申报资料报送，减轻企业办税负担，现就企业所得税资产损失资料留存备查有关事项公告如下：

一、企业向税务机关申报扣除资产损失，仅需填报企业所得税年度纳税申报表《资产损失税前扣除及纳税调整明细表》，不再报送资产损失相关资料。相关资料由企业留存备查。

二、企业应当完整保存资产损失相关资料，保证资料的真实性、合法性。

三、本公告规定适用于 2017 年度及以后年度企业所得税汇算清缴。《国家税务总局关于发布〈企业资产损失所得税税前扣除管理办法〉的公告》（国家税务总局公告 2011 年第 25 号）第四条、第七条、第八条、第十三条有关资产损失证据资料、会计核算资料、纳税资料等相关资料报送的内容同时废止。

特此公告。

国家税务总局
2018 年 4 月 10 日

该公告解读如下：

（一）明确取消企业资产损失报送资料

简化企业资产损失资料报送，是为了切实减轻企业办税负担。同时，考虑到现行企业所得税年度纳税申报表已有资产损失栏目，企业可以通过填列资产损失具体数额的方式，实现资产损失申报。因此，《公告》第一条明确，企业向税务局申报扣除资产损失，仅需填报企业所得税年度纳税申报表《资产损失税前扣除及纳税调整明细表》，不再报送资产损失相关资料。相关资料由企业留存备查。《公告》发布后，企业按照《国家税务总局关于发布〈企业资产损失所得税税前扣除管理办法〉的公告》（国家税务总局公告 2011 年第 25 号）有关规定，对资产损失相关资料进行收集、整理、归集，并妥善保管，不需在申报环节向税务局报送。

（二）明确企业资产损失资料留存备查要求

企业资产损失资料是证明企业资产损失真实发生的重要依据，也是税务局有效监管的重要抓手。因此，《公告》第二条明确，企业应当完整保存资产损失相关资料，保证资料的真实性、合法性，否则要承担《税收征管法》等法律、行政法规规定的法律责任。

（三）取消税务报备，并不是无事可做

自行留存备查，并不是自己做主。如果经办人员对留存备查不熟悉、不尽心，资料缺失的风险会越来越高。针对本次资产损失资料留存备查的改革，企业应当建立健全资产损失内部核销管理制度，及时收集、整理、编制、审核、申报、保存资产损失税前扣除证据材料，方便税务局检查。

企业资产损失相关的证据包括具有法律效力的外部证据和特定事项的企业内部证据。

（四）具有法律效力的外部证据

外部证据是指司法机关、行政机关、专业技术鉴定部门等依法出具的与本企业资产损失相关的具有法律效力的书面文件，主要包括：

1. 司法机关的判决或者裁定；

2. 公安机关的立案结案证明、回复；

3. 工商部门出具的注销、吊销及停业证明；

4. 企业的破产清算公告或清偿文件；

5. 行政机关的公文；

6. 专业技术部门的鉴定报告；

7. 具有法定资质的中介机构的经济鉴定证明；

8. 仲裁机构的仲裁文书；

9. 保险公司对投保资产出具的出险调查单、理赔计算单等保险单据；

10. 符合法律规定的其他证据。

由纳税人自行留存备查，既是简政放权的改革内容，也是纳税人自行申报制度的重要内涵。真正且准确认识纳税申报是法律行为，纳税人对纳税申报的真实性和准确性负责并承担存在违法行为的相应法律责任。

第三节　计税依据

客观地说，税基和计税依据是没有本质区别的，税基是宏观概念，计税依据是微观阐述。税基即"课税基础"，是指某种税的经济基础，计税依据是指计算某种税应缴纳税额的依据或标准。

随着商品经济的发展，纳税经历了把粮食换成钱的过程：货币逐渐代替实物。

计税依据是指据以计算征税对象应纳税款的直接数量依据，是对课税对象的量的规定或量的表现。税率是确定的，也是固定的，因此，计税依据的数额同税额成正比例，计税依据的数额越多，应纳税额也越多。

计税依据按照计量单位的性质划分，有两种基本形态：价值形态和物理形态。因此，可以将计税依据分为三类：从价计征、从量计征和从价从量复合计征。例如：所得税是从价计征，计税依据是应纳税所得额；耕地占用税是从量计征，计税依据是每平方米的占地面积；香烟和白酒的消费税是从价从量复合计征。

税目确定征税范围、税率决定税负高低，计税依据是影响应纳税额和税负的核心变量，也是税务管理的核心因素。

一、相关概念

课税对象：又叫征税对象或征税客体，是指税法规定的对什么征税，在税收法律关系中征纳税双方权利义务共同指向的客体或标的物，包括物或行为，不同的征税对象是区别不同税种的主要标志，课税对象体现了各种税的征税范围。

计税依据：是指据以计算征税对象应纳税款的直接数量依据，它解决了对征税对象课税的计算问题，是对课税对象的量的规定。

计税单位：计税单位亦称"课税单位"，是课税对象的计量单位。一般可分为以货币量度为计税单位和以实物量度为计税单位。前者是以某种本位币的货币单位计算计税依据，适用于从价计征的税种，如我国现行的增值税、企业所得税和个人所得税等。后者是以某一实物的自然量度单位计算计税依据，适用于从量计征的税种，如我国现行的资源税以"吨"或"立方米"为计税单位，车船使用税以"辆"或"吨位"为计税单位等。

税基："课税基础"的简称，是据以课征各种税收的经济来源，即解决政府对谁的"什么"征税的问题。也指计税依据，是据以计算征税对象应纳税款的直接数量依据，它解决对征税对象课税的计算问题，是对课税对象的量的规定。

税基是形成税收收入的经济基础，具体是指国民经济的生产力，包括人力、资本、土地三个要素及由此结成的生产经营单位等。在税基为实物量时，税率多为定额税率；在税基为价值量时，税率多为百分比形式的比例税率或累进税率，如果实行累进税率，随着税基的增大，税率也不断提高。

税目：税目是在税法中对征税对象分类规定的具体的征税项目，反映具体的征税范围，是对课税对象质的界定。

从价计征：是指以征税对象的价值形式为计税依据，按照税率计算征收的各种税。我国现行的增值税和所得税都是从价税。

从量计征：是指以征税对象的实物形式（重量、件数、容积、面积等）为计税依据，按照固定税额标准计征的税收。从量税一般实行定额税率。我国现行的车船使用税、屠宰税等，都是从量税。从量税的优点是便于计征和管理，收入不受价格变化的影响，比较稳定可靠，纳税人的税负也相对稳定。

商品销售价格：商品销售价格是指消费者为取得该商品的所有权而必须支付的、具有客观性的货币数量。商品销售价格就是计税依据。

组成计税价格：是指按照计税价格应当包含的因素计算合成的计税价格。其计算公式为：

组成计税价格＝成本×（1+成本利润率）

当货物属于应征消费税货物时，其组成计税价格中还应加计消费税额。

从价计征：组成计税价格＝成本×（1+成本利润率）／（1-消费税税率）

从量计征：不存在用组成计税价格计算消费税的问题。

当该项应税消费品为委托加工方式的，则其计算公式为：

组成计税价格＝（材料成本+加工费）／（1-消费税税率）

纳税人进口货物时，应纳增值税的计税价格也须按一定的计算公式所组成。其计算公式为：组成计税价格＝到岸价格（CIF）+关税+消费税

二、课税对象与税基式减免

（一）课税对象

课税对象是税法最基本的要素，因为它体现着征税的最基本界限，决定着某一种税的基本征税范围。也是指税收法律关系中权利义务所指向的对象，即对什么征税。征税对象包括物或行为，不同的征税对象是区别不同税种的主要标志。是从量的规定性上界定某一税种征税的广度，是计算应纳税额的法定基础和依据。

征税对象是随社会生产力的发展而变化的。在自然经济中，土地和人口是主要的征税对象。在商品经济中，货物、劳务、企业利润和个人所得等成为主要的征税对象。征税对象按其性质的不同而划分为五大类：流转额、所得额、财产、资源和特定行为。因此，将税收分为相应的五大类，即流转税或称商品和劳务税、所得税、财产税、资源税和特定行为税。同时，征税对象也决定了各个不同税种的名称。如消费税、土地增值税、个人所得税等，这些税种因征税对象不同、性质不同，税种名称也就不同。

（二）部分税种及征税对象

个人所得税的征税对象是个人取得的应税所得。

土地增值税的征税对象是转让国有土地使用权、地上的建筑物及其附着物所取得的增值额。增值额为纳税人转让房地产的收入减除规定的扣除项目后的余额。

房产税的征税对象是房产。

增值税的征税对象是纳税人在我国境内销售商品、提供应税劳务（服务）、让渡资产使用权、转让无形资产或者销售不动产的销售额。

企业所得税的征税对象是指企业取得的生产经营所得、其他所得和清算所得。

（三）税基式减免

选择税基是税制建设上的一个重要问题。选择的课税基础宽，税源比较丰富，这种税的课征意义就大，否则，税源不多，课征意义就小。

甲行家很是赞同下面的观点："税基是据以计算应纳税额的基数。包括实物量和

价值量两类。前者如土地的亩数、车船的辆数及吨位数等。后者如商品的销售收入金额及个人或企业的所得额等。税基是计税依据之一。在税率未变情况下，扩大税基会增加税额，缩小税基会减少税额。税基又制约着税率的具体形式和使用标准。在税基为实物量时，税率多为定额税率。在税基为价值量时，税率多为百分比形式的比例税率或累进税率。如果实行累进税率，随着税基的增大，税率也不断提高。

税基与征税对象数量有联系，但也有区别。两者的联系表现为，在许多情况下，税基直接是征税对象数量的某种表现形式，如在对商品征税时，税基是销售额等。二者的区别表现为，在有的情况下，税基只是征税对象的一部分，而不是它的全部。如对企业所得征税时，征税对象数额是全部所得额，税基则是从中作了一些扣除之后的余额，在对个人所得征税时，税基则是全部所得中超过免征额的部分。"

税基式减免是以税基为内容的税收减免的一种具体形式。它是通过直接缩小计税依据的方式来实现的，具体包括起征点、免征额、项目扣除以及跨期结转等。

1. 起征点是征税对象达到一定数额开始征税的起点，征税对象数额未达到起征点的不征税，达到起征点的就按全部数额征税（含零至起征点部分，全部征）。

2. 免征额是在征税对象的全部数额中免予征税的数额，免征额的部分不征税，仅就超过免征额的部分征税（不含零至免征额部分，差额征）。

3. 项目扣除则是指在征税对象中扣除一定项目的数额，以其余额作为依据计算应纳税额。

4. 跨期结转是将以前纳税年度的经营亏损从本纳税年度经营利润中扣除。

计税依据是课税对象的量的表现。计税依据的数额同税额成正比例，计税依据的数额越多，应纳税额也越多。课税对象同计税依据有密切的关系。前者是从质的方面对征税的规定，即对什么征税；后者则是从量的方面对征税的规定，即如何计量。

计税依据的价值形态包括应纳税所得额、产品销售收入、劳务（服务）收入等，物理形态包括面积、体积、容积、重量等。一种是以价值形态作为税基，又称为从价计征，即按征税对象的货币价值计算，适用比例税率；另一种是从量计征，即直接按征税对象的自然单位计算，适用定额税率。

三、从价税与从价计征

计税依据与课税对象反映的都是课税的客体，但两者要解决的问题不同。课税对象解决对什么征税的问题，计税依据则是在确定了课税对象之后，解决怎么征税（如何计算计量）的问题。

某税的课税对象和计税依据是一致的，例如所得税中的应税所得额，既是课税对象，又是计税依据；某税的课税对象和计税依据是不一致的，如房产税的课税对象是房产，它的计税依据则是房产的价值（自用的从价计征）或租金（出租的从租计征）。

（一）从价税

从价税为"从量税"的对称，是指按照课税对象的价格或金额为标准征收的税种，其税率表现为商品或劳务的价格的一定百分比。从价税额等于总值乘以税率。从价税的税负轻重与征税对象的价格或金额的高低成正比变化。从价税的优点：

①征收比较简单，对于同种商品，可以不必因其品质的不同再细分类；②税率明确，便于比较各国税率；③税收负担较为公平，因从价税税额随商品的价格与品质的高低而增减，比较符合税收的公平原则；④在税率不变时，税额随商品价格上涨而增加，这样既可增加财政收入，又可起到保护关税的作用。

我国的从价税采用的计税价格大体可以分为四种类型：

①实际的交易价格，可以分为含税价格和不含税价格；②关税完税价格，可以分为到岸价格、离岸价格和法定价格；③组成价格，即按照含税价格应当包含的因素组成的计税价格；④核定价格，即税务局为了保证税收和便于征收管理所使用的计税价格。

（二）从价计征

从价计征，即以课税对象的自然数量与单位价格的乘积为计税依据，按这种方法计征的税种称从价税。例如，我国以销售（营业）收入金额为计税依据，如消费税、原营业税等；以增值额为计税依据，如增值税；以所得额为计税依据，如企业所得税和个人所得税；以财产价值为计税依据，如房产税等。

从价计征把不同品种、规格、质量的商品或财产按统一的货币单位确定计税依据，有利于平衡税收负担和简化征收手续。

【例题1】某木地板厂为增值税一般纳税人。2020年3月15日，向某建材商场销售实木地板一批，取得含增值税销售额为101.7万元。已知实木地板适用的消费税税率为5%，计算该厂当月应纳消费税税额。

计算过程及结果如下：

第一步：不含增值税销售额=101.7÷（1+13%）=90（万元）

第二步：应纳消费税税额=90×5%=4.5（万元）

四、从量计征及课税对象

从量计征，即以课税对象的自然实物量为计税依据，按税法规定的计量标准（数量、重量、面积等）计算，按这种方法以征税对象的重量、件数、容量、面积等为计税依据计征的税种称从量税。如我国的资源税，对原油以实际产量为计税依据，税法规定的计量标准为"吨"；对天然气以实际销售数量为计税依据，税法规定的计量标准是"千立方米"，按照固定税额标准计征的税收；城镇土地使用税的计税依据，是实际占用土地面积，城镇土地使用税=实际占用土地面积×单位税额。

（一）从量定额计征

啤酒、黄酒、成品油等的消费税适用从量定额计征，黄酒、啤酒是以吨为税额单位；汽油、柴油是以升为税额单位的。

计算公式：应纳税额＝应税消费品的销售数量×单位税额

其中，销售数量是这样确定的：

1. 销售应税消费品的，为应税消费品的销售数量。

2. 自产自用应税消费品的，为应税消费品的移送使用数量。

3. 委托加工应税消费品的，为纳税人收回的应税消费品数量。

4. 进口的应税消费品为海关核定的应税消费品进口征税数量。

【例题2】某石化公司2019年6月销售汽油1000吨，柴油500吨。已知汽油1吨＝1388升，柴油1吨＝1176升；汽油的定额税率为1.52元/升，柴油的定额税率为1.2元/升。计算该公司当月应纳消费税税额。计算过程及结果如下：

第一步：销售汽油应纳税额＝1000×1388×1.52÷10000＝210.976（万元）

第二步：销售柴油应纳税额＝500×1176×1.2÷10000＝70.56（万元）

（二）从价从量复合计征

从量从价复合计征，是征税对象的价格和数量均为其计税依据，同时计算应纳税额的计征方式。白酒、卷烟（生产销售、批发）消费税是从价与从量并征的。

计算公式：应纳税额＝应税销售数量×定额税率+应税销售额×比例税率

【例题3】某卷烟生产企业为增值税一般纳税人，2020年2月销售乙类卷烟1500标准条，取得含增值税销售额84750元。已知乙类卷烟消费税比例税率为36%，定额税率为0.003元/支，每标准条有200支。计算该企业当月应纳消费税税额。计算过程及结果如下：

第一步：不含增值税销售额＝84750÷（1+13%）＝75000（元）

第二步：从价定率应纳税额＝75000×36%＝27000（元）

第三步：从量定额应纳税额＝1500×200×0.003＝900（元）

五、组成计税价格

（一）计税价格

计税价格是课税对象在计算应征税额时使用的价格。比如消费税以出卖产品的销售价格为计税价格，进口关税以到岸价格为计税价格等。计税价格是流转税的计税基础。流转税通常都是以产品的销售价格为依据计算应纳税额，所以流转税中计税价格与应纳税额的多少有密切关系。在税率一定的情况下，计税价格越大，应纳税额越多，反之越少。计税价格有两种形式：含税价格和不含税价格。

含税价格是包含税金在内的商品或劳务的销售价格。它是采用较多的一种计税价格。用公式表示为：含税价格＝成本+利润+税金

含税价格中的税金是在企业为产品或劳务（服务）定价时，事先根据国家税法规定计算确定并将其嵌入价格之中的。当产品或劳务（服务）销售取得销售收入后，国家一般以含税价格为计税基础，含税价格乘以税率即为应纳税金。

不含税价格是不包含税金在内的商品或劳务（服务）的销售价格。即价格由成本和利润两部分组成而不包含税金。用公式表示为：不含税价格＝成本+利润

如果一种商品销售价格中不含税，通常有三种情况：①国家规定对该产品不征税；②国家对该产品免税；③实行价外税制度。

前两种情况，一般适用于除增值税以外的流转税；实行价外税制度一般适用于增值税或从量定额计征的税种。

（二）组成计税价格

在征收从价税时，较为复杂的问题是确定进口商品的完税价格。完税价格是指经海关审定作为计征关税的货物价格，是决定税额多少的重要因素。发达国家多数规定以正常价格作为完税价格。所谓正常价格是指独立的买卖双方在自由竞争条件下成交的价格。若发票金额与正常价格一致，即以发票价格作为完税价格；若发票价格低于正常价格，则根据海关估定价格作为完税价格。也有的国家以 CIF 价或 FOB 价作为完税价格。我国以 CIF 价作为征收进口税的完税价格。

组成计税价格是指将不符合税法规定的价格转化为符合税法规定的计税价格。组成计税价格是按照税收制度规定的，要通过计算增加或减少一定价格部分，使其成为计税价格。比如税法规定要以含税价格计税，当产品价格为不含税价格时，就应按规定换算成含税价格。如果已知产品的成本和利润，组成计税价格中则应增加税金的内容，其计算公式为：

组成计税价格＝（成本+利润）/（1-适用税率）

组成计税价格一般是将不含税价格转化为含税价格。但如果一种产品的销售价格中已含税，而税法规定必须以不含税价格为基础计算应纳税金，则须将含税价格转换为不含税价格，其计算公式为：

不含税价格＝含税价格/（1+适用税率）

组成计税价格的使用，我国现行增值税规定，纳税人销售货物或者应税劳务的价格明显偏低并无正当理由的，或者有视同销售行为而无销售额的，主管税务局有权按照下列顺序核定其计税销售额：

1. 纳税人最近时期同类货物的平均销售价格确定；

2. 其他纳税人最近时期同类货物的平均销售价格确定；

3. 以上两种方法均不能确定其销售额的情况下，主管税务局有权按照下列顺序核

定其计税销售额。

当货物属于应征消费税货物时，其组成计税价格中还应加计消费税额。

从价计征：组成计税价格=成本×（1+成本利润率）/（1-消费税税率）

从量计征：不存在用组成计税价格计算消费税的问题

当该项应税消费品为委托加工方式的，则其计算公式为：

组成计税价格=（材料成本+加工费）/（1-消费税税率）

纳税人进口货物时，应纳增值税的计税价格也须按一定的计算公式所组成。其计算公式为：组成计税价格=到岸价格（CIF）+关税+消费税

六、计税依据的特殊规定

（一）纳税人通过自设非独立核算门市部销售的自产应税消费品，应按照门市部对外销售额或者销售数量征收消费税（不按厂家给门市的价格计算）

【例题4】某摩托车厂为增值税一般纳税人，下设一家非独立核算的门市部，2019年8月该厂将生产的一批摩托车交门市部，计价70万元。门市部将其对外销售，取得含税销售额79.1万元。摩托车的消费税税率为3%，该项业务应缴纳的消费税为（　　）万元。

A. 1.54　　　　B. 1.8　　　　C. 1.98　　　　D. 2.1

答案：D

解析：纳税人通过自设非独立核算门市部销售的自产应税消费品，应按照门市部对外销售额或者销售数量征收消费税。

应缴纳的消费税=79.1÷1.13×3%=2.1（万元）

（二）纳税人用于换取生产资料和消费资料，投资入股和抵偿债务等方面的应税消费品，应当以纳税人同类应税消费品的最高销售价格为计税依据算税

【例题5】2020年3月甲酒厂将自产的1吨药酒用于抵偿债务，该批药酒生产成本35000元/吨，甲酒厂同类药酒不含增值税最高销售价格62000元/吨，不含增值税平均销售价格60000元/吨，不含增值税最低销售价格59000元/吨，已知消费税税率10%，甲酒厂当月该笔业务应缴纳的消费税税额为（　　）元。

A. 5900　　　　B. 6000　　　　C. 6200　　　　D. 3500

答案：C

解析：纳税人用于换取生产资料和消费资料、投资入股和抵偿债务等方面的应税消费品，应当以纳税人同类应税消费品的最高销售价格作为计税依据计算消费税。应缴纳消费税税额=1×62000×10%=6200（元）

（三）卷烟计税价格的核定

1. 卷烟消费税最低计税价格（以下简称计税价格）核定范围为卷烟生产企业在生

产环节销售的所有牌号、规格的卷烟。

2. 计税价格由国家税务总局按照卷烟批发环节销售价格扣除卷烟批发环节批发毛利后核定并发布。

计税价格的核定公式为：

某牌号、规格卷烟计税价格＝批发环节销售价格×（1-适用批发毛利率）

【提示1】未经国家税务总局核定计税价格的新牌号、新规格卷烟，生产企业应按卷烟调拨价格申报纳税。

【提示2】已经国家税务总局核定计税价格的卷烟，生产企业实际销售价格高于计税价格的，按实际销售价格确定适用税率，计算应纳税款并申报纳税；实际销售价格低于计税价格的，按计税价格确定适用税率计算应纳税款并申报纳税。

（四）白酒最低计税价格的核定

1. 核定范围

（1）白酒生产企业销售给销售单位的白酒，生产企业消费税计税价格低于销售单位对外销售价格（不含增值税，下同）70%以下的，税务局应核定消费税最低计税价格。

（2）白酒消费税最低计税价格由白酒生产企业自行申报，税务局核定。

自2015年6月1日起，纳税人将委托加工收回的白酒销售给销售单位，消费税计税价格低于销售单位对外销售价格（不含增值税）70%以下的，也应核定消费税最低计税价格。

销售单位，是指销售公司、购销公司以及委托境内其他单位或个人包销本企业生产白酒的商业机构。销售公司、购销公司，是指专门购进并销售白酒生产企业生产的白酒，并与该白酒生产企业存在关联性质。包销，是指销售单位依据协定价格从白酒生产企业购进白酒，同时承担大部分包装材料等成本费用，并负责销售白酒。

2. 核定标准

（1）白酒生产企业销售给销售单位的白酒，生产企业消费税计税价格高于销售单位对外销售价格70%（含70%）以上的，税务局暂不核定其消费税最低计税价格。

（2）白酒生产企业销售给销售单位的白酒，生产企业消费税计税价格低于销售单位对外销售价格70%以下的，消费税最低计税价格由税务局根据生产规模、白酒品牌、利润水平等情况在销售单位对外销售价格50%～70%范围内自行核定。其中生产规模较大，利润水平较高的企业生产的需要核定消费税最低计税价格的白酒，税务局核价幅度原则上应选择在销售单位对外销售价格60%～70%范围内。

3. 重新核定

已核定最低计税价格的白酒，销售单位对外销售价格持续上涨或下降时间达到3个月以上、累计上涨或下降幅度在20%（含）以上的白酒，税务局重新核定最低计税价格。

4. 计税价格的适用

已核定最低计税价格的白酒，生产企业实际销售价格高于消费税最低计税价格的，按实际销售价格申报纳税；实际销售价格低于消费税最低计税价格的，按最低计税价格申报纳税。

（五）包装物的特殊规定

1. 应税消费品连同包装销售的，无论包装是否单独计价，也不论在会计上如何核算，均应并入应税消费品的销售额中征收消费税。

2. 对既作价随同应税消费品销售，又另外收取押金的包装物的押金，凡纳税人在规定的期限内没有退还的，均应并入应税消费品的销售额，按照应税消费品的适用税率缴纳消费税。

【提示3】对销售啤酒、黄酒外的其他酒类产品而收取的包装物押金，无论是否返还以及会计上如何核算，均应并入当期销售额征税。

包装物押金：除啤酒和黄酒外，与增值税相同。

课税对象是指征税的目的物，税基则是在目的物已经确定的前提下，对目的物据以计算税款的依据或标准；课税对象是从质的方面对征税所作的规定，而税基则是从量的方面对征税所作的规定，是课税对象量的表现。

正确界定税基是保证税收作用充分发挥的必要条件。正确选择税基是税制设计的重要内容，它包括两个方面：一是确定以什么为税基。是以收益、财产为税基，还是以支出为税基？二是税基的宽窄问题。税基宽则税源厚，税款多，但对经济发展的副作用大；税基窄则税源薄，税款少，但对经济的不利影响也较小。

财政部 税务总局关于明确烟叶税计税依据的通知

财税〔2018〕75号

为保证《中华人民共和国烟叶税法》有效实施，经国务院同意，现就烟叶税计税依据通知如下：

纳税人收购烟叶实际支付的价款总额包括纳税人支付给烟叶生产销售单位和个人的烟叶收购价款和价外补贴。其中，价外补贴统一按烟叶收购价款的10%计算。

请遵照执行。

财政部　税务总局
2018年6月29日

第四节 税率与税目

税基和税率是影响税收收入的两个主要因素，在税率不变的情况下，税基宽窄直接影响纳税人负担水平，扩大税基可能会增加收入；缩小税基肯定会减少收入。如果税率不变，国家可以通过规定免税额、税前扣除、税前还贷等方式，引导纳税人行为，体现国家的经济政策。

税基式减免和税率式减免是税收优惠的核心内容，"税率式减免"是指以降低税率为形式的税收减免，包括减按低税率征税和实行零税率。

一、相关概念

税率是指纳税人的应纳税额与征税对象数额之间的比例，是法定的计算应纳税额的尺度。税率的高低直接关系到国家财政收入的多少和纳税人负担的轻重，体现了国家对纳税人征税的深度，是税收制度的核心要素。

法定基本税率是指由全国人大立法的税收法律、由国务院制定或由省、自治区、直辖市的人大制定的法规以及由财政部和国家税务总局的文件中确定的税率。相关税种税率的法律规定如下：

（一）契税

《中华人民共和国契税法》（以下简称《契税法》）的第三条规定：契税税率为百分之三至百分之五（3%~5%）。

各地执行的契税的具体适用税率是多少，由省、自治区、直辖市人民政府在前款规定的税率幅度内提出，报同级人民代表大会常务委员会决定，并报全国人民代表大会常务委员会和国务院备案。

省、自治区、直辖市可以依照前款规定的程序对不同主体、不同地区、不同类型的住房的权属转移确定差别税率。

（二）城市维护建设税

《中华人民共和国城市维护建设税法》（以下简称《城建税法》）第四条规定：城市维护建设税税率如下：

1. 纳税人所在地在市区的，税率为百分之七（7%）；

2. 纳税人所在地在县城、镇的，税率为百分之五（5%）；

3. 纳税人所在地不在市区、县城或者镇的，税率为百分之一（1%）。

前款所称纳税人所在地，是指纳税人住所地或者与纳税人生产经营活动相关的其他地点，具体地点由省、自治区、直辖市确定。

（三）个人所得税

《中华人民共和国个人所得税法》（以下简称《个人所得税法》）第三条规定：个人所得税的税率：

1. 综合所得，适用百分之三至百分之四十五的超额累进税率（3%~45%）；

2. 经营所得，适用百分之五至百分之三十五的超额累进税率（5%~35%）；

3. 利息、股息、红利所得，财产租赁所得，财产转让所得和偶然所得，适用比例税率，税率为百分之二十（20%）。

（四）企业所得税

《中华人民共和国企业所得税法》（以下简称《企业所得税法》）第四条规定：企业所得税的税率为百分之二十五（25%）。非居民企业取得本法第三条第三款规定的所得，适用税率为百分之二十（20%）。

（五）车辆购置税

《中华人民共和国车辆购置税法》（以下简称《车辆购置税法》）第四条规定：车辆购置税的税率为百分之十（10%）。

税目又称课税品目，是各个税种中所规定的应征税的项目。按照税法规定的一定的标准和范围，对课税对象进行划分从而确定的具体征税品种或项目，是一个税种课征制度组成要素。

地区差别定额税率，即对同一征税对象按照不同地区分别规定不同的征税数额。这种税率具有调节不同地区之间级差收入的作用。

分类分级定额税率，即把征税对象按一定标志分为类、项或级，然后按不同的类、项或级分别规定不同的征税数额。

幅度定额税率，即在统一规定的征税幅度内根据纳税人拥有的征税对象或发生课税行为的具体情况，确定纳税人的具体适用税率。

地区差别、分类分级和幅度相结合的定额税率，即对同一征税对象在按照地区差别或分类分级定率的前提下，实行有幅度的定额税率。

税基式减免是指以缩小计税依据为形式的税收减免，如提高起征点；税率式减免是指以降低税率为形式的税收减免，包括减按低税率征税和实行零税率；税额式减免是指以直接减免应纳税额为形式的税收减免，包括全部免征、减半征收、规定减征比例和核定减征税额等。

二、税率的分类

税率是对征税对象的征收比例或征收额度。税率，不是税负率。

（一）比例税率

比例税率，是对同一征税对象，不分数额大小，规定相同征收比例的税率。比例税率的特点是征收效率高，但税率具有累退性，不符合公平原则的要求。比例税率的使用范围比较广泛，不仅流转税只能实行比例税率，而且所得课税和财产课税也可实行比例税率。

实际运用中，比例税率分为统一比例税率和有差别的比例税率。统一比例税率是指一种税只设一个比例税率，所有的纳税人都按同一税率纳税。差别比例税率是指一种税设两个或两个以上的比例税率，又分为四种类型：产品差别比例税率、行业差别比例税率、地区差别比例税率和幅度差别比例税率。

1. 产品差别比例税率，即按产品大类或品种分别设计不同税率，如消费税就是采用产品差别比例税率。有的产品还按质量标准设计多档次税率，如卷烟就是按照不同等级分设四等三档税率。实行产品差别比例税率有利于调节不同产品因价格等客观原因所形成的盈利，为企业创造平等的竞争条件。

2. 行业差别比例税率，即按照应税产品或经营项目所归属的行业设计税率，盈利水平不同的行业采取不同的比例税率，原营业税就是按照不同行业分别设计比例税率。

3. 地区差别比例税率，即对同一课税对象按照其所在地区分别设计不同税率。地区差别比例税率具有调节地区之间级差收入的作用，城市维护建设税的税率就是这种。

4. 幅度差别比例税率，即在税法规定的统一比例幅度内，由地方政府根据本地具体情况确定具体的适用税率，如现行税制中税收收入全部归地方政府的一些税种就是由各地在一定幅度内自主确定的。

例如，我国的车辆购置税的税率是单一比例税率：10%；契税的税率是幅度比例税率：3%至5%；城市维护建设税的税率是地区差别比例税率：在市区的，税率为7%；在县城、镇的，税率为5%；不在市区、县城或者镇的，税率为1%。

比例税率的共同特点是税额与税基始终保持同一比率，税额随税基的增减而同比率增减。

（二）累进税率

累进税率，是根据征税对象数量或金额的多少，分等规定递增的多级税率。即按照计税依据数额的大小，划分成若干个等级，每个等级分别运用不同的税率。累进税率是随税基的增加而按其级距提高的税率。其特点是：计税依据数额越大，税率越高；计税依据数额越小，税率越低。税额越大，税率越高，税负呈累进趋势。一般适用于对所得和财产的征税。累进税率的优点是能体现税收的纵向公平，有利于调节收入分配；其不足是征收管理相对要复杂一些。累进税率在具体运用时，又分为两类：全额累进税率和超额累进税率。

1. 全额累进税率，是指把征税对象按其数额划分成若干个等级，从低到高每一个等级规定一个税率，当征税对象数额增加到应按高一级税率计税时，其全部数额均按高一级税率计征。这种税率因在税收级距的临界点出现纳税人收入越高，其税后的实质所得反而越小的不合理现象，故现在各国的税法都很少采用。

2. 超额累进税率，是指把征税对象按其数额划分成若干个等级，从低到高每一个等级规定一个税率，当征税对象数额增加到按高一级税率计税时，仅就其超额部分按高一级税率计税。在计征实践中，可以采用速算扣除数（即用全额累进税率计算的应纳税额减去用超额累进税率计算的应纳税额之后的余额）计算。我国的个人所得税的综合所得的税率：适用3%至45%的超额累进税率。

超额累进税率在实际运用中还有超倍累进税率和超率累进税率两种特殊形式。我国的土地增值税的适用税率就是超率累进税率。

（三）定额税率

定额税率，也叫固定税额，是按单位征税对象（如面积、体积、重量等）直接规定其应纳税额，而不是规定应纳税款的比例。定额税率计算简便，适用于从量计征的税种和定期定额核定征收。定额税率不受产品成本升降和价格高低的影响，税收收入可靠，纳税人负担稳定，有利于征收管理，世界各国运用较为普遍。

定额税率具体又可分为单一定额、地区差别定额、幅度定额、分类分级定额等多种形式。在我国现行税种中，城镇土地使用税适用的是幅度定额税率：等级幅度税额标准，以每平方米为计税单位，按大（0.5~10元）、中（0.4~8元）、小城市（0.3~6元）和县城、建制镇、工矿区（0.2~4元）及农村分别确定幅度判别税额。车船使用税适用的是单一定额税率：从量定额征收，即以纳税人所拥有的车船数量或吨位为计征依据，实行从量定额征收。其中，在车辆征税中，除载货汽车按净吨位计征外，其余均按辆计征；在船舶征税中，机动车按净吨位计征，非机动车按载重吨位计征。

定额税率是自然经济中的主要税率形式。商品经济中，当征税对象的价值量难以计算或其价值量不代表纳税能力时，也需要按征税对象的实物量规定定额税率。定额税率一般适用于征税对象的规格质量规范、价格稳定、收入均衡的税种。

另外，税收实践中还有复合税率、滑准税率、复式税率等多种特殊税率形式。税率的不同设计，能够反映各国政府多方面的政策意图，达到特定的调节目的。

三、税率式减免

减免税是指国家为鼓励和照顾某些纳税人或征税对象，减少其计税依据或从其应征税款中减征部分税款或免征全部税款的税收优惠措施。减免税包括税基式减免、税率式减免和税额式减免三大类。

减免税额是纳税人按法定基本税率计算的应纳税额与享受税收优惠政策后的应纳税额之间的差额。

"税基式减免"是指以缩小计税依据为形式的税收减免，例如，提高起征点；"税率式减免"是指以降低税率为形式的税收减免，包括减按低税率征税和实行零税率。

"税额式减免"是指以直接减免应纳税额为形式的税收减免，包括全部免征、减半征收、规定减征比例和核定减征税额等。

税率式减免是通过直接降低税率的方式实行的减税免税，是税收减免的一种以税率为内容的具体形式。具体又包括重新确定税率、选用其他税率、零税率。比如企业所得税中，对于符合小型微利条件的企业可以适用20%的低税率，而对于国家重点扶持的高新技术企业，则给予更低15%的企业所得税税率，因此20%和15%的企业所得税税率相对于25%的基本税率就是税率式减免。

企业所得税减免税额＝应纳税所得额×（法定基本税率–适用税率）

税率为零，是在实行增值税的情况下对出口产品实行彻底退税的一项制度。

四、税目

（一）税目概述

税目，税目又称课税品目。是税法中规定的应当征税的具体物品、行业或项目，是征税对象的具体化，它反映了具体的征税范围并对课税对象质的界定，也体现了征税的广度。税种是税收的种类，税种下设税目。例如：税种是增值税，税目：建筑业增值税、服务业增值税；税种是个人所得税，税目："劳工稿特权"综合所得、股息红利所得、财产租赁所得。

税目明确具体的征税范围，凡列入税目的即为应税项目，未列入税目的，则不属于应税项目。另外，划分税目也是贯彻国家税收调节政策的需要，国家可根据不同税目的利润水平以及国家经济政策等制定高低不同的税率，以体现不同的税收政策。由于同一税目通常适用同一税率，因此，它是适用税率的重要依据。**凡是无税目的税种均有统一的税率，凡是有税目的税种，均无统一税率。**

不是所有的税种都规定税目，有些税种征税对象简单、明确，没有另行规定税目的必要。如房产税。有的税种征税对象比较复杂，一般要先分大类，在类别之下再分税目、子目、细目。我国新税制中的消费税的征税对象是生产和进口的应税消费品，对消费品共设计了11个税目，13个子目，共计24个征税项目。

税目具有两方面的作用：一是明确的范围，体现征税的广度，凡属于列举税目之内的产品或收入即为课税对象，反之则为非应税对象；二是对具体征税项目进行归类和界定，以便针对不同的税目确定差别税率。列入税目的就是应税产品或项目，没有列入税目的就不是应税的产品或项目，这样征税的界限就十分明确。同时，通过规定各种税目，可以对不同的产品或项目制定高低不同的税率，体现国家税收政策。

（二）税目的设置原则及方法

税目是课税对象的具体项目，有些税种不分课税对象的性质，一律按照课税对象的应税数额采用同一税率计征税款，因此没有必要设置税目，如企业所得税。有些税种具体课税对象复杂，需要规定税目，如消费税、增值税，一般都规定有不同的税目。

1. 税目设置原则

① 按照课税客体的性质和积累水平的殊同归类。性质相同、积累水平相近的课税客体，有可能归入同一税目；否则归入不同的税目。

② 以国家政策为依据，按照鼓励或限制政策的需要，分别制定高低不同的税率，归入不同的税目。

③ 应便于征收管理，力求简便。

设计税目时，一方面要注意不同税目的划分界限要十分明确，不能模棱两可。否则，由于税目不同税率不同，在征税时，适用税目不明，就会发生混乱。另一方面应注意同一税目的积累水平要接近，同一税目有统一税率，如果同一税目的积累水平相差悬殊，征税后，就会发生税负过轻过重的不合理现象。设置税目，应该是以我国的国民经济行业分类与代码（GB/T 4754-2017）的"大类、中类和小类"为依据和标准的。

2. 税目设置方法

一般情况下，设置税目通常同时运用列举法和概括法这两种方法。

① 列举法，即按课税客体的具体项目分别设置，必要时还可以在税目之下划分若干个子目。其优点是界限清楚，便于掌握；缺点是税目过多，不便查找。

② 概括法，即按课税客体的类别设置，按商品大类或行业设计税目。其优点是税目较少，查找方便；缺点是税目过粗，不利于体现国家政策。

（三）税目表现形式

① 表格式。将课税客体的项目按顺序排列，在课税客体比较复杂时采用，如我国现行的消费税税目等。

② 叙述式。用文字叙述表明课税客体的项目，在课税客体较为简单时采用，如我国的个人所得税税目等。

目前，无论是税目设置还是税务登记的行业分类，国家税务总局制定的相关规定，都没有与国民经济行业分类统一而同一。无论是哪个税种的税目设置，都应该是以国民经济行业分类与代码（GB/T 4754-2017）的大类、中类和小类为标准的。税务登记的行业划分没有严格按照国民经济行业分类的大类和中类去划分，增值税、消费税和关税的税目，没有严格按照国民经济行业分类的中类和小类去设置，亟待解决。

（四）国民经济行业分类

我国 2017 年版的国民经济行业分类与代码（GB/T 4754-2017）已于 2017 年 10 月 1 日实施，新版国民经济行业分类如下：共有 20 个门类、97 个大类、473 个中类、1380 个小类。与 2011 年版比较，门类没有变化，大类增加了 1 个，中类增加了 41 个，小类增加了 286 个。这是中国特色社会主义市场经济的高速发展的必然结果，是我国社会分工的再分工、再细化的必然结果。随着经济转型和社会生产力的进步，国民经济行业分类是不断变化的。

1. **《国民经济行业分类》范围**：本标准规定了全社会经济活动的分类与代码。本标准适用于在统计、计划、财政、税收、工商等国家宏观管理中，对经济活动的分类，并用于信息处理和信息交换。

2. **术语和定义**：下列术语和定义适用于本标准。

2.1 行业（Industry）

行业（或产业）是指从事相同性质的经济活动的所有单位的集合。

2.2 主要活动（Principal Activity）

当一个单位对外从事两种以上的经济活动时，占其单位增加值份额最大的一种活动称为主要活动。如果无法用增加值确定单位的主要活动，可依据销售收入、营业收入或从业人员确定主要活动。

与主要活动相对应的是次要活动和辅助活动。次要活动是指一个单位对外从事的所有经济活动中，除主要活动以外的经济活动。辅助活动是指一个单位的全部活动中，不对外提供产品和劳务的活动。辅助活动是为保证本单位主要活动和次要活动正常运转而进行的一种内部活动。

2.3 单位（Unit）

本标准中的单位是指有效地开展各种经济活动的实体，是划分国民经济行业的载体。

2.4 产业活动单位（Establishment）

产业活动单位是法人单位的附属单位。产业活动单位应具备下列条件：

——在一个场所从事一种或主要从事一种经济活动；

——相对独立地组织生产、经营或业务活动；

——能够掌握收入和支出等资料。

2.5 法人单位（Corporate Unit）

具备下列条件的单位为法人单位：

——依法成立，有自己的名称、组织机构和场所，能够独立承担民事责任；

——独立拥有和使用（或授权使用）资产，承担负债，有权与其他单位签订合同；

——会计上独立核算，能够编制资产负债表。

3. **原则和规定**

3.1 划分行业的原则

本标准采用经济活动的同质性原则划分国民经济行业。即每一个行业类别按照同一种经济活动的性质划分，而不是依据编制、会计制度或部门管理等划分。

3.2　行业分类的基本单位

根据联合国《所有经济活动的国际标准产业分类》（ISIC Rev. 4），本标准主要以产业活动单位和法人单位作为划分行业的单位。采用产业活动单位划分行业，适合生产统计和其他不以资产负债、财务状况为对象的统计调查；采用法人单位划分行业，适合以资产负债、财务状况为对象的统计调查。

在以法人单位划分行业时，应将由多法人组成的企业集团、集团公司等联合性企业中的每个法人单位区分开，按单个法人单位划分行业。

3.3　确定单位行业归属的原则

本标准按照单位的主要经济活动确定其行业性质。当单位从事一种经济活动时，则按照该经济活动确定单位的行业；当单位从事两种以上的经济活动时，则按照主要活动确定单位的行业。

关于国民经济行业分类的具体内容，请详见《纳税评估理论与实务（上下册）》（台海出版社，贾忠华著）下册的附件。

五、各税种税目

（一）增值税应税税目

增值税税目，是增值税税法对课税对象分类规定的应税品目。各税目的具体征税范围，按国家税务局有关增值税税目注释的规定执行。增值税税目按大类产品设置，并根据税收政策需要规定若干子目与细目。

我国现行增值税的课征范围，主要通过划分税目来规定的，凡列为增值税税目的大类产品均为增值税应税产品。其税目主要包括：销售和进口货物、提供加工及修理修配劳务、提供服务、销售无形资产、销售不动产和让渡资产使用权。

（二）增值税服务业税目

服务业税目是现行增值税的一个税目，服务业是指利用设备、工具、场所、信息或技能等为社会活动提供劳务并取得收入的业务。凡属于原《营业税税目税率表》所列服务业范围内的业务，均属于增值税服务业税目的征税范围。

本税目的征税范围具体包括：代理业、旅店业、饮食业、旅游业、仓储业、租赁业、广告业、其他服务业。

1. 代理业。代理业是指代委托人办理受托事项的业务，包括代购代销货物，代办进出口、介绍服务、其他代理服务。

① 代购代销货物，是指受托购买货物或销售货物，按实购价或实销额进行结算并收取手续费的业务。

② 代办进出口，是指受托办理商品或劳务进出口的业务。

③ 介绍服务，是指中介人介绍双方商谈交易或其他事项的业务。

④ 其他代理业务，是指受托办理上列事项以外的其他事项的业务。

2. 旅店业。旅店业是指提供住宿服务的业务。

3. 饮食业。饮食业是指通过同时提供饮食和饮食场所的方式为顾客提供饮食消费的业务。

4. 旅游业。是指为旅游者安排食宿、交通工具和提供导游等服务的业务。

5. 仓储业。仓储业是利用仓库、货物或其他场所代客贮放、保管货物的业务。

6. 租赁业。租赁业是指在约定的时间内将场所、房屋、物品、设备或设施等转让他人使用的业务。

7. 广告业。广告业是指利用图书、报纸、杂志、广播、电视、幻灯、路牌、招贴、橱窗、霓虹灯、灯箱等形式的介绍商品、经营服务项目、文体节目或通告、声明等事项进行宣传和提供相关服务的业务。

8. 其他服务业。其他服务业是指上列业务以外的服务业务，如淋浴、理发、洗染、照相、美术、裱画、誊写、打字、镌刻、计算、测试、实验、化验、录音、录像、复印、晒图、设计、制图、测绘、勘探、打包、咨询等。

为什么没有或不该有"现代服务业"这个税目呢？

首先，《国民经济行业分类》中是没有现代服务业的，这是税务局创造的"概念"；其次，在1994年分税制改革时，设置营业税税目的时候，还没有全国统一的《国民经济行业分类》，在2016年营改增的时候，就应该按照国民经济行业分类与代码（GB/T 4754-2017）重新设置税目，实际上没有。没有人去做这件最该做的事儿！绝佳的机会就此错过，已经七年过去了，还是"涛声依旧"地混乱着……

（三）消费税税目

消费税的税率，有两种形式：一种是比例税率；另一种是定额税率，即单位税额。消费税税率形式的选择，主要是根据课税对象情况来确定，对一些供求基本平衡，价格差异不大，计量单位规范的消费品，选择计税简单的定额税率，如黄酒、啤酒、成品油等；对一些供求矛盾突出、价格差异较大，计量单位不规范的消费品，选择税价联动的比例税率，如烟、白酒、化妆品、护肤护发品、鞭炮、汽车轮胎、贵重首饰及珠宝玉石、摩托车、小汽车等。

一般情况下，对一种消费品只选择一种税率，但为了更好地保全消费税税基，对一些应税消费品，如卷烟、白酒，则采用了定额税率和比例税率双重征收形式。

税 目	税 率
一、烟	
1. 卷烟	
（1）甲类卷烟	56%加 0.003 元/支
（2）乙类卷烟	36%加 0.003 元/支
（3）批发环节	11%+0.005 元/支
2. 雪茄烟	36%
3. 烟丝	30%
二、酒及酒精	
1. 白酒	20%加 0.5 元/500 克（或者 500
2. 黄酒	毫升）
3. 啤酒	240 元/吨
（1）甲类啤酒	250 元/吨
（2）乙类啤酒	220 元/吨
4. 其他酒	10%
三、高档化妆品	15%
四、贵重首饰及珠宝玉石	
1. 金银首饰、铂金首饰和钻石及钻石饰品	5%
2. 其他贵重首饰和珠宝玉石	10%
五、鞭炮、焰火	15%
六、成品油	
1. 汽油	1.52 元/升
2. 柴油	1.2 元/升
3. 航空煤油	1.2 元/升
4. 石脑油	1.52 元/升
5. 溶剂油	1.52 元/升
6. 润滑油	1.52 元/升
7. 燃料油	1.2 元/升
七、摩托车	
1. 气缸容量 250 毫升的	3%
2. 气缸容量在 250 毫升（不含）以上的	10%
八、小汽车	
1. 乘坐用车	
（1）气缸容量（排气量，下同）在 1.0 升（含 1.0 升）以下的	1%
（2）气缸容量在 1.0 升以上至 1.5 升（含 1.5 升）的	3%
（3）气缸容量在 1.5 升以上至 2.0 升（含 2.0 升）的	5%
（4）气缸容量在 2.0 升以上至 2.5 升（含 2.5 升）的	9%

税　目	税　率
（5）气缸容量在 2.5 升以上至 3.0 升（含 3.0 升）的	12%
（6）气缸容量在 3.0 升以上至 4.0 升（含 4.0 升）的	25%
（7）气缸容量在 4.0 升以上的	40%
2. 中轻型商用客车	5%
3. 超豪华小汽车（每辆零售价格 130 万元（不含增值税）及以上的乘用车和中轻型商用客车）	10%
九、高尔夫球及球具	10%
十、高档手表	20%
十一、游艇	10%
十二、木制一次性筷子	5%
十三、实木地板	5%
十四、涂料	4%
十五、电池	4%

根据《财政部、海关总署、税务总局关于对电子烟征收消费税的公告》（2022 年第 33 号），自 2022 年 11 月 1 日起对电子烟征收消费税，其中工业为 36%，商业批发为 11%。

（四）个人所得税税目

1. 工资薪金所得

工资薪金所得，是指个人因任职或受雇而取得的工资、薪金、奖金、年终加薪、劳动分红、津贴、补贴以及与任职或受雇有关的其他所得。个人取得的所得，只要是与任职、受雇有关，不管其单位的资金开支渠道或以现金、实物、有价证券等形式支付的，都是工资薪金所得项目的课税对象。

2. 劳务报酬所得

劳务报酬所得，是指个人从事设计、装潢、安装、制图、化验、测试、医疗、法律、会计、咨询、讲学、新闻、广播、翻译、审稿、书画、雕刻、影视、录音、录像、演出、表演、广告、展览、技术服务、介绍服务、经济服务、代办服务以及其他劳务取得的所得。

3. 稿酬所得

稿酬所得，是指个人因其作品以图书、报纸形式出版、发表而取得的所得。这里所说的"作品"，是指包括中外文字、图片、乐谱等能以图书、报刊方式出版、发表的作品；"个人作品"，包括本人的著作、翻译的作品等。个人取得遗作稿酬，应按稿酬所得项目计税。

4. 特许权使用费所得

特许权使用费所得，是指个人提供专利权、著作权、商标权、非专利技术以及其他特许权的使用权取得的所得。提供著作权的使用权取得的所得，不包括稿酬所得。作者将自己文字作品手稿原件或复印件公开拍卖（竞价）取得的所得，应按特许权使用费所得项目计税。

5. 经营所得

经营所得主要包括两项：原个体工商户的生产、经营所得和原对企业事业单位的承包经营、承租经营所得。其中，个体工商户的生产、经营所得，是指：

① 个体工商户从事工业、手工业、建筑业、交通运输业、商业、饮食业、服务业、修理业以及其他行业生产、经营取得的所得；

② 个人经政府有关部门批准，取得执照，从事办学、医疗、咨询以及其他有偿服务活动取得的所得；

③ 其他个人从事个体工商业生产、经营取得的所得；

④ 上述个体工商户和个人取得的与生产、经营有关的各项应纳税所得。

对企事业单位的承包经营、承租经营所得，是指个人承包经营、承租经营以及转包、转租取得的所得，包括个人按月或者按次取得的工资、薪金性质的所得。

6. 利息、股息、红利所得

利息、股息、红利所得是指个人拥有债权、股权而取得的利息、股息、红利所得。

① 利息是指个人的存款利息（2008年10月8日次日开始暂停征收存款利息税）、货款利息和购买各种债券的利息；

② 股息，也称股利，是指股票持有人根据股份制公司章程规定，凭股票定期从股份公司取得的投资收益；

③ 红利，也称公司（企业）分红，是指股份公司或企业根据应分配的利润按股份分配超过股息部分的利润。股份制企业以股票形式向股东个人支付股息、红利即派发红股，应以派发的股票面额为收入额计税。

7. 财产租赁所得

财产租赁所得，是指个人出租建筑物、土地使用权、机器设备车船以及其他财产取得的所得。财产包括动产和不动产。

8. 财产转让所得

财产转让所得，是指个人转让有价证券、股权、建筑物、土地使用权、机器设备、车船以及其他自有财产给他人或单位而取得的所得，包括转让不动产和动产而取得的所得。对个人股票买卖取得的所得暂不征税。

9. 偶然所得

偶然所得，是指个人取得的所得是非经常性的，属于各种机遇性所得，包括得奖、中奖、中彩以及其他偶然性质的所得（含奖金、实物和有价证券）；

个人购买社会福利有奖募捐奖券、中国体育彩票，一次中奖收入不超过 10000 元的，免征个人所得税，超过 10000 元的，应以全额按偶然所得项目计税。

【个人所得税各税目之间的区别】

1. 对于征收的内容和来源不同而适用不同税目，则适用税率也不同；

2. 税目的税率不同。

（1）工资薪金所得，劳务报酬所得，稿酬所得，特许权使用费所得，俗称"劳工稿特权"综合所得，按年计征，最高一级为 45%，最低一级为 3%；

（2）经营所得，按年计征，最低一级为 5%，最高一级为 35%；

（3）个人的利息、股息、红利所得，财产租赁所得，财产转让所得，偶然所得，按次计算征收个人所得税，按 20% 的比例税率。

3. 税目不同，计算应纳税所得的方式也不同：都是 20% 的税率，利息、股息、红利所得和偶然所得，没有扣除项目全额适用 20% 的税率征税；财产租赁所得和财产转让所得，定额 800 元/次或定率 20% 减除规定费用后的余额为应纳税所得额。

（五）印花税税目和税率

自 2022 年 7 月 1 日起施行的《中华人民共和国印花税法》（以下简称《印花税法》），取消了 5 元定额税率，即取消了"对于权利、许可证照和营业账簿中的其他账簿，适用定额税率，按件贴花，税额为 5 元每件。"印花税的税率是比例税率，各类合同以及具有合同性质的凭证、产权转移书据以及营业账簿中记载金额的账簿，适用比例税率。

《印花税法》按照应税凭证的不同种类，共设置了 17 个税目。

印花税税目税率表

税目		税率	备注
合同 （指书面 合同）	借款合同	借款金额的万分之零点五	指银行业金融机构、经国务院银行业监督管理机构批准设立的其他金融机构与借款人（不包括同业拆借）的借款合同
	融资租赁合同	租金的万分之零点五	
	买卖合同	价款的万分之三	指动产买卖合同（不包括个人书立的动产买卖合同）
	承揽合同	报酬的万分之三	
	建设工程合同	价款的万分之三	
	运输合同	运输费用的万分之三	指货运合同和多式联运合同（不包括管道运输合同）
	技术合同	价款、报酬或者使用费的万分之三	不包括专利权、专有技术使用权转让书据
	租赁合同	租金的千分之一	
	保管合同	保管费的千分之一	
	仓储合同	仓储费的千分之一	
	财产保险合同	保险费的千分之一	不包括再保险合同
产权 转移 书据	土地使用权出让书据	价款的万分之五	转让包括买卖（出售）、继承、赠与、互换、分割
	土地使用权、房屋等建筑物和构筑物所有权转让（不包括土地承包经营权和土地经营权转移）	价款的万分之五	
	股权转让书据（不包括应缴纳证券交易印花税的）	价款的万分之五	
	商标专用权、著作权、专利权、专有技术使用权转让书据	价款的万分之三	
营业账簿		实收资本（股本）、资本公积合计金额的万分之二点五	
证券交易		成交金额的千分之一	

第五节 纳税义务发生时间

依法纳税是指纳税义务人在规定的日期内，向指定的银行解缴应纳税款。依法纳税是宪法规定的一项基本义务。《中华人民共和国宪法》第 56 条规定："中华人民共和国公民有依照法律纳税的义务"，这是宪法规定的我国公民必须履行的一项基本义务。国家对违反税法，不履行依法纳税义务的，就要按税法规定进行行政、经济处罚；情节严重的还要按照《中华人民共和国刑法》的规定，追究其刑事责任。

一、相关概念

纳税人义务，是指依照宪法、法律、行政法规规定，纳税人在税收征纳各环节中应承担的义务。

纳税义务发生时间，是指纳税人依照税法规定负有纳税义务的时间。

纳税申报，是指纳税人按照税法规定的期限和内容向税务局提交有关纳税事项书面报告的法律行为，是纳税人履行纳税义务、承担法律责任的主要依据，是税务局税收管理信息的主要来源和税务管理的一项重要制度。

纳税申报表，是指纳税人履行纳税义务，按期向税务局申报纳税期应缴税额时应填报的表格。

纳税期限，是指税法规定的关于税款缴纳时间方面的限定。

纳税申报期限，是指由具体的税收法律、行政法规定，每个纳税人、扣缴义务人适用的具体纳税申报时间。

税款所属时期，是指纳税单位和个人在一定时期内实现的，按税法规定应当缴纳税款的产品销售收入、经营业务收入和利润额等发生的月份或年度。

税款滞纳金，是对不按纳税期限缴纳税款的纳税人或扣缴义务人，按滞纳天数加收滞纳税款一定比例的款项，它是税务局对逾期缴纳税款的纳税人给予经济制裁的一种措施。

税款利息，是指税务局根据《企业所得税法》及其实施条例的规定，对作出特别纳税调整的居民企业，应对 2008 年 1 月 1 日以后发生交易补征的企业所得税税款，按日加收利息。

在我国，国内税收是加收滞纳税款的滞纳金，国际税收则是加收应补所得税款的利息。

二、纳税义务发生时间的确定原则

由于纳税人的某些应税行为和取得应税收入在发生时间上不尽一致，为正确确定税务局和纳税人之间的征纳关系和应尽职责，税法对纳税义务的发生时间一般都作了明确规定。各税种的应税收入确认时间和纳税义务发生时间，一般情况是相同的，但不是完全统一的，存在纳税义务发生时间早于应税收入确认时间等特殊情况。

规定纳税义务发生时间，一是为了明确纳税人承担纳税义务的具体日期；二是有利于税务局实施税务管理，合理规定申报期限和解缴入库期限，监督纳税人依法履行纳税义务，保证国家财政收入。

对于消费税纳税义务发生时间的确定，应该关注以下几个方面：

1. 纳税人销售应税消费品的，按不同的销售结算方式分别为：

（1）采取赊销和分期收款结算方式的，为书面合同约定的收款日期的当天，书面合同没有约定收款日期或者无书面合同的，为发出应税消费品的当天；

（2）采取预收货款结算方式的，为发出应税消费品的当天；

（3）采取托收承付和委托银行收款方式的，为发出应税消费品并办妥托收手续的当天；

（4）采取其他结算方式的，为收讫销售款或者取得索取销售款凭据的当天。

2. 纳税人自产自用应税消费品的，为移送使用的当天；

3. 纳税人委托加工应税消费品的，为纳税人提货的当天；

4. 纳税人进口应税消费品的，为报关进口的当天。

纳税人发生下列视同销售货物行为，纳税义务发生时间为货物移送的当天：

（1）设有两个以上机构并实行统一核算的纳税人，将货物从一个机构移送其他机构用于销售，但相关机构设在同一县（市）的除外；

（2）将自产或者委托加工的货物用于非增值税应税项目；

（3）将自产、委托加工的货物用于集体福利或者个人消费；

（4）将自产、委托加工或者购进的货物作为投资，提供给其他单位或者个体工商户；

（5）将自产、委托加工或者购进的货物分配给股东或者投资者；

（6）将自产、委托加工或者购进的货物无偿赠送其他单位或者个人。

三、如何确定增值税的纳税义务发生时间

在实务中，判断一项增值税应税行为的纳税义务发生时间，在遵循基本原则的同时，总的来讲是"发生应税销售行为的，为收讫销售款项或者取得索取销售款项凭据的当天；先开具增值税专用发票的，为开具发票的当天。进口货物，为报关进口的当天"。就发生应税销售行为而言，确定其增值税纳税义务发生时间的总原则就是，以"收讫销售款项、取得索取销售款项凭据或者增值税专用发票开具时间"三者孰先（谁在前）的原则确定。

具体来讲，增值税的纳税义务发生时间包括但不限于以下情形：

（一）纳税人发生销售货物或者加工、修理修配劳务，销售服务、无形资产、不动产的应税销售行为，先开具增值税专用发票的，为开具专用发票的当天。（纳税人收取款项但未发生销售货物、应税劳务、服务、无形资产或不动产的情形，按照国家税务总局的规定允许使用"未发生销售行为的不征税项目"编码开具不征税专用发票

的情形除外）。

（二）纳税人采取直接收款方式销售货物，不论货物是否发出，均为收到销售款或者取得索取销售款凭据的当天。

（三）纳税人采取赊销方式销售货物，签订了书面合同的，为书面合同约定的收款日期的当天。

（四）纳税人采取赊销方式销售货物，无书面合同的或者书面合同没有约定收款日期的，为货物发出的当天。

（五）纳税人采取分期收款方式销售货物，签订了书面合同的，为书面合同约定的收款日期的当天。

（六）纳税人采取分期收款方式销售货物，无书面合同的或者书面合同没有约定收款日期的，为货物发出的当天。

（七）纳税人采取预收货款方式销售货物（特定货物除外），为货物发出的当天，即货物已经交付其所有权已经转移。

（八）纳税人采取预收货款方式，生产销售生产工期超过 12 个月的大型机械设备、船舶、飞机等特定货物，为收到预收款或者书面合同约定的收款日当天。

（九）纳税人委托其他纳税人代销货物，为收到代销单位的代销清单或者收到全部或者部分货款的当天。未收到代销清单及货款的，为发出代销货物满 180 天的当天。

（十）纳税人销售加工、修理修配劳务，为提供劳务同时收讫销售款或者取得索取销售款的凭据的当天。

（十一）纳税人进口货物，为报关进口的当天。

（十二）纳税人发生销售服务、无形资产或者不动产的应税行为，并在其应税行为发生过程中或者完成后收到销售款项的当天。

（十三）纳税人销售服务、无形资产或者不动产，签订了书面合同并确定了付款日期的，为书面合同确定的付款日期的当天。

（十四）纳税人销售服务、无形资产或者不动产，签订了书面合同但未确定付款日期的，为服务、无形资产转让完成的当天或者不动产权属变更的当天。

（十五）纳税人销售服务、无形资产或者不动产，未签订书面合同的，为服务、无形资产转让完成的当天或者不动产权属变更的当天。

（十六）纳税人提供（有形动产和不动产）租赁服务采取预收款方式的，为收到预收款的当天。

（十七）纳税人销售建筑服务，被工程发包方从应支付的工程款中扣押的质押金、保证金，未开具发票的，以纳税人实际收到质押金、保证金的当天为纳税义务发生时间。

（十八）纳税人从事金融商品转让的，为金融商品所有权转移的当天。

（十九）金融企业发放贷款后，自结息日起 90 天内发生的应收未收利息按现行规定缴纳增值税，自结息日起 90 天后发生的应收未收利息暂不缴纳增值税，待实际收到利息时按规定缴纳增值税。

上述所称金融企业，是指银行（包括国有、集体、股份制、合资、外资银行以及其他所有制形式的银行）、城市（农村）信用社、信托投资公司、财务公司、证券公司、保险公司、金融租赁公司、证券基金管理公司、证券投资基金以及其他经人民银行、银监会、证监会、保监会批准成立且经营金融保险业务的机构。

（二十）银行提供贷款服务按期计收利息（纳税人提供贷款服务，一般按月或按季结息）的，结息日当日计收的全部利息收入，均应计入结息日所属期（增值税纳税义务发生时间）的销售额，按照现行规定计算缴纳增值税。

（二十一）纳税人发生视同销售货物行为，为货物移送的当天，为服务、无形资产转让完成的当天或者不动产权属变更的当天。有下面特殊情况除外：

1. 单位或者个体工商户向其他单位或者个人无偿提供服务，但用于公益事业或者以社会公众为对象的除外；

2. 单位或者个人向其他单位或者个人无偿转让无形资产或者不动产，但用于公益事业或者以社会公众为对象的除外；

3. 财政部和国家税务总局规定的其他情形。

需要提醒的是，增值税扣缴义务发生时间为被代扣税款的纳税人增值税纳税义务发生的当天。

四、纳税申报

纳税申报是指纳税人、扣缴义务人在发生法定纳税义务后，按照税法或税务局相关行政法规所规定的内容，在申报期限内，以书面形式向主管税务局提交有关纳税事项及应缴税款的法律行为。

我国的《税收征收管理法》对纳税申报作了如下规定：

纳税人必须依照法律、行政法规规定或者税务机关依照法律、行政法规的规定确定的申报期限、申报内容如实办理纳税申报，报送纳税申报表、财务会计报表以及税务机关根据实际需要要求纳税人报送的其他纳税资料。扣缴义务人必须依照法律、行政法规规定或者税务在依照法律、行政法规的规定确定的申报期限、申报内容如实报送代扣代缴、代收代缴税款报告表以及税务机关根据实际需要要求扣缴义务人报送的其他有关资料。

纳税人、扣缴义务人可以直接到税务机关办理纳税申报或者报送代扣代缴、代收代缴税款报告表，也可以按照规定采取邮寄、数据电文或者其他方式办理上述申报、报送事项。

纳税人、扣缴义务人不能按期办理纳税申报或者报送代扣代缴、代收代缴税款报告表的，经税务机关核准，可以延期申报。经核准延期办理所规定的申报、报送事项的，应当在纳税期内按照上期实际缴纳的税额或者税务机关核定的税额预缴税款，并在核准的延期内办理税款结算。

纳税人必须按照规定进行纳税申报，向主管税务局报送纳税申报表、财务会计报表和有关纳税资料，根据具体情况，分别就应税收入、应税所得、税种、税目、税率、应纳税额和其他应税资料，如实填写纳税申报表。纳税人、扣缴义务人的纳税申报或者代扣代缴、代收代缴税款报告表的主要内容包括：纳税人名称、税种、税目、应纳税项目或者应代扣代缴、代收代缴税款项目、适用税率或单位税额、计税依据、扣除项目及标准、应纳税款或者应代扣代缴、代收代缴税额、税款所属期等内容。

关于纳税申报、纳税申报方式与期限、纳税申报与纳税评估的关系等内容，请查阅《纳税评估理论与实务（上下册）》（台海出版社 贾忠华著）的上册第一章"概念·观点·理念"的第三节纳税申报。

五、各税种的纳税申报期限

我国现行税制体系是一个由多种税组成的复税制体系，复税制适应我国多层次生产力、多种经济形势和多种经营方式长期并存的经济结构，可以利用各个不同税种的特点相辅相成，发挥各自的作用；可以从社会再生产各环节选择不同的课税对象，多层次和多环节地组织财政收入，调节经济。

流转税制：包括增值税、消费税、关税。

所得税制：包括企业所得税、个人所得税。

资源税制：包括资源税、城镇土地使用税。

财产税制：包括房产税、车船使用税、船舶吨税。

行为税制：包括车辆购置税、印花税、契税、环境保护税。

特定目的：包括城市维护建设税、土地增值税。

农业税：包括烟叶税、耕地占用税。

现行实施征收的共计十八个税种，各税种的纳税申报期限如下：

（一）增值税

增值税的纳税期限，分别为 1 日、3 日、5 日、10 日、15 日、1 个月或者 1 个季度。纳税人的具体纳税期限，由主管税务局根据纳税人应纳税额的大小分别核定；不能按照固定期限纳税的，可以按次纳税。

以 1 个季度为纳税期限的规定，一般情况下仅适于小规模纳税人。

纳税人以 1 个月或者 1 个季度为 1 个纳税期的，自期满之日起 15 日内申报纳税；以 1 日、3 日、5 日、10 日或者 15 日为 1 个纳税期的，自期满之日起 5 日内预缴税款，于次月 1 日起 15 日内申报纳税并结清上月应纳税款。

（二）消费税

消费税的纳税期限，分别为 1 日、3 日、5 日、10 日、15 日、1 个月或者 1 个季度。纳税人的具体纳税期限，由主管税务局根据纳税人应纳税额的大小分别核定；不能按照固定期限纳税的，可以按次纳税。

具体申报要求，同增值税。

（三）土地增值税

纳税人应当自转让房地产合同签订之日起 7 日内向房地产所在地主管税务局办理纳税申报，并在税务局核定的期限内缴纳土地增值税。

（四）契税

纳税义务发生时间：

契税的纳税义务发生时间，是纳税人签订土地、房屋权属转移合同的当天，或者纳税人取得其他具有土地、房屋权属转移合同性质凭证的当天。

纳税期限：纳税人应当自纳税义务发生之日起 10 日内，向土地、房屋所在地的契税征收机关办理纳税申报，并在契税征收机关核定的期限内缴纳税款。

纳税地点：契税在土地、房屋所在地的征收机关缴纳。

（五）车辆购置税

按照《车辆购置税法》第十二条规定，车辆购置税的纳税义务发生时间为纳税人购置应税车辆的当日。纳税人应当自纳税义务发生之日起 60 日内申报缴纳购置税。

（六）企业所得税

1. 企业所得税分月或者分季预缴。

2. 企业应当自月份或者季度终了之日起 15 日内，向税务局报送预缴企业所得税纳税申报表，预缴税款。

3. 企业应当自年度终了之日起 5 个月内，向税务局报送年度企业所得税纳税申报表，并汇算清缴，结清应缴应退税款。

4. 企业在报送企业所得税纳税申报表时，应当按照规定附送财务会计报告和其他有关资料。

5. 企业在年度中间终止经营活动的，应当自实际经营终止之日起 60 日内，向税务局办理当期企业所得税汇算清缴。企业应当在办理注销登记前，就其清算所得向税务局申报并依法缴纳企业所得税。

（七）个人所得税

关于个人所得税的纳税申报期限，《个人所得税法》是这样规定的：

第十一条　居民个人取得综合所得，按年计算个人所得税；有扣缴义务人的，由扣缴义务人按月或者按次预扣预缴税款；需要办理汇算清缴的，应当在取得所得的次年三月一日至六月三十日内办理汇算清缴。预扣预缴办法由国务院税务主管部门制定。

居民个人向扣缴义务人提供专项附加扣除信息的，扣缴义务人按月预扣预缴税款时应当按照规定予以扣除，不得拒绝。非居民个人取得工资、薪金所得，劳务报酬所得，稿酬所得和特许权使用费所得，有扣缴义务人的，由扣缴义务人按月或者按次代扣代缴税款，不办理汇算清缴。

第十二条　纳税人取得经营所得，按年计算个人所得税，由纳税人在月度或者季度终了后十五日内向税务机关报送纳税申报表，并预缴税款；在取得所得的次年三月三十一日前办理汇算清缴。

纳税人取得利息、股息、红利所得，财产租赁所得，财产转让所得和偶然所得，按月或者按次计算个人所得税，有扣缴义务人的，由扣缴义务人按月或者按次代扣代缴税款。

（八）资源税

纳税人纳税期限为1日、3日、5日、10日、15日或者1个月，由主管税务局根据实际情况具体核定。不能按固定期限计算纳税的，可以按次计算纳税。

纳税人以1个月为纳税期的，自期满之日起10日内申报纳税；以1日、3日、5日、10日或者15日为一期纳税的，自期满之日起5日内预缴税款，于次月1日起10日内申报纳税并结清上月税款。

（九）房产税

房产税按年征收、分期缴纳。纳税期限由省、自治区、直辖市人民政府规定。

（十）车船税

车船税的纳税义务发生时间，为车船管理部门核发的车船登记证书或者行驶证书所记载日期的当月，车船税按年申报缴纳。具体申报纳税期限由省、自治区、直辖市人民政府确定。

（十一）烟叶税

烟叶税的纳税义务发生时间，为纳税人收购烟叶的当天。纳税人应当自纳税义务发生之日起30日内申报纳税。具体纳税期限，由主管税务局核定。

（十二）耕地占用税

获准占用耕地的单位或者个人，应当在收到土地管理部门的通知之日起30日内，向耕地所在地税务局申报缴纳耕地占用税。

（十三）城镇土地使用税

城镇土地使用税按年计算、分期缴纳。缴纳期限由省、自治区、直辖市人民政府确定。对新征用土地，依照下列规定缴纳城镇土地使用税：

1. 征用的耕地，自批准征用之日起满 1 年时开始缴纳城镇土地使用税；

2. 征用的非耕地，自批准征用次月起缴纳城镇土地使用税。

（十四）环境保护税

关于环境保护税的纳税申报期限，《中华人民共和国环境保护税法》（以下简称《环境保护税法》）的规定：

第十八条　环境保护税按月计算，按季申报缴纳。不能按固定期限计算缴纳的，可以按次申报缴纳。

纳税人申报缴纳时，应当向税务机关报送所排放应税污染物的种类、数量，大气污染物、水污染物的浓度值，以及税务机关根据实际需要要求纳税人报送的其他纳税资料。

第十九条　纳税人按季申报缴纳的，应当自季度终了之日起十五日内，向税务机关办理纳税申报并缴纳税款。纳税人按次申报缴纳的，应当自纳税义务发生之日起十五日内，向税务机关办理纳税申报并缴纳税款。

纳税人应当依法如实办理纳税申报，对申报的真实性和完整性承担责任。

（十五）印花税

应纳税凭证，应当于书立或者领受时贴花（申报缴纳税款）。同一种类应纳税凭证，需频繁贴花的，应向主管税务局申请按期汇总缴纳印花税。汇总缴纳限期额由当地主管税务局确定，但最长期限不得超过 1 个月。

（十六）船舶吨税

关于船舶吨税的纳税申报期限，《船舶吨税暂行条例》有如下规定：

第八条　吨税纳税义务发生时间为应税船舶进入港口的当日。

应税船舶在吨税执照期满后尚未离开港口的，应当申领新的吨税执照，自上一次执照期满的次日起续缴吨税。

　　……

第十二条　应税船舶负责人应当自海关填发吨税缴款凭证之日起 15 日内向指定银行缴清税款。未按期缴清税款的，自滞纳税款之日起，按日加收滞纳税款 0.5‰ 的滞纳金。

（十七）关税

进口货物的，自运输工具申报进境之日为纳税义务发生时间；出口货物的，除海关特准之外，以货物运抵海关监管区后、装货之日为纳税义务发生时间；进出口货物转关运输的，按照海关总署的规定执行。

进口货物的纳税义务人应当自运输工具申报进境之日起 14 日内，出口货物的纳税义务人除海关特准的外，应当在货物运抵海关监管区后、装货的 24 小时以前，向货物的进出境地海关申报。进出口货物转关运输的，按照海关总署的规定执行。

（十八）教育费附加和地方教育附加

纳税人在申报增值税、消费税的同时进行申报。

（十九）文化事业建设费

纳税人在申报娱乐业、广告业增值税的同时进行申报。

六、税款滞纳金与利息

税款滞纳金是指按照税法规定，对延误期限缴纳税款的纳税人所加收的款项。这是对违反税法的纳税人的一种经济制裁方式。各国税法中普遍规定了滞纳金的制裁方式，纳税单位和个人不按期缴纳税款，税务局除限期追缴外，还要从滞纳之日起，按日并按滞纳税款一定比例加收滞纳金，滞纳金的计算公式为：

滞纳金数额＝滞纳税款×滞纳金比例×滞纳天数

我国《税收征管法》规定：纳税人、扣缴义务人按照法律、行政法规规定或者税务机关依照法律、行政法规的规定确定的期限，缴纳或者解缴税款。纳税人未按照规定期限缴纳税款的，扣缴义务人未按照规定期限解缴税款的，税务机关除责令限期缴纳外，从滞纳税款之日起，按日加收滞纳税款 0.5‰的滞纳金。

【税款利息】

税务局根据《企业所得税法》及其实施条例的规定，对企业做出特别纳税调整的，应对 2008 年 1 月 1 日以后发生交易补征的企业所得税税款，按日加收利息。

1. 计息期间自税款所属纳税年度的次年 6 月 1 日起至补缴（预缴）税款入库之日止。

2. 利息率按照税款所属纳税年度 12 月 31 日实行的与补税期间同期的中国人民银行人民币贷款基准利率（以下简称"基准利率"）加 5 个百分点计算，并按一年 365 天折算日利息率。

3. 企业依法提供同期资料和其他相关资料的，或者企业符合法律的规定免于准备同期资料但根据税务局要求提供其他相关资料的，可以只按基准利率计算加收利息。

企业按照法律的规定免于准备同期资料，但经税务局调查，其实际关联交易额达到必须准备同期资料的标准的，税务局对补征税款加收利息，适用 2 的规定。

4. 按照本规定加收的利息，不得在计算应纳税所得额时扣除。

关于税收滞纳金的详细内容，请查阅《纳税评估理论与实务（上下册）》（台海出版社 贾忠华著）的上册第三章"纳税评估理论（一）"的第八节税收滞纳金。

第六节 重复征税

在实务中，因为税法规定或税收政策的滞后性和社会生产力不断进步对经济发展的影响，无论是税务局的税官们还是企业会计或税务（会计）师事务所的中介执业人员，经常会遇到某项业务或事项是不是应该缴税，该不该纳税的问题。到底应该如何判断呢？

甲行家关于此问题的评判标准是：是否有明确的纳税义务人？是否有准确的计税依据？是否有确定的纳税义务发生时间？是否存在重复征税？只有四个条件同时满足的时候，才能征税或纳税。否则，只要有一个条件不满足，就不征税或不用纳税。

只要提到重复征税，不得不说的是税收管辖权。

一、重复征税相关概念

对同一征税对象课征多种税或实行多次征税是重复征税，一般分为国际重复征税和国内重复征税。双重征税是重复征税的特殊情况。

双重征税是指同一征税主体或不同征税主体，对同一纳税人或不同纳税人的同一征税对象或税源所进行的两次以上的课征。

国际重复征税是指两个以上国家或地区各自依据自己的税收管辖权按同一税种对同一纳税人的同一征税对象在同一征税期限内同时征税。

税收管辖权，实质上是一种征税权，它是国家在其主权管辖范围内享有的税权，是国家主权在税收领域的体现，具有独立性和排他性。确定税收管辖权的主要依据是：属人原则、属地原则和"属地+属人"原则。

属人原则是以相关主体的国籍和住所等人的因素为标准，来确定税收管辖权行使范围的一种原则，是指一个国家对一切在境内和在境外的本国人都有权管辖。

属地原则是以纳税人的收入来源地或经济活动地为标准，来确定税收管辖权行使范围的一种原则，是国家对境内的一切人和物以及所发生的事都有权管辖。因此，税收管辖权，分为属人性质的税收管辖权和属地性质的税收管辖权。

税收是国家凭借其政治权力与法律规定征收的，这一本质决定了一个国家行使其征税主权时，不能超越国家的政治权力所能达到的行使范围的界限。税收管辖权既是一国政府确定纳税人、税种和税率并行使征税的实体权力，又是在国际税法领域处理国家间税收利益冲突、避免重复征税与反避税方面的征管权力。

重复征税，即双重课税，是两个或两个以上国家的税收权力机关依照各自的税收管辖权对同一纳税人的同一笔所得，各自按其本国的税法在同一纳税期间内课税同一或类似的税种。

国际税收协定是指两个或两个以上的主权国家或地区，为了协调相互间在处理跨国纳税人征纳事务方面的税收关系，本着对等原则，通过政府间谈判所签订的，确定其在国际税收分配关系的具有法律效力的书面协议或条约，也称为国际税收条约。它是国际税收重要的基本内容，是各国解决国与国之间税收权益分配矛盾和冲突的有效工具。

国际税收协定按参加国多少，可以分为双边税收协定和多边税收协定。

平行重复征税是体现课税权主体之间税收分配平行关系的重复征税。即一国或不同国的同级征税当局，对同一或不同纳税人的同一征税对象或税源所进行的重复征税。征收主体是两国或多国，被征税对象是同一纳税人的同一征税对象。

垂直重复征税是体现课税权主体之间税收分配垂直关系的重复征税。即一国的中央征税当局和地方征税当局对同一或不同纳税人的同一征税对象或税源所进行的重复征税。

税收公平是指国家征税应使各个纳税人的税负与其负担能力相适应，并使纳税人之间的负担水平保持平衡。税收公平包括横向公平和纵向公平两个方面。

合理负担原则是指针对不同地区、不同收入纳税人的实际负担能力，实行"收入多的多负担，收入少的少负担"的一项税收政策。

二、重复征税的类型与解决方法

重复征税是国家对同一征税对象多次征税，严重违背了税收的税收公平原则和合理负担原则，重复征税不利于经济发展，任何一个国家在制定税收制度时都应力求避免之。重复征税是错误的，国内重复征税是应该尽量避免其发生的，国际重复征税是应该努力减少其发生的。

（一）重复征税的类型

重复征税分别由法律、税制和经济制度方面的差异引起的，因此，它分为税制性、法律性和经济性重复征税（双重课税）三种类型。

1. 税制性重复征税

税制性重复征税，是指由于实行复合税制而引起的重复征税。所谓复合税制，是针对于单一税制而言的，在一个国家，如果其税制由多个税种组成，则称为复合税制。采取复合税制，重复征税就不可避免。例如，对同一纳税人的财产，既要征收财产税，又要征收所得税。

2. 法律性（国际）重复征税

法律性重复征税，是指在税收法律上规定对同一纳税人采取不同的征税原则，而引起的重复课税。对涉及各国税收管辖权的同一征税对象，两个国家都进行征税，即国际间的重复征税。其典型的情况，就是两个不同的国家，采取不同的税收管辖权，其中 A 国采取居民管辖权，B 国采取地域管辖权，那么对在 A 国居住的 B 国居民而言，将承担向二国纳税的义务；而对在 B 国居住的 A 国居民而言，同样也须承担向二国纳税的义务。

国际重复征税，是由税收管辖权的重叠引起的，是国家之间税收管辖权冲突的结果。"来源国"原则和"居住国"原则是确定税收管辖权的两个原则。按照这两个原则，税收管辖权分为来源地税收管辖权和居民税收管辖权。

3. 经济性重复征税

经济性重复征税，是对同一经济关系中不同纳税人的重复征税。这种课税在对公司征收的企业所得税及其员工征收的个人所得税中表现得十分明显，尤其是现代股份制经济充分发展之后，对股份公司收益的征税，及对股东个人收益的征税，就是典型的重复征税。股东个人分得的股息和红利，则来源于公司的利润，二者之间存在着交叉关系。因此，对它们都予以课税，实际上是不合理的。

（二）国内重复征税

1. 营改增后，严重的流转税重复征税问题是基本解决了

我国现行税制的基本框架是从 1994 年的税制改革建立起来，这次税改意义非常重大，但是，遗留的严重重复征税问题也是亟待解决的问题。客观地说，1994 年的税改在我国大规模推广增值税，大大减少了经济活动中的重复征税。但在很多领域保留了营业税，而且也没有将所得税纳入增值税的体系中来考虑，使得重复征税仍然很严重。

2016 年全面营改增的实施，取消营业税后，最大限度地解决流转税重复征税问题。营业税改征增值税，因为营业税存在严重的重复征税，商品每经过一个销售环节，就会被征收一次营业税，从生产到消费的环节越多，税负就越重，增值税有营业税无法比拟的优势，就是消除了重复征税。例如：

甲行家工艺厂生产的冰墩墩商品由两个部件组成，售价为 100 元，营业税税率为 5%，它的税负本应该为 5 元。但如果在实际生产中，该商品的两个部件分别由 A 厂和 B 厂生产，售价分别为 20 元和 30 元，在购进这两个部件时，A 厂和 B 厂已经分别缴纳过 1 元和 1.5 元的营业税，而甲厂最终以 100 元的价格销售它的商品时，还需再缴纳 5 元营业税。那么，这种商品的实际税负就为 7.5 元，实际税率为 7.5%，远高于 5%的法定税率，这就是营业税带来的重复征税的结果。

营业税改增值税，在很大程度上消除了原来的流转税中重复征税的问题。

2. 个人所得税手续费再征增值税就是重复征税

在各类所得中，股息与红利的所得又是重复征税最严重的，先后被三次征税。首先，在生产经营环节，个人的股息和红利部分是来自商品销售过程中的利润，该利润在商品流转过程都被征过增值税，这是第一次征税。其次，企业留下这部分利润后形

成应纳税所得额，再被征收一次企业所得税，这是第二次征税。然后，当这部分利润被当作股息或红利发给相应的股东的时候，根据我国的《个人所得税法》又会被征收税率为20%的个人所得税，这是第三次征税。因此，股息红利所得税目的个人所得税适用税率应该降低到10%或以下，才是更加合理的。

关于企业代扣代缴个人所得税取得的2%手续费返还款是否缴纳增值税，很多省市税务局的回复是：按照目前营改增政策相关规定，纳税人代扣代缴个人所得税取得的手续费收入应属于增值税征税范围，应该按照"经纪代理服务"缴纳增值税，是不正确的。不，这是错误的。

（三）国际重复征税

国际重复征税，又称国际双重征税，它是指两个或两个以上国家在同一纳税期内，对同一或不同跨国纳税人的同一征税对象或税源所进行的重复征税。

国际重复征税产生的前提条件：

一是纳税人，包括自然人和法人，拥有跨国所得，即在其居住国以外的国家取得收入或占有财产；二是两国对同一纳税人都行使税收管辖权。

两国对同一纳税人重复管辖，主要是税收管辖权交叉重叠：一国按居民税收管辖权，另一国按收入来源地税收管辖权，对同一纳税人的同一所得重复征税。两国税收管辖权交叉重叠形式一般包括：居民管辖权与地域管辖权的重叠，公民管辖权与地域管辖权的重叠，公民管辖权与居民管辖权的重叠。

（四）解决方法

解决国际重复征税的具体做法有两个原则：一是冲突规范将某个征税对象的征税权完全划归一方，排除了另一方对该征税对象的征税权；二是规定某一征税对象可由双方分享征税权，由收入来源国优先征税，再由居住国采取相应的措施来避免国际重复征税。通过签订双边或多边税收协定，可以针对不同情况分别采取的措施或方法有：免税法、抵免法、扣除法和减税法，在上述四种方法中，前两者是主要的，后两者只能起到缓解的作用，只是辅助性的。

1. 法律性国际双重征税的解决方法

（1）免税法

免税法或称豁免法，是指征税国政府对本国居民来源于境外的所得或财产免予征税。免税法实质上是居住国政府放弃行使居民税收管辖权而承认来源地税收管辖权，免税法通常又分为全额免税法和累进免税法。

（2）抵免法

抵免法或称外国税收抵免，是指居住国政府对本国居民纳税人的全球所得计算其应征税款时，允许本国居民纳税人将境外所得或财产已向来源地国缴纳的税款从本国的应纳税额中抵免。抵免是配合冲突规范解决国际重复征税的方法之一，为世界上大多数国家所采用。居住国运用抵免法来免除国际双重征税时不仅承认了来源地税收管辖权的优先地位，而且又行使了居民税收管辖权。抵免法大致可分为：直接抵免、间接抵免、全额抵免、限额抵免等等。

① 直接抵免。是指对跨国纳税人已向收入来源地国直接缴纳的所得税税款的抵免。直接抵免的应以纳税人直接缴纳的税款为限。纳税人可将其在收入来源国所缴纳的所得税抵免居住国税收。

直接抵免法的基本公式为：居住国应征所得税税额=国内外总所得×居住国所得税税率–允许抵免的已缴来源地国所得税税款

② 间接抵免。是指母公司所属的居住国政府允许其子公司已缴来源地国所得税中应由母公司分得的股息承担的那部分税款，来冲抵母公司的应纳税款。

例如，子公司所缴纳的公司所得税、子公司汇出股息时缴纳的预提税和个人所缴纳的个人所得税等。凡非本国纳税人向收入来源国直接缴纳的所得税，如果准许抵免，则属间接抵免。

③ 全额抵免。是指居住国政府对本国居民纳税人已向来源国政府缴纳的所有所得税税额予以全部抵免，即抵免额等于纳税人在境外所缴纳的外国税收总额。

④ 限额抵免。是指居住国政府允许居民纳税人将其向外国缴纳的所得税税额进行抵免设置数量上限，即抵免额不得超过按本国税法规定的税率所应缴纳的税款额。抵免限额的计算公式为：

抵免限额=在收入来源地国的所得×居住国的适用税率

按前者，纳税人在收入来源国所缴纳的全部税款均可抵免。按后者，抵免额则不得超过纳税人国外所得按居住国所得税税率应纳的税款。当收入来源国的所得税率低于或等于居住国的所得税率时，全额抵免和限额抵免的抵免额并无区别，不过，在低于时，纳税人应向居住国补缴两个税率差对应部分的税额。

当收入来源国的所得税率高于居住国的所得税率时，超过按居住国税率应纳税额的部分则不能抵免。但是，有少数实行限额抵免的国家规定，在以往和以后的纳税年度有多余限额时，允许超过部分按转回与结转的办法进行抵免。所谓多余限额，是某年允许抵免的限额在当年没有用完的部分。

⑤ 分国限额和综合限额抵免。分国限额就是分国计算本国居民的国外所得，每一国一个限额。综合限额，就是把本国居民的国外所得看成一个整体，实行综合计算，各国共用一个限额。从跨国纳税人的角度考虑，分国限额和综合限额各有短长。

当跨国纳税人在高税率国与低税率国均有投资时，如综合计算，国外所纳税款往往都能得到抵免；如分国计算，在高税率国所缴纳的税款则不能全部抵免，在低税率国方面，抵免后虽有多余限额，但由于分国计算，却不能与高税率国调剂。在这种情况下，综合限额显然优于分国限额。但是，当国外子公司有亏有盈时，亏损的子公司无须纳税，也无须抵免。

同时，按照分国限额，亏盈无须相抵，盈利子公司的抵免限额不会降低，从而，对跨国纳税人有利；按照综合限额，盈亏相抵，分子值减少，限额降低，从而，对跨国纳税人不利。在后一种情况下，分国限额又优于综合限额。

从实行抵免制的居住国考虑，综合限额的优点是跨国纳税人的国外亏损首先要用国外的盈余来冲抵，只要国外的盈利超过或等于国外的亏损，国内盈利就不受国外亏损的影响，国内盈利应纳税款就不会减少。

2. 经济性国际双重征税的解决方法

扣除制是指居住国在对纳税人征税时允许从总应税所得中扣除在国外已纳税款，从而在一定的程度上减轻了纳税人的纳税负担。

（1）股息扣除制，它是指核征公司所得税时，将股息从公司应纳税利润中扣除，对公司股东的股息只征个人所得税，从而对股息实行免税或减税。

（2）分割税率制，它是指对用于分配股息的利润和不用于分配股息的利润实行不同的税率征收公司所得税，前者税率低，后者税率高。分割税率制的特点是股东就所分配到的股息缴纳所得税时，税率与其他收入相同，从而以减轻公司税负的方式来缓解经济性双重征税的矛盾。

（3）折算制，它是指公司将依法缴纳公司所得税后的税后利润进行股息分配，对于作为本国居民的股东，国库按其所收到的股息额的一定比例退还公司已纳税款，然后以股息与所退税款之和为基数按适用税率对股东计征所得税，纳税余额便是净股息所得。

（4）将国内母公司和国外子公司合并报税，通过扣除子公司在来源国缴纳的所得税款额减少母公司的所得税，而避免国际重叠征税。

（5）对外国所征收的公司所得税实行间接抵免。

减税制是居住国对本国居民来源于国外的收入给予一定的减征照顾，如对国外收入适用低税率或按国外收入的一定百分比计征税收等。同其他避免国际重复征税的方法相比较，减税制最为灵活。正因为如此，采用减税制国家在减征的比例上参差不齐，甚至悬殊较大。

减税制也是一种缓解国际重复征税的方法。

三、国际税收协定

目前，国际上最重要、影响力最大的两个国际税收协定范本——经济合作与发展组织的《关于对所得和财产避免双重征税的协定范本》，即《OECD 协定范本》；联合国的《关于发达国家与发展中国家间避免双重征税的协定范本》，即《UN 协定范本》，是两个国际组织为了协调和指导各国签订双边税收协定或多边税收协定而制定并颁布的示范性文本。各国在签订协定的活动中，不仅参照两个税收协定范本的结构和内容来缔结各自的税收协定，而且在协定大多数的税收规范上都遵循两个协定范本所提出的一些基本原则和要求。

国际税收协定范本的主要作用在于，为各国签订相互间税收协定树立一个规范性样本，保证各国签订双边或多边税收协定程序的规范化和内容的标准化，并为解决各国在税收协定谈判签订中遇到的一些技术性困难提供有效的帮助，为各国在处理税收协定谈判签订中出现的矛盾和问题提供协调性意见和办法。国际税收协定范本有两个特征：一是规范化。这种规范性主要表现在如格式的规范、内容的规范等方面。二是内容弹性化。国家税收协定范本所使用的范围是所有的国家，它的内容应当具有弹性，规定和列举具有一般性和原则性的条款，具体有关内容则由各谈判国家自己去明确规定。

国际税收协定，在很大程度上受《OECD 协定范本》和《UN 协定范本》的影响及制约。从各国所签订的一系列双边税收协定来看，其结构及内容基本上与两个范本一致，都包括以下七个主要内容。

（一）适用的范围

1. 人的适用：一切双边税收协定只适用于缔约国双方的居民，外交代表或领事官员的外交豁免权除外。

2. 税种适用：各类税收协定一般将所得税和一般财产税列为税种适用范围。

3. 领域适用：一般的税收协定规定各缔约国各自的全部领土和水域。

4. 时间的适用：**一般国际税收协定在缔约国互换批准文件后立即生效，通常没有时间限制。**

（二）定义

1. 一般用语的定义解释。一般用语的定义解释主要包括"人""缔约国""缔约国另一方""缔约国一方企业"等。

2. 特定用语的定义解释。特定用语对协定的签订和执行具有直接的制约作用，必须对特定用语的内涵和外延作出解释和限定。如"居民""常设机构"等。

3. 专项用语的定义解释。国际税收协定中有一些只涉及专门条文的用语解释，一般放在相关的条款中附带给定义或说明。

（三）税收管辖权的划分

对各种所得征税权的划分，是双边税收协定中包括的一项主要内容。各国对所得的征税有不同的内容，涉及的所得范围各不一样，但总的来看，可分为四大项：

一是对营业所得的征税。对缔约国一方企业的营业所得，双边税收协定奉行居住国独占征税的原则；对常设机构的营业利润，一般规定适用来源地国优先征税的原则；二是对投资所得的征税。国际税收协定一般适用来源地国与居住国分享收入的原则；

三是对劳务所得的征税。区分不同情况，对居住国、来源地国的征税权实施不同的规范和限制；四是对财产所得的征税。在各国所缔结的双边税收协定中，对上述各项所得如何征税，应有一个明确的权限划分，并对有关问题加以规定。

如对各项所得由哪方先行使税收管辖权，先行使税收管辖权的一方应由什么样的条件限制，征税国应对某些收入采取什么样的税率征税等。

（四）避免双重征税的方法

在签订税收协定时，还应考虑采用什么样的方法来避免对优先行使征税权而已征税的那部分所得的重复征税。如何在免税法、抵免法和扣除法中选择采用方法以避免国际间重复征税，如果缔约国双方确定给予对方跨国纳税人的全部或部分优惠以饶让，也必须在协定中列出有关条款加以明确。

（五）税收无差别待遇原则

税收无差别待遇原则在国际税收协定条款规定中具体表现为：

1. 国籍无差别条款。即缔约国一方国民在缔约国另一方负担的税收或者有关条件，不应与缔约国另一方国民在相同情况下负担或可能负担的税收或有关条件不同或者比其更重，禁止缔约国基于国籍原因实行税收歧视。

2. 常设机构无差别条款。即缔约国一方企业设在缔约国另一方的常设机构的税收负担，不应高于缔约国另一方进行同样业务活动的企业。

3. 扣除无差别条款。缔约国一方企业支付给缔约国另一方居民的利息、特许权使用费和其他款项，应与在同样情况下支付给本国居民一样，准予列为支出。

4. 所有权无差别条款。即资本无差别条款，是指缔约国一方企业的资本不论是全部还是部分、直接或间接为缔约国另一方一个或一个以上的居民所拥有或控制，该企业税负或有关条件，不应与该缔约国其他同类企业不同或比其更重。

（六）税务情报交换两个范本都规定

缔约国双方主管当局应交换为实施本协定的规定所需要的情报，或缔约国双方关于本协定所涉及的税种的国内法，按此征税与本协定不相抵触的情报。

（七）相互协商程序

缔约国财政部门或税务主管当局之间通过缔结互助协议，完善相互协商程序，用以解决有关协定使用方面的争议和问题。该程序是各税务主管当局之间的一个讨论程序，旨在尽可能找到为各方所能接受。

四、税收管辖权

税收是国家凭借其公共权力与法律规定征收的，这一本质决定了一个国家行使其征税主权时，不能超越国家的公共权力所能达到的行使范围的界限。税收管辖权既是一国政府确定纳税人、税种和税率并行使征税的实体权力，又是在国际税法领域，处理国家间税收利益冲突、避免重复征税与反避税方面的征管权力。

（一）税收公平原则

税收公平原则，通常被认为是税制设计和实施的首要原则，并被推为当代税收的基本原则。税收公平主要是指纳税人在相同的经济条件下应被给予同等对待。凡具有相同纳税能力者应负担相同的税收，不同纳税能力者应负担不同的税收。税收公平又可分为横向公平和纵向公平。

横向公平是指经济能力或纳税能力相同的人应当缴纳数额相同的税收，亦即应以同等的课税标准对待经济条件相同的人；纵向公平则是指经济能力或纳税能力不同的人应当缴纳不同的税收，亦即应根据支付能力或获得的收入对经济条件不同的人予以不同的对待。

税收公平主义（原则）要求税收必须普遍征税、平等课征和量能课税。在我国，是否实现税收公平，主要影响因素包括税收立法是否明确税收公平原则，税务局日常征收管理是否公开公正且维护公平，纳税人主动自觉遵从税法的程度高低等。例如：税收公平原则与税务行政执法的关系中，税务局与纳税人在税收征纳过程中，由于税务局可以实施自由裁量权的存在，以及纳税人权利的兴起，要求税务局在行使自由裁量权时必须遵守税收公平原则，相同情况相同对待。

（二）属人原则

属人原则，是以相关主体的国籍和住所等人的因素为标准，来确定税收管辖权行使范围的一种原则。税收居所是纳税人与征税国之间存在着的以人身隶属关系为特征的法律事实。自然人的主要依据是：个人在征税国境内是否拥有住所、居所等或是否具有征税国的国籍；法人的主要依据是：法人是否在征税国注册成立或者总机构、管理控制中心是否设在征税国境内。自然人或法人如果与征税国的税收居所有联系，就是该国税法上的居民纳税人；否则，就是非居民纳税人。

属人性质的税收管辖权：征税国根据税收居所联系对纳税人来自境内外的全部所得和财产价值予以征税。具体来说，属人性质的税收管辖权细分为：第一，居民税收管辖权，是指征税国基于纳税人与征税国存在居民身份关系的事实而主张行使的征税权，以居民身份为联结因素；第二，公民税收管辖权，是指一国政府对具有本国国籍者在世界范围内取得的所得和拥有的财产价值行使征税权，以公民身份为联结因素。目前，大多数国家实行居民税收管辖权，只有美国、墨西哥、荷兰等少数国家实行公民管辖权。

各国对自然人与法人的居民身份的认定，主要存在以下判断标准：

1. 对自然人居民身份的确认标准

关于自然人居民身份的确认，较为常见的有住所标准、居所标准、居住时间标准、意愿标准和国籍标准。具体来说，其内容如下：

第一，住所标准，亦称户籍标准。所谓住所，是指人的永久性、固定性居住场所，通常指家庭、配偶和财产的所在地。判断住所，需要同时满足久住意思与久住事实的主客观条件。

第二，居所标准。所谓居所，一般是指人的经常性或习惯性居住场所，并不具有永久居住的性质。居所可以是自有，也可以是租用的公寓、旅馆。与住所相比，居所在更大程度上反映了个人与其主要经济活动地之间的关系，有时，居所也被称为"税收住所"。

第三，居住时间标准。是指以自然人在本国居住或停留时间的长短，来确定是否属于本国居民。该标准一般不单独适用，而是与居所标准相结合，来克服居所标准的不确定性。

第四，意愿标准。是指在确定自然人是否属于居民纳税人时还必须结合考虑本人是否有长期居住的意愿。

第五，国籍标准。根据本国国籍法应为本国公民的自然人，即构成税法上的居民。国籍标准，是指国家对于一切具有本国国籍的人有权按照本国的法律实施税收管辖。目前只有美国、菲律宾、墨西哥等少数国家仍坚持这一标准，该确认标准，实际上就是公民税收管辖权。

国际上广泛应用的是住所标准与居住时间标准，或者两者的结合。

我国采用的自然人居民身份的确认标准是"住所标准"与"居住时间标准"相结合的标准，纳税人分为居民纳税人与非居民纳税人，分别承担无限纳税义务与有限纳税义务。

2. 对法人居民身份的确认标准

关于法人居民身份的确认，较为常见的有法人登记注册地标准、总机构标准、实际管理和控制中心所在地标准、控股权标准以及主要营业所在地标准。具体来说，内容如下：

第一，法人登记注册地标准，又称法律标准，即凡是在本国登记注册的公司都属于本国居民，或者说凡是依据本国法律成立的公司都属于本国居民。

第二，总机构标准，即凡是公司总机构设在本国的，均视为本国的居民。

第三，实际管理和控制中心所在地标准，实际管理和控制中心所在地，是指作出和形成法人的经营管理重大决定和决策的地点，例如，公司的董事会所在地等。根据这一标准，凡是公司实际管理和控制中心所在地在本国境内的，即为本国居民。

第四，控股权标准，即以公司拥有控制表决权的居民身份为依据来确定是否为本国居民。

第五，主要营业所在地标准，主要营业所在地通常以公司生产经营业务数量的大小为依据来确定。根据这一标准，凡是主要营业地在本国的，即为本国居民。

我国采用的法人居民身份的确认标准是"登记注册地标准"与"实际管理机构所在地标准"相结合的标准，纳税人分为居民法人与非居民法人，或者称为居民企业与非居民企业，分别承担无限纳税义务与有限纳税义务。

（三）属地原则

属地原则，是以纳税人的收入来源地或经济活动地为标准，来确定税收管辖权行使范围的一种原则。来源地，是指征税对象与之存在经济上的源泉关系的国家或地区。来源地，包括所得来源地和各类财产存在地。属地性质的税收管辖权，又称来源地税收管辖权，是指根据来源地这一联结因素对纳税人来自本国境内的所得或财产价值主张行使的征税权。

属地性质的税收管辖权，以收入来源地为联结因素。征税国依据征税对象与本国领域存在的经济上的源泉关系这一事实而主张征税权，并不考虑纳税人的居民身份或者国籍所属。依据收入来源地这一因素，收入来源地国有权要求有源于本国所得或存在于本国的财产价值的人承担纳税义务。对非居民行使来源地税收管辖权的核心问题，在于纳税人是否拥有来源于本国的所得。一国政府只对来自或被认为来自本国境内的所得行使征税权。

来源地税收管辖权以纳税人的收入来源地为依据，一般只对跨国纳税人一切来自本国境内的收入或在本国境内从事的经济活动，不分本国人或外国人，依据本国税法行使征税权；而对跨国纳税人来自境外的收入，不管纳税人是否为本国居民或公民，也不管他国政府是否对该收入征税，都不包括在本国的税收管辖权内，因而又称为从源征税。依据来源地税收管辖权原则，国家可以且只能对相关主体在该国领域内发生的所得或经济行为行使税收管辖权，而不能对其源于境外的所得或在境外从事的经济活动征税。

当一国依据其税法规定，确认非居民的上述所得来自本国境内时，有权行使征税权。来源地国行使税收管辖权应遵循的规则实际上就是来源地税收管辖权的约束规则。

第二章　税收优惠概述

充分享受税收优惠政策，尽量避免多缴税。纳税人通过享受税收优惠政策而获取相关经济利益，以实现其税后利润最大化，是进行税收筹划的最常用的最基本方式。

减税、免税是指根据税法和政策规定，对某些纳税人或课税对象的照顾或鼓励措施。减税免税的类型有：一次性减税免税、一定期限的减税免税、困难照顾型减税免税、扶持发展型减税免税等。甲行家归集整理我国的主要税收优惠方式共计24种。

免除或暂时免除纳税义务的税收优惠方式有6种：免税、免征额、税收豁免、投资抵免、出口退（免）税和税收停征。减征或减少部分应纳税额的税收优惠方式有3种：减税、起征点和税收抵免。税收饶让类的税收优惠方式有15种。

第一节　税收优惠

把简单问题复杂化的是"专家"，能做到复杂问题简单化的，是行家！不做专家做行家，要做就做最好的——甲行家。唐宋八大家之一的韩愈有传世名言云：师者，所以传道授业解惑也！听大家的话，走自己的路。生命不息，追求不止，著书立说、授业解惑，是实现自我的一种美好，一丝的幸福。

传道——传承文化、传播思想、传递知识！

授业——讲授经验、传授技能、辅佐创业！

解惑——解释疑惑、回答困惑、解决问题！

税收优惠，是指国家运用税收政策在税收法律、行政法规中规定对某一部分特定纳税人给予减轻或免除税收负担的一种措施。关于税收优惠，甲行家是不赞同税式支出的观点或说法的。

对于国家而言，税收优惠的结果表现为税收收入的减少，宏观地讲，国家通过税收优惠的方式（具体形式丰富多彩），能够达到鼓励农、林、牧、渔、水利等行业的发展，鼓励能源、交通、邮电等基础产业的发展，促进科技、教育、文化、宣传、卫生、体育等事业的进步，体现国家的民族政策和扶持社会福利事业，鼓励发展第三产业，鼓励环境保护和自然资源的综合利用，鼓励商品出口，吸引外商投资，搞好经济特区。这是表面的，税收优惠的本质是普遍课征前提下税收公平主义（原则）的充分体现。

纳税人通过享受税收优惠政策而获取相关经济利益，以实现其税后利润最大化，是进行税收筹划的最常用的最基本方式。

不征税收入，是指应永久不列入征税范围的收入范畴，其不属于税收优惠，这些收入不属于营利性活动带来的经济利益，是专门从事特定目的收入。企业所得税法及其实施条例中明确规定，收入总额中的下列收入为不征税收入：（一）财政拨款；（二）依法收取并纳入财政管理的行政事业性收费、政府性基金；（三）国务院规定的其他不征税收入。其中，财政拨款是不能包括政府采购收入的。

特别强调的是，**不征税收入不是税收优惠项目**，是不属于税收优惠的！

一、相关概念

直接优惠方式是一种事后的利益让渡，主要针对企业的经营结果减免税，优惠方式更加简便易行，具有确定性。直接优惠是降低税率或对企业经营结果的减免税，容易导致政府税收收入的减少。直接优惠方式主要包括税收减免、优惠税率、再投资退税等。

间接优惠方式是以较健全的企业会计制度为基础的，它侧重于税前优惠，主要通过对税基的调整，激励纳税人调整生产、经营活动以符合政府的政策目标。间接优惠方式中"加速折旧、再投资的税收抵免"两种方式具有更为显著的优点，即能更有效地引导企业的投资或经营行为符合政府的政策目标，鼓励企业从长远角度制定投资或经营计划。间接优惠是前置条件的优惠方式，管理操作比较复杂。

间接优惠的主要方式包括：税收扣除、加速折旧、准备金制度、税收抵免、盈亏相抵和延期纳税等。

税式支出，是指国家为达到一定的政策目标，在税法中对正常的税制结构有目的有意识地规定一些背离条款，造成对一些特定纳税人或课税对象的税收优惠，以起到税收激励或税收照顾的作用，基于这些对正常税制结构的背离条款所导致的国家财政收入的减少、放弃或让与就构成财政上的税式支出。甲行家认为税式支出是对税收优惠的片面概括或抽象理解。

不征税收入是指从性质和根源上不属于企业营利性活动带来的经济利益、不负有纳税义务并不作为应纳税所得额组成部分的收入。如财政拨款、依法收取并纳入财政管理的行政事业性收费、政府性基金以及国务院规定的其他不征税收入。

行政事业性收费，是指依照法律法规等有关规定，按照国务院规定程序批准，在实施社会公共管理，以及在向公民、法人或者其他组织提供特定公共服务过程中，向特定对象收取并纳入财政收支预算管理的费用。

政府性基金，是指企业依照法律、行政法规等有关规定，代政府收取的具有专项用途的财政性资金。

财政性资金，是指企业取得的来源于政府及其有关部门的财政补助、补贴、贷款贴息，以及其他各类财政专项资金，包括直接减免的增值税和即征即退、先征后退、先征后返的各种税收，但不包括企业按规定取得的出口退税款。

二、非营利组织概述

非营利组织，是指在政府部门和以营利为目的的企业之外的一切志愿团体、社会组织或民间协会，一类不以市场化的营利目的作为自己宗旨的组织，是介于政府与营利性企业之间的"第三部门"。不以营利为目的是其主要特征，同时具有非营利性、民间性、自治性、志愿性、非政治性、非宗教性等重要特征。

实务中，不能简单地断定：非营利组织不是纳税主体不缴税，当非营利组织取得应税收入时，是应该依法履行纳税义务的。

非营利性组织的团体多种多样，大致可分为五类：
（1）公益性的团体组织，如基金会、社会志愿者协会、慈善机构等；
（2）宗教类团体组织，如宗教协会、教堂、民间宗教机构等；
（3）文教类的团体单位，如学校、研究所、教育部门、文艺团体等；
（4）环保类团体组织，如绿色组织、动物保护者协会等机构；
（5）消费者权益保护类团体组织，如消协、法律援助中心、业主委员会等。
联合国国际标准产业分类体系把非营利组织分为3大类15小类：
（1）教育：小学教育、中学教育、大学教育、成人教育及其他；
（2）医疗和社会工作：医疗保健、兽医和社会工作；
（3）其他社区服务和个人服务：环境卫生、商会和专业组织、工会、其他会员组织（包括宗教和政治组织），娱乐机构、新闻机构，图书馆、博物馆及文化机构，运动和休闲。

按照《财政部、国家税务总局关于非营利组织免税资格认定管理有关问题的通知》（财税〔2009〕123号）中明确的条件，非营利组织，是指**必须同时符合**下列条件的组织：

（一）依照国家有关法律法规设立或登记的事业单位、社会团体、基金会、民办非企业单位、宗教活动场所以及财政部、国家税务总局认定的其他组织；

（二）从事公益性或者非营利性活动，且活动范围主要在中国境内；

（三）取得的收入除用于与该组织有关的、合理的支出外，全部用于登记核定或者章程规定的公益性或者非营利性事业；

（四）财产及其孳息不用于分配，但不包括合理的工资薪金支出；

（五）按照登记核定或者章程规定，该组织注销后的剩余财产用于公益性或者非营利性目的，或者由登记管理机关转赠给与该组织性质、宗旨相同的组织，并向社会公告；

（六）**投入人对投入该组织的财产不保留或者享有任何财产权利**，本款所称投入人是指除各级人民政府及其部门外的法人、自然人和其他组织；

（七）工作人员工资福利开支控制在规定的比例内，不变相分配该组织的财产，其中：工作人员平均工资薪金水平不得超过上年度税务登记所在地人均工资水平的两倍，工作人员福利按照国家有关规定执行；

（八）除当年新设立或登记的事业单位、社会团体、基金会及民办非企业单位外，事业单位、社会团体、基金会及民办非企业单位申请前年度的检查结论为"合格"；

（九）对取得的应纳税收入及其有关的成本、费用、损失应与免税收入及其有关的成本、费用、损失分别核算。

特别是第六条规定，非常具体和明确：

投入人对投入该组织的财产不保留或者享有任何财产权利。

一般情况下，非营利组织具有以下共同特征：

（1）必须依法成立，有自己的名称、组织机构和场所；

（2）所提供的服务具有福利性特征，不具有营利性，不以获利为目的；

（3）有必要的财产和经费，服务的非营利性和公共性；

（4）有多样化的资源支持系统。

三、税收优惠的作用

税收优惠政策是国家干预经济的重要手段之一，是国家为了配合其在一定时期内的政治、经济和社会发展的总目标。利用税收制度，按照预定的目的，在税收方面相应给予某些资产、活动、组织形式优惠待遇的条款，以减轻某些纳税人应履行的纳税义务来补贴纳税人及其某些活动。

（一）有利于促进经济结构调整，加快实施优势资源转换战略

通过配合产业政策而制定不同的税收优惠，对急需发展和需要扶持的产业给予特

殊的鼓励和照顾，有利于促进经济结构和产业结构的调整。我国正处于经济体制的转型期，靠市场调节经济。但市场调节具有滞后性，企业对产业结构调整的反应始终表现得比较迟缓。

在这种情况下，政府通过合理的税收政策，对需要下大力、急需发展的产业予以税收优惠，而对限制的行业不予以优惠或者实施高税负，就给所有市场行为主体一个比较明确的产业信号，从而引导社会资源合理流动，实现产业结构优化。

（二）有利于促进循环经济的发展

在发展工业经济的过程中，必须发展循环经济。要通过认真落实节能节水、环境保护、节能减排以及资源综合利用的税收优惠政策，鼓励发展循环经济，通过发展循环经济，来促进资源节约和环境保护。

（三）协调经济社会发展，有利于促进社会稳定和改善民生

税收优惠在改善民生、促进社会经济协调发展，维护社会稳定方面也发挥着重要的作用。国家出台的支持和促进下岗失业人员再就业税收政策，促进残疾人员就业的税收政策，对解决就业改善民生都发挥着直接的作用。

（四）降低企业成本，提高经济和社会效益

创新成本是与创新有关的各种投入，包括人力成本、资金、设备等。税收可以通过资金的形式影响其中的每一部分，对个人所得税的优惠政策可以影响到人力资本成本，对企业所得税的优惠可以影响到企业整体的经济利益，企业固定资产加速折旧优惠可以影响到设备的折旧额，而以上这些都是以现金的形式来对企业产生影响，从而能够一定程度上降低企业投入成本，提高企业的盈利水平。

（五）有利于引进外国先进的技术和管理经验

外商直接投资在为我国带来外国资本的同时，也引进了先进的技术设备和管理经验。在当代经济发展中，科学技术起着决定性的作用。尤其我国的技术还比较落后，学习与引进先进的科学技术就显得更为重要。我国通过给予外商投资的先进技术企业以税收优惠，促进了一大批先进技术企业纷纷建立，促进对外开放，发展外向型经济。

四、税收优惠的方式

税收优惠是指国家在税收方面给予纳税人或征税对象的各种优待的总称，是政府通过税收制度，按照特定目的，减除或减轻纳税人税收负担的一种形式。甲行家对我国的税收优惠方式进行归集整理后，主要优惠方式共计24种。按照不同的分类标准，可以将税收优惠方式分为：免除·减征·饶让类、纳税主体·计税依据·税率·其他类、免减缓退抵类、直接优惠和间接优惠类。

其中，税收优惠的"免、减、缓、退、抵类"分类归集后，具体内容如下：

（一）免税类优惠方式（6种）

1. 免税　2. 免征额　3. 税收豁免　4. 投资抵免　5. 出口退（免）税　6. 税收停征

（二）减税类优惠方式（3种）

7. 减税　8. 起征点　9. 税收抵免

（三）迟延纳税类优惠方式（2种）

10. 缓缴　11. 加速折旧

（四）退税类优惠方式（3种）

12. 即征即退　13. 先征后返（退）　14. 再投资退税

（五）抵免税类优惠方式（7种）

15. 税额抵扣　16. 税收饶让　17. 以税还贷　18. 税前还贷　19. 税项扣除　20. 盈亏相抵（亏损结转、亏损弥补）　21. 汇总纳税

（六）其他类优惠方式（3种）

22. 保税制度　23. 存货计价　24. 准备金制度

（七）各项税收优惠方式的概念或定义

1. 免税

免税，是指按照税法规定免除全部应纳税款，是对某些纳税人或征税对象给予鼓励、扶持或照顾的特殊规定，是世界各国及各个税种普遍采用的一种税收优惠方式。免税一般可以分为法定免税、特定免税和临时免税三种。

2. 免征额

免征额是税法规定的扣税对象全部数额中免予征税的数额。凡规定有免征额的，无论课税对象的计税数额多大，免征额的部分都不征税，仅就其超过免征额的部分征税。人均普惠是免征额的显著特征。

3. 税收豁免

税收豁免是指在定期间内免除某些纳税人或纳税项目应纳的税款。税收豁免有部分豁免和全部豁免之分，最典型的是外交税收豁免。

4. 投资抵免

投资抵免是指政府对纳税人在境内的鼓励性投资项目允许按投资额的多少抵免部分或全部应纳所得税额的一种税收优惠措施。

5. 出口退（免）税

出口货物退（免）税是指在国际贸易中，对报关出口的货物退还在国内各生产环节和流转环节按税法规定已缴纳的增值税和消费税，或免征应缴纳的增值税和消费税。

6. 税收停征

税收停征是指按照法定程序，对某些税收法律、法规有效期的停止。税收停征的结果是某税法或其中某些条款从明确规定之日起失去法律效力。

7. 减税

减税（又称税收减征），是按照税收法律、法规减除纳税义务人一部分应纳税款。减税是对某些纳税人、征税对象进行扶持、鼓励或照顾，以减轻其税收负担的一种特殊规定。减税一般分为法定减税、特定减税和临时减税。

8. 起征点

起征点，又称"征税起点"或"起税点"，是指税法规定对课税对象开始征税的最低界限，收入未达到起征点的低收入者不纳税，收入超过起征点的高收入者按全部课税对象纳税。

9. 税收抵免

税收抵免是指准许纳税人将其某些合乎规定的特殊支出，按一定比例或全部从其应纳税额中扣除，以减轻其税负。常见的税收抵免有两类，投资抵免和国外税收抵免。

10. 延期纳税（缓缴）

延期纳税亦称"税款延迟缴纳"，是指允许纳税人将其应纳税款延迟缴纳或分期缴纳。延期纳税表现为将纳税人的纳税义务向后推延，其实质上相当于在一定时期内国家给予纳税人一笔与其延期纳税数额相等的无息贷款。

11. 加速折旧

加速折旧是指国家为鼓励特定行业或部门的投资，允许纳税人在固定资产投入使用初期提取较多的折旧，以提前收回投资。它与企业应税所得的大小及与企业所得税税负的大小成反比，所以加速折旧从量上并不能减轻纳税人的税负，它所起的效果是使企业的纳税时间向后推延。

12. 即征即退

即征即退是指对按税法规定缴纳的税款，由税务局在征税时部分或全部退还纳税人的一种税收优惠。与出口退税先征后退、投资退税一并属于退税的范畴，其实质是一种特殊方式的免税和减税。

13. 先征后返（退）

先征后返又称"先征后退"，是指对按税法规定缴纳的税款，由税务局征收入库后，再由税务局或财政部门按规定的程序给予部分或全部退税或返还已纳税款的一种税收优惠，属退税范畴，其实质是一种特定方式的免税或减免规定。据财税有关文件规定，目前，实务中先征后返的具体项目多达 19 项。

14. 再投资退税

再投资退税是指对特定投资者的再投资所得给予部分或全部退还的一种税收优惠，

一般适用于企业所得税条款，是发展中国家为吸引外商增加投资所采取的一种税收优惠措施。

15. 税额抵扣

税额抵扣又称"税额扣除""扣除税额"，是指纳税人按照税法规定，在计算缴纳税款时对于以前环节缴纳的税款准予扣除的一种税收优惠。由于税额抵扣是对已缴纳税款的全部或部分抵扣，是一种特殊的免税、减税，又称之为税额减免。

16. 税收饶让

亦称"虚拟抵免"和"饶让抵免"。是指居住国政府对其居民在国外得到减免税优惠的那一部分，视同已经缴纳，同样给予税收抵免待遇不再按居住国税法规定的税率予以补征。税收饶让是配合抵免方法的一种特殊方式，是税收抵免内容的附加。它是在抵免方法的规定基础上，为贯彻某种经济政策而采取的优惠措施。税收饶让这种优惠措施的实行，通常需要通过签订双边税收协定的方式予以确定。税收饶让抵免的方式主要有差额饶让抵免和定率饶让抵免两种。

17. 以税还贷

以税还贷是指企业用流转税、所得税归还专项生产措施贷款。自 1979 年以来，我国为鼓励国内企业投资扩大再生产，对国营企业和城镇集体企业使用银行的基本建设贷款或技术措施贷款，规定可以用贷款项目投产后新增加的利润归还；少数产品由于税大利小，用新增利润不足以归还贷款本息的，经批准还可以用贷款项目投产后新增产品应纳的产品税或增值税归还。同时，为了鼓励企业利用外资扩大产品出口，对企业使用规定的外汇贷款从国外引进先进技术、设备的投资项目，经批准，亦可以用贷款项目投产后新增产品应纳的产品税或增值税归还。

18. 税前还贷

税前还贷是指对企业实现的利润，允许先按规定归还各种专项贷款，再计征所得税的办法。

19. 税项扣除

税前扣除主要是指所得税税前扣除项目，包括企业所得税、个人所得税税前可以扣除的项目。

20. 盈亏相抵（亏损结转、亏损弥补）

盈亏相抵，是指准许企业以某一年度的亏损，抵销以后的年度的盈余，以减少其以后的年度的应纳所得税款；或是冲抵以前年度的盈余，申请退还以前的年度已纳的部分税款。

21. 汇总纳税

汇总纳税又称"汇总缴纳"，是指对企业集团和设有分支机构的企业，采取由企业集团的核心企业或总机构汇总所属成员企业集中缴纳所得税的一种税收征收办法。

实行汇总缴纳，表面上看只是税收征收办法的改变，但由于汇总缴纳允许各个机构的盈亏相互抵补后缴纳所得税，部分减少了汇总企业的应纳税额，其实质是给予汇总纳税企业的一种税收优惠。

22. 保税制度

保税制度是指经海关批准的境内企业所进口的货物，在海关监督下在境内指定的场所储存、加工、装配，并暂缓缴纳各种进口税费的一种海关监管业务制度。

23. 存货计价

存货计价是指企业在经营期末按照财务会计制度规定对期末存货价格的计算。选择不同的存货计价方法将会导致不同的报告利润和存货估价，并对企业的税收负担、现金流量产生影响。

我国《企业会计准则》规定："各种存货发出时，企业可以根据实际情况，选择使用先进先出法、加权平均法、移动平均法、个别计价法、后进先出法等方法确定其实际成本。"

24. 准备金制度

准备金制度是指政府为了使企业将来发生的某些费用或投资有资金来源，在计算企业应纳税所得时，允许企业按照一定的标准将一定量的应税所得作为准备金处理，从应税所得总额中扣除，不必纳税。准备金的种类很多，有投资准备金、技术开发准备金、出口损失准备金、价格变动准备金、国外投资损失准备金等。

五、税收优惠的运用

利用税收优惠政策获取相应的税收利益，以实现税后利润最大化，是企业实施税收筹划常用的方式。由于税收优惠政策条款繁杂，适用要求高，不同的优惠政策所带来的预期税收利益和筹划成本以及对税后利润总额影响，是不一样的。

（一）比较分析综合测算后作出选择

税收优惠政策筹划的重点是根据自身生产经营的情况和现行税收优惠政策的规定，通过合理选择和运用，以达到节税或其他筹划目的，不能本末倒置。在适用多项税收优惠政策时，必须进行比较分析综合测算后作出选择。

当企业同时适用多项税收优惠政策，必须通过比较分析，综合平衡后，以获取税后利益最大化或特定税收目标效率最大化为标准作出选择。由于某项税收优惠政策是针对特定的税种而设计的，而企业一般需要同时缴纳多种税，这些税之间又往往存在此消彼长的关系。因此，评价某项税收优惠政策带来的税收利益，主要是通过实施该项政策后所产生的税后总收益或优惠期内产生的税后总收益的现值等指标来评判。

（二）充分考虑税收优惠政策的筹划成本

这个筹划成本包括直接成本和间接成本。直接成本，主要是指为满足某一税收优惠政策的要求，对企业经济状况的改变而发生的经济资源的消耗。此外，直接成本还包括税收筹划中实际发生的费用。

间接成本，主要是指税收优惠政策实施过程中可能出现的不确定因素而造成风险。例如，因社会经济因素的变化而使正在执行的优惠政策突然被取消而给企业带来的损失，或者在税收优惠政策实施过程中，因企业经营策略的改变，或其他意外因素使企业不再具备或不再完全符合税收优惠政策的条件，而被迫取消享受优惠政策的资格。间接成本的发生是具有不确定性的，因此，在筹划过程中应予以充分考虑。

当筹划利益大于筹划成本时，税收优惠政策的运用才具有可行性。税收利益一般根据优惠政策带来的净收益现值与筹划成本现值的差额确定。

（三）收益来源国与居住国政府是否签订税收饶让协议

税收饶让是指纳税人在收益来源国取得的税收优惠被视为已纳税收，在向居住国政府申报纳税时，这部分被视为已纳税收入允许从应税收入中抵免。跨国纳税人在收益来源国享受的税收优惠待遇，能否拥有这种税收饶让待遇，关键是看收益来源国与居住国政府是否签订了税收饶让协定，如果签订了这一协议，则跨国纳税人在收益来源国享受的税收优惠，便可最终获取其税收利益；如果没有签订这一协议，则在收益来源国获得的减免税，在向居住国政府申报纳税时，必须依法把该减免税额缴纳。因此，跨国纳税人在进行税收优惠政策筹划之前，必须搞清楚居住国与收益来源国之间是否已签订税收饶让协议。如果没有签订这一协议，一般收益来源国的税收优惠，并不能给跨国纳税人带来实际的税收利益；如果已经签订这一协议，还应仔细研读有关的条款，搞清饶让的方法，以便更好地确定税收利益的预期。

（四）国际协调

税收优惠政策国际协调是维护世界经济秩序和完善各国税制的重要环节。如果国家税收优惠政策各行其是，不进行国际间的协调，实践证明将造成下述后果：首先，会直接削弱税收优惠政策的有效性；其次，将扭曲国际竞争，扰乱经济秩序；最后，制约国内税收政策的执行。

税收优惠政策国际协调的内容可分为三大类：一是税种协调；二是税率协调；三是减免协调。由于税率是税收利益的集中体现，所以各税种的国际协调，实质往往是税率协调。税种和税率的国际协调要受到国内税法的制约，而税收减免具有灵活性，在国际协调中可以起到各国税收利益调整和补充的作用。

六、增值税零税率与免征的区别

零税率，又称税率为零，是指对某种课税对象和某个特定环节上的课税对象，以零表示的税率。从理论上说，零税率与免税是不同的。当增值税一般计税时，零税率的税收优惠力度大于税收优惠免税的力度。

零税率是在计算缴纳增值税时，销项税额按照 0% 的税率计算，进项税额允许抵扣。增值税中的免税只是免去某一生产、流通环节的税款，其他各环节税款则不能免除，且进项税额也是不允许抵扣的。

（一）增值税一般计税前提下，两者的区别很明显

1. 零税率

零税率是在计算缴纳增值税时，销项税额按照 0% 的税率计算，进项税额允许抵扣。增值税应纳税额＝销项税额－进项税额，适用零税率即销项税额为 0，应纳税额＝0－进项税额。这意味着可以退还税款，或进项留抵。

实行零税率的其进项税额允许抵扣，涉及进项税额的退还。同时，销售零税率的货物，其销售额计入全部销售额，销项税额为 0。因此，零税率货物进项税额需要进行核算，销项税额不需要进行核算。

真正体现零税率理论上定义的，是增值税对出口产品实行零税率，即纳税人出口产品不仅可以不纳本环节增值额的应纳税额，而且可以退还以前各环节增值额的已纳税款。

2. 免税

增值税中的免税只是免去某一生产、流通环节的税款，其他各环节税款则不能免除，且进项税额不允许抵扣。

免征增值税：应纳增值税为 0，同时不能抵扣进项税额。通过公式展示则显而易见，国家税务总局关于发布《适用增值税零税率应税服务退（免）税管理办法》的公告（总局公告 2014 年第 11 号）附件 4 第四条规定："提供适用零税率的应税服务，如果属于适用增值税一般计税方法的，实行免抵退税办法。"

进项税额不允许抵扣，会计核算中进项税额直接计入货物的成本。销售免税货物，只能开具普通发票，其收入计入销售收入，不计算销项税额。因此，免税货物的进项税额与销项税额都不需进行核算。

相比之下，适用零税率比免征增值税，真的是更实惠。

（二）零税率与免税的税收管理要求的不同

增值税有多档税率，零税率也是增值税的一档税率，只要符合文件规定，就可以适用零税率，无须税务局审批或备案。但是，免征增值税却是税收优惠，要遵循税收优惠管理的相关要求，或先经税务局审批，或报送税务局备案，或自留存备查。

纳税人可以主动放弃免税优惠（包括减税优惠，下同）。但一经放弃，36 个月内不得再申请免税。《财政部、国家税务总局关于增值税纳税人放弃免税权有关问题的通知》（财税〔2007〕127 号）规定：

"要求放弃免税权应当以书面形式提交放弃免税权声明，报主管税务机关备案。"而且"一经放弃免税权，其生产销售的全部增值税应税货物或劳务均应按照适用税率

征税，不得选择某一免税项目放弃免税权，也不得根据不同的销售对象选择部分货物或劳务放弃免税权。"

纳税人也可以放弃适用零税率，选择免税或按规定缴纳增值税。放弃适用零税率后，36 个月内不得再申请适用零税率。

（三）对企业所得税收入影响不同

适用零税率与免征增值税的区别，对于企业所得税的影响是不同的。

直接减免的增值税属于财政性资金，而财政性资金要同时符合三个条件，才可以作为不征税收入——企业能够提供规定资金专项用途的资金拨付文件；财政部门或其他拨付资金的政府部门对该资金有专门的资金管理办法或具体管理要求；企业对该资金以及以该资金发生的支出单独进行核算。具体文件见《财政部、国家税务总局关于财政性资金行政事业性收费政府性基金有关企业所得税政策问题的通知》（财税〔2008〕151 号）和《财政部、国家税务总局关于专项用途财政性资金企业所得税处理问题的通知》（财税〔2011〕70 号）。

从实际情况看，很多企业都无法同时达到这三条，往往被税务局检查时并入收入总额，计算补缴企业所得税。出口退税则不视为财政性收入，不计算缴纳企业所得税。

第二节　不征税与免税

免税，是指按照税法规定免除全部应纳税款，是对某些纳税人或征税对象给予鼓励、扶持或照顾的特殊规定，是世界各国及各个税种普遍采用的一种税收优惠方式，一般可以分为三种：法定免税、特定免税和临时免税。其中，法定免税是主要方式，特定免税和临时免税是辅助方式，是对法定免税的补充。

不征税收入是指从性质和根源上不属于企业营利性活动带来的经济利益、不负有纳税义务并不作为应纳税所得额组成部分的收入。

免除纳税人应缴的全部或部分税款，是税收优惠的主要方式，免税规定是税收优惠政策的主要内容，税收优惠政策是国家利用税收调节经济的具体手段，国家通过税收优惠政策、可以扶持某些特殊地区、产业、企业和产品的发展，促进产业结构的调整和社会经济的协调发展。不征税收入不是税收优惠。

2007 年 3 月 16 日通过的《企业所得税法》，首次在我国法律上确立了"不征税收入"概念，《企业所得税法》的具体规定如下：

第七条　收入总额中的下列收入为不征税收入：

（一）财政拨款；

（二）依法收取并纳入财政管理的行政事业收费、政府性基金；

（三）国务院规定的其他不征税收入。

第二十六条　企业的下列收入为免税收入：

（一）国债利息收入；

（二）符合条件的居民企业之间的股息、红利等权益性投资收益；

（三）在中国境内设立机构、场所的非居民企业从居民企业取得与该机构、场所有实际联系的股息、红利等权益性投资收益；

（四）符合条件的非营利组织的收入。

现行《企业所得税法》将企业收入总额分为：免税收入、不征税收入和应税收入三类。归集整理为甲行家财税公式：

1. 纳税人的收入＝不征税收入＋免税收入＋征税收入

2. 纳税人的收入＝应税收入＋非应税收入

3. 应税收入＝免税收入＋征税收入　　　非应税收入＝不征税收入

一、不征税收入

不征税收入，是指应永久不列入征税范围的收入，其不属于税收优惠，这些收入不属于营利性活动带来的经济利益，是专门从事特定目的与经营无关的收入。

（一）财政拨款

财政拨款是指政府在履行社会公共管理职能时，按年度预算安排的资金拨款，具体可表现为财政补助、专项财政补贴等。企业、事业单位等主体如果获得相应的财政拨款，不管是从获取目的还是从资金性质等角度分析，该项收入都具有突出的公益性。按照可税性原理，如果一项收益具有非营利性或公益性，就不应该对其征税，因此不应对财政拨款（政府采购除外）征税。从政府角度而言，如果对财政支出的拨款征税又转为财政收入，就如同左手送出去的钱右手又拿回一部分，是对财政资金的循环征税，不符合效率原则。

我国的《企业所得税法实施条例》将"财政拨款"界定为：各级政府对纳入预算管理的事业单位、社会团体等组织拨付的财政资金，但国务院和税务主管部门另有规定的除外。即政府采购不是财政拨款，是应该征税的！对财政拨款应区分一般法人企业和事业单位、社会团体、民办非企业单位，对企业取得财政拨款确认为不征税收入，应当有较后者要求更严格的条件。比如必须经国家财税主管部门批准，以加强对财政拨款课税的控制，防止因地方政府不当减少中央收入。而后者只需向征税机关提供财政部门或上级拨款部门出具的拨款证明即可。

（二）依法收取并纳入财政管理的行政事业性收费、政府性基金

行政事业性收费是指国家机关、事业单位、代行政府职能的社会团体及其他组织根据法律法规等有关规定，按照国务院规定程序批准，在实施社会公共管理，在向公

民、法人提供特定服务的过程中,按照成本补偿和非营利原则向特定服务对象收取并纳入财政管理的费用。而政府性基金是指各级政府及其所属部门根据法律法规和国务院有关文件规定,为支持某项公共事业发展,向公民、法人和其他组织无偿征收的具有专项用途的财政资金。一方面两者或具有非营利性,或具有公益性,从而不具可税性;另一方面两者都属财政性资金,都是国家财政收入,基于征税者不对自己征税的原理,两者也不具可税性。

关于行政事业性收费和政府性基金的具体规定如下:

1. 企业收取的各种基金、收费,应计入当年收入总额。

2. 企业按照规定缴纳的、由国务院或财政部批准设立的政府性基金以及由国务院和省、自治区、直辖市人民政府及其财政、价格主管部门批准设立的行政事业性收费,准予在计算应纳税所得额时扣除。

企业缴纳的不符合前述审批管理权限设立的基金、收费,不得在计算应纳税所得额时扣除。

3. 对企业依照法律、法规及国务院有关规定收取并上缴财政的政府性基金和行政事业性收费,准予作为不征税收入,于上缴财政的当年在计算应纳税所得额时从收入总额中减除;未上缴财政的部分,不得从收入总额中减除。

我国现行规范行政事业性收费、政府性基金的法规包括:财政部、国家发改委发布的《行政事业性收费项目审批管理暂行办法》、财政部发布的《关于加强政府性基金管理问题的通知》、《国务院关于加强预算外资金管理的决定》、《中共中央、国务院关于治理向企业乱收费、乱罚款和各种摊派等问题的决定》等。

(三) 国务院规定的其他不征税收入

国务院规定的其他不征税收入,是指企业取得的,由国务院财政、税务主管部门规定专项用途并经国务院批准的财政性资金。

财政性资金是指企业取得的来源于政府及其有关部门的财政补助、补贴、贷款贴息,以及其他各类财政专项资金,包括直接减免的增值税和即征即退、先征后退、先征后返的各种税收,但不包括企业按规定取得的出口退税款。

1. 企业取得的各类财政性资金,除属于国家投资和资金使用后要求归还本金的以外,均应计入企业当年收入总额。

2. 对企业取得的由国务院财政、税务主管部门规定专项用途并经国务院批准的财政性资金,准予作为不征税收入,在计算应纳税所得额时从收入中减除。

3. 纳入预算管理的事业单位、社会团体等组织,按照核定的预算和经费报领关系收到的由财政部门或上级单位拨入的财政补助收入,准予作为不征税收入,在计算应纳税所得额时从收入总额中减除,但国务院和国务院财政、税务主管部门另有规定的除外。

按照财政部《关于加强政府非税收入管理的通知》的规定，根据具体特性，补充规定国有资源有偿使用收入、国有资产有偿使用收入、国有资本经营收益、彩票公益金、罚没收入、以政府名义接受的捐赠收入、主管部门集中收入以及政府财政资金产生的利息收入等，全部或其中若干项为不征税收入。因为这些政府非税收入，同样可为事业单位、代行政府职能的社会团体及其他组织依法取得，同时也可以依据可税性原理及相关财政理论而确定为不征税收入。

（四）不征税收入具体规定

具有专项用途财政性资金的企业所得税处理：

1. 企业从县级以上各级人民政府财政部门及其他部门取得的应计入收入总额的财政性资金，凡同时符合以下条件的，可以作为不征税收入，在计算应纳税所得额时从收入总额中减除：①企业能够提供规定资金专项用途的资金拨付文件；②财政部门或其他拨付资金的政府部门对该资金有专门的资金管理办法或具体管理要求；③企业对该资金以及以该资金发生的支出单独进行核算。

2. 根据《企业所得税法实施条例》第二十八条的规定，上述不征税收入用于支出所形成的费用，不得在计算应纳税所得额时扣除；用于支出所形成的资产，其计算的折旧、摊销不得在计算应纳税所得额时扣除。

3. 企业将符合本通知第一条规定条件的财政性资金作不征税收入处理后，在5年（60个月）内未发生支出且未缴回财政部门或其他拨付资金的政府部门的部分，应计入取得该资金第六年的应税收入总额；计入应税收入总额的财政性资金发生的支出，允许在计算应纳税所得额时扣除。

4. 自2011年1月1日起执行，《财政部、国家税务总局关于专项用途财政性资金企业所得税处理问题的通知》（财税〔2007〕70号）

由于企业涉及财政资金、行政事业性收费、政府性基金的项目多种多样，针对某类具体项目的收入能否界定为不征税收入一直是企业财务人员关注的热点和难点。纳税人应分清应税收入与不征税收入的区别，从而进行正确的税务处理。

例如：国家投资和专项借款不属于应税收入。

国家投资，是指国家以投资者身份投入企业并按有关规定相应增加企业实收资本（股本）的直接投资。而"资金使用后要求归还本金"应当是政府借款给企业的行为，付不付息不做明确规定，但本金一定要归还，这是借款与拨款的根本区别，在这种情况下政府对企业的支持形式可能是低息或者免息。投资与借款具体行为与收入无关，也就不是企业所得税应税收入。

是不是不征税收入，是"法定"的，不是人为设定或判断出来的。

二、不征税收入与免税收入的区别

不征税收入用于支出所形成的费用，不得在计算应纳税所得额时扣除。用于支出所形成的资产，其计算的折旧、摊销不得在计算应纳税所得额时扣除。

不征税收入与免税收入属于不同的概念，不征税收入不属于税收优惠，而免税收入属于税收优惠。不征税收入是由于从根源和性质上，不属于营利性活动带来的经济利益，是专门从事特定目的的收入，这些收入从企业所得税原理上讲应永久不列为征税范围的收入范畴。如政府预算拨款，依法收取并纳入财政管理的行政事业性收费、政府性基金等。而免税收入是纳税人应税收入的重要组成部分，只是国家为了实现某些经济和社会目标，在特定时期或对特定项目取得的经济利益给予的税收优惠照顾，而在一定时期又有可能恢复征税的收入范围。如国债利息收入，符合条件的居民企业之间的股息、红利收入，在中国境内设立机构、场所的非居民企业从居民企业取得与该机构、场所有实际联系的股息、红利收入，符合条件的非营利公益组织的收入等。

项　目	免税收入	不征税收入
收入的性质	经营性	非经营性
相应的成本费用	可以扣除	不可以扣除
税收待遇	免于征税	不应征税
国家调控的影响	可随时作为征税收入	不会征税

三、免税收入

免税，是全额或部分免除纳税人的应纳税义务。免，免除也！

（一）免税

免税，通过设立税种、设计税目和税率，在统一征税的基础上，采取免税的税收优惠，以适应个别的特殊的情形，也是世界各国税收制度普遍采取的一种税收优惠措施。

1. 法定免税

法定免税是指在税法中列举的免税条款，并列入相应税种的税收法律、税收条例和实施细则之中。这类免税条款，免税期限一般较长或无期限，免税内容具有较强的稳定性，一旦列入税法，没有特殊情况，一般不会修改或取消。这类免税主要是从国家（或地区）国民经济宏观发展及产业规划的大局出发，对一些需要鼓励发展的项目或关系社会稳定的行业领域，给予的税收扶持或照顾，具有长期的适用性和较强的政策性。例如，按照《增值税暂行条例》第十六条的规定，对农业生产单位和个人销售自产初级农产品，免征增值税。

2. 特定免税

特定免税是根据政治、经济情况发生变化和贯彻税收政策的需要，对个别、特殊的情况专案规定的免税条款。这类免税，一般是在税法中不能或不宜一一列举而采用的政策措施，或者是在经济情况发生变化后作出的免税补充条款。这类免税，一般由税收立法机构授权，由国家或地区行政机构及国家主管税务的部门，在规定的权限范围内作出决定。其免税范围较小，免税期限较短，免税对象具体明确，多数是针对具体的个别纳税人或某些特定的征税对象及具体的经营业务。

3. 临时免税

临时免税是对个别纳税人因遭受特殊困难而无力履行纳税义务，或因特殊原因要求减除纳税义务的，对其应履行的纳税义务给予豁免的特殊规定。这类免税一般在税收法律、法规中均只作出原则规定，并不限于哪类行业或者项目。它通常是定期的或一次性的免税，具有不确定性和不可预见性的特征。例如，原《企业所得税暂行条例》中规定，企业遇有风、火、水、震等严重自然灾害，纳税确有困难的，经主管税务局批准，可免征所得税 1 年。

上述三类免税规定，法定免税是主要方式，特定免税和临时免税是辅助方式，是对法定免税的补充。由于我国经济正处于转型时期，经济法律、法规尚处于不断修改完善的阶段，为了保证国家各项改革措施和方针政策贯彻落实，在现有法定免税政策的基础上，及时调整和补充大量特定免税和临时免税条款，不仅是不可避免的，也是十分必要的。

（二）免税收入

免税收入是指属于企业的应税所得但按照税法规定免予征收企业所得税的收入。目前，免税收入主要包括：

1. 国债利息收入

国债包括财政部发行的各种国库券、特种国债、保值公债等。原国家计委发行的国家重点建设债券和经中国人民银行批准发行的金融债券及各种企业债券等，不包括在国债范围之内。为鼓励纳税人积极购买国债，税法规定，纳税人购买国债所得利息收入，不计入应纳税所得额，不征收企业所得税。

2. 符合条件的居民企业之间的股息、红利等权益性收益

这是居民企业直接投资于其他居民企业取得的投资收益，也包括在我国境内设立机构、场所的非居民企业从居民企业取得与该机构、场所有实际联系的股息、红利等权益性投资收益。该收益都不包括连续持有居民企业公开发行并上市流通的股票不足12 个月取得的投资收益。

3. 有指定用途的减免或返还的流转税

税法规定，对企业减免或返还的流转税（含即征即退，先征后退等），国务院、

财政部和国家税务总局规定有指定用途的不计入应纳税所得额。除此之外的减免或返还的流转税，应纳入应纳税所得额，计征企业所得税。对直接减免和即征即退的，应并入企业当年应税所得，征收企业所得税；对先征税后返还和先征后退的，应并入企业实际收到退税或返还税款年度的所得，征收企业所得税。

4. 不计入损益的补贴项目

税法规定，对企业取得的国家补贴收入和其他补贴收入，凡国务院、财政部或国家税务总局规定不计入损益的，可在计算应纳税所得额时予以扣除。除此之外的补贴收入，应一律并入企业实际收到该补贴收入年度的应纳税所得，计征企业所得税。

5. 纳入财政预算或财政专户管理的各种基金和收费

企业收取的各种价内外基金（资金、附加、收费），属于国务院或财政部批准收取，并按规定纳入同级预算内或预算外资金财政专户，实行收支两条线管理的，不计入应纳税所得额。

企业收取的各项收费，属于国务院或财政部会同有关部门批准以及省级人民政府批准，并按规定纳入同级财政预算内或预算外资金财政专户，实行收支两条线管理的，不征收企业所得税。

6. 技术转让收入

对科研单位和大专院校服务于各业的技术成果转让、技术培训、技术咨询、技术服务、技术承包所取得的技术性服务收入暂免征收企业所得税。

企业、事业单位进行技术转让，以及在技术转让过程中发生的与技术转让有关的技术咨询、技术服务、技术培训的所得，在一个纳税年度里，技术转让所得（净收入）在500万元以下的，免征收所得税，超过500万元的部分，减半征收企业所得税。

7. 治理"废渣、废气、废水"收益

8. 国务院、财政部和国家税务总局规定的事业单位和社会团体的免税项目

主要包括：经财政部核准不上缴财政专户管理的预算外资金；事业单位从主管部门和上级单位取得的用于事业发展的专项补助收入；事业单位从其所属独立核算经营单位的税后利润中取得的收入；社会团体取得的各级经营单位的税后利润中取得的收入；社会团体取得的各级政府资助；按照省级以上民政、财政部门规定收取的会费；社会各界的捐赠收入以及经国务院明确批准的其他项目。

9. 符合条件的非营利组织的收入，不包括非营利组织从事营利活动取得的收入。非营利组织的下列收入为免税收入：

（1）接受其他单位或者个人捐赠的收入；

（2）除《企业所得税法》第七条规定的财政拨款以外的其他政府补助收入，但不包括因政府购买服务取得的收入；

（3）按照省级以上民政、财政部门规定收取的会费；

（4）不征税收入和免税收入孳生的银行存款利息收入；

（5）财政部、国家税务总局规定的其他收入。

《财政部、国家税务总局关于非营利组织企业所得税免税收入问题的通知》（财税〔2009〕122号）

10. 其他免税收入

四、免税的方式

免除或暂时免除纳税义务的税收优惠方式，共计有六种：免税、免征额、税收豁免、投资抵免、出口货物退（免）税和税收停征。

（一）免税

免税，即免除纳税义务，是对某些纳税人或征税对象给予鼓励、扶持或照顾的特殊规定，是世界各国及各个税种普遍采用的一种税收优惠方式。例如：

免增值税是指按照税法规定不征收销项税额，同时进项税额是不可抵扣、应该转出的。直接从事植物的种植、收割和动物的饲养、捕捞的单位和个人销售的自产农业产品免征增值税。

企业的国债利息收入为免税收入，是指企业持有国务院财政部门发行的国债取得的利息收入，免征企业所得税。

由国家财政部门拨付事业经费的单位，本身业务范围内办公使用的房产，免征房产税。

（二）免征额

免征额是税法规定的扣除课税对象全部数额中免予征税的数额。当课税对象小于免征额时，都不予征税；当课税对象大于免征额时，仅对课税对象超过免征额部分征税。规定免征额是为了照顾纳税人的最低需要，使税收负担合理和公平。

特点：它是按照一定标准从征税对象总额中预先减除的数额。免征额部分不征税，只对超过免征额部分征税。这是免除纳税义务（即免税范畴！）

原个人所得税是免征额，非起征点！

原个人所得税是有免征额规定的，现行的个人所得税法规定的综合所得（工资薪金、劳务报酬、稿酬、特许权使用费）的月免征额（即费用扣除标准）为5000元。几乎年年都广泛讨论是否应该提高的数额，其实就是这个免征额或者称费用扣除标准。由于个人所得税涉及了普通百姓的切身利益，在他们对税收法律体系了解不甚全面的情况下，最好是使用规范的概念表述，不要再用起征点这种不准确的表述，以免以讹传讹。

（三）税收豁免

税收豁免，是指在一定期间内，对纳税人的某些所得项目或所得来源不予课税，或对其某些活动不列入课税范围等，以豁免其税收负担。这是对外交机构和外交人员，按照国际公约在税收方面给予特殊的免税优惠所作的规定。

税收豁免是外交豁免的一种，是外交豁免的重要内容之一，即对驻本国的外交代表、外交代表机构以及外交人员，予以免征进出口关税、关税附加以及直接税，但间接税一般不给予免税待遇。

特点：该项优惠更突出的是政治性，实质上是属于国际税收范畴！

最常见的税收豁免项目有两类：一类是免除关税与货物税；另一类是免除所得税。免除机器或建筑材料的进口关税，可使企业降低固定成本；免除原材料以及半成品的进口关税，可增强企业在国内外市场的竞争能力；至于免除所得税，可以增加新投资的利润，使企业更快地收回所投资本，减少投资风险，以刺激投资。

我国在个人所得税法及有关税收法规中，对外交税收豁免也作出了相应规定。主要内容包括：

1. 使（领）馆的馆舍，免纳捐税

如对外国使（领）馆不动产的拥有和使用免征契税、房产税、城镇土地使用税；对使（领）馆自用的车辆免征车船税和车辆购置税；对使（领）馆使用的船舶免征船舶吨税。对使馆运进的公务用品免征关税和进口环节增值税、消费税等。

2. 对使（领）馆人员的税收豁免

对外交人员及行政技术人员，从境外运进的自用物品和安家物品免征关税及其他税收。对外交人员、公务人员及配偶和未成年子女自用的车辆免征车船税和车辆购置税；对外交人员、公务人员及配偶及未成年子女承受土地、房屋权属的，免征契税；对外交人员、公务人员及配偶和未成年子女的个人所得免征个人所得税等。

（四）投资抵免

投资抵免是指政府对纳税人在境内的鼓励性投资项目，允许按投资额的多少抵免部分或全部应纳所得税额的一种税收优惠措施。

实行投资抵免是政府鼓励企业投资，促进经济结构和产业结构调整，加快企业技术改造步伐，推动产品升级换代，提高企业经济效益和市场竞争力的一种政策措施，是世界各国普遍采取的一种税收优惠政策。投资抵免的主要内容：

1. 凡在中国境内投资于符合国家产业政策的技术改造项目，其项目所需国产设备投资的 40%，可以从企业技术改造项目购置当年比前一年新增的企业所得中抵免。

2. 企业每一年度投资抵免的所得税税额，不得超过该企业当年新增的所得税税额。如果当年新增的企业所得税税额不足抵免的，延续抵免，但延续抵免期限最长不得超过 5 年。

3. 技术改造项目国产设备投资抵免企业所得税，由实施技术改造的企业提出申请，经主管税务局逐级上报或直接上报省级以上税务局审核。中央企业及其与地方组成的联营企业、股份制企业，外商投资企业和外国企业，总投资额在 5000 万元以上的项目，报国家税务总局审批；总投资额在 5000 万元以下的项目，由省级税务局审批。

4. 《财政部关于调整部分政府性基金有关政策的通知》（财税〔2019〕46 号）中的具体内容：

自 2019 年 1 月 1 日起，纳入产教融合型企业建设培育范围的试点企业，兴办职业教育的投资符合本通知规定的，可按投资额的 30% 比例，抵免该企业当年应缴教育费附加和地方教育附加。试点企业属于集团企业的，其下属成员单位（包括全资子公司、控股子公司）对职业教育有实际投入的，可按本通知规定抵免教育费附加和地方教育附加。

允许抵免的投资是指试点企业当年实际发生的，独立举办或参与举办职业教育的办学投资和办学经费支出，以及按照有关规定与职业院校稳定开展校企合作，对产教融合实训基地等国家规划布局的产教融合重大项目建设投资和基本运行费用的支出。

试点企业当年应缴教育费附加和地方教育附加不足抵免的，未抵免部分可在以后年度继续抵免。试点企业有撤回投资和转让股权等行为的，应当补缴已经抵免的教育费附加和地方教育附加。

（五）出口货物退（免）税

在国际贸易中，对报关出口的货物退还在国内各生产环节和流转环节按税法规定已缴纳的增值税和消费税，或免征应缴纳的增值税和消费税。各国的出口货物退（免）税制度是基于国际贸易规则体系和本国税收法律、法规的框架建立的。

《增值税暂行条例》第二条第三款规定："纳税人出口货物，税率为零"；《消费税暂行条例》第十一条规定："对纳税人出口货物应税消费品，免征消费税。"

出口货物退（免）税的基本要素包括：出口货物退（免）税的企业范围、货物范围、税种、退税率、计税依据、期限、地点、预算级次等。

在我国现行享受出口货物退（免）税的企业主要有：

①经国家商务主管部门及其授权单位备案登记后赋予出口经营资格的外贸企业；②经国家商务主管部门及其授权单位备案登记后赋予出口经营资格的自营生产型企业和生产型集团；③外商投资企业；④委托外贸企业代理出口的企业，包括委托外贸企业代理出口的有进口权的外贸企业和委托外贸企业代理出口的无进口经营权的内资生产企业；⑤特准退（免）税企业。

（六）税收停征

税收停征是指按照法定程序，对某些税收法律、法规有效期的停止。税收停征的结果是某税法或其中某些条款从明确规定之日起失去法律效力。

1. 直接停征：用税法中的某一条款或单独明文规定停止征收。

2. 间接停征：用新税法否定旧税法，以及根据后法否定前法的原则，对前法规定与后法内容相抵触的视为停征。

我国现行税收制度中，固定资产投资方向调节税从 2000 年 1 月 1 日起暂停征收，采用的是单独明文规定直接停征的方式。对屠宰税、筵席税的开征与停止则是下放到各省级人大或人民政府自行规定。

第三节　减征应纳税额

减税免税是指根据税法和政策规定，对某些纳税人或课税对象的照顾或鼓励措施。减税免税的类型有：一次性减税免税、一定期限的减税免税、困难照顾型减税免税、扶持发展型减税免税等。免税是对应纳税额全部免征，对于国家而言，减税是对应征税款减征其一部分，属于针对某些纳税人的特殊情况给予减轻税负的优惠规定。对于纳税人而言，**减税是对应纳税额少征一部分税款**，是对某些纳税人和征税对象给予鼓励和照顾的一种措施。

减税（又称税收减征），是按照税收法律、法规减除纳税义务人一部分应纳税款。减税是对某些纳税人、征税对象进行扶持、鼓励或照顾，以减轻其税收负担的一种特殊规定。它是普遍采取的税收优惠方式，由于减税与免税在税法中经常结合使用，人们习惯上统称为减免税。

一、减免税的分类

（一）税基式减免

税基式减免是税收减免的一种以税基为内容的具体形式，通过缩小计税依据的方式来实现的税收减免。具体包括起征点、免征额、项目扣除及跨期结转等。其中，起征点是课税对象数量或价额达到一定标准后开始就全部数量或价额征税的界限。

征税对象数额未达到起征点的不征税，达到或超过起征点的，就其全部数额征税。免征额是税法规定的征税对象全部数额中免予征税的数额。两者截然不同：

1. 起征点是征税对象达到一定数额开始征税的起点，征税对象数额未达到起征点的不征税，达到起征点的就全部数额征税。起征点及以下部分也征税。

2. 免征额是在征税对象的全部数额中免予征税的数额，免征额的部分不征税，仅就超过免征额的部分征税。免征额及以下部分不征税。

3. 项目扣除则是指在征税对象中扣除一定项目的数额，以其余额作为依据计算应纳税额。

4. 跨期结转是将以前纳税年度的经营亏损从本纳税年度经营利润中扣除。

（二）税率式减免

税率式减免是税收减免的一种，是通过直接降低税率的方式实行的减税免税。具体又包括重新确定税率、选用其他税率、零税率。比如企业所得税中，对于符合小型微利条件的企业可以适用20%的税率，而对于国家重点扶持的高新技术企业，则给予15%的企业所得税优惠税率，因此20%和15%的企业所得税税率相对于25%的基本税率就是税率式减免。

（三）税额式减免

税额式减免是税收减免的一种以税额为内容的具体形式，通过直接减少应纳税额的方式来实现的税收减免。具体包括全部免征、减半征收、核定减征率征收以及另定减征额等。例如，减免企业所得税的项目有：

1. 从事农、林、牧、渔业项目的所得

企业从事下列项目的所得，免征企业所得税：

蔬菜、谷物、薯类、油料、豆类、棉花、麻类、糖料、水果、坚果的种植；农作物新品种的选育；中药材的种植；林木的培育和种植；牲畜、家禽的饲养；林产品的采集；灌溉、农产品初加工、兽医、农技推广、农机作业和维修等农、林、牧、渔服务业项目；远洋捕捞。

企业从事下列项目的所得，减半征收企业所得税：

花卉、茶以及其他饮料作物和香料作物的种植；海水养殖、内陆养殖。企业从事国家限制和禁止发展的项目，不得享受上述企业所得税优惠。

2. 从事国家重点扶持的公共基础设施项目（指《公共基础设施项目企业所得税优惠目录》规定的港口码头、机场、铁路、公路、城市公共交通、电力、水利等项目）投资经营的所得，自项目取得第一笔生产经营收入所属纳税年度起，第一年至第三年免征企业所得税，第四年至第六年减半征收企业所得税。

企业承包经营、承包建设和内部自建自用此类项目，不得享受上述企业所得税优惠。

3. 从事符合条件的环境保护、节能节水项目的所得，包括公共污水处理、公共垃圾处理、沼气综合开发利用、节能减排技术改造、海水淡化等项目的所得，自项目取得第一笔生产经营收入所属纳税年度起，第一年至第三年免征企业所得税，第四年至第六年减半征收企业所得税。

享受上述2、3项企业所得税减免税优惠的项目，在减免税期限内转让的，受让方自受让之日起，可以在剩余期限内享受规定的减免税优惠；减免税期限届满后转让的，受让方不得就该项目重复享受减免税优惠。

4. 企业购置并实际使用《环境保护专用设备企业所得税优惠目录》、《节能节水专用设备企业所得税优惠目录》和《安全生产专用设备企业所得税优惠目录》规定的环境保护、节能节水、安全生产等专用设备的，该专用设备的投资额的 10% 可以从企业当年的应纳税额中抵免；当年不足抵免的，可以在以后 5 个纳税年度结转抵免。

享受此项企业所得税优惠的企业，应当实际购置并自身实际投入使用此项专用设备；企业购置上述专用设备在 5 年内转让、出租的，应当停止享受企业所得税优惠，并补缴已经抵免的企业所得税税款。

二、减税的概念与举例

减税（又称税收减征），是指按照税收法律、法规减除纳税义务人一部分应纳税款，一般分为法定减税、特定减税和临时减税。减税的具体办法有四种：

（一）税额比例减征法

税额比例减征法即对按照税收法律、法规的规定计算出来的应纳税额减征一定比例，以减少纳税人应纳税额的一种方法。例如：《个人所得税法》第 3 条规定，稿酬所得按应纳税额减征 30% 个人所得税；按照财税字〔1999〕210 号文件规定，对个人购买自用普通住宅，暂减半征收契税。

税额比例减征法的计算公式为：减征税额＝应纳税额×减征比例

（二）税率比例减征法

税率比例减征法，是指按照税法规定的法定税率或法定税额标准减征一定比例，计算出减征税额的一种方法。

例如：按照财税字〔2000〕26 号文件规定，从 2000 年 1 月 1 日起，对生产销售达到低污染排放极限的小轿车、越野车和小客车，按法定税率减征 30% 的消费税。按照（1986）财税字第 82 号文件规定，对冶金独立矿山铁矿石减按规定税额标准的 40% 征收资源税。

税率比例减征法的计算公式为：减征税额＝计税依据×法定税率×减征比例

（三）降低税率法

降低税率法，即采用降低法定税率或税额标准的方法来减少纳税人的应纳税额。例如：按照国发〔1999〕13 号文件规定，从 1999 年 1 月 1 日起，将从事能源、交通、港口基础设施项目的生产性外商投资企业减按 15% 征收企业所得税的税收优惠规定，扩大到全国各地区执行。按照国税发〔1997〕39 号文件规定，国家政策性银行减按 5% 的税率征收营业税。

降低税率法的计算公式：减征税额＝计税依据×（法定税率−降低后的税率）

（四）优惠税率法

优惠税率法是在税法规定某一税种的基本税率的基础上，对某些纳税人或征税对象再规定一个或若干个低于基本税率的税率，以此来减轻纳税人税收负担的一种减税方法。例如：原企业所得税（2007年12月31日前）的基本税率为33%，但对微利企业规定了两档优惠税率，按照（1994）财税字第9号文件规定，对年应纳税所得额在3万元及以下的企业，按18%的税率征税；对年应纳税所得额在3万元以上10万元以下的企业，按27%的税率征税。关税、船舶吨税按照国际税收协定或国际公约等条款对等处理国际间税收待遇的原则，均在税法中明确规定了与普通税率相对照的优惠税率表。

1-财政部、税务总局关于实施小微企业普惠性税收减免政策的通知（财税〔2019〕13号）

为贯彻落实党中央、国务院决策部署，进一步支持小微企业发展，现就实施小微企业普惠性税收减免政策有关事项通知如下：

一、对月销售额10万元以下（含本数）的增值税小规模纳税人，免征增值税。

二、对小型微利企业年应纳税所得额不超过100万元的部分，减按25%计入应纳税所得额，按20%的税率缴纳企业所得税；对年应纳税所得额超过100万元但不超过300万元的部分，减按50%计入应纳税所得额，按20%的税率缴纳企业所得税。

2-财政部、税务总局关于对营业账簿减免印花税的通知

为减轻企业负担，鼓励投资创业，现就减免营业账簿印花税有关事项通知如下：

自2018年5月1日起，对按万分之五税率贴花的资金账簿减半征收印花税，对按件贴花五元的其他账簿免征印花税。

请遵照执行。

减征或减少部分应纳税额的税收优惠方式有三种：减税、起征点和税收抵免。

三、起征点的概念与举例

起征点，又称"征税起点"或"起税点"，是指税法规定对征税对象开始征税的起点数额。征税对象的数额达到起征点的就全部数额征税，未达到起征点的不征税。起征点是税法规定的对课税对象开始征税的最低界限，是减税方式之一。

起征点与免征额有相同点，即当课税对象小于起征点和免征额时，都不予征税。两者也有不同点，即当课税对象大于起征点和免征额时，采用起征点制度的要对课税对象的全部数额征税，采用免征额制度的仅对课税对象超过免征额部分征税。在税法中规定起征点和免征额是对纳税人的一种照顾，但两者照顾的侧重点显然不同，前者照顾的是低收入者，后者则是对所有纳税人的照顾。

（一）起征点与免征额的区别

1. 当课税对象大于起征点和免征额时：

起征点制度是全部征税，就是要对课税对象的全部数额征税，起征点部分征税；

免征额制度是部分征税，仅对课税对象超过免征额部分征税，免征额部分免予

征税。

2. 减免税的受众群体不同：

起征点只能照顾一部分纳税人，而免征额则照顾适用范围内的所有纳税人。

两者相比，享受免征额的纳税人就要比享受同额起征点的纳税人税负轻。

（二）起征点与免征额的异同点

起征点是征税对象达到一定数额开始征税的起点。免征额是在征税对象的全部数额中免予征税的数额。

相同点：计税依据（如应纳税所得额）不超过规定的起征点或者免征额，不征税！即当课税对象小于起征点和免征额时，都不予征税！

不同点：起征点如果计税依据（如应纳税所得额）超过起征点，要全额征税（包括起征点以下的金额）；免征额如果计税依据（如应纳税所得额）超过免征额，只对超出部分计税，免征额部分不征税。

只有准确认识才是成功的开始。在税收制度的构成要素中，起征点是属于减征范畴的要素之一。其含义是税法规定征税对象开始征税的数额。征税对象数额未达到起征点的不征税，达到或超过起征点的就其全部数额征税。规定起征点是为了免除收入较少的纳税人的税收负担，缩小征税面，贯彻合理负担的税收政策。

与之相对应的一个概念是"免征额"，属于免税范畴的要素之一。其含义是税法规定的征税对象中有部分是免于征税的数额。免征额部分不征税，只对超过免征额的部分征税。规定免征额是为了照顾和保障纳税人的最低生活需要。

四、税收抵免的概念与举例

一般情况下，税收抵免主要分为两种：投资抵免（又称投资津贴）和国际税收抵免。国内的税收抵免是指允许纳税人从某种合乎奖励规定的支出中，以一定比率从其应纳税额中扣除，以减轻其税负。国际税收的税收抵免是指居住国政府对其居民企业来自国内外的所得一律汇总征税，但允许抵扣该居民企业在国外已纳的税额，以避免国际重复征税。

对于这种从应纳税额中扣除的数额，税务局可能允许也可能不允许超过应纳税额。根据应纳税额中扣除的数额是否允许超过应纳税额，税收抵免又划分为两类：

1. "有剩余的抵免"，即扣除数额不超过应纳税额；

2. "没有剩余的抵免"，即没有抵尽的抵免额返还给纳税人。

（一）主要内容

1. 投资抵免因其性质类似于政府对私人投资的一种补助，故亦称之为投资津贴。其大概含义，是指政府规定凡对可折旧性资产投资者，其可由当年应付公司所得税税额中，扣除相当于新投资设备某一比率的税额，以减轻其税负，借以促进资本形成并增强经济增长的潜力。通常，投资抵免是鼓励投资以刺激经济复苏的短期税收措施。

2. 国外税收抵免，常见于国际税收业务中，即纳税人在居住国汇总计算国外的收入所得税时，准予扣除其在国外的已纳税款。国外税收抵免与投资抵免的主要区别在于，前者是为了避免国际双重征税，使纳税人的税收负担公平；后者是为了刺激投资，促进国民经济增长与发展，它恰恰是通过造成纳税人的税收负担不平等来实现的。

（二）要点·难点·特点

对所得避免双重征税，我国按照国际惯例做出了以下相应规定：

1. 纳税人来源于中国境外的所得，已在中国境外缴纳的企业所得税和个人所得税税款，准予其在应纳税额中扣除。但其扣除额不得超过该纳税人境外所得按中国税法规定计算的应纳税额。

2. 纳税人来源于境外所得在境外实际缴纳的企业所得税、个人所得税税款，低于按中国税法规定计算的扣除限额的，可以从应纳税额中据实扣除；超过扣除限额的，不得在本年度应纳税额中扣除，但可以在以后年度税额扣除的余额中补扣，补扣期限最长不得超过 5 年。

3. 纳税人境外已缴税款的抵扣，一般采用分国不分项抵扣境外已缴税款的方法。其抵扣额为：境内境外所得按中国税法计算的应纳税额×（来源于某国或地区的所得/境内境外所得总额）。对于不能完全提供境外完税凭证的某些内资企业，经国家税务总局批准，也可以采取"定率抵扣"的方法，不区分免税或非免税项目，统一按境外应纳税所得额 16.5% 的比率计算可抵扣税额。

五、迟延纳税类优惠方式（两种）

（一）迟延纳税的概念与举例

延期纳税亦称"税款延迟缴纳"，俗称"缓缴税款"，是指允许纳税人将其应纳税款延迟缴纳或分期缴纳。这种方法可适用于各种税收，特别是数额较大的税收上。延期纳税表现为将纳税人的纳税义务向后推迟，其实质上相当于在一定时期内政府给予纳税人一笔与其延期纳税数额相等的无息贷款，这在一定程度上可以帮助企业解除财务困难。

所谓的税收筹划的延期纳税技术，是个伪命题。延期纳税，即办理缓缴税款，是需要先进行纳税申报，再提交《延期申报申请核准表》申请，审批同意后，有且只有三个月迟延纳税期限，这是法定的。这是救急不救穷的行为！

办理纳税延期必须在法律、法规、税务局规定的纳税申报期结束之前，以书面形式载明延期缴纳的税种、税额、税款所属时间和申请延期缴纳税款的理由，报送税务局审查。审查合格的，纳税人应当填写税务局统一格式的《延期缴纳税款申请审批表》，经基层征收单位对准予延期的税额和期限签注意见后，逐级报批。纳税人在批准延期缴纳税款的期限内，不加收滞纳金；逾期未缴的，税务局将从批准的期限届满次日起，按日加收未缴税款万分之五的滞纳金，并发出催缴税款通知书，责令其在最长不超过 15 日的期限内缴纳；逾期仍未缴的，税务局会将应缴未缴的税款连同滞纳金一并强制执行。

延期纳税申报核准，属于非行政许可审批项目。相关规定具体内容如下：

1. 办理依据：《税收征管法》第二十七条和《税收征收管理法实施细则》第三十七条。

2. 办理条件：纳税人、扣缴义务人按照规定的期限办理纳税申报或者报送代扣代缴、代收代缴税款报告表确有困难，需要延期的；纳税人、扣缴义务人因不可抗力，不能按期办理纳税申报或者报送代扣代缴、代收代缴税款报告表的。

3. 申报材料：《延期申报申请核准表》。

4. 办事流程：纳税人需要延期缴纳税款的，应当在缴纳税款期限届满前提出申请，向主管税务局提交《延期申报申请核准表》，申请延期缴纳税款报告和要求报送的相关材料，经各级税务局核准，在核准的期限内办理。经核准延期办理前款规定的申报、报送事项的，应当在纳税期内按照上期实际缴纳的税额或者税务局核定的税额预缴税款，并在核准的延期内办理税款结算。

纳税人、扣缴义务人因不可抗力，不能按期办理纳税申报或者报送代扣代缴、代收代缴税款报告表的，可以延期办理；但是，应当在不可抗力情形消除后立即向税务局报告。税务局应当查明事实，予以核准。

（二）加速折旧的概念与举例

加速折旧，是指按照税法规定准予采取缩短折旧年限、提高折旧率的办法，加快折旧速度，减少当期的应纳税所得额的一种税收优惠措施。其目的一是可以暂时减少企业所得税，二是可以增强公司未来竞争和融资能力。

加速折旧法的依据是效用递减，即固定资产的效用随着其使用寿命的缩短而逐渐降低，因此，当固定资产处于较新状态时，效用高，产出也高，而维修费用较低，所取得的现金流量较大。

加速折旧，虽然可在固定资产使用年限的初期提列较大的折旧，但由于折旧累计的总额不能超过固定资产的可折旧成本，所以，其总折旧额并不会高。折旧是企业的一项费用，折旧额越大，企业的应课税所得越小，税负就越轻。从总数上看加速折旧并不能减轻企业的税负，政府在税收上似乎也没损失什么。但是，由于后期企业所提的折旧额大大小于前期，故税负较重。对企业来说，虽然总税负未变，但税负前轻后重，有税收递延缴纳之利，亦同政府给予一笔无息贷款之效；对政府而言，在一定时期内，虽然来自这方面的总税收收入未变，但税收收入前少后多，有收入迟滞之弊。政府损失了一部分收入的"时间价值"。

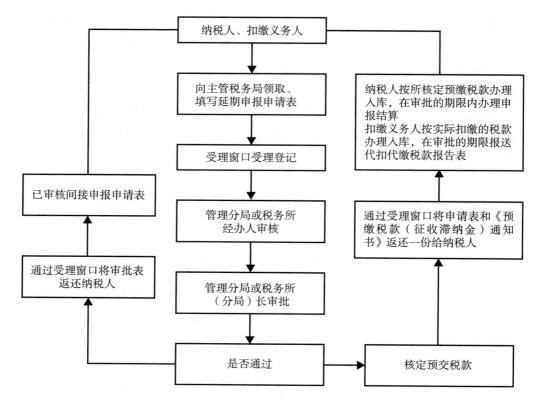

因此，这种方式同延期纳税方式一样，都是税收支出的特殊形式。

依据国家税务总局《关于企业固定资产加速折旧所得税处理有关问题的通知》（国税发〔2009〕81号）第五条规定，企业确需对固定资产采取缩短折旧年限或者加速折旧方法的，应在取得该固定资产后1个月内，向其企业所得税主管税务机关（以下简称主管税务机关）备案，并报送以下资料：

1. 固定资产的功能、预计使用年限短于《企业所得税法实施条例》规定计算折旧的最低年限的理由、证明资料及有关情况的说明；

2. 被替代的旧固定资产的功能、使用及处置等情况说明；

3. 固定资产加速折旧拟采用的方法和折旧额的说明；

4. 主管税务机关要求报送的其他资料。

相关文件及具体规定：

财政部、国家税务总局关于设备、器具扣除有关企业所得税政策的通知

（文号：财税〔2018〕54号　发布日期：2018-05-07）

一、企业在2018年1月1日至2020年12月31日期间新购进的设备、器具，单位价值不超过500万元的，允许一次性计入当期成本费用在计算应纳税所得额时扣除，不再分年度计算折旧；单位价值超过 500 万元的，仍按企业所得税法实施条例、《财政部、国家税务总局关于完善固定资产加速折旧企业所得税政策的通知》（财税〔2014〕75 号）、《财政部、国家税务总局关于进一步完善固定资产加速折旧企业所得税政策的通知》（财税〔2015〕106 号）等相关规定执行。

二、本通知所称设备、器具，是指除房屋、建筑物以外的固定资产。

财政部、国家税务总局
关于进一步完善固定资产加速折旧企业所得税政策的通知

（文号：财税〔2015〕106 号　发布日期：2015-09-17）

一、对轻工、纺织、机械、汽车等四个领域重点行业（具体范围见附件）的企业 2015 年 1 月 1 日后新购进的固定资产，可由企业选择缩短折旧年限或采取加速折旧的方法。

二、对上述行业的小型微利企业 2015 年 1 月 1 日后新购进的研发和生产经营共用的仪器、设备，单位价值不超过 100 万元的，允许一次性计入当期成本费用在计算应纳税所得额时扣除，不再分年度计算折旧；单位价值超过 100 万元的，可由企业选择缩短折旧年限或采取加速折旧的方法。

三、企业按本通知第一条、第二条规定缩短折旧年限的，最低折旧年限不得低于企业所得税法实施条例第六十条规定折旧年限的 60%；采取加速折旧方法的，可采取双倍余额递减法或者年数总和法。

六、退税类的优惠方式

退税类的优惠方式有三种：即征即退、先征后返（退）和再投资退税。

（一）即征即退的概念与举例

即征即退是指对按税法规定缴纳的税款，由税务局在征税时部分或全部退还纳税人的一种税收优惠。与出口退税、先征后退、投资退税一并属于退税的范畴，其实质是一种特殊方式的免税和减税。例如：

1. 软件产品增值税即征即退

自 2000 年 6 月 24 日起至 2010 年年底以前，对销售其自行开发生产的软件产品，或将进口的软件进行本地化改造后对外销售的软件产品；按 17%（现行 13%）的法定税率征税后，其实际税负超过 3%的部分，增值税实行即征即退。

2. 福利企业增值税限额即征即退

《财政部、国家税务总局关于促进残疾人就业税收优惠政策的通知》（财税〔2007〕92 号）第一条、第二条规定的税收优惠政策。经当地县级以上地方人民政府民政部门认定为福利企业，并到主管税务局办理了减免税申请及审批，自 2007 年 7 月份起享受增值税限额即征即退（每人每年3.5万元）、企业所得税加计扣除税收优惠。资格认定、减免税申请及审批应符合《国家税务总局 民政部 中国残疾人联合会关于促进残疾人就业税收优惠政策征管办法的通知》（国税发〔2007〕第067号）相关要求。

（二）先征后返（退）的概念与举例

先征后返，又称"先征后退"，是指对按税法规定缴纳的税款，由税务局征收入库后，再由税务局或财政部门按规定的程序给予部分或全部退税或返还已纳税款的一种税收优惠，属退税范畴，其实质是一种特定方式的免税或减免规定。

目前，我国采取先征后返的办法主要适用于缴纳流转税的纳税人和个别缴纳企业所得税的纳税人。与即征即退相比，先征后返具有严格的退税程序和管理规定，但税款返还滞后，特别是在一些财政比较困难的地区，存在税款不能及时返还甚至政策落实不到位的问题。先征后返的具体项目举例：

1. 民政福利企业先征后返

由民政、街道和乡镇举办的民政福利企业，安置"四残"人员占企业生产人员50%及以上的，增值税实行先征后返。安置"四残"人员占企业生产人员35%以上，未达到50%的民政福利工业企业，如发生亏损的，可给予部分或全部返还已征增值税照顾。（国税发〔1994〕155号、财税字〔1994〕32号）

2. 出口项目的进口设备先征后返

从2002年10月1日起，对产品全部直接出口的允许类外商投资项目新批准的进口设备，一律照章征收进口关税和进口增值税。自项目投产之日起5年核查，每年返还已纳税额的20%，5年内全部返还进口设备所征税款。（财税〔2002〕146号）

"先征后退"是指对生产企业在货物报关出口并在财务上作销售的当期，先按增值税有关规定征税，然后由企业凭有关退税单证按月报主管税务局根据国家出口退税政策的规定办理退税。

适用范围：外贸企业以及实行外贸企业财务制度的工贸企业收购货物后出口。

一般贸易方式计算公式：

当期应纳税额＝当期内销货物销项税额＋当期出口货物离岸价×外汇人民币牌价×征税税率－当期全部进项税额

当期应退税额＝当期出口货物的离岸价×外汇人民币牌价×退税税率

公式中的征税税率、退税税率，均指出口货物适用的增值税税率和退税率。

自2008年1月1日起，为鼓励核电开发，财政部和国家税务总局公布的《关于核电行业税收政策有关问题的通知》指出，核力发电企业生产销售电力产品，自核电机组正式商业投产次月起15个年度内，统一实行增值税先征后退政策，返还比例分三个阶段逐级递减。自2008年1月1日起，核力发电企业取得的增值税退税款，专项用于还本付息，不征收企业所得税。

（三）再投资退税的概念与举例

再投资退税是指对特定投资者的再投资所得给予部分或全部退还的一种税收优惠，一般适用于企业所得税条款，是发展中国家为吸引外商增加投资所采取的一种税收措施。

适用范围：企业所得税条款

主要目的：吸引外商

对外商投资企业的外国投资者，其将从企业取得的利润不是汇回国内，而是再投资于本企业或新开办的其他企业，经营期不少于 5 年的，经税务局批准，可退还其再投资部分已缴纳的企业所得税 40% 的税款。其计算公式为：

再投资退税额＝再投资额÷（1-适用税率）×企业所得税税率×退税率（40%）

第四节　税收饶让

这是一个"大"的税收饶让的概念，不是仅限于国际税收的双边税收协定约定的差额或定率税收饶让抵免，是指免税、减征、迟延以外的税收优惠措施的统称。主要包括：税额抵扣、国际税收饶让、以税还贷、税前还贷、税前扣除、亏损结转、汇总纳税和留抵退税等。

一、税额抵扣的概念与举例

税额抵扣又称"税额扣除""扣除税额"，是指纳税人按照税法规定，在计算缴纳税款时对于以前环节缴纳的税款准予扣除的一种税收优惠。由于税额抵扣是对已缴纳税款的全部或部分抵扣，是一种特殊的税收优惠，类似税额减免。

（一）进项税额抵扣

下列增值税扣税凭证上注明的增值税额，其进项税额准予从销项税额中抵扣：

1. 从销售方取得的增值税专用发票上注明的增值税税额。

2. 从海关取得的完税凭证上注明的增值税税额。

3. 自境外单位或者个人购进劳务、服务、无形资产或者境内的不动产，从税务局或者扣缴义务人取得的代扣代缴税款的完税凭证上注明的增值税额。

文件依据：《中华人民共和国增值税暂行条例》第八条

（二）购进农产品抵扣

购进农产品，除取得增值税专用发票或者海关进口增值税专用缴款书外，按照农产品收购发票或者销售发票上注明的农产品买价和11%的扣除率计算的进项税额。

进项税额计算公式：进项税额=买价×扣除率

文件依据：《中华人民共和国增值税暂行条例》第八条

（三）增值税一般纳税人购置税控收款机所支付的增值税税额（以购进税控收款机取得的增值税专用发票上注明的增值税税额为准），准予在该企业当期的增值税销项税额中抵扣

文件依据：《财政部、国家税务总局关于推广税控收款机有关税收政策的通知》（财税〔2004〕167号）

（四）通行费抵扣

纳税人以承运人身份与托运人签订运输服务合同，收取运费并承担承运人责任，然后委托实际承运人完成全部或部分运输服务时，自行采购并交给实际承运人使用的成品油和支付的道路、桥、闸通行费，同时符合下列条件的，其进项税额准予从销项税额中抵扣：

1. 成品油和道路、桥、闸通行费，应用于纳税人委托实际承运人完成的运输服务；

2. 取得的增值税扣税凭证符合现行规定。

文件依据：《国家税务总局关于跨境应税行为免税备案等增值税问题的公告》（国家税务总局公告2017年第30号）

（五）购进免税粮食计算抵扣

属于增值税一般纳税人的生产、经营单位，从国有粮食购销企业购进的免税粮食，可依据购销企业开具的销售发票注明的销售额按13%的扣除率计算抵扣进项税额；购进的免税食用植物油，不得计算抵扣进项税额。

文件依据：《财政部、国家税务总局关于粮食企业增值税征免问题的通知》（财税字〔1999〕198号）

二、税收饶让的概念与举例

税收饶让，亦称"虚拟抵免"和"饶让抵免"，属于国际税收范畴。它是指居住国政府对其居民在国外得到减免税优惠的那一部分，视同已经缴纳，同样给予税收抵免待遇不再按居住国税法规定的税率予以补征。

税收饶让是配合抵免优惠方法的一种特殊方式，是税收抵免内容的附加。它是在抵免方法的规定基础上，为贯彻某种经济政策而采取的优惠措施。税收饶让这种优惠措施的实行，通常需要通过签订双边税收协定的方式予以确定。目前，税收饶让抵免的方式主要有差额饶让抵免和定率饶让抵免两种。主要抵免方式：

1. 依据国内税法规定的减税、免税优惠，不论所得的项目如何，均享有受饶让抵

免待遇。

2. 将国内税法上规定的适用税率与国际税收协定中适用的限制税率之间的征税差额视为已征税额，仍依国内税法规定的税率予以抵免。

3. 在国际税收协定中限制税率的基础上再给予的减免税额，视为已征税额，仍依税收协定规定的限制税率予以抵免。

例如：甲国某总公司在乙国设立一个分公司，该分公司来源于乙国所得 1000 万元，乙国的所得税税率为 30%。乙国为鼓励外来投资，对该分公司减按 15% 的税率征收所得税。这样，该公司在乙国按税法规定应纳税额 300 万元，减按 15% 税率征税后，实际只缴纳 150 万元。甲国政府对该总公司征收所得税时，对其分公司在国外缴纳的所得税，不是按实际纳税额 150 万元进行抵免，而是按税法规定的税率计算的应纳税额 300 万元给予抵免。这种做法，被称为"税收饶让"。

关于税收饶让的实质性分析：

发展中国家为了吸引外资，通常制定一些税收优惠政策，如给予外商在某些产业的投资获得的利润免税、减税或再投资退税等。在居住国采用抵免法避免双重征税的情况下，如果没有居住国给予的税收饶让措施，纳税人就可能得不到所得来源国给予税收优惠的实际利益。因为纳税人境外所得已纳税款可以得到抵扣，但如果在来源国缴纳的所得税低于在居住国应缴纳的所得税税款，那么纳税人还必须向居住国政府补缴其差额。这样一来，就相当于收入来源国所给予的税收优惠实际上不能让纳税人获得实际利益，而是转交给了居住国财政部门。

三、以税还贷

以税还贷是一种曾经使用过的税收优惠方式，将来是否还会恢复使用，很有可能。

以税还贷是指企业用产品税或增值税归还贷款。我国政府对企业因技术改造和基本建设而举借的贷款，经批准可用应纳的产品税、增值税归还的优惠措施。

我国对技术措施和基本建设贷款，允许用产品税、增值税归还的，只限于列入国家计划的少数指定产品。这些产品的目录，由国家根据各个时期的实际情况调整。1989 年 6 月，国家规定允许以税还贷的范围只限于：①用于发展全国名优产品的粮食白酒的技术措施和基本建设贷款；②用于发展啤酒生产并列入重点项目的技术措施和基本建设贷款；③经国务院和国家税务总局特案批准的烟酒和制糖企业的技术措施的基本建设贷款。

对于外汇贷款，允许用产品税、增值税归还的，限于外国政府、外国银行、国际金融组织和中国银行、中国国际信托投资公司发放的，或银行利用外国政府、外国银行、国际金融组织的贷款而发放的，以及地方金融机构经国务院批准利用国外集资发放的外汇贷款。

四、税前还贷

税前还贷，是指对缴纳企业所得税的纳税人，按规定用贷款项目新增利润，归还各种专项基建投资和技改投资贷款本息时，准许在计算应纳税所得额前扣除的一种税收优惠。

为了照顾企业资金较为困难的实际情况，促进经济发展，鼓励投资和加速企业技术改造，本着还贷由国家和企业分担，投资增加的收益也由双方共同分享的原则，并对贷款及其归还适当加以控制，我国在 1984 年第二步利改税时规定，国营企业在归还技措性项目借款和基建改扩建项目借款时，经财政部门批准，允许在计算应纳税所得额之前，用该借款项目投产后新增利润归还。

在企业留用利润不能满足自我进行技术改造和正常所需资金的情况下，税前还贷办法对支持企业进行技术改造和扩大再生产起到了积极作用。但是，由于贷款规模激增，贷款用途失控，1994 年税制改革后，这一办法已彻底取消。今后，作为税收优惠方式继续使用，还是很有可能的。

列宁经典语录：忘记过去就意味着背叛。派生出"忘记历史就意味着背叛"！

五、税前扣除

税项扣除又称"税前扣除"，是在计算缴纳税款时，对于构成计税依据的某些项目，准予从计税依据中扣除的一种税收优惠。它是税收制度的重要组成部分，许多税种对扣除项目、扣除范围和扣除标准作出了明确规定。这些税法准予扣除的项目、范围和标准，有些是对所有纳税人普遍适用的，是对征税对象的一种必要扣除；有些则是针对某些特定纳税人和征税对象规定的一种特殊扣除。

税项扣除，缩小了税种的税基，减少了纳税人的计税依据，从而减轻了纳税人的税收负担。所得税的税前扣除项目主要包括：与取得收入有关的、合理的、实际发生的支出，包括成本、费用、税金、损失和其他支出，准予在计算应纳税所得额时扣除。

1. 税金及附加

根据财会〔2016〕22 号文规定，全面试行"营业税改征增值税"后，"营业税金及附加"科目名称调整为"税金及附加"科目。

该科目核算企业经营活动发生的消费税、城市维护建设税、资源税、教育费附加及房产税、城镇土地使用税、车船使用税、印花税等相关税费；利润表中的"营业税金及附加"项目调整为"税金及附加"项目。2016 年 5 月 1 日之前是在"管理费用"科目中列支的"四小税"（房产税、城镇土地使用税、车船税、印花税），2016 年 5 月 1 日之后调整到"税金及附加"科目。

2. 其他支出，是指除成本、费用、损失外，纳税人在生产经营活动中发生的与生产经营活动有关的、合理的支出。

提示：发生与生产经营有关的手续费及佣金支出，不超过以下规定计算限额以内的部分，准予扣除；超过部分，不得扣除。

3. 汇兑损失。纳税人在筹建和生产经营中发生的汇兑损失，除国家另有规定外，应当合理列为各所属期间的损失。

4. 工资和福利费。企业支付给职工的工资和福利费，应当报送其支付标准和所依据的文件及有关资料，经主管税务局审核同意后，准予列支。在我国境内工作的职工的境外社会保险费不得列支。

5. 坏账准备金和坏账损失。从事信贷、租赁业务的企业，逐年按年末放款余额或者年末应收账款、应收票据等应收款项的余额，计提不超过3%的坏账准备金，准予在年度应税所得额中扣除。

六、亏损弥补（亏损结转）

亏损弥补，又称为亏损结转，是指缴纳企业所得税的纳税人在某一纳税年度发生经营亏损，准予在其他纳税年度盈利中抵补的一种税收优惠。

（一）年度亏损弥补

实行独立经济核算，并按规定向税务局报送所得税纳税申报表、会计报表和其他资料的纳税人发生的年度亏损，可以用下一纳税年度的所得弥补；下一纳税年度的所得不足弥补的，可以逐年延续弥补，但是延续弥补期最长不得超过五年。

（二）汇总纳税企业亏损弥补

经国家税务总局批准实行由行业和集团公司汇总、合并缴纳企业所得税的成员企业（单位）当年发生的亏损，在汇总、合并纳税时已冲抵了其他成员企业（单位）的所得额或并入了母公司的亏损额，因此，发生亏损的成员企业（单位）不得用本企业（单位）以后年度实现的应纳税所得额弥补。

成员企业（单位）在汇总、合并纳税年度以前发生的亏损，可仍按税收法规的规定，用本企业（单位）以后年度的所得予以弥补，不得并入母（总）公司的亏损额，也不得冲抵其他成员企业（单位）的应纳税所得额。

（三）企业合并亏损弥补

合并前各企业尚未弥补的亏损，可在税法规定亏损弥补年限的剩余期限内，由合并后的企业逐年弥补。如果合并后的企业在适用不同税率的地区设有营业机构，或者兼有适用不同税率或不同定期减免税期限的生产经营业务，应按有关规定划分计算相应的所得额。合并前企业的上述亏损，应在与该合并前企业相同的税收待遇的所得中弥补。具体办法比照前款外国企业汇总合并申报缴纳所得税的规定办理。

（四）企业分立亏损弥补

企业分立前尚未弥补的经营亏损，根据分立协议约定由分立后的各企业负担的数额，按税收法规规定的亏损弥补年限，在剩余期限内，由分立后的各企业逐年延续弥补。

（五）预缴税款亏损弥补

企业按规定预缴季度所得税时，首先应弥补企业以前年度亏损，弥补亏损后有余额的，再按适用税率预缴企业所得税（国税发〔2000〕152 号）。

（六）政策性搬迁亏损弥补

企业以前年度发生尚未弥补的亏损的，凡企业由于搬迁停止生产经营无所得的，从搬迁年度次年起，至搬迁完成年度前一年度止，可作为停止生产经营活动年度，从法定亏损结转弥补年限中减除；企业边搬迁、边生产的，其亏损结转年度应连续计算。

《企业政策性搬迁所得税管理办法》（总局公告 2012 年第 40 号）发布日期：2012-08-10

相关文件及具体规定：

财政部 国家税务总局

关于延长高新技术企业和科技型中小企业亏损结转年限的通知

（文号：财税〔2018〕76 号　发布日期：2018-07-11）

为支持高新技术企业和科技型中小企业发展，现就高新技术企业和科技型中小企业亏损结转年限政策通知如下：

一、自 2018 年 1 月 1 日起，当年具备高新技术企业或科技型中小企业资格（以下统称资格）的企业，其具备资格年度之前 5 个年度发生的尚未弥补完的亏损，准予结转以后年度弥补，最长结转年限由 5 年延长至 10 年。

二、本通知所称高新技术企业，是指按照《科技部 财政部 国家税务总局关于修订印发〈高新技术企业认定管理办法〉的通知》（国科发火〔2016〕32 号）规定认定的高新技术企业；所称科技型中小企业，是指按照《科技部 财政部 国家税务总局关于印发〈科技型中小企业评价办法〉的通知》（国科发政〔2017〕115 号）规定取得科技型中小企业登记编号的企业。

三、本通知自 2018 年 1 月 1 日开始执行。

七、汇总纳税

汇总纳税又称"汇总缴纳"，是指对企业集团和设有分支机构的企业，采取由企业集团的核心企业或总机构汇总所属成员企业集中缴纳所得税的一种税收征收办法。采取这一方法的主要原因是，由于专业化协作的发展，企业集团跨地区、跨行业经营，一些成员企业在经营上难以独立核算或核算不能反映企业的真实情况，对企业经营产生不良影响。因此，汇总缴纳就成为必然。

实行汇总缴纳，表面上看只是税收征收办法的改变，但由于汇总缴纳允许各个机构的盈亏相互抵补后缴纳所得税，部分减少了汇总企业的应纳税额，其实质是给予汇总纳税企业的一种税收优惠。这种办法的好处在于比较真实地反映了企业集团的财务状况，较为合理地计算征收企业集团的所得税税额。但汇总缴纳加大了税务局对企业集团的税收管理和监控的难度，比较容易产生税收漏洞。

具体规定如下：

按照现行规定，汇总缴纳企业所得税必须经国家税务总局审批，企业不得自行确定汇总纳税；否则，主管税务局有权依法就地征税并予以处罚。各级税务局要严格执行汇总纳税的有关审批规定，不得越权审批。

非独立核算分支机构按照《中华人民共和国企业所得税法》及其实施条例细则的有关规定，由核算地统一纳税。对核算地发生争议的，分情况处理：（一）总分机构均在一省范围内的，由省级税务局明确纳税申报所在地；（二）总分机构跨省市的，由国家税务总局明确纳税申报所在地。

八、留抵退税

留抵退税，其学名叫"增值税留抵税额退税优惠"，就是对现在还不能抵扣、留着将来才能抵扣的"进项"增值税，予以提前全额退还。

所谓的留抵税额，简单可理解为当进项税额大于销项税额时，即出现了留抵税额。进项税指的是纳税人在购进货物、无形资产或者不动产等时候支付的增值税额。而销项税，则指销售时收取的增值税额。

留抵退税就是把增值税期末未抵扣完的税额退还给纳税人。增值税实行链条抵扣机制，以纳税人当期销项税额抵扣进项税额后的余额为应纳税额。其中，销项税额是指按照销售额和适用税率计算的增值税额；进项税额是指购进原材料等所负担的增值税额。当进项税额大于销项税额时，未抵扣完的进项税额会形成留抵税额。

九、税收饶让与税收抵免的区别

税收饶让与税收抵免，与居住国和投资国（所得来源国）是相互对应的，同属于税收优惠的措施，却存在显著差异和不同。

第一，税收饶让的基本目的，是对有关的纳税人实行税收优惠，以鼓励其在其所得来源国的投资；而税收抵免的基本目的，则是为了避免对跨国纳税人的双重征税。

第二，在税收饶让中，抵免是拟制的，不以纳税人实际在其所得来源国纳税为前提；但在税收抵免中，抵免是实在的，必须以纳税人在其所得来源国纳税为前提。

第三，税收饶让是通过两国间的双边协定规定的，是双边税收措施；而税收抵免既可以是双边税收措施，也可以是单边税收措施。

税收饶让制度对东道国吸引外国投资是很有好处的。为了吸引外国投资，东道国通常都规定了许多诸如减税、免税退税等税收优惠措施。但是，如果在东道国和外国投资者的居住国之间没有税收饶让制度，那么，东道国的这些税收优惠措施就仅仅能起到避免或减轻国际双重征税的作用，而不能真正起到对外国投资者的鼓励作用，因为尽管有东道国的这些税收优惠措施，但外国投资者还是必须在其居住国并依那里的税法对其在东道国的投资所得纳税的。而税收饶让制度作为双边税收优惠措施，使纳税人不仅在其所得来源国，而且在其居住国，都得到税收优惠。

十、其他类优惠方式

(一) 保税制度

保税制度（Bonded System），是由国家在港口或机场附近设立保税区、保税仓库或保税工厂，外国商品运进这些保税区域不算进口，不缴纳进口税。

保税制度是指经海关批准的境内企业所进口的货物，在海关监督下在境内指定的场所储存、加工、装配，并暂缓缴纳各种进口税费的一种海关监管业务制度。

保税制度，是允许对特定的进口货物在入关进境后确定内销或复出口的最终去向前暂缓征缴关税和其他国内税，即进口货物可以缓缴进口关税和其他国内税，在海关监管下于指定或许可的场所、区域进行储存、中转、加工或制造，是否征收关税视货物最终进口内销或复运出口而定。

由于具有对进口货物暂缓征收应征关税的特点，保税制度的主要作用是：简化货物通关手续；减轻企业资金负担，加快资金周转；降低出口成本，增强产品在国际市场上的竞争能力；吸引外来资金；增加外汇收入等。严格意义上讲，保税制度不属于税收优惠的，只是隐形优惠措施，不征进口税也不再退出口税，不仅让渡资金使用价值而且提高税务管理的社会效率，也是给予纳税人的优惠。

保税制度按方式和实行区域的不同，通常主要有"保税仓库、保税工厂、保税区、保税集团、免税商店、保税转口"等不同形式。

例如：保税区，经海关批准专门划定的实行保税制度的特定地区。进口货物进入保税区内可以免征关税，如复出口也免纳出口税。运入保税区的商品可进行储存、改装、分类、混合、展览、加工和制造等。海关对保税区的监管主要是控制和限制运入保税区内的保税货物销往国内。保税区一般设在港口或邻近港口、国际机场等地方。设立保税区的目的是吸引外商投资、扩大加工工业和出口加工业的发展，增加外汇收入。因此，国家对保税区除了在关税等税收方面给予优惠外，一般还在仓储、厂房等基本设施方面提供便利。

（二）存货计价

存货计价方法的选择是制定企业会计制度的一项重要内容。选择不同的存货计价方法将会导致不同的报告利润和存货估价，并对企业的税收负担、现金流量产生影响。我国《企业会计准则》规定："各种存货发出时，企业可以根据实际情况，选择使用先进先出法、加权平均法、移动平均法、个别计价法、后进先出法等方法确定其实际成本。"

存货的入账价值：主要有购货价格、购货费用、税金等，其发出存货的价值由以下五种方法可以选择。

1. 先进先出法

先进先出法是假定先收到的存货先发出或先收到的存货先耗用，并根据这种假定的存货流转次序对发出存货和期末存货进行计价的一种方法。

采用这种方法，先购入的存货成本在后购入存货成本之前转出，据此确定发出存货和期末存货的成本。具体方法是：收入存货时，逐笔登记收入存货的数量、单价和金额；发出存货时，按照先进先出的原则逐笔登记存货的发出成本和结存金额。该方法存在利弊：在物价持续上升时，期末存货成本接近于市价，而发出成本偏低，会高估企业当期利润和库存存货价值；反之，会低估企业存货价值和当期利润。

2. 加权平均法

加权平均法是根据期初存货结余和本期收入存货的数量及进价成本，期末一次计算存货的本月加权平均单价，作为计算本期发出存货成本和期末结存价值的单价，以求得本期发出存货成本和结存存货价值的一种方法。每月加权平均一次！

3. 移动平均法

移动平均法是指每次收货后，立即根据库存存货数量和总成本，计算出新的平均单价或成本的1种方法。每月不止一次的加权平均。

计算公式：

① 平均单价或成本＝（库存原有存货的实际成本＋本次进货的实际成本）／（原有库存存货数量＋本次进货数量）

② 本次发出存货的成本＝本次发出存货的数量×本次发货前存货的单位成本

③ 本月月末库存存货成本＝月末库存存货的数量×本月月末存货单位成本

该方法存在利弊：采用移动平均法能够使企业管理者及时了解存货的结存情况，计算的平均单位成本以及发出和结存的存货成本比较客观。但由于每次收货都要计算一次平均单价，计算工作量较大，对收发货较频繁的企业不适用。

新的《企业会计准则第1号——存货》第14条明确规定："企业应当采用先进先

出法、加权平均法或者个别计价法确定发出存货的实际成本。"**取消了现行准则中所允许的发出存货计价采用"后进先出法"的规定**，原因是实物流和资金流的不同。

4. 个别计价法

个别计价法是以每次（批）收入存货的实际成本作为计算该次（批）发出存货成本的依据。即：每次（批）存货发出成本＝该次（批）存货发出数量×该次（批）存货实际收入的单位成本。除上述计价法外，还有计划成本法、毛利率法、售价金额核算法等，但前四种方法属于企业按实际成本计价的存货发出的计价方法。存货期末计价通常是以实际成本确定。但是，除了这种方法外，还有一较为广泛的方法——成本（实际成本）与可变现净值两者之中较低者计价的方法。

个别计价法亦称个别认定法、具体辨认法、分批实际法，采用这一方法是假设存货具体项目的实物流转与成本流转相一致，按照各种存货逐一辨认各批发出存货和期末存货所属的购进批别或生产批别，分别按其购入或生产时所确定的单位成本计算各批发出存货和期末存货成本的方法。在这种方法下，是把每一种存货的实际成本作为计算发出存货成本和期末存货成本的基础。

税法或税收政策中明确不同的存货计价方法，会产生不同的当期利润而影响应纳税所得额的确定。

（三）准备金制度

准备金制度是指政府为了使企业将来发生的某些费用或投资有资金来源，在计算企业应纳税所得时，允许企业按照一定的标准将一定量的应税所得作为准备金处理，从应税所得总额中扣除，不必纳税。准备金的种类很多，有投资准备金、技术开发准备金、出口损失准备金、价格变动准备金、国外投资损失准备金等。每一项准备金都有其法定的内容。

第五节　退税与抵免

退税是指因某种原因，税务局将已征税款按规定程序，退给原纳税人的具体行政行为。退税是税务局依法将已征税款退库的全过程进行登记、审核、退库和监督的总称。与其他税收优惠方式最大的区别是纳税人已经完成纳税申报和解缴入库，是征纳双方（即税务局和纳税人）共同完成的具体行政行为。

税收抵免是指允许纳税人从某种合乎奖励规定的支出中，以一定比率从其应纳税额中扣除，以减轻其税负。国外税收抵免是指居住国政府对其居民企业来自国内外的所得一律汇总征税，但允许抵扣该居民企业在国外已纳的税额，以避免国际重复征税。

税收抵免的主要有两种：投资抵免（投资津贴）和国外税收抵免。前者是为了刺激投资，促进国民经济增长与发展；后者是为了避免国际双重征税，使纳税人的税收负担公平。

一、相关概念

退税是指依申请而办理的具体行政行为，是受税收法律救济保护的行政执法行为。

即征即退，是指对按税法规定缴纳的税款，由税务局在征税时部分或全部退还给纳税人的一种税收优惠。它与出口退税、先征后退、投资退税一并属于退税的范畴，其实质是一种特殊方式的免税和减税的优惠。

先征后返又称"先征后退"，是指对按税法规定缴纳的税款，由税务局征收入库后，再由税务局或财政部门按规定的程序给予部分或全部退税或返还已纳税款的一种税收优惠，属退税范畴，其实质是一种特定方式的免税或减免优惠。

出口增值税"先征后退"，是指对生产企业在货物报关出口并在财务上作销售的当期先按增值税有关规定征税，然后由企业凭有关退税单证按月报主管税务局，根据国家出口退税政策的规定办理退税。

再投资退税，是指对特定投资者的再投资所得给予部分或全部退还的一种税收优惠，一般适用于企业所得税条款，是发展中国家为吸引外商增加投资所采取的一种税收优惠措施。比如：外国投资者将其从企业分得的利润，在中国境内直接再投资举办、扩建产品出口企业或者先进技术企业，以及外国投资者将从海南经济特区内的企业分得的利润直接再投资于海南经济特区内的基础设施项目和农业开发企业，经营期不少于 5 年的，可以全部退还其再投资部分已纳的企业所得税税款。再投资不满 5 年撤出的，应当缴回已退的税款。

出口产品退（免）税，简称出口退税，是指对出口产品退还其在国内生产和流通环节实际缴纳的增值税和消费税的一种税收优惠措施。

溢征退税，是指纳税人缴纳税款后，税务局（海关）或纳税人发现应征（缴）税额少于实征（缴）税额，即构成溢征。税务局（海关）将实征税额大于应征税额的部分退还给纳税人的行政行为，即称为溢征退税。

复出口退税，是指对已纳进口关税的进境货物，在境内经加工、制造或修理后复出境时，海关退还全部或部分原已纳进口关税税额。

购物退税，是指境外游客在退税定点商店购买随身携运出境的退税物品，按规定可予以退税。跨境购物退税，退的一般是增值税和消费税，是境外不少国家和地区为了带动旅游消费，针对外籍消费者的一种福利。

二、退税流程

一般情况下，纳税人申请的退税，主要包括：政策性退税（如出口退税和增值税期末留抵退税等）、企业所得税汇算清缴退税、因纳税人填写申报表或计算或适用税种税目税率错误等失误造成的退税、纳税评估（日常检查）和税务稽查中发现应退税、外国投资者再投资退税等。例如：出口退税主要是通过退还出口产品的国内已纳税款来平衡国内产品的税负，使本国产品以不含税成本进入国际市场，与国外产品在同等条件下进行竞争，从而增强竞争能力，扩大出口创汇。

（一）退税范围

即可以申请退税的事项，主要包括以下的六项：

1. 税务征管范围内的纳税人的政策性退税；

2. 税务局工作过失造成的误征退税；

3. 征管范围内因纳税人填写申报表错误、计算错误、适用税种税目税率错误等失误造成的退税；

4. 企业所得税和个人所得税的年度汇算清缴退税；

5. 委托代征单位征收税款后，纳税人申请退还已经在委托代征单位多缴纳的税款的退税和跨区从事建筑安装劳务或开发销售不动产的纳税人申请退还当年度在工程或项目所在地税务局预缴的增值税及其附加和代征的各税款的退税；

6. 纳税评估（日常检查）和税务稽查检查中发现应退税。

（二）退税需要提供资料

1. 企业所得税汇算清缴退税，申请退税应提供以下资料：

（1）《退税申请审批表》；

（2）完税凭证等已缴税款证明原件、复印件；

（3）纳税人报送的会计决算表、所得税预缴申报表和年终申报表原件、复印件；

（4）纳税人书面申请或其他说明材料。

2. 检查中发现应退税，申请退税应提供以下资料：

税务局在税务稽查和日常检查中发现应退税的，在送达《税务处理决定书》（一式两份）时，通知纳税人填写《退税申请审批表》，连同《税务处理决定书》和如下有关文书资料到主管税务局申请办理退税。纳税人应提供的有关文书资料：

（1）《税务处理决定书》原件、复印件；

（2）已缴纳税款凭证原件、复印件；

（3）《退税申请审批表》；

（4）税务局要求提供的其他资料。

3. 政策性退税，申请退税应提供以下资料：

（1）《退税申请审批表》；

（2）纳税申报表原件、复印件；

（3）完税凭证等已缴税款证明原件、复印件；

（4）税务局批准其享受有关税收优惠政策的批文的原件、复印件或批准申请人购买国产设备抵扣税款批复的原件、复印件；

（5）纳税人书面申请或其他说明材料。

4. 申请出口退税需要附送的材料：

（1）报关单。报关单是货物进口或出口时进出口企业向海关办理申报手续，以便海关凭此查验和验放而填具的单据。

（2）出口销售发票。这是出口企业根据与出口购货方签订的销售合同填开的单证，是外商购货的主要凭证，也是出口企业财会部门凭此记账做出口产品销售收入的依据。

（3）进货发票。提供进货发票，主要是为了确定出口产品的供货单位、产品名称、计量单位、数量，是不是生产企业的销售价格，以便划分和计算确定其进货费用等。

（4）结汇水单或收汇通知书。

（5）属于生产企业直接出口或委托出口自制产品，凡以到岸价 CIF 结算的，还应附送出口货物运单和出口保险单。

（6）有进料加工复出口产品业务的企业，还应向税务局报送进口材料和零件的合同编号、日期、进口料件名称、数量、复出口产品名称，进料成本金额和实纳各种税金额等。

（7）产品征税证明。

（8）出口收汇已核销证明。

（9）与出口退税有关的其他材料。

（三）法律依据

关于退税，《税收征管法》第八条明确规定如下：

纳税人、扣缴义务人有权向税务机关了解国家税收法律、行政法规的规定以及与纳税程序有关的情况。纳税人、扣缴义务人有权要求税务机关为纳税人、扣缴义务人的情况保密。

税务机关应当依法为纳税人、扣缴义务人的情况保密。

纳税人依法享有申请减税、免税、退税的权利。

纳税人、扣缴义务人对税务机关所作出的决定，享有陈述权、申辩权；依法享有申请行政复议、提起行政诉讼、请求国家赔偿等权利。纳税人、扣缴义务人有权控告和检举税务机关、税务人员的违法违纪行为。

（四）退税工作流程图

1. 一般退税工作流程图

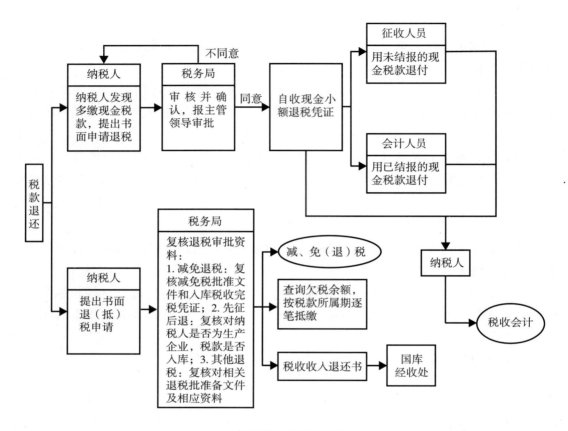

一般退税工作流程图

2. 出口退税的一般程序

（1）有关证件的送验及登记表的领取

企业在取得有关部门批准其经营出口产品业务的文件和工商行政管理部门核发的工商登记证明后，应于 30 日内办理出口企业退税登记。

（2）退税登记的申报和受理

企业领到"出口企业退税登记表"后，即按登记表及有关要求填写，加盖企业公章和有关人员印章后，连同出口产品经营权批准文件、工商登记证明等证明资料一起报送税务局，税务局经审核无误后，即受理登记。

（3）填发出口退税登记证

税务局接到企业的正式申请，经审核无误并按规定的程序批准后，核发给企业"出口退税登记"。

（4）出口退税登记的变更或注销

当企业经营状况发生变化或某些退税政策发生变动时，应根据实际需要变更或注销退税登记。

（三）增值税即征即退的账务处理

增值税即征即退，是指税务局将应征增值税征收入库后，再将已征的全部或部分增值税款退还给纳税人。纳税人提供应税服务享受增值税即征即退优惠政策的，可以给客户开具增值税专用发票，正常核算销项税额，进项税额和应纳税额。

纳税人准确核算即征即退货物、劳务和应税服务的销售额、应纳税额、应退税额，正常进行纳税申报后，再向主管税务局提交资料申请办理退税，也就是说纳税人要先上缴增值税，然后再取得返还额。

即征即退的账务处理：

纳税人既有增值税即征即退、先征后退项目，也有出口等其他增值税应税项目的，纳税人应分别核算、分别申请享受增值税即征即退、先征后退和免抵退税政策。未单独核算的，不得享受增值税即征即退政策。其账务处理过程如下：

（1）销售确认收入，计提增值税销项税

借：银行存款或应收账款

贷：主营业务收入

应交税费——应交增值税——销项税额

（2）采购确认成本，计算增值税进项税

借：库存商品

应交税费——应交增值税——进项税额

贷：应付账款等

（3）纳税申报计算转出未交增值税

借：应交税费——应交增值税——转出未交增值税

贷：应交税费——未交增值税

（4）缴纳增值税

借：应交税费——未交增值税

贷：银行存款

（5）根据政策，计算和计提应返还的增值税

借：其他应收款——增值税退税

贷：营业外收入——政府补助

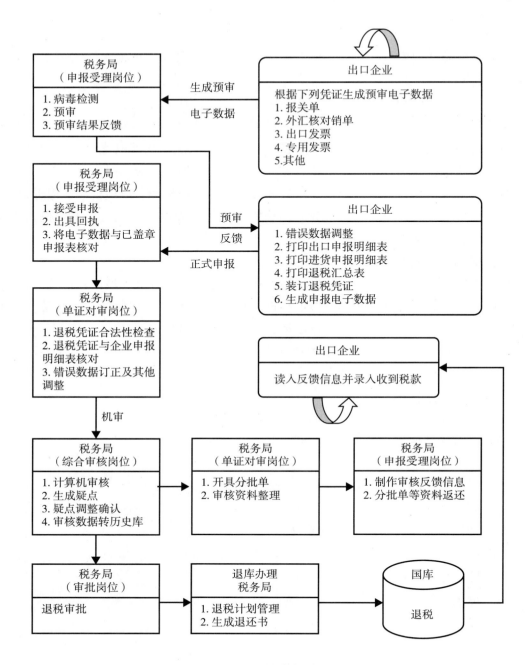

政策性退税之出口退税工作流程图

（6）收到返还的增值税

借：银行存款——增值税退税

贷：其他应收款

延伸一下，增值税实行即征即退，随征的税费是否同时退还？

根据《财政部、国家税务总局关于增值税、营业税、消费税实行先征后返等办法有关城建税和教育费附加政策的通知》（财税〔2005〕72号）规定："经研究，现对增值税、营业税、消费税（以下简称'三税'）实行先征后返、先征后退、即征即退办法有关的城市维护建设税和教育费附加政策问题明确如下：对'三税'实行先征后返、先征后退、即征即退办法的，除另有规定外，对随'三税'附征的城市维护建设税和教育费附加，一律不予退（返）还。"

除税收法规政策有特别规定外，即征即退的增值税不属于"免税收入"或"不征税收入"。例如，符合条件的软件企业可享下列"不征税收入"优惠：根据财政部、国家税务总局发布的《关于进一步鼓励软件产业和集成电路产业发展企业所得税政策的通知》（财税〔2012〕27号）文件规定：

符合前述条件的软件企业，可享受下列优惠：按照《财政部国家税务总局关于软件产品增值税政策的通知》（财税〔2011〕100号）规定取得的即征即退增值税款，由企业专项用于软件产品研发和扩大再生产并单独进行核算，可以作为不征税收入，在计算应纳税所得额时从收入总额中扣除。

三、2022增值税留抵退税

留抵退税，即"增值税留抵税额退税优惠"，就是对现在还未能抵扣、留着将来才能抵扣的"进项"增值税，将应该以后进行抵扣的进项税额改为退税，予以全额退还。

所谓的留抵税额，可简单理解为当进项税额大于销项税额时的余额，即出现了留抵税额。进项税指的是纳税人在购进货物、无形资产或者不动产等时候支付的增值税额。而销项税，则指销售时收取的增值税额。一般而言，形成留抵税额的原因有很多，比如集中投资、货物生产周期较长等。

增值税实行链条抵扣机制，以纳税人当期销项税额抵扣进项税额后的余额为应纳税额。其中，销项税额是指按照销售额和适用税率计算的增值税额；进项税额是指购进原材料等所负担的增值税额。当进项税额大于销项税额时，未抵扣完的进项税额会形成留抵税额。留抵退税就是把增值税期末未抵扣完的税额退还给纳税人。

增值税的留抵退税，对纳税人的增值税税负是没有影响的，其实质属于迟延纳税的逆操作，经济实质相当于国家提供留抵增值税税额的等额度无息"贷"款，激发市场主体活力。

产生留抵增值税进项税的原因，主要是纳税人进项税额和销项税额在时间上不一致造成的，比如集中采购原材料和存货，尚未全部实现销售；投资期间没有收入等。此外，在多档税率并存的情况下，销售适用税率低于进项适用税率，也会形成留抵税额。更应该高度重视的是：虚开增值税专用发票和少计应税收入而形成的假象，更是客观存在的。

国际上对于留抵税额的处理方式一般有两种：允许纳税人下期继续抵扣或申请当期退还。2019 年 3 月 21 日，我国财政部、国家税务总局、海关总署三部门联合发布《关于深化增值税改革有关政策的公告》（以下简称《公告》），其中提到，自 2019 年 4 月 1 日起，试行增值税期末留抵税额退税制度。即 2019 年以来，我国逐步建立了增值税增量留抵退税制度。2022 年，完善增值税留抵退税制度，优化征、缴、退流程，对留抵税额实行大规模退税，把纳税人今后才可继续抵扣的进项税额予以提前返还。

按照 2022 年我国《政府工作报告》部署要求，实施新的组合式税费支持政策，全年退税减税约 2.5 万亿元，其中通过提前返还尚未抵扣的留抵税款，直接为市场主体提供现金流约 1.5 万亿元，增加企业现金流，缓解资金回笼压力，不但有助于提升企业发展信心，激发市场主体活力，还能够促进消费投资，支持实体经济高质量发展，推动产业转型升级和结构优化。

"实施新的组合式税费支持政策，坚持阶段性措施和制度性安排相结合，减税与退税并举。一方面，延续实施扶持制造业、小微企业和个体工商户的减税降费政策，并提高减免幅度、扩大适用范围。对小规模纳税人阶段性免征增值税。对小微企业年应纳税所得额 100 万元至 300 万元部分，再减半征收企业所得税。各地也要结合实际，依法出台税费减免等有力措施，使减税降费力度只增不减，以稳定市场预期。另一方面，综合考虑为企业提供现金流支持、促进就业消费投资，大力改进因增值税税制设计类似于先缴后退的留抵退税制度，今年对留抵税额提前实行大规模退税。优先安排小微企业，对小微企业的存量留抵税额于 6 月底前一次性全部退还，增量留抵税额足额退还。重点支持制造业，全面解决制造业、科研和技术服务、生态环保、电力燃气、交通运输等行业留抵退税问题。增值税留抵退税力度显著加大，以有力提振市场信心。预计全年退税减税约 2.5 万亿元，其中留抵退税约 1.5 万亿元，退税资金全部直达企业。中央财政将加大对地方财力支持，补助资金直达市县，地方政府及有关部门要建立健全工作机制，加强资金调度，确保退税减税这项关键性举措落实到位，为企业雪中送炭，助企业焕发生机。"

——摘自 2022 年《政府工作报告》

四、退税与免税的区别

退税是指因某种原因，税务局将已征税款按规定程序，退给原纳税人。

首先，退税是依纳税人申请退税，纳税人须按照国家有关退税管理制度的规定，向所在地主管税务局呈送申请退税报告后，由税务局办理退税登记。接下来，税务局要认真审核申请退税报告，对纳税人提供的证明文件资料的合法性和真实性、退税理由、退税范围、退税有效期限、退税产品数量及其金额、退税率及应退税款计算等项逐一核实，切实遵循国家关于退税审批程序和审批权限的规定，加强税务内部的协调与监督。这是退税管理的关键环节。

免税，是指按照税法规定免除全部应纳税款，是对某些纳税人或征税对象给予鼓励、扶持或照顾的特殊规定，是世界各国及各个税种普遍采用的一种税收优惠方式。免税一般可以分为法定免税、特定免税和临时免税三种，法定免税是主要方式，特定免税和临时免税是辅助方式，是对法定免税的补充。

法定免税的免税期限一般较长或无期限，免税内容具有较强的稳定性；特定免税是根据政治、经济情况发生变化和贯彻税收政策的需要，对个别、特殊的情况专案规定的免税条款。免税的范围较小，免税期限较短；临时免税是对个别纳税人因遭受特殊困难而无力履行纳税义务，或因特殊原因要求减除纳税义务的，对其应履行的纳税义务给予豁免的特殊规定，通常是定期的或一次性的免税，具有不确定性和不可预见性的特征。

虽然都是税收优惠，退税与免税还是存在显著区别的：

（一）退税的税款是已经履行纳税申报和解缴入库的，需要经历财政收支的

免税，是只需要进行纳税申报不需要解缴入库的，随着征管手段进步和信息化程度的提高，免税管理渐进式经历了"审批→核准→备案→备查"的变化，而退税始终是依申请的具体行为，工作流程和具体要求没有发生根本性变化，税务内部要经历"税源管理→税政管理→计会管理"等多部门，最终由国库处理退库而退还给纳税人。

（二）出口退税和出口免税的区别

1. 出口退税和出口免税的处理方法是不一样的，生产厂家需要的是免抵退税，而外贸出口则是出口退税，因此出口免税是专为生产厂家所拟定的，而出口退税是为外贸出口企业拟定的，虽然两者皆是外贸单位，但是本质上是有所区别的。

2. 免税和出口退税计算方法也是不一样的，免税是看留抵额和免抵退哪个金额小就选哪个，而出口退税却是依据"进口成本×退税率"，因此依据货物各异退税率也不是一样的。

3. 货物来历各异，出口一定要是自产的，就是说如果你出口车辆，就必须全部配件及设备皆是自家全部生产方能申办免税，而外贸却能从海外购买配件自家安装之后出口到境外，退的是境外采购商品所发生的税收。

五、抵免

此抵免是个广义的概念，不是仅指出口货物的抵免，还包括国际税收饶让抵免、增值税进项税额抵扣、企业所得税的亏损结转和汇总纳税等税收优惠方式。

（一）出口货物"免、抵、退"税政策基本内容

实行"免、抵、退"税管理办法的"免"税，是指对生产企业出口的自产货物，

免征本企业生产销售环节的增值税；"抵"税，是指生产企业出口的自产货物所耗用原材料、零部件等应予退还的进项税额，抵顶内销货物的应纳税款；"退"税，是指生产企业出口的自产货物在当期内因应抵顶的进项税额大于应纳税额而未抵顶完的税额，经主管退税局批准后，予以退税。

（二）"免、抵、退"税申报的一般程序

"免、抵、退"税计算申报比较复杂，在日常操作中，出口企业必须特别注意在相应申报时严格按规定程序进行：

申报前，应首先在计算机中正确安装出口退税申报系统和免抵退税管理系统企业端软件；必须在免抵退税管理系统企业端中录入数据，生成免抵退税月份申报表并向税务局办理预免预抵申报手续；单证齐全后，应及时在出口退税申报系统中录入数据，生成预申报数据办理预申报，通过后在免抵退税管理系统企业端中生成免抵退税单证齐全申报表，连同装订成册的单证向税务局办理单证齐全申报手续。

生产企业出口的外购视同自产产品，在进行免抵退申报时，须向税务局提供收购视同自产产品的增值税税收（出口货物专用）缴款书。供货企业销售给生产企业或为生产企业加工视同生产产品后，比照《财政部、国家税务总局关于出口货物恢复使用增值税税收专用缴款书管理的通知》有关规定，向税务局申请开具增值税税收（出口货物专用）缴款书。

生产企业向税务局申报免抵退税时，须按当月出口情况在《生产企业出口货物免、抵、退税申报明细表》备注栏中注明视同产品的出口额。凡视同自产产品超过当月产品出口额50%的，须报经省、自治区、直辖市（计划单列市）税务局审核后办理免、抵、退税。

六、"免、抵、退"税管理办法的实施范围

（一）生产企业自营出口或委托外贸企业代理出口（以下简称生产企业出口）的自产货物，除另有规定者外，增值税一律实行"免、抵、退"税管理办法。

生产企业，是指独立核算，实行生产企业财务会计制度，**经主管税务局认定为增值税一般纳税人**，并且具有实际生产能力的企业和企业集团。

自产货物是指生产企业购进原辅材料，经过加工生产的货物。

下列出口货物可视同自产货物，办理"免、抵、退"税：

1. 收购与本企业生产货物的名称、性能相同，使用本企业注册商标或外商提供给本企业使用的商标，且出口给进口本企业自产产品的外商的货物。

2. 收购与本企业所生产的货物配套出口的货物。

生产企业出口外购的与本企业所生产的产品配套出口的产品，若出口给进口本企业自产产品的外商，符合以下条件之一的，视同自产货物办理退税。

（1）用于维修本企业出口的自产产品的工具、零部件、配件。

（2）不经过本企业加工或组装，出口后能直接与本企业自产产品组合成套产品的。

3. 收购经主管出口退税的税务局认可的集团公司（或总厂）成员企业（或分厂）生产的产品，凡符合下列条件的，可认定为集团成员，集团公司收购成员企业生产的产品，可视同自产货物办理退税。

（1）经县级以上人民政府主管部门批准为集团公司成员的企业，或由集团公司控股的生产企业。

（2）集团公司及其成员企业均实行生产企业财务会计制度。

（3）集团公司必须将有关成员企业的证明材料报送给主管出口退税的税务局。

4. 委托加工生产收回的货物。

生产企业出口委托加工收回的产品，同时符合下列条件的，可视同自产货物办理退税。

（1）必须与本企业生产的产品名称、性能相同，或者是用本企业生产的产品再委托深加工收回的产品。

（2）出口给进口本企业自产产品的外商。

（3）委托方执行的是生产企业财务会计制度。

（4）委托方必须与受托方签订委托加工协议。主要原材料必须由委托方提供。受托方不垫付资金，只收取加工费，开具加工费的增值税专用发票。

（二）增值税小规模纳税人出口自产货物继续实行免征增值税办法。

（三）生产企业出口自产的属于应征消费税的产品，实行免征消费税办法。

七、"免抵退"税的计算

（一）"免抵退"税额、"免抵退"税额抵减额及"免抵"税额的计算公式：

"免抵退"税额=出口货物离岸价×外汇人民币牌价×出口货物退税率−"免抵退"税额抵减额−上期结转免抵退税额抵减额

"免抵退"税额抵减额=免税购进原材料价格×出口货物退税率

免税购进原材料包括从国内购进的免税原材料和进料加工免税进口料件，其中进料加工免税进口料件的价格为组成计税价格，计算公式为：

进料加工免税进口料件的组成计税价格=货物到岸价格+海关实征关税+海关实征消费税

"免抵"税额="免抵退"税额−应退税额

（二）当期应纳税额、当期免抵退不得免征和抵扣税额、当期免抵退不得免征和抵扣税额抵减额的计算公式：

当期应纳税额＝当期内销货物的销项税额－（当期进项税额－当期免抵退税不得免征和抵扣税额）－上期未抵扣完的进项税额

当期免抵退税不得免征和抵扣税额＝当期出口货物离岸价×外汇人民币牌价×（出口货物征税率－出口货物退税率）－免抵退税不得免征和抵扣税额抵减额－上期结转免抵退税不得免征和抵扣税额抵减额

免抵退税不得免征和抵扣税额抵减额＝购进的免税原材料价格×（出口货物征税率－出口货物退税率）

（三）当期应退税额、当期应"免抵"税额、结转下期继续抵扣的税额的计算：

1. 当生产企业本月的销项税额≥本月的应抵扣税额时，应纳税额≥0，即本月无未抵扣完的进项税额：

当期应退税额＝0 当期应"免抵"税额＝当期"免抵退"税额－当期应退税额（为0）＝当期"免抵退"税额

无结转下期继续抵扣的进项税额（即为0）。

2. 当生产企业本月的销项税额＜本月的应抵扣税额时，本月进项税额未抵扣完，即当期期末有留抵税额：

（1）如果当期期末留抵税额≤当期免抵退税额，则：

当期应退税额＝当期期末留抵税额

当期应"免抵"税额＝当期"免抵退"税额－当期应退税额

结转下期抵扣的进项税额＝0。

（2）如果当期期末留抵税额＞当期免抵退税额，则：

当期应退税额＝当期免抵退税额

当期应"免抵"税额＝0

结转下期继续抵扣进项税额＝当期期末留抵税额－当期应退税额。

"期末留抵税额"是计算确定应退税额、应免抵税额的重要依据，应以当期《增值税纳税申报表》的"期末留抵税额"的审核数栏为准。

（四）新发生出口业务的生产企业，自发生首笔出口业务之日起12个月内的出口业务，不计算当期应退税额，当期免抵税额等于当期免抵退税额；未抵顶完的进项税额，结转下期继续抵扣，从第13个月开始按免抵退税计算公式计算当期应退税额。

（五）生产企业必须在足额缴纳增值税，无欠缴、缓缴增值税税款的情况下方可予以办理出口货物的"免抵退"税。

（六）生产企业自货物报关出口之日起超过六个月未收齐有关出口退（免）税凭证或未向主管税务局办理免抵退税申报手续的，视同内销货物计算征税；对已征税的货物，生产企业收齐有关出口退（免）税凭证后，应在规定的出口退税清算期内向主管税务局申报，经主管税务局审核无误的，办理免抵退税手续。逾期未申报或已申报但审核未通过的，主管税务局不再办理免抵退。

（七）生产企业出口产品后，应及时回收单证，按月向税务局办理"免抵退"税申报手续，如不按规定及时申报，将按相关税收法规进行处罚。

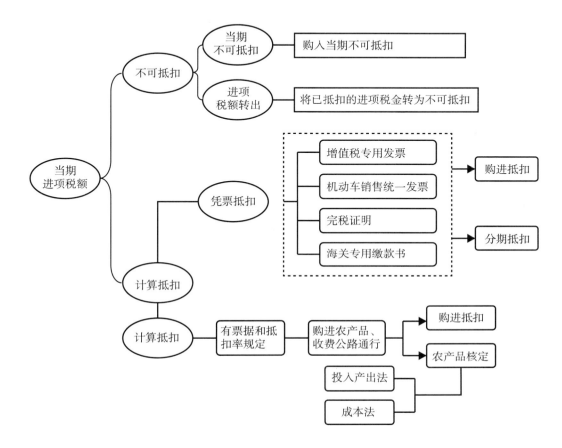

增值税进项税额抵扣流程图

八、国际税收饶让抵免实务

（一）抵免方式

1. 依据国内税法规定的减税、免税优惠，不论所得的项目如何，均享有受饶让抵免待遇。

2. 将国内税法上规定的适用税率与国际税收协定中适用的限制税率之间的征税差额视为已征税额，仍依国内税法规定的税率予以抵免。

3. 在国际税收协定中限制税率的基础上再给予的减免税额，视为已征税额，仍依税收协定规定的限制税率予以抵免。

综合抵免限额，亦称"全面抵免限额"，是"分国抵免限额"的对称，是指居住国政府对居民计算抵免限额时，把其所有来自国外的所得汇总计算一个抵免限额。计算公式为：

综合抵免限额 ＝（∑国内外应税所得额×本国税率）×∑国外应税所得额/∑国内外应税所得额

在居住国所得税税率为比例税率的情况下，综合抵免限额的计算公式还可以简化。因为国内外应税所得额之和与公式中的分母是一致的。

（二）抵免流程图

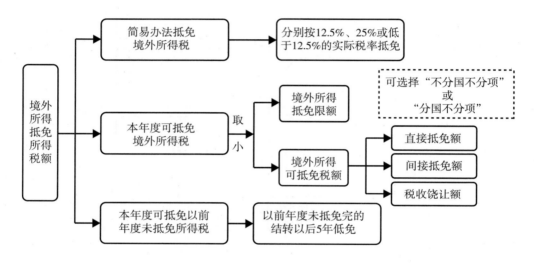

境外所得抵免所得税流程图

第六节　税收减免管理

随着我国社会生产力的进步和经济快速发展，传统的分税种税收征收管理模式，早就已经落后了。税收优惠的管理也是如此，各税种的税政管理部门制定税收优惠政策，即实体管理。而应该由征管部门负责的"免、减、缓、退、抵"等税收减免程序性管理，自 2017 年 12 月 29 日国家税务总局令第 42 号《国家税务总局关于公布失效废止的税务部门规章和税收规范性文件目录的决定》将《税收减免管理办法》（国家税务总局公告 2015 年第 43 号）全文失效废止后，税收减免管理处于失控状态。为什么要废止呢？真是令人匪夷所思！

2005 年 8 月，为了规范和加强减免税管理工作，国家税务总局制定了《税收减免管理办法（试行）》（国税发〔2005〕129 号）；2015 年 6 月，为贯彻落实国务院行政审批制度改革精神，进一步做好减免税管理有关工作，国家税务总局将《税收减免管理办法（试行）》修订为《税收减免管理办法》予以发布，自 2015 年 8 月 1 日起施行。

在《税收减免管理办法》的第二条明确规定：本办法所称的减免税是指国家对特定纳税人或征税对象，给予减轻或者免除税收负担的一种税收优惠措施，包括税基式减免、税率式减免和税额式减免三类。不包括出口退税和财政部门办理的减免税。

《税收减免管理办法》是税务局实施税收减免税管理的纲领性文件，被废止后没有后续文件，导致税收减免管理没有可操作和可执行性的规范性文件的相关规定可循。究竟是为什么要废止呢？为了废止而废止是对历史的不负责任。

一、《税收减免管理办法》废止后

2017 年 12 月，根据《国家税务总局关于公布失效废止的税务部门规章和税收规范性文件目录的决定》（国家税务总局令第 42 号）的规定，《国家税务总局关于发布〈税收减免管理办法〉的公告》（国家税务总局公告 2015 年第 43 号）已全文废止。目前，增值税备案类减免税的事前备案管理事项，部分省局经请示国家税务总局，**是按照纳税服务工作规范、税收征管规范的有关规定执行。**

目前，两个规范对增值税免税备案规定较为简单。此前备案类减免税的管理规定是，纳税人申请备案，形式符合要求的，由办税服务大厅即办后，转给税源管理部门进行实地核查，对核查无问题的进行归档，对核查有问题的通知大厅取消备案。现结合"放管服"的要求，部分省局对下一阶段减免税管理的总体想法是，纳税人应在享受增值税税收优惠政策的首个纳税申报期内，在申报环节向主管税务局备案，报送备案登记表，其他备案资料由纳税人留存备查，税源管理部门不再进行实地核查，年度减免税清算可对纳税人备案资料进行核查。

《税收减免管理办法》废止的后续相关文件目录：

1. 2018 年 4 月 25 日，《企业所得税国家优惠政策事项办理办法》（文号：税务总局公告 2018 年第 23 号）；

2. 2018 年 2 月 7 日，《财政部、税务总局关于非营利组织免税资格认定管理有关问题的通知》（文号：财税〔2018〕13 号）；

3. 2020 年 12 月 21 日，海关总署《中华人民共和国海关进出口货物减免税管理办法》（文号：海关总署令第 245 号）；

4. 2021 年 6 月 22 日，国家税务总局《关于修订发布〈研发机构采购国产设备增值税退税管理办法〉的公告》（文号：税务总局公告 2021 年第 18 号）；

5. 2022 年 3 月 4 日，《国家税务总局关于进一步实施小微企业"六税两费"减免政策有关征管问题的公告》（文号：税务总局公告 2022 年第 3 号）；

6. 2022 年 3 月 22 日，《国家税务总局关于小型微利企业所得税优惠政策征管问题的公告》（文号：税务总局公告 2022 年第 5 号）。

不考虑计划经济时代及以前，我国的现代税收征管历史是从 1982 年开始的，至今仅仅四十多年。其中，税收减免经历了由"严格审批→宽松管理"的过程，渐进式经历了"审批→核准→备案→备查"四个阶段的变化。

原《税收减免管理办法（试行）》（国税发〔2005〕129 号）之具体规定：

第四条 减免税分为报批类减免税和备案类减免税。报批类减免税是指应由税务机关审批的减免税项目；备案类减免税是指取消审批手续的减免税项目和不需税务机关审批的减免税项目。

第五条 纳税人享受报批类减免税，应提交相应资料，提出申请，经按本办法规定具有审批权限的税务机关（以下简称有权税务机关）审批确认后执行。未按规定申请或虽申请但未经有权税务机关审批确认的，纳税人不得享受减免税。

纳税人享受备案类减免税，应提请备案，经税务机关登记备案后，自登记备案之日起执行。纳税人未按规定备案的，一律不得减免税。

原《税收减免管理办法》（国家税务总局公告 2015 年第 43 号）之具体规定：

第四条 减免税分为核准类减免税和备案类减免税。核准类减免税是指法律、法规规定应由税务机关核准的减免税项目；备案类减免税是指不需要税务机关核准的减免税项目。

第五条 纳税人享受核准类减免税，应当提交核准材料，提出申请，经依法具有批准权限的税务机关按本办法规定核准确认后执行。未按规定申请或虽申请但未经有批准权限的税务机关核准确认的，纳税人不得享受减免税。

纳税人享受备案类减免税，应当具备相应的减免税资质，并履行规定的备案手续。

第六条 纳税人依法可以享受减免税待遇，但是未享受而多缴税款的，纳税人可以在税收征管法规定的期限内申请减免税，要求退还多缴的税款。

二、原减免税审批管理

减免税审批机关由税收法律、法规、规章设定。凡规定应由国家税务总局审批的，经由各省、自治区、直辖市和计划单列市税务局上报国家税务总局；凡规定应由省级税务局及省级以下税务局审批的，由各省级税务局审批或确定审批权限，原则上由纳税人所在地的县（区）税务局审批；对减免税金额较大或减免税条件复杂的项目，各省、自治区、直辖市和计划单列市税务局可根据效能与便民、监督与责任的原则适当划分审批权限。

各级税务局应按照规定的权限和程序进行减免税审批，禁止越权和违规审批。

（一）审批类减免税的申请

纳税人申请报批类减免税的，应当在政策规定的减免税期限内，向主管税务局提出书面申请，并报送以下资料：

1. 减免税申请报告，列明减免税理由、依据、范围、期限、数量、金额等。

2. 财务会计报表和纳税申报表。

3. 有关部门出具的证明材料。

4. 税务局要求提供的其他资料。

纳税人报送的材料应真实、准确、齐全。税务局不得要求纳税人提交与其申请的减免税项目无关的技术资料和其他材料。

纳税人可以向主管税务局申请减免，也可以直接向有权审批的税务局申请。

由纳税人所在地主管税务局受理、应当由上级税务局审批的减免税申请，主管税务局应当自受理申请之日起 10 个工作日内直接上报有权审批的上级税务局。

（二）受理与审批

对纳税人提出的减免税申请，应当根据以下情况分别作出处理：

1. 申请的减免税项目，依法不需要由税务局审查后执行的，应当即时告知纳税人不受理。

2. 申请的减免税材料不详或存在错误的，应当告知并允许纳税人更正。

3. 申请的减免税材料不齐全或者不符合法定形式的，应在 5 个工作日内一次告知纳税人需要补正的全部内容。

4. 申请的减免税材料齐全、符合法定形式的，或者纳税人按照税务局的要求提交全部补正减免税材料的，应当受理纳税人的申请。

税务局受理或者不予受理减免税申请，应当出具加盖本局专用印章和注明日期的书面凭证。

5. 减免税审批是对纳税人提供的资料与减免税法定条件的相关性进行的审核，不改变纳税人真实申报责任。

税务局需要对申请材料的内容进行实地核实的，应当指派 2 名以上工作人员按规定程序进行实地核查，并将核查情况记录在案。上级税务局对减免税实地核查工作量大、耗时长的，可委托企业所在地区县级税务局具体组织实施。

6. 减免税期限超过 1 个纳税年度的，进行一次性审批。

纳税人享受减免税的条件发生变化的，应自发生变化之日起 15 个工作日内向税务局报告，经税务局审核后，停止其减免税。

7. 有审批权的税务局对纳税人的减免税申请，应按规定时限及时完成审批工作，作出审批决定。

8. 减免税申请符合法定条件、标准的，有权税务局应当在规定的期限内作出准予减免税的书面决定。**依法不予减免税的，应当说明理由，并告知纳税人享有依法申请行政复议或者提起行政诉讼的权利。**

9. 税务局作出的减免税审批决定，应当自作出决定之日起 10 个工作日内向纳税人送达减免税审批书面决定。

10. 减免税批复未下达前，纳税人应按规定办理申报缴纳税款。

（三）软件开发企业所得税减免审批

举例说明，软件开发企业的所得税减免审批，必须同时具备以下条件：

1. 取得省级信息产业主管部门颁发的软件企业认定证书。

2. 以计算机软件开发生产、系统集成、应用服务和其他相应技术服务为主营业务，单纯从事软件贸易的企业不得享受。

3. 具有一种以上由本企业开发或由本企业拥有知识产权的软件产品，或者提供通过资质等级认证的计算机信息系统集成等服务。

4. 具有从事软件开发和相应技术服务等业务所需的技术装备和经营场所。

5. 从事软件产品开发和技术服务的技术人员占企业职工总数的比例不低于 50%。

6. 软件技术及产品的研究开发经费占企业软件收入的 8% 以上。

7. 年软件销售收入占企业年总收入的比例达到 35% 以上，其中，自产软件收入占软件销售收入的 50% 以上。

国家规划布局内的重点软件企业，必须是在国家发改委、商务部、信息产业部、国家税务总局共同确定的重点软件企业名单之内，并取得经中国软件协会认定的国家规划布局内的重点软件企业证书。

《税收减免管理办法》废止后，取消税收减免报批，改为税收减免核准。减免税享受形式分为申报享受税收减免、税收减免备案、税收减免核准 3 种。其中，申报享受税收减免的优惠办理分为需在申报享受时随申报表报送附列资料和无须报送附列资料两种情形。

关于申报享受税收减免事项的具体情况，请查阅本章附件二。

三、核准类减免

（一）申请条件及依据

纳税人享受核准类减免税，应当提交核准材料，提出申请，经依法具有批准权限的税务局按本办法规定核准确认后执行。未按规定申请或虽申请但未经有批准权限的税务局核准确认的，纳税人不得享受减免税。

设定依据是《税收征管法》第三十三条第一款。

纳税人申请核准类减免税的，应当在政策规定的减免税期限内，向税务局提出书面申请，并按要求报送相应的材料。纳税人对报送材料的真实性和合法性承担责任。

（二）核准类减免的实施

税务局对纳税人提出的减免税申请，应当根据以下情况分别作出处理：

1. 申请的减免税项目，依法不需要由税务局核准后执行的，应当即时告知纳税人不受理；

2. 申请的减免税材料存在错误的，应当告知并允许纳税人更正；

3. 申请的减免税材料不齐全或者不符合法定形式的，应当场一次性书面告知纳税人；

4. 申请的减免税材料齐全、符合法定形式的，或者纳税人按照税务局的要求提交全部补正减免税材料的，应当受理纳税人的申请。

税务局受理或者不予受理减免税申请，应当出具加盖本局专用印章和注明日期的书面凭证。

减免税的审核是对纳税人提供材料与减免税法定条件的相关性进行审核，不改变纳税人真实申报责任。

减免税申请符合法定条件、标准的，税务局应当在规定的期限内作出准予减免税的书面决定。依法不予减免税的，应当说明理由，并告知纳税人享有依法申请行政复议以及提起行政诉讼的权利。

纳税人在减免税书面核准决定未下达之前应按规定进行纳税申报。纳税人在减免税书面核准决定下达之后，所享受的减免税应当进行申报。纳税人享受减免税的情形发生变化时，应当及时向税务局报告，税务局对纳税人的减免税资质进行重新审核。

（三）办理事项及报送材料

1. 其他地区地震受灾减免个人所得税（减免性质代码：05011601，财税〔2008〕62 号），应报送：

（1）《纳税人减免税申请核准表》1 份。

（2）减免税申请报告。

（3）个人身份证件原件（查验退回）。

（4）自然灾害损失相关材料原件及复印件（原件查验后退回）。

2. 其他自然灾害受灾减免个人所得税（减免性质代码：05011605，《个人所得税法》），应报送：

（1）《纳税人减免税申请核准表》1 份。

（2）减免税申请报告。

（3）个人身份证件原件（查验退回）。

（4）自然灾害损失相关材料原件及复印件（原件查验后退回）。

3. 地震灾害减免资源税（减免性质代码：06011601，财税〔2008〕62 号），应报送：

（1）《纳税人减免税申请核准表》1 份。

（2）减免税申请报告。

（3）开采或生产应税产品过程中，因意外事故或自然灾害等原因遭受重大损失的相关材料。

4. 事故灾害等原因减免资源税（减免性质代码：06129902，《中华人民共和国资源税暂行条例》），应报送：

（1）《纳税人减免税申请核准表》1份。

（2）减免税申请报告。

（3）开采或生产应税产品过程中，因意外事故或自然灾害等原因遭受重大损失的相关材料。

5. 企业纳税困难减免房产税（减免性质代码：08019902，国发〔1986〕90号），应报送：

（1）《纳税人减免税申请核准表》1份。

（2）减免税申请报告。

（3）不动产权属资料或其他证明纳税人实际使用房产的材料原件及复印件（原件查验后退回）。

（4）证明纳税人困难的相关材料。

6. 纳税人困难性减免城镇土地使用税优惠（减免性质代码：10129917，《中华人民共和国城镇土地使用税暂行条例》），应报送：

（1）《纳税人减免税申请核准表》1份。

（2）减免税申请报告。

（3）不动产权属资料或其他证明纳税人使用土地的文件原件及复印件（原件查验后退回）。

（4）证明纳税人困难的相关材料。

7. 普通标准住宅增值率不超过20%的土地增值税减免（减免性质代码：11011704，《中华人民共和国土地增值税暂行条例》），应报送：

（1）《纳税人减免税申请核准表》1份。

（2）减免税申请报告。

（3）开发立项及不动产权属资料复印件。

（4）土地增值税清算报告。

（5）相关的收入、成本、费用等相关材料。

8. 因城市实施规划、国家建设需要而搬迁，纳税人自行转让房地产免征土地增值税（减免性质代码：11129902，财税〔2006〕21号），应报送：

（1）《纳税人减免税申请核准表》1份。

（2）减免税申请报告。

（3）不动产权属资料复印件。

（4）政府依法征用、收回土地使用权文件复印件。

9. 因国家建设需要依法征用、收回的房地产土地增值税减免（减免性质代码：11129905，《中华人民共和国土地增值税暂行条例》），应报送：

（1）《纳税人减免税申请核准表》1份。

（2）减免税申请报告。

（3）不动产权属资料复印件。

（4）政府征用、收回土地使用权补偿协议复印件。

办理地点：可通过办税服务厅（场所）、电子税务局办理，具体地点和网址可从省（自治区、直辖市和计划单列市）税务局网站"纳税服务"栏目查询。

（四）纳税人注意事项

1. 纳税人对报送材料的真实性和合法性承担责任。

2. 文书表单可在省（自治区、直辖市和计划单列市）税务局网站"下载中心"栏目查询下载或到办税服务厅领取。

3. 纳税人使用符合电子签名法规定条件的电子签名，与手写签名或者盖章具有同等法律效力。

4. 纳税人提供的各项资料为复印件的，均须注明"与原件一致"并签章。

5. 税务局对核准类减免税的审核是对纳税人提供材料与减免税法定条件的相关性进行审核，不改变纳税人真实申报责任。

6. 纳税人在减免税书面核准决定未下达之前应按规定进行纳税申报。纳税人在减免税书面核准决定下达之后，所享受的减免税应当进行申报。

7. 纳税人享受减免税的情形发生变化时，应当及时向税务局报告，税务局对纳税人的减免税资质进行重新审核。

8. 纳税人享受核准类减免税的，对符合政策规定条件的材料需留存备查。

9. 纳税人实际经营情况不符合减免税规定条件的或者采用欺骗手段获取减免税的、享受减免税条件发生变化未及时向税务局报告的，以及未按照规定履行相关程序自行减免税的，税务局依照税收征管法有关规定予以处理。

10. 最新减免税政策代码可在国家税务总局网站的"办税指南"栏目查询。

四、备案类减免

（一）申请条件

符合备案类税收减免的纳税人，如需享受相应减免，在首次享受减免税的申报阶段或在申报征期后的其他规定期限内提交相关资料，向主管税务局申请办理减免备案。

备案类减免税的实施可以按照减轻纳税人负担、方便税收征管的原则，要求纳税人在首次享受减免税的申报阶段在纳税申报表中附列或附送材料进行备案，也可以要求纳税人在申报征期后的其他规定期限内提交报备资料进行备案。纳税人在符合减免税条件期间，备案材料一次性报备，在政策存续期可一直享受，当减免税情形发生变化时，应当及时向税务局报告。

纳税人随纳税申报表提交附送材料或报备材料进行备案的，应当在税务局规定的减免税期限内，报送以下资料：

1. 列明减免税的项目、依据、范围、期限等。

2. 减免税依据的相关法律、法规规定要求报送的材料。

纳税人对报送材料的真实性和合法性承担责任。

（二）备案类减免的实施

税务局对纳税人提请的减免税备案，应当根据以下情况分别作出处理：

1. 备案的减免税材料存在错误的，应当告知并允许纳税人更正。

2. 备案的减免税材料不齐全或者不符合法定形式的，应当场一次性书面告知纳税人。

3. 备案的减免税材料齐全、符合法定形式的，或者纳税人按照税务局的要求提交全部补正减免税材料的，应当受理纳税人的备案。

4. 税务局受理或者不予受理减免税备案，应当出具加盖本局专用印章和注明日期的书面凭证。

5. 备案类减免税的审核是对纳税人提供资料完整性的审核，不改变纳税人真实申报责任。

6. 税务局对备案材料进行收集、录入，纳税人在符合减免税资质条件期间，备案材料一次性报备，在政策存续期可一直享受。

纳税人享受备案类减免税的，应当按规定进行纳税申报。纳税人享受减免税到期的，应当停止享受减免税，按照规定进行纳税申报。纳税人享受减免税的情形发生变化时，应当及时向税务局报告。

（三）税收减免备案的办理事项及报送材料

1. 安置残疾人就业增值税即征即退优惠（减免性质代码：01012701、01012716，财税〔2016〕52号），应报送：

（1）《税务资格备案表》2份。

（2）安置精神残疾人的，提供精神残疾人同意就业的书面声明以及其法定监护人签字或印章的证明精神残疾人具有劳动条件和劳动意愿的书面材料。

（3）《中华人民共和国残疾人证》或《中华人民共和国残疾军人证（1至8级）》复印件，注明与"原件一致"，并逐页加盖公章。

（4）安置的残疾人的身份证件复印件。

（5）当期由银行等金融机构或纳税人加盖公章的按月为残疾人支付工资的清单。

2. 光伏发电增值税即征即退优惠（减免性质代码：01021903，财税〔2016〕81号），应报送：

（1）《税务资格备案表》2 份。

（2）自产的利用太阳能生产的电力产品的相关材料。

3. 软件产品增值税即征即退优惠（减免性质代码：01024103，财税〔2011〕100号），应报送：

（1）《税务资格备案表》2 份。

（2）取得软件产业主管部门颁发的《软件产品登记证书》或著作权行政管理部门颁发的《计算机软件著作权登记证书》。

4. 新型墙体材料增值税即征即退优惠（减免性质代码：01064017，财税〔2015〕73 号、财政部 税务总局公告 2019 年第 90 号），应报送：

（1）《税务资格备案表》2 份。

（2）不属于国家发展和改革委员会《产业结构调整指导目录》中的淘汰类、限制类项目和环境保护部《环境保护综合名录》中的"高污染、高环境风险"产品或者重污染工艺的声明材料。

5. 资源综合利用产品及劳务增值税即征即退优惠（减免性质代码：01064019，财税〔2015〕78 号、财政部 税务总局公告 2019 年第 90 号），应报送：

（1）《税务资格备案表》2 份。

（2）综合利用的资源，属于环境保护部《国家危险废物名录》列明的危险废物的，提供省级及以上环境保护部门颁发的《危险废物经营许可证》原件及复印件（原件查验后退回）。

（3）不属于国家发展改革委《产业结构调整指导目录》中的淘汰类、限制类项目和环境保护部《环境保护综合名录》中的"高污染、高环境风险"产品或者重污染工艺，以及符合《资源综合利用产品和劳务增值税优惠目录》规定的技术标准和相关条件的书面声明材料。

6. 有形动产融资租赁服务增值税即征即退优惠（减免性质代码：01083916，财税〔2016〕36 号），应报送：

（1）《税务资格备案表》2 份。

（2）有形动产融资租赁服务业务合同复印件。

7. 动漫企业增值税即征即退增值税优惠（减免性质代码：01103234、01103235，财税〔2018〕38 号），应报送：

（1）《税务资格备案表》2 份。

（2）软件产业主管部门颁发的《软件产品登记证书》或著作权行政管理部门颁发的《计算机软件著作权登记证书》。

8. 飞机维修劳务增值税即征即退优惠（减免性质代码：01120401，财税〔2000〕102号），应报送：《税务资格备案表》2份。

9. 管道运输服务增值税即征即退优惠（减免性质代码：01121311，财税〔2016〕36号），应报送：

（1）《税务资格备案表》2份。

（2）管道运输服务业务合同复印件。

10. 境外投资者以分配利润直接投资暂不征收预提所得税（减免性质代码：04129999，财税〔2018〕102号），应报送：

（1）《非居民企业递延缴纳预提所得税信息报告表》2份。

（2）《中华人民共和国扣缴企业所得税报告表》。

（3）相关合同。

（4）支付凭证。

（5）与鼓励类投资项目活动相关的资料。

（6）委托材料。

11. 残疾、孤老、烈属减征个人所得税优惠（减免性质代码：05012710，《中华人民共和国个人所得税法》），应报送：

（1）《纳税人减免税备案登记表》2份。

（2）个人身份证件原件及复印件（原件查验后退回）。

（3）残疾、孤老、烈属的资格相关材料原件及复印件（原件查验后退回）。

12. 合伙创投企业个人合伙人按投资额的一定比例抵扣从合伙创投企业分得的经营所得（减免性质代码：05129999，财税〔2018〕55号、国家税务总局公告2018年第43号），应报送：

（1）《纳税人减免税备案登记表》2份。

（2）《合伙创投企业个人所得税投资抵扣备案表》。

13. 天使投资个人按投资额的一定比例抵扣转让初创科技型企业股权取得的应纳税所得额（减免性质代码：05129999，财税〔2018〕55号），应报送：

（1）《纳税人减免税备案登记表》2份。

（2）《天使投资个人所得税投资抵扣备案表》。

（3）天使投资个人身份证件原件（查验后退回）。

14. 对个人销售住房暂免征收土地增值税（减免性质代码：11011701，财税〔2008〕137号），应报送：《纳税人减免税备案登记表》2份。

15. 对企业改制、资产整合过程中涉及的土地增值税予以免征（减免性质代码：11052401、11052501、11059901、11059902、11083901、11083902、11083903，财税〔2013〕53号、财税〔2011〕116号、财税〔2013〕3号、财税〔2011〕13号、财税

〔2001〕10 号、财税〔2003〕212 号、财税〔2013〕56 号），应报送：

（1）《纳税人减免税备案登记表》2 份。

（2）不动产权属资料复印件。

（3）投资、联营双方的营业执照复印件。

（4）投资、联营合同（协议）复印件。

16. 合作建房自用的土地增值税减免（减免性质代码：11129903，财税字〔1995〕48 号），应报送：

（1）《纳税人减免税备案登记表》2 份。

（2）不动产权属资料复印件。

（3）合作建房合同（协议）复印件。

（4）房产分配方案相关材料。

办理地点：

① 可通过办税服务厅、电子税务局办理（个人所得税相关税收优惠备案事项，通过国家税务总局自然人电子税务局办理）。

② 此事项可全市通办。

（四）纳税人注意事项

1. 纳税人对报送材料的真实性和合法性承担责任。

2. 文书表单可在省、自治区、直辖市税务局网站"下载中心"栏目查询下载或到办税服务厅领取。

3. 税务局提供"最多跑一次"服务。纳税人在资料完整且符合法定受理条件的前提下，最多只需要到税务局跑一次。

4. 纳税人使用符合电子签名法规定条件的电子签名，与手写签名或者盖章具有同等法律效力。

5. 纳税人提供的各项资料为复印件的，均须注明"与原件一致"并签章。

6. 享受减税、免税优惠的纳税人，减税、免税期满，应当自期满次日起恢复纳税；不再符合减税、免税条件的，应当依法履行纳税义务；未依法纳税的，税务局应当予以追缴。

7. 纳税人实际经营情况不符合减免税规定条件的或者采用欺骗手段获取减免税的、享受减免税条件发生变化未及时向税务局报告的，以及未按照相关规定履行相关程序自行减免税的，税务局依照税收征管法有关规定予以处理。

8. 纳税人兼营免税、减税项目的，应当分别核算免税、减税项目的销售额；未分别核算销售额的，不得免税、减税。

9. 最新减免税政策代码可在国家税务总局网站"办税指南"栏目查询。

五、饶让类减免

饶让类减免或称为隐性减免更形象，是指免税、减征、迟延以外的税收优惠措施的统称。主要包括：税额抵扣、税收饶让、以税还贷、税前还贷、税前扣除、亏损结转、汇总纳税。饶让类减免是不需要核准和备案的，主要是纳税人通过日常账务处理和会计核算，最终通过纳税申报实现享受减免优惠，最终在纳税申报表中体现出来。

六、纳税人放弃免（减）税权声明

【申请条件】

纳税人销售货物、应税劳务或者发生应税行为适用免税、减税规定的，可以放弃免税、减税，并报主管税务局备案。

适用增值税免税政策的出口货物、劳务的出口企业或其他单位，如果放弃免税，实行按内销货物征税的，应向主管税务局提出书面报告。

【设定依据】

1. 《中华人民共和国增值税暂行条例实施细则》第三十六条。

2. 《国家税务总局关于发布〈出口货物劳务增值税和消费税管理办法〉的公告》（国家税务总局公告 2012 年第 24 号）第十一条第八款。

【办理材料】

序号	材料名称	数量	备注
1	《增值税纳税人放弃免税权声明表》	2 份	适用增值税纳税人放弃免（减）税权
2	《出口货物劳务放弃免税权声明表》	2 份	适用出口企业放弃免税
3	纳税人身份证件原件（查验后退回）		不需办理税务登记的纳税人
4	税务登记证副本	1 份	查验后退回

【纳税人注意事项】

1. 纳税人对报送材料的真实性和合法性承担责任。

2. 文书表单可在主管税务局网站"下载中心"栏目查询下载或到办税服务厅领取。

3. 税务局提供"最多跑一次"服务。纳税人在资料完整且符合法定受理条件的前提下，最多只需要到税务局跑一次。

4. 纳税人使用符合电子签名法规定条件的电子签名，与手写签名或者盖章具有同等法律效力。

5. 纳税人提供的各项资料为复印件的，均须注明"与原件一致"并签章。

6. 纳税人发生应税行为适用免税、减税规定的，可以放弃免税、减税；出口企业或其他单位发生适用增值税免税政策的出口货物劳务，可以放弃免税，实行按内销货物征税。纳税人放弃减税、免税的，应当以书面形式提交放弃免税权声明，报主管税务局备案，自提交备案资料的次月起，按照现行有关规定计算缴纳增值税，**36 个月内不得再申请免税、减税**。

7. 纳税人一经放弃免税权，其生产销售的全部增值税应税行为均应按照适用税率征税，不得选择某一免税项目放弃免税权，也不得根据不同的销售对象选择部分应税行为放弃免税权。

8. 纳税人在免税期内购进用于免税项目的应税行为所取得的增值税扣税凭证，一律不得抵扣。

9. 纳税人销售自己使用过的固定资产，适用简易办法依照 3% 征收率减按 2% 征收增值税政策的，可以放弃减税，按照简易办法依照 3% 征收率缴纳增值税，并可以开具增值税专用发票。

七、相关工作要求

纳税人同时从事减免项目与非减免项目的，应分别核算，独立计算减免项目的计税依据以及减免税额度。不能分别核算的，不能享受减免税；核算不清的，由税务局按合理方法核定。

税务局应当加强对减免税的监督管理：应当结合税收风险管理，将享受减免税的纳税人履行纳税义务情况纳入风险管理，加强监督检查，主要内容包括：

1. 纳税人是否符合减免税的资格条件，是否以隐瞒有关情况或者提供虚假材料等手段骗取减免税；

2. 纳税人享受核准类减免税的条件发生变化时，是否根据变化情况经税务局重新审查后办理减免税；

3. 纳税人是否存在编造虚假计税依据骗取减免税的行为；

4. 减免税税款有规定用途的，纳税人是否按照规定用途使用减免税款；

5. 减免税有规定减免期限的，是否到期停止享受税收减免；

6. 是否存在纳税人应经而未经税务局批准自行享受减免税的情况；

7. 已享受减免税是否按时申报。

纳税人享受核准类或备案类减免税的，对符合政策规定条件的材料有留存备查的义务。纳税人在税务局后续管理中不能提供相关印证材料的，不得继续享受税收减免，追缴已享受的减免税款，并依照税收征管法的有关规定处理。

税务局在纳税人首次减免税备案或者变更减免税备案后，应及时开展后续管理工作，对纳税人减免税政策适用的准确性进行审核。对政策适用错误的告知纳税人变更备案，对不应当享受减免税的，追缴已享受的减免税款，并依照税收征管法的有关规定处理。

税务局应当将减免税核准和备案工作纳入岗位责任制考核体系中，建立税收行政执法责任追究制度：

（一）建立健全减免税跟踪反馈制度。各级税务局应当定期对减免税核准和备案工作情况进行跟踪与反馈，适时完善减免税工作机制。

（二）建立减免税案卷评查制度。各级税务局应当建立各类减免税资料案卷，妥善保管各类案卷资料，上级税务局应定期对案卷资料进行评查。

（三）建立层级监督制度。上级税务局应建立经常性的监督制度，加强对下级税务局减免税管理工作的监督，包括是否按本办法规定的权限、条件、时限等实施减免税核准和备案工作。

税务局需要对纳税人提交的减免税材料内容进行实地核实的，应当指派 2 名以上工作人员按照规定程序进行实地核查，并将核查情况记录在案。上级税务局对减免税实地核查工作量大、耗时长的，可委托企业所在地的区县税务局具体组织实施。

因税务局的责任批准或者核实错误，造成企业未缴或少缴税款，依照税收征管法的有关规定处理。

税务局越权减免税的，除依照税收征管法规定撤销其擅自作出的决定外，补征应征未征税款，并由上级机关局追究直接负责的主管人员和其他直接责任人员的行政责任；构成犯罪的，依法追究刑事责任。

税务局应对享受减免税企业的实际经营情况进行事后监督检查。检查中，发现有关专业技术或经济鉴证部门认定失误的，应及时与有关认定部门协调沟通，提请纠正后，及时取消有关纳税人的优惠资格，督促追究有关责任人的法律责任。有关部门非法提供证明，导致未缴、少缴税款的，依照税收征管法的有关规定处理。

附件一：

国家税务总局关于发布《减免税政策代码目录》的公告

（文号：国家税务总局公告 2015 年第 73 号　发布日期：2015-10-29）

为全面落实减免税政策，规范减免税事项办理，提高税务机关减免税管理工作效能，国家税务总局制定了《减免税政策代码目录》，现予以发布，并将有关问题公告如下：

一、《减免税政策代码目录》对税收法律法规规定、国务院制定或经国务院批准，由财政部、国家税务总局等中央部门发布的减免税政策及条款，按收入种类和政策优惠的领域类别，分别赋予减免性质代码及减免项目名称。税务机关及纳税人办理减免税申报、备案、核准、减免退税等业务事项时，根据各项工作的管理要求，检索相应的减免性质代码及减免项目名称，填报有关表证单书。

地方依照法律法规制定发布的适用于本地区的减免税政策，由各地税务机关制定代码并发布。

二、《减免税政策代码目录》将根据减免税政策的新增、废止等情况，每月定期更新，并通过国家税务总局网站"纳税服务"下的"申报纳税"栏目发布。各地税务机关应当通过办税服务大厅、税务网站、12366热线、短信、微信等多种渠道和方式进行转载、发布与宣传推送。

特此公告。

附：国家税务总局关于《国家税务总局关于发布〈减免税政策代码目录〉的公告》的政策解读

一、出台背景

为全面落实减免税政策，规范减免税事项办理，提高税务机关减免税管理工作效能，纳税人在办理减免税申报、备案、核准、减免退税等业务事项中，需要详细填报、说明减免税政策条款享受情况。为了方便纳税人知晓、检索和使用，国家税务总局制定了《减免税政策代码目录》并公开发布。

二、《减免税政策代码目录》的涵盖范围

《减免税政策代码目录》涵盖截止发布日有效的中央层级减免税政策条款，即税收法律法规规定、国务院制定或经国务院批准，由财政部、国家税务总局等中央部门发布的减免税政策及条款。地方依照法律法规制定发布的适用于本地区的减免税政策，不在目录范围之内，相应政策代码及发布方式等由各地税务局另行规定。

三、编制方法

纳入《减免税政策代码目录》的减免税政策及条款，按收入种类、政策优惠的领域类别，分别赋予减免性质代码及减免项目名称。税务局及纳税人办理减免税申报、备案、核准、减免退税等业务事项时，可以根据税种及非税收入种类的名称、政策类别等迅速检索使用。

四、发布方式

此次发布的《减免税政策代码目录》是截至2015年9月底有效的中央层级制定的减免税政策代码内容，国家税务总局将通过官方网站"纳税服务"下的"申报纳税"栏目进行同步发布。各地税务局应当通过办税服务大厅、税务网站、12366热线、短信、微信等多种渠道和方式进行转载、发布与宣传推送，以便纳税人使用。

五、《减免税政策代码目录》的更新

今后，国家税务总局将根据减免税政策的新增、废止等情况，对《减免税政策代码目录》每月定期更新，并通过官方网站发布。

附件二：

申报享受税收减免事项

【申请条件】

符合申报享受税收减免条件的纳税人，在首次申报享受时随申报表报送附列资料，或直接在申报表中填列减免税信息无须报送资料。

【设定依据】

1. 《税收征管法》第三十三条第一款

2. 《车辆购置税法》第九条第一款

3. 《中华人民共和国契税暂行条例》第六条第一款

4. 《国家税务总局关于部分税务证明事项实行告知承诺制 进一步优化纳税服务的公告》（国家税务总局公告 2021 年第 21 号）

【办理材料】

共计七十一项中，摘录部分常用事项如下：

1. 熊猫普制金币免征增值税（减免性质代码：01083907，财税〔2012〕97 号），应报送：

（1）"中国熊猫普制金币授权经销商"相关资格证书复印件。（属于"中国熊猫普制金币授权经销商"的纳税人报送）

（2）《中国熊猫普制金币经销协议》复印件。（属于"中国熊猫普制金币授权经销商"的纳税人报送）

（3）中国银行业监督管理委员会批准其开办个人黄金买卖业务的相关批件材料复印件。（金融机构报送）

2. 有机肥免征增值税（减免性质代码：01092203，财税〔2008〕56 号），应报送：

（1）由（原）农业部或省、自治区、直辖市农业行政主管部门批准核发的在有效期内的肥料登记证复印件。（生产有机肥产品的纳税人报送）

（2）生产企业提供的在有效期内的肥料登记证复印件。（批发、零售有机肥产品的纳税人报送）

3. 无偿援助项目免征增值税（减免性质代码：01124302，财税〔2002〕2 号），应报送：

（1）《外国政府和国际组织无偿援助项目在华采购货物明细表》。

（2）销售合同复印件。

（3）委托协议和实际购货方的情况，包括购货方的单位名称、地址、联系人及联系电话等（委托他人采购的报送）。

4. 森林消防车辆免征车辆购置税（减免性质代码：13125002，财税〔2001〕39号，财政部 税务总局公告 2019 年第 75 号），应报送：

国家森林草原防火指挥部办公室随车配发的"森林消防专用车证"原件及复印件（原件查验后退回），车辆内、外观彩色 5 寸照片。

5. 悬挂应急救援专用号牌的国家综合性消防救援车辆免征车辆购置税（减免性质代码：13011608，《车辆购置税法》、国家税务总局公告 2019 年第 26 号），应报送：

中华人民共和国应急管理部批准的相关文件原件及复印件（原件查验后退回）。

6. 城市公交企业购置公共汽电车辆（汽车）免征车辆购置税（减免性质代码：13061005，《车辆购置税法》、国家税务总局交通运输部公告 2019 年第 22 号、财政部 税务总局公告 2019 年第 71 号、国家税务总局公告 2019 年第 26 号），应报送：

所在地县级以上（含县级）交通运输主管部门出具的《公共汽电车辆认定表》原件及复印件（原件查验后退回）。

7. 来华专家购置车辆免征车辆购置税（减免性质代码：13129909，财税〔2001〕39 号、财政部 税务总局公告 2019 年第 75 号、国家税务总局公告 2019 年第 26 号），应报送：

国家外国专家局或者其授权单位核发的专家证或者 A 类和 B 类《外国人工作许可证》原件及复印件（原件查验后退回）。

8. 外国驻华使领馆和国际组织驻华机构自用车辆免征车辆购置税（减免性质代码：13129915，《车辆购置税法》、国家税务总局公告 2019 年第 26 号），应报送：机构证明原件及复印件（原件查验后退回）。

9. 已购公有住房补缴土地出让金和其他出让费用免征契税优惠（减免性质代码：15011704，财税〔2004〕134 号），应报送：

（1）补缴土地出让金和其他出让费用的相关材料原件及复印件（原件查验后退回）。

（2）公有住房相关材料原件及复印件（原件查验后退回）。

10. 经营管理单位回购经适房继续用于经适房房源免征契税优惠（减免性质代码：15011705，财税〔2008〕24 号），应报送：

经济适用房相关材料原件及复印件（原件查验后退回）。

11. 个人购买家庭唯一普通住房减半征收契税（减免性质代码：15011709，财税

〔2010〕94号），应报送：

（1）房屋转移合同或具有合同性质的契约、协议、合约、单据、确认书原件及复印件（原件查验后退回）。

（2）房屋权属变更、过户文书原件及复印件（原件查验后退回）。

（3）出生医学证明、户口簿、结婚证（已婚的提供）等家庭成员信息证明原件及复印件（原件查验后退回）。纳税人可以自主选择是否对家庭成员信息证明适用告知承诺制办理，选择适用告知承诺制办理的，报送相应的《税务证明事项告知承诺书》，并对承诺的真实性承担法律责任。

（4）家庭住房情况书面查询结果原件及复印件（原件查验后退回）。纳税人可以自主选择是否对家庭住房情况书面查询结果适用告知承诺制办理，选择适用告知承诺制办理的，报送相应的《税务证明事项告知承诺书》，并对承诺的真实性承担法律责任。

12. 城镇职工第一次购买公有住房免征契税优惠（减免性质代码：15011710，财税〔2000〕130号），应报送：

购买公有住房或集资建房相关材料原件及复印件（原件查验后退回）。

13. 经营管理单位回购改造安置住房仍为安置房免征契税（减免性质代码：15011712，财税〔2013〕101号），应报送：

（1）省级人民政府出具的改造安置住房相关材料。

（2）回购合同（协议）复印件。

14. 夫妻之间变更房屋、土地权属或共有份额免征契税优惠（减免性质代码：15011713，财税〔2014〕4号），应报送：

（1）财产分割协议，房产权属证明，土地、房屋权属变更过户文书复印件。

（2）户口本或结婚证原件及复印件（原件查验后退回）。

15. 土地使用权、房屋交换价格相等的免征，不相等的差额征收的契税优惠（减免性质代码：15011714，财法字〔1997〕52号），应报送：

交换双方土地、房屋权属转移合同，交换双方土地、房屋权属变更、过户文书复印件。

16. 土地、房屋被县级以上政府征用、占用后重新承受土地、房屋权属减免契税优惠（减免性质代码：15011716，财法字〔1997〕52号），应报送：土地、房屋被政府征用、占用的文书原件及复印件（原件查验后退回）。

17. 因不可抗力灭失住房而重新购买住房减征或免征契税优惠（减免性质代码：15011717，财税〔2008〕62号），应报送：

（1）房管部门出具的住房灭失相关材料原件及复印件（原件查验后退回）。

（2）重新购置住房合同、协议，房屋权属变更、过户文书复印件。

18. 棚户区个人首次购买 90 平方米以下改造安置住房减按 1% 征收契税（减免性质代码：15011719，财税〔2013〕101 号），应报送：

（1）棚户区改造相关材料原件及复印件（原件查验后退回）。

（2）房屋征收（拆迁）补偿协议原件及复印件（原件查验后退回）。

（3）出生医学证明、户口簿、结婚证（已婚的提供）等家庭成员信息证明原件及复印件（原件查验后退回）。纳税人可以自主选择是否对家庭成员信息证明适用告知承诺制办理，选择适用告知承诺制办理的，报送相应的《税务证明事项告知承诺书》，并对承诺的真实性承担法律责任。

（4）家庭住房情况书面查询结果原件及复印件（原件查验后退回）。纳税人可以自主选择是否对家庭住房情况书面查询结果适用告知承诺制办理，选择适用告知承诺制办理的，报送相应的《税务证明事项告知承诺书》，并对承诺的真实性承担法律责任。

19. 棚户区购买符合普通住房标准的改造安置住房减半征收契税（减免性质代码：15011720，财税〔2013〕101 号），应报送：

（1）棚户区改造相关材料原件及复印件（原件查验后退回）。

（2）房屋征收（拆迁）补偿协议及购买改造安置住房合同（协议）原件及复印件（原件查验后退回）。

20. 棚户区被征收房屋取得货币补偿用于购买安置住房免征契税优惠（减免性质代码：15011721，财税〔2013〕101 号），应报送：

（1）棚户区改造相关材料原件及复印件（原件查验后退回）。

（2）房屋征收（拆迁）补偿协议原件及复印件（原件查验后退回）。

21. 棚户区用改造房屋换取安置住房免征契税优惠（减免性质代码：15011722，财税〔2013〕101 号），应报送：

（1）棚户区改造相关材料原件及复印件（原件查验后退回）。

（2）房屋征收（拆迁）补偿协议原件及复印件（原件查验后退回）。

22. 个人购买家庭唯一住房 90 平米及以下减按 1% 征收契税（减免性质代码：15011718、15011724，财税〔2016〕23 号），应报送：

（1）出生医学证明、户口簿、结婚证（已婚的提供）等家庭成员信息证明原件及复印件（原件查验后退回）。纳税人可以自主选择是否对家庭成员信息证明适用告知承诺制办理，选择适用告知承诺制办理的，报送相应的《税务证明事项告知承诺书》，并对承诺的真实性承担法律责任。

（2）家庭住房情况书面查询结果原件及复印件（原件查验后退回）。纳税人可以自主选择是否对家庭住房情况书面查询结果适用告知承诺制办理，选择适用告知承诺制办理的，报送相应的《税务证明事项告知承诺书》，并对承诺的真实性承担法律责任。

23. 个人购买家庭唯一住房 90 平米以上减按 1.5% 征收契税（减免性质代码：15011725，财税〔2016〕23 号），应报送：

（1）出生医学证明、户口簿、结婚证（已婚的提供）等家庭成员信息证明原件及复印件（原件查验后退回）。纳税人可以自主选择是否对家庭成员信息证明适用告知承诺制办理，选择适用告知承诺制办理的，报送相应的《税务证明事项告知承诺书》，并对承诺的真实性承担法律责任。

（2）家庭住房情况书面查询结果原件及复印件（原件查验后退回）。纳税人可以自主选择是否对家庭住房情况书面查询结果适用告知承诺制办理，选择适用告知承诺制办理的，报送相应的《税务证明事项告知承诺书》，并对承诺的真实性承担法律责任。

24. 企业改制契税优惠（减免性质代码：15052401，财税〔2013〕53 号），应报送：

（1）上级主管机关批准其改制、重组或董事会决议等相关材料原件及复印件（原件查验后退回）。

（2）改制前后的投资情况的相关材料。

25. 企业改制后公司承受原企业土地、房屋权属免征契税（减免性质代码：15052515，财税〔2018〕17 号），应报送：

（1）上级主管机关批准其改制、重组或董事会决议等相关材料原件及复印件（原件查验后退回）。

（2）改制前后的投资情况相关材料。

26. 事业单位改制企业承受原单位土地、房屋权属免征契税（减免性质代码：15052516，财税〔2018〕17 号），应报送：

（1）上级主管机关批准其改制、重组或董事会决议等相关材料原件及复印件（原件查验后退回）。

（2）改制前后的投资情况相关材料。

27. 公司合并后承受原公司土地、房屋权属免征契税（减免性质代码：15052517，财税〔2018〕17 号），应报送：

（1）上级主管机关批准其改制、重组或董事会决议等相关材料原件及复印件（原件查验后退回）。

（2）改制前后的投资情况相关材料。

28. 公司分立后承受原公司土地、房屋权属免征契税（减免性质代码：15052518，财税〔2018〕17 号），应报送：

（1）上级主管机关批准其改制、重组或董事会决议等相关材料原件及复印件（原件查验后退回）。

（2）改制前后的投资情况相关材料。

29. 企业破产承受破产企业抵偿债务的土地、房屋权属减征或免征契税（减免性质代码：15052519，财税〔2018〕17号），应报送：

（1）上级主管机关批准其破产或董事会决议等相关材料原件及复印件（原件查验后退回）。

（2）债权人债务情况的相关材料原件及复印件（原件查验后退回）。（债权人提供）

（3）非债权人妥善安置原企业职工，与原企业职工签订服务年限不少于三年的劳动用工合同相关材料原件及复印件（原件查验后退回）。（非债权人提供）

30. 承受行政性调整、划转土地、房屋权属免征契税（减免性质代码：15052520，财税〔2018〕17号），应报送：

县级以上人民政府或国有资产管理部门按规定进行行政性调整、划转国有土地、房屋权属的相关材料原件及复印件（原件查验后退回）。

31. 承受同一投资主体内部划转土地、房屋权属免征契税（减免性质代码：15052521，财税〔2018〕17号），应报送：

同一投资主体内部所属企业之间土地、房屋权属划转的相关材料原件及复印件（原件查验后退回）。

32. 子公司承受母公司增资土地、房屋权属免征契税（减免性质代码：15052522，财税〔2018〕17号），应报送：

母公司以土地、房屋权属向其全资子公司增资（视同划转）的相关材料原件及复印件（原件查验后退回）。

33. 债权转股权后新设公司承受原企业的土地、房屋权属免征契税（减免性质代码：15052523，财税〔2018〕17号），应报送：

（1）国务院批准实施债权转股权相关文件原件及复印件（原件查验后退回）。

（2）改制前后的投资情况的相关材料。

34. 承受荒山等土地使用权用于农、林、牧、渔业生产免征契税优惠（减免性质代码：15099901，财法字〔1997〕52号），应报送：

政府主管部门出具的土地用途相关材料、承受土地性质相关材料原件及复印件（原件查验后退回）。

35. 易地扶贫搬迁人口取得安置住房免征契税（减免性质代码：15011728，财税〔2018〕135号），应报送：

（1）易地扶贫搬迁贫困人口相关材料原件及复印件（原件查验后退回）。

（2）安置住房相关材料原件及复印件（原件查验后退回）。

36. 易地扶贫搬迁实施主体取得安置住房土地免征契税（减免性质代码：15011729，财税〔2018〕135号），应报送：

（1）易地扶贫搬迁项目实施主体相关材料原件及复印件（原件查验后退回）。

（2）土地用于安置住房相关材料原件及复印件（原件查验后退回）。

37. 易地扶贫搬迁实施主体安置住房房源免征契税（减免性质代码：15011730，财税〔2018〕135号），应报送：

（1）易地扶贫搬迁项目实施主体相关材料原件及复印件（原件查验后退回）。

（2）购买住房作为安置住房房源相关材料原件及复印件（原件查验后退回）。

38. 社会力量举办的学校及教育机构承受用于教学的土地、房屋免征契税优惠（减免性质代码：15101402，财税〔2001〕156号、财税〔2004〕39号），应报送：

（1）县级以上人民政府教育行政主管部门或劳动行政主管部门审批并颁发的办学许可证原件及复印件（原件查验后退回）。纳税人可以自主选择是否对办学许可证适用告知承诺制办理，选择适用告知承诺制办理的，报送相应的《税务证明事项告知承诺书》，并对承诺的真实性承担法律责任。（选择适用告知承诺的纳税人需承诺在一定期限内取得相应的办学许可证，并提交税务机关，上述期限不得超过承诺之日起6个月）。

（2）项目主管部门批准的立项文书复印件。

39. 售后回租期满，承租人回购原房屋、土地权属免征契税优惠（减免性质代码：15129902，财税〔2012〕82号），应报送：

融资租赁合同（有法律效力的中文版）复印件。

40. 个人房屋被征收用补偿款新购房屋免征契税优惠（减免性质代码：15129905，财税〔2012〕82号），应报送：

房屋征收（拆迁）补偿协议原件及复印件（原件查验后退回）。

41. 个体工商户与其经营者个人名下之间房屋、土地权属转移免征契税（减免性质代码：15129999，财税〔2012〕82号），应报送：

个体工商户身份证件原件及复印件（原件查验后退回）。

42. 合伙企业与其合伙人名下之间房屋、土地权属转移免征契税（减免性质代码：15129999，财税〔2012〕82号），应报送：

合伙企业与其合伙人相关身份证件原件及复印件（原件查验后退回）。

【纳税人注意事项】

1. 纳税人对报送材料的真实性和合法性承担责任。

2. 纳税人使用符合电子签名法规定条件的电子签名，与手写签名或者盖章具有同等法律效力。

3. 纳税人提供的各项资料为复印件的，均需注明"与原件一致"并签章。

4. 符合税收优惠条件的纳税人，在减税、免税期间，应按规定办理纳税申报，填写申报表及其附表上的优惠栏目。

5. 享受减税、免税优惠的纳税人，减税、免税期满，应当自期满次日起恢复纳税；不再符合减税、免税条件的，应当依法履行纳税义务；未依法纳税的，税务局应当予以追缴。

6. 纳税人兼营免税、减税项目的，应当分别核算免税、减税项目的销售额；未分别核算销售额的，不得免税、减税。

7. 最新减免税政策代码可在国家税务总局网站"办税指南"栏目查询。

8. 对重大税收违法失信案件当事人不适用告知承诺制，重大税收违法失信案件当事人履行相关法定义务，经实施检查的税务局确认，在公布期届满后可以适用告知承诺制；其他纳税人存在曾作出虚假承诺情形的，在纠正违法违规行为或者履行相关法定义务之前不适用告知承诺制。

第三章　流转税类税收优惠

通过"透过现象看本质"来准确认识税收，再以课税要素为切入点全面掌握税收优惠的实质，只有熟悉课税要素，才能懂税，才能灵活运用税收优惠政策。甲行家分别按照课税要素、计税依据和应纳税额对我国的税收优惠进行分类，分别是：课税要素类，即分为"纳税主体·计税依据·税率·其他"类优惠；计税依据类，即"免除纳税·减征税款·税收绕让"类优惠；应纳税款类，即"免、减、缓、退、抵"类优惠。接下来，按照我们习惯的认知和税制，梳理"流转税、所得税和财产行为税"三类十六个税种的现行税收优惠政策，解释各个税种的重点税收优惠条款内容，探讨税收优惠的运用技巧和不断提高实战应用能力。

首先，给大家介绍我国税收优惠索引——国家税务总局发布的《减免税政策代码目录》，该表分税种归集整理现行税收优惠政策，由国家税务总局不定期更新并公布。

为全面落实减免税政策，规范减免税事项办理，提高税务局减免税管理工作效能，国家税务总局于 2015 年 10 月 29 日，发布 2015 年第 73 号总局公告《关于发布〈减免税政策代码目录〉的公告》。对税收法律法规规定、国务院制定或经国务院批准，由财政部、国家税务总局等中央部门发布的减免税政策及条款，按收入种类和政策优惠的领域类别，分别赋予减免性质代码及减免项目名称。税务局及纳税人办理减免税申报、备案、核准、减免退税等业务事项时，根据各项工作的管理要求，检索相应的减免性质代码及减免项目名称，填报有关表证单书。

地方依照法律法规制定发布的适用于本地区的减免税政策，由各地税务局制定代码并发布。

截至2022年12月31日，《减免税政策代码目录》共计收录现行有效905项税费税收优惠政策，分别是：增值税193项、消费税16项、营业税40项、企业所得税160项、个人所得税88项、资源税24项、关税8项、城市维护建设税14项、房产税48项、印花税74项、城镇土地使用税63项、土地增值税25项、车船税13项、车辆购置税18项、耕地占用税14项、契税66项、环境保护税5项、教育费附加18项，其他18项。

特别提示的是，**现行有效的减免税政策并未全部在本表中列示**。实务中，"减免性质代码"按减免收入种类、政策优惠领域类别细分政策条款编制代码，用于减免税申报、备案、核准、减免退税等业务事项办理中"减免性质代码"栏目的填报。享受增值税、消费税、营业税减免同时减免城市维护建设税、教育费附加和地方教育附加的，城市维护建设税、教育费附加和地方教育附加相应代码可以采用增值税、消费税、营业税政策相应减免性质代码。

该表是用于减免税申报、备案、核准、减免退税等业务事项办理中"减免项目"等栏目的填报依据，其中"减免项目名称"是减免税政策条款的简称。

接下来，分类分税种地分别总结、列举、解析诸税种的各项税收优惠政策。

第一节 增值税（上）

增值税是以销售商品、提供应税劳务（服务）、转让无形资产、销售不动产和让渡资产使用权的过程中产生的增值额作为计税依据而征收的一种流转税。增值税是一种几乎全球通征的间接税，只是叫法各异：中国称之为增值税，在澳大利亚、加拿大、新西兰、新加坡称为商品及服务税，在日本称作消费税。我国的增值税，根据对外购固定资产所含税金扣除方式的不同，最初是生产型增值税，然后是收入型增值税，最终是2016年"营业税改征增值税"改革后的消费型增值税，由于建筑安装和银行业的营改增的不彻底，客观地讲，还是尚未实现消费型增值税的。关于增值税的相关内容，请您查阅《房地产开发经营业纳税评估模型的应用与操作实务（第二版）》（贾忠华著，中国商业出版社2021年5月出版发行）的第三章《收入优先原则》第四节"增值税和差额征税"的内容。

因为增值税的核算方式是一般计税的间接计算法，即购进扣税法或凭票扣税法，所以，甲行家归纳总结了三十六字的增值税管理秘籍：

价外税、差额征；是不视、该不该；
简全额、一般抵；两算法、实三类；
境内征、出口退；全链条、方可控。　　——2020.01.11 晨

三类是指"简易计税、一般计税和差额征税"。

实务中，增值税管理的核心是销项进项两头堵，总结一句话：是不视、该不该。对于销项税额的计算，关键是甄别是不是增值税应税收入和是不是应该视同销售征税？对于进项税额的审核，关键是判别是否该作为进项税抵扣和是否把不该抵扣的作为进项税扣除？

通过归集整理截至 2022 年 12 月 31 日，现行有效增值税税收优惠文件，按照免税、减征、饶让和其他的分类，具体内容如下：

一、免税类优惠

（一）一般（法定）免税

按照《中华人民共和国增值税暂行条例》（2017 修订版）的第十五条规定，下列项目免征增值税：

（一）农业生产者销售的自产农产品；

（二）避孕药品和用具；

（三）古旧图书；

（四）直接用于科学研究、科学试验和教学的进口仪器、设备；

（五）外国政府、国际组织无偿援助的进口物资和设备；

（六）由残疾人的组织直接进口供残疾人专用的物品；

（七）销售的自己使用过的物品。

除前款规定外，增值税的免税、减税项目由国务院规定。任何地区、部门均不得规定免税、减税项目。

在《增值税暂行条例实施细则》第三十五条中，相关内容进行明确：

增值税暂行条例第十五条规定的部分免税项目的范围，限定如下：

（一）第一款第（一）项所称农业，是指种植业、养殖业、林业、牧业、水产业。农业生产者，包括从事农业生产的单位和个人。

农产品，是指初级农产品，具体范围由财政部、税务总局确定。

（二）第一款第（三）项所称古旧图书，是指向社会收购的古书和旧书。

（三）第一款第（七）项所称自己使用过的物品，是指其他个人自己使用过的

物品。

第三十六条 纳税人销售货物或者应税劳务适用免税规定的，可以放弃免税，依照条例的规定缴纳增值税。放弃免税后，36个月内不得再申请免税。

同时，关于享受免税的纳税主体进行明确：

第九条 条例第一条所称单位，是指企业、行政单位、事业单位、军事单位、社会团体及其他单位。

条例第一条所称个人，是指个体工商户和其他个人。

……

第三十三条 除国家税务总局另有规定外，纳税人一经认定为一般纳税人后，不得转为小规模纳税人。

（二）特定（行业、事项）免税优惠政策

1. 改善民生类

1.1 住房免征增值税优惠

个人销售自建自用住房免征增值税优惠、个人将购买2年以上（含2年）的住房对外销售免征增值税优惠、公共租赁住房经营管理单位出租公共租赁住房免征增值税优惠

《财政部、国家税务总局关于全面推开营业税改征增值税试点的通知》（文号：财税〔2016〕36号）

《财政部、税务总局关于公共租赁住房税收优惠政策的公告》（文号：财政部、税务总局公告2019年第61号）

1.2 军转择业免征增值税优惠

随军家属、军转干部从事个体经营的，企业安置随军家属的，企业安置军转干部的，享受免征增值税优惠

《财政部、国家税务总局关于全面推开营业税改征增值税试点的通知》（文号：财税〔2016〕36号）附件3第一条

1.3 民生社会保障类免征增值税优惠

1.3.1 残疾人专用物品，免征增值税

《财政部、国家税务总局关于增值税几个税收政策问题的通知》（文号：财税字〔1994〕060号）第二条：供残疾人专用的假肢、轮椅、矫型器（包括上肢矫型器、下肢矫型器、脊椎侧弯矫型器），免征增值税。

1.3.2 托儿所、幼儿园提供的保育和教育服务，免征增值税

1.3.3 养老机构提供的养老服务，免征增值税

1.3.4 残疾人福利机构提供的育养服务，免征增值税

1.3.5 婚姻介绍服务，免征增值税

1.3.6 殡葬服务，免征增值税

1.3.7 住房公积金管理中心用住房公积金在指定的委托银行发放的个人住房贷款取得的利息收入，免征增值税

1.3.8 家政服务企业由员工制家政服务员提供家政服务取得的收入，免征增值税

1.3.9 残疾人员本人为社会提供的服务，免征增值税

1.3.10 福利彩票、体育彩票的发行收入，免征增值税

1.3.11 涉及家庭财产分割的个人无偿转让不动产、土地使用权，免征增值税

上述十一项内容详见《财政部、国家税务总局关于全面推开营业税改征增值税试点的通知》（文号：财税〔2016〕36号）附件三第一条具体规定。

1.4 社区养老、托育、家政服务免征增值税优惠，符合条件的非员工制家政服务，免征增值税

《财政部、税务总局、发展改革委、民政部、商务部、卫生健康委关于养老、托育、家政等社区家庭服务业税费优惠政策的公告》（文号：财政部、税务总局、发展改革委、民政部、商务部、卫生健康委公告2019年第76号）第一条

1.5 残疾人个人提供劳务，免征增值税

《财政部、国家税务总局关于促进残疾人就业增值税政策的通知》（文号：财税〔2016〕52号）第八条

1.6 为居民提供必需生活物资快递收派服务取得的收入，免征增值税

《财政部、税务总局关于快递收派服务免征增值税政策的公告》（文号：财政部、税务总局公告2022年第18号）

1.7 供热企业，免征增值税

《财政部、税务总局关于延续供热企业增值税、房产税和城镇土地使用税优惠政策的通知》（文号：财税〔2019〕38号）

《财政部、税务总局关于延长部分税收优惠政策执行期限的公告》（文号：财政部、税务总局公告2021年第6号）

1.8 提供公共交通运输服务，免征增值税

自2022年1月1日至2022年12月31日，对纳税人提供公共交通运输服务取得的收入，免征增值税。

《财政部、税务总局关于促进服务业领域困难行业纾困发展有关增值税政策的公告》（文号：财政部、税务总局公告2022年第11号 发布日期：2022-03-03）

1.9 快递收派服务，免征增值税

自2022年5月1日至2022年12月31日，对纳税人为居民提供必需生活物资快递收派服务取得的收入，免征增值税。

《财政部、税务总局关于快递收派服务免征增值税政策的公告》（文号：财政部、

税务总局公告 2022 年第 18 号 发布日期：2022-04-29）

1.10　法律援助补贴，免征增值税

对法律援助人员按照《中华人民共和国法律援助法》规定获得的法律援助补贴，免征增值税和个人所得税。

《财政部、税务总局关于法律援助补贴有关税收政策的公告》（文号：财政部、税务总局公告 2022 年第 25 号 发布日期：2022-08-05）

2. 鼓励高新技术类

2.1　技术转让、技术开发，免征增值税

《财政部、国家税务总局关于全面推开营业税改征增值税试点的通知》（文号：财税〔2016〕36 号）附件 3 第一条第（二十六）款

2.2　科技企业孵化器、大学科技园和众创空间孵化服务，免征增值税

《财政部、税务总局、科技部、教育部关于科技企业孵化器 大学科技园和众创空间税收政策的通知》（文号：财税〔2018〕120 号）

《财政部、税务总局关于延长部分税收优惠政策执行期限的公告》（文号：财政部、税务总局公告 2022 年第 4 号）

3. 促进区域发展类

3.1　对注册在洋山特殊综合保税区内的企业，并在区内提供交通运输服务、装卸搬运服务和仓储服务，免征增值税

《财政部、海关总署、税务总局关于中国（上海）自由贸易试验区临港新片区有关增值税政策的通知》（文号：财税（2021）3 号）

3.2　台湾航运公司、航空公司从事海峡两岸海上直航、空中直航业务在大陆取得的运输收入，免征增值税

《财政部、国家税务总局关于全面推开营业税改征增值税试点的通知》（文号：财税〔2016〕36 号）附件 3 第一条第（十七）款

3.3　横琴、平潭企业销售货物，免征增值税

《财政部、海关总署、国家税务总局关于横琴、平潭开发有关增值税和消费税政策的通知》（文号：财税〔2014〕51 号）

4. 促进小微企业发展类

4.1　小微企业、个体工商户小额贷款利息，免征增值税优惠（1000 万元以下）

《财政部、税务总局关于金融机构小微企业贷款利息收入免征增值税政策的通知》（文号：财税〔2018〕91 号）

后续文件：《财政部、税务总局关于延长部分税收优惠政策执行期限的公告》（文号：财政部、税务总局公告 2021 年第 6 号）

4.2　农户小额贷款利息，免征增值税

4.3　小微企业、个体工商户小额贷款利息，免征增值税（100 万元以下）

4.4　农户融资担保、再担保，免征增值税

4.5　小微企业、个体工商户融资担保、再担保，免征增值税

《财政部、税务总局关于支持小微企业融资有关税收政策的通知》（文号：财税〔2017〕77 号）

《财政部、税务总局关于租入固定资产进项税额抵扣等增值税政策的通知》（文号：财税〔2017〕90 号）

后续文件：《财政部、税务总局关于延续实施普惠金融有关税收优惠政策的公告》（文号：财政部、税务总局公告 2020 年第 22 号）

4.6　小规模纳税人免征增值税（月销售额 10 万~15 万元）

《财政部、国家税务总局关于修改〈增值税暂行条例实施细则〉和〈营业税暂行条例实施细则〉的决定 》（文号：财政部令第 65 号）

《财政部、税务总局关于明确增值税小规模纳税人免征增值税政策的公告》（文号：财政部、税务总局公告 2021 年第 11 号）

4.7　小规模纳税人 3% 征收率销售额，免征增值税

《财政部、税务总局关于对增值税小规模纳税人免征增值税的公告》（文号：财政部、税务总局公告 2022 年第 15 号）

4.8　资产重组，免征增值税

《财政部、国家税务总局关于中国邮政集团公司邮政速递物流业务重组改制有关税收问题的通知》（文号：财税〔2011〕116 号）

《财政部、国家税务总局关于中国邮政储蓄银行改制上市有关税收政策的通知》（文号：财税〔2013〕53 号）

《财政部、国家税务总局关于中国联合网络通信集团有限公司转让 CDMA 网及其用户资产企业合并资产整合过程中涉及的增值税营业税印花税和土地增值税政策问题的通知》（文号：财税〔2011〕13 号）

5. 节能环保资源综合利用类

5.1　合同能源管理项目，免征增值税（货物）

《财政部、国家税务总局关于促进节能服务产业发展增值税营业税和企业所得税政策问题的通知》（文号：财税〔2010〕110 号）第一条第（二）项

《财政部、国家税务总局关于全面推开营业税改征增值税试点的通知》（文号：财税〔2016〕36 号）附件 3 第一条第（二十七）款

5.2　污水处理费，免征增值税

《财政部、国家税务总局关于污水处理费有关增值税政策的通知》（文号：财税

〔2001〕97 号）

6. 支持金融资本市场类

6.1　社保基金会、社保基金投资管理人在运用社保基金投资过程中，提供贷款服务取得的利息收入和金融商品转让收入，免征增值税

《财政部、税务总局关于全国社会保障基金有关投资业务税收政策的通知》（文号：财税〔2018〕94 号）第一条

6.2　社保基金会、养老基金投资管理机构运用养老基金投资过程中，提供贷款服务取得的利息收入和金融商品转让收入，免征增值税

《财政部、税务总局关于基本养老保险基金有关投资业务税收政策的通知》（文号：财税〔2018〕95 号）第一条

6.3　被撤销金融机构转让财产，免征增值税

《财政部、国家税务总局关于被撤销金融机构有关税收政策问题的通知》（文号：财税〔2003〕141 号）第二条第 4 款

6.4　被撤销金融机构以货物、不动产、无形资产、有价证券、票据等财产清偿债务，免征增值税

《财政部、国家税务总局关于全面推开营业税改征增值税试点的通知》（文号：财税〔2016〕36 号）附件 3 第一条第（二十）款

6.5　香港市场投资者（包括单位和个人）通过沪港通买卖上海证券交易所上市 A 股取得的收入，免征增值税

6.6　香港市场投资者（包括单位和个人）通过基金互认买卖内地基金份额取得的收入，免征增值税

《财政部、国家税务总局关于全面推开营业税改征增值税试点的通知》（文号：财税〔2016〕36 号）附件 3 第一条第（二十二）款

6.7　黄金期货交易，免征增值税

《财政部、国家税务总局关于黄金期货交易有关税收政策的通知》（文号：财税〔2008〕5 号）

6.8　上海期货保税交割，免征增值税

《财政部、国家税务总局关于上海期货交易所开展期货保税交割业务有关增值税问题的通知》（文号：财税〔2010〕108 号）

6.9　钻石交易，免征增值税

《财政部、海关总署、国家税务总局关于调整钻石及上海钻石交易所有关税收政策的通知》（文号：财税〔2006〕65 号）

6.10　原油和铁矿石期货保税交割业务增值税（暂免）优惠

上海国际能源交易中心股份有限公司的会员和客户通过上海国际能源交易中心股

份有限公司交易的原油期货保税交割业务，大连商品交易所的会员和客户通过大连商品交易所交易的铁矿石期货保税交割业务，暂免征收增值税。

《财政部、国家税务总局关于原油和铁矿石期货保税交割业务增值税政策的通知》（文号：财税〔2015〕35 号）

6.11 国债、地方政府债利息收入，免征增值税

《财政部、国家税务总局关于全面推开营业税改征增值税试点的通知》（文号：财税〔2016〕36 号）附件 3 第一条第（十九）款第 3 项

6.12 统借统还业务取得的利息收入，免征增值税

《财政部、国家税务总局关于全面推开营业税改征增值税试点的通知》（文号：财税〔2016〕36 号）附件 3 第一条第（十九）款第 7 项

6.13 证券投资基金（封闭式证券投资基金，开放式证券投资基金）管理人运用基金买卖股票、债券取得的收入，免征增值税

《财政部、国家税务总局关于全面推开营业税改征增值税试点的通知》（文号：财税〔2016〕36 号）附件 3 第一条第（二十二）款

6.14 合格境外投资者（简称 QFII）委托境内公司在我国从事证券买卖业务取得的收入，免征增值税

《财政部、国家税务总局关于全面推开营业税改征增值税试点的通知》（文号：财税〔2016〕36 号）附件 3 第一条第（二十二）款

《财政部、税务总局、证监会关于创新企业境内发行存托凭证试点阶段有关税收政策的公告》（文号：财政部、税务总局、证监会公告 2019 年第 52 号）第三条第 4 款 QFII 部分

6.15 个人从事金融商品转让业务取得的收入，免征增值税

《财政部、国家税务总局关于全面推开营业税改征增值税试点的通知》（文号：财税〔2016〕36 号）附件 3 第一条第（二十二）款第 5 项

《财政部、税务总局、证监会关于创新企业境内发行存托凭证试点阶段有关税收政策的公告》（文号：财政部、税务总局、证监会公告 2019 年第 52 号）第三条第（一）款

6.16 邮政代理金融收入，免征增值税

《财政部、国家税务总局关于部分营业税和增值税政策到期延续问题的通知》（文号：财税〔2016〕83 号）

6.17 对境外机构投资境内债券市场取得的债券利息收入，暂免收征增值税

《财政部、税务总局关于延续境外机构投资境内债券市场企业所得税、增值税政策的公告》（文号：财政部、税务总局公告 2021 年第 34 号）

6.18　对外开放的货物期货品种保税交割业务，暂免征收增值税

《财政部、税务总局关于支持货物期货市场对外开放增值税政策的公告》（文号：财政部、税务总局公告 2020 年第 12 号）

6.19　金融资产管理公司，免征增值税

《财政部、国家税务总局关于 4 家资产管理公司接收资本金项下的资产在办理过户时有关税收政策问题的通知》（文号：财税〔2003〕21 号）

《财政部、国家税务总局关于中国信达等 4 家金融资产管理公司税收政策问题的通知》（文号：财税〔2001〕10 号）

《财政部、国家税务总局关于中国东方资产管理公司处置港澳国际（集团）有限公司有关资产税收政策问题的通知》（文号：财税〔2003〕212 号）第二条第 4 项、第三条第 4 项、第四条第 4 项

《财政部、国家税务总局关于中国信达资产管理股份有限公司等 4 家金融资产管理公司有关税收政策问题的通知》（文号：财税〔2013〕56 号）

6.20　熊猫普制金币，免征增值税

《财政部、国家税务总局关于熊猫普制金币免征增值税政策的通知》（文号：财税〔2012〕97 号）

6.21　黄金交易，免征增值税

《财政部、国家税务总局关于黄金税收政策问题的通知》（文号：财税〔2002〕142 号）；《国家税务总局关于印发〈黄金交易增值税征收管理办法〉的通知》（文号：国税发明电〔2002〕47 号）

6.22　保险公司开办的一年期以上人身保险产品取得的保费收入，免征增值税

《财政部、国家税务总局关于全面推开营业税改征增值税试点的通知》（文号：财税〔2016〕36 号）附件 3 第一条第（二十一）款

6.23　企业集团内单位之间的资金无偿借贷，免征增值税

《财政部、税务总局关于明确养老机构免征增值税等政策的通知》（文号：财税〔2019〕20 号）第三条

《财政部、税务总局关于延长部分税收优惠政策执行期限的公告》（文号：财政部、税务总局公告 2021 年第 6 号）

备注：企业集团内单位之间的资金无偿借贷，是不应该征税的，详细阐述请查阅本章第二节增值税（下）的内容。

6.24　对公募证券投资基金管理人运营基金过程中转让创新企业 CDR 取得的差价收入，三年内暂免征收增值税

《财政部、税务总局、证监会关于创新企业境内发行存托凭证试点阶段有关税收政策的公告》（文号：财政部、税务总局、证监会公告 2019 年第 52 号）第三条第

（三）款

6.25　对人民币合格境外机构投资者（RQFII）委托境内公司在我国从事证券买卖业务，以及经人民银行认可的境外机构投资银行间本币市场取得的收入，免征增值税

《财政部、国家税务总局关于金融机构同业往来等增值税政策的补充通知》（文号：财税〔2016〕70号）第四条

后续文件：《财政部、税务总局、证监会关于创新企业境内发行存托凭证试点阶段有关税收政策的公告》（文号：财政部、税务总局、证监会公告2019年第52号）第三条第4款QFII部分

6.26　小额贷款公司取得的农户小额贷款利息收入，免征增值税

《财政部、税务总局关于小额贷款公司有关税收政策的通知》（文号：财税〔2017〕48号）

后续文件：《财政部、税务总局关于延续实施普惠金融有关税收优惠政策的公告》（文号：财政部、税务总局公告2020年第22号）

6.27　金融机构小微企业贷款利息收入，免征增值税政策如下：

自2018年9月1日至2020年12月31日，对金融机构向小型企业、微型企业和个体工商户发放小额贷款取得的利息收入，免征增值税。金融机构可以选择以下两种方法之一适用免税：

①对金融机构向小型企业、微型企业和个体工商户发放的，利率水平不高于人民银行同期贷款基准利率150%（含本数）的单笔小额贷款取得的利息收入，免征增值税；高于人民银行同期贷款基准利率150%的单笔小额贷款取得的利息收入，按照现行政策规定缴纳增值税。

②对金融机构向小型企业、微型企业和个体工商户发放单笔小额贷款取得的利息收入中，不高于该笔贷款按照人民银行同期贷款基准利率150%（含本数）计算的利息收入部分，免征增值税；超过部分按照现行政策规定缴纳增值税。

金融机构可按会计年度在以上两种方法之间选定其一作为该年的免税适用方法，一经选定，该会计年度内不得变更。

7. 涉农类

7.1　粮食、政府储备食用植物油，免征增值税

《财政部、国家税务总局关于粮食企业增值税征免问题的通知》（文号：财税字〔1999〕198号）第一条和第五条

7.2　储备大豆，免征增值税

《财政部、国家税务总局关于免征储备大豆增值税政策的通知》（文号：财税〔2014〕38号）

7.3　边销茶，免征增值税

《关于继续执行边销茶增值税政策的公告》（文号：财政部、税务总局公告 2021 年第 4 号）

7.4　饲料产品，免征增值税

《财政部、国家税务总局关于饲料产品免征增值税问题的通知》（文号：财税〔2001〕121 号）

7.5　有机肥，免征增值税

《财政部、国家税务总局关于有机肥产品免征增值税的通知》（文号：财税〔2008〕56 号）

7.6　农村电网维护费，免征增值税

《财政部、国家税务总局关于免征农村电网维护费增值税问题的通知》（文号：财税字〔1998〕47 号）

7.7　农民专业合作社，免征增值税

《财政部、国家税务总局关于农民专业合作社有关税收政策的通知》（文号：财税〔2008〕81 号）

7.8　农业生产资料，免征增值税

《财政部、国家税务总局关于农业生产资料征免增值税政策的通知》（文号：财税〔2001〕113 号）

7.9　农业机耕、排灌、病虫害防治、植物保护、农牧保险以及相关技术培训业务，家禽、牲畜、水生动物的配种和疾病防治，免征增值税

《财政部、国家税务总局关于全面推开营业税改征增值税试点的通知》（文号：财税〔2016〕36 号）附件 3 第一条第（十）款

7.10　承包地流转给农业生产者用于农业生产，免征增值税

《财政部、税务总局关于建筑服务等营改增试点政策的通知》（文号：财税〔2017〕58 号）

7.11　将土地使用权转让给农业生产者用于农业生产，免征增值税

《财政部、国家税务总局关于全面推开营业税改征增值税试点的通知》（文号：财税〔2016〕36 号）附件 3 第一条第（三十五）款

7.12　农村饮水安全工程，免征增值税

《财政部、税务总局关于继续实行农村饮水安全工程税收优惠政策的公告》（文号：财政部、税务总局公告 2019 年第 67 号）

后续文件：《财政部、税务总局关于延长部分税收优惠政策执行期限的公告》（文号：财政部、税务总局公告 2021 年第 6 号）

7.13 将国有农用地出租给农业生产者用于农业生产，免征增值税

《财政部、税务总局关于明确国有农用地出租等增值税政策的公告》（文号：财政部、税务总局公告 2020 年第 2 号）

7.14 对从事农产品批发、零售的纳税人销售的部分蔬菜、鲜活肉蛋产品，免征增值税

《财政部、国家税务总局关于免征部分鲜活肉蛋产品流通环节增值税政策的通知》（文号：财税〔2012〕75 号）

《财政部、国家税务总局关于免征蔬菜流通环节增值税有关问题的通知》（文号：财税〔2011〕137 号）

7.15 对从事蔬菜批发、零售的纳税人销售的蔬菜，免征增值税

蔬菜是指可作副食的草本、木本植物，包括各种蔬菜、菌类植物和少数可作副食的木本植物。蔬菜的主要品种参照《蔬菜主要品种目录》执行。经挑选、清洗、切分、晾晒、包装、脱水、冷藏等工序加工的蔬菜，属于蔬菜的范围。

各种蔬菜罐头不属于蔬菜的范围。

蔬菜罐头是指蔬菜经处理、装罐、密封、杀菌或无菌包装而制成的食品。

纳税人既销售蔬菜又销售其他增值税应税货物的，应分别核算蔬菜和其他增值税应税货物的销售额；未分别核算的，不得享受蔬菜增值税免税政策。

《财政部、国家税务总局关于免征蔬菜流通环节增值税有关问题的通知》（文号：财税〔2011〕137 号）

8. 支持文化教育体育类

8.1 特殊教育校办企业增值税优惠

对特殊教育学校举办的企业可以比照福利企业标准，享受国家对福利企业实行的增值税优惠政策。

《财政部、国家税务总局关于教育税收政策的通知》（文号：财税〔2004〕39 号）

8.2 从事学历教育的学校提供的教育服务，免征增值税

8.3 学生勤工俭学提供的服务，免征增值税

上述两项适用《财政部、国家税务总局关于全面推开营业税改征增值税试点的通知》（文号：财税〔2016〕36 号）附件 3 第一条第（八）款和第（九）款

8.4 政府举办的从事学历教育的高等、中等和初等学校（不含下属单位），举办进修班、培训班取得的全部归该学校所有的收入，免征增值税

《财政部、国家税务总局关于全面推开营业税改征增值税试点的通知》（文号：财税〔2016〕36 号）附件 3 第一条第（二十九）款

8.5 政府举办的职业学校设立的企业从事"现代服务""生活服务"业务活动取得的收入，免征增值税

《财政部、国家税务总局关于全面推开营业税改征增值税试点的通知》（文号：财税〔2016〕36号）附件3第一条第（三十）款

8.6　高校学生食堂餐饮服务收入、高校学生公寓住宿费收入，免征增值税

《财政部、国家税务总局关于继续执行高校学生公寓和食堂有关税收政策的通知》（文号：财税〔2016〕82号）

8.7　奥运会及残奥会，亚运会等国际赛事，多项相关专项免征增值税

《财政部、税务总局、海关总署关于北京2022年冬奥会和冬残奥会税收政策的通知》（文号：财税〔2017〕60号）

该文件及具体内容：

财政部　税务总局　海关总署
关于北京2022年冬奥会和冬残奥会税收政策的通知
财税〔2017〕60号

为支持发展奥林匹克运动，确保北京2022年冬奥会和冬残奥会顺利举办，现就有关税收政策通知如下：

一、对北京2022年冬奥会和冬残奥会组织委员会（以下简称"北京冬奥组委"）实行以下税收政策

（一）对北京冬奥组委取得的电视转播权销售分成收入、国际奥委会全球合作伙伴计划分成收入（实物和资金），免征应缴纳的增值税。

（二）对北京冬奥组委市场开发计划取得的国内外赞助收入、转让无形资产（如标志）特许权收入和销售门票收入，免征应缴纳的增值税。

（三）对北京冬奥组委取得的与中国集邮总公司合作发行纪念邮票收入、与中国人民银行合作发行纪念币收入，免征应缴纳的增值税。

（四）对北京冬奥组委取得的来源于广播、互联网、电视等媒体收入，免征应缴纳的增值税。

（五）对外国政府和国际组织无偿捐赠用于北京2022年冬奥会的进口物资，免征进口关税和进口环节增值税。

（六）对以一般贸易方式进口，用于北京2022年冬奥会的体育场馆建设所需设备中与体育场馆设施固定不可分离的设备以及直接用于北京2022年冬奥会比赛用的消耗品，免征关税和进口环节增值税。享受免税政策的奥运会体育场馆建设进口设备及比赛用消耗品的范围、数量清单由北京冬奥组委汇总后报财政部商有关部门审核确定。

（七）对北京冬奥组委进口的其他特需物资，包括：国际奥委会或国际单项体育

组织指定的，国内不能生产或性能不能满足需要的体育器材、医疗检测设备、安全保障设备、交通通讯设备、技术设备，在运动会期间按暂准进口货物规定办理，运动会结束后留用或做变卖处理的，按有关规定办理正式进口手续，并照章缴纳进口税收，其中进口汽车以不低于新车90%的价格估价征税。上述暂准进口的商品范围、数量清单由北京冬奥组委汇总后报财政部商有关部门审核确定。

（八）对北京冬奥组委再销售所获捐赠物品和赛后出让资产取得收入，免征应缴纳的增值税、消费税和土地增值税。免征北京冬奥组委向分支机构划拨所获赞助物资应缴纳的增值税，北京冬奥组委向主管税务机关提供"分支机构"范围的证明文件，办理减免税备案。

（九）对北京冬奥组委使用的营业账簿和签订的各类合同等应税凭证，免征北京冬奥组委应缴纳的印花税。

（十）对北京冬奥组委免征应缴纳的车船税和新购车辆应缴纳的车辆购置税。

（十一）对北京冬奥组委免征应缴纳的企业所得税。

（十二）对北京冬奥组委委托加工生产的高档化妆品免征应缴纳的消费税。

具体管理办法由税务总局另行规定。

（十三）对国际奥委会、国际单项体育组织和其他社会团体等从国外邮寄进口且不流入国内市场的、与北京2022年冬奥会有关的文件、书籍、音像、光盘，在合理数量范围内免征关税和进口环节增值税。合理数量的具体标准由海关总署确定。对奥运会场馆建设所需进口的模型、图纸、图板、电子文件光盘、设计说明及缩印本等规划设计方案，免征关税和进口环节增值税。

（十四）对北京冬奥组委取得的餐饮服务、住宿、租赁、介绍服务和收费卡收入，免征应缴纳的增值税。

（十五）对北京2022年冬奥会场馆及其配套设施建设占用耕地，免征耕地占用税。

（十六）根据中国奥委会、主办城市、国际奥委会签订的《北京2022年冬季奥林匹克运动会主办城市合同》（以下简称《主办城市合同》）规定，北京冬奥组委全面负责和组织举办北京2022年冬残奥会，其取得的北京2022年冬残奥会收入及其发生的涉税支出比照执行北京2022年冬奥会的税收政策。

二、对国际奥委会、中国奥委会、国际残疾人奥林匹克委员会、中国残奥委员会、北京冬奥会测试赛赛事组委会实行以下税收政策。

（一）对国际奥委会取得的与北京2022年冬奥会有关的收入免征增值税、消费税、企业所得税。

（二）对国际奥委会、中国奥委会签订的与北京2022年冬奥会有关的各类合同，免征国际奥委会和中国奥委会应缴纳的印花税。

（三）对国际奥委会取得的国际性广播电视组织转来的中国境内电视台购买北京2022年冬奥会转播权款项，免征应缴纳的增值税。

（四）对按中国奥委会、主办城市签订的《联合市场开发计划协议》和中国奥委会、主办城市、国际奥委会签订的《主办城市合同》规定，中国奥委会取得的由北京冬奥组委分期支付的收入、按比例支付的盈余分成收入免征增值税、消费税和企业所得税。

（五）对国际残奥委会取得的与北京2022年冬残奥会有关的收入免征增值税、消费税、企业所得税和印花税。

（六）对中国残奥委会根据《联合市场开发计划协议》取得的由北京冬奥组委分期支付的收入免征增值税、消费税、企业所得税和印花税。

（七）北京冬奥会测试赛赛事组委会取得的收入及发生的涉税支出比照执行北京冬奥组委的税收政策。

三、对北京2022年冬奥会、冬残奥会、测试赛参与者实行以下税收政策

（一）对企业、社会组织和团体赞助、捐赠北京2022年冬奥会、冬残奥会、测试赛的资金、物资、服务支出，在计算企业应纳税所得额时予以全额扣除。

（二）企业根据赞助协议向北京冬奥组委免费提供的与北京2022年冬奥会、冬残奥会、测试赛有关的服务，免征增值税。免税清单由北京冬奥组委报财政部、税务总局确定。

（三）个人捐赠北京2022年冬奥会、冬残奥会、测试赛的资金和物资支出可在计算个人应纳税所得额时予以全额扣除。

（四）对财产所有人将财产（物品）捐赠给北京冬奥组委所书立的产权转移书据免征应缴纳的印花税。

（五）对受北京冬奥组委邀请的，在北京2022年冬奥会、冬残奥会、测试赛期间临时来华，从事奥运相关工作的外籍顾问以及裁判员等外籍技术官员取得的由北京冬奥组委、测试赛赛事组委会支付的劳务报酬免征增值税和个人所得税。

（六）对在北京2022年冬奥会、冬残奥会、测试赛期间裁判员等中方技术官员取得的由北京冬奥组委、测试赛赛事组委会支付的劳务报酬，免征应缴纳的增值税。

（七）对于参赛运动员因北京2022年冬奥会、冬残奥会、测试赛比赛获得的奖金和其他奖赏收入，按现行税收法律法规的有关规定征免应缴纳的个人所得税。

（八）在北京2022年冬奥会场馆（场地）建设、试运营、测试赛及冬奥会及冬残奥会期间，对用于北京2022年冬奥会场馆（场地）建设、运维的水资源，免征应缴纳的水资源税。

（九）免征北京2022年冬奥会、冬残奥会、测试赛参与者向北京冬奥组委无偿提供服务和无偿转让无形资产的增值税。

四、本通知自发布之日起执行。

财政部　税务总局　海关总署

2017 年 7 月 12 日

同类事项相关文件：

8.8　对执委会市场开发计划取得的国内外赞助收入、转让无形资产特许权收入和销售门票收入等，免征增值税

《财政部、税务总局、海关总署关于第七届世界军人运动会税收政策的通知》（文号：财税〔2018〕119 号）

8.9　奥林匹克转播服务公司、奥林匹克频道服务公司、国际奥委会电视与市场开发服务公司、奥林匹克文化与遗产基金、官方计时公司取得的与北京冬奥会有关的收入等，免征增值税

《财政部、税务总局、海关总署关于北京 2022 年冬奥会和冬残奥会税收优惠政策的公告》（文号：财政部公告 2019 年第 92 号）

8.10　对杭州 2022 年亚运会和亚残运会及其测试赛组委会市场开发计划取得的国内外赞助收入、转让无形资产（如标志）特许权收入、宣传推广费收入、销售门票收入及所发收费卡收入等，免征增值税

《财政部、税务总局、海关总署关于杭州 2022 年亚运会和亚残运会税收政策的公告》（文号：财政部公告 2020 年第 18 号）

8.11　对三项国际综合运动会的执行委员会、组委会市场开发计划取得的国内外赞助收入、转让无形资产（如标志）特许权收入、宣传推广费收入、销售门票收入及所发收费卡收入等，免征增值税

《财政部、税务总局、海关总署关于第 18 届世界中学生运动会等三项国际综合运动会税收政策的公告》（文号：财政部公告 2020 年第 19 号）

8.12　进口图书、报刊资料，免征增值税

《财政部、国家税务总局关于中国图书进出口总公司销售给科研教学单位的进口书刊资料免征增值税问题的通知》（文号：财税字〔1997〕66 号）

《财政部、国家税务总局关于中国教育图书进出口公司销售给高等学校教育科研单位和北京图书馆的进口图书报刊资料免征增值税问题的通知》（文号：财税字〔1998〕67 号）

《财政部、国家税务总局关于中国国际图书贸易总公司销售给高等学校教育科研单位和北京图书馆的进口图书报刊资料免征增值税问题的通知》（文号：财税字〔1998〕68 号）

《财政部、国家税务总局关于北京中科进出口公司销售给高等学校科研单位和北京图书馆的进口图书报刊资料免征增值税问题的通知》（文号：财税字〔1998〕69 号）

《财政部、国家税务总局关于中国经济图书进出口公司中国出版对外贸易总公司销售给大专院校和科研单位的进口书刊资料免征增值税的通知》（文号：财税字〔1999〕255 号）

《财政部、国家税务总局关于中国科技资料进出口总公司销售进口图书享受免征国内销售环节增值税政策的通知》（文号：财税〔2004〕69 号）

8.13　文化事业单位转制，免征增值税

《财政部、国家税务总局、中宣部关于下发红旗出版社有限责任公司等中央所属转制文化企业名单的通知》（文号：财税〔2011〕3 号）

《财政部、国家税务总局、中宣部关于下发人民网股份有限公司等 81 家中央所属转制文化企业名单的通知》（文号：财税〔2011〕27 号）

《财政部、国家税务总局、中宣部关于下发世界知识出版社等 35 家中央所属转制文化企业名单的通知》（文号：财税〔2011〕120 号）

8.14　纪念馆、博物馆、文化馆、文物保护单位、美术馆、展览馆、书画院、图书馆在自己的场所提供文化体育服务取得的第一道门票收入，免征增值税

8.15　寺院、宫观、清真寺和教堂举办文化宗教活动的门票收入，免征增值税

8.16　个人转让著作权，免征增值税

上述三项适用《财政部、国家税务总局关于全面推开营业税改征增值税试点的通知》（文号：财税〔2016〕36 号）附件 3 第一条

8.17　图书批发、零售环节，免征增值税

8.18　对科普单位的门票收入，以及县级及以上党政部门和科协开展科普活动的门票收入，免征增值税

《财政部、税务总局关于延续宣传文化增值税优惠政策的公告》（文号：财政部、税务总局公告 2021 年第 10 号）

8.19　转制文化企业党报、党刊发行收入和印刷收入，免征增值税

《关于继续实施文化体制改革中经营性文化事业单位转制为企业若干税收政策的通知》（文号：财税〔2019〕16 号）

8.20　电影产业，免征增值税

8.21　有线电视基本收视费，免征增值税

上述两项适用《财政部、税务总局关于继续实施支持文化企业发展增值税政策的通知》（文号：财税〔2019〕17 号）

8.22　电影放映服务取得的收入，免征增值税

《财政部、税务总局关于电影等行业税费支持政策的公告》（文号：财政部、税务

总局公告 2020 年第 25 号）

后续文件：《财政部、税务总局关于延续实施应对疫情部分税费优惠政策的公告》（文号：财政部、税务总局公告 2021 年第 7 号）

9. 灾害减免类

9.1 扶贫货物捐赠，免征增值税

《财政部、税务总局、国务院扶贫办关于扶贫货物捐赠免征增值税政策的公告》（文号：财政部、税务总局、国务院扶贫办公告 2019 年第 55 号）

后续文件：《财政部、税务总局、人力资源和社会保障部、国家乡村振兴局关于延长部分扶贫税收优惠政策执行期限的公告》（文号：财政部、税务总局、人力资源和社会保障部、国家乡村振兴局公告 2021 年第 18 号）

9.2 纳税人运输疫情防控重点保障物资取得的收入，免征增值税

《财政部、税务总局关于支持新型冠状病毒感染的肺炎疫情防控有关税收政策的公告》（文号：财政部、税务总局公告 2020 年第 8 号）

《关于支持疫情防控保供等税费政策实施期限的公告》（文号：财政部、税务总局公告 2020 年第 28 号）；《财政部、税务总局关于延续实施应对疫情部分税费优惠政策的公告》（文号：财政部、税务总局公告 2021 年第 7 号）

9.3 疫情防控期间，为居民提供必需生活物资快递收派服务取得的收入、提供生活服务取得的收入、提供公共交通运输服务取得的收入，均免征增值税

《财政部、税务总局关于支持新型冠状病毒感染的肺炎疫情防控有关税收政策的公告》（文号：财政部、税务总局公告 2020 年第 8 号）

《财政部、税务总局关于支持疫情防控保供等税费政策实施期限的公告》（文号：财政部、税务总局公告 2020 年第 28 号）

《财政部、税务总局关于延续实施应对疫情部分税费优惠政策的公告》（文号：财政部、税务总局公告 2021 年第 7 号）

9.4 支持新型冠状病毒感染的肺炎疫情防控有关捐赠，免征增值税

《财政部、税务总局关于支持新型冠状病毒感染的肺炎疫情防控有关捐赠税收政策的公告》（文号：财政部、税务总局公告 2020 年第 9 号）

《财政部、税务总局关于支持疫情防控保供等税费政策实施期限的公告》（文号：财政部、税务总局公告 2020 年第 28 号）；《财政部、税务总局关于延续实施应对疫情部分税费优惠政策的公告》（文号：财政部、税务总局公告 2021 年第 7 号）

10. 其他类

10.1 铁路货车修理，免征增值税

《财政部、国家税务总局关于铁路货车修理免征增值税的通知》（文号：财税〔2001〕54 号）

10.2　国际货物运输代理服务，免征增值税

《财政部、国家税务总局关于全面推开营业税改征增值税试点的通知》（文号：财税〔2016〕36号）的附件3第一条第（十八）款

10.3　对纳税人提供公共交通运输服务取得的收入，免征增值税

《财政部、税务总局关于促进服务业领域困难行业纾困发展有关增值税政策的公告》（文号：财政部、税务总局公告2022年第11号）

10.4　国家商品储备管理单位及其直属企业承担商品储备任务，从中央或者地方财政取得的利息补贴收入和价差补贴收入，免征增值税

《财政部、国家税务总局关于全面推开营业税改征增值税试点的通知》（文号：财税〔2016〕36号）附件3第一条第（二十五）款

10.5　医疗机构自产自用的制剂，免征增值税

《财政部、国家税务总局关于医疗卫生机构有关税收政策的通知》（文号：财税〔2000〕42号）

10.6　医疗机构提供的医疗服务，免征增值税

《财政部、国家税务总局关于全面推开营业税改征增值税试点的通知》（文号：财税〔2016〕36号）附件3第一条第（七）款

10.7　抗艾滋病药品，免征增值税

《财政部、税务总局关于延续免征国产抗艾滋病病毒药品增值税政策的公告》（文号：财政部、税务总局公告2019年第73号）

后续文件：《财政部、税务总局关于延长部分税收优惠政策执行期限的公告》（文号：财政部、税务总局公告2021年第6号）

10.8　外国政府和国际组织无偿援助项目在华采购物资，免征增值税

《财政部、国家税务总局外经贸部关于外国政府和国际组织无偿援助项目在华采购物资免征增值税问题的通知》（文号：财税〔2002〕2号）

《财政部、国家税务总局关于外国政府和国际组织无偿援助项目在华采购物资免征增值税的补充通知》（文号：财税〔2005〕13号）

10.9　土地所有者出让土地使用权和土地使用者将土地使用权归还给土地所有者，免征增值税

《财政部、国家税务总局关于全面推开营业税改征增值税试点的通知》（文号：财税〔2016〕36号）附件3第一条第（三十七）款

10.10　县级以上地方人民政府或自然资源行政主管部门出让、转让或收回自然资源使用权（不含土地使用权），免征增值税

《财政部、国家税务总局关于全面推开营业税改征增值税试点的通知》（文号：财税〔2016〕36号）附件3第一条第（三十八）款

10.11　行政单位之外的其他单位收取的符合条件的政府性基金和行政事业性收费，免征增值税

《财政部、国家税务总局关于全面推开营业税改征增值税试点的通知》（文号：财税〔2016〕36 号）附件 3 第一条第（十三）款

10.12　社会团体会费，免征增值税

《财政部、税务总局关于租入固定资产进项税额抵扣等增值税政策的通知》（文号：财税〔2017〕90 号）

10.13　水库移民口粮，免征增值税

《财政部、国家税务总局关于粮食企业增值税征免问题的通知》（文号：财税字〔1999〕198 号）第二条第（三）项

10.14　血站，免征增值税

《财政部、国家税务总局关于血站有关税收问题的通知》（文号：财税字〔1999〕264 号）

二、减征类优惠

1. 改善民生类

1.1　对湖北省外的小规模纳税人，减按 1%征收率征收增值税

《财政部、税务总局关于支持个体工商户复工复业增值税政策的公告》（文号：财政部、税务总局公告 2020 年第 13 号）

《财政部、税务总局关于延长小规模纳税人减免增值税政策执行期限的公告》（文号：财政部、税务总局公告 2020 年第 24 号）

《财政部、税务总局关于延续实施应对疫情部分税费优惠政策的公告》（文号：财政部、税务总局公告 2021 年第 7 号）

根据 2022.03.24《财政部、税务总局关于对增值税小规模纳税人免征增值税的公告》（财政部、税务总局公告 2022 年第 15 号），本文第一条规定的税收优惠政策，执行期限延长至 2022 年 3 月 31 日。

1.2　个人出租住房，应按照 5%的征收率减按 1.5%计算应纳增值税

《财政部、国家税务总局关于全面推开营业税改征增值税试点的通知》（文号：财税〔2016〕36 号）附件 2 第一条第（九）款第 6 项

1.3　对住房租赁企业适用简易计税方法的，按照 5%的征收率减按 1.5%征收增值税

《财政部、税务总局、住房城乡建设部关于完善住房租赁有关税收政策的公告》（文号：财政部、税务总局、住房城乡建设部公告 2021 年第 24 号）

1.4　军转择业，退役士兵从事个体经营和企业招用退役士兵，扣减增值税

《财政部、税务总局、退役军人部关于进一步扶持自主就业退役士兵创业就业有关税收政策的通知》（文号：财税〔2019〕21 号）全文见本节附件 1。

《财政部、税务总局关于延长部分税收优惠政策执行期限的公告》（文号：财政部、税务总局公告 2022 年第 4 号）

1.5　再就业扶持优惠

1.5.1　建档立卡贫困人口从事个体经营，扣减增值税

1.5.2　登记失业半年以上人员，零就业家庭、享受城市低保登记失业人员，毕业年度内高校毕业生从事个体经营，扣减增值税

1.5.3　企业招用建档立卡贫困人口就业，扣减增值税

1.5.4　企业招用登记失业半年以上人员，扣减增值税

《财政部、税务总局、人力资源和社会保障部、国务院扶贫办关于进一步支持和促进重点群体创业就业有关税收政策的通知》（文号：财税〔2019〕22 号）全文见本节附件 2。

后续文件：《财政部、税务总局、人力资源和社会保障部、国家乡村振兴局关于延长部分扶贫税收优惠政策执行期限的公告》（文号：财政部、税务总局、人力资源和社会保障部、国家乡村振兴局公告 2021 年第 18 号）

2. 鼓励高新技术　　　无

3. 促进区域发展　　　无

4. 促进小微企业发展　　无

5. 节能环保资源综合利用　　无

6. 支持金融资本市场，金融同业往来利息收入增值税优惠

《财政部、国家税务总局关于进一步明确全面推开营改增试点金融业有关政策的通知》（文号：财税〔2016〕46 号）

《财政部、国家税务总局关于金融机构同业往来等增值税政策的补充通知》（文号：财税〔2016〕70 号）

7. 支持"三农"　　　无

8. 支持文化教育体育　　无

9. 其他类

9.1　新支线飞机，减征增值税

《财政部、税务总局关于民用航空发动机、新支线飞机和大型客机税收政策的公告》（文号：财政部、税务总局公告 2019 年第 88 号）

后续文件：《财政部、税务总局关于延长部分税收优惠政策执行期限的公告》（文号：财政部、税务总局公告 2021 年第 6 号）

9.2　销售旧货（不含二手车经销）、已使用固定资产，减征增值税

《财政部、国家税务总局关于部分货物适用增值税低税率和简易办法征收增值税政策的通知》（文号：财税〔2009〕9 号）

《财政部、国家税务总局关于简并增值税征收率政策的通知》（文号：财税〔2014〕57号）

9.3　购置增值税税控系统专用设备，抵减增值税

《财政部、国家税务总局关于增值税税控系统专用设备和技术维护费用抵减增值税税额有关政策的通知》（文号：财税〔2012〕15号）

9.4　购置税控收款机，抵减增值税

《财政部、国家税务总局关于推广税控收款机有关税收政策的通知》（文号：财税〔2004〕167号）

9.5　公路经营企业中的一般纳税人选择适用简易计税方法，减按3%计算应纳增值税

《财政部、国家税务总局关于全面推开营业税改征增值税试点的通知》（文号：财税〔2016〕36号）附件2第一条第（九）款第二项

9.6　二手车经销减征增值税（3%减按0.5%）

《财政部、税务总局关于二手车经销有关增值税政策的公告》（文号：财政部、税务总局公告2020年第17号）

附件1：

财政部　税务总局　退役军人部
关于进一步扶持自主就业退役士兵创业就业有关税收政策的通知

（文号：财税〔2019〕21号　发布日期：2019-02-02）

为进一步扶持自主就业退役士兵创业就业，现将有关税收政策通知如下：

一、自主就业退役士兵从事个体经营的，自办理个体工商户登记当月起，在3年（36个月，下同）内按每户每年12000元为限额依次扣减其当年实际应缴纳的增值税、城市维护建设税、教育费附加、地方教育附加和个人所得税。限额标准最高可上浮20%，各省、自治区、直辖市人民政府可根据本地区实际情况在此幅度内确定具体限额标准。

纳税人年度应缴纳税款小于上述扣减限额的，减免税额以其实际缴纳的税款为限；大于上述扣减限额的，以上述扣减限额为限。纳税人的实际经营期不足1年的，应当按月换算其减免税限额。换算公式为：减免税限额=年度减免税限额÷12×实际经营月数。城市维护建设税、教育费附加、地方教育附加的计税依据是享受本项税收优惠政策前的增值税应纳税额。

二、企业招用自主就业退役士兵，与其签订1年以上期限劳动合同并依法缴纳社会保险费的，自签订劳动合同并缴纳社会保险当月起，在3年内按实际招用人数予以

定额依次扣减增值税、城市维护建设税、教育费附加、地方教育附加和企业所得税优惠。定额标准为每人每年6000元，最高可上浮50%，各省、自治区、直辖市人民政府可根据本地区实际情况在此幅度内确定具体定额标准。

企业按招用人数和签订的劳动合同时间核算企业减免税总额，在核算减免税总额内每月依次扣减增值税、城市维护建设税、教育费附加和地方教育附加。企业实际应缴纳的增值税、城市维护建设税、教育费附加和地方教育附加小于核算减免税总额的，以实际应缴纳的增值税、城市维护建设税、教育费附加和地方教育附加为限；实际应缴纳的增值税、城市维护建设税、教育费附加和地方教育附加大于核算减免税总额的，以核算减免税总额为限。

纳税年度终了，如果企业实际减免的增值税、城市维护建设税、教育费附加和地方教育附加小于核算减免税总额，企业在企业所得税汇算清缴时以差额部分扣减企业所得税。当年扣减不完的，不再结转以后年度扣减。

自主就业退役士兵在企业工作不满1年的，应当按月换算减免税限额。计算公式为：企业核算减免税总额=Σ每名自主就业退役士兵本年度在本单位工作月份÷12×具体定额标准。

城市维护建设税、教育费附加、地方教育附加的计税依据是享受本项税收优惠政策前的增值税应纳税额。

三、本通知所称自主就业退役士兵是指依照《退役士兵安置条例》（国务院、中央军事委员会令第608号）的规定退出现役并按自主就业方式安置的退役士兵。

本通知所称企业是指属于增值税纳税人或企业所得税纳税人的企业等单位。

四、自主就业退役士兵从事个体经营的，在享受税收优惠政策进行纳税申报时，注明其退役军人身份，并将《中国人民解放军义务兵退出现役证》《中国人民解放军士官退出现役证》或《中国人民武装警察部队义务兵退出现役证》《中国人民武装警察部队士官退出现役证》留存备查。

企业招用自主就业退役士兵享受税收优惠政策的，将以下资料留存备查：1. 招用自主就业退役士兵的《中国人民解放军义务兵退出现役证》《中国人民解放军士官退出现役证》或《中国人民武装警察部队义务兵退出现役证》《中国人民武装警察部队士官退出现役证》；2. 企业与招用自主就业退役士兵签订的劳动合同（副本），为职工缴纳的社会保险费记录；3. 自主就业退役士兵本年度在企业工作时间表（见附件）。

五、企业招用自主就业退役士兵既可以适用本通知规定的税收优惠政策，又可以适用其他扶持就业专项税收优惠政策的，企业可以选择适用最优惠的政策，但不得重复享受。

六、本通知规定的税收政策执行期限为2019年1月1日至2021年12月31日。纳税人在2021年12月31日享受本通知规定税收优惠政策未满3年的，可继续享受至3

年期满为止。《财政部、税务总局、民政部关于继续实施扶持自主就业退役士兵创业就业有关税收政策的通知》（财税〔2017〕46号）自2019年1月1日起停止执行。

【飞狼财税通编注：根据2022.01.29财政部、税务总局公告2022年第4号《财政部、税务总局关于延长部分税收优惠政策执行期限的公告》，本文规定的税收优惠政策，执行期限延长至2023年12月31日。】

退役士兵以前年度已享受退役士兵创业就业税收优惠政策满3年的，不得再享受本通知规定的税收优惠政策；以前年度享受退役士兵创业就业税收优惠政策未满3年且符合本通知规定条件的，可按本通知规定享受优惠至3年期满。

各地财政、税务、退役军人事务部门要加强领导、周密部署，把扶持自主就业退役士兵创业就业工作作为一项重要任务，主动做好政策宣传和解释工作，加强部门间的协调配合，确保政策落实到位。同时，要密切关注税收政策的执行情况，对发现的问题及时逐级向财政部、税务总局、退役军人部反映。

附件2：

财政部　税务总局　人力资源和社会保障部　国务院扶贫办
关于进一步支持和促进重点群体创业就业有关税收政策的通知

（文号：财税〔2019〕22号　发布日期：2019-02-02）

为进一步支持和促进重点群体创业就业，现将有关税收政策通知如下：

一、建档立卡贫困人口、持《就业创业证》（注明"自主创业税收政策"或"毕业年度内自主创业税收政策"）或《就业失业登记证》（注明"自主创业税收政策"）的人员，从事个体经营的，自办理个体工商户登记当月起，在3年（36个月，下同）内按每户每年12000元为限额依次扣减其当年实际应缴纳的增值税、城市维护建设税、教育费附加、地方教育附加和个人所得税。限额标准最高可上浮20%，各省、自治区、直辖市人民政府可根据本地区实际情况在此幅度内确定具体限额标准。

纳税人年度应缴纳税款小于上述扣减限额的，减免税额以其实际缴纳的税款为限；大于上述扣减限额的，以上述扣减限额为限。

上述人员具体包括：1.纳入全国扶贫开发信息系统的建档立卡贫困人口；2.在人力资源和社会保障部门公共就业服务机构登记失业半年以上的人员；3.零就业家庭、享受城市居民最低生活保障家庭劳动年龄内的登记失业人员；4.毕业年度内高校毕业生。高校毕业生是指实施高等学历教育的普通高等学校、成人高等学校应届毕业的学生；毕业年度是指毕业所在自然年，即1月1日至12月31日。

二、企业招用建档立卡贫困人口，以及在人力资源和社会保障部门公共就业服务机构登记失业半年以上且持《就业创业证》或《就业失业登记证》（注明"企业吸纳税收政策"）的人员，与其签订 1 年以上期限劳动合同并依法缴纳社会保险费的，自签订劳动合同并缴纳社会保险当月起，在 3 年内按实际招用人数予以定额依次扣减增值税、城市维护建设税、教育费附加、地方教育附加和企业所得税优惠。定额标准为每人每年 6000 元，最高可上浮 30%，各省、自治区、直辖市人民政府可根据本地区实际情况在此幅度内确定具体定额标准。城市维护建设税、教育费附加、地方教育附加的计税依据是享受本项税收优惠政策前的增值税应纳税额。

按上述标准计算的税收扣减额应在企业当年实际应缴纳的增值税、城市维护建设税、教育费附加、地方教育附加和企业所得税税额中扣减，当年扣减不完的，不得结转下年使用。

本通知所称企业是指属于增值税纳税人或企业所得税纳税人的企业等单位。

三、国务院扶贫办在每年 1 月 15 日前将建档立卡贫困人口名单及相关信息提供给人力资源和社会保障部、税务总局，税务总局将相关信息转发给各省、自治区、直辖市税务部门。人力资源和社会保障部门依托全国扶贫开发信息系统核实建档立卡贫困人口身份信息。

四、企业招用就业人员既可以适用本通知规定的税收优惠政策，又可以适用其他扶持就业专项税收优惠政策的，企业可以选择适用最优惠的政策，但不得重复享受。

五、本通知规定的税收政策执行期限为 2019 年 1 月 1 日至 2021 年 12 月 31 日。纳税人在 2021 年 12 月 31 日享受本通知规定税收优惠政策未满 3 年的，可继续享受至 3 年期满为止。《财政部、税务总局、人力资源和社会保障部关于继续实施支持和促进重点群体创业就业有关税收政策的通知》（财税〔2017〕49 号）自 2019 年 1 月 1 日起停止执行。

【飞狼财税通编注：根据 2021.05.06 财政部、税务总局、人力资源和社会保障部、国家乡村振兴局公告 2021 年第 18 号《财政部、税务总局、人力资源和社会保障部、国家乡村振兴局关于延长部分扶贫税收优惠政策执行期限的公告》，本文执行期限延长至 2025 年 12 月 31 日。】

本通知所述人员，以前年度已享受重点群体创业就业税收优惠政策满 3 年的，不得再享受本通知规定的税收优惠政策；以前年度享受重点群体创业就业税收优惠政策未满 3 年且符合本通知规定条件的，可按本通知规定享受优惠至 3 年期满。

各地财政、税务、人力资源和社会保障部门、扶贫办要加强领导、周密部署，把大力支持和促进重点群体创业就业工作作为一项重要任务，主动做好政策宣传和解释工作，加强部门间的协调配合，确保政策落实到位。同时，要密切关注税收政策的执行情况，对发现的问题及时逐级向财政部、税务总局、人力资源和社会保障部、国务院扶贫办反映。

附件3:

财政部　国家税务总局

关于促进残疾人就业增值税优惠政策的通知

（文号：财税〔2016〕52号　发布日期：2016-05-05）

为继续发挥税收政策促进残疾人就业的作用，进一步保障残疾人权益，经国务院批准，决定对促进残疾人就业的增值税政策进行调整完善。现将有关政策通知如下：

一、对安置残疾人的单位和个体工商户（以下称纳税人），实行由税务机关按纳税人安置残疾人的人数，限额即征即退增值税的办法。

安置的每位残疾人每月可退还的增值税具体限额，由县级以上税务机关根据纳税人所在区县（含县级市、旗，下同）适用的经省（含自治区、直辖市、计划单列市，下同）人民政府批准的月最低工资标准的4倍确定。

二、享受税收优惠政策的条件

（一）纳税人（除盲人按摩机构外）月安置的残疾人占在职职工人数的比例不低于25%（含25%），并且安置的残疾人人数不少于10人（含10人）；

盲人按摩机构月安置的残疾人占在职职工人数的比例不低于25%（含25%），并且安置的残疾人人数不少于5人（含5人）。

（二）依法与安置的每位残疾人签订了一年以上（含一年）的劳动合同或服务协议。

（三）为安置的每位残疾人按月足额缴纳了基本养老保险、基本医疗保险、失业保险、工伤保险和生育保险等社会保险。

（四）通过银行等金融机构向安置的每位残疾人，按月支付了不低于纳税人所在区县适用的经省人民政府批准的月最低工资标准的工资。

三、《财政部、国家税务总局关于教育税收政策的通知》（财税〔2004〕39号）第一条第7项规定的特殊教育学校举办的企业，只要符合本通知第二条第（一）项第一款规定的条件，即可享受本通知第一条规定的增值税优惠政策。这类企业在计算残疾人人数时可将在企业上岗工作的特殊教育学校的全日制在校学生计算在内，在计算企业在职职工人数时也要将上述学生计算在内。

四、纳税人中纳税信用等级为税务机关评定的c级或d级的，不得享受本通知第一条、第三条规定的政策。

五、纳税人按照纳税期限向主管国税机关申请退还增值税。本纳税期已缴增值税额不足退还的，可在本纳税年度内以前纳税期已缴增值税扣除已退增值税的余额中退还，仍不足退还的可结转本纳税年度内以后纳税期退还，但不得结转以后年度退还。

纳税期限不为按月的，只能对其符合条件的月份退还增值税。

六、本通知第一条规定的增值税优惠政策仅适用于生产销售货物，提供加工、修理修配劳务，以及提供营改增现代服务和生活服务税目（不含文化体育服务和娱乐服务）范围的服务取得的收入之和，占其增值税收入的比例达到50%的纳税人，但不适用于上述纳税人直接销售外购货物（包括商品批发和零售）以及销售委托加工的货物取得的收入。

纳税人应当分别核算上述享受税收优惠政策和不得享受税收优惠政策业务的销售额，不能分别核算的，不得享受本通知规定的优惠政策。

七、如果既适用促进残疾人就业增值税优惠政策，又适用重点群体、退役士兵、随军家属、军转干部等支持就业的增值税优惠政策的，纳税人可自行选择适用的优惠政策，但不能累加执行。一经选定，36个月内不得变更。

八、残疾人个人提供的加工、修理修配劳务，免征增值税。

九、税务机关发现已享受本通知增值税优惠政策的纳税人，存在不符合本通知第二条、第三条规定条件，或者采用伪造或重复使用残疾人证、残疾军人证等手段骗取本通知规定的增值税优惠的，应将纳税人发生上述违法违规行为的纳税期内按本通知已享受到的退税全额追缴入库，并自发现当月起36个月内停止其享受本通知规定的各项税收优惠。

十、本通知有关定义

（一）残疾人，是指法定劳动年龄内，持有《中华人民共和国残疾人证》或者《中华人民共和国残疾军人证（1至8级）》的自然人，包括具有劳动条件和劳动意愿的精神残疾人。

（二）残疾人个人，是指自然人。

（三）在职职工人数，是指与纳税人建立劳动关系并依法签订劳动合同或者服务协议的雇员人数。

（四）特殊教育学校举办的企业，是指特殊教育学校主要为在校学生提供实习场所、并由学校出资自办、由学校负责经营管理、经营收入全部归学校所有的企业。

十一、本通知规定的增值税优惠政策的具体征收管理办法，由国家税务总局制定。

十二、本通知自2016年5月1日起执行，《财政部、国家税务总局关于促进残疾人就业税收优惠政策的通知》（财税〔2007〕92号）、《财政部、国家税务总局关于将铁路运输和邮政业纳入营业税改征增值税试点的通知》（财税〔2013〕106号）附件3第二条第（二）项同时废止。纳税人2016年5月1日前执行财税〔2007〕92号和财税〔2013〕106号文件发生的应退未退的增值税余额，可按照本通知第五条规定执行。

促进残疾人就业增值税优惠政策管理办法

第一条　为加强促进残疾人就业增值税优惠政策管理，根据《财政部、国家税务总局关于促进残疾人就业增值税优惠政策的通知》（财税〔2016〕52号）、《国家税务总局关于发布〈税收减免管理办法〉的公告》（国家税务总局公告2015年第43号）及有关规定，制定本办法。

第二条　纳税人享受安置残疾人增值税即征即退优惠政策，适用本办法规定。

本办法所指纳税人，是指安置残疾人的单位和个体工商户。

第三条　纳税人首次申请享受税收优惠政策，应向主管税务局提供以下备案资料：

（一）《税务资格备案表》。

（二）安置的残疾人的《中华人民共和国残疾人证》或者《中华人民共和国残疾军人证（1至8级）》复印件，注明与原件一致，并逐页加盖公章。安置精神残疾人的，提供精神残疾人同意就业的书面声明以及其法定监护人签字或印章的证明精神残疾人具有劳动条件和劳动意愿的书面材料。

（三）安置的残疾人的身份证明复印件，注明与原件一致，并逐页加盖公章。

第四条　主管税务机关受理备案后，应将全部《中华人民共和国残疾人证》或者《中华人民共和国残疾军人证（1至8级）》信息以及所安置残疾人的身份证明信息录入征管系统。

第五条　纳税人提供的备案资料发生变化的，应于发生变化之日起15日内就变化情况向主管税务机关办理备案。

第六条　纳税人申请退还增值税时，需报送如下资料：

（一）《退（抵）税申请审批表》。

（二）《安置残疾人纳税人申请增值税退税声明》（见附件）。

（三）当期为残疾人缴纳社会保险费凭证的复印件及由纳税人加盖公章确认的注明缴纳人员、缴纳金额、缴纳期间的明细表。

（四）当期由银行等金融机构或纳税人加盖公章的按月为残疾人支付工资的清单。

特殊教育学校举办的企业，申请退还增值税时，不提供资料（三）和资料（四）。

第七条　纳税人申请享受税收优惠政策，应对报送资料的真实性和合法性承担法律责任。主管税务机关对纳税人提供资料的完整性和增值税退税额计算的准确性进行审核。

第八条　主管税务机关受理退税申请后，查询纳税人的纳税信用等级，对符合信用条件的，审核计算应退增值税额，并按规定办理退税。

第九条　纳税人本期应退增值税额按以下公式计算：

本期应退增值税额＝本期所含月份每月应退增值税额之和

月应退增值税额＝纳税人本月安置残疾人员人数×本月月最低工资标准的 4 倍

月最低工资标准，是指纳税人所在区县（含县级市、旗）适用的经省（含自治区、直辖市、计划单列市）人民政府批准的月最低工资标准。

纳税人本期已缴增值税额小于本期应退税额不足退还的，可在本年度内以前纳税期已缴增值税额扣除已退增值税额的余额中退还，仍不足退还的可结转本年度内以后纳税期退还。年度已缴增值税额小于或等于年度应退税额的，退税额为年度已缴增值税额；年度已缴增值税额大于年度应退税额的，退税额为年度应退税额。年度已缴增值税额不足退还的，不得结转以后年度退还。

第十条　纳税人新安置的残疾人从签订劳动合同并缴纳社会保险的次月起计算，其他职工从录用的次月起计算；安置的残疾人和其他职工减少的，从减少当月计算。

第十一条　主管税务机关应于每年 2 月底之前，在其网站或办税服务厅，将本地区上一年度享受安置残疾人增值税优惠政策的纳税人信息，按下列项目予以公示：纳税人名称、纳税人识别号、法人代表、计算退税的残疾人职工人次等。

第十二条　享受促进残疾人就业增值税优惠政策的纳税人，对能证明或印证符合政策规定条件的相关材料负有留存备查义务。纳税人在税务机关后续管理中不能提供相关材料的，不得继续享受优惠政策。税务机关应追缴其相应纳税期内已享受的增值税退税，并依照税收征管法及其实施细则的有关规定处理。

第十三条　各地税务机关要加强税收优惠政策落实情况的后续管理，对纳税人进行定期或不定期检查。检查发现纳税人不符合财税〔2016〕52 号文件规定的，按有关规定予以处理。

第十四条　本办法实施前已办理税收优惠资格备案的纳税人，主管税务机关应检查其已备案资料是否满足本办法第三条规定，残疾人信息是否已按第四条规定录入信息系统，如有缺失，应要求纳税人补充报送备案资料，补录信息。

第十五条　各省、自治区、直辖市和计划单列市税务局国家税务局，应定期或不定期在征管系统中对残疾人信息进行比对，发现异常的，按相关规定处理。

第十六条　本办法自 2016 年 5 月 1 日起施行。

第二节　增值税（下）

"免税和即征即退的优惠多，减征优惠少。"这是我国现行增值税税收优惠政策的显著特点。

三、饶让类优惠

（一）销售资源综合利用产品和劳务的即征即退

根据财政部、国家税务总局关于印发《资源综合利用产品和劳务增值税优惠目录》的通知（文号：财税〔2015〕78号 发布日期：2015-06-12），符合条件的纳税人销售自产的资源综合利用产品和提供资源综合利用劳务，自2015年7月1日起，可享受增值税即征即退政策，退税比例分为四档：30%、50%、70%和100%。具体产品和劳务的名称，技术标准和相关条件等内容如下：

一、纳税人销售自产的资源综合利用产品和提供资源综合利用劳务（以下称销售综合利用产品和劳务），可享受增值税即征即退政策。具体综合利用的资源名称、综合利用产品和劳务名称、技术标准和相关条件、退税比例等按照本通知所附《资源综合利用产品和劳务增值税优惠目录》（以下简称《目录》）的相关规定执行。

二、纳税人从事《目录》所列的资源综合利用项目，其申请享受本通知规定的增值税即征即退政策时，应同时符合下列条件：

（一）属于增值税一般纳税人。

（二）销售综合利用产品和劳务，不属于国家发展改革委《产业结构调整指导目录》中的淘汰类、限制类项目。

（三）销售综合利用产品和劳务，不属于环境保护部《环境保护综合名录》中的"高污染、高环境风险"产品或者重污染工艺。

【飞狼财税通编注：根据2019.10.24财政部、税务总局公告2019年第90号《财政部、税务总局关于资源综合利用增值税政策的公告》本项中"高污染、高环境风险"产品，是指在《环境保护综合名录》中标注特性为"ghw/ghf"的产品，但纳税人生产销售的资源综合利用产品满足"ghw/ghf"例外条款规定的技术和条件的除外。】

（四）综合利用的资源，属于环境保护部《国家危险废物名录》列明的危险废物的，应当取得省级及以上环境保护部门颁发的《危险废物经营许可证》，且许可经营范围包括该危险废物的利用。

（五）纳税信用等级不属于税务机关评定的C级或D级。

纳税人在办理退税事宜时，应向主管税务机关提供其符合本条规定的上述条件以及《目录》规定的技术标准和相关条件的书面声明材料，未提供书面声明材料或者出具虚假材料的，税务机关不得给予退税。

资源综合利用产品和劳务增值税优惠目录

类别	序号	综合利用的资源名称	综合利用产品和劳务名称	技术标准和相关条件	退税比例
一、共、伴生矿产资源	1.1	油母页岩	页岩油	产品原料95%以上来自所列资源。	70%
	1.2	煤炭开采过程中产生的煤层气（煤矿瓦斯）	电力	产品燃料95%以上来自所列资源。	100%
	1.3	油田采油过程中产生的油污泥（浮渣）	乳化油调和剂、防水卷材辅料产品	产品原料70%以上来自所列资源。	70%
二、废渣、废水（液）、废气	2.1	废渣	砖瓦（不含烧结普通砖）、砌块、陶粒、墙板、管材（管桩）、混凝土、砂浆、道路井盖、道路护栏、防火材料、耐火材料（镁铬砖除外）、保温材料、矿（岩）棉、微晶玻璃、U型玻璃	产品原料70%以上来自所列资源。	70%
	2.2	废渣	水泥、水泥熟料	1. 42.5及以上等级水泥的原料20%以上来自所列资源，其他水泥、水泥熟料的原料40%以上来自所列资源； 2. 纳税人符合《水泥工业大气污染物排放标准》（GB4915－2013）规定的技术要求。	70%
	2.3	建（构）筑废物、煤矸石	建筑砂石骨料	1. 产品原料90%以上来自所列资源； 2. 产品以建（构）筑废物为原料的，符合《混凝土用再生粗骨料》（GB/T 25177－2010）或《混凝土和砂浆用再生细骨料》（GB/T 25176－2010）的技术要求；以煤矸石为原料的，符合《建设用砂》（GB/T 14684-2011）或《建设用卵石、碎石》（GB/T 14685-2011）规定的技术要求。	50%

类别	序号	综合利用的资源名称	综合利用产品和劳务名称	技术标准和相关条件	退税比例
二、废渣、废水（液）、废气	2.4	粉煤灰、煤矸石	氧化铝、活性硅酸钙、瓷绝缘子、煅烧高岭土	氧化铝、活性硅酸钙生产原料25%以上来自所列资源，瓷绝缘子生产原料中煤矸石所占比重30%以上，煅烧高岭土生产原料中煤矸石所占比重90%以上。	50%
	2.5	煤矸石、煤泥、石煤、油母页岩	电力、热力	1. 产品燃料60%以上来自所列资源；2. 纳税人符合《火电厂大气污染物排放标准》（GB13223－2011）和国家发展改革委、环境保护部、工业和信息化部《电力（燃煤发电企业）行业清洁生产评价指标体系》规定的技术要求。	50%
	2.6	氧化铝赤泥、电石渣	氧化铁、氢氧化钠溶液、铝酸钠、铝酸三钙、脱硫剂	1. 产品原料90%以上来自所列资源；2. 生产过程中不产生二次废渣。	50%
	2.7	废旧石墨	石墨异形件、石墨块、石墨粉、石墨增碳剂	1. 产品原料90%以上来自所列资源；2. 纳税人符合《工业炉窑大气污染物排放标准》（GB9078－1996）规定的技术要求。	50%
	2.8	垃圾以及利用垃圾发酵产生的沼气	电力、热力	1. 产品燃料80%以上来自所列资源；2. 纳税人符合《火电厂大气污染物排放标准》（GB13223－2011）或《生活垃圾焚烧污染控制标准》（GB18485－2014）规定的技术要求。	100%

类别	序号	综合利用的资源名称	综合利用产品和劳务名称	技术标准和相关条件	退税比例
二、废渣、废水（液）、废气	2.9	退役军用发射药	涂料用硝化棉粉	产品原料 90%以上来自所列资源。	50%
	2.10	废旧沥青混凝土	再生沥青混凝土	1. 产品原料 30%以上来自所列资源； 2. 产品符合《再生沥青混凝土》（GB/T 25033-2010）规定的技术要求。	50%
	2.11	蔗渣	蔗渣浆、蔗渣刨花板和纸	1. 产品原料 70%以上来自所列资源； 2. 生产蔗渣浆及各类纸的纳税人符合国家发展改革委、环境保护部、工业和信息化部《制浆造纸行业清洁生产评价指标体系》规定的技术要求。	50%
	2.12	废矿物油	润滑油基础油、汽油、柴油等工业油料	1. 产品原料 90%以上来自所列资源； 2. 纳税人符合《废矿物油回收利用污染控制技术规范》（HJ 607-2011）规定的技术要求。	50%
	2.13	环己烷氧化废液	环氧环己烷、正戊醇、醇醚溶剂	1. 产品原料 90%以上来自所列资源； 2. 纳税人必须通过 ISO9000、ISO14000 认证。	50%
	2.14	污水处理厂出水、工业排水（矿井水）、生活污水、垃圾处理厂渗透（滤）液等	再生水	1. 产品原料 100%来自所列资源； 2. 产品符合《再生水水质标准》（S1368-2006）规定的技术要求。	50%
	2.15	废弃酒糟和酿酒底锅水，淀粉、粉丝加工废液、废渣	蒸汽、活性炭、白碳黑、乳酸、乳酸钙、沼气、饲料、植物蛋白	产品原料 80%以上来自所列资源。	70%

续表

类别	序号	综合利用的资源名称	综合利用产品和劳务名称	技术标准和相关条件	退税比例
二、废渣、废水（液）、废气	2.16	含油污水、有机废水、污水处理后产生的污泥，油田采油过程中产生的油污泥（浮渣），包括利用上述资源发酵产生的沼气	微生物蛋白、干化污泥、燃料、电力、热力	产品原料或燃料90%以上来自所列资源，其中利用油田采油过程中产生的油污泥（浮渣）生产燃料的，原料60%以上来自所列资源。	70%
	2.17	煤焦油、荒煤气（焦炉煤气）	柴油、石脑油	1. 产品原料95%以上来自所列资源；2. 纳税人必须通过 ISO9000、ISO14000 认证。	50%
	2.18	燃煤发电厂及各类工业企业生产过程中产生的烟气、高硫天然气	石膏、硫酸、硫酸铵、硫磺	1. 产品原料95%以上来自所列资源；2. 石膏的二水硫酸钙含量85%以上，硫酸的浓度15%以上，硫酸铵的总氮含量18%以上。	50%
	2.19	工业废气	高纯度二氧化碳、工业氢气、甲烷	1. 产品原料95%以上来自所列资源；2. 高纯度二氧化碳产品符合（GB10621－2006），工业氢气产品符合（GB/T 3634.1－2006），甲烷产品符合（HG/T 3633－1999）规定的技术要求。	70%
	2.20	工业生产过程中产生的余热、余压	电力、热力	产品原料100%来自所列资源。	100%
三、再生资源	3.1	废旧电池及其拆解物	金属及镍钴锰氢氧化物、镍钴锰酸锂、氯化钴	1. 产品原料中95%以上利用上述资源；2. 镍钴锰氢氧化物符合《镍、钴、锰三元素复合氢氧化物》（GB/T 26300－2010）规定的技术要求。	30%

续表

类别	序号	综合利用的资源名称	综合利用产品和劳务名称	技术标准和相关条件	退税比例
三、再生资源	3.2	废显（定）影液、废胶片、废相纸、废感光剂等废感光材料	银	1. 产品原料95%以上来自所列资源； 2. 纳税人必须通过 ISO9000、ISO14000 认证。	30%
	3.3	废旧电机、废旧电线电缆、废铝制易拉罐、报废汽车、报废摩托车、报废船舶、废旧电器电子产品、废旧太阳能光伏器件、废旧灯泡（管），及其拆解物	经冶炼、提纯生产的金属及合金（不包括铁及铁合金）	1. 产品原料70%来自所列资源； 2. 法律、法规或规章对相关废旧产品拆解规定了资质条件的，纳税人应当取得相应的资质。	30%
	3.4	废催化剂、电解废弃物、电镀废弃物、废旧线路板、烟尘灰、湿法泥、熔炼渣、线路板蚀刻废液、锡箔纸灰	经冶炼、提纯或化合生产的金属、合金及金属化合物（不包括铁及铁合金），冰晶石	1. 产品原料70%来自所列资源； 2. 纳税人必须通过 ISO9000、ISO14000 认证。	30%
	3.5	报废汽车、报废摩托车、报废船舶、废旧电器电子产品、废旧农机具、报废机器设备、废旧生活用品、工业边角余料、建筑拆解物等产生或拆解出来的废钢铁	炼钢炉料	1. 产品原料95%以上来自所列资源； 2. 炼钢炉料符合《废钢铁》（GB4223-2004）规定的技术要求； 3. 法律、法规或规章对相关废旧产品拆解规定了资质条件的，纳税人应当取得相应的资质； 4. 纳税人符合工业和信息化部《废钢铁加工行业准入条件》的相关规定； 5. 炼钢炉料的销售对象应为符合工业和信息化部《钢铁行业规范条件》或《铸造行业准入条件》并公告的钢铁企业或铸造企业。	30%

类别	序号	综合利用的资源名称	综合利用产品和劳务名称	技术标准和相关条件	退税比例
三、再生资源	3.6	稀土产品加工废料，废弃稀土产品及拆解物	稀土金属及稀土氧化物	1. 产品原料95%以上来自所列资源； 2. 纳税人符合国家发展改革委、环境保护部、工业和信息化部《稀土冶炼行业清洁生产评价指标体系》规定的技术要求。	30%
	3.7	废塑料、废旧聚氯乙烯（PVC）制品、废铝塑（纸铝、纸塑）复合纸包装材料	汽油、柴油、石油焦、碳黑、再生纸浆、铝粉、塑木（木塑）制品、（汽车、摩托车、家电、管材用）改性再生专用料、化纤用再生聚酯专用料、瓶用再生聚对苯二甲酸乙二醇酯（PET）树脂及再生塑料制品	1. 产品原料70%以上来自所列资源； 2. 化纤用再生聚酯专用料杂质含量低于0.5mg/g、水分含量低于1%，瓶用再生聚对苯二甲酸乙二醇酯（PET）树脂乙醛质量分数小于等于1μg/g； 3. 纳税人必须通过ISO9000、ISO14000认证。	50%
	3.8	废纸、农作物秸秆	纸浆、秸秆浆和纸	1. 产品原料70%以上来自所列资源； 2. 废水排放符合《制浆造纸工业水污染物排放标准》（GB3544-2008）规定的技术要求； 3. 纳税人符合《制浆造纸行业清洁生产评价指标体系》规定的技术要求； 4. 纳税人必须通过ISO9000、ISO14000认证。	50%
	3.9	废旧轮胎、废橡胶制品	胶粉、翻新轮胎、再生橡胶	1. 产品原料95%以上来自所列资源； 2. 胶粉符合（GB/T19208-2008）规定的技术要求；翻新轮胎符合（GB7037-2007）、（GB14646-2007）或（HG/T3979-2007）规定的技术要求；再生橡胶符合（GB/T13460-2008）规定的技术要求； 3. 纳税人必须通过ISO9000、ISO14000认证。	50%

续表

类别	序号	综合利用的资源名称	综合利用产品和劳务名称	技术标准和相关条件	退税比例
三、再生资源	3.10	废弃天然纤维、化学纤维及其制品	纤维纱及织布、无纺布、毡、粘合剂及再生聚酯产品	产品原料 90% 以上来自所列资源。	50%
	3.11	人发	档发	产品原料 90% 以上来自所列资源。	70%
	3.12	废玻璃	玻璃熟料	1. 产品原料 95% 以上来自所列资源； 2. 产品符合《废玻璃分类》（SB/T 10900－2012）的技术要求； 3. 纳税人符合《废玻璃回收分拣技术规范》（SB/T11108－2014）规定的技术要求。	50% 70%
四、农林剩余物及其他	4.1	餐厨垃圾、畜禽粪便、稻壳、花生壳、玉米芯、油茶壳、棉籽壳、三剩物、次小薪材、农作物秸秆、蔗渣，以及利用上述资源发酵产生的沼气	生物质压块、沼气等燃料，电力、热力	1. 产品原料或者燃料 80% 以上来自所列资源； 2. 纳税人符合《锅炉大气污染物排放标准》（GB13271－2014）、《火电厂大气污染物排放标准》（GB13223－2011）或《生活垃圾焚烧污染控制标准》（GB18485－2001）规定的技术要求。	100%
	4.2	三剩物、次小薪材、农作物秸秆、沙柳	纤维板、刨花板，细木工板、生物炭、活性炭、栲胶、水解酒精、纤维素、木质素、木糖、阿拉伯糖、糠醛、箱板纸	产品原料 95% 以上来自所列资源。	70%
	4.3	废弃动物油和植物油	生物柴油、工业级混合油	1. 产品原料 70% 以上来自所列资源； 2. 工业级混合油的销售对象须为化工企业。	70%

类别	序号	综合利用的资源名称	综合利用产品和劳务名称	技术标准和相关条件	退税比例
五、资源综合利用劳务	5.1	垃圾处理、污泥处理处置劳务			70%
	5.2	污水处理劳务		污水经加工处理后符合《城镇污水处理厂污染物排放标准》（GB18918-2002）规定的技术要求或达到相应的国家或地方水污染物排放标准中的直接排放限值。	70%
	5.3	工业废气处理劳务		经治理、处理后符合《大气污染物综合排放标准》（GB 16297-1996）规定的技术要求或达到相应的国家或地方水污染物排放标准中的直接排放限值。	70%

相关后续文件：

《财政部、税务总局关于完善资源综合利用增值税政策的公告》（文号：财政部、税务总局公告 2021 年第 40 号）

《财政部、税务总局关于资源综合利用增值税政策的公告》（文号：财政部、税务总局公告 2019 年第 90 号）

（二）其他即征即退优惠

1. 改善民生类

1.1 安置残疾人就业，增值税即征即退

《财政部、国家税务总局关于促进残疾人就业增值税政策的通知》（文号：财税〔2016〕52 号）第一条，具体内容详见本节附件 1。

2. 鼓励高新技术

2.1 软件产品，增值税即征即退

《财政部、国家税务总局关于软件产品增值税政策的通知》（文号：财税〔2011〕100 号）

3. 促进区域发展　　无

4. 促进小微企业发展　　无

5. 节能环保资源综合利用

5.1　新型墙体材料，增值税即征即退

《财政部、国家税务总局关于新型墙体材料增值税政策的通知》（文号：财税〔2015〕73号）

5.2　风力发电，增值税即征即退

《财政部、国家税务总局关于风力发电增值税政策的通知》（文号：财税〔2015〕74号）

6.　支持金融资本市场

6.1　黄金期货交易，增值税即征即退

《财政部、国家税务总局关于黄金期货交易有关税收政策的通知》（文号：财税〔2008〕5号）

6.2　有形动产融资租赁服务，增值税即征即退

《财政部、国家税务总局关于全面推开营业税改征增值税试点的通知》（文号：财税〔2016〕36号）附件3第二条第（二）款

7.　支持文化教育体育

7.1　动漫企业，增值税即征即退

《财政部、税务总局关于延续动漫产业增值税政策的通知》（文号：财税〔2018〕38号）

后续文件：《财政部、税务总局关于延长部分税收优惠政策执行期限的公告》（文号：财政部、税务总局公告2021年第6号）

8.　其他类

8.1　飞机维修劳务，增值税即征即退

《财政部、国家税务总局关于飞机维修增值税问题的通知》（文号：财税〔2000〕102号）

8.2　管道运输服务，增值税即征即退

《财政部、国家税务总局关于全面推开营业税改征增值税试点的通知》（文号：财税〔2016〕36号）附件3第二条第（一）款

四、软件产品的即征即退优惠

（一）软件产品增值税即征即退政策

1. 增值税一般纳税人销售其自行开发生产的软件产品，按17%（现行13%）税率征收增值税后，对其增值税实际税负超过3%的部分实行即征即退。

2. 增值税一般纳税人将进口软件产品进行本地化改造后对外销售，其销售的软件产品可享受本条第一款规定的增值税即征即退政策。

本地化改造是指对进口软件产品进行重新设计、改进、转换等，单纯对进口软件

产品进行汉字化处理不包括在内。

3. 纳税人受托开发软件产品，著作权属于受托方的征收增值税，著作权属于委托方或属于双方共同拥有的不征收增值税；对经过国家版权局注册登记，纳税人在销售时一并转让著作权、所有权的，不征收增值税

4. 对属于增值税一般纳税人的动漫企业销售其自主开发生产的动漫软件，按 17%（现行 13%）的税率征收增值税后，对其增值税实际税负超过 3% 的部分，实行即征即退政策。动漫软件出口免征增值税。

（二）软件产品增值税即征即退税额的计算

1. 软件产品增值税即征即退税额的计算方法：

即征即退税额＝当期软件产品增值税应纳税额－当期软件产品销售额×3%

当期软件产品增值税应纳税额＝当期软件产品销项税额－当期软件产品可抵扣进项税额

当期软件产品销项税额＝当期软件产品销售额×17%（现行 13%）

2. 嵌入式软件产品增值税即征即退税额的计算：

（1）嵌入式软件产品增值税即征即退税额的计算方法

即征即退税额＝当期嵌入式软件产品增值税应纳税额－当期嵌入式软件产品销售额×3%

当期嵌入式软件产品增值税应纳税额＝当期嵌入式软件产品销项税额－当期嵌入式软件产品可抵扣进项税额

当期嵌入式软件产品销项税额＝当期嵌入式软件产品销售额×17%（现行 13%）

（2）当期嵌入式软件产品销售额的计算公式

当期嵌入式软件产品销售额＝当期嵌入式软件产品与计算机硬件、机器设备销售额合计－当期计算机硬件、机器设备销售额

计算机硬件、机器设备销售额按照下列顺序确定：

① 按纳税人最近同期同类货物的平均销售价格计算确定；

② 按其他纳税人最近同期同类货物的平均销售价格计算确定；

③ 按计算机硬件、机器设备组成计税价格计算确定。

计算机硬件、机器设备组成计税价格＝计算机硬件、机器设备成本×（1+10%）。

适用文件《财政部国家税务总局关于软件产品增值税政策的通知》（文号：财税〔2011〕100 号）。

五、宣传文化类优惠政策

财政部 税务总局
关于延续宣传文化增值税优惠政策的公告

文号：财政部、税务总局公告 2021 年第 10 号 发布日期：2021-03-22

为促进我国宣传文化事业的发展，继续实施宣传文化增值税优惠政策。现将有关事项公告如下：

一、自 2021 年 1 月 1 日起至 2023 年 12 月 31 日，执行下列增值税先征后退政策。

（一）对下列出版物在出版环节执行增值税 100% 先征后退的政策：

1. 中国共产党和各民主党派的各级组织的机关报纸和机关期刊，各级人大、政协、政府、工会、共青团、妇联、残联、科协的机关报纸和机关期刊，新华社的机关报纸和机关期刊，军事部门的机关报纸和机关期刊。

上述各级组织不含其所属部门。机关报纸和机关期刊增值税先征后退范围掌握在一个单位一份报纸和一份期刊以内。

2. 专为少年儿童出版发行的报纸和期刊，中小学的学生教科书。

3. 专为老年人出版发行的报纸和期刊。

4. 少数民族文字出版物。

5. 盲文图书和盲文期刊。

6. 经批准在内蒙古、广西、西藏、宁夏、新疆五个自治区内注册的出版单位出版的出版物。

7. 列入本公告附件 1 的图书、报纸和期刊。

（二）对下列出版物在出版环节执行增值税先征后退 50% 的政策：

1. 各类图书、期刊、音像制品、电子出版物，但本公告第一条第（一）项规定执行增值税 100% 先征后退的出版物除外。

2. 列入本公告附件 2 的报纸。

（三）对下列印刷、制作业务执行增值税 100% 先征后退的政策：

1. 对少数民族文字出版物的印刷或制作业务。

2. 列入本公告附件 3 的新疆维吾尔自治区印刷企业的印刷业务。

二、自 2021 年 1 月 1 日起至 2023 年 12 月 31 日，免征图书批发、零售环节增值税。

三、自 2021 年 1 月 1 日起至 2023 年 12 月 31 日，对科普单位门票收入，以及县级及以上党政部门和科协开展科普活动的门票收入免征增值税。

四、享受本公告第一条第（一）项、第（二）项规定的增值税先征后退政策的纳税人，必须是具有相关出版物出版许可证的出版单位（含以"租型"方式取得专有出版权进行出版物印刷发行的出版单位）。承担省级及以上出版行政主管部门指定出版、发行任务的单位，因进行重组改制等原因尚未办理出版、发行许可证变更的单位，经财政部各地监管局（以下简称财政监管局）商省级出版行政主管部门核准，可以享受相应的增值税先征后退政策。

纳税人应当将享受上述税收优惠政策的出版物在财务上实行单独核算，不进行单独核算的不得享受本公告规定的优惠政策。违规出版物、多次出现违规的出版单位及图书批发零售单位不得享受本公告规定的优惠政策。上述违规出版物、出版单位及图书批发零售单位的具体名单由省级及以上出版行政主管部门及时通知相应财政监管局和主管税务机关。

五、已按软件产品享受增值税退税政策的电子出版物不得再按本公告申请增值税先征后退政策。

六、本公告规定的各项增值税先征后退政策由财政监管局根据财政部、税务总局、中国人民银行《关于税制改革后对某些企业实行"先征后退"有关预算管理问题的暂行规定的通知》（（94）财预字第55号）的规定办理。

七、本公告的有关定义

（一）本公告所述"出版物"，是指根据国务院出版行政主管部门的有关规定出版的图书、报纸、期刊、音像制品和电子出版物。所述图书、报纸和期刊，包括随同图书、报纸、期刊销售并难以分离的光盘、软盘和磁带等信息载体。

（二）图书、报纸、期刊（即杂志）的范围，按照《国家税务总局关于印发〈增值税部分货物征税范围注释〉的通知》（国税发〔1993〕151号）的规定执行；音像制品、电子出版物的范围，按照《财政部、税务总局关于简并增值税税率有关政策的通知》（财税〔2017〕37号）的规定执行。

（三）本公告所述"专为少年儿童出版发行的报纸和期刊"，是指以初中及初中以下少年儿童为主要对象的报纸和期刊。

（四）本公告所述"中小学的学生教科书"，是指普通中小学学生教科书和中等职业教育教科书。普通中小学学生教科书是指根据中小学国家课程方案和课程标准编写的，经国务院教育行政部门审定或省级教育行政部门审定的，由取得国务院出版行政主管部门批准的教科书出版、发行资质的单位提供的中小学学生上课使用的正式教科书，具体操作时按国务院和省级教育行政部门每年下达的"中小学教学用书目录"中所列"教科书"的范围掌握。中等职业教育教科书是指按国家规定设置标准和审批程序批准成立并在教育行政部门备案的中等职业学校，及在人力资源和社会保障行政部门备案的技工学校学生使用的教科书，具体操作时按国务院和省级教育、人力资源和社会保障行政部门发布的教学用书目录认定。中小学的学生教科书不包括各种形式的教学参考书、图册、读本、课外读物、练习册以及其他各类教辅材料。

（五）本公告所述"专为老年人出版发行的报纸和期刊"，是指以老年人为主要对象的报纸和期刊，具体范围见附件4。

（六）本公告第一条第（一）项和第（二）项规定的图书包括"租型"出版的图书。

（七）本公告所述"科普单位"，是指科技馆、自然博物馆，对公众开放的天文馆（站、台）、气象台（站）、地震台（站），以及高等院校、科研机构对公众开放的科普基地。

本公告所述"科普活动"，是指利用各种传媒以浅显的、让公众易于理解、接受和参与的方式，向普通大众介绍自然科学和社会科学知识，推广科学技术的应用，倡导科学方法，传播科学思想，弘扬科学精神的活动。

八、本公告自2021年1月1日起执行。《财政部、税务总局关于延续宣传文化增值税优惠政策的通知》（财税〔2018〕53号）同时废止。

六、特殊药品简易计税

（一）抗癌药品增值税政策

自2018年5月1日起，增值税一般纳税人生产销售和批发、零售抗癌药品，可选择按照简易办法依照3%征收率计算缴纳增值税。上述纳税人选择简易办法计算缴纳增值税后，36个月内不得变更。

自2018年5月1日起，对进口抗癌药品，减按3%征收进口环节增值税。

纳税人应单独核算抗癌药品的销售额。未单独核算的，不得适用本通知第一条规定的简易征收政策。

《财政部、海关总署、税务总局、国家药品监督管理局关于抗癌药品增值税政策的通知》（文号：财税〔2018〕47号）

（二）罕见病药品增值税政策

自2019年3月1日起，增值税一般纳税人生产销售和批发、零售罕见病药品，可选择按照简易办法依照3%征收率计算缴纳增值税。上述纳税人选择简易办法计算缴纳增值税后，36个月内不得变更。

自2019年3月1日起，对进口罕见病药品，减按3%征收进口环节增值税。

纳税人应单独核算罕见病药品的销售额。未单独核算的，不得适用本通知第一条规定的简易征收政策。

《财政部、海关总署、税务总局、药监局关于罕见病药品增值税政策的通知》（文号：财税〔2019〕24号）

后续相关文件：

财政部、海关总署、税务总局、药监局联合发布《关于发布第二批适用增值税政策的抗癌药品和罕见病药品清单的公告》（财政部、海关总署、税务总局、药监局公告 2020 年第 39 号），发布第二批适用增值税政策的抗癌药品和罕见病药品清单，并对本文附件中部分抗癌药品的税号进行了修正，自 2020 年 10 月 1 日起执行。

七、增值税留抵退税

增值税留抵退税，其全称叫"增值税留抵税额退税优惠"，就是对现在还未能抵扣、留着将来才能抵扣的"进项"增值税，予以提前全额退还。所谓的留抵税额，简单可理解为当进项税额大于销项税额时，即出现了留抵税额。进项税指的是纳税人在购进货物、无形资产或者不动产等时候支付的增值税额。而销项税，则指销售时收取的增值税额。

留抵退税就是把增值税期末未抵扣完的进项税额退还给纳税人。增值税实行链条抵扣机制，以纳税人当期销项税额抵扣进项税额后的余额为应纳税额。其中，销项税额是指按照销售额和适用税率计算的增值税额；进项税额是指购进原材料等所负担的增值税额。当进项税额大于销项税额时，未抵扣完的进项税额会形成留抵税额。

（一）留抵税额形成原因

主要是纳税人进项税额和销项税额在时间上不一致造成的，如集中采购原材料和存货，尚未全部实现销售；投资期间没有收入等。此外，在多档税率并存的情况下，销售适用税率低于进项适用税率，也会形成留抵税额。这些都是合法合理地形成留抵税额的客观原因，不能忽略的是虚开增值税专用发票最直接的结果就是形成留抵税额，这是主观故意违法或涉嫌犯罪行为造成的。

国际上对于留抵税额一般有两种处理方式：允许纳税人结转下期继续抵扣或申请当期退还。同时，允许退还的国家或地区，也会相应设置较为严格的退税条件，如留抵税额必须达到一定数额；每年或一段时期内只能申请一次退税；只允许特定行业申请退税等。

2019 年 3 月 21 日，财政部、税务总局、海关总署三部门联合发布《关于深化增值税改革有关政策的公告》（文号：财政部、税务总局、海关总署公告 2019 年第 39 号）（以下简称《公告》），其中提到，自 2019 年 4 月 1 日起，试行增值税期末留抵税额退税制度。

2019 年以来，我国逐步建立了增值税增量留抵退税制度。

按照 2022 年我国《政府工作报告》部署要求，实施新的组合式税费支持政策，全年退税减税约 2.5 万亿元。其中，实行大规模退税是主要措施，全年留抵退税约 1.5 万亿元。

国家税务总局发布数据显示，自 2022 年 4 月 1 日大规模留抵退税政策实施以来，4 月 1 日至 30 日全国已有 8015 亿元增值税留抵退税款退到 145.2 万户纳税人账户。

2022 年 5 月 11 日，国家税务总局、公安部、最高人民检察院、海关总署、中国人民银行、国家外汇管理局在北京召开全国六部门联合打击骗取增值税留抵退税工作推进会。

增值税留抵退税是实施大规模减税降费政策的重要举措，意义重大。留抵退税政策的实施，通过提前返还尚未抵扣的税款，直接为市场主体提供现金流数万亿元。留抵退税不仅增加企业现金流，有助于缓解资金回笼压力，有助于提升企业发展信心，而且，充分激发市场主体活力，支持企业扩大投资，促进技术装备升级，有效激发市场活力，推动经济高质量发展，推动产业转型升级和结构优化。

（二）增值税期末留抵退税的会计处理

增值税一般纳税人应当根据《增值税会计处理规定》的相关规定，对上述增值税期末留抵退税业务进行会计处理，经税务局核准的允许退还的增值税期末留抵税额，以及缴回的已退还的留抵退税款项，应当通过"应交税费——增值税留抵税额"明细科目进行核算。

纳税人在税务局准予留抵退税时，按税务局核准允许退还的留抵税额，借记"应交税费——增值税留抵税额"科目，贷记"应交税费——应交增值税（进项税额转出）"科目；在实际收到留抵退税款项时，按收到留抵退税款项的金额，借记"银行存款"科目，贷记"应交税费——增值税留抵税额"科目。

纳税人将已退还的留抵退税款项缴回并继续按规定抵扣进项税额时，按缴回留抵退税款项的金额，借记"应交税费——应交增值税（进项税额）"科目，贷记"应交税费——增值税留抵税额"科目，同时借记"应交税费——增值税留抵税额"科目，贷记"银行存款"科目。

八、增值税加计抵减

生产、生活性服务业增值税加计抵减政策。

《财政部、税务总局、海关总署关于深化增值税改革有关政策的公告》（财政部、税务总局、海关总署公告 2019 年第 39 号）第七条和《财政部、税务总局关于明确生活性服务业增值税加计抵减政策的公告》（财政部、税务总局公告 2019 年第 87 号）规定的生产、生活性服务业增值税加计抵减政策，执行期限延长至 2022 年 12 月 31 日。

《财政部、税务总局关于促进服务业领域困难行业纾困发展有关增值税政策的公告》（文号：财政部、税务总局公告 2022 年第 11 号 发布日期：2022-03-03）

增值税优惠相关文件及具体规定:

财政部　国家税务总局
关于退还集成电路企业采购设备增值税期末留抵税额的通知
财税〔2011〕107号

一、对国家批准的集成电路重大项目企业(具体名单见附件)因购进设备形成的增值税期末留抵税额(以下称购进设备留抵税额)准予退还。购进的设备应属于《中华人民共和国增值税暂行条例实施细则》第二十一条第二款规定的固定资产范围。

二、准予退还的购进设备留抵税额的计算

企业当期购进设备进项税额大于当期增值税纳税申报表"期末留抵税额"的,当期准予退还的购进设备留抵税额为期末留抵税额;企业当期购进设备进项税额小于当期增值税纳税申报表"期末留抵税额"的,当期准予退还的购进设备留抵税额为当期购进设备进项税额。

当期购进设备进项税额,是指企业取得的按照现行规定允许在当期抵扣的增值税专用发票或海关进口增值税专用缴款书(限于2009年1月1日及以后开具的)上注明的增值税额。

财政部　国家税务总局
关于大型客机和新支线飞机增值税政策的通知
财税〔2016〕141号

一、对纳税人从事大型客机、大型客机发动机研制项目而形成的增值税期末留抵税额予以退还。

本条所称大型客机,是指空载重量大于45吨的民用客机。本条所称大型客机发动机,是指起飞推力大于14000公斤的民用客机发动机。

二、对纳税人生产销售新支线飞机暂减按5%征收增值税,并对其因生产销售新支线飞机而形成的增值税期末留抵税额予以退还。

本条所称新支线飞机,是指空载重量大于25吨且小于45吨、座位数量少于130个的民用客机。

三、纳税人符合本通知第一、二条规定的增值税期末留抵税额,可在初次申请退税时予以一次性退还。

四、纳税人收到退税款项的当月,应将退税额从增值税进项税额中转出。未按规定转出的,按《税收征管法》有关规定承担相应法律责任。

五、退还的增值税税额由中央和地方按照现行增值税分享比例共同负担。

六、本通知的执行期限为 2015 年 1 月 1 日至 2018 年 12 月 31 日。

财政部 税务总局 海关总署
关于深化增值税改革有关政策的公告
（2019 年第 39 号）

一、增值税一般纳税人（以下称纳税人）发生增值税应税销售行为或者进口货物，原适用 16%税率的，税率调整为 13%；原适用 10%税率的，税率调整为 9%。

二、纳税人购进农产品，原适用 10%扣除率的，扣除率调整为 9%。纳税人购进用于生产或者委托加工 13%税率货物的农产品，按照 10%的扣除率计算进项税额。

三、原适用 16%税率且出口退税率为 16%的出口货物劳务，出口退税率调整为 13%；原适用 10%税率且出口退税率为 10%的出口货物、跨境应税行为，出口退税率调整为 9%。

......

六、纳税人购进国内旅客运输服务，其进项税额允许从销项税额中抵扣。

（一）纳税人未取得增值税专用发票的，暂按照以下规定确定进项税额：

1. 取得增值税电子普通发票的，为发票上注明的税额；

2. 取得注明旅客身份信息的航空运输电子客票行程单的，为按照下列公式计算进项税额：

航空旅客运输进项税额 =（票价 + 燃油附加费）÷（1+9%）×9%

3. 取得注明旅客身份信息的铁路车票的，为按照下列公式计算的进项税额：

铁路旅客运输进项税额 = 票面金额 ÷（1+9%）×9%

4. 取得注明旅客身份信息的公路、水路等其他客票的，按照下列公式计算进项税额：

公路、水路等其他旅客运输进项税额 = 票面金额 ÷（1+3%）×3%

（二）《营业税改征增值税试点实施办法》（财税〔2016〕36 号印发）第二十七条第（六）项和《营业税改征增值税试点有关事项的规定》（财税〔2016〕36 号印发）第二条第（一）项第 5 点中"购进的旅客运输服务、贷款服务、餐饮服务、居民日常服务和娱乐服务"修改为"购进的贷款服务、餐饮服务、居民日常服务和娱乐服务"。

七、自 2019 年 4 月 1 日至 2021 年 12 月 31 日，允许生产、生活性服务业纳税人按照当期可抵扣进项税额加计 10%，抵减应纳税额（以下称加计抵减政策）。

【飞狼财税通编注：2019 年 9 月 30 日，财政部、税务总局发布财政部、税务总局公告 2019 年第 87 号《财政部、税务总局关于明确生活性服务业增值税加计抵减政策的公告》，规定 2019 年 10 月 1 日至 2021 年 12 月 31 日，允许生活性服务业纳税人按照当期可抵扣进项税额加计 15%，抵减应纳税额，详见：财政部、税务总局公告 2019 年第 87 号。】

（一）本公告所称生产、生活性服务业纳税人，是指提供邮政服务、电信服务、现代服务、生活服务（以下称四项服务）取得的销售额占全部销售额的比重超过 50% 的纳税人。四项服务的具体范围按照《销售服务、无形资产、不动产注释》（财税〔2016〕36 号印发）执行。

2019 年 3 月 31 日前设立的纳税人，自 2018 年 4 月至 2019 年 3 月期间的销售额（经营期不满 12 个月的，按照实际经营期的销售额）符合上述规定条件的，自 2019 年 4 月 1 日起适用加计抵减政策。

2019 年 4 月 1 日后设立的纳税人，自设立之日起 3 个月的销售额符合上述规定条件的，自登记为一般纳税人之日起适用加计抵减政策。

纳税人确定适用加计抵减政策后，当年内不再调整，以后年度是否适用，根据上年度销售额计算确定。

纳税人可计提但未计提的加计抵减额，可在确定适用加计抵减政策当期一并计提。

（二）纳税人应按照当期可抵扣进项税额的 10% 计提当期加计抵减额。按照现行规定不得从销项税额中抵扣的进项税额，不得计提加计抵减额；已计提加计抵减额的进项税额，按规定作进项税额转出的，应在进项税额转出当期，相应调减加计抵减额。计算公式如下：

当期计提加计抵减额 = 当期可抵扣进项税额 × 10%

当期可抵减加计抵减额 = 上期末加计抵减额余额 + 当期计提加计抵减额 - 当期调减加计抵减额

（三）纳税人应按照现行规定计算一般计税方法下的应纳税额（以下称抵减前的应纳税额）后，区分以下情形加计抵减：

1. 抵减前的应纳税额等于零的，当期可抵减加计抵减额全部结转下期抵减；

2. 抵减前的应纳税额大于零，且大于当期可抵减加计抵减额的，当期可抵减加计抵减额全额从抵减前的应纳税额中抵减；

3. 抵减前的应纳税额大于零，且小于或等于当期可抵减加计抵减额的，以当期可抵减加计抵减额抵减应纳税额至零。未抵减完的当期可抵减加计抵减额，结转下期继续抵减。

【增值税期末留抵税额退税】

八、自 2019 年 4 月 1 日起，试行增值税期末留抵税额退税制度。

（一）同时符合以下条件的纳税人，可以向主管税务机关申请退还增量留抵税额：

1. 自 2019 年 4 月税款所属期起，连续六个月（按季纳税的，连续两个季度）增量留抵税额均大于零，且第六个月增量留抵税额不低于 50 万元；

2. 纳税信用等级为 a 级或者 b 级；

3. 申请退税前 36 个月未发生骗取留抵退税、出口退税或虚开增值税专用发票情形的；

4. 申请退税前 36 个月未因偷税被税务机关处罚两次及以上的；

5. 自 2019 年 4 月 1 日起未享受即征即退、先征后返（退）政策的。

（二）本公告所称增量留抵税额，是指与 2019 年 3 月底相比新增加的期末留抵税额。

（三）纳税人当期允许退还的增量留抵税额，按照以下公式计算：

允许退还的增量留抵税额＝增量留抵税额×进项构成比例×60%

进项构成比例，为 2019 年 4 月至申请退税前一税款所属期内已抵扣的增值税专用发票（含税控机动车销售统一发票）、海关进口增值税专用缴款书、解缴税款完税凭证注明的增值税额占同期全部已抵扣进项税额的比重。

（四）纳税人应在增值税纳税申报期内，向主管税务机关申请退还留抵税额。

（五）纳税人出口货物劳务、发生跨境应税行为，适用免抵退税办法的，办理免抵退税后，仍符合本公告规定条件的，可以申请退还留抵税额；适用免退税办法的，相关进项税额不得用于退还留抵税额。

（六）纳税人取得退还的留抵税额后，应相应调减当期留抵税额。按照本条规定再次满足退税条件的，可以继续向主管税务机关申请退还留抵税额，但本条第（一）项第 1 点规定的连续期间，不得重复计算。

（七）以虚增进项、虚假申报或其他欺骗手段，骗取留抵退税款的，由税务机关追缴其骗取的退税款，并按照《税收征管法》等有关规定处理。

（八）退还的增量留抵税额中央、地方分担机制另行通知。

财政部　税务总局　人民银行
关于调整完善增值税留抵退税地方分担机制
及预算管理有关事项的通知

文号：财预〔2019〕205 号　发布日期：2019-12-04

一、关于地方分担机制

自 2019 年 9 月 1 日起，增值税留抵退税地方分担的 50%部分，15%由企业所在地分担，35%由各地按增值税分享额占地方分享总额比重分担，该比重由财政部根据上年各地区实际分享增值税收入情况计算确定。具体操作时，15%部分由企业所在省份直接退付，35%部分先由企业所在地省级财政垫付，垫付少于应分担的部分由企业所在地省级财政通过调库方式按月调给中央财政，垫付多于应分担的部分由中央财政通过调库方式按月调给企业所在地省级财政。各地区省级财政部门要结合省以下财政体制及财力状况，合理确定省以下留抵退税分担机制，提高效率，切实减轻基层财政退税压力，确保留抵退税及时退付。

二、关于预算科目设置

自2019年起，在《政府收支分类科目》"国内增值税"（1010101项）科目下增设"101010136 增值税留抵退税"目级科目，为中央与地方共用收入退库科目，反映税务部门按照增值税留抵退税政策退还的增值税；增设"101010137 增值税留抵退税省级调库"目级科目，为中央与地方共用收入科目，反映通过调库方式调整企业所在地省级财政垫付多（或少）于应分担的35%部分增值税留抵退税；增设"101010138 增值税留抵退税省级以下调库"目级科目，为地方收入科目，反映通过调库方式调整企业所在地市县财政垫付多（或少）于应分担的增值税留抵退税。在"改征增值税"（1010104项）科目下增设"101010426 改征增值税留抵退税"目级科目，为中央与地方共用收入退库科目，反映税务部门按照增值税留抵退税政策退还的改征增值税；增设"101010427 改征增值税留抵退税省级调库"目级科目，为中央与地方共用收入科目，反映通过调库方式调整企业所在地省级财政垫付多（或少）于应分担的35%部分改征增值税留抵退税；增设"101010428 改征增值税留抵退税省级以下调库"目级科目，为地方收入科目，反映通过调库方式调整企业所在地市县财政垫付多（或少）于应分担的改征增值税留抵退税。将"改征增值税国内退税"（101010429目）科目名称修改为"其他改征增值税国内退税"。

三、关于退库业务办理

（一）税务机关办理增值税留抵退税业务，税收收入退还书预算科目填列"增值税留抵退税"（101010136目）或"改征增值税留抵退税"（101010426目），预算级次按照中央50%、省级35%、15%部分按各省确定的省以下增值税留抵退税分担机制填列。

（二）对自2019年9月1日至本办法印发日期之间发生的留抵退税相应作调库处理。税务机关根据2019年9月1日后已办理留抵退税的情况，开具更正（调库）通知书，填列"增值税留抵退税"（101010136目）、"改征增值税留抵退税"（101010426目）以及原增值税留抵已退税款使用的科目。各级国库依据税务部门开具的更正（调库）通知书等凭证和文件审核办理相关业务。

本通知自2019年9月1日起施行。

财政部　国家税务总局
关于促进残疾人就业增值税优惠政策的通知

文号：财税〔2016〕52号　发布日期：2016-05-05

为继续发挥税收政策促进残疾人就业的作用，进一步保障残疾人权益，经国务院批准，决定对促进残疾人就业的增值税政策进行调整完善。现将有关政策通知如下：

一、对安置残疾人的单位和个体工商户（以下称纳税人），实行由税务机关按纳税人安置残疾人的人数，限额即征即退增值税的办法。

安置的每位残疾人每月可退还的增值税具体限额，由县级以上税务机关根据纳税人所在区县（含县级市、旗，下同）适用的经省（含自治区、直辖市、计划单列市，下同）人民政府批准的月最低工资标准的4倍确定。

二、享受税收优惠政策的条件

（一）纳税人（除盲人按摩机构外）月安置的残疾人占在职职工人数的比例不低于25%（含25%），并且安置的残疾人人数不少于10人（含10人）；

盲人按摩机构月安置的残疾人占在职职工人数的比例不低于25%（含25%），并且安置的残疾人人数不少于5人（含5人）。

（二）依法与安置的每位残疾人签订了一年以上（含一年）的劳动合同或服务协议。

（三）为安置的每位残疾人按月足额缴纳了基本养老保险、基本医疗保险、失业保险、工伤保险和生育保险等社会保险。

（四）通过银行等金融机构向安置的每位残疾人，按月支付了不低于纳税人所在区县适用的经省人民政府批准的月最低工资标准的工资。

三、《财政部、国家税务总局关于教育税收政策的通知》（财税〔2004〕39号）第一条第7项规定的特殊教育学校举办的企业，只要符合本通知第二条第（一）项第一款规定的条件，即可享受本通知第一条规定的增值税优惠政策。这类企业在计算残疾人人数时可将在企业上岗工作的特殊教育学校的全日制在校学生计算在内，在计算企业在职职工人数时也要将上述学生计算在内。

四、纳税人中纳税信用等级为税务机关评定的c级或d级的，不得享受本通知第一条、第三条规定的政策。

五、纳税人按照纳税期限向主管国税机关申请退还增值税。本纳税期已交增值税额不足退还的，可在本纳税年度内以前纳税期已交增值税扣除已退增值税的余额中退还，仍不足退还的可结转本纳税年度内以后纳税期退还，但不得结转以后年度退还。纳税期限不为按月的，只能对其符合条件的月份退还增值税。

六、本通知第一条规定的增值税优惠政策仅适用于生产销售货物，提供加工、修理修配劳务，以及提供营改增现代服务和生活服务税目（不含文化体育服务和娱乐服务）范围的服务取得的收入之和，占其增值税收入的比例达到50%的纳税人，但不适用于上述纳税人直接销售外购货物（包括商品批发和零售）以及销售委托加工的货物取得的收入。

纳税人应当分别核算上述享受税收优惠政策和不得享受税收优惠政策业务的销售额，不能分别核算的，不得享受本通知规定的优惠政策。

七、如果既适用促进残疾人就业增值税优惠政策，又适用重点群体、退役士兵、随军家属、军转干部等支持就业的增值税优惠政策的，纳税人可自行选择适用的优惠政策，但不能累加执行。一经选定，36个月内不得变更。

八、残疾人个人提供的加工、修理修配劳务，免征增值税。

九、税务机关发现已享受本通知增值税优惠政策的纳税人，存在不符合本通知第二条、第三条规定条件，或者采用伪造或重复使用残疾人证、残疾军人证等手段骗取本通知规定的增值税优惠的，应将纳税人发生上述违法违规行为的纳税期内按本通知已享受到的退税全额追缴入库，并自发现当月起36个月内停止其享受本通知规定的各项税收优惠。

十、本通知有关定义

（一）残疾人，是指法定劳动年龄内，持有《中华人民共和国残疾人证》或者《中华人民共和国残疾军人证（1至8级）》的自然人，包括具有劳动条件和劳动意愿的精神残疾人。

（二）残疾人个人，是指自然人。

（三）在职职工人数，是指与纳税人建立劳动关系并依法签订劳动合同或者服务协议的雇员人数。

（四）特殊教育学校举办的企业，是指特殊教育学校主要为在校学生提供实习场所、并由学校出资自办、由学校负责经营管理、经营收入全部归学校所有的企业。

十一、本通知规定的增值税优惠政策的具体征收管理办法，由国家税务总局制定。

十二、本通知自2016年5月1日起执行，《财政部、国家税务总局关于促进残疾人就业税收优惠政策的通知》（财税〔2007〕92号）、《财政部、国家税务总局关于将铁路运输和邮政业纳入营业税改征增值税试点的通知》（财税〔2013〕106号）附件3第二条第（二）项同时废止。纳税人2016年5月1日前执行财税〔2007〕92号和财税〔2013〕106号文件发生的应退未退的增值税余额，可按照本通知第五条规定执行。

财政部 税务总局
关于延续动漫产业增值税政策的通知
财税〔2018〕38号

一、自2018年1月1日至2018年4月30日，对动漫企业增值税一般纳税人销售其自主开发生产的动漫软件，按照17%（现行13%）的税率征收增值税后，对其增值税实际税负超过3%的部分，实行即征即退政策。

二、自2018年5月1日至2020年12月31日，对动漫企业增值税一般纳税人销售其自主开发生产的动漫软件，按照16%的税率征收增值税后，对其增值税实际税负超过3%的部分，实行即征即退政策。

三、动漫软件出口免征增值税。

四、动漫软件，按照《财政部、国家税务总局关于软件产品增值税政策的通知》（财税〔2011〕100号）中软件产品相关规定执行。

动漫企业和自主开发、生产动漫产品的认定标准和认定程序，按照《文化部、财政部、国家税务总局关于印发〈动漫企业认定管理办法（试行）〉的通知》（文市发〔2008〕51号）的规定执行。

财政部 国家税务总局
关于粮食企业增值税征免问题的通知
财税字〔1999〕198号

一、国有粮食购销企业必须按顺价原则销售粮食。对承担粮食收储任务的国有粮食购销企业销售的粮食免征增值税。免征增值税的国有粮食购销企业，由县（市）国家税务局会同同级财政、粮食部门审核确定。（飞狼财税通编注：根据2015.05.22国家税务总局公告2015年第42号《国家税务总局关于国有粮食购销企业销售粮食免征增值税审批事项取消后有关管理事项的公告》，本条中"免征增值税的国有粮食购销企业，由县（市）国家税务局会同同级财政、粮食部门审核确定"内容自2015年5月22日起废止。）

审批享受免税优惠的国有粮食购销企业时，税务机关应按规定缴销其《增值税专用发票领购簿》，并收缴其库存未用的增值税专用发票予以注销；兼营其他应税货物的，须重新核定其增值税专用发票用量。

【飞狼财税通编注：根据2014年5月8日财税〔2014〕38号《财政部、国家税务总局关于免征储备大豆增值税政策的通知》自2014年5月1日起本文第一条规定的增

值税免税政策适用范围由粮食扩大到粮食和大豆，并可对免税业务开具增值税专用发票。】

二、对其他粮食企业经营粮食，除下列项目免征增值税外，一律征收增值税。

（一）军队用粮：指凭军用粮票和军粮供应证按军供价供应中国人民解放军和中国人民武装警察部队的粮食。

（二）救灾救济粮：指经县（含）以上人民政府批准，凭救灾救济粮票（证）按规定的销售价格向需救助的灾民供应的粮食。

（三）水库移民口粮：指经县（含）以上人民政府批准，凭水库移民口粮票（证）按规定的销售价格供应给水库移民的粮食。

三、对销售食用植物油业务，除政府储备食用植物油的销售继续免征增值税外，一律照章征收增值税。

四、对粮油加工业务，一律照章征收增值税。

五、承担粮食收储任务的国有粮食购销企业和经营本通知所列免税项目的其他粮食经营企业，以及有政府储备食用植物油销售业务的企业，均需经主管税务机关审核认定免税资格，未报经主管税务机关审核认定，不得免税。（飞狼财税通编注：根据2015年5月19日国家税务总局公告2015年第38号《国家税务总局关于明确部分增值税优惠政策审批事项取消后有关管理事项的公告》，本条中"承担粮食收储任务的国有粮食购销企业和经营本通知所列免税项目的其他粮食经营企业，以及有政府储备食用植物油销售业务的企业，均需经主管税务机关审核认定免税资格，未报经主管税务机关审核认定，不得免税"自2015年5月19日起废止。）享受免税优惠的企业，应按期进行免税申报，违反者取消其免税资格。

粮食部门应向同级国家税务局提供军队用粮、救灾救济粮、水库移民口粮的单位、供应数量等有关资料，经国家税务局审核无误后予以免税。

六、属于增值税一般纳税人的生产、经营单位从国有粮食购销企业购进的免税粮食，可依据购销企业开具的销售发票注明的销售额按13%的扣除率计算抵扣进项税额；购进的免税食用植物油，不得计算抵扣进项税额。

七、各省、自治区、直辖市、计划单列市国家税务局可依据本通知和增值税法规的有关规定制定具体执行办法，并报财政部、国家税务总局备案。

本通知从1998年8月1日起执行。

财政部　国家税务总局
关于免征部分鲜活肉蛋产品流通环节增值税政策的通知
财税〔2012〕75 号

经国务院批准，自 2012 年 10 月 1 日起，免征部分鲜活肉蛋产品流通环节增值税。现将有关事项通知如下：

一、对从事农产品批发、零售的纳税人销售的部分鲜活肉蛋产品免征增值税。

免征增值税的鲜活肉产品，是指猪、牛、羊、鸡、鸭、鹅及其整块或者分割的鲜肉、冷藏或者冷冻肉，内脏、头、尾、骨、蹄、翅、爪等组织。

免征增值税的鲜活蛋产品，是指鸡蛋、鸭蛋、鹅蛋，包括鲜蛋、冷藏蛋以及对其进行破壳分离的蛋液、蛋黄和蛋壳。

上述产品中不包括《中华人民共和国野生动物保护法》所规定的国家珍贵、濒危野生动物及其鲜活肉类、蛋类产品。

二、从事农产品批发、零售的纳税人既销售本通知第一条规定的部分鲜活肉蛋产品又销售其他增值税应税货物的，应分别核算上述鲜活肉蛋产品和其他增值税应税货物的销售额；未分别核算的，不得享受部分鲜活肉蛋产品增值税免税政策。

财政部　国家税务总局
关于免征蔬菜流通环节增值税有关问题的通知
财税〔2011〕137 号

经国务院批准，自 2012 年 1 月 1 日起，免征蔬菜流通环节增值税。现将有关事项通知如下：

一、对从事蔬菜批发、零售的纳税人销售的蔬菜免征增值税。

蔬菜是指可作副食的草本、木本植物，包括各种蔬菜、菌类植物和少数可作副食的木本植物。蔬菜的主要品种参照《蔬菜主要品种目录》（见附件）执行。

经挑选、清洗、切分、晾晒、包装、脱水、冷藏、冷冻等工序加工的蔬菜，属于本通知所述蔬菜的范围。

各种蔬菜罐头不属于本通知所述蔬菜的范围。蔬菜罐头是指蔬菜经处理、装罐、密封、杀菌或无菌包装而制成的食品。

二、纳税人既销售蔬菜又销售其他增值税应税货物的，应分别核算蔬菜和其他增值税应税货物的销售额；未分别核算的，不得享受蔬菜增值税免税政策。

财政部　税务总局　国务院扶贫办
关于扶贫货物捐赠免征增值税政策的公告

财政部、税务总局、国务院扶贫办公告 2019 年第 55 号

为支持脱贫攻坚，现就扶贫货物捐赠免征增值税政策公告如下：

一、自 2019 年 1 月 1 日至 2022 年 12 月 31 日，对单位或者个体工商户将自产、委托加工或购买的货物通过公益性社会组织、县级及以上人民政府及其组成部门和直属机构，或直接无偿捐赠给目标脱贫地区的单位和个人，免征增值税。在政策执行期限内，目标脱贫地区实现脱贫的，可继续适用上述政策。

"目标脱贫地区"包括 832 个国家扶贫开发工作重点县、集中连片特困地区县（新疆阿克苏地区 6 县 1 市享受片区政策）和建档立卡贫困村。

二、在 2015 年 1 月 1 日至 2018 年 12 月 31 日期间已发生的符合上述条件的扶贫货物捐赠，可追溯执行上述增值税政策。

三、在本公告发布之前已征收入库的按上述规定应予免征的增值税税款，可抵减纳税人以后月份应缴纳的增值税税款或者办理税款退库。已向购买方开具增值税专用发票的，应将专用发票追回后方可办理免税。无法追回专用发票的，不予免税。

财政部　税务总局
关于明确生活性服务业增值税加计抵减政策的公告

2019 年第 87 号

现就生活性服务业增值税加计抵减有关政策公告如下：

一、2019 年 10 月 1 日至 2021 年 12 月 31 日，允许生活性服务业纳税人按照当期可抵扣进项税额加计 15%，抵减应纳税额（以下称加计抵减 15%政策）。

二、本公告所称生活性服务业纳税人，是指提供生活服务取得的销售额占全部销售额的比重超过 50%的纳税人。生活服务的具体范围按照《销售服务、无形资产、不动产注释》（财税〔2016〕36 号印发）执行。

2019 年 9 月 30 日前设立的纳税人，自 2018 年 10 月至 2019 年 9 月期间的销售额（经营期不满 12 个月的，按照实际经营期的销售额）符合上述规定条件的，自 2019 年 10 月 1 日起适用加计抵减 15%政策。

2019 年 10 月 1 日后设立的纳税人，自设立之日起 3 个月的销售额符合上述规定条件的，自登记为一般纳税人之日起适用加计抵减 15%政策。

纳税人确定适用加计抵减 15%政策后，当年内不再调整，以后年度是否适用，根

据上年度销售额计算确定。

三、生活性服务业纳税人应按照当期可抵扣进项税额的15%计提当期加计抵减额。按照现行规定不得从销项税额中抵扣的进项税额，不得计提加计抵减额；已按照15%计提加计抵减额的进项税额，按规定作进项税额转出的，应在进项税额转出当期，相应调减加计抵减额。计算公式如下：

当期计提加计抵减额＝当期可抵扣进项税额×15%

当期可抵减加计抵减额＝上期末加计抵减额余额＋当期计提加计抵减额－当期调减加计抵减额

国家税务总局关于安置残疾人单位是否可以同时享受多项增值税优惠政策问题的公告

现将安置残疾人单位是否可以同时享受多重增值税优惠政策问题公告如下：

安置残疾人单位既符合促进残疾人就业增值税优惠政策条件，又符合其他增值税优惠政策条件的，可同时享受多项增值税优惠政策，但年度申请退还增值税总额不得超过本年度内应纳增值税总额。

本公告自2011年12月1日起执行。

第三节　消费税

消费税是对在我国境内从事生产和进口税法规定的应税消费品的单位和个人征收的一种流转税，是对特定的消费品和消费行为在特定的环节征收的一种间接税。

消费税是在对货物普遍征收增值税的基础上，选择少数消费品再征收的一个税种，主要是为了调节产品结构，引导消费方向，保证国家财政收入。消费税是典型的间接税。消费税是1994年我国税制改革在流转税中新设置的一个税种。消费税是价内税，作为产品价格的一部分存在，税款最终由消费者承担。现行消费税的征收范围主要包括：烟、酒、鞭炮、焰火、高档化妆品、成品油、贵重首饰及珠宝玉石、高尔夫球及球具、高档手表、游艇、木制一次性筷子、实木地板、摩托车、小汽车、电池、涂料等税目，有的税目还进一步划分若干子目。

消费税是价内税，是价格的组成部分；消费税税收负担转嫁性，最终都转嫁到消费者身上。消费税是针对特定的高消费品征收的，税收调节具有特殊性，限制消费或不鼓励多消费，因此，消费税的税收优惠是很少的。

一、消费税概述

消费税是对在我国境内从事生产和进口税法规定的应税消费品的单位和个人征收

的一种流转税，是对特定的消费品和消费行为在特定的环节征收的一种间接税。目前的实体政策依据是《消费税暂行条例》，国务院于 1993 年 12 月 13 日发布了《消费税暂行条例》，财政部于同年 12 月 25 日制定了《消费税暂行条例实施细则》。2019 年 12 月 3 日，财政部、国家税务总局发布《中华人民共和国消费税法（征求意见稿）》，向社会公开征求意见。

（一）纳税义务发生时间

除委托加工纳税义务发生时间是消费税的特有规定之外，消费税的纳税义务发生时间与增值税基本一致。

（二）纳税地点

纳税人销售的应税消费品，以及自产自用的应税消费品，除国务院另有规定外，应当向纳税人核算地主管税务局申报纳税。

委托加工的应税消费品，除委托个人加工以外，由受托方向所在地主管税务局代收代缴消费税税款。委托个人加工的应税消费品，由委托方向其机构所在地或者居住地主管税务局申报纳税。

进口的应税消费品，由进口人或者其代理人向报关地海关申报纳税。

纳税人到外县（市）销售或者委托外县（市）代销自产应税消费品的，于应税消费品销售后，向机构所在地或者居住地主管税务局申报纳税。

纳税人的总机构与分支机构不在同一县（市）的，应当分别向各自机构所在地的主管税务局申报纳税（卷烟批发除外）；经财政部、国家税务总局或者其授权的财政、税务局批准，可以由总机构汇总向总机构所在地的主管税务局申报纳税。

（三）计税依据

消费税的计税依据分别采用从价、从量和复合三种计税方法。

实行从价定率办法征税的应税消费品，计税依据为应税消费品的销售额。实行从量定额办法计税时，通常以每单位应税消费品的重量、容积或数量为计税依据。实行复合计税办法征税时，通常以应税消费品的销售额和每单位应税消费品的重量、容积或数量一起作为计税依据，分别计算应纳税款。

（四）计算方法

1. 从价计税时

应纳税额=应税消费品销售额或组成计税价格×适用税率

2. 从量计税时

应纳税额=应税消费品销售数量×适用税额标准

3. 复合计税时

应纳税额=应税消费品销售额或组成计税价格×适用税率+应税消费品销售数量×

适用税额标准

4. 自产自用应税消费品

（1）用于连续生产应税消费品的，不纳税；

（2）用于其他方面的：有同类消费品销售价格的，按照纳税人生产的同类消费品销售价格计算纳税，没有同类消费品销售价格的，按组成计税价格计算纳税。

组成计税价格=（成本+利润）÷（1-消费税税率）

应纳税额=组成计税价格×适用税率

5. 委托加工应税消费品的由受托方交货时代扣代缴消费税。按照受托方的同类消费品销售价格计算纳税，没有同类消费品销售价格的，按组成计税价格计算纳税。

组成计税价格=（材料成本+加工费）÷（1-消费税税率）

应纳税额=组成计税价格×适用税率

6. 进口应税消费品，按照组成计税价格计算纳税。

组成计税价格=（关税完税价格+关税）÷（1-消费税税率）

应纳税额=组成计税价格×消费税税率

总之，消费税是对特定商品征收的一种间接税，就其本质而言，是特种货物与劳务税，而不是特指在零售（消费）环节征收的税。消费税之"消费"，不是零售环节购买商品之"消费"。

二、消费税的税目税率

1993 年 12 月，国务院颁布了《中华人民共和国消费税暂行条例》（以下简称《消费税暂行条例》），规定自 1994 年 1 月 1 日起，选择烟、酒、汽柴油等部分消费品开征消费税。

2008 年 11 月，根据消费税历次政策调整和改革情况，国务院对《消费税暂行条例》进行了修订，并于 2009 年 1 月 1 日起实施。

1994 年至 2018 年，累计征收国内消费税 105176 亿元，其中 2018 年征收 10632 亿元。按照中共十八届三中全会《中共中央关于全面深化改革若干重大问题的决定》提出的"调整消费税征收范围、环节、税率，把高耗能、高污染产品及部分高档消费品纳入征收范围"的要求，从 2014 年启动了新一轮消费税改革，出台了多项改革措施，在转方式、调结构、促发展，以及增加财政收入等方面起到了积极作用。目前，消费税相关改革要求已经落实，立法条件已经成熟。

因此，2019 年 12 月 3 日，财政部、税务总局关于《消费税法（征求意见稿）》向社会公开征求意见的通知，在此次消费税法征求意见稿中，保持了现行税制框架和税负水平总体不变，基本平移了原来的税目、税率和纳税环节。下面是消费税税目税率表。

消费税税目税率表

税　目	税　率
一、烟 　1. 卷烟 　　（1）甲类卷烟 　　（2）乙类卷烟 　　（3）批发环节 　2. 雪茄烟 　3. 烟丝	 56%加 0.003 元/支 36%加 0.003 元/支 11%+0.005 元/支 36% 30%
二、酒及酒精 　1. 白酒 　2. 黄酒 　3. 啤酒 　　（1）甲类啤酒 　　（2）乙类啤酒 　4. 其他酒	 20%加 0.5 元/500 克（或者 500 毫升） 240 元/吨 250 元/吨 220 元/吨 10%
三、高档化妆品	15%
四、贵重首饰及珠宝玉石 　1. 金银首饰、铂金首饰和钻石及钻石饰品 　2. 其他贵重首饰和珠宝玉石	 5% 10%
五、鞭炮、焰火	15%
六、成品油 　1. 汽油 　2. 柴油 　3. 航空煤油 　4. 石脑油 　5. 溶剂油 　6. 润滑油 　7. 燃料油	 1.52 元/升 1.2 元/升 1.2 元/升 1.52 元/升 1.52 元/升 1.52 元/升 1.2 元/升

续表

税　目	税　率
七、小汽车	
1. 乘坐用车	
（1）气缸容量（排气量，下同）在 1.0 升（含 1.0 升）以下的	1%
（2）气缸容量在 1.0 升以上至 1.5 升（含 1.5 升）的	3%
（3）气缸容量在 1.5 升以上至 2.0 升（含 2.0 升）的	5%
（4）气缸容量在 2.0 升以上至 2.5 升（含 2.5 升）的	9%
（5）气缸容量在 2.5 升以上至 3.0 升（含 3.0 升）的	12%
（6）气缸容量在 3.0 升以上至 4.0 升（含 4.0 升）的	25%
（7）气缸容量在 4.0 升以上的	40%
2. 中轻型商用客车	5%
3. 超豪华小汽车（每辆零售价格 130 万元（不含增值税）及以上的乘用车和中轻型商用客车）	10%
八、高尔夫球及球具	10%
九、高档手表	20%
十、游艇	10%
十一、木制一次性筷子	5%
十二、实木地板	5%
十三、涂料	4%
十四、电池	4%

　　2021 年，全国一般公共预算收入 202539 亿元，同比增长 10.7%。其中，中央一般公共预算收入 91462 亿元，同比增长 10.5%；地方一般公共预算本级收入 111077 亿元，同比增长 10.9%。全国税收收入 172731 亿元，同比增长 11.9%；非税收入 29808 亿元，同比增长 4.2%。

　　1. 增值税：63519 亿元，占比达到了 36.8%，增长率为 11.8%。

　　2. 企业所得税：42041 亿元，占比为 24.3%，增长率为 15.4%。

　　3. 个人所得税：13993 亿元，占比为 8.1%，增长率为 21%。

4. 消费税：13881 亿元，占比为 8%，增长率为 15.4%。

5. 契税：7428 亿元，占比为 4.3%，增长率为 5.2%。

6. 土地增值税：6896 亿元，占比为 4%，增长率为 6.6%。

7. 城市维护建设税：5217 亿元，占比为 3%，增长率为 13.2%。

8. 印花税与证券交易产生的印花税是分开的，印花税为 4076 亿元，占比为 2.4%，增长率为 32%；证券交易印花税为 2478 亿元，占比 1.4%，增长率为 39.7%。

9. 车辆购置税为 3520 亿元，占比 2%，增长率为 -0.3%。

10. 房产税是 3278 亿元，占比 1.9%，增长率为 15.3%。

11. 关税为 2806 亿元，占比 1.6%，增长率为 9.4%。

12. 资源税是 2288 亿元，占比 1.3%，增长率为 30.4%。

13. 城镇土地使用税为 2126 亿元，占比 1.2%，增长率为 3.3%。

14~16. 车船税、船舶吨税和烟叶税加起来为 1236 亿元，占比为 0.7%，增长率为 7.1%。

17. 耕地占用税 1065 亿元，占比 0.6%，增长率为 -15.3%。

18. 环境保护税 203 亿，占比 0.1%，增长率为 -1.9%。

三、消费税的税收优惠

由于消费税中大部分税目是限制消费而征收的，所以，消费税的税收优惠很少。甚至在《消费税法（征求意见稿）》中规定，"第十四条 纳税人出口应税消费品，免征消费税；国务院另有规定的除外。根据国民经济和社会发展需要，国务院可以规定免征或减征消费税，报全国人民代表大会常务委员会备案。"

其他税种无论是法还是暂行条例中，都是有专门免税或优惠条款的，除了出口应税消费品免征消费税，消费税中没有其他免税或优惠了。

（一）横琴、平潭地区优惠

1. 横琴、平潭区内企业销售货物，免征消费税

《财政部、海关总署、国家税务总局关于横琴、平潭开发有关增值税和消费税政策的通知》（文号：财税〔2014〕51 号）

（二）节能环保类优惠

2. 节能环保电池和涂料，免征消费税

《财政部、国家税务总局关于对电池涂料征收消费税的通知》（文号：财税〔2015〕16 号）第二条第一款和第三款

（三）资源综合利用优惠

3. 废动植物油生产纯生物柴油，免征消费税

《财政部、国家税务总局关于对利用废弃的动植物油生产纯生物柴油免征消费税的通知》（文号：财税〔2010〕118号）

后续文件：《财政部、国家税务总局关于对利用废弃的动植物油生产纯生物柴油免征消费税政策执行中有关问题的通知》（文号：财税〔2016〕35号）

《财政部、税务总局关于延长对废矿物油再生油品免征消费税政策实施期限的通知》（文号：财税〔2018〕144号）

4. 用废矿物油生产的工业油料，免征消费税

《财政部、国家税务总局关于对废矿物油再生油品免征消费税的通知》（文号：财税〔2013〕105号）

本文实施期限延长5年，自2018年11月1日至2023年10月31日止。后续文件：《财政部、税务总局关于延长对废矿物油再生油品免征消费税政策实施期限的通知》（文号：财税〔2018〕144号）

（四）　支持文化教育体育优惠

5. 对北京冬奥组委、北京冬奥会测试赛赛事组委会赛后再销售物品和出让资产收入，免征消费税

6. 对北京冬奥组委、北京冬奥会测试赛赛事组委会委托加工生产的高档化妆品，免征消费税

7. 对国际奥委会取得的与北京2022年冬奥会有关的收入，免征消费税

8. 对中国奥委会取得的由北京冬奥组委支付的收入，免征消费税

9. 对国际残奥委会取得的与北京2022年冬残奥会有关的收入，免征消费税

10. 对中国残奥委会取得的由北京冬奥组委分期支付的收入，免征消费税

《财政部、税务总局、海关总署关于北京2022年冬奥会和冬残奥会税收政策的通知》（文号：财税〔2017〕60号）

11. 对赞助商、供应商、特许商及其分包商根据协议向北京冬奥组委提供指定货物或服务，免征消费税

《财政部、税务总局、海关总署关于北京2022年冬奥会和冬残奥会税收优惠政策的公告》（文号：财政部公告2019年第92号）

（五）　新冠肺炎疫情防控优惠

12. 支持新型冠状病毒感染的肺炎疫情防控有关捐赠，免征消费税

《财政部、税务总局关于支持新型冠状病毒感染的肺炎疫情防控有关捐赠税收政策的公告》（文号：财政部、税务总局公告2020年第9号）

《财政部、税务总局关于支持疫情防控保供等税费政策实施期限的公告》（文号：财政部、税务总局公告2020年第28号）

《财政部、税务总局关于延续实施应对疫情部分税费优惠政策的公告》（文号：财

政部、税务总局公告 2021 年第 7 号）

（六）生产成品油优惠

13. 生产成品油过程中消耗的自产成品油部分，免征消费税

《财政部、国家税务总局关于对成品油生产企业生产自用油免征消费税的通知》（文号：财税〔2010〕98 号）

14. 自产石脑油、燃料油生产乙烯、芳烃产品，免征消费税

《财政部、国家税务总局关于延续执行部分石脑油燃料油消费税政策的通知》（文号：财税〔2011〕87 号）

15. 用已税汽油生产的乙醇汽油，免征消费税

《财政部、国家税务总局关于提高成品油消费税税率后相关成品油消费税政策的通知》（文号：财税〔2008〕168 号）

16. 外购石脑油、燃料油生产乙烯、芳烃产品，退税

《财政部、中国人民银行、国家税务总局关于延续执行部分石脑油燃料油消费税政策的通知》（文号：财税〔2011〕87 号）

委托加工收回和外购的应税消费品，准予按规定抵扣，不属于税收优惠。

"第十一条　委托加工收回的应税消费品，委托方用于连续生产应税消费品的，所纳消费税税款准予按规定抵扣。

第十二条　应税消费品用于连续生产应税消费品的，符合下列情形的所纳消费税税款准予按规定抵扣：

（一）烟丝生产卷烟的；

（二）鞭炮、焰火生产鞭炮、焰火的；

（三）杆头、杆身和握把生产高尔夫球杆的；

（四）木制一次性筷子生产木制一次性筷子的；

（五）实木地板生产实木地板的；

（六）石脑油、燃料油生产成品油的；

（七）汽油、柴油、润滑油分别生产汽油、柴油、润滑油的；

（八）集团内部企业间用啤酒液生产啤酒的；

（九）葡萄酒生产葡萄酒的；

（十）高档化妆品生产高档化妆品的。

除第（六）、（七）、（八）项外，上述准予抵扣的情形仅限于进口或从同税目纳税人购进的应税消费品。

第十三条　纳税人应凭合法有效凭证抵扣消费税。"

相关文件及具体规定：

财政部　国家税务总局
关于对废矿物油再生油品免征消费税的通知

文号：财税〔2013〕105号　发布日期：2013-12-12

为促进资源综合利用和环境保护，经国务院批准，自2018年10月31日至2023年10月31日（飞狼财税通编注：根据2018年12月7日财税〔2018〕144号《财政部、税务总局关于延长对废矿物油再生油品免征消费税政策实施期限的通知》本文实施期限延长5年，自2018年11月1日至2023年10月31日），对以回收的废矿物油为原料生产的润滑油基础油、汽油、柴油等工业油料免征消费税。现将有关政策通知如下：

一、废矿物油，是指工业生产领域机械设备及汽车、船舶等交通运输设备使用后失去或降低功效更换下来的废润滑油。

二、纳税人利用废矿物油生产的润滑油基础油、汽油、柴油等工业油料免征消费税，应同时符合下列条件：

（一）纳税人必须取得省级以上（含省级）环境保护部门颁发的《危险废物（综合）经营许可证》，且该证件上核准生产经营范围应包括"利用"或"综合经营"字样。生产经营范围为"综合经营"的纳税人，还应同时提供颁发《危险废物（综合）经营许可证》的环境保护部门出具的能证明其生产经营范围包括"利用"的材料。

纳税人在申请办理免征消费税备案时，应同时提交污染物排放地环境保护部门确定的该纳税人应予执行的污染物排放标准，以及污染物排放地环境保护部门在此前6个月以内出具的该纳税人的污染物排放符合上述标准的证明材料。

纳税人回收的废矿物油应具备能显示其名称、特性、数量、接受日期等项目的《危险废物转移联单》。

（二）生产原料中废矿物油重量必须占到90%以上。产成品中必须包括润滑油基础油，且每吨废矿物油生产的润滑油基础油应不少于0.65吨。

（三）利用废矿物油生产的产品与用其他原料生产的产品应分别核算。

三、符合本通知第二条规定的纳税人销售免税油品时，应在增值税专用发票上注明产品名称，并在产品名称后加注"（废矿物油）"

四、符合本通知第二条规定的纳税人利用废矿物油生产的润滑油基础油连续加工生产润滑油，或纳税人（包括符合本通知第二条规定的纳税人及其他纳税人）外购利用废矿物油生产的润滑油基础油加工生产润滑油，在申报润滑油消费税额时按当期销售的润滑油数量扣减其耗用的符合本通知规定的润滑油基础油数量的余额计算缴纳消费税。

五、对未达到相应的污染物排放标准或取消《危险废物（综合）经营许可证》的纳税人，自发生违规排放行为之日或《危险废物（综合）经营许可证》被取消之日起，取消其享受本通知规定的免征消费税政策的资格，且三年内不得再次申请。纳税人自发生违规排放行为之日起已申请并办理免税的，应予追缴。

六、各级税务机关应采取严密措施，对享受本通知规定的免税消费税政策的纳税人加强动态监管。凡经核实纳税人弄虚作假骗取享受本通知规定的免征消费税政策的，税务机关追缴其此前骗取的免税税款，并自纳税人发生上述违法违规行为年度起，取消其享受本通知规定的免征消费税政策的资格，且纳税人三年内不得再次申请。

发生违规排放行为之日，是指已由污染物排放地环境保护部门查证确认的，纳税人发生未达到应予执行的污染物排放标准行为的当日。

七、自 2013 年 11 月 1 日至本通知下发前，纳税人已经缴纳的消费税，符合本通知免税规定的予以退还。

第四节　城市维护建设税及附加

2016 年 5 月 1 日起，我国全面营业税改征增值税实施以来，原营业税的税收优惠是平移为增值税的税收优惠而延续执行的。关于"营改增"的专题内容，请查阅甲行家财税图书系列之《房地产开发经营业纳税评估模型的应用与操作实务（第二版）》上册的第一章第五节（营改增若干问题的明确）的内容。

一、营业税优惠

在国家税务总局的《减免税政策代码目录表（20220627）》中，列举了 69 项依然有效的营业税优惠事项，通过和增值税优惠事项核对并剔除重合事项后，进行归集整理如下：

（一）改善民生之住房类优惠（共计 7 项）

1. 按政府规定价格出租公有住房和廉租住房的业务，免征营业税

《财政部、国家税务总局关于调整住房租赁市场税收政策的通知》（文号：财税〔2000〕125 号）

2. 住房公积金管理中心委托银行发放个人住房贷款的收入，免征营业税

3. 经批准改制的铁路房建生活单位，为铁道部所属铁路局及国有铁路运输控股公司提供营业税应税劳务取得的收入，免征营业税

上述 2~3 项的适用文件：《财政部、国家税务总局关于住房公积金管理中心有关

税收政策的通知》（文号：财税〔2000〕94号）

4. 个人自建自用的住房销售时，免征营业税

5. 企业及行政事业单位，按房改成本价、标准价出售住房的收入，暂免征收营业税

上述4~5项的适用文件：《财政部、国家税务总局关于职业教育等营业税若干政策问题的通知》（文号：财税〔2013〕62号）

6. 个人无偿赠与不动产、土地使用权符合特定条件的，暂免征收营业税

《财政部、国家税务总局关于个人金融商品买卖等营业税若干免税政策的通知》（文号：财税〔2009〕111号）

7. 个人将购买2年以上（含2年）的住房对外销售的，免征营业税

《财政部、国家税务总局、住房城乡建设部关于调整房地产交易环节契税、营业税优惠政策的通知》（文号：财税〔2016〕23号）

（二）促进区域发展优惠（共计4项）

8. 注册在上海的保险企业从事国际航运保险业务取得的收入，免征营业税

《财政部、国家税务总局关于上海建设国际金融和国际航运中心营业税政策的通知》（文号：财税〔2009〕91号）

9. 注册在深圳市的保险企业向注册在前海深港现代服务业合作区的企业提供国际航运保险业务取得的收入，免征营业税

《财政部、国家税务总局关于深圳前海国际航运保险业务营业税免税政策的通知》（文号：财税〔2010〕115号）

10. 注册在天津的保险企业从事国际航运保险业务收入，免征营业税

《财政部、国家税务总局关于天津北方国际航运中心核心功能区营业税政策的通知》（文号：财税〔2011〕68号）

11. 注册在平潭的保险企业向注册在平潭的企业提供国际航运保险服务取得的收入，免征营业税

《财政部、国家税务总局关于福建省平潭综合实验区营业税政策的通知》（文号：财税〔2012〕60号）

（三）企业转制重组类优惠（共计2项）

12. 中国邮政转制公司之间进行的资产置换，免征营业税

《财政部、国家税务总局关于中国邮政储蓄银行改制上市有关税收政策的通知》（文号：财税〔2013〕53号）

13. 中国邮政集团公司邮政速递物流业务重组改制的邮政公司，向各省邮政速递物流有限公司转移资产，免征营业税

《财政部、国家税务总局关于中国邮政集团公司邮政速递物流业务重组改制有关

税收问题的通知》（文号：财税〔2011〕116号）

（四）支持金融资本市场类优惠（共计16项）

14. 保险公司的个人投资分红保险业务，免征营业税

《财政部、国家税务总局关于对保险公司开办个人投资分红保险业务取得的保费收入免征营业税的通知》（文号：财税字〔1996〕102号）

15. 外汇管理部门委托金融机构发放的外汇贷款利息收入，免征营业税

《财政部、国家税务总局关于对外汇管理部门委托贷款利息收入免征营业税的通知》（文号：财税〔2000〕78号）

16. 专项国债转贷取得的利息收入，免征营业税

《财政部、国家税务总局关于国债转贷利息收入免征营业税的通知》（文号：财税字〔1999〕220号）

17. 被撤销金融机构清偿债务，免征营业税

《财政部、国家税务总局关于被撤销金融机构有关税收政策问题的通知》（文号：财税〔2003〕141号）

18. 国有独资商业银行、国家开发银行购买金融资产管理公司发行的专项债券利息收入，免征营业税

《财政部、国家税务总局关于国有独资商业银行国家开发银行承购金融资产管理公司发行的专项债券利息收入免征税收问题的通知》（文号：财税〔2001〕152号）

19. 内地个人投资者通过沪港通买卖香港联交所上市股票取得的差价收入，免征收营业税

《财政部、国家税务总局、证监会关于沪港股票市场交易互联互通机制试点有关税收政策的通知》（文号：财税〔2014〕81号）

20. 国有商业银行划转给金融资产管理公司的资产，免征营业税

《财政部、国家税务总局关于4家资产管理公司接收资本金项下的资产在办理过户时有关税收政策问题的通知》（文号：财税〔2003〕21号）

21. 个人从事外汇、有价证券、非货物期货和其他金融商品买卖业务取得的收入，暂免征收营业税

《财政部、国家税务总局关于个人金融商品买卖等营业税若干免税政策的通知》（文号：财税〔2009〕111号）

22. 合格境外机构投资者证券买卖业务差价收入，免征营业税

《财政部、国家税务总局关于合格境外机构投资者营业税政策的通知》（文号：财税〔2005〕155号）

23. 全国社会保障基金有关收入，免征营业税

《财政部、国家税务总局关于全国社会保障基金有关税收政策问题的通知》（文

号：财税〔2002〕75号）

24. 金融资产管理公司收购、承接、处置不良资产，免征营业税

《财政部、国家税务总局关于中国信达等4家金融资产管理公司税收政策问题的通知》（文号：财税〔2001〕10号）

《财政部、国家税务总局关于中国东方资产管理公司处置港澳国际（集团）有限公司有关资产税收政策问题的通知》（文号：财税〔2003〕212号）

《财政部、国家税务总局关于中国信达资产管理股份有限公司等4家金融资产管理公司有关税收政策问题的通知》（文号：财税〔2013〕56号）

25. 资产公司接受相关国有银行的不良债权，转让该不动产和利用该不动产从事融资租赁业务，免征营业税

《财政部关于金融资产管理公司接受以物抵债资产过户税费问题的通知》（文号：财金〔2001〕189号）

26. 一年期以上返还性人身保险业务，免征营业税

《财政部、国家税务总局关于一年期以上返还性人身保险产品营业税免税政策的通知》（文号：财税〔2015〕86号）

27. 国家助学贷款利息收入，免征营业税

《中国人民银行、财政部、教育部、国家税务总局关于进一步推进国家助学贷款业务发展的通知》（文号：银发〔2001〕245号）

28. 进修班、培训班取得收入和职业学校设立企业从事的服务，免征营业税

《财政部、国家税务总局关于教育税收政策的通知》（文号：财税〔2004〕39号）

29. 中小企业信用担保机构相关业务，免征营业税

《工业和信息化部、国家税务总局关于中小企业信用担保机构免征营业税审批事项取消后有关问题的通知》（文号：工信部联企业〔2015〕286号）

（五）支持"三农"类优惠（共计3项）

30. 国际农发基金贷款利息收入，免征营业税

《财政部、国家税务总局关于对国际农发基金贷款回收利息税收问题的批复》（文号：财税字〔1995〕108号）

31. 地方商业银行转贷用于清偿农村合作基金会债务的专项贷款利息收入，免征营业税

《财政部、国家税务总局关于对农村合作基金会专项贷款利息收入免征营业税的通知》（文号：财税字〔1999〕303号）

32. 农业机耕、排灌、病虫害防治、植物保护、农牧保险以及相关技术培训业务，家禽、牲畜、水生动物的配种和疾病防治业务，免征营业税

《中华人民共和国营业税暂行条例》（国务院令第540号）第八条第五项

（六）支持文化教育体育类优惠（共计 3 项）

33. 从事学历教育的学校提供教育劳务，免征营业税

《财政部、国家税务总局关于教育税收政策的通知》（文号：财税〔2004〕39 号）

34. 纳税人为境外单位或个人在境外提供文物、遗址等的修复保护服务，免征营业税

35. 纳税人为境外单位或个人在境外提供的纳入国家级非物质文化遗产名录的传统医药诊疗保健服务免征营业税

上述 34～35 项的适用文件：《财政部、国家税务总局关于支持文化服务出口等营业税政策的通知》（文号：财税〔2014〕118 号）

（七）其他类优惠（共计 5 项）

36. 外派海员劳务，免征营业税

《财政部、国家税务总局关于外派海员等劳务免征营业税的通知》（文号：财税〔2012〕54 号）

37. 世行贷款粮食流通项目，免征营业税

《财政部、国家税务总局关于世行贷款粮食流通项目建筑安装工程和服务收入免征营业税的通知》（文号：财税字〔1998〕87 号）

38. 对个人出租住房，不区分用途，在 3%税率的基础上，减半征收营业税

《财政部、国家税务总局关于廉租住房经济适用住房和住房租赁有关税收政策的通知》（文号：财税〔2008〕24 号）

39. 境外提供建筑业、文化体育业劳务，暂免征收营业税

《财政部、国家税务总局关于个人金融商品买卖等营业税若干免税政策的通知》（文号：财税〔2009〕111 号）

40. 符合条件的行政事业性收费和政府基金，暂免征收营业税

《财政部、国家税务总局关于个人金融商品买卖等营业税若干免税政策的通知》（文号：财税〔2009〕111 号）

二、城建税概述

城市维护建设税，又称城建税，是以纳税人实际缴纳的增值税、营业税、消费税税额为计税依据，依法计征的一种税。所以，城建税是一种附加税。

（一）主要特征

1. 以纳税人实际缴纳的营业税、消费税、增值税税额为计税依据，分别与营业税、消费税、增值税同时申报缴纳；即纳税义务发生时间与主税种相同。

2. 专项用途是加强城市的维护建设，扩大和稳定城市维护建设资金的来源。

3. 城建税与其他税种不同，没有独立的征税对象或税基，是附加税。

营改增后，它是以增值税、消费税"二税"实际缴纳的税额之和为计税依据的，随"二税"同时附征，充分体现了附加税的本质。鉴于增值税、消费税在我国现行税制中属于主体税种，而城建税又是其附加税，原则上讲，只要缴纳增值税、消费税中任一税种的纳税人都是城建税纳税义务人，都要缴纳城建税。

（二）纳税义务人

是指承担城建税纳税义务的单位和个人。最早的时候，是规定缴纳产品税、增值税、营业税的单位和个人为城建税的纳税人，1994 年税制改革后，改为缴纳增值税、消费税、营业税的单位（不包括外商投资企业、外国企业和进口货物者）和个人为城建税的纳税人。

自 2010 年 12 月 1 日起，对外商投资企业、外国企业及外籍个人征收城建税；海关对进口产品代征的增值税、消费税不征收城建税；纳税人在被查补增值税、消费税和被处以罚款时，依照城建税暂行条例第五条规定，应同时对其偷漏的城建税进行补税和罚款。

2016 年 5 月起全面实行营业税改增值税，营业税全部取消。因此，城建税的纳税人是在征税范围内从事工商经营，缴纳"二税"（即增值税、消费税，下同）的单位和个人。任何单位或个人，只要缴纳"二税"中的一种，就必须缴纳城建税。

2020 年 8 月 11 日，第十三届全国人民代表大会常务委员会第二十一次会议通过《中华人民共和国城市维护建设税法》，自 2021 年 9 月 1 日起施行。1985 年 2 月 8 日国务院发布的《中华人民共和国城市维护建设税暂行条例》同时废止。

三、教育费附加概述

教育费附加是国家为扶持教育事业发展，计征用于教育的政府性基金。教育费附加是由税务局负责征收，同级教育部门统筹安排，同级财政部门监督管理，专门用于发展地方教育事业的财政预算外资金。

为了贯彻落实《中共中央关于教育体制改革的决定》，加快发展地方教育事业，扩大地方教育经费的资金来源，国务院于 1986 年 4 月 28 日发布《征收教育费附加的暂行规定》，指出凡缴纳产品税、增值税、营业税的单位和个人，除按照《国务院关于筹措农村学校办学经费的通知》（国发〔1984〕174 号）文件的规定，缴纳农村教育事业费附加的单位外，都应当按照该规定缴纳教育费附加。

营改增后，凡缴纳增值税、消费税的单位和个人，均为教育费附加的缴费义务人（简称缴费人）。凡代征增值税、消费税的单位和个人，亦为代征教育费附加的义务人。农业、乡镇企业，由乡镇人民政府征收农村教育事业附加，不再征收教育费附加。国务院（国发〔2010〕35 号）和财政部、国家税务总局（财税〔2010〕103 号）文件明确了外商投资企业、外国企业和外籍人员适用于现行有效的城建税和教育费附加政策规定，凡是缴纳增值税、消费税和营业税的外商投资企业、外国企业和外籍人员纳税人均需按规定缴纳城建税和教育费附加。

以纳税人实际缴纳的增值税、消费税及营业税的税额之和为计费依据。海关进口产品征收的增值税和消费税时，是不征收教育费附加。

计算公式：应纳教育费附加 =（实际缴纳的增值税、消费税税额之和）×3%

《国务院关于统一内外资企业和个人城市维护建设税和教育费附加制度的通知》（国发〔2010〕35 号），自 2010 年 12 月 1 日起施行。

根据 2011 年 1 月 8 日《国务院关于废止和修改部分行政法规的决定》，国务院对〈征收教育费附加的暂行规定〉进行了第三次修订。此外，一些地方政府为发展地方教育事业，还根据教育法的规定，陆续开征了"地方教育附加费"。

地方教育附加是指根据国家有关规定，为实施"科教兴省"战略，增加地方教育的资金投入，促进各省、自治区、直辖市教育事业发展，开征的一项地方政府性基金。按照地方教育附加使用管理规定，在各省、直辖市的行政区域内，凡缴纳增值税、消费税的单位和个人，都应按规定缴纳地方教育附加。与增值税、消费税同时计算征收，征收率由原各省地方税务局自行制定。

地方教育附加不是全国统一开征的税费种类，其开征依据是《中华人民共和国教育法》（1995）第七章（教育投入与条件保障）第五十七条的规定：

省、自治区、直辖市人民政府根据国务院的有关规定，可以决定开征用于教育的地方附加费，专款专用。

为贯彻落实《国家中长期教育改革和发展规划纲要（2010—2020 年）》，2010 年 11 月 7 日，财政部下发了《关于统一地方教育附加政策有关问题的通知》（财综〔2010〕98 号）。明确各地统一征收地方教育附加，地方教育附加征收标准为单位和个人实际缴纳的增值税、营业税和消费税的税额的 2%。已经报财政部审批且征收标准低于 2% 的省份，应将地方教育附加的征收标准调整为 2%。

四、城建税及附加的税收优惠

（一）城建税的优惠

由于城建税是以纳税人实际缴纳的增值税、消费税为计税依据，并随同增值税、消费税征收的，因此减免增值税、消费税也就意味着减免城建税，所以城建税一般不能单独减免。因此，城建税的减免规定：

1. 对出口产品退还增值税、消费税的，不退还已缴纳的城建税。

2. 海关对进口产品代征的增值税、消费税，不征收城建税。

3. 对"二税"实行先征后返、先征后退、即征即退办法的，除另有规定外，对随

"二税"附征的城建税，一律不予退（返）还。

4. 城建税以"二税"的实缴税额为计税依据征收，一般不规定减免税，但对下列情况可免征城建税：

（1）从 1994 年起，对三峡工程建设基金，免征城建税。

（2）如果纳税人确有困难需要单独减免的，可以由省级人民政府酌情给予减税或者免税照顾。

（二）具体城建税优惠事项

1. 退役士兵从事个体经营的，享受扣减城建税优惠。

2. 企业招用退役士兵的，享受扣减城建税优惠。

上述 1~2 项适用文件：《财政部、税务总局、退役军人部关于进一步扶持自主就业退役士兵创业就业有关税收政策的通知》（文号：财税〔2019〕21 号）

后续文件：《财政部、税务总局关于延长部分税收优惠政策执行期限的公告》（文号：财政部、税务总局公告 2022 年第 4 号）

3. 建档立卡贫困人口从事个体经营的，享受扣减城建税优惠。

4. 登记失业半年以上人员，零就业家庭、享受城市低保登记失业人员，毕业年度内高校毕业生从事个体经营的，享受扣减城建税优惠。

5. 企业招用建档立卡贫困人口就业的，享受扣减城建税优惠。

6. 企业招用登记失业半年以上人员就业的，享受扣减城建税优惠。

上述 3-6 项优惠的适用文件：《财政部、税务总局、人力资源和社会保障部、国务院扶贫办关于进一步支持和促进重点群体创业就业有关税收政策的通知》（文号：财税〔2019〕22 号）

后续文件：《财政部、税务总局、人力资源和社会保障部、国家乡村振兴局关于延长部分扶贫税收优惠政策执行期限的公告》（文号：财政部、税务总局、人力资源和社会保障部、国家乡村振兴局公告 2021 年第 18 号）

7. 增值税小规模纳税人减征城建税优惠。

8. 个体工商户减征城建税优惠。

9. 小型微利企业减征城建税优惠。

上述 7~9 项的适用文件：《财政部、税务总局关于进一步实施小微企业"六税两费"减免政策的公告》（文号：财政部、税务总局公告 2022 年第 10 号）

10. 国家重大水利工程建设基金，免征城建税。

《财政部、国家税务总局关于免征国家重大水利工程建设基金的城市维护建设税和教育费附加的通知》（文号：财税〔2010〕44 号）

（三）教育附加的优惠

1. 对海关进口的产品征收的增值税、消费税，不征收教育费附加。

2. 对由于减免增值税、消费税、营业税而发生退税的，可以同时退还已征收的教育费附加。

但是，对出口产品退还增值税、消费税的，不退还已征的教育费附加。

3. 对机关服务中心为机关内部提供的后勤服务所取得的收入，在2003年12月31日前，暂免征收教育费附加。

4. 对新办的商贸企业（从事批发、批零兼营以及其他非零售业务的商贸企业除外），当年新招用下岗失业人员达到职工总数30%以上（含30%），并与其签订1年以上期限劳动合同的，经劳动保障部门认定，税务局审核，3年内免征教育费附加。

5. 对下岗失业人员从事个体经营（除建筑业、娱乐业以及广告业、桑拿、按摩、网吧、氧吧外）的，自领取税务登记证之日起，3年内免征教育费附加。

6. 经中国人民银行依法决定撤销的金融机构及其分设于各地的分支机构（包括被依法撤销的商业银行、信托投资公司、财务公司、金融租赁公司、城市信用社和农村信用社），用其财产清偿债务时，免征被撤销金融机构转让货物、不动产、无形资产、有价证券、票据等应缴纳的教育费附加。

（四）具体教育费附加优惠事项

1. 退役士兵从事个体经营的，享受扣减教育费附加优惠。

2. 企业招用退役士兵的，享受扣减教育费附加优惠。

上述1~2项的适用文件：

《财政部、税务总局、退役军人部关于进一步扶持自主就业退役士兵创业就业有关税收政策的通知》（文号：财税〔2019〕21号）。

后续文件：

《财政部、税务总局关于延长部分税收优惠政策执行期限的公告》（文号：财政部、税务总局公告2022年第4号）

3. 建档立卡贫困人口从事个体经营的，享受扣减教育费附加优惠。

4. 登记失业半年以上人员，零就业家庭、享受城市低保登记失业人员，毕业年度内高校毕业生从事个体经营的，扣减教育费附加。

5. 企业招用建档立卡贫困人口就业的，享受扣减教育费附加优惠。

6. 企业招用登记失业半年以上人员就业的，享受扣减教育费附加优惠。

上述3~6项的适用文件：《财政部、税务总局、人力资源和社会保障部、国务院扶贫办关于进一步支持和促进重点群体创业就业有关税收政策的通知》（文号：财税〔2019〕22号）。后续文件：

《财政部、税务总局、人力资源和社会保障部、国家乡村振兴局关于延长部分扶贫税收优惠政策执行期限的公告》（文号：财政部、税务总局、人力资源和社会保障部、国家乡村振兴局公告 2021 年第 18 号）

7. 增值税小规模纳税人教育费附加减征。

8. 个体工商户教育费附加减征。

9. 小型微利企业教育费附加减征。

上述 7~9 项的适用文件：《财政部、税务总局关于进一步实施小微企业"六税两费"减免政策的公告》（文号：财政部、税务总局公告 2022 年第 10 号）

10. 按月纳税的销售额或营业额不超过 10 万元缴纳义务人免征教育费附加。

《财政部、国家税务总局关于扩大有关政府性基金免征范围的通知》（文号：财税〔2016〕12 号）

11. 国家重大水利工程建设基金免征教育费附加。

《财政部、国家税务总局关于免征国家重大水利工程建设基金的城市维护建设税和教育费附加的通知》（文号：财税〔2010〕44 号）

12. 产教融合型企业教育费附加抵免。

《财政部关于调整部分政府性基金有关政策的通知》（文号：财税〔2019〕46 号）

《国家发展改革委、工业和信息化部、财政部、人民银行关于做好 2019 年降成本重点工作的通知》（文号：发改运行〔2019〕819 号　发布日期：2019-05-07）

《关于加强新时代高技能人才队伍建设的意见》（中共中央办公厅、国务院办公厅发布日期：2022-10-07）

附件：

财政部　税务总局
关于进一步实施小微企业"六税两费"减免政策的公告

文号：财政部、税务总局公告 2022 年第 10 号　发布日期：2022-03-01

（2022 年 3 月 4 日为确保纳税人能够及时、准确、便利享受减免优惠政策，国家税务总局制定发布了《关于进一步实施小微企业"六税两费"减免政策有关征管问题的公告》，详见：国家税务总局公告 2022 年第 3 号。）

为进一步支持小微企业发展，现将有关税费政策公告如下：

一、由省、自治区、直辖市人民政府根据本地区实际情况，以及宏观调控需要确定，对增值税小规模纳税人、小型微利企业和个体工商户可以在 50% 的税额幅度内减征资源税、城市维护建设税、房产税、城镇土地使用税、印花税（不含证券交易印花税）、耕地占用税和教育费附加、地方教育附加。

二、增值税小规模纳税人、小型微利企业和个体工商户已依法享受资源税、城市维护建设税、房产税、城镇土地使用税、印花税、耕地占用税、教育费附加、地方教育附加其他优惠政策的，可叠加享受本公告第一条规定的优惠政策。

三、本公告所称小型微利企业，是指从事国家非限制和禁止行业，且同时符合年度应纳税所得额不超过 300 万元、从业人数不超过 300 人、资产总额不超过 5000 万元等三个条件的企业。

从业人数，包括与企业建立劳动关系的职工人数和企业接受的劳务派遣用工人数。所称从业人数和资产总额指标，应按企业全年的季度平均值确定。具体计算公式如下：

季度平均值＝（季初值+季末值）÷2

全年季度平均值＝全年各季度平均值之和÷4

年度中间开业或者终止经营活动的，以其实际经营期作为一个纳税年度确定上述相关指标。

小型微利企业的判定以企业所得税年度汇算清缴结果为准。登记为增值税一般纳税人的新设立的企业，从事国家非限制和禁止行业，且同时符合申报期上月末从业人数不超过 300 人、资产总额不超过 5000 万元等两个条件的，可在首次办理汇算清缴前按照小型微利企业申报享受第一条规定的优惠政策。

四、本公告执行期限为 2022 年 1 月 1 日至 2024 年 12 月 31 日。

特此公告。

第五节　关税

关税是非常特殊的一个税种，是我国唯一一个不是由税务局征管的税种，关税是指一国海关根据该国法律规定，对通过其关境的进出口货物征收的一种税收。关税的征税基础是关税完税价格。进口货物以海关审定的成交价值为基础的到岸价格为关税完税价格；出口货物以该货物销售与境外的离岸价格减去出口税后，经过海关审查确定的价格为完税价格。

关税税则又叫海关税则，是指一国对进口商品计征关税的规章和对进口的应税商品和免税商品加以系统分类的一栏表。它是海关征税的依据，是一国关税政策的具体体现。从内容上来看，海关税则一般包括两部分：一是海关征收关税的规章、条例和说明；二是关税税率表。关税税率表又是由税则号、商品名称、海关税率等栏目组成。

一、相关概念

国务院关税税则委员会，国务院关税税则委员会办公室设在财政部，办公室主任由财政部税政司司长兼任。主要职责是审议关税工作重大规划，拟订关税改革发展方案，并组织实施；负责《中华人民共和国进出口税则》和《中华人民共和国进境物品进口税税率表》的税目、税率的调整和解释，报国务院批准后执行；负责编纂、发布《中华人民共和国进出口税则》；决定实行暂定税率的货物、税率和期限；决定关税配额税率；决定征收反倾销税、反补贴税、保障措施关税、报复性关税以及决定实施其他关税措施；审议上报国务院的重大关税政策和对外关税谈判方案；决定特殊情况下税率的适用；履行国务院规定的其他职责。

最惠国税率是某国的对来自于其最惠国的进口产品享受的关税税率。

最惠国待遇是贸易条约中的一项重要条款，其含义是：缔约一方现在和将来给予任何第三方的一切特权、优惠和豁免，也同样给予缔约对方。其基本要求是使缔约一方在缔约另一方享有不低于任何第三方享有或可能享有的待遇。

最惠国待遇原则要求成员方之间相互给予最惠国待遇，即关贸总协定的缔约原则是：一个成员给予另一个成员方的贸易优惠和特许必须自动给予所有其他成员。这是关贸总协定的一项最基本、最重要的原则。

优惠税率又称优惠关税（preferential duty），是指对特定的纳税人或纳税项目采用低于一般税率的税率征税。优惠税率适用的范围可视实际需要加以调整。适用优惠税率的期限可长可短。

普通税率是指一国关税税则中对进口货物规定的较高税率。适用于同本国未签订贸易互利条约或协定国家的进口货物，它一般要比优惠税率高 1 至 2 个税级，体现国家对进口货物的区别对待政策，是国家保护关税政策的重要组成部分。

二、关税的种类

（一）从价关税

从价税是按进出口货物的价格为标准计征关税。这里的价格不是指成交价格，而是指进出口商品的完税价格。因此，按从价税计算关税，首先要确定货物的完税价格。从价税额的计算公式如下：

关税应纳税额＝应税进出口货物数量×单位完税价格×适用税率

（二）从量关税

从量关税是依据商品的数量、重量、容量、长度和面积等计量单位为标准来征收关税的。它的特点是不因商品价格的涨落而改变税额，计算比较简单。从量关税额的计算公式如下：

关税应纳税额＝应税进口货物数量×关税单位税额

（三）复合关税

复合税亦称混合税。它是对进口商品既征从量关税又征从价关税的一种办法。一般以从量为主，再加征从价税。混合税额的计算公式如下：

关税应纳税额=应税进口货物数量×单位税额+应税进口货物数量×单位完税价格×适用税率

（四）滑准关税

滑准关税，是指关税的税率随着进口商品价格的变动而呈反方向变动的一种税率形式，即价格越高，税率越低，税率为比例税率。因此，实行滑准税率，进口商品应纳关税税额的计算方法，与从价税的计算方法相同。

（五）特别关税

特别关税的计算公式如下：

特别关税=关税完税价格×特别关税税率

进口环节消费税=进口环节消费税完税价格×进口环节消费税税率

进口环节消费税完税价格=（关税完税价格+关税+特别关税）／（1−进口环节消费税税率）

进口环节增值税=进口环节增值税完税价格×进口环节增值税税率

进口环节增值税完税价格=关税完税价格+关税+特别关税+进口环节消费税

三、关税税率

关税税率是指海关税则规定的对课征对象征税时计算税额的比例。

（一）法定税率

根据新的《关税条例》规定，我国进口关税的法定税率包括最惠国税率、协定税率、特惠税率和普通税率。

1. 最惠国税率

最惠国税率适用原产于与我国共同适用最惠国待遇条款的世界贸易组织成员国或地区的进口货物；或原产于与我国签订有相互给予最惠国待遇条款的双边贸易协定的国家或地区的进口货物；以及原产于中华人民共和国境内的进口货物。

2. 协定税率

协定税率适用原产于与我国订有含关税优惠条款的区域性贸易协定的有关缔约方的进口货物。

3. 特惠税率

特惠税率适用原产于与我国签订有特殊优惠关税协定的国家或地区的进口货物。2013 年之前，我国对原产于孟加拉国的 18 个税目的进口商品实行曼谷协定特税率。

4. 普通税率

普通税率适用原产于上述国家或地区以外的国家和地区的进口货物；或者原产地

不明的国家或者地区的进口货物。

（二）暂定税率

根据新的《关税条例》规定，对特定进出口货物，可以实行暂定税率。实施暂定税率的货物、税率、期限，由国务院关税税则委员会决定，海关总署公布。

暂定税率的商品可分为两类：一类无技术规格，海关在征税时只需审核品名和税号无误后，即可执行；另一类附有技术规格，海关在征税时，除审核品名和税号外，还需对进口货物的技术规格进行专业认定后才能适用。公开暂定税率的货品可直接在进口地海关审核征税。

（三）配额税率

关税配额制度是国际通行的惯例，这是一种在一定数量内进口实行低关税，超过规定数量就实行高关税的办法。日本采取一次关税和二次关税就是依据不同数量规定实施不同税率的关税配额制度。配额是一种数量限制措施，超过限额数量后不能进口。而关税配额就有灵活性，对于必要的数量实行低关税；对于超过一定数量的进口则实行高关税，虽然这样关税高了，但还是允许进口，体现了关税杠杆的调节作用。这种办法许多国家都采用，关贸总协定和其后的世界贸易组织也没有对其限制。

根据新的《关税条例》规定，对特定进出口货物，可以实行关税配额管理。实施关税配额管理的货物、税率、期限，由国务院关税税则委员会决定，海关总署公布。

（四）信息技术产品税率（以下简称 ITA 税率）

在 WTO 成立以后，在以美国为首的 WTO 成员国之间又达成了一项旨在使发展中国家的关税水平进一步降低的《信息技术协议》（即 ITA）。它的主要内容是将占全世界电子信息技术产品份额 80% 以上的该类产品关税，在 2000 年以前降为零。2001 年年底我国成功加入了 WTO，因此也必须承担对信息技术产品进口关税的减让义务。

2002 年我国对 251 个税目的进口最惠国税率实行了 WTO 信息技术产品协议税率，其中零税率的有 221 种，有 15 个税目的产品只有在为生产信息技术产品而进口的条件下，需经信息产业部出具证明并经海关确认后才可适用 ITA 税率。

（五）特别关税

根据新的《关税条例》规定，特别关税包括报复性关税、反倾销税、反补贴税、保障性关税和其他特别关税。任何国家或者地区对其进口的原产于中华人民共和国的货物征收歧视性关税或者给予歧视性待遇的，海关对原产于该国家或者地区的进口货物，可以征收特别关税。征收特别关税的货物、适用国别、税率、期限和征收办法，由国务院关税税则委员会决定，海关总署负责实施。

（六）税率适用

新的《关税条例》规定，暂定税率优先于最惠国税率实施；按协定税率、特惠税率进口暂定税率商品时，取低计征关税；按国家优惠政策进口暂定最惠国税率商品时，按优惠政策计算确定的税率与暂定最惠国税率两者取低计征关税，但不得在暂定最惠国税率基础上再进行减免。按照普通税率征税的进口货物不适用进口关税暂定税率。

1. 税率适用中的几种特殊情况

（1）按照普通税率征税的进口货物，经国务院关税税则委员会特别批准，可以适用最惠国税率。

（2）对于无法确定原产国别（地区）的进口货物，按普通税率征税。对于某些包装特殊的产品，比如以中性包装或裸装形式进口经查验又无法确定原产国别的货物，除申报时能提供原产地证明的可按原产地确定税率外，一律按普通税率计征关税。

（3）对于原产地是中国香港、澳门和台、澎、金、马关税区的进境货物和我国大陆生产货物经批准复进口需征税的，按最惠国税率征收关税。

2. 税率适用的时间

根据我国《关税条例》规定，进出口货物应当按照收发货人或者他们的代理人申报进口或出口之日实施的税率征税。

对于退税和补税，一般按该进出口货物原申报进口或者出口之日所实施的税率计算。在实际运用时要区分以下不同情况：

（1）按照特定减免税办法批准予以减免税的进口货物，后因情况改变，经海关批准转让、出售或移作他用，需要补税时适用海关填发税款缴款书之日实施的税率（以前的《关税条例》规定为原进口日）。

（2）来料加工、进料加工的进口料件等属于保税性质的进口货物，经批准转为内销，适用海关接受该货物申报内销之日实施的税率征税；如未经批准擅自转内销的，则按海关查获日所施行的税则税率征税。

（3）需缴纳税款的暂准进出境货物、物品，适用海关填发税款缴款书之日实施的税率。

（4）分期缴纳税款的租赁进口货物，适用海关填发税款缴款书之日实施的税率（以前的《关税条例》规定为原进口日）。

（5）溢卸、误卸货物事后确定需予征税时，应按其原申报进口日期所施行的税则税率征税。如原进口日期无法查明，可适用海关填发税款缴款书之日实施的税率。

（6）对由于税则归类的改变，完税价格的审定或其他工作差错而需补征税款时，应按原征税日所施行的税则税率计算。

（7）对于批准缓税进口的货物，以后缴税时，不论是否分期还是一次缴清，都应按货物原进口日所施行的税率计征税款。

（8）查获的走私进口货物需予补税时，应按查获日所施行的税则税率计征税款。

（9）在上述有关条款中，如有发生退税的，都应按原征税或补税日期所适用的税率计算退税。

进口关税设普通税率和优惠税率。对原产于与中华人民共和国未订有关税互惠协议的国家或者地区的进口货物，按照普通税率征税；对原产于与中华人民共和国订有关税互惠协议的国家或者地区的进口货物，按照优惠税率征税。

四、关税的税收优惠

（一）免税事项

1. 关税税额在人民币 50 元以下的单一货物；

2. 无商业价值的广告品和货样；

3. 国际组织、外国政府无偿赠送的物资；

4. 进出境运输工具装载途中必需燃料、物料和饮食用品；

5. 来料加工进口的材料、零件、配件等复出口的；

6. 经海关核准暂时进境或出境，并在 6 个月内复运进境或出境的展览品、施工机械、仪器等，暂免征税；

7. 因故退还的中国出口货物，可以免征进口关税，但已征收的出口关税，不予退还；

8. 因故退还的境外进口货物，可以免征出口关税，但已征收的进口关税，不予退还。

（二）最惠国税率和普通税率

最惠国税率是某国的来自其最惠国的进口产品享受的关税税率。根据最惠国待遇原则，最惠国税率一般不得高于现在或将来来自第三国同类产品所享受的关税税率。所谓最惠国待遇原则，是指缔结经济贸易条约协定的一项法律原则，又称无歧视待遇原则。

最惠国待遇原则是关贸总协定的基本原则之一。最惠国待遇原则要求成员方之间相互给予最惠国待遇，即关贸总协定的缔约原则是：**一个成员给予另一个成员方的贸易优惠和特许必须自动给予所有其他成员**。作为关贸总协定的一项最基本、最重要的原则，最惠国待遇原则对规范成员方间的货物贸易，推动国际贸易的扩大和发展起了重要的作用。《关税及贸易总协定》在第一条第一款中规定："缔约国对来自或运往其它国家的产品所给予的利益，优待，特权或豁免，应无条件地给予来自或运往所有其他缔约国的相同产品。"即《关税及贸易总协定》缔约国之间使用无条件最惠国待遇原则，相互提供无条件最惠国税率。

《中华人民共和国进出口关税条例》

为了贯彻对外开放政策，促进对外经济贸易和国民经济的发展，根据《中华人民共和国海关法》的有关规定，国务院制定的一部行政法规。

由国务院于 2003 年 11 月 23 日发布，自 2004 年 1 月 1 日起施行。分别于 2011 年 1 月 8 日、2013 年 12 月 7 日和 2016 年 2 月 6 日进行了修改。共计 6 章 67 条。

第一章　总　则

第一条　为了贯彻对外开放政策，促进对外经济贸易和国民经济的发展，根据《中华人民共和国海关法》（以下简称《海关法》）的有关规定，制定本条例。

第二条　中华人民共和国准许进出口的货物、进境物品，除法律、行政法规另有规定外，海关依照本条例规定征收进出口关税。

第三条　国务院制定《中华人民共和国进出口税则》（以下简称《税则》）、《中华人民共和国进境物品进口税税率表》（以下简称《进境物品进口税税率表》），规定关税的税目、税则号列和税率，作为本条例的组成部分。

第四条　国务院设立关税税则委员会，负责《税则》和《进境物品进口税税率表》的税目、税则号列和税率的调整和解释，报国务院批准后执行；决定实行暂定税率的货物、税率和期限；决定关税配额税率；决定征收反倾销税、反补贴税、保障措施关税、报复性关税以及决定实施其他关税措施；决定特殊情况下税率的适用，以及履行国务院规定的其他职责。

第五条　进口货物的收货人、出口货物的发货人、进境物品的所有人，是关税的纳税义务人。

第六条　海关及其工作人员应当依照法定职权和法定程序履行关税征管职责，维护国家利益，保护纳税人合法权益，依法接受监督。

第七条　纳税义务人有权要求海关对其商业秘密予以保密，海关应当依法为纳税义务人保密。

第八条　海关对检举或者协助查获违反本条例行为的单位和个人，应当按照规定给予奖励，并负责保密。

第二章　进出口货物关税税率的设置和适用

第九条　进口关税设置最惠国税率、协定税率、特惠税率、普通税率、关税配额税率等税率。对进口货物在一定期限内可以实行暂定税率。

出口关税设置出口税率。对出口货物在一定期限内可以实行暂定税率。

第十条　原产于共同适用最惠国待遇条款的世界贸易组织成员的进口货物，原产于与中华人民共和国签订含有相互给予最惠国待遇条款的双边贸易协定的国家或者地区的进口货物，以及原产于中华人民共和国境内的进口货物，适用最惠国税率。

原产于与中华人民共和国签订含有关税优惠条款的区域性贸易协定的国家或者地区的进口货物，适用协定税率。

原产于与中华人民共和国签订含有特殊关税优惠条款的贸易协定的国家或者地区的进口货物，适用特惠税率。

原产于本条第一款、第二款和第三款所列以外国家或者地区的进口货物，以及原产地不明的进口货物，适用普通税率。

第十一条　适用最惠国税率的进口货物有暂定税率的，应当适用暂定税率；适用协定税率、特惠税率的进口货物有暂定税率的，应当从低适用税率；适用普通税率的进口货物，不适用暂定税率。

适用出口税率的出口货物有暂定税率的，应当适用暂定税率。

第十二条　按照国家规定实行关税配额管理的进口货物，关税配额内的，适用关税配额税率；关税配额外的，其税率的适用按照本条例第十条、第十一条的规定执行。

第十三条　按照有关法律、行政法规的规定对进口货物采取反倾销、反补贴、保障措施的，其税率的适用按照《中华人民共和国反倾销条例》、《中华人民共和国反补贴条例》和《中华人民共和国保障措施条例》的有关规定执行。

第十四条　任何国家或者地区违反与中华人民共和国签订或者共同参加的贸易协定及相关协定，对中华人民共和国在贸易方面采取禁止、限制、加征关税或者其他影响正常贸易的措施的，对原产于该国家或者地区的进口货物可以征收报复性关税，适用报复性关税税率。

征收报复性关税的货物、适用国别、税率、期限和征收办法，由国务院关税税则委员会决定并公布。

第十五条　进出口货物，应当适用海关接受该货物申报进口或者出口之日实施的税率。

进口货物到达前，经海关核准先行申报的，应当适用装载该货物的运输工具申报进境之日实施的税率。

转关运输货物税率的适用日期，由海关总署另行规定。

第十六条　有下列情形之一，需缴纳税款的，应当适用海关接受申报办理纳税手续之日实施的税率：

（一）保税货物经批准不复运出境的；

（二）减免税货物经批准转让或者移作他用的；

（三）暂准进境货物经批准不复运出境，以及暂准出境货物经批准不复运进境的；

（四）租赁进口货物，分期缴纳税款的。

第十七条　补征和退还进出口货物关税，应当按照本条例第十五条或者第十六条的规定确定适用的税率。

因纳税义务人违反规定需要追征税款的，应当适用该行为发生之日实施的税率；行为发生之日不能确定的，适用海关发现该行为之日实施的税率。

第三章　进出口货物完税价格的确定

第十八条　进口货物的完税价格由海关以符合本条第三款所列条件的成交价格以及该货物运抵中华人民共和国境内输入地点起卸前的运输及其相关费用、保险费为基础审查确定。

进口货物的成交价格，是指卖方向中华人民共和国境内销售该货物时买方为进口该货物向卖方实付、应付的，并按照本条例第十九条、第二十条规定调整后的价款总额，包括直接支付的价款和间接支付的价款。

进口货物的成交价格应当符合下列条件：

（一）对买方处置或者使用该货物不予限制，但法律、行政法规规定实施的限制、对货物转售地域的限制和对货物价格无实质性影响的限制除外；

（二）该货物的成交价格没有因搭售或者其他因素的影响而无法确定；

（三）卖方不得从买方直接或者间接获得因该货物进口后转售、处置或者使用而产生的任何收益，或者虽有收益但能够按照本条例第十九条、第二十条的规定进行调整；

（四）买卖双方没有特殊关系，或者虽有特殊关系但未对成交价格产生影响。

第十九条　进口货物的下列费用应当计入完税价格：

（一）由买方负担的购货佣金以外的佣金和经纪费；

（二）由买方负担的在审查确定完税价格时与该货物视为一体的容器的费用；

（三）由买方负担的包装材料费用和包装劳务费用；

（四）与该货物的生产和向中华人民共和国境内销售有关的，由买方以免费或者以低于成本的方式提供并可以按适当比例分摊的料件、工具、模具、消耗材料及类似货物的价款，以及在境外开发、设计等相关服务的费用；

（五）作为该货物向中华人民共和国境内销售的条件，买方必须支付的、与该货物有关的特许权使用费；

（六）卖方直接或者间接从买方获得的该货物进口后转售、处置或者使用的收益。

第二十条　进口时在货物的价款中列明的下列税收、费用，不计入该货物的完税价格：

（一）厂房、机械、设备等货物进口后进行建设、安装、装配、维修和技术服务的费用；

（二）进口货物运抵境内输入地点起卸后的运输及其相关费用、保险费；

（三）进口关税及国内税收。

第二十一条　进口货物的成交价格不符合本条例第十八条第三款规定条件的，或者成交价格不能确定的，海关经了解有关情况，并与纳税义务人进行价格磋商后，依次以下列价格估定该货物的完税价格：

（一）与该货物同时或者大约同时向中华人民共和国境内销售的相同货物的成交价格；

（二）与该货物同时或者大约同时向中华人民共和国境内销售的类似货物的成交价格；

（三）与该货物进口的同时或者大约同时，将该进口货物、相同或者类似进口货物在第一级销售环节销售给无特殊关系买方最大销售总量的单位价格，但应当扣除本条例第二十二条规定的项目；

（四）按照下列各项总和计算的价格：生产该货物所使用的料件成本和加工费用，向中华人民共和国境内销售同等级或者同种类货物通常的利润和一般费用，该货物运抵境内输入地点起卸前的运输及其相关费用、保险费；

（五）以合理方法估定的价格。

纳税义务人向海关提供有关资料后，可以提出申请，颠倒前款第（三）项和第（四）项的适用次序。

第二十二条　按照本条例第二十一条第一款第（三）项规定估定完税价格，应当扣除的项目是指：

（一）同等级或者同种类货物在中华人民共和国境内第一级销售环节销售时通常的利润和一般费用以及通常支付的佣金；

（二）进口货物运抵境内输入地点起卸后的运输及其相关费用、保险费；

（三）进口关税及国内税收。

第二十三条　以租赁方式进口的货物，以海关审查确定的该货物的租金作为完税价格。

纳税义务人要求一次性缴纳税款的，纳税义务人可以选择按照本条例第二十一条的规定估定完税价格，或者按照海关审查确定的租金总额作为完税价格。

第二十四条　运往境外加工的货物，出境时已向海关报明并在海关规定的期限内复运进境的，应当以境外加工费和料件费以及复运进境的运输及其相关费用和保险费审查确定完税价格。

第二十五条　运往境外修理的机械器具、运输工具或者其他货物，出境时已向海关报明并在海关规定的期限内复运进境的，应当以境外修理费和料件费审查确定完税价格。

第二十六条　出口货物的完税价格由海关以该货物的成交价格以及该货物运至中华人民共和国境内输出地点装载前的运输及其相关费用、保险费为基础审查确定。

出口货物的成交价格，是指该货物出口时卖方为出口该货物应当向买方直接收取和间接收取的价款总额。

出口关税不计入完税价格。

第二十七条　出口货物的成交价格不能确定的，海关经了解有关情况，并与纳税义务人进行价格磋商后，依次以下列价格估定该货物的完税价格：

（一）与该货物同时或者大约同时向同一国家或者地区出口的相同货物的成交价格；

（二）与该货物同时或者大约同时向同一国家或者地区出口的类似货物的成交价格；

（三）按照下列各项总和计算的价格：境内生产相同或者类似货物的料件成本、加工费用，通常的利润和一般费用，境内发生的运输及其相关费用、保险费；

（四）以合理方法估定的价格。

第二十八条　按照本条例规定计入或者不计入完税价格的成本、费用、税收，应当以客观、可量化的数据为依据。

第四章　进出口货物关税的征收

第二十九条　进口货物的纳税义务人应当自运输工具申报进境之日起14日内，出口货物的纳税义务人除海关特准的外，应当在货物运抵海关监管区后、装货的24小时以前，向货物的进出境地海关申报。进出口货物转关运输的，按照海关总署的规定执行。

进口货物到达前，纳税义务人经海关核准可以先行申报。具体办法由海关总署另行规定。

第三十条　纳税义务人应当依法如实向海关申报，并按照海关的规定提供有关确定完税价格、进行商品归类、确定原产地以及采取反倾销、反补贴或者保障措施等所需的资料；必要时，海关可以要求纳税义务人补充申报。

第三十一条　纳税义务人应当按照《税则》规定的目录条文和归类总规则、类注、章注、子目注释以及其他归类注释，对其申报的进出口货物进行商品归类，并归入相应的税则号列；海关应当依法审核确定该货物的商品归类。

第三十二条　海关可以要求纳税义务人提供确定商品归类所需的有关资料；必要时，海关可以组织化验、检验，并将海关认定的化验、检验结果作为商品归类的依据。

第三十三条　海关为审查申报价格的真实性和准确性，可以查阅、复制与进出口货物有关的合同、发票、账册、结付汇凭证、单据、业务函电、录音录像制品和其他反映买卖双方关系及交易活动的资料。

海关对纳税义务人申报的价格有怀疑并且所涉关税数额较大的，经直属海关关长或者其授权的隶属海关关长批准，凭海关总署统一格式的协助查询账户通知书及有关工作人员的工作证件，可以查询纳税义务人在银行或者其他金融机构开立的单位账户的资金往来情况，并向银行业监督管理机构通报有关情况。

第三十四条　海关对纳税义务人申报的价格有怀疑的，应当将怀疑的理由书面告知纳税义务人，要求其在规定的期限内书面作出说明、提供有关资料。

纳税义务人在规定的期限内未作说明、未提供有关资料的，或者海关仍有理由怀疑申报价格的真实性和准确性的，海关可以不接受纳税义务人申报的价格，并按照本条例第三章的规定估定完税价格。

第三十五条　海关审查确定进出口货物的完税价格后，纳税义务人可以以书面形式要求海关就如何确定其进出口货物的完税价格作出书面说明，海关应当向纳税义务人作出书面说明。

第三十六条　进出口货物关税，以从价计征、从量计征或者国家规定的其他方式征收。

从价计征的计算公式为：应纳税额＝完税价格×关税税率

从量计征的计算公式为：应纳税额＝货物数量×单位税额

第三十七条　纳税义务人应当自海关填发税款缴款书之日起 15 日内向指定银行缴纳税款。纳税义务人未按期缴纳税款的，从滞纳税款之日起，按日加收滞纳税款万分之五的滞纳金。

海关可以对纳税义务人欠缴税款的情况予以公告。

海关征收关税、滞纳金等，应制发缴款凭证，缴款凭证格式由海关总署规定。

第三十八条　海关征收关税、滞纳金等，应当按人民币计征。

进出口货物的成交价格以及有关费用以外币计价的，以中国人民银行公布的基准汇率折合为人民币计算完税价格；以基准汇率币种以外的外币计价的，按照国家有关规定套算为人民币计算完税价格。适用汇率的日期由海关总署规定。

第三十九条　纳税义务人因不可抗力或者在国家税收政策调整的情形下，不能按期缴纳税款的，经海关总署批准，可以延期缴纳税款，但是最长不得超过 6 个月。

第四十条　进出口货物的纳税义务人在规定的纳税期限内有明显的转移、藏匿其应税货物以及其他财产迹象的，海关可以责令纳税义务人提供担保；纳税义务人不能提供担保的，海关可以按照《海关法》第六十一条的规定采取税收保全措施。

纳税义务人、担保人自缴纳税款期限届满之日起超过 3 个月仍未缴纳税款的，海关可以按照《海关法》第六十条的规定采取强制措施。

第四十一条　加工贸易的进口料件按照国家规定保税进口的，其制成品或者进口料件未在规定的期限内出口的，海关按照规定征收进口关税。

加工贸易的进口料件进境时按照国家规定征收进口关税的，其制成品或者进口料件在规定的期限内出口的，海关按照有关规定退还进境时已征收的关税税款。

第四十二条　经海关批准暂时进境或者暂时出境的下列货物，在进境或者出境时纳税义务人向海关缴纳相当于应纳税款的保证金或者提供其他担保的，可以暂不缴纳关税，并应当自进境或者出境之日起6个月内复运出境或者复运进境；经纳税义务人申请，海关可以根据海关总署的规定延长复运出境或者复运进境的期限：

（一）在展览会、交易会、会议及类似活动中展示或者使用的货物；

（二）文化、体育交流活动中使用的表演、比赛用品；

（三）进行新闻报道或者摄制电影、电视节目使用的仪器、设备及用品；

（四）开展科研、教学、医疗活动使用的仪器、设备及用品；

（五）在本款第（一）至第（四）项所列活动中使用的交通工具及特种车辆；

（六）货样；

（七）供安装、调试、检测设备时使用的仪器、工具；

（八）盛装货物的容器；

（九）其他用于非商业目的的货物。

第一款所列暂准进境货物在规定的期限内未复运出境的，或者暂准出境货物在规定的期限内未复运进境的，海关应当依法征收关税。

第一款所列可以暂时免征关税范围以外的其他暂准进境货物，应当按照该货物的完税价格和其在境内滞留时间与折旧时间的比例计算征收进口关税。具体办法由海关总署规定。

第四十三条　因品质或者规格原因，出口货物自出口之日起1年内原状复运进境的，不征收进口关税。

因品质或者规格原因，进口货物自进口之日起1年内原状复运出境的，不征收出口关税。

第四十四条　因残损、短少、品质不良或者规格不符原因，由进出口货物的发货人、承运人或者保险公司免费补偿或者更换的相同货物，进出口时不征收关税。被免费更换的原进口货物不退运出境或者原出口货物不退运进境的，海关应当对原进出口货物重新按照规定征收关税。

第四十五条　下列进出口货物，免征关税：

（一）关税税额在人民币50元以下的一票货物；

（二）无商业价值的广告品和货样；

（三）外国政府、国际组织无偿赠送的物资；

（四）在海关放行前损失的货物；

（五）进出境运输工具装载的途中必需的燃料、物料和饮食用品。

在海关放行前遭受损坏的货物，可以根据海关认定的受损程度减征关税。

法律规定的其他免征或者减征关税的货物，海关根据规定予以免征或者减征。

第四十六条　特定地区、特定企业或者有特定用途的进出口货物减征或者免征关税，以及临时减征或者免征关税，按照国务院的有关规定执行。

第四十七条　进口货物减征或者免征进口环节海关代征税，按照有关法律、行政法规的规定执行。

第四十八条　纳税义务人进出口减免税货物的，除另有规定外，应当在进出口该货物之前，按照规定持有关文件向海关办理减免税审批手续。经海关审查符合规定的，予以减征或者免征关税。

第四十九条　需由海关监管使用的减免税进口货物，在监管年限内转让或者移作他用需要补税的，海关应当根据该货物进口时间折旧估价，补征进口关税。

特定减免税进口货物的监管年限由海关总署规定。

第五十条　有下列情形之一的，纳税义务人自缴纳税款之日起1年内，可以申请退还关税，并应当以书面形式向海关说明理由，提供原缴款凭证及相关资料：

（一）已征进口关税的货物，因品质或者规格原因，原状退货复运出境的；

（二）已征出口关税的货物，因品质或者规格原因，原状退货复运进境，并已重新缴纳因出口而退还的国内环节有关税收的；

（三）已征出口关税的货物，因故未装运出口，申报退关的。

海关应当自受理退税申请之日起30日内查实并通知纳税义务人办理退还手续。纳税义务人应当自收到通知之日起3个月内办理有关退税手续。

按照其他有关法律、行政法规规定应当退还关税的，海关应当按照有关法律、行政法规的规定退税。

第五十一条　进出口货物放行后，海关发现少征或者漏征税款的，应当自缴纳税款或者货物放行之日起1年内，向纳税义务人补征税款。但因纳税义务人违反规定造成少征或者漏征税款的，海关可以自缴纳税款或者货物放行之日起3年内追征税款，并从缴纳税款或者货物放行之日起按日加收少征或者漏征税款万分之五的滞纳金。

海关发现海关监管货物因纳税义务人违反规定造成少征或者漏征税款的，应当自纳税义务人应缴纳税款之日起3年内追征税款，并从应缴纳税款之日起按日加收少征或者漏征税款万分之五的滞纳金。

第五十二条　海关发现多征税款的，应当立即通知纳税义务人办理退还手续。

纳税义务人发现多缴税款的，自缴纳税款之日起1年内，可以以书面形式要求海关退还多缴的税款并加算银行同期活期存款利息；海关应当自受理退税申请之日起30

日内查实并通知纳税义务人办理退还手续。

纳税义务人应当自收到通知之日起 3 个月内办理有关退税手续。

第五十三条　按照本条例第五十条、第五十二条的规定退还税款、利息涉及从国库中退库的，按照法律、行政法规有关国库管理的规定执行。

第五十四条　报关企业接受纳税义务人的委托，以纳税义务人的名义办理报关纳税手续，因报关企业违反规定而造成海关少征、漏征税款的，报关企业对少征或者漏征的税款、滞纳金与纳税义务人承担纳税的连带责任。

报关企业接受纳税义务人的委托，以报关企业的名义办理报关纳税手续的，报关企业与纳税义务人承担纳税的连带责任。

除不可抗力外，在保管海关监管货物期间，海关监管货物损毁或者灭失的，对海关监管货物负有保管义务的人应当承担相应的纳税责任。

第五十五条　欠税的纳税义务人，有合并、分立情形的，在合并、分立前，应当向海关报告，依法缴清税款。纳税义务人合并时未缴清税款的，由合并后的法人或者其他组织继续履行未履行的纳税义务；纳税义务人分立时未缴清税款的，分立后的法人或者其他组织对未履行的纳税义务承担连带责任。

纳税义务人在减免税货物、保税货物监管期间，有合并、分立或者其他资产重组情形的，应当向海关报告。按照规定需要缴税的，应当依法缴清税款；按照规定可以继续享受减免税、保税待遇的，应当到海关办理变更纳税义务人的手续。

纳税义务人欠税或者在减免税货物、保税货物监管期间，有撤销、解散、破产或者其他依法终止经营情形的，应当在清算前向海关报告。海关应当依法对纳税义务人的应缴税款予以清缴。

第五章　进境物品进口税的征收

第五十六条　进境物品的关税以及进口环节海关代征税合并为进口税，由海关依法征收。

第五十七条　海关总署规定数额以内的个人自用进境物品，免征进口税。

超过海关总署规定数额但仍在合理数量以内的个人自用进境物品，由进境物品的纳税义务人在进境物品放行前按照规定缴纳进口税。

超过合理、自用数量的进境物品应当按照进口货物依法办理相关手续。

国务院关税税则委员会规定按货物征税的进境物品，按照本条例第二章至第四章的规定征收关税。

第五十八条　进境物品的纳税义务人是指，携带物品进境的入境人员、进境邮递物品的收件人以及以其他方式进口物品的收件人。

第五十九条　进境物品的纳税义务人可以自行办理纳税手续，也可以委托他人办理纳税手续。接受委托的人应当遵守本章对纳税义务人的各项规定。

第六十条　进口税从价计征。

进口税的计算公式为：进口税税额＝完税价格×进口税税率

第六十一条　海关应当按照《进境物品进口税税率表》及海关总署制定的《中华人民共和国进境物品归类表》、《中华人民共和国进境物品完税价格表》对进境物品进行归类、确定完税价格和确定适用税率。

第六十二条　进境物品适用海关填发税款缴款书之日实施的税率和完税价格。

第六十三条　进口税的减征、免征、补征、追征、退还以及对暂准进境物品征收进口税参照本条例对货物征收进口关税的有关规定执行。

第六章　附　则

第六十四条　纳税义务人、担保人对海关确定纳税义务人、确定完税价格、商品归类、确定原产地、适用税率或者汇率、减征或者免征税款、补税、退税、征收滞纳金、确定计征方式以及确定纳税地点有异议的，应当缴纳税款，并可以依法向上一级海关申请复议。对复议决定不服的，可以依法向人民法院提起诉讼。

第六十五条　进口环节海关代征税的征收管理，适用关税征收管理的规定。

第六十六条　有违反本条例规定行为的，按照《海关法》、《中华人民共和国海关行政处罚实施条例》和其他有关法律、行政法规的规定处罚。

第六十七条　本条例自 2004 年 1 月 1 日起施行。1992 年 3 月 18 日国务院修订发布的《中华人民共和国进出口关税条例》同时废止。

第六节　土地增值税

土地增值税是对在我国境内转让国有土地使用权、地上建筑物及其附着物的单位和个人，以其转让房地产所取得的增值额为课税对象而征收的一种税。

1993 年 12 月 13 日，国务院令第 138 号发布《中华人民共和国土地增值税暂行条例》（以下简称《土地增值税暂行条例》），全国自 1994 年 1 月 1 日起开始征收土地增值税。2019 年 7 月 16 日，财政部、国家税务总局发布《中华人民共和国土地增值税法》（征求意见稿），征求意见截止时间为 2019 年 8 月 15 日。截至 2022 年 12 月 31 日，《中华人民共和国土地增值税法》尚未颁布实施。

一、判定是否征收土地增值税的条件

按照《土地增值税暂行条例》及其细则的规定，在界定土地增值税的征税范围时

应注意以下三点：

（一）只有转让国有土地（指按照法律规定属于国家所有的土地）的使用权，才属于土地增值税的征税范围，集体所有的土地只有在征用后转为国有土地时才能转让。

（二）只有有偿转让（指出售或以其他方式有偿转让）房地产，才属于征税范围，房地产的继承、赠与等无偿转让行为不是土地增值税的征税对象。此外，国有土地使用权的出让行为也不是土地增值税的征税对象。

（三）地上的建筑物及其附着物是指建于地上的一切建筑物、构筑物，地上地下的各种附属设施及附着于该土地上的不能移动、一经移动即遭损坏的种植物、养殖物及其他物品。

甲行家观点：土地增值税是特殊的增值税，亦称之为"土地的增值税"，土地增值税的核心内容概括为六个字：**"国有、有偿、转让"，只有同时满足这三个条件的才能征税，否则不能征土地增值税**。不是国有土地使用权的不征、不是有偿转让的不征、不进行权属登记变更（过户）的不征。

二、土地增值税的税收优惠

通过核对《国家税务总局减免税政策代码目录表（20220627）》的列举事项，查阅现行有效的税收政策文件，归集整理了现行有效的土地增值税优惠事项，共计23项：

（一）改善民生之住房优惠（共计8项）

1. 对个人销售住房，暂免征收土地增值税

《财政部、国家税务总局关于调整房地产交易环节税收政策的通知》（文号：财税〔2008〕137号）的第三条

2. 转让旧房作为经济适用住房房源且增值额未超过扣除项目金额20%的，免征土地增值税

《财政部、国家税务总局关于廉租住房经济适用住房和住房租赁有关税收政策的通知》（文号：财税〔2008〕24号）的第一条第（三）款，文件的详细内容请查看本节附件。

3. 普通标准住宅增值率不超过20%的，减免土地增值税

4. 因国家建设需要依法征收、收回的房地产，减免土地增值税

《中华人民共和国土地增值税暂行条例》（国务院令第138号）第八条第（一）项和第（二）项

5. 转让旧房作为保障性住房且增值额未超过扣除项目金额20%的，免征土地增值税

《财政部、国家税务总局关于棚户区改造有关税收政策的通知》（文号：财税

〔2013〕101号），文件的详细内容请查看本节附件。

6. 转让旧房作为公共租赁住房房源、且增值额未超过扣除项目金额 20%的，免征土地增值税

《财政部、税务总局关于公共租赁住房税收优惠政策的公告》（文号：财政部、税务总局公告 2019 年第 61 号），文件的详细内容请查看本节附件。

后续文件：《财政部、税务总局关于延长部分税收优惠政策执行期限的公告》（文号：财政部、税务总局公告 2021 年第 6 号）

7. 个人之间互换自有居住用房地产，免征土地增值税

8. 合作建房自用的，减免土地增值税

《财政部、国家税务总局关于土地增值税一些具体问题规定的通知》（文号：财税字〔1995〕48 号），文件的详细内容请查看本节附件。

（二）企业改制重组类优惠（共计 7 项）

9~15：对企业改制、资产整合过程中涉及的土地增值税，免征

《财政部、国家税务总局关于中国邮政储蓄银行改制上市有关税收政策的通知》（文号：财税〔2013〕53 号）

《财政部、国家税务总局关于中国邮政集团公司邮政速递物流业务重组改制有关税收问题的通知》（文号：财税〔2011〕116 号）

《财政部、国家税务总局关于中国中信集团公司重组改制过程中土地增值税等政策的通知》（文号：财税〔2013〕3 号）

《财政部、国家税务总局关于中国联合网络通信集团有限公司转让 cdma 网及其用户资产企业合并资产整合过程中涉及的增值税营业税印花税和土地增值税政策问题的通知》（文号：财税〔2011〕13 号）

《财政部、国家税务总局关于中国信达等 4 家金融资产管理公司税收政策问题的通知》（文号：财税〔2001〕10 号）

《财政部、国家税务总局关于中国东方资产管理公司处置港澳国际（集团）有限公司有关资产税收政策问题的通知》（文号：财税〔2003〕212 号）

《财政部、国家税务总局关于中国信达资产管理股份有限公司等 4 家金融资产管理公司有关税收政策问题的通知》（文号：财税〔2013〕56 号）

（三）支持文化教育体育类优惠（共计 6 项）

16. 对北京冬奥组委、北京冬奥会测试赛赛事组委会赛后再销售物品和出让资产，免征土地增值税

17. 对执委会赛后出让资产取得的收入，免征土地增值税

18. 对杭州 2022 年亚运会和亚残运会及其测试赛组委会赛后出让资产取得的收入，免征土地增值税

19. 对 2020 年晋江第 18 届世界中学生运动会的执行委员会、组委会赛后出让资产取得的收入，免征土地增值税

20. 对 2020 年三亚第 6 届亚洲沙滩运动会的执行委员会、组委会赛后出让资产取得的收入，免征土地增值税

21. 对 2021 年成都第 31 届世界大学生运动会的执行委员会、组委会赛后出让资产取得的收入，免征土地增值税

《财政部、税务总局、海关总署关于北京 2022 年冬奥会和冬残奥会税收政策的通知》（文号：财税〔2017〕60 号）

《财政部、税务总局、海关总署关于第七届世界军人运动会税收政策的通知》（文号：财税〔2018〕119 号）

《财政部、税务总局、海关总署关于杭州 2022 年亚运会和亚残运会税收政策的公告》（文号：财政部公告 2020 年第 18 号）

《财政部、税务总局、海关总署关于第 18 届世界中学生运动会等三项国际综合运动会税收政策的公告》（文号：财政部公告 2020 年第 19 号），文件的详细内容请查看本节附件。

（四）其他类优惠（共计 2 项）

22. 被撤销金融机构清偿债务，免征土地增值税

《财政部、国家税务总局关于被撤销金融机构有关税收政策问题的通知》（文号：财税〔2003〕141 号）第二条第 4 项，文件的详细内容请查看本节附件。

23. 因城市实施规划、国家建设需要而搬迁，纳税人自行转让房地产，免征土地增值税

《财政部、国家税务总局关于土地增值税若干问题的通知》（文号：财税〔2006〕21 号），文件的详细内容请查看本节附件。

附件：

财政部　国家税务总局
关于廉租住房、经济适用住房和住房租赁有关税收政策的通知

文号：财税〔2008〕24 号　发布日期：2008-03-03

为贯彻落实《国务院关于解决城市低收入家庭住房困难的若干意见》（国发〔2007〕24 号）精神，促进廉租住房、经济适用住房制度建设和住房租赁市场的健康发展，经国务院批准，现将有关税收政策通知如下：

一、支持廉租住房、经济适用住房建设的税收政策

（一）对廉租住房经营管理单位按照政府规定价格、向规定保障对象出租廉租住房的租金收入，免征营业税、房产税。

（二）对廉租住房、经济适用住房建设用地以及廉租住房经营管理单位按照政府规定价格、向规定保障对象出租的廉租住房用地，免征城镇土地使用税。

开发商在经济适用住房、商品住房项目中配套建造廉租住房，在商品住房项目中配套建造经济适用住房，如能提供政府部门出具的相关材料，可按廉租住房、经济适用住房建筑面积占总建筑面积的比例免征开发商应缴纳的城镇土地使用税。

（三）企事业单位、社会团体以及其他组织转让旧房作为廉租住房、经济适用住房房源且增值额未超过扣除项目金额20%的，免征土地增值税。

（四）对廉租住房、经济适用住房经营管理单位与廉租住房、经济适用住房相关的印花税以及廉租住房承租人、经济适用住房购买人涉及的印花税予以免征。

开发商在经济适用住房、商品住房项目中配套建造廉租住房，在商品住房项目中配套建造经济适用住房，如能提供政府部门出具的相关材料，可按廉租住房、经济适用住房建筑面积占总建筑面积的比例免征开发商应缴纳的印花税。

（五）对廉租住房经营管理单位购买住房作为廉租住房、经济适用住房经营管理单位回购经济适用住房继续作为经济适用住房房源的，免征契税。

（六）对个人购买经济适用住房，在法定税率基础上减半征收契税。

（七）对个人按《廉租住房保障办法》（建设部等9部委令第162号）规定取得的廉租住房货币补贴，免征个人所得税；对于所在单位以廉租住房名义发放的不符合规定的补贴，应征收个人所得税。

（八）企事业单位、社会团体以及其他组织于2008年1月1日前捐赠住房作为廉租住房的，按《中华人民共和国企业所得税暂行条例》（国务院令第137号）、《中华人民共和国外商投资企业和外国企业所得税法》有关公益性捐赠政策执行；2008年1月1日后捐赠的，按《企业所得税法》有关公益性捐赠政策执行。个人捐赠住房作为廉租住房的，捐赠额未超过其申报的应纳税所得额30%的部分，准予从其应纳税所得额中扣除。

廉租住房、经济适用住房、廉租住房承租人、经济适用住房购买人以及廉租住房租金、货币补贴标准等须符合国发〔2007〕24号文件及《廉租住房保障办法》（建设部等9部委令第162号）、《经济适用住房管理办法》（建住房〔2007〕258号）的规定；廉租住房、经济适用住房经营管理单位为县级以上人民政府主办或确定的单位。

二、支持住房租赁市场发展的税收政策

（一）对个人出租住房取得的所得减按10%的税率征收个人所得税。

（二）对个人出租、承租住房签订的租赁合同，免征印花税。

（三）对个人出租住房，不区分用途，在3%税率的基础上减半征收营业税，按

4%的税率征收房产税，免征城镇土地使用税。

……

各地要严格执行税收政策，加强管理，对执行过程中发现的问题，及时上报财政部、国家税务总局。

特此通知。

财政部　国家税务总局
关于棚户区改造有关税收政策的通知

文号：财税〔2013〕101号　发布日期：2013-12-02

为贯彻落实《国务院关于加快棚户区改造工作的意见》（国发〔2013〕25号）有关要求，现将棚户区改造相关税收政策通知如下：

一、对改造安置住房建设用地免征城镇土地使用税。对改造安置住房经营管理单位、开发商与改造安置住房相关的印花税以及购买安置住房的个人涉及的印花税予以免征。

在商品住房等开发项目中配套建造安置住房的，依据政府部门出具的相关材料、房屋征收（拆迁）补偿协议或棚户区改造合同（协议），按改造安置住房建筑面积占总建筑面积的比例免征城镇土地使用税、印花税。

二、企事业单位、社会团体以及其他组织转让旧房作为改造安置住房房源且增值额未超过扣除项目金额20%的，免征土地增值税。

三、对经营管理单位回购已分配的改造安置住房继续作为改造安置房源的，免征契税。

四、个人首次购买90平方米以下改造安置住房，按1%的税率计征契税；购买超过90平方米，但符合普通住房标准的改造安置住房，按法定税率减半计征契税。

五、个人因房屋被征收而取得货币补偿并用于购买改造安置住房，或因房屋被征收而进行房屋产权调换并取得改造安置住房，按有关规定减免契税。个人取得的拆迁补偿款按有关规定免征个人所得税。

六、本通知所称棚户区是指简易结构房屋较多、建筑密度较大、房屋使用年限较长、使用功能不全、基础设施简陋的区域，具体包括城市棚户区、国有工矿（含煤矿）棚户区、国有林区棚户区和国有林场危旧房、国有垦区危房。棚户区改造是指列入省级人民政府批准的棚户区改造规划或年度改造计划的改造项目；改造安置住房是指相关部门和单位与棚户区被征收人签订的房屋征收（拆迁）补偿协议或棚户区改造合同（协议）中明确用于安置被征收人的住房或通过改建、扩建、翻建等方式实施改造的住房。

七、本通知自 2013 年 7 月 4 日起执行。《财政部、国家税务总局关于城市和国有工矿棚户区改造项目有关税收优惠政策的通知》（财税〔2010〕42 号）同时废止。2013 年 7 月 4 日至文到之日的已征税款，按有关规定予以退税。

财政部　国家税务总局
关于被撤销金融机构有关税收政策问题的通知
文号：财税〔2003〕141 号　发布日期：2003-07-03

为了促进被撤销金融机构的清算工作，加强对金融活动的监督管理，维护金融秩序，根据《金融机构撤销条例》第二十一条的规定，现对被撤销金融机构清理和处置财产过程中有关税收优惠政策问题通知如下：

一、享受税收优惠政策的主体是指经中国人民银行依法决定撤销的金融机构及其分设于各地的分支机构，包括被依法撤销的商业银行、信托投资公司、财务公司、金融租赁公司、城市信用社和农村信用社。除另有规定者外，被撤销的金融机构所属、附属企业，不享受本通知规定的被撤销金融机构的税收优惠政策。

二、被撤销金融机构清理和处置财产可享受以下税收优惠政策：

1. 对被撤销金融机构接收债权、清偿债务过程中签订的产权转移书据，免征印花税。

2. 对被撤销金融机构清算期间自有的或从债务方接收的房地产、车辆，免征房产税、城镇土地使用税和车船使用税。

3. 对被撤销的金融机构在清算过程中催收债权时，接收债务方土地使用权、房屋所有权所发生的权属转移免征契税。

4. 对被撤销金融机构财产用来清偿债务时，免征被撤销金融机构转让货物、不动产、无形资产、有价证券、票据等应缴纳的增值税、营业税、城市维护建设税、教育费附加和土地增值税。

三、除第二条规定者外，被撤销的金融机构在清算开始后、清算资产被处置前持续经营的经济业务所发生的应纳税款应按规定予以缴纳。

四、被撤销金融机构的应缴未缴国家的税金及其他款项应按照法律法规规定的清偿顺序予以缴纳。

五、被撤销金融机构的清算所得应该依法缴纳企业所得税。

六、本通知自《金融机构撤销条例》生效之日起开始执行。凡被撤销金融机构在《金融机构撤销条例》生效之日起进行的财产清理和处置的涉税政策均按本通知执行。本通知发布前，属免征事项的应纳税款不再追缴，已征税款不予退还。

财政部　国家税务总局
关于土地增值税一些具体问题规定的通知

文号：财税字〔1995〕048 号　发布日期：1995-05-25

按照《中华人民共和国土地增值税暂行条例》（以下简称条例）和《中华人民共和国土地增值税暂行条例实施细则》（以下简称细则）的规定，现对土地增值税一些具体问题规定如下：

一、关于以房地产进行投资、联营的征免税问题

对于以房地产进行投资、联营的，投资、联营的一方以土地（房地产）作价入股进行投资或作为联营条件，将房地产转让到所投资、联营的企业中时，暂免征收土地增值税。对投资、联营企业将上述房地产再转让的，应征收土地增值税。

【飞狼财税通编注：根据 2006 年 3 月 2 日　财税〔2006〕21 号《财政部、国家税务总局关于土地增值税若干问题的通知》第五条规定"对于以土地（房地产）作价入股进行投资或联营的，凡所投资、联营的企业从事房地产开发的，或者房地产开发企业以其建造的商品房进行投资和联营的"，均不适用本条暂免征收土地增值税的规定。】

【飞狼财税通编注：根据 2015 年 2 月 2 日　财税〔2015〕5 号《财政部、国家税务总局关于企业改制重组有关土地增值税政策的通知》本文第一条自 2015 年 1 月 1 日起废止。】

二、关于合作建房的征免税问题

对于一方出地，一方出资金，双方合作建房，建成后按比例分房自用的，暂免征收土地增值税；建成后转让的，应征收土地增值税。

三、关于企业兼并转让房地产的征免税问题

在企业兼并中，对被兼并企业将房地产转让到兼并企业中的，暂免征收土地增值税。【飞狼财税通编注：根据 2015 年 2 月 2 日　财税〔2015〕5 号《财政部、国家税务总局关于企业改制重组有关土地增值税政策的通知》本文第三条自 2015 年 1 月 1 日起废止。】

四、关于细则中"赠与"所包括的范围问题

细则所称的"赠与"是指如下情况：

（一）房产所有人、土地使用权所有人将房屋产权、土地使用权赠与直系亲属或承担直接赡养义务人的。

（二）房产所有人、土地使用权所有人通过中国境内非营利的社会团体、国家机关将房屋产权、土地使用权赠与教育、民政和其他社会福利、公益事业的。

上述社会团体是指中国青少年发展基金会、希望工程基金会、宋庆龄基金会、减

灾委员会、中国红十字会、中国残疾人联合会、全国老年基金会、老区促进会以及经民政部门批准成立的其他非营利的公益性组织。

五、关于个人互换住房的征免税问题

对个人之间互换自有居住用房地产的，经当地税务机关核实，可以免征土地增值税。

六、关于地方政府要求房地产开发企业代收的费用如何计征土地增值税的问题。

对于县级及县级以上人民政府要求房地产开发企业在售房时代收的各项费用，如果代收费用是计入房价中向购买方一并收取的，可作为转让房地产所取得的收入计税；如果代收费用未计入房价中，而是在房价之外单独收取的，可以不作为转让房地产的收入。

对于代收费用作为转让收入计税的，在计算扣除项目金额时，可予以扣除，但不允许作为加计20%扣除的基数；对于代收费用未作为转让房地产的收入计税的，在计算增值额时不允许扣除代收费用。

七、关于新建房与旧房的界定问题。

新建房是指建成后未使用的房产。凡是已使用一定时间或达到一定磨损程度的房产均属旧房。使用时间和磨损程度标准可由各省、自治区、直辖市财政厅（局）和地方税务局具体规定。

八、关于扣除项目金额中的利息支出如何计算问题

（一）利息的上浮幅度按国家的有关规定执行，超过上浮幅度的部分不允许扣除。

（二）对于超过贷款期限的利息部分和加罚的利息不允许扣除。

九、关于计算增值额时扣除已缴纳印花税的问题

细则中规定允许扣除的印花税，是指在转让房地产时缴纳的印花税。房地产开发企业按照《施工、房地产开发企业财产制度》的有关规定，其缴纳的印花税列入管理费用，已相应予以扣除。其他的土地增值税纳税义务人在计算土地增值税时允许扣除在转让时缴纳的印花税。

十、关于转让旧房如何确定扣除项目金额的问题

转让旧房的，应按房屋及建筑物的评估价格、取得土地使用权所支付的地价款和按国家统一规定交纳的有关费用以及在转让环节缴纳的税金作为扣除项目金额计征土地增值税。对取得土地使用权时未支付地价款或不能提供已支付的地价款凭据的，不允许扣除取得土地使用权所支付的金额。

十一、关于已缴纳的契税可否在计税时扣除的问题

对于个人购入房地产再转让的，其在购入时已缴纳的契税，在旧房及建筑物的评估价中已包括了此项因素，在计征土地增值税时，不另作为"与转让房地产有关的税金"予以扣除。

十二、关于评估费用可否在计算增值额时扣除的问题

纳税人转让旧房及建筑物时因计算纳税的需要而对房地产进行评估,其支付的评估费用允许在计算增值额时予以扣除。对条例第九条规定的纳税人隐瞒、虚报房地产成交价格等情形而按房地产评估价格计算征收土地增值税所发生的评估费用,不允许在计算土地增值税时予以扣除。

十三、关于既建普通标准住宅又搞其他类型房地产开发如何计税的问题

对纳税人既建普通标准住宅又搞其他房地产开发的,应分别核算增值额。不分别核算增值额或不能准确核算增值额的,其建造的普通标准住宅不能适用条例第八条(一)项的免税规定。

十四、关于预售房地产所取得的收入是否申报纳税问题

根据细则的规定,对纳税人在项目全部竣工结算前转让房地产取得的收入可以预征土地增值税。具体办法由各省、自治区、直辖市地方税务局根据当地情况制定。因此,对纳税人预售房地产所取得的收入,当地税务机关规定预征土地增值税纳税人应当到主管税务机关办理纳税申报,并按规定比例预交、待办理决算后,多退少补;当地税务机关规定不预征土地增值税的,也应在取得收入时先到税务机关登记或备案。

十五、关于分期收款的外币收入如何折合人民币的问题

对于取得的收入为外国货币的,依照细则规定,以取得收入当天或当月1日国家公布的市场汇价折合人民币,据以计算土地增值税税额。对于以分期收款形式取得的外币收入,也应按实际收款日或收款当月1日国家公布的市场汇价折合人民币。

十六、关于纳税期限的问题

根据条例第十条、第十二条和细则第十五条的规定,税务机关核定的纳税期限,应在纳税人签订房地产转让合同之后、办理房地产权属转让(即过户及登记)手续之前。

十七、关于财政部、国家税务总局《关于对1994年1月1日前签订开发及转让合同的房地产征免土地增值税的通知》(财法字〔1995〕7号)适用范围的问题。

该通知规定的适用范围,限于房地产开发企业转让新建房地产的行为,非房地产开发企业或房地产开发企业转让存量房地产的,不适用此规定。

财政部　国家税务总局
关于企业改制重组有关土地增值税政策的通知

失效法规　废止日期：2018-01-01

文号：财税〔2015〕5号　发布日期：2015-02-02

为贯彻落实《国务院关于进一步优化企业兼并重组市场环境的意见》（国发〔2014〕14号），现将企业在改制重组过程中涉及的土地增值税政策通知如下：

一、按照《中华人民共和国公司法》的规定，非公司制企业整体改建为有限责任公司或者股份有限公司，有限责任公司（股份有限公司）整体改建为股份有限公司（有限责任公司）。对改建前的企业将国有土地、房屋权属转移、变更到改建后的企业，暂不征土地增值税。

本通知所称整体改建是指不改变原企业的投资主体，并承继原企业权利、义务的行为。

二、按照法律规定或者合同约定，两个或两个以上企业合并为一个企业，且原企业投资主体存续的，对原企业将国有土地、房屋权属转移、变更到合并后的企业，暂不征土地增值税。

三、按照法律规定或者合同约定，企业分设为两个或两个以上与原企业投资主体相同的企业，对原企业将国有土地、房屋权属转移、变更到分立后的企业，暂不征土地增值税。

四、单位、个人在改制重组时以国有土地、房屋进行投资，对其将国有土地、房屋权属转移、变更到被投资的企业，暂不征土地增值税。

五、上述改制重组有关土地增值税政策不适用于房地产开发企业。

六、企业改制重组后再转让国有土地使用权并申报缴纳土地增值税时，应以改制前取得该宗国有土地使用权所支付的地价款和按国家统一规定缴纳的有关费用，作为该企业"取得土地使用权所支付的金额"扣除。企业在重组改制过程中经省级以上（含省级）国土管理部门批准，国家以国有土地使用权作价出资入股的，再转让该宗国有土地使用权并申报缴纳土地增值税时，应以该宗土地作价入股时省级以上（含省级）国土管理部门批准的评估价格，作为该企业"取得土地使用权所支付的金额"扣除。办理纳税申报时，企业应提供该宗土地作价入股时省级以上（含省级）国土管理部门的批准文件和批准的评估价格，不能提供批准文件和批准的评估价格的，不得扣除。

七、企业按本通知有关规定享受相关土地增值税优惠政策的，应及时向主管税务机关提交相关房产、国有土地权证、价值证明等书面材料。

八、本通知执行期限为 2015 年 1 月 1 日至 2017 年 12 月 31 日。《财政部、国家税务总局关于土地增值税一些具体问题规定的通知》（财税字〔1995〕48 号）第一条、第三条，《财政部、国家税务总局关于土地增值税若干问题的通知》（财税〔2006〕21 号）第五条同时废止。

财政部　税务总局
关于继续实施企业改制重组有关土地增值税政策的通知

失效法规　废止日期：2021-01-01
文号：财税〔2018〕57　发布日期：2018-05-16

为支持企业改制重组，优化市场环境，现将继续执行企业在改制重组过程中涉及的土地增值税政策通知如下：

一、按照《中华人民共和国公司法》的规定，非公司制企业整体改制为有限责任公司或者股份有限公司，有限责任公司（股份有限公司）整体改制为股份有限公司（有限责任公司），对改制前的企业将国有土地使用权、地上的建筑物及其附着物（以下称房地产）转移、变更到改制后的企业，暂不征土地增值税。

本通知所称整体改制是指不改变原企业的投资主体，并承继原企业权利、义务的行为。

二、按照法律规定或者合同约定，两个或两个以上企业合并为一个企业，且原企业投资主体存续的，对原企业将房地产转移、变更到合并后的企业，暂不征土地增值税。

三、按照法律规定或者合同约定，企业分设为两个或两个以上与原企业投资主体相同的企业，对原企业将房地产转移、变更到分立后的企业，暂不征土地增值税。

四、单位、个人在改制重组时以房地产作价入股进行投资，对其将房地产转移、变更到被投资的企业，暂不征土地增值税。

五、上述改制重组有关土地增值税政策不适用于房地产转移任意一方为房地产开发企业的情形。

六、企业改制重组后再转让国有土地使用权并申报缴纳土地增值税时，应以改制前取得该宗国有土地使用权所支付的地价款和按国家统一规定缴纳的有关费用，作为该企业"取得土地使用权所支付的金额"扣除。企业在改制重组过程中经省级以上（含省级）国土管理部门批准，国家以国有土地使用权作价出资入股的，再转让该宗国有土地使用权并申报缴纳土地增值税时，应以该宗土地作价入股时省级以上（含省级）国土管理部门批准的评估价格，作为该企业"取得土地使用权所支付的金额"扣除。办理纳税申报时，企业应提供该宗土地作价入股时省级以上（含省级）国土管理部门的批准文件和批准的评估价格，不能提供批准文件和批准的评估价格的，不得扣除。

七、企业在申请享受上述土地增值税优惠政策时，应向主管税务机关提交房地产转移双方营业执照、改制重组协议或等效文件，相关房地产权属和价值证明、转让方改制重组前取得土地使用权所支付地价款的凭据（复印件）等书面材料。

八、本通知所称不改变原企业投资主体、投资主体相同，是指企业改制重组前后出资人不发生变动，出资人的出资比例可以发生变动；投资主体存续，是指原企业出资人必须存在于改制重组后的企业，出资人的出资比例可以发生变动。

九、本通知执行期限为2018年1月1日至2020年12月31日。

财政部 税务总局
关于继续实施企业改制重组有关土地增值税政策的公告

文号：财政部、税务总局公告2021年第21号　发布日期：2021-05-31

为支持企业改制重组，优化市场环境，现就继续执行有关土地增值税政策公告如下：

一、企业按照《中华人民共和国公司法》有关规定整体改制，包括非公司制企业改制为有限责任公司或股份有限公司，有限责任公司变更为股份有限公司，股份有限公司变更为有限责任公司，对改制前的企业将国有土地使用权、地上的建筑物及其附着物（以下称房地产）转移、变更到改制后的企业，暂不征土地增值税。

本公告所称整体改制是指不改变原企业的投资主体，并承继原企业权利、义务的行为。

二、按照法律规定或者合同约定，两个或两个以上企业合并为一个企业，且原企业投资主体存续的，对原企业将房地产转移、变更到合并后的企业，暂不征土地增值税。

三、按照法律规定或者合同约定，企业分设为两个或两个以上与原企业投资主体相同的企业，对原企业将房地产转移、变更到分立后的企业，暂不征土地增值税。

四、单位、个人在改制重组时以房地产作价入股进行投资，对其将房地产转移、变更到被投资的企业，暂不征土地增值税。

五、上述改制重组有关土地增值税政策不适用于房地产转移任意一方为房地产开发企业的情形。

六、改制重组后再转让房地产并申报缴纳土地增值税时，对"取得土地使用权所支付的金额"，按照改制重组前取得该宗国有土地使用权所支付的地价款和按国家统一规定缴纳的有关费用确定；经批准以国有土地使用权作价出资入股的，为作价入股时县级及以上自然资源部门批准的评估价格。按购房发票确定扣除项目金额的，按照改制重组前购房发票所载金额并从购买年度起至本次转让年度止每年加计 5% 计算扣除项目金额，购买年度是指购房发票所载日期的当年。

七、纳税人享受上述税收政策，应按税务机关规定办理。

八、本公告所称不改变原企业投资主体、投资主体相同，是指企业改制重组前后出资人不发生变动，出资人的出资比例可以发生变动；投资主体存续，是指原企业出资人必须存在于改制重组后的企业，出资人的出资比例可以发生变动。

九、本公告执行期限为 2021 年 1 月 1 日至 2023 年 12 月 31 日。企业改制重组过程中涉及的土地增值税尚未处理的，符合本公告规定可按本公告执行。

第四章　所得税类税收优惠

　　所得税又称所得课税、收益税，是指国家对法人、自然人和其他经济组织在一定时期内的各种所得总额征收的一类税收。同是所得税，但全球各国的叫法存在差异，有些国家以公司为课税而称为公司税，或公司收入税，或营利事业综合所得税。在我国，因为纳税义务人不同，按照法人和自然人将所得税分为两类：以自然人为纳税义务人的个人所得税和以法人为纳税义务人的企业所得税，更准确的定义，企业所得税应该是法人所得税。**法人未必是企业，企业也未必是法人。**

一、所得税的分类

通过归纳总结，为了便于记忆和区分，甲行家财税所得税公式如下：

1. 所得税＝法人（企业）所得税＋个人所得税

按照纳税义务人的"身份"不同，可以将所得税分为两类：由法人单位缴纳的企业所得税和由自然人个人缴纳的个人所得税。

2. 所得税＝居民（全球）所得税＋非居民（中国境内）所得税

按照应税所得来源不同，即是否对我国"关税国境"外的所得征税，又将所得税分两类：对我国的居民的全球所得征税的居民所得税（既包括企业所得税也包括个人所得税），对我国的非居民的取得的来源于我国境内的所得征税的非居民所得税，即包括预扣缴的企业所得税（一般是税率10%），也包括个人所得税。

3. 法人（企业）所得税＝居民企业所得税＋非居民企业所得税

4. 个人所得税＝居民个人所得税＋非居民个人所得税

5. 所得税＝企业（居民＋非居民）所得税＋个人（居民＋非居民）所得税

所得税是以经过计算得出的应纳税所得额为计税依据。

我国的所得税历史：在中华人民共和国成立以后的很长一段时间里，所得税收入在中国税收收入中的比重很小，所得税的作用微乎其微，直到改革开放后，特别是 20 世纪 80 年代中期国营企业"利改税"和 90 年代的工商税制改革（1994 年）以后才得以改变。在 2008 年 1 月 1 日《企业所得税法》实施前，中国税制中的所得税类税收包括内资企业所得税、外商投资企业和外国企业所得税、个人所得税共 3 个税种。2008 年以后是分为企业所得税和个人所得税，2019 年 1 月 1 日实施的新《个人所得税法》，对居民和非居民按照统一口径征收个人所得税。历时近四十年，终于建立起征收范围全面内外统一的"双所得税"制度。

二、所得税的主要特征

一是计税依据的直接性。所得税是直接税，其税收负担不易于转嫁。

二是课征税基的广泛性。作为课税对象的所得，可以是来自家庭、企业、社会团体等各种纳税义务人，在一定时间内可以获得的个人纯收益。

三是税收分配的累进性。累进性，是指经常性项目通常采用累计税率。税率设计时尽可能体现量能课征的公平性原则，以体现在纵向公平方面发挥积极作用。

四是征税管理的复杂性。因为所得税的计税依据是根据复杂计算所得到的应纳税所得额，在此基础上才能计算出应纳税额。在企业所得税里，应纳税所得额 ≠ 会计利润，需要进行分配扣除。在个人所得税中，也需要复杂计算。所得税相对于间接税的计算来说，更复杂，征收成本更高。

五是税收收入的弹性。税收收入的弹性是指在累进的所得税制下，所得税的边际税赋随应纳税所得额的变化而变化。也就是说，所得税的收入随着经济繁荣而增加，随经济衰退而降低，不仅使税收收入具有弹性，而且可发挥调控经济的"自动稳定器"的功能。

三、个人所得税

个人所得税是指国家对本国公民、居住在本国境内的居民个人的所得和境外非居民个人来源于本国的所得征收的一种所得税。在中国境内有住所，或者无住所而一个纳税年度内在中国境内居住累计满一百八十三天的个人，为居民个人。居民个人从中国境内和境外取得的所得，依照本法规定缴纳个人所得税。在中国境内无住所又不居住，或者无住所而一个纳税年度内在中国境内居住累计不满一百八十三天的个人，为非居民个人。非居民个人只就从中国境内取得的所得征税，这是收入来源地税收管辖权的运用。

我国的个人所得税采取"分类与综合相结合"所得税制，其征税项目有：个人的综合所得（包括工资薪金所得，劳务报酬所得，稿酬所得和特许权使用费所得）、经营所得、资本利得（包括利息、股息、红利所得，财产租赁所得，财产转让所得）和偶然所得。

四、企业所得税

在中华人民共和国境内，具有独立法人资格的企业和其他取得应税收入的组织（以下统称企业）为企业所得税的纳税人（个人独资企业、合伙企业除外）。居民企业应当就其来源于中国境内、境外的所得缴纳企业所得税。（居民企业，是指依法在中国境内成立，或者依照外国（地区）法律成立但实际管理机构在中国境内的企业）非居民企业在中国境内设立机构、场所的，应当就其所设机构、场所取得的来源于中国境内的所得，以及发生在中国境外但与其所设机构、场所有实际联系的所得，缴纳企业所得税。

五、应纳税所得额

无论是企业所得税还是个人所得税，从性质上看，应纳税所得额即对所得收益的分类可以分为四类：经营（劳务）所得、资本利得、财产收益所得和其他所得。

（一）经营（劳务）所得

是指法人（企业）组织的主营业务所得和自然人的工资薪金、劳务报酬、稿酬等劳务所得和经营所得；会计上的概念，公司经营所得，是指公司以每一纳税年度的收入总额减除成本、费用以及损失后的余额。个体工商户从事生产、经营活动取得的所得，个人独资企业投资人、合伙企业的个人合伙人来源于境内注册的个人独资企业、合伙企业生产、经营的所得。

（二）资本利得

是指纳税人通过出售诸如房屋、机器设备、股票、债券、商誉、商标和专利权等资本项目所获取的毛收入，减去购入价格以后的余额。

（三）财产收益所得

收益权是所有权的一项基本权能。收益，一般包括以营利为目的而取得的经营性效益和不以营利为目的而取得的非经营性收益。经营性收益必须是依法享有权利进行该项营业者在法定范围内的收益。财产收益税是指以财产的收益额，而不是以财产本身的价值额为课税对象，如房产土地机器设备的出租所得。

（四）其他所得

其他所得是指前述三类所得意外的不经常发生的偶然所得或营业外收益。

第一节　个人所得税（上）

简单问题复杂化的，是专家；复杂问题简单化的，是行家！甲行家，财税传道授业解惑为己任，不做专家做行家，要做就做最好的！贾忠华@甲行家。

个人所得税是国家对本国公民、居住在本国境内的个人的所得和境外个人来源于本国的所得征收的一种所得税。

1980年9月10日，第五届全国人民代表大会第三次会议通过并公布了《个人所得税法》。同年12月14日，经国务院批准，财政部公布了《个人所得税施行细则》，实行了仅对外籍个人征收的个人所得税。

1986年9月，针对我国国内个人收入发生很大变化的情况，国务院发布了《中华人民共和国个人收入调节税暂行条例》，规定对本国公民的个人收入统一征收个人收入调节税。1993年10月31日，第八届全国人民代表大会常务委员会第四次会议通过了《关于修改〈个人所得税法〉的决定》的修正案，规定不分内、外，所有中国居民和有来源于中国所得的非居民，均应依法缴纳个人所得税，同日发布了新修改的《个人所得税法》。

1994年1月28日，国务院发布了《中华人民共和国个人所得税法实施条例》。

2005年10月27日，第十届全国人大常委会第十八次会议再次审议《个人所得税法修正案草案》，会议表决通过全国人大常委会关于修改个人所得税法的决定，将免征额由800元提高到1600元，于2006年1月1日起施行。

2007年12月29日，第十届全国人大常委会第三十一次会议表决通过了关于修改《个人所得税法》的决定。个人所得税免征额自2008年3月1日起由1600元提高到2000元。

2011年6月30日，第十一届全国人大常委会第二十一次会议表决通过了全国人大常委会关于修改《个人所得税法》的决定。个人所得税免征额将从2000元提高到3500元，同时，将现行个人所得税第1级税率由5%修改为3%，9级超额累进税率修改为7级，取消15%和40%两档税率，扩大3%和10%两个低档税率和45%最高档税率的适用范围等。该决定自2011年9月1日起实施。

2018年6月19日，《个人所得税法》修正案草案提请十三届全国人大常委会第三次会议审议，这是个税法自1980年出台以来第七次大修。这是一次根本性变革：工资薪金、劳务报酬、稿酬和特许权使用费等四项劳动性所得首次实行综合征税；个税免征额由每月3500元提高至每月5000元（每年6万元）；首次增加子女教育支出、继续教育支出、大病医疗支出、住房贷款利息和住房租金等专项附加扣除；优化调整税率结构，扩大较低档税率级距。

一、2019 年新个税法概述

2018 年 8 月 31 日，修改个人所得税法的决定通过，基本减除费用标准调至每人每月 5000 元，自 2018 年 10 月 1 日起实施。2021 年 12 月 29 日召开的国务院常务会议，决定将全年一次性奖金不并入当月工资薪金所得、实施按月单独计税的政策延至 2023 年年底。2022 年 3 月 28 日，国务院决定设立 3 岁以下婴幼儿照护个人所得税专项附加扣除，自 2022 年 1 月 1 日起实施。

2019 年新个税法规定：居民个人的综合所得，以每一纳税年度的收入额减除费用六万元以及专项扣除、专项附加扣除和依法确定的其他扣除后的余额，为应纳税所得额，实现减税向中低收入倾斜。个税的部分税率级距进一步优化调整，扩大 3%、10%、20% 三档低税率的级距，缩小 25% 税率的级距，30%、35%、45% 三档较高税率级距保持不变。

自 2019 年 1 月 1 日起施行的，新修订的《个人所得税法》的核心，是建立"内外有别、综分结合、分类征管"新个人所得税征管制度，明确"三分税目、扣缴优先、责任自负"纳税人自行年度纳税申报和汇算清缴义务及相关责任，确定个人所得税的综合所得是按年计算并健全"预缴、年报、汇算和月报"申报体系。

此次修订的最大变化是逐渐向家庭征收布局靠拢的结构性调整。具体体现为以下九个方面。

（一）明确非居民判定标准和相关个税征管规定

我国个人所得税的纳税义务人是在中国境内居住有所得的人，以及不在中国境内居住而从中国境内取得所得的个人，包括中国国内公民，在华取得所得的外籍人员和港、澳、台同胞。

1. 居民纳税义务人

在中国境内有住所，或者无住所而一个纳税年度在中国境内居住累计满 183 天的个人，是居民纳税义务人，应当承担无限纳税义务，即就其在中国境内和境外取得的所得，依法缴纳个人所得税。

2. 非居民纳税义务人

在中国境内无住所又不居住或者无住所而一个纳税年度在中国境内居住不满 183 天的个人，是非居民纳税义务人，承担有限纳税义务，仅就其从中国境内取得的所得，依法缴纳个人所得税。

3. 甲行家财税公式之个人所得税系列：

首先，所得税系列公式：

① 所得税 = 居民 + 非居民

② 所得税 = 企业所得税 + 个人所得税

③ 企业所得税＝居民+非居民　　个人所得税＝居民+非居民

④ 所得税＝法人+非法人（非法人≠自然人）

⑤ 企业所得税＝法人所得税

其次，内外有别系列之：

① 纳税义务人之所得税＝居民+非居民

② 课税对象之所得税＝法人+非法人

③ 居民/非居民＝法人+非法人

④ 居民/非居民的所得税＝企业所得税+个人所得税

⑤ 非法人≠自然人

⑥ 非法人＝私营独资+个体商户+自然（合伙）人

⑦ 居民所得＝境内所得+境外所得　　年度汇算清缴

⑧ 非居民所得＝境内所得　　　　　　只代扣预缴不汇算

合伙自然人个人所得税是经营所得（原个体工商户生产经营所得），每季度申报预缴。

最后，综分结合系列之：

① 非法人（个人）所得＝综合所得+经营所得+分类所得

② 综合所得＝"劳、工、稿、特权"

③ 经营所得＝私营独资+个体商户+合伙（自然人）经营

④ 分类所得＝投资投机所得＝财产所得+偶然所得

目前，是综分结合，即综合征收与分类征收相结合征个税，是小综合，只有到了大综合之日，才是家庭征收之时！

（二）"合二删一"十一项所得调整为九项所得

新《个人所得税法》将税率、税目和所得项目进行了"三六九"分类，即将适用税率分为三种，税目分为六类，应税所得项目分为九项。

首先，通过合并"个体工商户经营所得+企事业单位承包经营所得"两个所得项目为一个，统一为经营所得，同时删除"其他所得"，即"合二删一"，修订前的十一项所得调整为九项应税所得。

新《个人所得税法》第二条规定：

下列各项个人所得，应当缴纳个人所得税：

（一）工资、薪金所得；（二）劳务报酬所得；（三）稿酬所得；（四）特许权使用费所得；（五）经营所得；（六）利息、股息、红利所得；（七）财产租赁所得；（八）财产转让所得；（九）偶然所得。

其次，是将"劳工稿特权"这前四项所得，合并为综合所得一个税目，因此，现行的个人所得税税目分为六类，分别是：

（一）综合所得；（二）经营所得；（三）利息、股息、红利所得；（四）财产租赁所得；（五）财产转让所得；（六）偶然所得。

最后是，税率分三种情况：

（一）综合所得的税率是 3%~45%；

（二）经营所得的税率是 3%~35%；

（三）财产偶然所得的税率是 20%。

甲行家个税所得分类公式可表示为：

个税所得＝综合所得+经营所得+财产所得+偶然所得

其中，综合所得是按月预扣缴与年度汇算，综合所得按年计算个人所得税，由扣缴义务人按月或者按次预扣预缴税款，居民个人年度终了后需要补税或者退税的，按照规定办理汇算清缴。

（三）免征额变成减除费用，提至 5000 元/月，改为 60000 元/年

在计算综合所得时，扣除分为四类：一是基本费用：每人 5000 元/月，60000 元/年；二是专项扣除，包括：居民个人按照国家规定的范围和标准缴纳的基本养老保险、基本医疗保险、失业保险等社会保险费和住房公积金等"五险一金"；三是专项附加扣除，包括：子女教育、继续教育、大病医疗、住房贷款利息或者住房租金、赡养老人等支出；四是其他扣除，如 3 岁以下婴幼儿照护个人所得税专项附加扣除。

原来个人所得税的免征额，改成了减除费用，从此，延续多年的错误，娓娓道来的"个税起征点"，彻底地没了！

内外有别的综合所得的应纳税所得额的计算：

1. 居民个人的综合所得，以每一纳税年度的收入额减除费用 60000 元以及专项扣除、专项附加扣除和依法确定的其他扣除后的余额，为应纳税所得额。

2. 非居民个人的工资薪金所得，以每月收入额减除费用 5000 元后的余额为应纳税所得额；劳务报酬所得、稿酬所得、特许权使用费所得，以每次收入额为应纳税所得额。

（四）"一改一并"公布两个新税率表

个人所得税税率表一（综合所得适用）

级数	全年应纳税所得额	税率（%）
1	不超过 36000 元的	3
2	超过 36000 元至 144000 元的部分	10
3	超过 144000 元至 300000 元的部分	20
4	超过 300000 元至 420000 元的部分	25

续表

级数	全年应纳税所得额	税率（％）
5	超过 420000 元至 660000 元的部分	30
6	超过 660000 元至 960000 元的部分	35
7	超过 960000 元的部分	45

注1：本表所称全年应纳税所得额是指依照本法第六条的规定，居民个人取得综合所得以每一纳税年度收入额减除费用 60000 元以及专项扣除、专项附加扣除和依法确定的其他扣除后的余额。

注2：非居民个人取得工资、薪金所得，劳务报酬所得，稿酬所得和特许权使用费所得，依照本表按月换算后计算应纳税额。

旧个人所得税税率表一（工资、薪金所得适用）

级数	全月应纳税所得额	税率（％）
1	不超过 1500 元的	3
2	超过 1500 元至 4500 元的部分	10
3	超过 4500 元至 9000 元的部分	20
4	超过 9000 元至 35000 元的部分	25
5	超过 35000 元至 55000 元的部分	30
6	超过 55000 元至 80000 元的部分	35
7	超过 80000 元的部分	45

注：本表所称全月应纳税所得额是指依照本法第六条的规定，以每月收入额减除费用 3500 元以及附加减除费用后的余额。

个人所得税税率表二（经营所得适用）

级数	全年应纳税所得额	税率（％）
1	不超过 30000 元的	5
2	超过 30000 元至 90000 元的部分	10
3	超过 90000 元至 300000 元的部分	20
4	超过 300000 元至 500000 元的部分	30
5	超过 500000 元的部分	35

注：本表所称全年应纳税所得额是指依照本法第六条的规定，以每一纳税年度的收入总额减除成本、费用以及损失后的余额。

旧个人所得税税率表二（经营所得适用）

（个体工商户的生产、经营所得和对企事业单位的承包经营、承租经营所得）

级数	全年应纳税所得额	税率（%）
1	不超过 15000 元的	5
2	超过 15000 元至 30000 元的部分	10
3	超过 30000 元至 60000 元的部分	20
4	超过 60000 元至 100000 元的部分	30
5	超过 100000 元的部分	35

注：本表所称全年应纳税所得额是指依照本法第六条的规定，以每一纳税年度的收入总额减除成本、费用以及损失后的余额。

（五）增加专项附加扣除

个税专项附加扣除明细如下：

1. 子女教育

纳税人的子女接受全日制学历教育的相关支出，按照每个子女每月 1000 元的标准定额扣除。

2. 继续教育

纳税人在中国境内接受学历（学位）继续教育的支出，在学历（学位）教育期间按照每月 400 元定额扣除。同一学历（学位）继续教育的扣除期限不能超过 48 个月。纳税人接受技能人员职业资格继续教育、专业技术人员职业资格继续教育的支出，在取得相关证书的当年，按照 3600 元定额扣除。

3. 大病医疗

在一个纳税年度内，纳税人发生的与基本医保相关的医药费用支出，扣除医保报销后个人负担（指医保目录范围内的自付部分）累计超过 15000 元的部分，由纳税人在办理年度汇算清缴时，在 80000 元限额内据实扣除。

4. 住房贷款利息

纳税人本人或者配偶单独或者共同使用商业银行或者住房公积金个人住房贷款为本人或者其配偶购买中国境内住房，发生的首套住房贷款利息支出，在实际发生贷款利息的年度，按照每月 1000 元的标准定额扣除，扣除期限最长不超过 240 个月。纳税人只能享受一次首套住房贷款的利息扣除。

5. 住房租金

纳税人在主要工作城市没有自有住房而发生的住房租金支出，可以按照以下标准定额扣除：（1）直辖市、省会（首府）城市、计划单列市以及国务院确定的其他城市，扣除标准为每月 1500 元；（2）除第一项所列城市以外，市辖区户籍人口超过 100

万的城市，扣除标准为每月 1100 元；市辖区户籍人口不超过 100 万的城市，扣除标准为每月 800 元。

6. 赡养老人

纳税人赡养一位及以上被赡养人的赡养支出，统一按照以下标准定额扣除：（1）纳税人为独生子女的，按照每月 2000 元的标准定额扣除；（2）纳税人为非独生子女的，由其与兄弟姐妹分摊每月 2000 元的扣除额度，每人分摊的额度不能超过每月 1000 元。可以由赡养人均摊或者约定分摊，也可以由被赡养人指定分摊。约定或者指定分摊的须签订书面分摊协议，指定分摊优先于约定分摊。具体分摊方式和额度在一个纳税年度内不能变更。

7. 3 岁以下婴幼儿照护

2022 年 3 月，国务院决定，设立 3 岁以下婴幼儿照护个人所得税专项附加扣除：

一、纳税人照护 3 岁以下婴幼儿子女的相关支出，按照每个婴幼儿每月 1000 元的标准定额扣除。

二、父母可以选择由其中一方按扣除标准的 100% 扣除，也可以选择由双方分别按扣除标准的 50% 扣除，具体扣除方式在一个纳税年度内不能变更。

三、3 岁以下婴幼儿照护个人所得税专项附加扣除涉及的保障措施和其他事项，参照《个人所得税专项附加扣除暂行办法》有关规定执行。

四、3 岁以下婴幼儿照护个税专项附加扣除自 2022 年 1 月 1 日起实施。

（六）确定个税按年计算并建立"预缴、年报、汇算和月报"申报体系

一定要准确认识"扣缴优先、责任自负"汇缴申报，正确理解"月纳·预缴·年报·汇算"。居民个人，需要按月预交，按年汇算清缴。年度终了，每个人将自主申报缴纳税款，逃税责任自负。

相关规定摘录如下：

第九条　个人所得税以所得人为纳税人，以支付所得的单位或者个人为扣缴义务人。

扣缴义务人应当按照国家规定办理全员全额扣缴申报。

纳税人有中国公民身份号码的，以中国公民身份号码为纳税人识别号；纳税人没有中国公民身份号码的，由税务机关赋其纳税人识别号。扣缴义务人扣缴税款时，纳税人应当向扣缴义务人提供纳税人识别号。

第十条　有下列情形之一的，纳税人应当依法办理纳税申报：

（一）取得综合所得需要办理汇算清缴；

（二）取得应税所得没有扣缴义务人；

（三）取得应税所得，扣缴义务人未扣缴税款；

（四）取得境外所得；

（五）　因移居境外注销中国户籍；

（六）　非居民个人在中国境内从两处以上取得工资、薪金所得；

（七）　国务院规定的其他情形。

扣缴义务人应当按照国家规定办理全员全额扣缴申报，并向纳税人提供其个人所得和已扣缴税款等信息。

……

第十三条　纳税人取得应税所得没有扣缴义务人的，应当在取得所得的次月十五日内向税务机关报送纳税申报表，并缴纳税款。

纳税人取得应税所得，扣缴义务人未扣缴税款的，纳税人应当在取得所得的次年六月三十日前，缴纳税款；税务机关通知限期缴纳的，纳税人应当按照期限缴纳税款。

居民个人从中国境外取得所得的，应当在取得所得的次年三月一日至六月三十日内申报纳税。

非居民个人在中国境内从两处以上取得工资、薪金所得的，应当在取得所得的次月十五日内申报纳税。

（七）　增加反避税条款

根据新《个人所得税法》的第八条，有下列情形之一的，税务机关有权按照合理方法进行纳税调整：

（1）　个人与其关联方之间的业务往来不符合独立交易原则而减少本人或者其关联方应纳税额，且无正当理由；

（2）　居民个人控制的，或者居民个人和居民企业共同控制的设立在实际税负明显偏低的国家（地区）的企业，无合理经营需要，对应当归属于居民个人的利润不作分配或者减少分配；

（3）　个人实施其他不具有合理商业目的的安排而获取不当税收利益。

税务机关依照前款规定作出纳税调整，需要补征税款的，应当补征税款，并依法加收利息。

（八）　强化"扣缴优先、申报责任自负"

虽然保持源泉扣缴不变，此时已非彼时，新法实施后的源泉扣缴更强调的是依法扣缴个税的义务，绝对淡化了未及时足额扣缴税款的责任。综合所得项目个税，统一按年计征，申报纳税责任归还个人。

新《个人所得税法》的第十一条明确规定：

居民个人取得综合所得，按年计算个人所得税；有扣缴义务人的，由扣缴义务人按月或者按次预扣预缴税款；需要办理汇算清缴的，应当在取得所得的次年三月一日至六月三十日内办理汇算清缴。预扣预缴办法由国务院税务主管部门制定。

居民个人向扣缴义务人提供专项附加扣除信息的，扣缴义务人按月预扣预缴税款时应当按照规定予以扣除，不得拒绝。

非居民个人取得工资、薪金所得，劳务报酬所得，稿酬所得和特许权使用费所得，有扣缴义务人的，由扣缴义务人按月或者按次代扣代缴税款，不办理汇算清缴。

（九）加强社会综合治税

新《个人所得税法》的第十五条明确规定：

公安、人民银行、金融监督管理等相关部门应当协助税务机关确认纳税人的身份、金融账户信息。教育、卫生、医疗保障、民政、人力资源社会保障、住房城乡建设、公安、人民银行、金融监督管理等相关部门应当向税务机关提供纳税人子女教育、继续教育、大病医疗、住房贷款利息、住房租金、赡养老人等专项附加扣除信息。

个人转让不动产的，税务机关应当根据不动产登记等相关信息核验应缴的个人所得税，登记机构办理转移登记时，应当查验与该不动产转让相关的个人所得税的完税凭证。个人转让股权办理变更登记的，市场主体登记机关应当查验与该股权交易相关的个人所得税的完税凭证。

有关部门依法将纳税人、扣缴义务人遵守本法的情况纳入信用信息系统，并实施联合激励或者惩戒。

新《个人所得税法》的小调整是进一步规范完善了相关内容，使个人所得税征管制度更加全面，具体体现在九个方面，即九小调整：

1. 免税项目增加了军人的退役金。
2. 新增和修改对基本养老金、离退休费等的表述。
3. 修改了对其他免税所得范围的批准机关。
4. 明确和调整了减税项目的决定机关。
5. 新增注销中国国籍清税制度。
6. 修改对外币的表述。
7. 新增违法追究责任的法律依据。
8. 完善抵免的相关规定。
9. 提升了捐赠扣除的法律地位。

个人所得税的税收优惠囊括了"免税、减征和饶让"多种类型，截至 2022 年 12 月 31 日，现行有效个人所得税税收优惠事项共计 88 项。

二、个人所得税税收优惠之免税

根据《个人所得税法》、《个人所得税法实施条例》和现行有效的相关文件法规的规定，个人所得税的免税政策主要有：个人所得税的法定免税 10 项，财政部和国家税务总局的文件明确免税 29 项，非居民和涉外税收中的免税 9 项，个人所得税的暂时免税 20 项。

（一）法定所得免税（共计 10 项）

第四条　下列各项个人所得，免征个人所得税：

1. 省级人民政府、国务院部委和中国人民解放军军以上单位，以及外国组织、国际组织颁发的科学、教育、技术、文化、卫生、体育、环境保护等方面的奖金；

2. 国债和国家发行的金融债券利息；

3. 按照国家统一规定发给的补贴、津贴；

4. 福利费、抚恤金、救济金；

5. 保险赔款；

6. 军人的转业费、复员费、退役金；

7. 按照国家统一规定发给干部、职工的安家费、退职费、基本养老金或者退休费、离休费、离休生活补助费；

8. 依照有关法律规定应予免税的各国驻华使馆、领事馆的外交代表、领事官员和其他人员的所得；

9. 中国政府参加的国际公约、签订的协议中规定免税的所得；

10. 国务院规定的其他免税所得。

前款第十项免税规定，由国务院报全国人民代表大会常务委员会备案。

其中，国债和国家发行的金融债券利息免税，是指个人持有财政部发行的债券和经国务院批准发行的金融债券的利息，免征个人所得税。

按照国家统一规定发给的补贴、津贴，是指按照国务院规定发给的政府特殊津贴（指国家对为社会各项事业的发展作出突出贡献的人员颁发的一项特定津贴，并非泛指国务院批准发放的其他各项补贴、津贴）和国务院规定免税的补贴、津贴（目前仅限于中国科学院和工程院院士津贴、资深院士津贴）。

福利费，即由于某些特定事件或原因而给职工或其家庭的正常生活造成一定困难，企业、事业单位、国家机关、社会团体从其根据国家有关规定提留的福利费或者工会经费中支付给职工的临时性生活困难补助。抚恤金、救济金（指民政部门支付给个人的生活困难补助）。

但是，下列收入不属于免税的福利费范围，应当并入工资、薪金收入计征个人所得税：

1. 从超出国家规定的比例或基数计提的福利费、工会经费中支付给个人的各种补贴、补助；

2. 从福利费和工会经费中支付给单位职工的人人有份的补贴、津贴；

3. 单位为个人购买汽车、住房、电子计算机等不属于临时性生活困难补助性质的支出。

保险赔款是指保险公司支付的保险赔款。

按照国家统一规定发给干部、职工的安家费、退职费，是指个人符合《国务院关于工人退休、退职的暂行办法》规定的退职条件并按该办法规定的标准领取的退职费、退休费、离休工资、离休生活补助费。

（二）财政部和国家税务总局的文件明确免税（共计 29 项）

1. 奖励见义勇为者的奖金或者奖品，免征个人所得税

乡、镇以上（含乡、镇）人民政府或经县以上（含县）人民政府主管部门批准成立的有机构、有章程的见义勇为基金会或类似组织，奖励见义勇为者的奖金或者奖品，经主管税务机关批准，免征个人所得税。

《财政部、国家税务总局关于发给见义勇为者的奖金免征个人所得税问题的通知》（文号：财税字〔1995〕25 号）

2. 生育津贴和生育医疗费，免征个人所得税

《财政部、国家税务总局关于生育津贴和生育医疗费有关个人所得税政策的通知》（文号：财税〔2008〕8 号）

3. 地方政府债券利息，免征个人所得税

《财政部、国家税务总局关于地方政府债券利息免征所得税问题的通知》（文号：财税〔2013〕5 号）

4. 证券资金利息，免征个人所得税

《财政部、国家税务总局关于证券市场个人投资者证券交易结算资金利息所得有关个人所得税政策的通知》（文号：财税〔2008〕140 号）

5. 储蓄存款利息，免征个人所得税

① 国务院《对储蓄存款利息征收个人所得税的实施办法》第五条规定："对个人取得的教育储蓄利息所得以及财政部门确定的其他专项储蓄存款或者储蓄性专项基金存款的利息所得，免征个人所得税。"

② 按照国家或省级地方政府规定的比例缴付的住房公积金、医疗保险金、基本养老保险金、失业保险基金存入银行个人账户所取得的利息收入，免征个人所得税。

③ 在中国工商银行开设教育存款专户，并享受利率优惠的存款，其所取得的利息免征个人所得税。

《财政部、国家税务总局关于住房公积金医疗保险金、基本养老保险金、失业保险基金个人账户存款利息所得免征个人所得税的通知》（文号：财税字〔1999〕267 号）

《国家税务总局关于储蓄存款利息所得征收个人所得税若干业务问题的通知》（文号：国税发〔1999〕180 号）

《财政部、国家税务总局关于储蓄存款利息所得有关个人所得税政策的通知》（文号：财税〔2008〕132 号）

6. 高级专家延长离退休期间工薪，免征个人所得税

《财政部、国家税务总局关于高级专家延长离休退休期间取得工资薪金所得有关个人所得税问题的通知》（文号：财税〔2008〕7号）

7. 个人领取原提存的住房公积金、失业保险费、医疗保险费、基本养老保险金，免征个人所得税

企业和个人按照国家或地方政府规定的比例提取并向指定金融机构实际缴纳的住房公积金、失业保险费、医疗保险费、基本养老保险金，不计入个人当期的工资、薪金收入，免征个人所得税。超过国家或地方政府规定的比例缴付的住房公积金、失业保险费、医疗保险费、基本养老保险金，其超过规定的部分应当并入个人当期工资、薪金收入，计征个人所得税。个人领取原提存的住房公积金、失业保险费、医疗保险费、基本养老保险金时免征个人所得税。

《财政部、国家税务总局关于住房公积金、医疗保险金、基本养老保险金、失业保险基金个人账户存款利息所得免征个人所得税的通知》（文号：财税字〔1999〕267号）

8. 福建平潭、广东横琴、粤港澳大湾区和深圳前海，引进的港澳台高端人才和紧缺人才的专项补贴，免征个人所得税

《财政部、国家税务总局关于福建平潭综合实验区个人所得税优惠政策的通知》（文号：财税〔2014〕24号）

《财政部、国家税务总局关于广东横琴新区个人所得税优惠政策的通知》（文号：财税〔2014〕23号）

《财政部、国家税务总局关于深圳前海深港现代服务业合作区个人所得税优惠政策的通知》（文号：财税〔2014〕25号）

《财政部、税务总局关于粤港澳大湾区个人所得税优惠政策的通知》（文号：财税〔2019〕31号）

9. 外籍专家在我国境内取得的工薪所得，免征个人所得税

凡符合下列条件之一的外籍专家取得的工资、薪金所得，免征个人所得税：

（1）根据世界银行专项贷款协议，由世界银行直接派往中国工作的外国专家；

（2）联合国组织直接派往中国工作的专家；

（3）为联合国援助项目来华工作的专家；

（4）援助国派往中国专为该国无偿援助项目工作的专家；

（5）根据两国政府签订的文化交流项目来华2年以内的文教专家，其工资、薪金所得由该国负担的；

（6）根据中国大专院校国际交流项目来华工作的专家，其工资、薪金所得由该国负担的；

（7）通过民间科研协定来华工作的专家，其工资、薪金所得由该国负担的。

《财政部、国家税务总局关于个人所得税若干政策问题的通知》（文号：财税字〔1994〕20 号）

10. 奥运会比赛获奖收入，免征个人所得税

对参赛运动员因奥运会比赛获得的奖金和其他奖赏收入，按现行有关规定免征个人所得税。

《财政部、国家税务总局、海关总署关于第 29 届奥运会税收政策问题的通知》（文号：财税〔2003〕10 号）

11. 个人与用人单位解除劳动关系取得的一次性补偿收入（包括用人单位发放的经济补偿金、生活补助费和其他补助费），在当地上年职工平均工资 3 倍数额以内的部分，免征个人所得税

《财政部、税务总局关于个人所得税法修改后有关优惠政策衔接问题的通知》（文号：财税〔2018〕164 号）

12~17. 获得李四光地质科学奖、全国职工职业技能大赛、明天小小科学家、全国职工优秀技术创新成果奖等相关奖项和奖学金，免征个人所得税

《国家税务总局关于 2011 年度李四光地质科学奖奖金免征个人所得税的公告》（总局公告 2011 年第 68 号）；《国家税务总局关于第五届黄汲清青年地质科学技术奖奖金免征个人所得税问题的公告》（总局公告 2012 年第 4 号）；《国家税务总局关于刘东生青年科学家奖和刘东生地球科学奖学金获奖者奖金免征个人所得税的通知》（文号：国税函〔2010〕74 号）；《国家税务总局关于全国职工职业技能大赛奖金免征个人所得税的通知》（文号：国税函〔2010〕78 号）；《国家税务总局关于明天小小科学家奖金免征个人所得税问题的通知》（总局公告 2012 年第 28 号）；《国家税务总局关于第二届全国职工技术创新成果获奖者奖金免征个人所得税的通知》（文号：国税函〔2008〕536 号）。

18. 教育奖学金，免征个人所得税

对省级人民政府、国务院各部委和中国人民解放军军以上单位，以及外国组织、国际组织颁布的教育方面的奖学金，免征个人所得税

《财政部、国家税务总局关于教育税收政策的通知》（文号：财税〔2004〕39 号）

19. 个人取得的拆迁补偿款及因拆迁重新购置安置住房，可按有关规定，免征个人所得税

《财政部、国家税务总局关于城镇房屋拆迁有关税收政策的通知》（文号：财税〔2005〕45 号）

《财政部、国家税务总局关于城市和国有工矿棚户区改造项目有关税收优惠政策的通知》（文号：财税〔2010〕42 号）

《财政部、国家税务总局关于棚户区改造有关税收政策的通知》（文号：财税

〔2013〕101 号）

20. 随军家属从事个体经营的经营所得，免征个人所得税

《财政部、国家税务总局关于随军家属就业有关税收政策的通知》（文号：财税〔2000〕84 号）

21. 军转干部从事个体经营的经营所得，免征个人所得税

《财政部、国家税务总局关于自主择业的军队转业干部有关税收政策问题的通知》（文号：财税〔2003〕26 号）

22. 个人转让 5 年以上唯一住房，免征个人所得税

《财政部、国家税务总局关于个人所得税若干政策问题的通知》（文号：财税字〔1994〕20 号）

23. 符合条件的房屋赠与，免征个人所得税

《财政部、国家税务总局关于个人无偿受赠房屋有关个人所得税问题的通知》（文号：财税〔2009〕78 号）

24. 内地个人投资者通过沪港通投资香港联交所上市股票取得的转让差价所得，免征收个人所得税

《财政部、国家税务总局、证监会关于沪港股票市场交易互联互通机制试点有关税收政策的通知》（文号：财税〔2014〕81 号）第一条第（一）项

25. 转让上市公司股票，免征个人所得税

《财政部、国家税务总局关于个人转让股票所得继续暂免征收个人所得税的通知》（文号：财税字〔1998〕61 号）

26. 外籍个人取得外商投资企业股息红利，免征个人所得税

《财政部、国家税务总局关于个人所得税若干政策问题的通知》（文号：财税字〔1994〕20 号）第二条第（八）项

27. 工伤保险，免征个人所得税

《财政部、国家税务总局关于工伤职工取得的工伤保险待遇有关个人所得税政策的通知》（文号：财税〔2012〕40 号）

28. 法律援助补贴，免征个人所得税

对法律援助人员按照《中华人民共和国法律援助法》规定获得的法律援助补贴，免征增值税和个人所得税。

《财政部、税务总局关于法律援助补贴有关税收政策的公告》（文号：财政部、税务总局公告 2022 年第 25 号 发布日期：2022-08-05）

29. 横琴粤澳深度合作区个人所得税优惠，税负超过 15% 的部分予以免征

自 2021 年 1 月 1 日起至 2025 年 12 月 31 日止，对在横琴粤澳深度合作区工作的境内外高端人才和紧缺人才，其个人所得税负超过 15% 的部分予以免征。对在横琴粤澳

深度合作区工作的澳门居民，其个人所得税负超过澳门税负的部分予以免征。

《财政部、税务总局关于横琴粤澳深度合作区个人所得税优惠政策的通知》（文号：财税〔2022〕3 号 发布日期：2022-01-10）

（三）非居民和涉外税收中的免税（共计 9 项）

1. 我国政府参加的国际公约、签订的协议中规定免税的所得，免征个人所得税；

2. 我国对外签订的避免双重征税协定及内地对香港和澳门签订的避免双重征税安排规定免税的所得，免征个人所得税；

3. 我国对外签订的税收协定减免股息所得，免征个人所得税；

4. 我国对外签订的税收协定减免利息所得，免征个人所得税；

5. 我国对外签订的税收协定减免特许权使用费所得，免征个人所得税；

6. 我国对外签订的税收协定减免财产收益所得，免征个人所得税；

7. 我国对外签订的税收协定中常设机构和营业利润、独立个人劳务、受雇所得（非独立个人劳务）、演艺人员和运动员、退休金、政府服务、教师和研究人员、学生、其他所得等条款，其他类协定的税收条款等；

8. 按照《个人所得税法》和《个人所得税法实施条例》的规定，境外人员的下列所得免征个人所得税：

① 按照我国有关法律规定应当免税的各国驻华使馆、领事馆的外交代表、领事官员和其他人员的所得。

② 在中国境内无住所，但是在一个纳税年度中在中国境内连续或者累计居住不超过 90 天的个人，其来源于中国境内的所得，由境外雇主支付并且不由该雇主在中国境内的机构、场所负担的部分，免予缴纳个人所得税。

9. 个人所得税税负超过香港、澳门税负的部分予以免征

2022 年 1 月 1 日至 2026 年 12 月 31 日对在广州南沙工作的香港居民，其个人所得税税负超过香港税负的部分予以免征；对在广州南沙工作的澳门居民，其个人所得税税负超过澳门税负的部分予以免征。

《财政部、税务总局关于广州南沙个人所得税优惠政策的通知》（文号：财税〔2022〕29 号 发布日期：2022-07-21）

（四）个人所得暂时免税（共计 20 项）

根据新《个人所得税法》、《个人所得税法实施条例》和现行有效的相关文件法规的规定，我国的个人所得税的暂时免税的优惠事项，共计 20 项：

1. 取消农业税后，从事"种植业、养殖业、饲养业、捕捞业"四业取得的个人所得，暂免征收个人所得税

《财政部、国家税务总局关于农村税费改革试点地区有关个人所得税问题的通知》（文号：财税〔2004〕30 号）

《财政部、国家税务总局关于个人独资企业和合伙企业投资者取得种植业、养殖业、饲养业、捕捞业所得有关个人所得税问题的批复》（文号：财税〔2010〕96号）

2. 对于在征用土地过程中征地单位支付给土地承包人的青苗补偿费收入，暂免征收个人所得税

《国家税务总局关于征用土地过程中征地单位支付给土地承包人员的补偿费如何征税问题的批复》（国税函发〔1997〕087号）

3. 个人转让上市公司股票取得的所得，暂免征收个人所得税

《财政部、国家税务总局关于个人转让股票所得继续暂免征收个人所得税的通知》（文号：财税字〔1998〕61号）

4. 个人购买社会福利有奖募捐奖券、体育彩票，凡一次中奖收入不超过1万元的，暂免征收个人所得税，超过1万元的，应按规定全额征收个人所得税

《国家税务总局关于社会福利有奖募捐发行收入税收问题的通知》（国税发〔1994〕127号）

《财政部、国家税务总局关于个人取得体育彩票中奖所得征免个人所得税问题的通知》（财税字〔1998〕12号）

5. 按照《财政部、国家税务总局关于个人所得税若干政策问题的通知》（财税字〔1994〕20号）文件规定，下列所得，暂免征收个人所得税：

① 个人举报、协查各种违法、犯罪行为而得到的奖金；

② 个人办理代扣代缴税款手续，按规定取得的扣缴手续费；

③ 个人转让自用达5年以上、并且是唯一的家庭生活用房取得的所得。

6. 科研机构（是指按照中编办发〔1997〕326号文件规定设置审批的自然科学研究事业单位机构）、高等学校（是指全日制普通高等学校，包括大学、专门学校和高等专科学校）转化职务科技成果，以股份或出资比例等股权形式给予科技人员（必须是科研机构和高等学校的在编正式职工）个人的奖励，暂不征收个人所得税

奖励单位或获奖人应当将职务科技成果转化为股份、投资比例的科研机构、高等学校或者获奖人员情况，在授（获）奖的次月15日内向主管税务机关备案。

《国家税务总局关于促进科技成果转化有关个人所得税问题的通知》（国税发〔1999〕125号）

《国家税务总局关于3项个人所得税事项取消审批实施后续管理的公告》（总局公告2016年第5号）

《财政部、国家税务总局关于促进科技成果转化有关税收政策的通知》（财税字〔1999〕45号）

7. 发票中奖的奖金，暂免征收个人所得税

《财政部、国家税务总局关于个人取得有奖发票奖金征免个人所得税问题的通知》

（文号：财税〔2007〕34 号）

8. 按照《财政部、国家税务总局关于个人所得税若干政策问题的通知》（财税字〔1994〕20 号）、《国家税务总局关于世界银行、联合国直接派遣来华工作的专家享受免征个人所得税有关问题的通知》（国税函发〔1996〕417 号）、《国家税务总局关于外籍个人取得有关补贴征免个人所得税执行问题的通知》（国税发〔1997〕54 号）等文件规定，境外人员的下列所得，暂免征收个人所得税：

① 外籍个人以非现金形式或者实报实销形式取得的合理的住房补贴、伙食补贴、搬迁费、洗衣费，暂免征收个人所得税。

对于住房补贴、伙食补贴、洗衣费，应由纳税人在首次取得上述补贴或上述补贴数额、支付方式发生变化的月份的次月进行工资薪金所得纳税申报时，向主管税务局提供上述补贴的有效凭证，由主管税务局核准确认免税。对于搬迁费，应由纳税人提供有效凭证，由主管税务局审核认定，就其合理的部分免税。

② 外籍个人按合理标准取得的境内、境外出差补贴，暂免征收个人所得税。对此类补贴，应由纳税人提供出差的交通费、住宿费凭证或企业安排出差的有关计划，由主管税务局确认免税。

③ 外籍个人取得的探亲费、语言训练费、子女教育费等，经当地税务局审核批准为合理的部分，暂免征收个人所得税。

对探亲费，应由纳税人提供探亲的交通支出凭证（复印件），由主管税务局审核，对其实际用于本人探亲，且每年探亲的次数和支付的标准合理的部分给予免税。对于语言训练费和子女教育费，应由纳税人提供在中国境内接受上述教育的支出凭证和期限证明材料，由主管税务局审核，对其在中国境内接受语言培训以及子女在中国境内接受教育取得的语言培训费和子女教育费补贴，且在合理数额内的部分给予免税。

④ 外籍个人从外商投资企业取得的股息、红利所得，暂免征收个人所得税。

⑤ 符合国家规定的外籍专家的工资、薪金所得，暂免征收个人所得税。

具体是指：

A. 根据世界银行专项贷款协议由世界银行直接派往我国工作的外国专家的工资、薪金所得，暂免征收个人所得税。所谓"直接派往"指世界银行与该专家签订提供技术服务协议或与该专家的雇主签订技术服务协议，并指定该专家为有关项目提供技术服务，由世界银行支付该外国专家工资、薪金。该外国专家在办理免税手续时，应当提供其与世界银行签订的有关合同和其工资、薪金所得由世界银行支付、负担的证明。

B. 联合国组织直接派往我国工作的专家的工资、薪金所得，暂免征收个人所得税。所谓"直接派往"指联合国组织与该专家签订提供技术服务协议或与该专家的雇主签订技术服务协议，并指定该专家为有关项目提供技术服务，由联合国组织支付该外国专家工资、薪金。联合国组织是指联合国的有关组织，包括联合国开发计划署、联合国人口活动基金、联合国儿童基金会、联合国技术合作部、联合国工业发展组织、联合国粮农组织、世界粮食计划署、世界卫生组织、世界气象组织、联合国教科文组织等。该外国专家在办理免税手续时，应当提供其与联合国组织签订的有关合同和其工资、薪金所得由联合国组织支付、负担的证明。

C. 为联合国援助项目来华工作的专家的工资、薪金所得，暂免征收个人所得税。

D. 援助国派往我国专为该国无偿援助项目工作的专家的工资、薪金所得，暂免征收个人所得税。

E. 根据两国政府签订的文化交流项目来华两年以内的文教专家，其工资、薪金所得由该国负担的，对其工资、薪金所得，暂免征收个人所得税。

F. 根据我国大专院校国际交流项目来华工作的专家，其工资、薪金所得由该国负担的，对其工资、薪金所得，暂免征收个人所得税。

G. 通过民间科研协定来华工作的专家，其工资、薪金所得由该国政府负担的，对其工资、薪金所得，暂免征收个人所得税。

《财政部、国家税务总局关于个人所得税法修改后有关优惠政策衔接问题的通知》（财税〔2018〕164号）

《财政部、税务总局关于延续实施外籍个人津补贴等有关个人所得税优惠政策的公告》（财政部、税务总局公告2021年第43号）

第二节　个人所得税（下）

此前，公众对个税"起征点"存在误解，正确的说法应该是"个人所得税免征额"。现在，这个错误表达或描述，已经彻底成为历史了，新《个人所得税法》中，将原来个人所得税的免征额改成了个人所得税的减（扣）除费用。

因为增值税还用着，阐述下"起征点"与"免征额"本应有着严格的区别：

起征点，是征税对象达到征税数额开始征税的界限。征税对象的数额未达到起征点时不征税。一旦征税对象的数额达到或超过起征点时，则要就其全部的数额征税，而不是仅对其超过起征点的部分征税。

免征额，是在征税对象总额中免予征税的数额。它是按照一定标准从征税对象总额中预先减除的数额。免征额部分不征税，只对超过免征额部分才征税。

举例说明一下：假设甲行家2022年8月的工资薪金是6001元，如果是免征额，6000元就免了，是不用缴税的，只就超出的差额1元钱缴税；如果是起征点，则6000元以下的部分是要缴税的，即以6001元为基数全额计算纳税。

三、个人所得税优惠之减征

根据新《个人所得税法》、《个人所得税法实施条例》和现行有效的相关文件法规的规定，个人所得税的减征优惠事项，共计 14 项：

（一）减税：减征应纳个人所得税税额

新《个人所得税法》的第五条明确规定：

有下列情形之一的，可以减征个人所得税，具体幅度和期限，由省、自治区、直辖市人民政府规定，并报同级人民代表大会常务委员会备案：

（1）残疾、孤老人员和烈属的所得；

（2）因自然灾害遭受重大损失的。

国务院可以规定其他减税情形，报全国人民代表大会常务委员会备案。

1. 经批准可以减征个人所得税，减征的幅度和期限由各省级政府规定：

① 残疾、孤老人员和烈属的下列所得，减免个人所得税。

此项所得仅限于生产经营劳动所得，包括工资、薪金所得，经营所得，劳务报酬所得，稿酬所得，特许权使用费所得。不包括利息、股息、红利所得，财产租赁、财产转让和偶然所得。

《国家税务总局关于明确残疾人所得征免个人所得税范围的批复》（文号：国税函〔1999〕329号）

② 灾害减免。因自然灾害造成重大损失的。

2. 稿酬所得减税。稿酬所得按应纳税减征 30%

3. 个人出租房屋取得的租赁所得，减征个人所得税

《财政部、国家税务总局关于调整住房租赁市场税收政策的通知》（文号：财税〔2000〕125号）

《财政部、国家税务总局关于廉租住房经济适用住房和住房租赁有关税收政策的通知》（文号：财税〔2008〕24号）

4. 退役士兵从事个体经营取得所得，减免个人所得税

《财政部、税务总局、退役军人部关于进一步扶持自主就业退役士兵创业就业有关税收政策的通知》（文号：财税〔2019〕21号）

后续相关文件：《财政部、税务总局关于延长部分税收优惠政策执行期限的公告》（文号：财政部、税务总局公告2022年第4号）

5. 建档立卡贫困人口从事个体经营的，扣减个人所得税

《财政部、税务总局、人力资源和社会保障部、国务院扶贫办关于进一步支持和促进重点群体创业就业有关税收政策的通知》（文号：财税〔2019〕22号）

后续相关文件：《财政部、税务总局、人力资源社会保障部、国家乡村振兴局关

于延长部分扶贫税收优惠政策执行期限的公告》（财政部、税务总局、人力资源社会保障部、国家乡村振兴局公告 2021 年第 18 号）

6. 登记失业半年以上人员，零就业家庭、享受城市低保登记失业人员，毕业年度内高校毕业生从事个体经营的，扣减个人所得税

《财政部、税务总局、人力资源社会保障部、国务院扶贫办关于进一步支持和促进重点群体创业就业有关税收政策的通知》（文号：财税〔2019〕22 号）

后续相关文件：《财政部、税务总局、人力资源社会保障部、国家乡村振兴局关于延长部分扶贫税收优惠政策执行期限的公告》（文号：财政部、税务总局、人力资源和社会保障部、国家乡村振兴局公告 2021 年第 18 号）

7. 海南自贸港，引进的高端和紧缺人才，减征个人所得税

对在海南自由贸易港工作的高端人才和紧缺人才，其个人所得税实际税负超过 15% 的部分，予以免征。

《财政部、税务总局关于海南自由贸易港高端紧缺人才个人所得税政策的通知》（文号：财税〔2020〕32 号）

8. 个体工商户，减半征收经营所得个人所得税

《财政部、税务总局关于实施小微企业和个体工商户所得税优惠政策的公告》（文号：财政部、税务总局公告 2021 年第 12 号）

9. 三板市场股息红利差别化征税

个人持有全国中小企业股份转让系统（简称全国股份转让系统）挂牌公司的股票，持股期限在 1 个月以内（含 1 个月）的，其股息红利所得全额计入应纳税所得额；持股期限在 1 个月以上至 1 年（含 1 年）的，暂减按 50% 计入应纳税所得额；持股期限超过 1 年的，暂减按 25% 计入应纳税所得额。

挂牌公司派发股息红利时，对截至股权登记日个人已持股超过 1 年的，其股息红利所得，按 25% 计入应纳税所得额，直接由挂牌公司计算并代扣代缴税款。

《财政部、国家税务总局、证监会关于实施全国中小企业股份转让系统挂牌公司股息红利差别化个人所得税政策有关问题的通知》（文号：财税〔2014〕48 号）

《财政部、税务总局、证监会关于继续实施全国中小企业股份转让系统挂牌公司股息红利差别化个人所得税政策的公告》（财政部、税务总局、证监会公告 2019 年第 78 号）

10. 抗震救灾及灾后重建，减免个人所得税

（1）因地震灾害造成重大损失的个人，可减征个人所得税。具体减征幅度和期限由受灾地区省、自治区、直辖市人民政府确定。

（2）对受灾地区个人取得的抚恤金、救济金，免征个人所得税。

（3）个人将其所得向地震灾区的捐赠，按照个人所得税法的有关规定从应纳税所

得中扣除。

《财政部、国家税务总局关于认真落实抗震救灾及灾后重建税收政策问题的通知》（文号：财税〔2008〕62号）

（二）抵减：境外所得税收抵免

1. 境外所得税抵免

个体户、个人独资企业和合伙企业，来源于中国境外的所得，已在境外缴纳的个人所得税税额，准予其在应纳税额中扣除。但扣除额不得超过该纳税人境外所得按中国税法规定计算的应纳税额。

《关于个人独资企业和合伙企业投资者征收个人所得税的规定》（文号：财税〔2000〕91号）

2. 境外所得税补扣

《个人所得税法实施条例》是这样规定的：

第二十一条　个人所得税法第七条所称已在境外缴纳的个人所得税税额，是指居民个人来源于中国境外的所得，依照该所得来源国家（地区）的法律应当缴纳并且实际已经缴纳的所得税税额。

个人所得税法第七条所称纳税人境外所得依照本法规定计算的应纳税额，是居民个人抵免已在境外缴纳的综合所得、经营所得以及其他所得的所得税税额的限额（以下简称抵免限额）。除国务院财政、税务主管部门另有规定外，来源于中国境外一个国家（地区）的综合所得抵免限额、经营所得抵免限额以及其他所得抵免限额之和，为来源于该国家（地区）所得的抵免限额。

居民个人在中国境外一个国家（地区）实际已经缴纳的个人所得税税额，低于依照前款规定计算出的来源于该国家（地区）所得的抵免限额的，应当在中国缴纳差额部分的税款；超过来源于该国家（地区）所得的抵免限额的，其超过部分不得在本纳税年度的应纳税额中抵免，但是可以在以后纳税年度来源于该国家（地区）所得的抵免限额的余额中补扣。补扣期限最长不得超过五年。

第二十二条　居民个人申请抵免已在境外缴纳的个人所得税税额，应当提供境外税务机关出具的税款所属年度的有关纳税凭证。

3. 远洋运输船员的伙食费优惠

《国家税务总局关于远洋运输船员工资薪金所得个人所得税费用扣除问题的通知》（文号：国税发〔1999〕202号）

四、个人所得税优惠之饶让

2019年2月，北京市财政局、国家税务总局北京市税务局转发《财政部、税务总局关于个人所得税法修改后有关优惠政策衔接问题的通知》（文号：财税〔2018〕164

号 发布日期：2018-12-27）。此通知中明确的"居民个人取得全年一次性奖金，在2021年12月31日前取得的，不并入当年综合所得。但从2022年1月1日起，居民个人取得全年一次性奖金，将并入当年综合所得计算缴纳个人所得税。"这是典型的饶让优惠。

2020年4月1日，国家税务总局发布《2019年度个人所得税综合所得年度汇算办税指引》。纳税人申请退税是权利，也可以放弃退税，无须承担任何责任。纳税人需要补税（符合规定的免予汇算情形除外），应在每年6月30日前，进行综合所得年度汇算，未依法办理的，将被实施税务行政处罚，并记入个人纳税信用档案。需要补税的，请于2020年6月30日前补缴税款，否则将按日加收万分之五滞纳金。2018年1月1日，新个人所得税法实施后，个人所得税纳税人（自然人）将不得再以已由扣缴义务人代扣代缴为抗辩理由而规避涉嫌逃税被依法追究刑事责任。

2020年7月29日，国家税务总局发布《关于完善调整部分纳税人个人所得税预扣预缴方法的公告》（总局公告2020年第13号），完善调整部分纳税人个税预扣预缴方法。为进一步支持稳就业、保就业，减轻当年新入职人员个人所得税预扣预缴阶段的税收负担，就完善调整年度中间首次取得工资、薪金所得等人员有关个人所得税预扣预缴方法事项发布该公告。公告称，对一个纳税年度内首次取得工资、薪金所得的居民个人，扣缴义务人在预扣预缴个人所得税时，可按照5000元/月乘纳税人当年截至本月月份数计算累计减除费用。公告自2020年7月1日起施行。

2021年12月29日，国务院总理李克强主持召开了国务院常务会议，决定延续实施部分个人所得税优惠政策。为减轻个人所得税负担，缓解中低收入群体经济压力，会议决定：一是将全年一次性奖金不并入当月工资薪金所得、实施按月单独计税的政策延至2023年年底；二是将年收入不超过12万元且需补税或年度汇算补税额不超过400元的免予补税政策延至2023年年底；三是将上市公司股权激励单独计税政策延至2022年年底。

2022年3月5日，国务院总理李克强代表国务院向十三届全国人大五次会议作政府工作报告。政府工作报告提出，完善三孩生育政策配套措施，将3岁以下婴幼儿照护费用纳入个人所得税专项附加扣除，发展普惠托育服务，减轻家庭养育负担。

上述政策的施行，都将使纳税人的税负明显下降，皆属于税收优惠饶让措施。

（一）综合所得之专项扣除和专项附加扣除

1. 公益慈善事业捐赠扣除

《个人所得税法》第六条是这样规定的：

个人将其所得对教育、扶贫、济困等公益慈善事业进行捐赠，捐赠额未超过纳税人申报的应纳税所得额百分之三十的部分，可以从其应纳税所得额中扣除；国务院规定对公益慈善事业捐赠实行全额税前扣除的，从其规定。

《个人所得税法实施条例》第十九条是这样规定的：

个人所得税法第六条第三款所称个人将其所得对教育、扶贫、济困等公益慈善事业进行捐赠，是指个人将其所得通过中国境内的公益性社会组织、国家机关向教育、扶贫、济困等公益慈善事业的捐赠；所称应纳税所得额，是指计算扣除捐赠额之前的应纳税所得额。

2. 其他扣除

《个人所得税法实施条例》第十三条是这样规定的：

个人所得税法第六条第一款第一项所称依法确定的其他扣除，包括个人缴付符合国家规定的企业年金、职业年金，个人购买符合国家规定的商业健康保险、税收递延型商业养老保险的支出，以及国务院规定可以扣除的其他项目。

专项扣除、专项附加扣除和依法确定的其他扣除，以居民个人一个纳税年度的应纳税所得额为限额。一个纳税年度扣除不完的，不结转以后年度扣除。

（二）经营所得的成本费用

《个人所得税法实施条例》第十五条第一款是这样规定的：

个人所得税法第六条第一款第三项所称成本、费用，是指个体工商户、个人独资企业、合伙企业以及个人从事其他生产、经营活动发生的各项直接支出和分配计入成本的间接费用以及销售费用、管理费用、财务费用；所称损失，是指个体工商户、个人独资企业、合伙企业以及个人从事其他生产经营活动发生的固定资产和存货的盘亏、毁损、报废损失，转让财产损失、坏账损失，自然灾害等不可抗力因素造成的损失以及其他损失。

《个人所得税法实施条例》第十五条第二款是这样规定的：

取得经营所得的个人，没有综合所得的，计算其每一纳税年度的应纳税所得额时，应当减除费用6万元、专项扣除、专项附加扣除以及依法确定的其他扣除。专项附加扣除在办理汇算清缴时减除。

《个人所得税法实施条例》第十五条第三款是这样规定的：

个体工商户、个人独资企业、合伙企业以及个人，从事其他生产、经营活动，未提供完整、准确的纳税资料，不能正确计算应纳税所得额的，由主管税务机关核定其应纳税所得额。

个体工商户业主、个人独资企业投资者、合伙企业个人合伙人以及从事其他生产、经营活动的个人，以其每一纳税年度来源于个体工商户、个人独资企业、合伙企业以及其他生产、经营活动的所得（经营收入扣减经营成本和费用以及损失后），**没有综合所得的，再减除费用六万元、专项扣除以及依法确定的其他扣除后的余额，**为其应纳税所得额。

对于一个年度内单纯取得"经营所得"的个人，比照取得"综合所得"进行扣除是合宜的；而对于既取得"经营所得"又同时（同一年度）取得"综合所得"的个人，该年度仍然只能以扣除一次"专项扣除、专项附加扣除和依法确定的其他扣除后的余额"为应纳税所得额，**即同一个人在同一年度取得"综合所得"与"经营所得"的，只应减除一次"费用六万元"。**贪婪是魔鬼，没有先入为主就没有痴心妄想了。

上述所说"减除费用六万元"，为计算个人应纳税所得额时的基本减除费用，就是原"免征额"。这是对全员适用的，在考虑了个人基本生活支出情况后，税法设置的最为基础的生计扣除（定额）标准，现行统一定额为 60000 元/年（5000 元/月）。而且，以后还会调整的。

（三）延期纳税优惠

延期纳税是指允许纳税人将其应纳税款延迟缴纳或分期缴纳。这种方法可适用于每个税种，特别是数额较大时。延期纳税表现为将纳税人的纳税义务向后推延，其实质上相当于在一定时期内政府给予纳税人一笔与其延期纳税数额相等的无息贷款，这在一定程度上可以帮助企业解除财务困难。

1. 个人养老金实施递延纳税优惠

自 2022 年 1 月 1 日起，对个人养老金实施递延纳税优惠政策。在缴费环节，个人向个人养老金资金账户的缴费，按照 12000 元/年的限额标准，在综合所得或经营所得中据实扣除；在投资环节，计入个人养老金资金账户的投资收益暂不征收个人所得税；在领取环节，个人领取的个人养老金，不并入综合所得，单独按照 3% 的税率计算缴纳个人所得税，其缴纳的税款计入"工资、薪金所得"项目。

《财政部、税务总局关于个人养老金有关个人所得税政策的公告》（文号：财政部、税务总局公告 2022 年第 34 号 发布日期：2022-11-03）

2. 中关村国家自主创新示范区核心区（海淀园）股权激励分期纳税

自 2022 年 1 月 1 日起，对在中关村国家自主创新示范区核心区（海淀园）注册的上市高新技术企业授予个人的股票期权、限制性股票、股权奖励，可自股票期权行权、限制性股票解禁或取得股权奖励之日起，3 年内分期缴纳个人所得税。

《财政部、税务总局关于中关村国家自主创新示范区核心区（海淀园）股权激励分期纳税政策的通知》（文号：财税〔2022〕16 号 发布日期：2022-05-06）

财政部　国家税务总局
关于个人非货币性资产投资有关个人所得税政策的通知

财税〔2015〕41 号　2015-03-30

各省、自治区、直辖市、计划单列市财政厅（局）、地方税务局，新疆生产建设兵团财务局：

为进一步鼓励和引导民间个人投资，经国务院批准，将在上海自由贸易试验区试点的个人非货币性资产投资分期缴税政策推广至全国。现就个人非货币性资产投资有关个人所得税政策通知如下：

一、个人以非货币性资产投资，属于个人转让非货币性资产和投资同时发生。对个人转让非货币性资产的所得，应按照"财产转让所得"项目，依法计算缴纳个人所得税。

二、个人以非货币性资产投资，应按评估后的公允价值确认非货币性资产转让收入。非货币性资产转让收入减除该资产原值及合理税费后的余额为应纳税所得额。

个人以非货币性资产投资，应于非货币性资产转让、取得被投资企业股权时，确认非货币性资产转让收入的实现。

三、个人应在发生上述应税行为的次月 15 日内向主管税务机关申报纳税。

纳税人一次性缴税有困难的，可合理确定分期缴纳计划并报主管税务机关备案后，自发生上述应税行为之日起不超过 5 个公历年度内（含）分期缴纳个人所得税。

四、个人以非货币性资产投资交易过程中取得现金补价的，现金部分应优先用于缴税；现金不足以缴纳的部分，可分期缴纳。

个人在分期缴税期间转让其持有的上述全部或部分股权，并取得现金收入的，该现金收入应优先用于缴纳尚未缴清的税款。

五、本通知所称非货币性资产，是指现金、银行存款等货币性资产以外的资产，包括股权、不动产、技术发明成果以及其他形式的非货币性资产。

本通知所称非货币性资产投资，包括以非货币性资产出资设立新的企业，以及以非货币性资产出资参与企业增资扩股、定向增发股票、股权置换、重组改制等投资行为。

六、本通知规定的分期缴税政策自 2015 年 4 月 1 日起施行。

对 2015 年 4 月 1 日之前发生的个人非货币性资产投资，尚未进行税收处理且自发生上述应税行为之日起期限未超过 5 年的，可在剩余的期限内分期缴纳其应纳税款。

财政部　国家税务总局
2015 年 3 月 30 日

五、个人所得税手续费不该缴纳任何税费

企业或组织取得税务局返还的扣缴个人所得税取得手续费，属于何种收入？扣缴个税手续费，是财政专项补贴，属于其他收益，是不需要缴纳任何税费的！

（一）其他收益是"新"政府补助准则下"新"设的会计科目

2017年5月10日，财政部修订发布了《企业会计准则第16号——政府补助》，自2017年6月12日起施行。"其他收益"是本次修订新增的一个损益类会计科目，应当在利润表中的"营业利润"项目之上单独列报"其他收益"项目，计入其他收益的政府补助在该项目中反映。该科目专门用于核算与企业日常活动相关、但不宜确认收入或冲减成本费用的政府补助。

《企业会计准则第16号——政府补助》的第三条 政府补助具有下列特征：

（1）来源于政府的经济资源。对于企业收到的来源于其他方的补助，有确凿证据表明政府是补助的实际拨付者，其他方只起到代收代付作用的，该项补助也属于来源于政府的经济资源。

（2）无偿性。即企业取得来源于政府的经济资源，不需要向政府交付商品或服务等对价。

第四条　政府补助分为与资产相关的政府补助和与收益相关的政府补助。

与资产相关的政府补助，是指企业取得的、用于购建或以其他方式形成长期资产的政府补助。

与收益相关的政府补助，是指除与资产相关的政府补助之外的政府补助。

《企业会计准则第16号——政府补助》的第九条与收益相关的政府补助，应当分情况按照以下规定进行会计处理：

（1）用于补偿企业以后期间的相关成本费用或损失的，确认为递延收益，并在确认相关成本费用或损失的期间，计入当期损益或冲减相关成本；

（2）用于补偿企业已发生的相关成本费用或损失的，直接计入当期损益或冲减相关成本。

第十条　对于同时包含与资产相关部分和与收益相关部分的政府补助，应当区分不同部分分别进行会计处理；难以区分的，应当整体归类为与收益相关的政府补助。

第十一条　与企业日常活动相关的政府补助，应当按照经济业务实质，计入其他收益或冲减相关成本费用。与企业日常活动无关的政府补助，应当计入营业外收支。

（二）关于政府补助准则有关问题的解读

1. 关于与日常活动相关的政府补助

政府补助准则规定，与企业日常活动相关的政府补助，应当按照经济业务实质，计入其他收益或冲减相关成本费用。与企业日常活动无关的政府补助，应当计入营业

外收支。

政府补助准则不对"日常活动"进行界定。通常情况下，若政府补助补偿的成本费用是营业利润之中的项目，或该补助与日常销售等经营行为密切相关（如增值税即征即退等），则认为该政府补助与日常活动相关。

2. 关于政府补助的会计处理方法

政府补助有两种会计处理方法：总额法和净额法。总额法是在确认政府补助时，将其全额一次或分次确认为收益，而不是作为相关资产账面价值或者成本费用等的扣减。净额法是将政府补助确认为对相关资产账面价值或者所补偿成本费用等的扣减。

企业应当根据经济业务的实质，判断某一类政府补助业务应当采用总额法还是净额法。通常情况下，对同类或类似政府补助业务只能选用一种方法，同时，企业对该业务应当一贯地运用该方法，不得随意变更。企业对某些补助只能采用一种方法，例如，对一般纳税人增值税即征即退只能采用总额法进行会计处理。

（三）关于"其他收益"科目

企业选择总额法对与日常活动相关的政府补助进行会计处理的，应增设"6117 其他收益"科目进行核算。"其他收益"科目核算总额法下与日常活动相关的政府补助以及其他与日常活动相关且应直接计入本科目的项目。对于总额法下与日常活动相关的政府补助，企业在实际收到或应收时，或者将先确认为"递延收益"的政府补助分摊计入收益时，借记"银行存款""其他应收款""递延收益"等科目，贷记"其他收益"科目。期末，应将本科目余额转入"本年利润"科目，结转后应无余额。

六、个税优惠的其他事项

（一）退税、退税、只退税

关于"预扣缴、汇算清缴、退税"，《个人所得税法》第十四条是这样规定的：

扣缴义务人每月或者每次预扣、代扣的税款，应当在次月十五日内缴入国库，并向税务机关报送扣缴个人所得税申报表。

纳税人办理汇算清缴退税或者扣缴义务人为纳税人办理汇算清缴退税的，税务机关审核后，按照国库管理的有关规定办理退税。

实务中，造成"综合所得"出现退税的主要因素有：

1. 大病医疗支出

根据《国务院关于印发〈个人所得税专项附加扣除暂行办法〉的通知》（国发〔2018〕41号）的规定：

第十一条　在一个纳税年度内，纳税人发生的与基本医保相关的医药费用支出，扣除医保报销后个人负担（指医保目录范围内的自付部分）累计超过15000元的部分，由纳税人在办理年度汇算清缴时，在80000元限额内据实扣除。

第十二条　纳税人发生的医药费用支出可以选择由本人或者其配偶扣除；未成年子女发生的医药费用支出可以选择由其父母一方扣除。

纳税人及其配偶、未成年子女发生的医药费用支出，按本办法第十一条规定分别计算扣除额。

因为大病医疗支出情况，不仅代扣代缴单位不清楚，而且存在较大的不确定性，出现重大疾病发生需要个人负担的大额医药费用时，在年度汇算清缴纳税申报时，据实进行扣除，因此就会出现预扣缴税款需要退税的情况。

2. 非工资薪金项目的预扣缴税率高出综合所得年度汇算适用税率

因为"劳工稿特权"的综合所得是四个子税目，存在除了"工资薪金"以外子税目的应税收入的时候，代扣代缴单位是按照16%税负率扣缴的税款，年度综合所得汇算清缴纳税申报的时候，最终适用税率低于16%，所以，需要退税。

（二）合伙企业具体规定

合伙企业，是以每一个合伙人为纳税义务人。合伙企业的合伙人是自然人的，缴纳个人所得税；合伙人是法人和其他组织的，缴纳企业所得税。合伙企业的合伙人，按照下列原则确定应纳税所得额：

（1）合伙企业的合伙人以合伙企业的生产经营所得和其他所得，按照合伙协议约定的分配比例确定应纳税所得额。

（2）合伙协议未约定或者约定不明确的，以全部生产经营所得和其他所得，按照合伙人协商决定的分配比例确定应纳税所得额。

（3）协商不成的，以全部生产经营所得和其他所得，按照合伙人实缴出资比例确定应纳税所得额。

（4）无法确定出资比例的，以全部生产经营所得和其他所得，按照合伙人数量平均计算每个合伙人的应纳税所得额。

合伙协议不得约定将全部利润分配给部分合伙人。

（三）不征税事项

下面，汇总归集整理一下个人所得税的不征税情况：

1. 根据国家赔偿法的规定，国家机关及其工作人员违法行使职权，侵犯公民的合法权益，造成损害的，对受害人依法取得的赔偿金不予征税。

2. 按照《国家税务总局关于印发《征收个人所得税若干问题的规定》的通知》（国税发〔1994〕89号）文件规定，下列不属于工资、薪金性质的补贴、津贴或者不属于纳税人本人工资、薪金所得项目的收入，不征税：

① 独生子女补贴；

② 执行公务员工资制度，未纳入基本工资总额的补贴、津贴差额和家庭成员的副食补贴；

③ 托儿补助费;

④ 差旅费津贴、误餐补助。

飞狼财税通编注:1995 年 8 月 21 日《财政部、国家税务总局关于误餐补助范围确定问题的通知》(财税字〔1995〕82 号)对"误餐补助"的范围进行了明确:是指按财政部门规定,个人因公在城区、郊区工作,不能在工作单位或返回就餐,确实需要在外就餐的,根据实际误餐顿数,按规定的标准发给的误餐费。

备注:上述两份文件,依然现行有效。

3. 对职工个人以股份形式取得的仅作为分红依据,不拥有所有权的企业量化资产,不征收个人所得税。

《国家税务总局关于企业改组改制过程中个人取得的量化资产征收个人所得税问题的通知》(文号:国税发〔2000〕60 号发布日期:2000-03-29)

4. 以下情形的房屋产权无偿赠与,对当事双方不征收个人所得税:

(1) 房屋产权所有人将房屋产权无偿赠与配偶、父母、子女、祖父母、外祖父母、孙子女、外孙子女、兄弟姐妹;

(2) 房屋产权所有人将房屋产权无偿赠与对其承担直接抚养或者赡养义务的抚养人或者赡养人;

(3) 房屋产权所有人死亡,依法取得房屋产权的法定继承人、遗嘱继承人或者受遗赠人。

《财政部、国家税务总局关于个人无偿受赠房屋有关个人所得税问题的通知》(文号:财税〔2009〕78 号 发布日期:2009-05-25)

5. 通过离婚析产的方式分割房屋产权,是夫妻双方对共同共有财产的处置,个人因离婚办理房屋产权过户手续,不征收个人所得税。

6. 根据《个人所得税法》和《财政部、国家税务总局关于个人无偿受赠房屋有关个人所得税问题的通知》(财税〔2009〕78 号)规定,多子女共同继承房屋,子女对房屋产权进行分割,房屋产权由其中一个子女取得,其他子女应继承房屋的部分产权折价后以现金形式给付,对其他子女取得现金补偿的份额,暂不征收个人所得税。

7. 企业在销售商品(产品)和提供服务过程中向个人赠送礼品,属于下列情形之一的,不征收个人所得税:

① 企业通过价格折扣、折让方式向个人销售商品(产品)和提供服务;

② 企业在向个人销售商品(产品)和提供服务的同时给予赠品,如通信企业对个人购买手机赠话费、入网费,或者购话费赠手机等;

③ 企业对累积消费达到一定额度的个人按消费积分反馈礼品。

《财政部、国家税务总局关于企业促销展业赠送礼品有关个人所得税问题的通知》(文号:财税〔2011〕50 号 发布日期:2011-06-09)

8. 新股东以不低于净资产价格收购股权的，企业原盈余积累已全部计入股权交易价格，新股东取得盈余积累转增股本的部分，不征收个人所得税；

新股东以低于净资产价格收购股权的，企业原盈余积累中，对于股权收购价格减去原股本的差额部分已经计入股权交易价格，新股东取得盈余积累转增股本的部分，不征收个人所得税。

《国家税务总局关于个人投资者收购企业股权后将原盈余积累转增股本个人所得税问题的公告》（文号：总局公告 2013 年第 23 号 发布日期：2013-05-07）

附件 1：

财政部 国家税务总局
关于农村税费改革试点地区有关个人所得税问题的通知
文号：财税〔2004〕30 号 发布日期：2004-01-17

一、农村税费改革试点期间，取消农业特产税、减征或免征农业税后，对个人或个体户从事种植业、养殖业、饲养业、捕捞业，且经营项目属于农业税（包括农业特产税）、牧业税征税范围的，其取得的"四业"所得暂不征收个人所得税。

二、各地要认真落实本通知的有关规定，在农村广为宣传国家税收政策，切实减轻农民负担，增加农民收入，大力支持农村税费改革。

三、本通知自 2004 年 1 月 1 日起执行。以前规定与本通知有抵触的，按本通知规定执行。

附件 2：

财政部 税务总局 退役军人部
关于进一步扶持自主就业退役士兵创业就业有关税收政策的通知
文号：财税〔2019〕21 号 发布日期：2019-02-02

为进一步扶持自主就业退役士兵创业就业，现将有关税收政策通知如下：

一、自主就业退役士兵从事个体经营的，自办理个体工商户登记当月起，在 3 年（36 个月，下同）内按每户每年 12000 元为限额依次扣减其当年实际应缴纳的增值税、城市维护建设税、教育费附加、地方教育附加和个人所得税。限额标准最高可上浮 20%，各省、自治区、直辖市人民政府可根据本地区实际情况在此幅度内确定具体限额标准。

纳税人年度应缴纳税款小于上述扣减限额的，减免税额以其实际缴纳的税款为限；大于上述扣减限额的，以上述扣减限额为限。纳税人的实际经营期不足 1 年的，应当按月换算其减免税限额。换算公式为：减免税限额＝年度减免税限额÷12×实际经营月数。城市维护建设税、教育费附加、地方教育附加的计税依据是享受本项税收优惠政策前的增值税应纳税额。

二、企业招用自主就业退役士兵，与其签订 1 年以上期限劳动合同并依法缴纳社会保险费的，自签订劳动合同并缴纳社会保险当月起，在 3 年内按实际招用人数予以定额依次扣减增值税、城市维护建设税、教育费附加、地方教育附加和企业所得税优惠。定额标准为每人每年 6000 元，最高可上浮 50%，各省、自治区、直辖市人民政府可根据本地区实际情况在此幅度内确定具体定额标准。

企业按招用人数和签订的劳动合同时间核算企业减免税总额，在核算减免税总额内每月依次扣减增值税、城市维护建设税、教育费附加和地方教育附加。企业实际应缴纳的增值税、城市维护建设税、教育费附加和地方教育附加小于核算减免税总额的，以实际应缴纳的增值税、城市维护建设税、教育费附加和地方教育附加为限；实际应缴纳的增值税、城市维护建设税、教育费附加和地方教育附加大于核算减免税总额的，以核算减免税总额为限。

纳税年度终了，如果企业实际减免的增值税、城市维护建设税、教育费附加和地方教育附加小于核算减免税总额，企业在企业所得税汇算清缴时以差额部分扣减企业所得税。当年扣减不完的，不再结转以后年度扣减。

自主就业退役士兵在企业工作不满 1 年的，应当按月换算减免税限额。计算公式为：企业核算减免税总额＝Σ每名自主就业退役士兵本年度在本单位工作月份÷12×具体定额标准。

城市维护建设税、教育费附加、地方教育附加的计税依据是享受本项税收优惠政策前的增值税应纳税额。

……

附件3：

国家税务总局
关于律师事务所从业人员有关个人所得税问题的公告

文号：总局公告 2012 年第 53 号　　发布日期：2012-12-07

现对律师事务所从业人员有关个人所得税问题公告如下：

一、《国家税务总局关于律师事务所从业人员取得收入征收个人所得税有关业务问题的通知》（国税发〔2000〕149 号）第五条第二款规定的作为律师事务所雇员的律师从其分成收入中扣除办理案件支出费用的标准，由现行在律师当月分成收入的 30% 比例内确定，调整为 35% 比例内确定。

实行上述收入分成办法的律师办案费用不得在律师事务所重复列支。前款规定自 2013 年 1 月 1 日至 2015 年 12 月 31 日执行。

二、废止国税发〔2000〕149 号第八条的规定，律师从接受法律事务服务的当事人处取得法律顾问费或其他酬金等收入，应并入其从律师事务所取得的其他收入，按照规定计算缴纳个人所得税。

三、合伙人律师在计算应纳税所得额时，应凭合法有效凭据按照个人所得税法和有关规定扣除费用；对确实不能提供合法有效凭据而实际发生与业务有关的费用，经当事人签名确认后，可再按下列标准扣除费用：个人年营业收入不超过 50 万元的部分，按 8% 扣除；个人年营业收入超过 50 万元至 100 万元的部分，按 6% 扣除；个人年营业收入超过 100 万元的部分，按 5% 扣除。

不执行查账征收的，不适用前款规定。前款规定自 2013 年 1 月 1 日至 2015 年 12 月 31 日执行。

四、律师个人承担的按照律师协会规定参加的业务培训费用，可据实扣除。

五、律师事务所和律师个人发生的其他费用和列支标准，按照《国家税务总局关于印发〈个体工商户个人所得税计税办法（试行）〉的通知》（国税发〔1997〕43 号）等文件的规定执行。

六、本公告自 2013 年 1 月 1 日起执行。

附件 4：

财政部　税务总局

关于个人所得税法修改后有关优惠政策衔接问题的通知

文号：财税〔2018〕164 号　发布日期：2018-12-27

为贯彻落实修改后的《个人所得税法》，现将个人所得税优惠政策衔接有关事项通知如下：

一、关于全年一次性奖金、中央企业负责人年度绩效薪金延期兑现收入和任期奖励的政策。

（一）居民个人取得全年一次性奖金，符合《国家税务总局关于调整个人取得全年一次性奖金等计算征收个人所得税方法问题的通知》（国税发〔2005〕9 号）规定的，在 2021 年 12 月 31 日前，不并入当年综合所得，以全年一次性奖金收入除以 12

个月得到的数额，按照本通知所附按月换算后的综合所得税率表（以下简称月度税率表），确定适用税率和速算扣除数，单独计算纳税。

计算公式为：应纳税额＝全年一次性奖金收入×适用税率－速算扣除数

居民个人取得全年一次性奖金，也可以选择并入当年综合所得计算纳税。

自 2022 年 1 月 1 日起，居民个人取得全年一次性奖金，应并入当年综合所得计算缴纳个人所得税。

（二）中央企业负责人取得年度绩效薪金延期兑现收入和任期奖励，符合《国家税务总局关于中央企业负责人年度绩效薪金延期兑现收入和任期奖励征收个人所得税问题的通知》（国税发〔2007〕118 号）规定的，在 2021 年 12 月 31 日前，参照本通知第一条第（一）项执行；2022 年 1 月 1 日之后的政策另行明确。

二、关于上市公司股权激励的政策。

（一）居民个人取得股票期权、股票增值权、限制性股票、股权奖励等股权激励（以下简称股权激励），符合《财政部、国家税务总局关于个人股票期权所得征收个人所得税问题的通知》（财税〔2005〕35 号）、《财政部、国家税务总局关于股票增值权所得和限制性股票所得征收个人所得税有关问题的通知》（财税〔2009〕5 号）、《财政部、国家税务总局关于将国家自主创新示范区有关税收试点政策推广到全国范围实施的通知》（财税〔2015〕116 号）第四条、《财政部、国家税务总局关于完善股权激励和技术入股有关所得税政策的通知》（财税〔2016〕101 号）第四条第（一）项规定的相关条件的，在 2021 年 12 月 31 日前，不并入当年综合所得，全额单独适用综合所得税率表，计算纳税。

计算公式为：应纳税额＝股权激励收入×适用税率－速算扣除数

（二）居民个人一个纳税年度内取得两次以上（含两次）股权激励的，应合并按本通知第二条第（一）项规定计算纳税。

（三）2022 年 1 月 1 日之后的股权激励政策另行明确。

三、关于保险营销员、证券经纪人佣金收入的政策。

保险营销员、证券经纪人取得的佣金收入，属于劳务报酬所得，以不含增值税的收入减除 20% 的费用后的余额为收入额，收入额减去展业成本以及附加税费后，并入当年综合所得，计算缴纳个人所得税。保险营销员、证券经纪人展业成本按照收入额的 25% 计算。

扣缴义务人向保险营销员、证券经纪人支付佣金收入时，应按照《个人所得税扣缴申报管理办法（试行）》（国家税务总局公告 2018 年第 61 号）规定的累计预扣法计算预扣税款。

四、关于个人领取企业年金、职业年金的政策。

个人达到国家规定的退休年龄，领取的企业年金、职业年金，符合《财政部 人力资源和社会保障部、国家税务总局关于企业年金 职业年金个人所得税有关问题的通知》（财税〔2013〕103 号）规定的，不并入综合所得，全额单独计算应纳税款。其中按月领取的，适用月度税率表计算纳税；按季领取的，平均分摊计入各月，按每月领取额适用月度税率表计算纳税；按年领取的，适用综合所得税率表计算纳税。

个人因出境定居而一次性领取的年金个人账户资金，或个人死亡后，其指定的受益人或法定继承人一次性领取的年金个人账户余额，适用综合所得税率表计算纳税。对个人除上述特殊原因外一次性领取年金个人账户资金或余额的，适用月度税率表计算纳税。

五、关于解除劳动关系、提前退休、内部退养的一次性补偿收入的政策。

（一）个人与用人单位解除劳动关系取得一次性补偿收入（包括用人单位发放的经济补偿金、生活补助费和其他补助费），在当地上年职工平均工资 3 倍数额以内的部分，免征个人所得税；超过 3 倍数额的部分，不并入当年综合所得，单独适用综合所得税率表，计算纳税。

（二）个人办理提前退休手续而取得的一次性补贴收入，应按照办理提前退休手续至法定离退休年龄之间实际年度数平均分摊，确定适用税率和速算扣除数，单独适用综合所得税率表，计算纳税。计算公式为：

应纳税额 =｛〔（一次性补贴收入÷办理提前退休手续至法定退休年龄的实际年度数）－费用扣除标准〕×适用税率－速算扣除数｝×办理提前退休手续至法定退休年龄的实际年度数

（三）个人办理内部退养手续而取得的一次性补贴收入，按照《国家税务总局关于个人所得税有关政策问题的通知》（国税发〔1999〕58 号）规定执行。

六、关于单位低价向职工售房的政策。

单位按低于购置或建造成本价格出售住房给职工，职工因此而少支出的差价部分，符合《财政部、国家税务总局关于单位低价向职工售房有关个人所得税问题的通知》（财税〔2007〕13 号）第二条规定的，不并入当年综合所得，以差价收入除以 12 个月得到的数额，按照月度税率表确定适用税率和速算扣除数，单独计算纳税。其计算公式为：

应纳税额 = 职工实际支付的购房价款低于该房屋的购置或建造成本价格的差额×适用税率－速算扣除数

七、关于外籍个人有关津补贴的政策。

（一）2019 年 1 月 1 日至 2021 年 12 月 31 日期间，外籍个人符合居民个人条件的，可以选择享受个人所得税专项附加扣除，也可以选择按照《财政部 国家税务总局关于个人所得税若干政策问题的通知》（财税〔1994〕20 号）、《国家税务总局关于外籍个人取得有关补贴征免个人所得税执行问题的通知》（国税发〔1997〕54 号）和《财政部、国家税务总局关于外籍个人取得港澳地区住房等补贴征免个人所得税的通知》（财税〔2004〕29号）规定，享受住房补贴、语言训练费、子女教育费等津补贴免税优惠政策，但不得同时享受。外籍个人一经选择，在一个纳税年度内不得变更。

（二）自2022年1月1日起，外籍个人不再享受住房补贴、语言训练费、子女教育费津补贴免税优惠政策，应按规定享受专项附加扣除。

八、除上述衔接事项外，其他个人所得税优惠政策继续按照原文件规定执行。

九、本通知自2019年1月1日起执行。

下列文件或文件条款同时废止：

（一）《财政部、国家税务总局关于个人与用人单位解除劳动关系取得的一次性补偿收入征免个人所得税问题的通知》（财税〔2001〕157号）第一条；

（二）《财政部、国家税务总局关于个人股票期权所得征收个人所得税问题的通知》（财税〔2005〕35号）第四条第（一）项；

（三）《财政部、国家税务总局关于单位低价向职工售房有关个人所得税问题的通知》（财税〔2007〕13号）第三条；

（四）《财政部 人力资源和社会保障部、国家税务总局关于企业年金职业年金个人所得税有关问题的通知》（财税〔2013〕103号）第三条第（一）项和第（三）项；

（五）《国家税务总局关于个人认购股票等有价证券而从雇主取得折扣或补贴收入有关征收个人所得税问题的通知》（国税发〔1998〕9号）；

（六）《国家税务总局关于保险企业营销员（非雇员）取得的收入计征个人所得税问题的通知》（国税发〔1998〕13号）；

（七）《国家税务总局关于个人因解除劳动合同取得经济补偿金征收个人所得税问题的通知》（国税发〔1999〕178号）；

（八）《国家税务总局关于国有企业职工因解除劳动合同取得一次性补偿收入征免个人所得税问题的通知》（国税发〔2000〕77号）；

（九）《国家税务总局关于调整个人取得全年一次性奖金等计算征收个人所得税方法问题的通知》（国税发〔2005〕9号）第二条；

（十）《国家税务总局关于保险营销员取得佣金收入征免个人所得税问题的通知》（国税函〔2006〕454号）；

（十一）《国家税务总局关于个人股票期权所得缴纳个人所得税有关问题的补充通知》（国税函〔2006〕902号）第七条、第八条；

（十二）《国家税务总局关于中央企业负责人年度绩效薪金延期兑现收入和任期奖励征收个人所得税问题的通知》（国税发〔2007〕118号）第一条；

（十三）《国家税务总局关于个人提前退休取得补贴收入个人所得税问题的公告》（国家税务总局公告2011年第6号）第二条；

（十四）《国家税务总局关于证券经纪人佣金收入征收个人所得税问题的公告》（国家税务总局公告 2012 年第 45 号）。

第三节　企业所得税之一：纳税人类

目前，我国政府对重点扶持和鼓励发展的产业和项目，给予企业所得税优惠。重点分布范围如下：节能服务产业、鼓励软件产业、集成电路产业、创投企业、高新技术企业、小型微利企业、非居民企业、民族自治地方、西部大开发、"一带一路"、大湾区和海南岛等企业所得税税收优惠。企业所得税的主要优惠方式如下：免税收入、减计收入、定期减免税、降低税率、授权减免、成本费用加计扣除、投资抵免、加速折旧和已纳税额抵免等。

准确认识税收制度的构成要素，是正确理解税收优惠本质的前提。税收制度的构成要素，即税法的构成要素，分为两部分或七项内容：

【税收制度的基本要素】

四项基本要素：纳税人、征税对象、计税依据和税率

1. 纳税人（纳税义务人、纳税主体）指税法上规定直接负有纳税义务的单位和个人。纳税人应具有独立民事主体资格，可以是自然人，也可以是法人。

2. 征税对象（征税客体）是指对什么课税，即国家征税的标的物。它规定了每个税种的征税界限，是一个税种区别于另外一个税种的主要标志。

3. 税率是应纳税额与征税对象数额（量）之间的法定比例，它是计算税额和税收负担的尺度。税率体现征税的程度，是税收制度的核心。其基本形式有三种，分别是：比例税率、累进税率和定额税率。

【税收制度的其他要素】

三项其他要素：纳税环节、纳税期限和税收优惠（减免税）

1. 纳税环节是指税法规定的商品在整个流转过程中应当缴纳税款的环节。

2. 纳税期限是指税法规定的纳税人申报缴纳税款的间隔时间，即履行纳税义务的期限。从我国现行各税种来看，纳税期限分按年征收、按季征收、按月征收、按天征收和按次征收等多种类型。

3. 税收优惠，即减税免税，分为税基式减免和税额式减免。

税基式减免，是指通过直接缩小计税依据的方式减免税收。具体包括：起征点、免征额、项目扣除以及跨期结转等。

税额式减免，是指通过直接减少应纳税额的方式减免税收。具体包括：全部免征、减半征收、核定减免率、核定减征税额等。

一、中国的企业所得税

历史是客观存在的，无论文学家们如何书写，它都是以自己的方式存在，是不可改变的。实事求是是真理。

第一次工业革命（18世纪60年代）后，我国长期处于封建和半殖民地半封建社会，资本主义发展缓慢，缺乏实行所得税制度的社会经济条件，直到清末才有实行所得税的倡议，但屡议屡辍。中华民国时期的国民党政府，于1936年10月，开征了薪给报酬所得税与证券存款利息所得税。1937年以后，又陆续开征了营利事业所得税、非常时期过分利得税、财产租赁出卖所得税等。这些所得税构成国民党政府时期的直接税体系。其中，以营利事业所得税收入最多，它的负担主要落在当时抗战后方处于困难境地的民族工商业者们的身上。

1949年10月，中华人民共和国成立后，在1982年以前，全民所有制企业是向国家上缴利润而不征所得税的。1950年，政务院公布了《全国税政实施要则》，其中，规定的所得税有薪给报酬所得税（未开征）、存款利息所得税（1950年10月改为利息所得税，1959年停征）和工商所得税（包括在工商业税中）。在生产资料所有制的社会主义改造基本完成以前，工商所得税主要是对资本主义工商业征收，它对调节各阶级收入，促进对私营工商业的社会主义改造，扶持和发展合作社经济起了一定作用。在生产资料所有制的社会主义改造基本完成以后，工商所得税主要向集体所有制企业征收。从1963年到1978年，通过工商所得税的征收，为国家积累了一部分建设资金，提高了企业经营素质，促进了集体经济的巩固和发展。

自改革开放以来，我国的所得税制度有了比较大的变化。为了适应对外经济合作和技术交流的需要并维护国家的权益，全国人民代表大会常务委员会，于1980年9月10日公布了《中华人民共和国中外合资经营企业所得税法》和《个人所得税法》，1981年12月13日公布了《中华人民共和国外国企业所得税法》。为了正确解决国家与企业之间的分配关系，促进国营企业建立与健全经济责任制，1984年9月，国务院发布了《中华人民共和国国营企业所得税暂行条例》及其实施细则。截至1986年，我国共征收五种所得税：国营企业所得税和调节税、工商所得税、中外合资经营企业所得税、外国企业所得税和个人所得税。

（一）国营企业所得税

这是针对国营企业从事生产、经营所得和其他所得而课征的所得税。此前，对国营企业是没有开征所得税的，而是实行企业有利润要全部上缴，有亏损由财政拨款弥补，各项主要开支向财政申请拨款，即"统收统支"制度。其弊端是不利于正确解决国家与企业之间的剩余价值再分配关系。

1983年，国务院为了把国家与企业的分配关系用税收形式固定下来，使企业成为相对独立的经济实体，逐步做到"自主经营、自负盈亏"，调动企业和职工的积极性，决定实行"利改税"，把国营企业上缴利润改革为缴纳企业所得税的制度。1984年9月进一步完善了国营企业的所得税制度，颁布了《国营企业所得税暂行条例》及其实施细则。国营企业所得税的纳税人是实行独立核算的国营企业，计税依据是应纳税所得额。国营企业所得税税率按企业类型分别制定。大中型企业适用55%的比例税率；小型企业、饮食服务企业和营业性的宾馆、饭店、招待所等，适用八级超额累进税率。国营大中型企业缴纳所得税后的利润一般都留归企业支配，但少数剩余利润较多的企业，还要缴纳国营企业调节税。

（二）国营企业调节税

这是国家对国营大中型企业缴纳所得税后超过合理留存部分的利润课征的一种税，是国营企业所得税的补充形式。由于产品价格、资源条件、资金构成、地理位置、交通条件、生产结构和产品结构等诸多方面的不同，国营企业的利润水平也是不相同的，而且有的相差悬殊。按同一比例征收所得税后，有些企业还有较多的剩余利润，因此再征收一次调节税。国营企业调节税的税率，主要根据1983年时企业的基期利润及留利水平，由主管财税部门商同企业主管部门共同按户核定的。为了鼓励企业增收，对企业当年利润比基期利润增长部分减征70%的调节税。

（三）工商所得税

这是对集体所有制的工商企业单位和个体工商业户就其利润所得课征的一种税。纳税人包括城镇集体所有制的工交企业、乡镇企业、县以下基层供销社、城乡个体劳动者和一部分农村专业户等。1984年以前，工商所得税税率是按纳税人的不同类型分别确定的，税率比较复杂。1984年实行利改税第二步改革后，各类纳税人同国营小型企业一样，都实行新的八级超额累进税率。最低税率为10%，最高税率为55%。

（四）中外合资经营企业所得税和外国企业所得税

这是对中外合资经营企业和外国企业的生产、经营所得和其他所得课征的所得税。随着生产力的不断发展和科学技术的飞速进步，国际之间的经济联系也在迅速发展，许多国家都在利用这种国际经济联系发展自己的经济。我国有丰富的资源和巨大的市场，对外资有很大的吸引力。我国的涉外税法以"税负从轻、优惠从宽"为原则，为客商提供良好的投资环境，为更多地吸收外资，引进国际先进技术创造条件，以加速我国的经济发展。

中外合营企业所得税是税率为30%的比例税，另按应纳所得额附征10%的地方所得税。为鼓励客商将分得的利润在中国境内使用或转为投资，客商分得的利润汇出国外时，要缴纳10%的预提所得税，不汇出的不征。合营企业享受的税收优惠主要有：①对新办企业实行减免税。②对特定经济部门和经济落后地区的投资给予较长时期的减税。③对再投资的减税。合营者从企业分得的利润在中国境内再投资，期限不少于五年的，退还其再投资部分已纳所得税款的40%。④合营企业发生的年度亏损，可从以后年度利润中弥补，但最长不超过五年。⑤凡确有需要实行快速折旧的，经批准后，允许实行加速折旧。

外国企业所得税是采用五级超额累进税率，最低一级税率为20%，最高一级税率为40%；同时，按企业应纳税所得额的10%缴纳地方所得税。税后利润汇出国外时，不再征税。外国企业在中国境内不设经营机构，而有来源于中国的股息、利息、租金、特许权使用费等项所得，应缴纳20%的所得税（通常称预提所得税），由支付单位代扣代缴。同时，对从事农、林、牧业等利润较低的外国企业给予一定的减免税照顾。

1984年11月，国务院决定对经济特区和沿海14个港口城市涉外企业的所得税实行免征和减征的优惠。在经济特区（简称特区）和沿海14个港口城市经济技术开发区内开办的中外合资经营、中外合作经营和客商独资经营企业，从事生产、经营所得和其他所得，减按15%的税率征收企业所得税。在这些城市和特区的老市区内开办中外合资经营、中外合作经营和客商独资经营的生产性企业，凡属技术密集、知识密集型的项目；或者客商投资额在3000万美元以上、回收投资时间长的项目；或者属于能源、交通、港口建设的项目，经批准以后，也减按15%的税率征收企业所得税。

对于这些地区的上述企业征收的地方所得税，需要给予减免优惠的，由当地政府决定；客商取得的股息、利息、租金、特许权使用费等所得，都减按10%的税率征收所得税。特区、开发区合营企业客商分得的利润汇出境外时，免征所得税。此外，对于上述地区涉外企业征收的工商统一税也作了减免规定。采取上述措施，将有利于这些地区扩大对外经济技术合作，吸收外资，引进先进技术，提高劳动生产率，加快我国的社会主义现代化建设。

1993年12月份，国务院颁布实施《中华人民共和国企业所得税暂行条例》，废止了《中华人民共和国国营企业所得税条例》（1984年8月）和《国营企业调节税征收办法》（1984年8月）、《中华人民共和国集体企业所得税暂行条例》（1985年4月）、《中华人民共和国私营企业所得税暂行条例》（1988年6月），将国营企业所得税、国营企业调节税和集体企业所得税等多种税统一为内资企业所得税。

2008年1月1日《企业所得税法》实施后，我国统一了内资企业所得税和外商投资企业和外国企业所得税，所得税税率为25%。

二、企业所得税优惠政策概述

（一）行业税收优惠

国家对重点扶持和鼓励发展的产业和项目，给予企业所得税优惠。例如：国家发展改革委、工业和信息化部、财政部、海关总署、税务总局联合发布《关于做好享受税收优惠政策的集成电路企业或项目、软件企业清单制定工作有关要求的通知》（发改高技〔2021〕413号），自2020年3月29日起实施。

（二）免税收入优惠

企业的下列收入为免税收入。

1. 国债利息收入；

2. 符合条件的居民企业之间的股息、红利等权益性投资收益；

3. 在中国境内设立机构、场所的非居民企业从居民企业取得与该机构、场所有实际联系的股息、红利等权益性投资收益；

4. 符合条件的非营利组织的收入。

（三）应税所得减免优惠

企业的下列所得，可以免征、减征企业所得税。

1. 从事农、林、牧、渔业项目的所得；

2. 从事国家重点扶持的公共基础设施项目投资经营的所得；

3. 从事符合条件的环境保护、节能节水项目的所得；

4. 符合条件的技术转让所得。

（四）降低税率优惠

1. 符合条件的小型微利企业，减按20%的税率征收企业所得税。

小型微利企业，是指从事国家非限制和禁止行业，并符合下列条件的企业：

① 工业企业，年度应纳税所得额不超过30万元，从业人数不超过100人，资产总额不超过3000万元；

② 其他企业，年度应纳税所得额不超过30万元，从业人数不超过80人，资产总额不超过1000万元。

2. 国家需要重点扶持的高新技术企业，减按15%的税率征收企业所得税。

（五）地区优惠和灾害减免

西部大开发税收优惠；经济特区和上海浦东新区新设立高新技术企业过渡性税收优惠；民族自治地方所得税的减免等。民族自治地方的自治机关对本民族自治地方的企业应缴纳的企业所得税中属于地方分享的部分，可以决定减征。

受灾地区企业取得的救灾和灾后恢复重建款项等收入，免征企业所得税。

（六）其他优惠

享受税收协定待遇：税收协定减免股息所得企业所得税，税收协定减免特许权使用费所得企业所得税。

三、纳税人类企业所得税优惠

我国的企业所得税是法人所得税制，个人独资企业和合伙企业不是企业所得税的纳税人，个人独资企业缴纳个人所得税，合伙企业的法人合伙人缴纳企业所得税，合伙企业的自然人合伙人缴纳个人所得税。

（一）纳税主体基本界定——法人和自然人

在中华人民共和国境内，企业和其他取得应税收入的法人组织，为企业所得税的纳税人。企业所得税的纳税人是法人，不是自然人等非法人。

（二）管辖原则基本划分——企业分居民企业和非居民企业

居民企业是指依法在中国境内成立，或者依照外国法律成立但实际管理机构在中国境内的企业或法人组织。

非居民企业是指依照外国法律成立且实际管理机构不在中国境内，在中国境内设立机构、场所的，或者在中国境内未设立机构、场所，但具有来源于中国境内所得的企业或法人组织。

（三）具体税收优惠政策

通过核对《国家税务总局减免税政策代码目录表（20220627）》的列举事项，查阅现行有效的税收政策文件，归集整理了以纳税人为对象的企业所得税减免优惠，共计17项：

1. 符合条件的生产和装配伤残人员专门用品的企业，免征企业所得税

对符合下列条件的居民企业：

① 生产和装配伤残人员专门用品，且在民政部发布的《中国伤残人员专门用品目录》范围之内。

② 以销售本企业生产或者装配的伤残人员专门用品为主，其所取得的年度伤残人员专门用品销售收入（不含出口取得的收入）占企业收入总额60%以上。

③ 企业账证健全，能够准确、完整地向主管税务机关提供纳税资料，且本企业生产或者装配的伤残人员专门用品所取得的收入能够单独、准确核算。

④ 企业拥有假肢制作师、矫形器制作师资格证书的专业技术人员不得少于1人；其企业生产人员如超过20人，则其拥有假肢制作师、矫形器制作师资格证书的专业技术人员不得少于全部生产人员的1/6。

⑤ 具有与业务相适应的测量取型、模型加工、接受腔成型、打磨、对线组装、功能训练等生产装配专用设备和工具。

⑥ 具有独立的接待室、假肢或者矫形器（辅助器具）制作室和假肢功能训练室，使用面积不少于115平方米。

《财政部、国家税务总局、民政部关于生产和装配伤残人员专门用品企业免征企业所得税的通知》（文号：财税〔2016〕111号）

《财政部、税务总局、民政部关于生产和装配伤残人员专门用品企业免征企业所得税的公告》（文号：财政部、税务总局、民政部公告2021年第14号）

2. 符合条件的公司型创投企业，按照企业年末个人股东持股比例减免企业所得税（北京）

对示范区内公司型创业投资企业，转让持有3年以上股权的所得占年度股权转让所得总额的比例超过50%的，按照年末个人股东持股比例减半征收当年企业所得税；转让持有5年以上股权的所得占年度股权转让所得总额的比例超过50%的，按照年末个人股东持股比例免征当年企业所得税。

《财政部、税务总局、发展改革委、证监会关于中关村国家自主创新示范区公司型创业投资企业有关企业所得税试点政策的通知》（财税〔2020〕63号）

3. 符合条件的公司型创投企业，按照企业年末个人股东持股比例减免企业所得税（上海）

《财政部、国家税务总局、发展改革委关于上海市浦东新区特定区域公司型创业投资企业有关企业所得税试点政策的通知》（文号：财税〔2021〕53号）

4. 符合条件的软件企业，减免企业所得税

《财政部、国家税务总局关于进一步鼓励软件产业和集成电路产业发展企业所得税政策的通知》（文号：财税〔2012〕27号）

后续文件：《财政部、国家税务总局、发展改革委、工业和信息化部关于软件和集成电路产业企业所得税优惠政策有关问题的通知》（文号：财税〔2016〕49号），《财政部、税务总局关于集成电路设计和软件产业企业所得税政策的公告》（文号：财政部、税务总局公告2019年第68号）

5. 符合条件的集成电路封装、测试企业，定期减免企业所得税

符合条件的集成电路封装、测试企业以及集成电路关键专用材料生产企业、集成电路专用设备生产企业，在2017年（含2017年）前实现获利的，自获利年度起，第一年至第二年免征企业所得税，第三年至第五年按照25%的法定税率减半征收企业所得税，并享受至期满为止；2017年前未实现获利的，自2017年起计算优惠期，享受至期满为止。

《财政部、国家税务总局、发展改革委、工业和信息化部关于进一步鼓励集成电路产业发展企业所得税政策的通知》（文号：财税〔2015〕6号）

6. 经济特区和上海浦东新区新设立的高新技术企业，在区内取得的所得，定期减免征收企业所得税

《国务院关于经济特区和上海浦东新区新设立高新技术企业实行过渡性税收优惠

的通知》（文号：国发〔2007〕40号）

7. 新疆喀什、霍尔果斯特殊经济开发区新办企业，定期免征企业所得税

《财政部、税务总局关于新疆困难地区及喀什、霍尔果斯两个特殊经济开发区新办企业所得税优惠政策的通知》（文号：财税〔2021〕27号）

8. 新疆困难地区新办企业，定期减免企业所得税

《财政部、税务总局关于新疆困难地区及喀什、霍尔果斯两个特殊经济开发区新办企业所得税优惠政策的通知》（文号：财税〔2021〕27号）

9. 海南自由贸易港旅游业、现代服务业、高新技术产业企业，新增境外直接投资取得的所得，免征企业所得税

《财政部、税务总局关于海南自由贸易港企业所得税优惠政策的通知》（文号：财税〔2020〕31号）

10. 符合条件的节能服务公司，实施合同能源管理项目的所得，定期减免企业所得税

《财政部、国家税务总局关于促进节能服务产业发展增值税营业税和企业所得税政策问题的通知》（文号：财税〔2010〕110号）

后续文件：《财政部、国家税务总局关于地方政府债券利息所得免征所得税问题的通知》（文号：财税〔2011〕76号）第一条

11. 北京冬奥组委、北京冬奥会测试赛赛事组委会，免征企业所得税

《财政部、税务总局、海关总署关于北京2022年冬奥会和冬残奥会税收政策的通知》（文号：财税〔2017〕60号）

12. 由经营性文化事业单位转制的企业，免征企业所得税

从事新闻出版、广播影视和文化艺术的经营性文化事业单位转制为企业的，自转制注册之日起免征企业所得税。

《关于继续实施文化体制改革中经营性文化事业单位转制为企业若干税收政策的通知》（文号：财税〔2019〕16号）

13. 符合条件的非营利组织的收入，免征企业所得税

《企业所得税法》（中华人民共和国主席令第63号）第二十六条第（四）项，相关文件：

①《财政部、国家税务总局关于非营利组织企业所得税免税收入问题的通知》（文号：财税〔2009〕122号）第一条

②《财政部、国家税务总局、关于科技企业孵化器税收政策的通知》（文号：财税〔2016〕89号）第二条

③《财政部、国家税务总局关于国家大学科技园税收政策的通知》（文号：财税〔2016〕98号）第二条

14. 对取得农业部颁发的"远洋渔业企业资格证书"并在有效期内的远洋渔业企业，从事远洋捕捞业务取得的所得，免征企业所得税

《国家税务总局关于实施农、林、牧、渔业项目企业所得税优惠问题的公告》（文号：总局公告 2011 年第 48 号 发布日期：2011-09-13）

15. 中国保险保障基金有限责任公司，取得的保险保障基金等收入，免征企业所得税

对中国保险保障基金有限责任公司取得的境内保险公司依法缴纳的保险保障基金，依法从撤销或破产保险公司清算财产中获得的受偿收入和向有关责任方追偿所得，以及依法从保险公司风险处置中获得的财产转让所得，捐赠所得，银行存款利息收入，购买政府债券、中央银行、中央企业和中央级金融机构发行债券的利息收入，国务院批准的其他资金运用取得的收入，免征企业所得税。

《财政部、国家税务总局关于保险保障基金有关税收政策继续执行的通知》（文号：财税〔2013〕81 号）

16. 中国期货保证金监控中心有限责任公司，取得的银行存款利息等收入，暂免征收企业所得税

《财政部、国家税务总局关于期货投资者保障基金有关税收政策继续执行的通知》（文号：财税〔2013〕80 号）第二条。

17. 受灾地区损失严重企业，免征企业所得税

① 对受灾地区损失严重的企业，免征企业所得税。

② 自 2013 年 4 月 20 日起，对受灾地区企业通过公益性社会团体、县级以上人民政府及其部门取得的抗震救灾和灾后恢复重建款项和物资，以及税收法律、法规规定和国务院批准的减免税金及附加收入，免征企业所得税。

③ 自 2013 年 4 月 20 日至 2017 年 12 月 31 日，对受灾地区农村信用社免征企业所得税。

《财政部 海关总署 国家税务总局关于支持芦山地震灾后恢复重建有关税收政策问题的通知》（文号：财税〔2013〕58 号）第一条第一款。

《财政部 海关总署 国家税务总局关于支持鲁甸地震灾后恢复重建有关税收政策问题的通知》（文号：财税〔2015〕27 号）第一条第一款。

相关文件及具体规定：

财政部　税务总局　中央宣传部
关于继续实施文化体制改革中经营性文化事业单位转制
为企业若干税收政策的通知

文号：财税〔2019〕16 号　发布日期：2019-02-16

为贯彻落实《国务院办公厅关于印发文化体制改革中经营性文化事业单位转制为企业和进一步支持文化企业发展两个规定的通知》（国办发〔2018〕124 号）有关规定，进一步深化文化体制改革，继续推进国有经营性文化事业单位转企改制，现就继续实施经营性文化事业单位转制为企业的税收政策事项通知如下：

一、经营性文化事业单位转制为企业，可以享受以下税收优惠政策：

（一）经营性文化事业单位转制为企业，自转制注册之日起五年内免征企业所得税。2018 年 12 月 31 日之前已完成转制的企业，自 2019 年 1 月 1 日起可继续免征五年企业所得税。

（二）由财政部门拨付事业经费的文化单位转制为企业，自转制注册之日起五年内对其自用房产免征房产税。2018 年 12 月 31 日之前已完成转制的企业，自 2019 年 1 月 1 日起对其自用房产可继续免征五年房产税。

（三）党报、党刊将其发行、印刷业务及相应的经营性资产剥离组建的文化企业，自注册之日起所取得的党报、党刊发行收入和印刷收入免征增值税。

（四）对经营性文化事业单位转制中资产评估增值、资产转让或划转涉及的企业所得税、增值税、城市维护建设税、契税、印花税等，符合现行规定的享受相应税收优惠政策。

上述所称"经营性文化事业单位"，是指从事新闻出版、广播影视和文化艺术的事业单位。转制包括整体转制和剥离转制。其中，整体转制包括：（图书、音像、电子）出版社、非时政类报刊出版单位、新华书店、艺术院团、电影制片厂、电影（发行放映）公司、影剧院、重点新闻网站等整体转制为企业；剥离转制包括：新闻媒体中的广告、印刷、发行、传输网络等部分，以及影视剧等节目制作与销售机构，从事业体制中剥离出来转制为企业。

上述所称"转制注册之日"，是指经营性文化事业单位转制为企业并进行企业法人登记之日。对于经营性文化事业单位转制前已进行企业法人登记，则按注销事业单位法人登记之日，或核销事业编制的批复之日（转制前未进行事业单位法人登记的）确定转制完成并享受本通知所规定的税收优惠政策。

上述所称"2018 年 12 月 31 日之前已完成转制"，是指经营性文化事业单位在

2018年12月31日及以前已转制为企业、进行企业法人登记，并注销事业单位法人登记或批复核销事业编制（转制前未进行事业单位法人登记的）。

本通知下发之前已经审核认定享受《财政部、国家税务总局、中宣部关于继续实施文化体制改革中经营性文化事业单位转制为企业若干税收政策的通知》（财税〔2014〕84号）税收优惠政策的转制文化企业，可按本通知规定享受税收优惠政策。

二、享受税收优惠政策的转制文化企业应同时符合以下条件：

（一）根据相关部门的批复进行转制。

（二）转制文化企业已进行企业法人登记。

（三）整体转制前已进行事业单位法人登记的，转制后已核销事业编制、注销事业单位法人；整体转制前未进行事业单位法人登记的，转制后已核销事业编制。

（四）已同在职职工全部签订劳动合同，按企业办法参加社会保险。

（五）转制文化企业引入非公有资本和境外资本的，须符合国家法律法规和政策规定；变更资本结构依法应经批准的，需经行业主管部门和国有文化资产监管部门批准。

本通知适用于所有转制文化单位。中央所属转制文化企业的认定，由中央宣传部会同财政部、税务总局确定并发布名单；地方所属转制文化企业的认定，按照登记管理权限，由地方各级宣传部门会同同级财政、税务部门确定和发布名单，并按程序抄送中央宣传部、财政部和税务总局。

已认定发布的转制文化企业名称发生变更的，如果主营业务未发生变化，可持同级文化体制改革和发展工作领导小组办公室出具的同意变更函，到主管税务机关履行变更手续；如果主营业务发生变化，依照本条规定的条件重新认定。

三、经认定的转制文化企业，应按有关税收优惠事项管理规定办理优惠手续，申报享受税收优惠政策。企业应将转制方案批复函，企业营业执照，同级机构编制管理机关核销事业编制、注销事业单位法人的证明，与在职职工签订劳动合同、按企业办法参加社会保险制度的有关材料，相关部门对引入非公有资本和境外资本、变更资本结构的批准文件等留存备查，税务部门依法加强后续管理。

四、未经认定的转制文化企业或转制文化企业不符合本通知规定的，不得享受相关税收优惠政策。已享受优惠的，主管税务机关应追缴其已减免的税款。

五、对已转制企业按照本通知规定应予减免的税款，在本通知下发以前已经征收入库的，可抵减以后纳税期应缴税款或办理退库。

六、本通知规定的税收政策执行期限为2019年1月1日至2023年12月31日。企业在2023年12月31日享受本通知第一条第（一）、（二）项税收政策不满五年的，可继续享受至五年期满为止。

《财政部、国家税务总局、中宣部关于继续实施文化体制改革中经营性文化事业单位转制为企业若干税收政策的通知》（财税〔2014〕84 号）自 2019 年 1 月 1 日起停止执行。

财政部　国家税务总局　中央宣传部

2019 年 2 月 16 日

财政部　国家税务总局
关于非营利组织企业所得税免税收入问题的通知

文号：财税〔2009〕122 号　发布日期：2009-11-11

根据《企业所得税法》第二十六条及《中华人民共和国企业所得税法实施条例》（国务院令第 512 号）第八十五条的规定，现将符合条件的非营利组织企业所得税免税收入范围明确如下：

一、非营利组织的下列收入为免税收入：

（一）接受其他单位或者个人捐赠的收入；

（二）除《企业所得税法》第七条规定的财政拨款以外的其他政府补助收入，但不包括因政府购买服务取得的收入；

（三）按照省级以上民政、财政部门规定收取的会费；

（四）不征税收入和免税收入孳生的银行存款利息收入；

（五）财政部、国家税务总局规定的其他收入。

二、本通知从 2008 年 1 月 1 日起执行。

财政部　国家税务总局

二〇〇九年十一月十一日

第四节　企业所得税之二：计税依据类

会计核算的权责发生制原则，是企业所得税计算应纳税所得额的一般原则或基础，是最基本的前提。但是，这不是绝对的，实务中还会有一小部分事项是适用或倾向于收付实现制的。客观表述是绝大多数情况下是适用权责发生制，少数情况会采用"收付实现制"。记住这一点，对于理解所得税相关政策，是很有必要的。同时，个人所得税适用"收付实现制"的情况相比企业所得税要多些的。

权责发生制，是指以取得收取款项的权利或支付款项的义务为标志来确定本期收入和成本费用的会计核算基础。凡是当期已经实现的收入和已经发生的或应当负担的成本费用，不论款项是否收付，都应当作为当期的收入和成本费用；凡是不属于当期的收入和成本费用，即使款项已在当期收付，也不应当作为当期的。

按照《企业会计准则——基本准则》第九条规定，企业应当以权责发生制为基础进行会计确认、计量和报告。

同时，税法规定，在计算应纳税所得额时，企业财务、会计处理办法与税收法律、行政法规的规定不一致的，须适用税法优先原则，应当依照税收法律行政法规的规定计算的。**企业所得税计算应纳税所得额的基本原则是：权责发生制原则、税法优先原则和禁止预提原则。**

《中华人民共和国企业所得税法实施条例》（以下简称《企业所得税法条例》）的第九条规定如下：

企业应纳税所得额的计算，以权责发生制为原则，属于当期的收入和费用，不论款项是否收付，均作为当期的收入和费用；不属于当期的收入和费用，即使款项已经在当期收付，也不作为当期的收入和费用。本条例和国务院财政、税务主管部门另有规定的除外。

【企业所得税的计税依据】

（一）应纳税所得额的计算原则

1. 权责发生制

权责发生制又称"应收应付制"，是以本期会计期间发生的费用和收入是否应计入本期损益为标准，处理相关经济业务的一种制度。凡在本期发生应从本期收入中获得补偿的费用，不论是否在本期已实际支付或未付的货币资金，均应作为本期的费用处理；凡在本期发生应归属于本期的收入，不论是否在本期已实际收到或未收到的货币资金，均应作为本期的收入处理。

权责发生制是依据持续经营和会计分期两个基本前提来正确划分不同会计期间资产、负债、收入、费用等会计要素的归属。

收付实现制是以款项的实际收付为标准来处理经济业务，确定本期收入和费用，计算本期盈亏的会计处理基础。

2. 税法优先原则

在计算应纳税所得额时，企业财务、会计处理办法与税收法律法规的规定不一致的，应当依照税收法律法规的规定计算。

根据《企业所得税法》及其实施条例规定的权责发生制原则，企业销售收入的确认，必须遵循权责发生制原则和实质重于形式原则。

（二）应纳税所得额的计算公式

应纳税所得额 = 会计利润 + 纳税调整增加额 − 纳税调整减少额

应纳税所得额 = 收入总额 − 不征税收入 − 免税收入 − 各项扣除 − 允许弥补的以前年度亏损

（三）财产损失与弥补亏损

关于财产损失，在国家税务总局关于发布的《企业资产损失所得税税前扣除管理办法》中是这样明确的：

第五条　企业发生的资产损失，应按规定的程序和要求向主管税务机关申报后方能在税前扣除。未经申报的损失，不得在税前扣除。

第六条　企业以前年度发生的资产损失未能在当年税前扣除的，可以按照本办法的规定，向税务机关说明并进行专项申报扣除。其中，属于实际资产损失，准予追补至该项损失发生年度扣除，其追补确认期限一般不得超过五年，但因计划经济体制转轨过程中遗留的资产损失、企业重组上市过程中因权属不清出现争议而未能及时扣除的资产损失、因承担国家政策性任务而形成的资产损失以及政策定性不明确而形成资产损失等特殊原因形成的资产损失，其追补确认期限经国家税务总局批准后可适当延长。属于法定资产损失，应在申报年度扣除。

企业因以前年度实际资产损失未在税前扣除而多缴的企业所得税税款，可在追补确认年度企业所得税应纳税款中予以抵扣，不足抵扣的，向以后年度递延抵扣。

企业实际资产损失发生年度扣除追补确认的损失后出现亏损的，应先调整资产损失发生年度的亏损额，再按弥补亏损的原则计算以后年度多缴的企业所得税税款，并按前款办法进行税务处理。

弥补亏损的原则：

企业纳税年度内发生的亏损，准予向以后年度结转，用以后年度的利润（应纳税所得额）来进行弥补，其中，属于国家鼓励的集成电路生产企业的结转年限最长不得超过10年。

根据原《企业所得税暂行条例实施细则》第二十八条规定：弥补亏损期限，是指纳税人某一纳税年度发生亏损，准予用以后年度的应纳税所得弥补，1年弥补不足的，可以逐年连续弥补，弥补期最长不得超过5年，5年内不论是盈利或亏损，都作为实际弥补年限计算。当纳税年度内企业取得的收入可以弥补前五年的亏损总额，无论前五年是否全部发生亏损，本年度的收入只能弥补此前五年内发生的亏损额。

（四）清算所得

清算所得 = 企业的全部资产可变现价值或者交易价格 − 资产的计税基础 − 清算费用 − 相关税费 + 债务清偿损益等

【应纳税所得额有两种计算方法】

（1）直接计算法

应纳税所得额=收入总额−不征税收入−免税收入−各项扣除金额−弥补亏损

（2）间接计算法

应纳税所得额=会计利润总额±纳税调整项目金额

应纳税所得额=会计利润总额+纳税调整增加−纳税调整减少项目金额

【免税收入】

企业的下列收入为免税收入：

1. 国债利息收入，是指企业持有国务院财政部门发行的国债取得的利息收入。

2. 符合条件的居民企业之间的股息、红利等权益性投资收益。是指居民企业直接投资于其他居民企业取得的投资收益。不包括连续持有居民企业公开发行并上市流通的股票不足 12 个月取得的投资收益。

3. 在中国境内设立机构、场所的非居民企业从居民企业取得与该机构、场所有实际联系的股息、红利等权益性投资收益。

4. 符合条件的非营利组织的收入。

本节归集整理以企业所得税计税依据为对象的所得税税收优惠文件及其相关规定。

二、减计收入类优惠

通过核对《国家税务总局减免税政策代码目录表（20220627）》的列举事项，查阅现行有效的税收政策文件，归集整理企业所得税的计税依据减免之减计收入类税收优惠，共计 22 项：

1. 取得的社区家庭服务收入，在计算应纳税所得额时减计收入

为社区提供养老、托育、家政等服务的机构，提供社区养老、托育、家政服务取得的收入，在计算应纳税所得额时，减按 90% 计入收入总额。

《财政部、税务总局、发展改革委、民政部、商务部、卫生健康委关于养老、托育、家政等社区家庭服务业税费优惠政策的公告》（文号：财政部、税务总局、发展改革委、民政部、商务部、卫生健康委公告 2019 年第 76 号）

2. 从事福建沿海与金门、马祖、澎湖海上直航业务取得的运输收入，免征企业所得税

《财政部、国家税务总局关于福建沿海与金门、马祖、澎湖海上直航业务有关税收政策的通知》（文号：财税〔2007〕91 号）

3. 中国清洁发展机制基金取得的收入，免征企业所得税

《财政部、国家税务总局关于中国清洁发展机制基金及清洁发展机制项目实施企业有关企业所得税政策问题的通知》（文号：财税〔2009〕30 号）

4. 综合利用资源生产产品取得的收入，在计算应纳税所得额时减计收入

企业以《资源综合利用企业所得税优惠目录》规定的资源作为主要原材料，生产国家非限制和非禁止并符合国家及行业相关标准的产品取得的收入，减按90%计入企业当年收入总额。

《企业所得税法》第三十三条：企业综合利用资源，生产符合国家产业政策规定的产品所取得的收入，可以在计算应纳税所得额时减计收入。

《实施条例》第九十九条：企业所得税法第三十三条所称减计收入，是指企业以《资源综合利用企业所得税优惠目录》规定的资源作为主要原材料，生产国家非限制和禁止并符合国家和行业相关标准的产品取得的收入，减按90%计入收入总额。

原材料占生产产品材料的比例不得低于《资源综合利用企业所得税优惠目录》规定的标准。

相关文件：

①《财政部、国家税务总局关于执行资源综合利用企业所得税优惠目录有关问题的通知》（文号：财税〔2008〕47号）第一条

②《财政部、国家税务总局、国家发展改革委关于公布资源综合利用企业所得税优惠目录〔2008年版〕的通知》（文号：财税〔2008〕117号）。

5. 取得的地方政府债券利息收入，免征企业所得税

《财政部、国家税务总局关于地方政府债券利息所得免征所得税问题的通知》（财税〔2011〕76号）；《财政部、国家税务总局关于地方政府债券利息免征所得税问题的通知》（文号：财税〔2013〕5号）

6. 外国政府利息，免征企业所得税

7. 国际金融组织利息，免征企业所得税

上述6~7项，均适用《企业所得税法实施条例》（国务院令第512号）第九十一条第二款

8. QFII和RQFII股票转让，免征企业所得税

《财政部、国家税务总局、证监会关于QFII和RQFII取得中国境内的股票等权益性投资资产转让所得暂免征收企业所得税问题的通知》（文号：财税〔2014〕79号）

后续文件：《财政部、税务总局、证监会关于创新企业境内发行存托凭证试点阶段有关税收政策的公告》（文号：财政部、税务总局、证监会公告2019年第52号）第二条第三款

9. 投资者从证券投资基金分配中取得的收入，暂不征收企业所得税

《财政部、国家税务总局关于企业所得税若干优惠政策的通知》（文号：财税〔2008〕1号）

10. 中国保险保障基金有限责任公司，取得的保险保障基金等收入，免征企业所

得税

《财政部、税务总局关于保险保障基金有关税收政策问题的通知》（文号：财税〔2018〕41号）

后续文件：《财政部、税务总局关于延长部分税收优惠政策执行期限的公告》（文号：财政部、税务总局公告2021年第6号）

11. 国债利息收入，免征企业所得税

企业持有国务院财政部门发行的国债取得的利息收入，免征企业所得税。

《企业所得税法》（中华人民共和国主席令第63号）第二十六条第一款；《企业所得税法实施条例》第八十二条；

《国家税务总局关于企业国债投资业务企业所得税处理问题的公告》（国家税务总局公告2011年第36号）。

12. 符合条件的居民企业之间属于股息、红利性质的永续债利息收入，免征企业所得税

《财政部、税务总局关于永续债企业所得税政策问题的公告》（文号：财政部、税务总局公告2019年第64号）

13. 金融机构取得的涉农贷款利息，在计算应纳税所得额时减计收入

14. 保险机构取得的涉农保费收入，在计算应纳税所得额时减计收入

15. 小额贷款（是指单笔且该农户贷款余额总额在10万元以下的贷款）公司取得的农户小额贷款利息，在计算应纳税所得额时减计收入

上述三项收入，均在计算应纳税所得额时，按90%计入收入总额。

上述13～15项，均适用《财政部、税务总局关于延续实施普惠金融有关税收优惠政策的公告》（文号：财政部、税务总局公告2020年第22号）

相关文件：《财政部、税务总局关于延续支持农村金融发展有关税收政策的通知》（财税〔2017〕44号）《财政部、税务总局关于小额贷款公司有关税收政策的通知》（财税〔2017〕48号）、《财政部、税务总局关于支持小微企业融资有关税收政策的通知》（财税〔2017〕77号）、《财政部、税务总局关于租入固定资产进项税额抵扣等增值税政策的通知》（财税〔2017〕90号）

16. 对国际奥委会取得的与北京2022年冬奥会有关的收入，免征企业所得税

17. 中国奥委会取得的由北京冬奥组委支付的收入，免征企业所得税

18. 对国际残奥委会取得与北京2022年冬残奥会有关收入，免征企业所得税

19. 中国残奥委会取得的由北京冬奥组委分期支付的收入，免征企业所得税

上述16～19项，均适用《财政部、税务总局、海关总署关于北京2022年冬奥会和冬残奥会税收政策的通知》（文号：财税〔2017〕60号）

20. 国际奥委会相关实体中的非居民企业取得的与北京冬奥会有关的收入，免征

企业所得税

《财政部、税务总局、海关总署关于北京 2022 年冬奥会和冬残奥会税收优惠政策的公告》（文号：财政部公告 2019 年第 92 号）

21. 取得铁路债券利息收入，减半征收企业所得税

《财政部、国家税务总局关于 2014、2015 年铁路建设债券利息收入企业所得税政策的通知》（文号：财税〔2014〕2 号）

22. 对非营利性科研机构、高等学校接收企业、个人和其他组织机构基础研究资金收入，免征企业所得税

《财政部、税务总局关于企业投入基础研究税收优惠政策的公告》（文号：财政部、税务总局公告 2022 年第 32 号 发布日期：2022-09-30）

三、成本费用扣除类之加计扣除

按照《企业所得税法》的第三十条规定，企业的"研究开发费用和安置残疾人员"支出，在计算应纳税所得额时加计扣除。

（一）加计扣除概述

开发新技术、新产品、新工艺发生的研究开发费用，是指企业为开发新技术、新产品、新工艺发生的研究开发费用，未形成无形资产计入当期损益的，在按照规定据实扣除的基础上，按照研究开发费用的 50% 加计扣除；形成无形资产的，按照无形资产成本的 150% 摊销。

制造业企业开展研发活动中实际发生的研发费用，未形成无形资产计入当期损益的，在按规定据实扣除的基础上，自 2021 年 1 月 1 日起，再按照实际发生额的 100% 在税前加计扣除；形成无形资产的，自 2021 年 1 月 1 日起，按照无形资产成本的 200% 在税前摊销。

生物企业为开发新技术、新工艺、新产品发生的研发费用，未形成无形资产计入当期损益的，在按照规定据实扣除的基础上，再按照研发费用的 50% 加计扣除；形成无形资产的，按照无形资产成本的 150% 摊销。对被认定为高新技术企业的生物企业，按照税法规定减按 15% 的税率征收企业所得税。对国家需要重点扶持和鼓励发展的生物农业、生物医药、生物能源、生物基材料等生产企业，进一步完善相关税收政策。

安置残疾人员及国家鼓励安置的其他就业人员所支付的工资，企业安置残疾人员的，在按照支付给残疾职工工资据实扣除的基础上，按照支付给上述人员工资的 100% 加计扣除。残疾人员的范围适用《中华人民共和国残疾人保障法》的有关规定。

企业享受安置残疾职工工资 100% 加计扣除，应同时具备如下条件：

（1）依法与安置的每位残疾人签订了 1 年以上（含 1 年）的劳动合同或服务协议，并且安置的每位残疾人在企业实际上岗工作。

（2）为安置的每位残疾人按月足额缴纳了企业所在区县人民政府根据国家政策规定的基本养老保险、基本医疗保险、失业保险和工伤保险等社会保险。

（3）定期通过银行等金融机构向安置的每位残疾人实际支付了不低于企业所在区县适用的经省级人民政府批准的最低工资标准的工资。

（4）具备安置残疾人上岗工作的基本设施。

——摘自《财政部、国家税务总局关于安置残疾人员就业有关企业所得税优惠政策问题的通知》。

（二）允许加计扣除的费用范围

下列费用支出，允许在计算应纳税所得额时，按照规定实行加计扣除。

1. 新产品设计费、新工艺规程制定费以及与研发活动直接相关的技术图书资料费、资料翻译费。

2. 从事研发活动直接消耗的材料、燃料和动力费用。

3. 在职直接从事研发活动人员的工资、薪金、奖金、津贴、补贴。

4. 专门用于研发活动的仪器、设备的折旧费或租赁费。

5. 专门用于研发活动的软件、专利权、非专利技术等无形资产的摊销费用。

6. 专门用于中间试验和产品试制的模具、工艺装备开发及制造费。

7. 勘探开发技术的现场试验费。

8. 研发成果的论证、评审、验收费用。

（三）关于企业研究开发费用税前加计扣除的主要文件目录

1. 国家税务总局就2016年度企业研究开发费用税前加计扣除企业所得税年度纳税申报问题，发布了《国家税务总局关于2016年度企业研究开发费用税前加计扣除政策企业所得税纳税申报问题的公告》（文号：总局公告2017年第12号）。

2. 为贯彻落实国务院关于"简政放权、放管结合、优化服务"要求，强化政策服务，降低纳税人风险，增强企业获得感，进一步做好企业研发费用加计扣除政策落实工作，科技部、财政部、国家税务总局2017年7月21日发布了《科技部、财政部、国家税务总局关于进一步做好企业研发费用加计扣除政策落实工作的通知》（文号：国科发政〔2017〕211号）。

3. 为进一步做好研发费用税前加计扣除优惠政策的落实工作，切实解决政策落实过程中存在的问题，2017年11月8日国家税务总局发布《关于研发费用税前加计扣除归集范围有关问题的公告》（文号：总局公告2017年第40号）。

4. 《国家税务总局关于修订企业所得税年度纳税申报表有关问题的公告》（文号：总局公告2019年第41号），第五条中"并在报送《年度财务会计报告》的同时随附注一并报送主管税务机关"的规定和第六条第一项、附件6《研发项目可加计扣除研究开发费用情况归集表》自2019年度企业所得税汇算清缴申报起废止。

5.《国家税务总局关于进一步落实研发费用加计扣除政策有关问题的公告》（文号：总局公告2021年第28号），发布的研发支出辅助账和研发支出辅助账汇总表样式（简称2015版研发支出辅助账样式）继续有效。

（四）成本费用扣除类税收优惠之加计扣除事项

通过核对《国家税务总局减免税政策代码目录表（20220627）》的列举事项，查阅现行有效的税收政策文件，归集整理企业所得税的计税依据减免之成本费用类加计扣除税收优惠，共计8项：

1. 安置残疾人员所支付的工资，加计扣除

《企业所得税法》（中华人民共和国主席令第63号）第三十条第二款

相关文件：

《国家税务总局、民政部、中国残疾人联合会关于促进残疾人就业税收优惠政策征管办法的通知》（文号：国税发〔2007〕67号 发布日期：2007-06-15）

《财政部、国家税务总局关于安置残疾人员就业有关企业所得税优惠政策问题的通知》（文号：财税〔2009〕70号 发布日期：2009-04-30）

2. 企业为获得创新性、创意性、突破性的产品进行创意设计活动发生的相关费用，加计扣除（制造业、非制造业加计扣除比例50%部分）

《财政部、税务总局、科技部关于完善研究开发费用税前加计扣除政策的通知》（文号：财税〔2015〕119号）

《国家税务总局关于企业研究开发费用税前加计扣除政策有关问题的公告》（文号：税务总局公告2015年第97号 发布日期：2015-12-29）

3. 企业为获得创新性、创意性、突破性的产品进行创意设计活动发生的相关费用，加计扣除（制造业、非制造业加计扣除比例50%至75%部分）

《财政部、税务总局、科技部关于提高研究开发费用税前加计扣除比例的通知》（文号：财税〔2018〕99号）

后续文件：《财政部、税务总局关于延长部分税收优惠政策执行期限的公告》（文号：财政部、税务总局公告2021年第6号）

4. 企业为获得创新性、创意性、突破性的产品进行创意设计活动发生的相关费用加计扣除（制造业加计扣除比例75%至100%部分）

《财政部、税务总局关于进一步完善研发费用税前加计扣除政策的公告》（文号：财政部、税务总局公告2021年第13号）

5. 企业开发新技术、新产品、新工艺发生的研究开发费用加计扣除（制造业、非制造业加计扣除比例50%部分）

《企业所得税法》（中华人民共和国主席令第63号）

相关文件：《财政部、国家税务总局关于研究开发费用税前加计扣除有关政策问

题的通知》（文号：财税〔2013〕70 号）

《财政部、海关总署、国家税务总局关于继续实施支持文化企业发展若干税收政策的通知》（文号：财税〔2014〕85 号）第四条）

6. 生物企业为开发新技术、新工艺、新产品发生的研发费用，加计扣除

未形成无形资产计入当期损益的，在按照规定据实扣除的基础上，再按照研发费用的 50%加计扣除；形成无形资产的，按照无形资产成本的 150%摊销。对被认定为高新技术企业的生物企业，按照税法规定减按 15%的税率征企业所得税。

《国务院办公厅关于印发促进生物产业加快发展若干政策的通知》（文号：国办发〔2009〕45 号 发布日期：2009-06-02）

7. 企业委托境外研究开发费用，税前加计扣除

委托境外进行研发活动所发生的费用，按照费用实际发生额的 80%计入委托方的委托境外研发费用。委托境外研发费用不超过境内符合条件的研发费用三分之二的部分，可以按规定在企业所得税前加计扣除。

《财政部、税务总局、科技部关于企业委托境外研究开发费用税前加计扣除有关政策问题的通知》（文号：财税〔2018〕64 号 发布日期：2018-06-25）

8. 对企业出资给非营利性科研机构、高等学校和政府性自然科学基金用于基础研究的支出，在计算应纳税所得额时可按实际发生额在税前扣除，并可按 100%在税前加计扣除

企业投入基础研究税前扣除及加计扣除政策，适用于所有企业。

《财政部、税务总局关于企业投入基础研究税收优惠政策的公告》（文号：财政部、税务总局公告 2022 年第 32 号 发布日期：2022-09-30）

9. 研发费用税前加计扣除

高新技术企业在 2022 年 10 月 1 日至 2022 年 12 月 31 日期间新购置的设备、器具，允许当年一次性全额在计算应纳税所得额时扣除，并允许在税前实行 100%加计扣除。

现行适用研发费用税前加计扣除比例 75%的企业，在 2022 年 10 月 1 日至 2022 年 12 月 31 日期间，税前加计扣除比例提高至 100%。

《财政部、税务总局、科技部关于加大支持科技创新税前扣除力度的公告》（文号：财政部、税务总局、科技部公告 2022 年第 28 号 发布日期：2022-09-22）

10. 进一步提高科技型中小企业研发费用税前加计扣除比例

科技型中小企业开展研发活动中实际发生的研发费用，未形成无形资产计入当期损益的，在按规定据实扣除的基础上，自 2022 年 1 月 1 日起，再按照实际发生额的 100%在税前加计扣除；形成无形资产的，自 2022 年 1 月 1 日起，按照无形资产成本的 200%在税前摊销。

《财政部、税务总局、科技部关于进一步提高科技型中小企业研发费用税前加计

扣除比例的公告》（文号：财政部、税务总局、科技部公告 2022 年第 16 号 发布日期：2022-03-23）

11. 企业投入基础研究税收优惠

自 2022 年 1 月 1 日起，对企业出资给非营利性科学技术研究开发机构（科学技术研究开发机构以下简称科研机构）、高等学校和政府性自然科学基金用于基础研究的支出，在计算应纳税所得额时可按实际发生额在税前扣除，并可按 100% 在税前加计扣除。

《财政部、税务总局关于企业投入基础研究税收优惠政策的公告》（文号：财政部、税务总局公告 2022 年第 32 号 发布日期：2022-09-30）

四、成本费用扣除类之加速折旧

企业的固定资产由于技术进步等原因，确需加速折旧的，可以缩短折旧年限或者采取加速折旧的方法。

（一）加速折旧概述

改革开放初期，根据《中华人民共和国中外合作经营企业法》相关规定，对合作企业的合作期比税收法规规定的固定资产的折旧年限短，且在合作合同中约定合作期满后合作企业的全部资产归中方所有的，可由合作企业提出申请，呈报国家税务总局批准，采取固定资产加速折旧的方法回收投资。即此项税收优惠政策最初仅是外商投资企业适用的。

《企业所得税税前扣除办法》（文号：国税发〔2000〕84 号 发布日期：2000-05-16）的第二十六条是这样规定的：

对促进科技进步、环境保护和国家鼓励投资的关键设备，以及常年处于震动、超强度使用或受酸、碱等强烈腐蚀状态的机器设备，确需缩短折旧年限或采取加速折旧方法的，由纳税人提出申请，经当地主管税务机关审核后，逐级报国家税务总局批准。

国家税务总局
关于下放管理的固定资产加速折旧审批项目后续管理工作的通知
失效法规　废止日期：2008-01-01
文号：国税发〔2003〕113 号　发布日期：2003-09-22

【飞狼财税通编注：根据 2007 年 3 月 16 日中华人民共和国主席令第六十三号《中华人民共和国企业所得税法》本文全文废止或失效。】

各省、自治区、直辖市和计划单列市国家税务局、地方税务局：

为确保落实国务院关于行政审批制度改革工作的要求，进一步做好下放管理的固定资产加速折旧行政审批制度后的后续工作，避免出现征管漏洞，经研究，现就下放管理的固定资产加速折旧的企业所得税审批项目后续管理工作通知如下：

一、允许实行加速折旧的企业或固定资产

（一）对在国民经济中具有重要地位、技术进步快的电子生产企业、船舶工业企业、生产"母机"的机械企业、飞机制造企业、化工生产企业、医药生产企业的机器设备；

（二）对促进科技进步、环境保护和国家鼓励投资项目的关键设备，以及常年处于震动、超强度使用或受酸、碱等强烈腐蚀的机器设备；

（三）证券公司电子类设备；

（四）集成电路生产企业的生产性设备；

（五）外购的达到固定资产标准或构成无形资产的软件。

二、固定资产加速折旧方法

（一）固定资产加速折旧方法不允许采用缩短折旧年限法，对符合上述加速折旧条件的固定资产，应采用余额递减法或年数总和法。

（二）下列资产折旧或摊销年限最短为2年。

1. 证券公司电子类设备；

2. 外购的达到固定资产标准或构成无形资产的软件。

（三）集成电路生产企业的生产性设备最短折旧年限为3年。

三、固定资产加速折旧的审核管理

（一）省一级税务机关可根据社会经济发展和科技进步等情况，对本通知第一条第（一）款和第（二）款进一步细化标准并适时调整。

（二）企业对符合上述条件的固定资产可在申报纳税时自主选择采用加速折旧的办法，同时报主管税务机关备案。

（三）主管税务机关应加强检查，发现不符合固定资产加速折旧条件的，应进行纳税调整。

此文虽然已经废止，但它客观地记录着加速折旧优惠事项从"无"到"有"的历史。

为贯彻落实《中共中央、国务院关于实施东北地区等老工业基地振兴战略的若干意见》（文号：中发〔2003〕11号），支持东北地区老工业基地振兴，经国务院批准，现就东北老工业基地有关企业所得税政策通知如下：

一、提高固定资产折旧率

东北地区工业企业的固定资产（房屋、建筑物除外），可在现行规定折旧年限的基础上，按不高于40%的比例缩短折旧年限。

二、缩短无形资产摊销年限

东北地区工业企业受让或投资的无形资产，可在现行规定摊销年限的基础上，按不高于40%的比例缩短摊销年限。但协议或合同约定有使用年限的无形资产，应按协议或合同约定的使用年限进行摊销。

——摘自《财政部、国家税务总局关于落实振兴东北老工业基地企业所得税优惠政策的通知》（文号：财税〔2004〕153号）

《企业所得税法》第三十二条：

企业的固定资产由于技术进步等原因，确需加速折旧的，可以缩短折旧年限或者采取加速折旧的方法。

上述可以采取缩短折旧年限或者采取加速折旧的方法的固定资产，包括：

（一）由于技术进步，产品更新换代较快的固定资产。

（二）常年处于强震动、高腐蚀状态的固定资产。

采取缩短折旧年限方法的，最低折旧年限不得低于本条例第六十条规定折旧年限的60%；采取加速折旧方法的，可以采取双倍余额递减法或者年数总和法。

（二）加速折旧所得税处理规定

《国家税务总局关于企业固定资产加速折旧所得税处理有关问题的通知》（文号：国税发〔2009〕81号 发布日期：2009-04-16）是该事项管理的法规和依据，对于企业采取缩短折旧年限或者采取加速折旧方法的，主管税务局应设立相应的税收管理台账，并加强监督，实施跟踪管理。摘录企业相关处理规定，具体内容如下：

二、企业拥有并使用的固定资产符合本通知第一条规定的，可按以下情况分别处理：

（一）企业过去没有使用过与该项固定资产功能相同或类似的固定资产，但有充分的证据证明该固定资产的预计使用年限短于《实施条例》规定的计算折旧最低年限的，企业可根据该固定资产的预计使用年限和本通知的规定，对该固定资产采取缩短折旧年限或者加速折旧的方法。

（二）企业在原有的固定资产未达到《实施条例》规定的最低折旧年限前，使用功能相同或类似的新固定资产替代旧固定资产的，企业可根据旧固定资产的实际使用年限和本通知的规定，对新替代的固定资产采取缩短折旧年限或者加速折旧的方法。

三、企业采取缩短折旧年限方法的，对其购置的新固定资产，最低折旧年限不得低于《实施条例》第六十条规定的折旧年限的60%；若为购置已使用过的固定资产，其最低折旧年限不得低于《实施条例》规定的最低折旧年限减去已使用年限后剩余年限的60%。最低折旧年限一经确定，一般不得变更。

四、企业拥有并使用符合本通知第一条规定条件的固定资产采取加速折旧方法的，可以采用双倍余额递减法或者年数总和法。加速折旧方法一经确定，一般不得变更。

（一）双倍余额递减法，是指在不考虑固定资产预计净残值的情况下，根据每期期初固定资产原值减去累计折旧后的金额和双倍的直线法折旧率计算固定资产折旧的一种方法。应用这种方法计算折旧额时，由于每年年初固定资产净值没有减去预计净残值，所以在计算固定资产折旧额时，应在其折旧年限到期前的两年期间，将固定资产净值减去预计净残值后的余额平均摊销。计算公式如下：

年折旧率=2÷预计使用寿命（年）×100%

月折旧率=年折旧率÷12

月折旧额=月初固定资产账面净值×月折旧率

（二）年数总和法，又称年限合计法，是指将固定资产的原值减去预计净残值后的余额，乘一个以固定资产尚可使用寿命为分子、以预计使用寿命逐年数字之和为分母的逐年递减的分数计算每年的折旧额。计算公式如下：

年折旧率=尚可使用年限÷预计使用寿命的年数总和×100%

月折旧率=年折旧率÷12

月折旧额=（固定资产原值-预计净残值）×月折旧率

（三）关于企业研究开发费用税前加计扣除主要文件目录

1.《国家税务总局关于企业固定资产加速折旧所得税处理有关问题的通知》（文号：国税发〔2009〕81号 发布日期：2009-04-16）

2.《财政部、国家税务总局关于完善固定资产加速折旧企业所得税政策的通知》（文号：财税〔2014〕75号 发布日期：2014-10-20）

3.《国家税务总局关于固定资产加速折旧税收政策有关问题的公告》（文号：税务总局公告2014年第64号），进一步明确了完善固定资产加速折旧企业所得税政策相关问题。

4.《财政部、国家税务总局关于进一步完善固定资产加速折旧企业所得税政策的通知》（文号：财税〔2015〕106号），将轻工、纺织、机械、汽车4个领域纳入固定资产加速折旧优惠范围。

5.《财政部、税务总局关于设备、器具扣除有关企业所得税政策的通知》（文号：财税〔2018〕54号），企业在2018年1月1日至2020年12月31日期间新购进的设备、器具，单位价值不超过500万元的，允许一次性计入当期成本费用在计算应纳税所得额时扣除，不再分年度计算折旧。

6.《财政部、税务总局关于扩大固定资产加速折旧优惠政策适用范围的公告》（文号：财政部、税务总局公告2019年第66号），规定固定资产加速折旧优惠的行业范围，自2019年1月1日起扩大至全部制造业领域。

（四）成本费用扣除类税收优惠之加速折旧事项

通过核对《国家税务总局减免税政策代码目录表（20220627）》的列举事项，查阅现行有效的税收政策文件，归集整理企业所得税的计税依据减免之成本费用类的加速折旧税收优惠，共计 17 项：

1. 对于开展农产品连锁经营试点企业建设的冷藏和低温仓储、运输为主的农产品冷链系统，可以实行加速折旧

《商务部、财政部、国家税务总局关于开展农产品连锁经营试点的通知》（文号：商建发〔2005〕1 号）

2. 煤层气抽采企业，统一采取双倍余额递减法或年数总和法实行加速折旧

对独立核算的煤层气抽采企业购进的煤层气抽采泵、钻机、煤层气监测装置、煤层气发电机组、钻井、录井、测井等专用设备，统一采取双倍余额递减法或年数总和法实行加速折旧，具体加速折旧方法可以由企业自行决定，但一经确定，以后年度不得随意调整。

《财政部、国家税务总局关于加快煤层气抽采有关税收政策问题的通知》（文号：财税〔2007〕16 号）

3. 符合条件的康复辅助器具企业，可依法享受研发费用加计扣除和固定资产加速折旧政策

《国务院关于加快发展康复辅助器具产业的若干意见》（文号：国发〔2016〕60 号 发布日期：2016-10-23）

4. 重点行业小型微利企业固定资产加速折旧

小型微利企业为《财政部、税务总局关于扩大小型微利企业所得税优惠政策范围的通知》（文号：财税〔2017〕43 号）规定的小型微利企业。

①《企业所得税法》第三十二条

②《企业所得税法实施条例》第九十八条

③《财政部、国家税务总局关于完善固定资产加速折旧企业所得税政策的通知》（文号：财税〔2014〕75 号）第一条第二款

④《财政部、国家税务总局关于进一步完善固定资产加速折旧企业所得税政策的通知》（文号：财税〔2015〕106 号）第二条

⑤《财政部、税务总局关于扩大小型微利企业所得税优惠政策范围的通知》（文号：财税〔2017〕43 号）

⑥《国家税务总局关于固定资产加速折旧税收政策有关问题的公告》（文号：总局公告 2014 年第 64 号）

⑦《国家税务总局关于进一步完善固定资产加速折旧企业所得税政策有关问题的公告》（文号：总局公告 2015 年第 68 号）

5. 疫情防控重点保障物资生产企业为扩大产能新购置的相关设备一次性扣除（500 万元以上）

《财政部、税务总局关于支持新型冠状病毒感染的肺炎疫情防控有关税收政策的

公告》（文号：财政部、税务总局公告 2020 年第 8 号）

后续文件：《财政部、税务总局关于支持疫情防控保供等税费政策实施期限的公告》（文号：财政部、税务总局公告 2020 年第 28 号）；《财政部、税务总局关于延续实施应对疫情部分税费优惠政策的公告》（文号：财政部、税务总局公告 2021 年第 7 号）

6. 固定资产加速折旧或一次性扣除

自 2019 年 1 月 1 日起，固定资产加速折旧优惠的行业范围，扩大至全部制造业领域。

企业在 2018 年 1 月 1 日至 2023 年 12 月 31 日期间新购进的设备、器具，单位价值不超过 500 万元的，允许一次性计入当期成本费用在计算应纳税所得额时扣除，不再分年度计算折旧。

《财政部、国家税务总局关于完善固定资产加速折旧企业所得税政策的通知》（文号：财税〔2014〕75 号）

后续文件：《财政部、国家税务总局关于进一步完善固定资产加速折旧企业所得税政策的通知》（文号：财税〔2015〕106 号）

《财政部、税务总局关于设备 器具扣除有关企业所得税政策的通知》（文号：财税〔2018〕54 号）

《财政部、税务总局关于扩大固定资产加速折旧优惠政策适用范围的公告》（文号：财政部、税务总局公告 2019 年第 66 号）

《财政部、税务总局关于延长部分税收优惠政策执行期限的公告》（文号：财政部、税务总局公告 2021 年第 6 号）

7. 海南自由贸易港企业，无形资产一次性扣除政策

8. 海南自由贸易港企业，固定资产加速折旧政策

9. 海南自由贸易港企业，无形资产加速摊销政策

10. 海南自由贸易港企业，固定资产一次性扣除政策

上述 7~10 项，均适用《财政部、税务总局关于海南自由贸易港企业所得税优惠政策的通知》（文号：财税〔2020〕31 号）

11. 横琴粤澳深度合作区企业，无形资产一次性摊销

12. 横琴粤澳深度合作区企业，固定资产加速折旧

13. 横琴粤澳深度合作区企业，无形资产加速摊销

14. 横琴粤澳深度合作区企业，固定资产一次性扣除

上述 11~14 项，均适用《财政部、税务总局关于横琴粤澳深度合作区企业所得税优惠政策的通知》（文号：财税〔2022〕19 号）

15. 中小微企业设备器具一次性扣除（折旧年限为 3 年）

16. 中小微企业设备器具部分一次性扣除（折旧年限为 4、5 年）

17. 中小微企业设备器具部分一次性扣除（折旧年限为 10 年）

上述 15~17 项，均适用《财政部、税务总局关于中小微企业设备器具所得税税前扣除有关政策的公告》（文号：财政部、税务总局公告 2022 年第 12 号）

五、应纳税所得额类减免

应纳税所得额，简称应税所得，是自然人或法人在一定期间内，由于劳动、经营或投资而获得的继续性收入，扣除为取得收入所需费用后的余额。抵扣应纳税所得额是指按照税法规定在计算应纳税所得额时不属于扣除项目的投资，准予按照一定比例直接抵扣应纳税所得额的一种税收优惠方式。具体形式包括：亏损弥补、技术开发费用抵扣和按投资额的一定比例抵扣。

《企业所得税法》的第三十一条明确：

创业投资企业从事国家需要重点扶持和鼓励的创业投资，可以按投资额的一定比例抵扣应纳税所得额。

《企业所得税法实施条例》第九十七条对《企业所得税法》的第三十一条规定，进一步细化：

所称抵扣应纳税所得额，是指创业投资企业采取股权投资方式投资于未上市的中小高新技术企业 2 年以上的，可以按照其投资额的 70% 在股权持有满 2 年的当年抵扣该创业投资企业的应纳税所得额；当年不足抵扣的，可以在以后纳税年度结转抵扣。

通过核对《国家税务总局减免税政策代码目录表（20220627）》的列举事项，查阅现行有效的税收政策文件，归集整理企业所得税的应纳税所得额类税收优惠共计 18 项，具体减免税事项如下：

1. 符合条件的一般技术转让项目所得，减免征收企业所得税

《企业所得税法》（中华人民共和国主席令第 63 号）第二十七条第四款

相关文件：

（1）《财政部、国家税务总局关于居民企业技术转让有关企业所得税政策问题的通知》（文号：财税〔2010〕111 号）

（2）《财政部、国家税务总局关于推广中关村国家自主创新示范区税收试点政策有关问题的通知》（文号：财税〔2015〕62 号）第二条

（3）《财政部、国家税务总局关于将国家自主创业示范区有关税收试点政策推广到全国范围实施的通知》（文号：财税〔2015〕116 号）第二条

（4）《国家税务总局关于许可使用权技术转让所得企业所得税有关问题的公告》（文号：税务总局公告 2015 年第 82 号）

2. 投资于未上市的中小高新技术企业的有限合伙制创业投资企业法人合伙人，按

投资额的一定比例抵扣应纳税所得额

有限合伙制创业投资企业采取股权投资方式投资于未上市的中小高新技术企业满2年（24个月，下同）的，其法人合伙人可按照对未上市中小高新技术企业投资额的70%抵扣该法人合伙人从该有限合伙制创业投资企业分得的应纳税所得额，当年不足抵扣的，可以在以后纳税年度结转抵扣。

《财政部、国家税务总局关于将国家自主创新示范区有关税收试点政策推广到全国范围实施的通知》（文号：财税〔2015〕116号）

《国家税务总局关于有限合伙制创业投资企业法人合伙人企业所得税有关问题的公告》（文号：税务总局公告2015年第81号）

3. 符合条件的中关村国家自主创新示范区特定区域技术转让项目所得，减免征收企业所得税

《财政部、税务总局、科技部、知识产权局关于中关村国家自主创新示范区特定区域技术转让企业所得税试点政策的通知》（文号：财税〔2020〕61号）

4. 符合条件的创业投资企业，以股权投资额抵扣应纳税所得额

创业投资企业采取股权投资方式投资于未上市的中小高新技术企业2年（24个月）以上，凡符合以下条件的，可以按照其对中小高新技术企业投资额的70%，在股权持有满2年的当年抵扣该创业投资企业的应纳税所得额；当年不足抵扣的，可以在以后纳税年度结转抵扣。

《国家税务总局关于实施创业投资企业所得税优惠问题的通知》（文号：国税发〔2009〕87号 发布日期：2009-04-30）

【例题6】

国内某风险投资创业企业，该公司于2019年1月采用股权投资的方式，投资于某未上市的中小高新技术800万元；采用债权投资的方式投资于某未上市的中小高新技术1000万元。2020年该公司取得收入2000万元，成本费用1200万元。根据以上资料计算该企业2020年度应缴纳企业所得税多少万元。

计算过程：

2019年采用股权投资的方式，投资于某未上市的中小高新技术800万元，按新企业所得税法规定，其投资额的70%，可以抵扣该创业投资企业的持有股权满2年的当年应纳税所得额。

注意：采用债权投资的方式，投资于某未上市的中小高新技术企业的投资额，按新企业所得税法规定，不享受税收优惠。

应纳税所得额=（2000-1200）-800×70%=240（万元）

应纳税额=240×25%=60（万元）

5. 投资于种子期、初创期科技型企业的有限合伙制创业投资企业法人合伙人，按

投资额的一定比例抵扣应纳税所得额

公司制创业投资企业采取股权投资方式直接投资于种子期、初创期科技型企业（以下简称初创科技型企业）满 2 年（24 个月，下同）的，可以按照投资额的 70% 在股权持有满 2 年的当年抵扣该公司制创业投资企业的应纳税所得额；当年不足抵扣的，可以在以后纳税年度结转抵扣。

《财政部、税务总局关于创业投资企业和天使投资个人有关税收政策的通知》（文号：财税〔2018〕55 号）

《国家税务总局关于创业投资企业和天使投资个人税收政策有关问题的公告》（文号：总局公告 2018 年第 43 号）

6. 公司制创业投资企业投资初创科技型企业抵扣应纳税所得额

公司制创业投资企业采取股权投资方式直接投资于符合条件的种子期、初创期科技型企业（以下简称初创科技型企业）满 2 年（24 个月）的，可以按照投资额的 70% 在股权持有满 2 年的当年抵扣该公司制创业投资企业的应纳税所得额；当年不足抵扣的，可以在以后纳税年度结转抵扣。

【享受条件】

（1）公司制创业投资企业，应同时符合以下条件：

① 在中国境内（不含港、澳、台地区）注册成立、实行查账征收的居民企业，且不属于被投资初创科技型企业的发起人。

② 符合《创业投资企业管理暂行办法》（发展改革委等 10 部门令第 39 号）规定或者《私募投资基金监督管理暂行办法》（证监会令第 105 号）关于创业投资基金的特别规定，按照上述规定完成备案且规范运作。

③ 投资后 2 年内，创业投资企业及其关联方持有被投资初创科技型企业的股权比例合计应低于 50%。

（2）初创科技型企业，应同时符合以下条件：

① 在中国境内（不包括港、澳、台地区）注册成立、实行查账征收的居民企业。

② 接受投资时，从业人数不超过 200 人，其中具有大学本科以上学历的从业人数不低于 30%；资产总额和年销售收入均不超过 3000 万元。

2019 年 1 月 1 日至 2023 年 12 月 31 日期间，上述"从业人数不超过 200 人"调整为"从业人数不超过 300 人"，"资产总额和年销售收入均不超过 3000 万元"调整为"资产总额和年销售收入均不超过 5000 万元"。

③ 接受投资时设立时间不超过 5 年（60 个月）。

④ 接受投资时以及接受投资后 2 年内未在境内外证券交易所上市。

⑤ 接受投资当年及下一纳税年度，研发费用总额占成本费用支出的比例不低于 20%。

（3）股权投资，仅限于通过向被投资初创科技型企业直接支付现金方式取得的股权投资，不包括受让其他股东的存量股权。

（4）自 2019 年 1 月 1 日至 2023 年 12 月 31 日，在此期间已投资满 2 年及新发生的投资，可按财税〔2018〕55 号文件和《财政部、税务总局关于实施小微企业普惠性税收减免政策的通知》（财税〔2019〕13 号）第五条规定、《财政部、税务总局关于延续执行创业投资企业和天使投资个人投资初创科技型企业有关政策条件的公告》（税务总局公告 2022 年第 6 号）规定适用税收政策。

【政策依据】

①《财政部、税务总局关于创业投资企业和天使投资个人有关税收政策的通知》（文号：财税〔2018〕55 号）

②《国家税务总局关于创业投资企业和天使投资个人税收政策有关问题的公告》（文号：税务总局公告 2018 年第 43 号）

③《财政部、税务总局关于实施小微企业普惠性税收减免政策的通知》（文号：财税〔2019〕13 号）第五条

④《财政部、税务总局关于延续执行创业投资企业和天使投资个人投资初创科技型企业有关政策条件的公告》（文号：税务总局公告 2022 年第 6 号）

7. 横琴粤澳深度合作区旅游业、现代服务业、高新技术产业企业新增境外直接投资取得的所得，免征企业所得税

《财政部、税务总局关于横琴粤澳深度合作区企业所得税优惠政策的通知》（文号：财税〔2022〕19 号）

8. 实施清洁发展机制项目的所得，定期减免企业所得税

《财政部、国家税务总局关于中国清洁发展机制基金及清洁发展机制项目实施企业有关企业所得税政策问题的通知》（文号：财税〔2009〕30 号）

9. 沪港通 A 股转让所得，免征企业所得税

《财政部、国家税务总局、证监会关于沪港股票市场交易互联互通机制试点有关税收政策的通知》（文号：财税〔2014〕81 号）

10. 内地居民企业通过沪港通投资且连续持有 H 股满 12 个月取得的股息红利所得，免征企业所得税

《财政部、国家税务总局、证监会关于沪港股票市场交易互联互通机制试点有关税收政策的通知》（文号：财税〔2014〕81 号）

后续文件：《财政部、国家税务总局、证监会关于深港股票市场交易互联互通机制试点有关税收政策的通知》（文号：财税〔2016〕127 号）

11. 香港市场投资者（包括企业和个人）通过深港通投资深交所上市 A 股取得的

转让差价所得，暂免征企业所得税

《财政部、国家税务总局、证监会关于深港股票市场交易互联互通机制试点有关税收政策的通知》（文号：财税〔2016〕127 号）

12. 境外投资者以分配利润直接投资，暂不征收预提所得税

《财政部、税务总局、国家发展改革委、商务部关于扩大境外投资者以分配利润直接投资暂不征收预提所得税政策适用范围的通知》（文号：财税〔2018〕102 号）

13. 设立机构、场所的非居民企业从居民企业取得与该机构、场所有实际联系的股息、红利，免征企业所得税

《企业所得税法》（中华人民共和国主席令第 63 号）第二十六条第（三）项

14. 符合条件的居民企业之间的股息、红利等权益性投资收益（除内地居民企业通过沪港通投资且连续持有 H 股满 12 个月取得的股息红利所得、内地居民企业通过深港通投资且连续持有 H 股满 12 个月取得的股息红利所得、居民企业持有创新企业 CDR 取得的股息红利所得、符合条件的居民企业之间属于股息、红利性质的永续债利息收入），免征企业所得税

《企业所得税法》（中华人民共和国主席令第 63 号）

15. 居民企业持有创新企业 CDR 取得的股息红利所得，免征企业所得税

《财政部、税务总局、证监会关于创新企业境内发行存托凭证试点阶段有关税收政策的公告》（文号：财政部、税务总局、证监会公告 2019 年第 52 号）

16. 从事农村饮水工程新建项目投资经营的所得，定期减免企业所得税

《财政部、税务总局关于继续实行农村饮水安全工程税收优惠政策的公告》（文号：财政部、税务总局公告 2019 年第 67 号）

后续文件：《财政部、税务总局关于延长部分税收优惠政策执行期限的公告》（文号：财政部、税务总局公告 2021 年第 6 号）

17. 从事农、林、牧、渔业项目的所得，减免征收企业所得税

《企业所得税法》（中华人民共和国主席令第 63 号）第二十七条第（一）项

相关文件：

①《财政部、国家税务总局关于发布享受企业所得税优惠政策的农产品初加工范围（试行）的通知》（文号：财税〔2008〕149 号）

②《财政部、国家税务总局关于享受企业所得税优惠政策的农产品初加工有关范围的补充通知》（文号：财税〔2011〕26 号）

18. 从事国家重点扶持的公共基础设施项目（除农村饮水工程）投资经营的所得，定期减免企业所得税

《企业所得税法》（中华人民共和国主席令第 63 号）第二十七条第二款

相关文件及具体规定：

财政部　税务总局

关于海南自由贸易港企业所得税优惠政策的通知

文号：财税〔2020〕31号　发布日期：2020-06-23

为支持海南自由贸易港建设，现就有关企业所得税优惠政策通知如下：

一、对注册在海南自由贸易港并实质性运营的鼓励类产业企业，减按15%的税率征收企业所得税。

本条所称鼓励类产业企业，是指以海南自由贸易港鼓励类产业目录中规定的产业项目为主营业务，且其主营业务收入占企业收入总额60%以上的企业。所称实质性运营，是指企业的实际管理机构设在海南自由贸易港，并对企业生产经营、人员、账务、财产等实施实质性全面管理和控制。对不符合实质性运营的企业，不得享受优惠。

海南自由贸易港鼓励类产业目录包括《产业结构调整指导目录（2019年版）》、《鼓励外商投资产业目录（2019年版）》和海南自由贸易港新增鼓励类产业目录。上述目录在本通知执行期限内修订的，自修订版实施之日起按新版本执行。

对总机构设在海南自由贸易港的符合条件的企业，仅就其设在海南自由贸易港的总机构和分支机构的所得，适用15%税率；对总机构设在海南自由贸易港以外的企业，仅就其设在海南自由贸易港内的符合条件的分支机构的所得，适用15%税率。具体征管办法按照税务总局有关规定执行。

二、对在海南自由贸易港设立的旅游业、现代服务业、高新技术产业企业新增境外直接投资取得的所得，免征企业所得税。

本条所称新增境外直接投资所得应当符合以下条件：

（一）从境外新设分支机构取得的营业利润；或从持股比例超过20%（含）的境外子公司分回的，与新增境外直接投资相对应的股息所得。

（二）被投资国（地区）的企业所得税法定税率不低于5%。

本条所称旅游业、现代服务业、高新技术产业，按照海南自由贸易港鼓励类产业目录执行。

三、对在海南自由贸易港设立的企业，新购置（含自建、自行开发）固定资产或无形资产，单位价值不超过500万元（含）的，允许一次性计入当期成本费用在计算应纳税所得额时扣除，不再分年度计算折旧和摊销；新购置（含自建、自行开发）固定资产或无形资产，单位价值超过500万元的，可以缩短折旧、摊销年限或采取加速折旧、摊销的方法。

本条所称固定资产，是指除房屋、建筑物以外的固定资产。

四、本通知自 2020 年 1 月 1 日起执行至 2024 年 12 月 31 日。

财政部　税务总局

2020 年 6 月 23 日

财政部　税务总局
关于进一步完善研发费用税前加计扣除政策的公告

文号：财政部、税务总局公告 2021 年第 13 号　发布日期：2021-03-31

为进一步激励企业加大研发投入，支持科技创新，现就企业研发费用税前加计扣除政策有关问题公告如下：

一、制造业企业开展研发活动中实际发生的研发费用，未形成无形资产计入当期损益的，在按规定据实扣除的基础上，自 2021 年 1 月 1 日起，再按照实际发生额的 100% 在税前加计扣除；形成无形资产的，自 2021 年 1 月 1 日起，按照无形资产成本的 200% 在税前摊销。

本条所称制造业企业，是指以制造业业务为主营业务，享受优惠当年主营业务收入占收入总额的比例达到 50% 以上的企业。制造业的范围按照《国民经济行业分类》（gb/t4574-2017）确定，如国家有关部门更新《国民经济行业分类》，从其规定。收入总额按照企业所得税法第六条规定执行。

二、企业预缴申报当年第 3 季度（按季预缴）或 9 月份（按月预缴）企业所得税时，可以自行选择就当年上半年研发费用享受加计扣除优惠政策，采取"自行判别、申报享受、相关资料留存备查"的办理方式。

符合条件的企业可以自行计算加计扣除金额，填报《中华人民共和国企业所得税月（季）度预缴纳税申报表（a类）》享受税收优惠，并根据享受加计扣除优惠的研发费用情况（上半年）填写《研发费用加计扣除优惠明细表》（a107012）。《研发费用加计扣除优惠明细表》（a107012）与相关政策规定的其他资料一并留存备查。

企业办理第 3 季度或 9 月份预缴申报时，未选择享受研发费用加计扣除优惠政策的，可在次年办理汇算清缴时统一享受。

三、企业享受研发费用加计扣除政策的其他政策口径和管理要求，按照《财政部、国家税务总局、科技部关于完善研究开发费用税前加计扣除政策的通知》（财税〔2015〕119 号）、《财政部、税务总局、科技部关于企业委托境外研究开发费用税前加计扣除有关政策问题的通知》（财税〔2018〕64 号）等文件相关规定执行。

四、本公告自 2021 年 1 月 1 日起执行。

特此公告。

财政部　税务总局
关于中小微企业设备器具所得税税前扣除有关政策的公告

文号：财政部、税务总局公告 2022 年第 12 号　发布日期：2022-03-02

为促进中小微企业设备更新和技术升级，持续激发市场主体创新活力，现就有关企业所得税税前扣除政策公告如下：

一、中小微企业在 2022 年 1 月 1 日至 2022 年 12 月 31 日期间新购置的设备、器具，单位价值在 500 万元以上的，按照单位价值的一定比例自愿选择在企业所得税税前扣除。其中，企业所得税法实施条例规定最低折旧年限为 3 年的设备器具，单位价值的 100% 可在当年一次性税前扣除；最低折旧年限为 4 年、5 年、10 年的，单位价值的 50% 可在当年一次性税前扣除，其余 50% 按规定在剩余年度计算折旧进行税前扣除。

企业选择适用上述政策当年不足扣除形成的亏损，可在以后 5 个纳税年度结转弥补，享受其他延长亏损结转年限政策的企业可按现行规定执行。

二、本公告所称中小微企业是指从事国家非限制和禁止行业且符合以下条件：

（一）信息传输业、建筑业、租赁和商务服务业：从业人员 2000 人以下，或营业收入 10 亿元以下或资产总额 12 亿元以下；

（二）房地产开发经营：营业收入 20 亿元以下或资产总额 1 亿元以下；

（三）其他行业：从业人员 1000 人以下或营业收入 4 亿元以下。

三、本公告所称设备、器具，是指除房屋、建筑物以外的固定资产；所称从业人数，包括与企业建立劳动关系的职工人数和企业接受的劳务派遣用工人数。

从业人数和资产总额指标，应按企业全年的季度平均值确定。具体计算公式如下：

季度平均值＝（季初值+季末值）÷2

全年季度平均值＝全年各季度平均值之和÷4

年度中间开业或者终止经营活动的，以其实际经营期作为一个纳税年度确定上述相关指标。

四、中小微企业可按季（月）在预缴申报时享受上述政策。本公告发布前企业在 2022 年已购置的设备、器具，可在本公告发布后的预缴申报、年度汇算清缴时享受。

五、中小微企业可根据自身生产经营核算需要自行选择享受上述政策，当年度未选择享受的，以后年度不得再变更享受。

财政部　税务总局
2022 年 3 月 2 日

第五节　企业所得税之三：税率类

本节归集整理的是以企业所得税的税率和税额为对象的税收优惠文件及相关规定。

一、税额减免

税额式减免是以税额为内容的，通过直接减少税额的方式来实现的一种税收减免具体形式，减税是减征部分应纳税额，免税是免征全部应纳税额。具体包括全部免征、减半征收、核定减征率以及核定减征额等。

（一）直接减免

1. 从事农、林、牧、渔业项目的所得，免征企业所得税。

蔬菜、谷物、薯类、油料、豆类、棉花、麻类、糖料、水果、坚果的种植；农作物新品种的选育；中药材的种植；林木的培育和种植；牲畜、家禽的饲养；林产品的采集；灌溉、农产品初加工、兽医、农技推广、农机作业和维修等农、林、牧、渔服务业项目；远洋捕捞。企业从事上述项目的所得免征企业所得税。

企业从事下列农业项目的所得，减半征收企业所得税：

花卉、茶以及其他饮料作物和香料作物的种植；海水养殖、内陆养殖。企业从事国家限制和禁止发展的项目，不得享受上述企业所得税优惠。

2. 从事国家重点扶持的公共基础设施项目（指《公共基础设施项目企业所得税优惠目录》规定的港口码头、机场、铁路、公路、城市公共交通、电力、水利等项目）投资经营的所得，自项目取得第一笔生产经营收入所属纳税年度起，第一年至第三年免征企业所得税，第四年至第六年减半征收企业所得税。

企业承包经营、承包建设和内部自建自用此类项目，不得享受上述企业所得税优惠。

3. 从事符合条件的环境保护、节能节水项目的所得，可以免征、减征企业所得税（三免三减半）。

具体项目包括公共污水处理、公共垃圾处理、沼气综合开发利用、节能减排技术改造、海水淡化等项目的所得，自项目取得第一笔生产经营收入所属纳税年度起，第一年至第三年免征企业所得税，第四年至第六年减半征收企业所得税。

享受减免税优惠的项目，在减免税期限内转让的，受让方自受让之日起，可以在剩余期限内享受规定的减免税优惠；减免税期限届满后转让的，受让方不得就该项目重复享受减免税优惠。

4. 符合条件的技术转让所得免征、减征企业所得税，是指一个纳税年度内，居民企业技术转让所得不超过 500 万元的部分，免征企业所得税；超过 500 万元的部分，减半征收企业所得税。

（二）税额抵免

企业购置用于环境保护、节能节水、安全生产等专用设备的投资额，可以按一定比例实行税额抵免。

税额抵免，是指企业购置并实际使用《环境保护专用设备企业所得税优惠目录》、《节能节水专用设备企业所得税优惠目录》和《安全生产专用设备企业所得税优惠目录》规定的环境保护、节能节水、安全生产等专用设备的，该专用设备的投资额的 10% 可以从企业当年的应纳税额中抵免；当年不足抵免的，可以在以后 5 个纳税年度结转抵免。

享受前款规定的企业所得税优惠的企业，应当实际购置并自身实际投入使用前款规定的专用设备；企业购置上述专用设备在 5 年内转让、出租的，应当停止享受企业所得税优惠，并补缴已经抵免的企业所得税税款。

（三）税额减免优惠事项

通过核对《国家税务总局减免税政策代码目录表（20220627）》的列举事项，查阅现行有效的税收政策文件，归集整理企业所得税的税额减免优惠事项共计 8 项，具体减免税事项如下：

1. 扶持自主就业、退役士兵创业就业企业，限额减征企业所得税

《财政部、税务总局、退役军人部关于进一步扶持自主就业退役士兵创业就业有关税收政策的通知》（文号：财税〔2019〕21 号）

《财政部、税务总局关于延长部分税收优惠政策执行期限的公告》（文号：财政部、税务总局公告 2022 年第 4 号）

2. 企业招用建档立卡贫困人口就业，扣减企业所得税

《财政部、税务总局、人力资源和社会保障部、国务院扶贫办关于进一步支持和促进重点群体创业就业有关税收政策的通知》（文号：财税〔2019〕22 号）

3. 企业招用登记失业半年以上人员就业，扣减企业所得税

《财政部、税务总局、人力资源和社会保障部、国务院扶贫办关于进一步支持和促进重点群体创业就业有关税收政策的通知》（文号：财税〔2019〕22 号）

上述 2～3 项的后续文件：《财政部、税务总局、人力资源和社会保障部、国家乡村振兴局关于延长部分扶贫税收优惠政策执行期限的公告》（文号：财政部、税务总局、人力资源和社会保障部、国家乡村振兴局公告 2021 年第 18 号）

4. 民族自治地方的自治机关，对本民族自治地方的企业应缴纳的企业所得税中属于地方分享的部分，减征或免征

《企业所得税法》（中华人民共和国主席令第 63 号）第二十九条

5. 符合条件的小型微利企业，减免企业所得税

《财政部、税务总局关于实施小微企业和个体工商户所得税优惠政策的公告》（文号：财政部、税务总局公告 2021 年第 12 号）

6. 购置用于环境保护、节能节水、安全生产等专用设备的投资额，按一定比例实行税额抵免

《企业所得税法》（中华人民共和国主席令第 63 号）第三十四条

相关文件：《财政部、国家税务总局关于执行环境保护专用设备企业所得税优惠目录节能节水专用设备企业所得税优惠目录和安全生产专用设备企业所得税优惠目录有关问题的通知》（文号：财税〔2008〕48 号）

7. 安置自谋职业的城镇退役士兵就业，免征、减征企业所得税

为安置自谋职业的城镇退役士兵就业而新办的服务型企业（除广告业、桑拿、按摩、网吧、氧吧外）当年新安置自谋职业的城镇退役士兵达到职工总数 30% 以上，并与其签订 1 年以上期限劳动合同的，经县级以上民政部门认定，税务局审核，3 年内免征企业所得税。

上述企业当年新安置自谋职业的城镇退役士兵不足职工总数 30%，但与其签订 1 年以上期限劳动合同的，经县级以上民政部门认定，税务局审核，3 年内可按计算的减征比例减征企业所得税。减征比例 =（企业当年新招用自谋职业的城镇退役士兵÷企业职工总数×100%）×2。

为安置自谋职业的城镇退役士兵就业而新办的商贸企业（从事批发、批零兼营以及其他非零售业务的商贸企业除外），当年新安置自谋职业的城镇退役士兵达到职工总数 30% 以上，并与其签订 1 年以上期限劳动合同的，经县级以上民政部门认定，税务局审核，3 年内免征企业所得税。

《国务院办公厅转发民政部等部门关于扶持城镇退役士兵自谋职业优惠政策意见的通知》（文号：国办发〔2004〕10 号 发布日期：2004-01-20）

8. 对在西部地区新办交通、电力、水利、邮政、广播电视企业，减免企业所得税

内资企业自生产经营之日起，第一年至第二年免征企业所得税，第三年至第五年减半征收企业所得税。外商投资企业经营期在 10 年以上的，自获利年度起，第一年至第二年免征企业所得税，第三年至第五年减半征收企业所得税。

本条所称交通企业是指投资新办从事公路、铁路、航空、港口、码头运营和管道运输的企业；电力企业是指投资新办从事电力运营的企业；水利企业是指投资新办从事江河湖泊综合治理、防洪除涝、灌溉、供水、水资源保护、水力发电、水土保持、河道疏浚、河海堤防建设等开发水利、防治水害的企业；邮政企业是指投资新办从事邮政运营的企业；广播电视企业是指投资新办从事广播电视运营的企业。除另有规定外，上述各类企业主营收入需占企业总收入 70% 以上。

《国务院办公厅转发国务院西部开发办关于西部大开发若干政策措施实施意见的通知》（文号：国办发〔2001〕73号 发布日期：2001-09-29）

二、税率减免

税率式减免是以税率为内容的通过降低税率的方式来实现的税收减免，包括重新确定税率、选用其他税率和零税率。

归入低税率是将某一课税对象的税率由原税率改为其他课税对象所适用的较低的税率；税率为零，是在实行增值税的情况下，对出口产品实行彻底退税的一项制度。

比如企业所得税中，对于符合小型微利条件的企业可以适用20%的税率，而对于国家重点扶持的高新技术企业，则给予15%的企业所得税税率，因此20%和15%的企业所得税税率是通过直接降低税率的方式实行的减税免税。相对于25%的基本税率就是税率式减免。

通过核对《国家税务总局减免税政策代码目录表（20220627）》的列举事项，查阅现行有效的税收政策文件，归集整理企业所得税的税率减免优惠事项共计16项，具体减免税事项如下：

1. 技术先进型服务企业，减按15%的税率征收企业所得税

《财政部、税务总局、商务部、科技部、国家发展改革委关于将技术先进型服务企业所得税政策推广至全国实施的通知》（文号：财税〔2017〕79号）

2. 服务贸易类技术先进型服务企业，减按15%的税率征收企业所得税

《财政部、税务总局、商务部、科技部、国家发展改革委关于将服务贸易创新发展试点地区技术先进型服务企业所得税政策推广至全国实施的通知》（文号：财税〔2018〕44号）

3. 国家需要重点扶持的高新技术企业，减按15%的税率征收企业所得税

《企业所得税法》（中华人民共和国主席令第63号）第二十八条第二款

相关文件：

①《财政部、国家税务总局关于高新技术企业境外所得适用税率及税收抵免问题的通知》（文号：财税〔2011〕47号）第一条

②《财政部、海关总署、国家税务总局关于继续实施支持文化企业发展若干税收政策的通知》（文号：财税〔2014〕85号）第四条

③《科技部、财政部、税务总局关于在中关村国家自主创新示范区开展高新技术企业认定中文化产业支撑技术等领域范围试点的通知》（文号：国科发高〔2013〕595号）

④《科技部、财政部、国家税务总局关于修订印发〈高新技术企业认定管理办法〉的通知》（文号：国科发火〔2016〕32号）

4. 上海自贸试验区临港新片区的重点产业企业，减按 15% 的税率征收企业所得税

《财政部、税务总局、关于中国（上海）自贸试验区临港新片区重点产业企业所得税政策的通知》（文号：财税〔2020〕38 号）

5. 设在西部地区的鼓励类产业企业，减按 15% 的税率征收企业所得税

《财政部、海关总署、国家税务总局关于深入实施西部大开发战略有关税收政策问题的通知》（文号：财税〔2011〕58 号）

后续文件：《财政部、海关总署、国家税务总局关于赣州市执行西部大开发税收政策问题的通知》（文号：财税〔2013〕4 号）第二条

6. 设在西部地区的鼓励类产业企业，减按 15% 的税率征收企业所得税

《财政部、税务总局、国家发展改革委关于延续西部大开发企业所得税政策的公告》（文号：财政部公告 2020 年第 23 号）

7. 海南自由贸易港鼓励产业企业，减按 15% 的税率征收企业所得税

《财政部、税务总局关于海南自由贸易港企业所得税优惠政策的通知》（文号：财税〔2020〕31 号）

8. 福建平潭综合实验区鼓励类产业企业，减按 15% 的税率征收企业所得税

《财政部、税务总局关于延续福建平潭综合实验区企业所得税优惠政策的通知》（文号：财税〔2021〕29 号）

9. 深圳前海深港现代服务业合作区鼓励类产业企业，减按 15% 的税率征收企业所得税

《财政部、税务总局关于延续深圳前海深港现代服务业合作区企业所得税优惠政策的通知》（文号：财税〔2021〕30 号）

10. 横琴粤澳深度合作区鼓励类产业企业，减按 15% 的税率征收企业所得税

《财政部、税务总局关于横琴粤澳深度合作区企业所得税优惠政策的通知》（文号：财税〔2022〕19 号）

11. 从事污染防治的第三方企业，减按 15% 的税率征收企业所得税

《财政部、税务总局、国家发展改革委、生态环境部关于从事污染防治的第三方企业所得税政策的公告》（文号：财政部、税务总局、国家发展改革委、生态环境部公告 2019 年第 60 号）

后续文件：《财政部、税务总局关于延长部分税收优惠政策执行期限的公告》（文号：财政部、税务总局公告 2022 年第 4 号）

12. 非居民企业，减按 10% 的税率征收企业所得税

《企业所得税法实施条例》（国务院令第 512 号）第九十一条第一款

非居民企业是指在中国境内未设立机构、场所的，或者虽设立机构、场所但取得的所得与其所设机构、场所没有实际联系的企业。

（1）税率优惠：非居民企业减按照 10% 的税率征收企业所得税。

（2）免征优惠：非居民企业取得的下列所得免征企业所得税：

① 外国政府贷款给中国政府取得的利息所得；

② 国际金融组织贷款给中国政府和居民企业取得的利息所得；

③ 经国务院批准的其他所得。

13. 符合条件小型微利企业，减按 20% 的税率征收企业所得税

符合条件的小型微利企业，是指从事国家非限制和禁止行业，并符合下列条件的企业：

（1）工业企业，年度应纳税所得额不超过 30 万元，从业人数不超过 100 人，资产总额不超过 3000 万元；

（2）其他企业，年度应纳税所得额不超过 30 万元，从业人数不超过 80 人，资产总额不超过 1000 万元。

14. 国家需要重点扶持的高新技术企业，减按 15% 的税率征收企业所得税

15. 西部大开发战略所得税优惠

（1）自 2011 年 1 月 1 日至 2020 年 12 月 31 日，对设在西部地区的鼓励类产业企业减按 15% 的税率征收企业所得税。

鼓励类产业企业是指以《西部地区鼓励类产业目录》中规定的产业项目为主营业务，且其主营业务收入占企业收入总额 70% 以上的企业。

（2）对西部地区 2010 年 12 月 31 日前兴办的、根据《财政部国家税务总局海关总署关于西部大开发税收优惠政策问题的通知》（财税〔2001〕202 号）第二条第三款规定可以享受企业所得税"两免三减半"优惠的交通、电力、水利、邮政、广播电视企业，其享受的企业所得税"两免三减半"优惠可以继续享受到期满为止。

（3）西部地区包括重庆市、四川省、贵州省、云南省、西藏自治区、陕西省、甘肃省、宁夏回族自治区、青海省、新疆维吾尔自治区、新疆生产建设兵团、内蒙古自治区和广西壮族自治区。湖南省湘西土家族苗族自治州、湖北省恩施土家族苗族自治州、吉林省延边朝鲜族自治州，可以比照西部地区的税收政策执行。《财政部 海关总署 国家税务总局关于深入实施西部大开发战略有关税收政策问题的通知》（财税〔2011〕58 号）

16. 对中医药骨干企业符合高新技术企业条件并认定为高新技术企业的，可按税收法律法规规定减按 15% 的税率征收企业所得税

《关于促进中医药服务贸易发展的若干意见》（文号：商服贸发〔2012〕64 号 发布日期：2012–03–05）

第六节　企业所得税之四：行业类

本节主要归集整理的是，以不同行业为优惠对象的企业所得税税收优惠事项及相关文件规定。

一、农业

从事农、林、牧、渔业项目的所得，可以免征、减征企业所得税。

1. 企业从事下列项目的所得，免征企业所得税：

（1）蔬菜、谷物、薯类、油料、豆类、棉花、麻类、糖料、水果、坚果的种植。

（2）农作物新品种的选育。

（3）中药材的种植。

（4）林木的培育和种植。

（5）牲畜、家禽的饲养。

（6）林产品的采集。

（7）灌溉、农产品初加工、兽医、农技推广、农机作业和维修等农、林、牧、渔服务业项目。

（8）远洋捕捞。

2. 企业从事下列项目的所得，减半征收企业所得税：

（1）花卉、茶以及其他饮料作物和香料作物的种植。

（2）海水养殖、内陆养殖。

3. 企业从事国家限制和禁止发展的项目，不得享受《企业所得税法实施条例》第八十六条规定的企业所得税优惠。

相关文件：

《财政部、国家税务总局关于发布享受企业所得税优惠政策的农产品初加工范围（试行）的通知》（文号：财税〔2008〕149号）

《国家税务总局关于贯彻落实从事农、林、牧、渔业项目企业所得税优惠政策有关事项的通知》（文号：国税函〔2008〕850号）

《国家税务总局关于"公司+农户"经营模式企业所得税优惠问题的公告》（文号：总局公告2010年第2号）

《财政部、国家税务总局关于享受企业所得税优惠的农产品初加工有关范围的补充通知》（文号：财税〔2011〕26号）

《国家税务总局关于实施农、林、牧、渔业项目企业所得税优惠问题的公告》（文

号：税务总局公告 2011 年第 48 号）

二、节能环保

1. 环境保护、节能节水项目的所得，可以免征、减征企业所得税

《企业所得税法》第二十七条：企业从事符合条件的环境保护、节能节水项目的所得，可以免征、减征企业所得税。

《实施条例》第八十八条：企业所得税法第二十七条第（三）项所称符合条件的环境保护、节能节水项目，包括公共污水处理、公共垃圾处理、沼气综合开发利用、节能减排技术改造、海水淡化等。项目的具体条件和范围由国务院财政、税务主管部门商国务院有关部门制订，报国务院批准后公布施行。

企业从事前款规定的符合条件的环境保护、节能节水项目的所得，自项目取得第一笔生产经营收入所属纳税年度起，第一年至第三年免征企业所得税，第四年至第六年减半征收企业所得税。（三免三减半）

相关文件：

《财政部、税务总局、国家发展改革委关于公布环境保护、节能节水项目企业所得税优惠目录（试行）的通知》（文号：财税〔2009〕166 号）

《财政部、国家税务总局关于公共基础设施项目和环境保护节能节水项目企业所得税优惠政策问题的通知》（文号：财税〔2012〕10 号）

2. 减计收入

《企业所得税法》第三十三条：企业综合利用资源，生产符合国家产业政策规定的产品所取得的收入，可以在计算应纳税所得额时减计收入。

《实施条例》第九十九条：企业所得税法第三十三条所称减计收入，是指企业以《资源综合利用企业所得税优惠目录》规定的资源作为主要原材料，生产国家非限制和禁止并符合国家和行业相关标准的产品取得的收入，减按 90% 计入收入总额。

原材料占生产产品材料的比例不得低于《资源综合利用企业所得税优惠目录》规定的标准。

相关文件：

《财政部、国家税务总局关于执行资源综合利用企业所得税优惠目录有关问题的通知》（文号：财税〔2008〕47 号）

《财政部、国家税务总局 国家发展改革委关于公布资源综合利用企业所得税优惠目录（2008 年版）的通知》（文号：财税〔2008〕117 号）

《国家税务总局关于资源综合利用企业所得税优惠管理问题的通知》（文号：国税函〔2009〕185 号）

3.《企业所得税法》第三十四条：企业购置用于环境保护、节能节水、安全生产

等专用设备的投资额，可以按一定比例实行税额抵免

《实施条例》第一百条：企业所得税法第三十四条所称税额抵免，是指企业购置并实际使用《环境保护专用设备企业所得税优惠目录》、《节能节水专用设备企业所得税优惠目录》和《安全生产专用设备企业所得税优惠目录》规定的环境保护、节能节水、安全生产等专用设备的，该专用设备的投资额的10%可以从企业当年的应纳税额中抵免；当年不足抵免的，可在以后5个纳税年度结转抵免。

享受前款规定的企业所得税优惠的企业，应当实际购置并自身实际投入使用前款规定的专用设备；企业购置上述专用设备在5年内转让、出租的，应当停止享受企业所得税优惠，并补缴已经抵免的企业所得税税款。

相关文件：

《财政部、国家税务总局关于执行环境保护专用设备企业所得税优惠目录节能节水专用设备企业所得税优惠目录和安全生产专用设备企业所得税优惠目录有关问题的通知》（文号：财税〔2008〕48号）

《财政部、国家税务总局、国家发展改革委关于公布节能节水专用设备企业所得税优惠目录（2008年版）和环境保护专用设备企业所得税优惠目录（2008年版）的通知》（文号：财税〔2008〕115号）

《财政部、国家税务总局、安全监管总局关于公布〈安全生产专用设备企业所得税优惠目录（2008年版）〉的通知》（文号：财税〔2008〕118号）

《国家税务总局关于环境保护节能节水 安全生产等专用设备投资抵免企业所得税有关问题的通知》（文号：国税函〔2010〕256号）

4. 节能服务产业企业所得税政策

《财政部、国家税务总局关于促进节能服务产业发展增值税 营业税和企业所得税政策问题的通知》（文号：财税〔2010〕110号），相关内容如下：

对符合条件的节能服务公司实施合同能源管理项目，符合企业所得税税法有关规定的，自项目取得第一笔生产经营收入所属纳税年度起，第一年至第三年免征企业所得税，第四年至第六年按照25%的法定税率减半征收企业所得税。（三免三减半）

对符合条件的节能服务公司，以及与其签订节能效益分享型合同的用能企业，实施合同能源管理项目有关资产的企业所得税税务处理按以下规定执行：

（一）用能企业按照能源管理合同实际支付给节能服务公司的合理支出，均可以在计算当期应纳税所得额时扣除，不再区分服务费用和资产价款进行税务处理；

（二）能源管理合同期满后，节能服务公司转让给用能企业的因实施合同能源管理项目形成的资产，按折旧或摊销期满的资产进行税务处理，用能企业从节能服务公司接受有关资产的计税基础也应按折旧或摊销期满的资产进行税务处理；

（三）能源管理合同期满后，节能服务公司与用能企业办理有关资产的权属转移

时，用能企业已支付的资产价款，不再另行计入节能服务公司的收入。

"符合条件"的节能服务公司是指同时满足以下条件：

（一）具有独立法人资格，注册资金不低于100万元，且能够单独提供用能状况诊断、节能项目设计、融资、改造（包括施工、设备安装、调试、验收等）、运行管理、人员培训等服务的专业化节能服务公司；

（二）节能服务公司实施合同能源管理项目相关技术应符合国家质量监督检验检疫总局和国家标准化管理委员会发布的《合同能源管理技术通则》（GB/T 24915-2010）规定的技术要求；

（三）节能服务公司与用能企业签订《节能效益分享型》合同，其合同格式和内容，符合《合同法》和国家质量监督检验检疫总局和国家标准化管理委员会发布的《合同能源管理技术通则》（GB/T 24915-2010）等规定；

（四）节能服务公司实施合同能源管理的项目符合《财政部、国家税务总局国家发展改革委关于公布环境保护节能节水项目企业所得税优惠目录（试行）的通知》（财税〔2009〕166号）"4.节能减排技术改造"类中第一项至第八项规定的项目和条件；

（五）节能服务公司投资额不低于实施合同能源管理项目投资总额的70%；

（六）节能服务公司拥有匹配的专职技术人员和合同能源管理人才，具有保障项目顺利实施和稳定运行的能力。

节能服务公司与用能企业之间的业务往来，应当按照独立企业之间的业务往来收取或者支付价款、费用。不按照独立企业之间的业务往来收取或者支付价款、费用，而减少其应纳税所得额的，税务机关有权进行合理调整。

用能企业对从节能服务公司取得的与实施合同能源管理项目有关的资产，应与企业其他资产分开核算，并建立辅助账或明细账。

节能服务公司同时从事适用不同税收政策待遇项目的，其享受税收优惠项目应当单独计算收入、扣除，并合理分摊企业的期间费用；没有单独计算的，不得享受税收优惠政策。

三、文化产业

（一）文化事业单位转制为企业

从2009年1月1日至2013年12月31日，经营性文化事业单位转制为企业，自转制注册之日起免征企业所得税。

文件依据：《财政部、国家税务总局关于文化体制改革中经营性文化事业单位转制为企业的若干税收优惠政策的通知》（文号：财税〔2009〕34号）、《财政部、国家税务总局、中共中央宣传部关于转制文化企业名单及认定问题的通知》（文号：财税

〔2009〕105号）

需要向主管税务局报送以下资料：

1. 中央文化体制改革工作领导小组办公室或北京市文化体制改革工作领导小组办公室提供的文化事业单位转制为企业名单的文件（加盖公章的复印件）；

2. 转制方案批复函（加盖公章的复印件）；

3. 企业工商营业执照（加盖公章的复印件）；

4. 整体转制前已进行事业单位法人登记的，需提供同级机构编制管理机关核销事业编制、注销事业单位法人的证明（加盖公章的复印件）；

5. 同在职职工签订劳动合同、按企业办法参加社会保险制度的证明；

6. 引入非公有资本和境外资本、变更资本结构的，需出具相关部门的批准函（加盖公章的复印件）；

7. 税务局要求报送的其他资料。

在文化产业支撑技术等领域内，依据《关于印发〈高新技术企业认定管理办法〉的通知》（国科发火〔2008〕172号）和《关于印发〈高新技术企业认定管理工作指引〉的通知》（国科发火〔2008〕362号）的规定认定的高新技术企业，减按15%的税率征收企业所得税；文化企业开发新技术、新产品、新工艺发生的研究开发费用，允许按国家税法规定在计算应纳税所得额时加计扣除。文化产业支撑技术等领域的具体范围由科技部、财政部、国家税务总局和中宣部另行发文明确。

文件依据：《财政部、海关总署、国家税务总局关于支持文化企业发展若干税收政策问题的通知》（文号：财税〔2009〕31号）

（二）动漫产业

经认定的动漫企业自主开发、生产动漫产品，可申请享受国家现行鼓励软件产业发展的所得税优惠政策。

《财政部、国家税务总局关于扶持动漫产业发展有关税收政策问题的通知》（文号：财税〔2009〕65号）

《文化部、财政部、国家税务总局〈关于印发《动漫企业认定管理办法（试行）》的通知》（文号：文市发〔2008〕51号）

《文化部、财政部、国家税务总局关于实施〈动漫企业认定管理办法（试行）〉有关问题的通知》（文号：文产发〔2009〕18号）

需要向主管税务局报送以下资料：

1. 有效的动漫企业证书（加盖公章的复印件）；

2. 年审合格证明（加盖公章的复印件）；

3. 本年度自主开发生产的动漫产品列表；

4. 是否已享受软件企业二免三减半税收优惠的声明；

5. 获利年度声明；

6. 税务局要求报送的其他资料。

四、集成电路产业和软件产业

（一）集成电路设计（软件）企业认定

符合条件的软件企业按照《财政部、国家税务总局关于软件产品增值税政策的通知》（财税〔2011〕100 号）规定取得的即征即退增值税款，由企业专项用于软件产品研发和扩大再生产并单独进行核算，可以作为不征税收入，在计算应纳税所得额时从收入总额中减除。

集成电路设计企业或符合条件的软件企业，是指以集成电路设计或软件产品开发为主营业务并同时符合下列条件的企业：

1. 2011 年 1 月 1 日后依法在中国境内成立并经认定取得集成电路设计企业资质或软件企业资质的法人企业。

2. 签订劳动合同关系且具有大学专科以上学历的职工人数占企业当年月平均职工总人数的比例不低于 40%，其中研究开发人员占企业当年月平均职工总数的比例不低于 20%。

3. 拥有核心关键技术，并以此为基础开展经营活动，且当年度的研究开发费用总额占企业销售（营业）收入总额的比例不低于 6%；其中，企业在中国境内发生的研究开发费用金额占研究开发费用总额的比例不低于 60%。

4. 集成电路设计企业的集成电路设计销售（营业）收入占企业收入总额的比例不低于 60%，其中集成电路自主设计销售（营业）收入占企业收入总额的比例不低于 50%；软件企业的软件产品开发销售（营业）收入占企业收入总额的比例一般不低于 50%（嵌入式软件产品和信息系统集成产品开发销售（营业）收入占企业收入总额的比例不低于 40%），其中软件产品自主开发销售（营业）收入占企业收入总额的比例一般不低于 40%（嵌入式软件产品和信息系统集成产品开发销售（营业）收入占企业收入总额的比例不低于 30%）。

5. 主营业务拥有自主知识产权，其中软件产品拥有省级软件产业主管部门认可的软件检测机构出具的检测证明材料和软件产业主管部门颁发的《软件产品登记证书》。

6. 具有保证设计产品质量的手段和能力，并建立符合集成电路或软件工程要求的质量管理体系并提供有效运行的过程文档记录。

7. 具有与集成电路设计或者软件开发相适应的生产经营场所、软硬件设施等开发环境（如 EDA 工具、合法的开发工具等），以及与所提供服务相关的技术支撑环境。

《集成电路设计企业认定管理办法》、《软件企业认定管理办法》由工业和信息化部、发展改革委、财政部、税务总局会同有关部门另行制定。

（二）两免三减半

我国境内新办的集成电路设计企业和符合条件的软件企业，经认定后，在2017年12月31日前自获利年度起计算优惠期，第一年至第二年免征企业所得税，第三年至第五年按照25%的法定税率减半征收企业所得税，并享受至期满为止。

集成电路设计企业和符合条件软件企业的职工培训费用，应单独进行核算并按实际发生额在计算应纳税所得额时扣除。

集成电路线宽小于0.8微米（含）的集成电路生产企业，经认定后，在2017年12月31日前自获利年度起计算优惠期，第一年至第二年免征企业所得税，第三年至第五年按照25%的法定税率减半征收企业所得税，并享受至期满为止。

（三）五免五减半

集成电路线宽小于0.25微米或投资额超过80亿元的集成电路生产企业，经认定后，减按15%的税率征收企业所得税，其中经营期在15年以上的，在2017年12月31日前自获利年度起计算优惠期，第一年至第五年免征企业所得税，第六年至第十年按照25%的法定税率减半征收企业所得税，并享受至期满为止。

（四）具体减免优惠事项及相关文件

1. 线宽小于0.8微米（含）的集成电路生产企业，减免企业所得税

《财政部、国家税务总局关于进一步鼓励软件产业和集成电路产业发展企业所得税政策的通知》（文号：财税〔2012〕27号）

2. 新办集成电路设计企业，减免企业所得税

《财政部、国家税务总局关于进一步鼓励软件产业和集成电路产业发展企业所得税政策的通知》（文号：财税〔2012〕27号）

后续文件：《财政部、国家税务总局、发展改革委、工业和信息化部关于软件和集成电路产业企业所得税优惠政策有关问题的通知》（文号：财税〔2016〕49号，《财政部、税务总局关于集成电路设计和软件产业企业所得税政策的公告》（文号：财政部、税务总局公告2019年第68号）

3. 线宽小于0.25微米的集成电路生产企业，减免企业所得税

4. 投资额超过80亿元的集成电路生产企业，减免企业所得税

上述3~4项，均适用以下文件：

《财政部、国家税务总局关于进一步鼓励软件产业和集成电路产业发展企业所得税政策的通知》（文号：财税〔2012〕27号）

后续文件：《财政部、国家税务总局、发展改革委、工业和信息化部关于软件和集成电路产业企业所得税优惠政策有关问题的通知》（文号：财税〔2016〕49号）

5. 符合条件的集成电路关键专用材料生产企业、集成电路专用设备生产企业，定

期减免企业所得税

《财政部、国家税务总局、发展改革委、工业和信息化部关于进一步鼓励集成电路产业发展企业所得税政策的通知》（文号：财税〔2015〕6号）

6. 线宽小于130纳米的集成电路生产企业，减免企业所得税

7. 线宽小于65纳米或投资额超过150亿元的集成电路生产企业，减免企业所得税

8. 线宽小于65纳米或投资额超过150亿元的集成电路生产项目的所得，减免企业所得税

上述6~8项，均适用《财政部、税务总局、国家发展改革委、工业和信息化部关于集成电路生产企业有关企业所得税政策问题的通知》（文号：财税〔2018〕27号）

9. 国家鼓励的线宽小于28纳米（含）的集成电路生产项目的所得，减免企业所得税

《财政部、税务总局、发展改革委、工业和信息化部关于促进集成电路产业和软件产业高质量发展企业所得税政策的公告》（文号：财政部、税务总局、发展改革委、工业和信息化部公告2020年第45号）

10. 国家鼓励的线宽小于65纳米（含）的集成电路生产项目的所得，减免企业所得税

11. 国家鼓励的线宽小于130纳米（含）的集成电路生产项目的所得，减免企业所得税

12. 国家鼓励的线宽小于28纳米（含）的集成电路生产企业，减免企业所得税

13. 国家鼓励的线宽小于65纳米（含）的集成电路生产企业，减免企业所得税

14. 国家鼓励的线宽小于130纳米（含）的集成电路生产企业，减免企业所得税

15. 国家鼓励的集成电路设计企业，减免企业所得税

16. 国家鼓励的重点集成电路设计企业，减免企业所得税

17. 国家鼓励的集成电路装备企业，减免企业所得税

18. 国家鼓励的集成电路材料企业，减免企业所得税

19. 国家鼓励的集成电路封装、测试企业，减免企业所得税

20. 国家鼓励的软件企业，减免企业所得税

21. 国家鼓励的重点软件企业，减免企业所得税

上述10~21项，均适用《财政部、税务总局、发展改革委、工业和信息化部关于促进集成电路产业和软件产业高质量发展企业所得税政策的公告》（文号：财政部、税务总局、发展改革委、工业和信息化部公告2020年第45号）

五、高新技术企业

国家需要重点扶持的高新技术企业，减按15%的税率征收企业所得税。

（一）高新技术企业认定须同时满足以下条件

1. 拥有核心自主知识产权：在中国境内（不含港、澳、台地区）注册的企业，近三年内通过自主研发、受让、受赠、并购等方式，或通过5年以上的独占许可方式，对其主要产品（服务）的核心技术拥有自主知识产权。

2. 产品（服务）属于《国家重点支持的高新技术领域》规定的范围。

3. 科技人员占企业职工总数的比例不低于规定比例：具有大学专科以上学历的科技人员占企业当年职工总数的30%以上，其中研发人员占企业当年职工总数的10%以上。

4. 研究开发费用占销售收入的比例不低于规定比例：企业为获得科学技术（不包括人文、社会科学）新知识，创造性运用科学技术新知识，或实质性改进技术、产品（服务）而持续进行了研究开发活动，且近三个会计年度的研究开发费用总额占销售收入总额的比例符合如下要求：

（1）最近一年销售收入小于5000万元的企业，比例不低于6%；

（2）最近一年销售收入在5000万元至20000万元的企业，比例不低于4%；

（3）最近一年销售收入在20000万元以上的企业，比例不低于3%。

其中，企业在中国境内发生的研究开发费用总额占全部研究开发费用总额的比例不低于60%。企业注册成立时间不足三年的，按实际经营年限计算。

5. 高新技术产品（服务）收入占企业总收入的比例不低于规定比例：高新技术产品（服务）收入占企业当年总收入的60%以上。

6. 企业研究开发组织管理水平、科技成果转化能力、自主知识产权数量、销售与总资产成长性等指标符合《高新技术企业认定管理工作指引》（另行制定）的要求。

《高新技术企业认定管理办法》（文号：国科发火〔2008〕172号）

《高新技术企业认定管理工作指引》（文号：国科发火〔2008〕362号）

《做好2009年高新技术企业认定管理工作的通知》（文号：国科发火〔2008〕705号）

《关于实施高新技术企业所得税优惠有关问题的通知》（文号：国税函〔2008〕203号）

（二）经济特区和上海浦东新区新设立高新技术企业过渡性税收优惠

1. 对经济特区和上海浦东新区内在2008年1月1日（含）之后完成登记注册的国家需要重点扶持的高新技术企业（以下简称新设高新技术企业），在经济特区和上海浦东新区内取得的所得，自取得第一笔生产经营收入所属纳税年度起，二免三减半（按照25%的法定税率减半）。

2. 经济特区和上海浦东新区内新设高新技术企业同时在经济特区和上海浦东新区以外的地区从事生产经营的，应当单独计算其在经济特区和上海浦东新区内取得的所得，并合理分摊企业的期间费用；没有单独计算的，不得享受企业所得税优惠。

3. 经济特区和上海浦东新区内新设高新技术企业在按照本通知的规定享受过渡性税收优惠期间，由于复审或抽查不合格而不再具有高新技术企业资格的，从其不再具有高新技术企业资格年度起，停止享受过渡性税收优惠；以后再次被认定为高新技术企业的，不得继续享受或者重新享受过渡性税收优惠。

（三）享受高新技术企业优惠需注意的问题

1. 税率

居民企业被认定为高新技术企业，同时又符合软件生产企业和集成电路生产企业定期减半征收企业所得税优惠条件的，该居民企业的所得税适用税率可以选择适用高新技术企业的 15% 税率，也可以选择依照 25% 的法定税率减半征税，但不能享受 15% 税率的减半征税。

——《国家税务总局关于进一步明确企业所得税过渡期优惠政策执行口径问题的通知》（文号：国税函〔2010〕157 号）

2. 获利年度

获利年度，是指该企业当年应纳税所得额大于零的纳税年度。

3. 备案时间

符合本通知规定条件的企业，应在年度终了之日起 4 个月内，按照本通知及《国家税务总局关于企业所得税减免税管理问题的通知》（文号：国税发〔2008〕111 号）的规定，向主管税务机关办理减免税手续。在办理减免税手续时，企业应提供具有法律效力的证明材料。

国家规划布局内的重点软件企业和集成电路设计企业，如当年未享受免税优惠的，可减按 10% 的税率征收企业所得税。

《财政部、国家税务总局关于进一步鼓励软件产业和集成电路产业发展企业所得税政策的通知》（文号：财税〔2012〕27 号）

需要报送的资料：（1）国家发展和改革委员会、工业和信息化部、商务部、国家税务总局发布的国家规划布局内重点软件企业名单；（2）企业当年未享受免税优惠的声明；（3）税务局要求报送的其他资料。

六、非营利组织

（一）条件

符合条件的非营利组织，是指同时符合下列条件的组织：

1. 依照国家有关法律法规设立或登记的事业单位、社会团体、基金会、民办非企业单位、宗教活动场所以及财政部、国家税务总局认定的其他组织；

2. 从事公益性或者非营利性活动，且活动范围主要在中国境内；

3. 取得的收入除用于与该组织有关的、合理的支出外，全部用于登记核定或者章程规定的公益性或者非营利性事业；

4. 财产及其孳息不用于分配，但不包括合理的工资薪金支出；

5. 按照登记核定或者章程规定，该组织注销后的剩余财产用于公益性或者非营利性目的，或者由登记管理机关转赠给与该组织性质、宗旨相同的组织，并向社会公告；

6. 投入人对投入该组织的财产不保留或者享有任何财产权利，本款所称投入人是指除各级人民政府及其部门外的法人、自然人和其他组织；

7. 工作人员工资福利开支控制在规定的比例内，不变相分配该组织的财产，其中：工作人员平均工资薪金水平不得超过上年度税务登记所在地人均工资水平的两倍，工作人员福利按照国家有关规定执行；

8. 除当年新设立或登记的事业单位、社会团体、基金会及民办非企业单位外，事业单位、社会团体、基金会及民办非企业单位申请前年度的检查结论为"合格"；

9. 对取得的应纳税收入及其有关的成本、费用、损失应与免税收入及其有关的成本、费用、损失分别核算。

（二）免税收入

非营利组织的下列收入为免税收入：

1. 接受其他单位或者个人捐赠的收入；

2. 除《企业所得税法》第七条规定的财政拨款以外的其他政府补助收入，但不包括因政府购买服务取得的收入；

3. 按照省级以上民政、财政部门规定收取的会费；

4. 不征税收入和免税收入孳生的银行存款利息收入；

5. 财政部、国家税务总局规定的其他收入。

相关文件：

《财政部、国家税务总局关于非营利组织企业所得税免税收入问题的通知》（财税〔2009〕122号）

《财政部、国家税务总局关于非营利组织免税资格认定管理有关问题的通知》（财税〔2009〕123号）

相关文件及具体规定：

财政部　税务总局　发展改革委　工业和信息化部
关于促进集成电路产业和软件产业高质量发展企业
所得税政策的公告

财政部　税务总局　发展改革委　工业和信息化部公告 2020 年第 45 号

根据《国务院关于印发新时期促进集成电路产业和软件产业高质量发展若干政策的通知》（国发〔2020〕8 号）有关要求，为促进集成电路产业和软件产业高质量发展，现就有关企业所得税政策问题公告如下：

一、国家鼓励的集成电路线宽小于 28 纳米（含），且经营期在 15 年以上的集成电路生产企业或项目，第一年至第十年免征企业所得税；国家鼓励的集成电路线宽小于 65 纳米（含），且经营期在 15 年以上的集成电路生产企业或项目，第一年至第五年免征企业所得税，第六年至第十年按照 25% 的法定税率减半征收企业所得税；国家鼓励的集成电路线宽小于 130 纳米（含），且经营期在 10 年以上的集成电路生产企业或项目，第一年至第二年免征企业所得税，第三年至第五年按照 25% 的法定税率减半征收企业所得税。

对于按照集成电路生产企业享受税收优惠政策的，优惠期自获利年度起计算；对于按照集成电路生产项目享受税收优惠政策的，优惠期自项目取得第一笔生产经营收入所属纳税年度起计算，集成电路生产项目需单独进行会计核算、计算所得，并合理分摊期间费用。

国家鼓励的集成电路生产企业或项目清单由国家发展改革委、工业和信息化部会同财政部、税务总局等相关部门制定。

二、国家鼓励的线宽小于 130 纳米（含）的集成电路生产企业，属于国家鼓励的集成电路生产企业清单年度之前 5 个纳税年度发生的尚未弥补完的亏损，准予向以后年度结转，总结转年限最长不得超过 10 年。

三、国家鼓励的集成电路设计、装备、材料、封装、测试企业和软件企业，自获利年度起，第一年至第二年免征企业所得税，第三年至第五年按照 25% 的法定税率减半征收企业所得税。

国家鼓励的集成电路设计、装备、材料、封装、测试企业和软件企业条件，由工业和信息化部会同国家发展改革委、财政部、税务总局等相关部门制定。

四、国家鼓励的重点集成电路设计企业和软件企业，自获利年度起，第一年至第五年免征企业所得税，接续年度减按 10% 的税率征收企业所得税。

国家鼓励的重点集成电路设计和软件企业清单由国家发展改革委、工业和信息化部会同财政部、税务总局等相关部门制定。

五、符合原有政策条件且在2019年（含）之前已经进入优惠期的企业或项目，2020年（含）起可按原有政策规定继续享受至期满为止，如也符合本公告第一条至第四条规定，可按本公告规定享受相关优惠，其中定期减免税优惠，可按本公告规定计算优惠期，并就剩余期限享受优惠至期满为止。符合原有政策条件，2019年（含）之前尚未进入优惠期的企业或项目，2020年（含）起不再执行原有政策。

六、集成电路企业或项目、软件企业按照本公告规定同时符合多项定期减免税优惠政策条件的，由企业选择其中一项政策享受相关优惠。其中，已经进入优惠期的，可由企业在剩余期限内选择其中一项政策享受相关优惠。

七、本公告规定的优惠，采取清单进行管理的，由国家发展改革委、工业和信息化部于每年3月底前按规定向财政部、税务总局提供上一年度可享受优惠的企业和项目清单；不采取清单进行管理的，税务机关按照财税〔2016〕49号第十条的规定转请发展改革、工业和信息化部门进行核查。

八、集成电路企业或项目、软件企业按照原有政策规定享受优惠的，税务机关按照财税〔2016〕49号第十条的规定转请发展改革、工业和信息化部门进行核查。

九、本公告所称原有政策，包括：《财政部 国家税务总局关于进一步鼓励软件产业和集成电路产业发展企业所得税政策的通知》（财税〔2012〕27号）、《财政部 国家税务总局 发展改革委 工业和信息化部关于进一步鼓励集成电路产业发展企业所得税政策的通知》（财税〔2015〕6号）、《财政部 国家税务总局 发展改革委 工业和信息化部关于软件和集成电路产业企业所得税优惠政策有关问题的通知》（财税〔2016〕49号）、《财政部 税务总局 国家发展改革委 工业和信息化部关于集成电路生产企业有关企业所得税政策问题的通知》（财税〔2018〕27号）、《财政部 税务总局关于集成电路设计和软件产业企业所得税政策的公告》（财政部 税务总局公告2019年第68号）、《财政部 税务总局关于集成电路设计企业和软件企业2019年度企业所得税汇算清缴适用政策的公告》（财政部 税务总局公告2020年第29号）。

十、本公告自2020年1月1日起执行。财税〔2012〕27号第二条中"经认定后，减按15%的税率征收企业所得税"的规定和第四条"国家规划布局内的重点软件企业和集成电路设计企业，如当年未享受免税优惠的，可减按10%的税率征收企业所得税"同时停止执行。

财政部　国家税务总局
国家发展改革委　工业和信息化部
2020年12月11日

国家税务总局
关于发布修订后的《企业所得税优惠政策事项办理办法》的公告
文号：总局公告 2018 年第 23 号　发布日期：2018-04-25

为优化税收环境，有效落实企业所得税各项优惠政策，根据《国家税务总局关于进一步深化税务系统"放管服"改革优化税收环境的若干意见》（税总发〔2017〕101号）有关精神，现将修订后的《企业所得税优惠政策事项办理办法》予以发布。

特此公告。

企业所得税优惠政策事项办理办法

第一条　为落实国务院简政放权、放管结合、优化服务要求，规范企业所得税优惠政策事项（以下简称"优惠事项"）办理，根据《企业所得税法》及其实施条例、《税收征管法》及其实施细则，制定本办法。

第二条　本办法所称优惠事项是指企业所得税法规定的优惠事项，以及国务院和民族自治地方根据企业所得税法授权制定的企业所得税优惠事项。包括免税收入、减计收入、加计扣除、加速折旧、所得减免、抵扣应纳税所得额、减低税率、税额抵免等。

第三条　优惠事项的名称、政策概述、主要政策依据、主要留存备查资料、享受优惠时间、后续管理要求等，见本公告附件《企业所得税优惠事项管理目录（2017年版）》（以下简称《目录》）。

《目录》由税务总局编制、更新。

第四条　企业享受优惠事项采取"自行判别、申报享受、相关资料留存备查"的办理方式。企业应当根据经营情况以及相关税收规定自行判断是否符合优惠事项规定的条件，符合条件的可以按照《目录》列示的时间自行计算减免税额，并通过填报企业所得税纳税申报表享受税收优惠。同时，按照本办法的规定归集和留存相关资料备查。

第五条　本办法所称留存备查资料是指与企业享受优惠事项有关的合同、协议、凭证、证书、文件、账册、说明等资料。留存备查资料分为主要留存备查资料和其他留存备查资料两类。主要留存备查资料由企业按照《目录》列示的资料清单准备，其他留存备查资料由企业根据享受优惠事项情况自行补充准备。

第六条　企业享受优惠事项的，应当在完成年度汇算清缴后，将留存备查资料归集齐全并整理完成，以备税务机关核查。

第七条　企业同时享受多项优惠事项或者享受的优惠事项按照规定分项目进行核算的，应当按照优惠事项或者项目分别归集留存备查资料。

第八条　设有非法人分支机构的居民企业以及实行汇总纳税的非居民企业机构、场所享受优惠事项的，由居民企业的总机构以及汇总纳税的主要机构、场所负责统一归集并留存备查资料。分支机构以及被汇总纳税的非居民企业机构、场所按照规定可独立享受优惠事项的，由分支机构以及被汇总纳税的非居民企业机构、场所负责归集并留存备查资料，同时分支机构以及被汇总纳税的非居民企业机构、场所应在当完成年度汇算清缴后将留存的备查资料清单送总机构以及汇总纳税的主要机构、场所汇总。

第九条　企业对优惠事项留存备查资料的真实性、合法性承担法律责任。

第十条　企业留存备查资料应从企业享受优惠事项当年的企业所得税汇算清缴期结束次日起保留10年。

第十一条　税务机关应当严格按照本办法规定的方式管理优惠事项，严禁擅自改变优惠事项的管理方式。

第十二条　企业享受优惠事项后，税务机关将适时开展后续管理。在后续管理时，企业应当根据税务机关管理服务的需要，按照规定的期限和方式提供留存备查资料，以证实享受优惠事项符合条件。其中，享受集成电路生产企业、集成电路设计企业、软件企业、国家规划布局内的重点软件企业和集成电路设计企业等优惠事项的企业，应当在完成年度汇算清缴后，按照《目录》"后续管理要求"项目中列示的清单向税务机关提交资料。

第十三条　企业享受优惠事项后发现其不符合优惠事项规定条件的，应当依法及时自行调整并补缴税款及滞纳金。

第十四条　企业未能按照税务机关要求提供留存备查资料，或者提供的留存备查资料与实际生产经营情况、财务核算情况、相关技术领域、产业、目录、资格证书等不符，无法证实符合优惠事项规定条件的，或者存在弄虚作假情况的，税务机关将依法追缴其已享受的企业所得税优惠，并按照《税收征管法》等相关规定处理。

第十五条　本办法适用于2017年度企业所得税汇算清缴及以后年度企业所得税优惠事项办理工作。《国家税务总局关于发布〈企业所得税优惠政策事项办理办法〉的公告》（国家税务总局公告2015年第76号）同时废止。

第五章　财产行为税类税收优惠

　　财产行为税是财产税和行为税之合称。对纳税人拥有或使用的财产征收的各税种统称为财产税，我国现行征收的财产税包含以下七个税种：耕地占用税、城镇土地使用税、房产税、车船税、车辆购置税、资源税和契税；对特定行为或为达到特定目的而征收的各税种统称为行为税，我国现行征收的行为税包含以下四个税种：环境保护税、印花税、船舶吨税和屠宰税。

　　遗产税和筵席税是暂时停征的税种，根本就没有设立的两个税种是证券交易税和燃油税。证券交易税属于印花税，燃油税属于消费税。

　　虽然财产行为税都是小税种，但是，各税种都与老百姓的日常生活息息相关，所以，其税收优惠最大的特点是最大限度地惠民。

第一节　契税

　　在中华人民共和国境内转移土地、房屋权属时，承受的单位和个人为契税的纳税义务人，应当依照《契税法》的规定缴纳契税。契税，是指对契约征收的税，属于财产转移税，由财产承受人缴纳。契税是指不动产（土地、房屋）产权发生转移变动时，就当事人所订契约按不动产价格的一定比例向新的产权（承受）人一次性征收的税收。

　　契税的征税范围：土地使用权的出让、土地使用权的转让（出售、赠与、互换）、房屋的买卖、赠与、互换。另外，以作价投资（入股）、偿还债务、划转、奖励等方式转移土地、房屋权属的，应当依照本法规定征收契税。简单概括就是房屋的所有权和土地的用益物权易主，新的房屋所有权人和土地使用权人，需要缴纳契税。土地承

343

包经营权和土地经营权的转移不属于权属转移，不征收契税。

契税除与其他税收有相同的性质和作用外，还具有其自身的显著特征：

1. 征收契税的宗旨是为了保障不动产所有人的合法权益。通过征税，行政部门便以政府名义发给契证，作为合法的产权凭证，政府即承担保证产权的责任。

2. 纳税人是产权承受人。当发生房屋买卖、典当、赠与或交换行为时，按转移变动的价值，对产权承受人可征一次性契税。

3. 契税采用比例税率，即在土地或房屋产权发生转移变动行为时，对纳税人依一定比例的税率征收。

契税计税依据是不包括增值税款的，土地使用权出售、房屋买卖，承受方计征契税的成交价格不含增值税；实际取得增值税发票的，成交价格以发票上注明的不含税价格确定。

现行的《契税法》是自 2021 年 9 月 1 日起施行的，原《中华人民共和国契税暂行条例》（1997 年 7 月 7 日国务院发布）同时废止。

一、我国契税的历史变革

我国的契税，起源于东晋，至今已有 1600 多年的历史。

当时规定，凡买卖田宅、奴婢、牛马，立有契据者，每一万钱交易额官府征收四百钱，即税率为 4%，其中卖方缴纳 3%，买方缴纳 1%。北宋开宝二年（公元 969年），开始征收印契，不再由买卖双方分摊，而是由买方缴纳了。从此，开始以保障产权为由征收契税。以后历代封建王朝对土地、房屋的买卖、典当等产权变动都征收契税，但税率和征收范围不完全相同。如清初顺治四年（公元 1647 年）规定，民间买卖、典押土地和房屋登录于官时，由买主依买卖价格，每一两银纳税三分（即税率3%）。到清朝末年，土地、房屋的买卖契税税率提高到 9%，典当契税税率提高到 6%。

中华民国成立后，于 1914 年颁布契税条例。规定税率为：买契 9%，典契 6%。1917 年，北洋政府将税率改为买契 6%，典契 3%，各省征收附加税，但以不超过正税的 1/3 为限。

1934 年，国民政府第二次全国财政会议上，通过了《契税办法四项》，要求各省整理契税，规定买契 6%，典契 3% 为税率高限，附加税以不超过正税的一半为原则。至此，契税税率在全国统一起来。1940 年，国民政府公布《契税暂行条例》，将税率改为买契 5%，典契 3%。1942 年修改《契税暂行条例》，将税目扩大为买卖、典当、赠与和交换，后又增加了分割和占有两个税目。由于契税是以保障产权的名义征收的，长期以来都是纳税人自觉向政府申报缴税，请求验印或发给契证。因此，契税在群众中影响较深，素有"地凭文契官凭印""买地不税契，诉讼没凭据"的谚语。

中华人民共和国成立后，政务院于 1950 年发布《契税暂行条例》，规定对土地、房屋的买卖、典当、赠与和交换征收契税。1954 年财政部经政务院批准，对《契税暂行条例》的个别条款进行了修改，规定对公有制单位承受土地、房屋权属转移免征契税。生产资料公有制社会主义改造完成以后，土地禁止买卖和转让，征收土地契税也就自然停止了。

改革开放后，国家重新调整了土地、房屋管理方面的有关政策，房地产市场逐步得到了恢复和发展。为了适应形势的要求，从 1990 年开始，全国契税征管工作全面恢复。恢复征收后，契税收入连年大幅度增加，从 1990 年的 1.34 亿元增加到 1997 年的 36 亿元，成为地方财政收入中最具增长潜力的税种。

为了适应建立和发展社会主义市场经济形势的需要，1997 年 7 月 7 日，国务院第 224 号令发布了《中华人民共和国契税暂行条例》，并于同年 10 月 1 日起开始实施。

二、税收优惠

在我国，现行《契税法》的第六条和第七条，明确了契税的免税和减征政策。

有下列情形之一的，免征契税：

（一）国家机关、事业单位、社会团体、军事单位承受土地、房屋权属用于办公、教学、医疗、科研、军事设施；

（二）非营利性的学校、医疗机构、社会福利机构承受土地、房屋权属用于办公、教学、医疗、科研、养老、救助；

（三）承受荒山、荒地、荒滩土地使用权用于农、林、牧、渔业生产；

（四）婚姻关系存续期间夫妻之间变更土地、房屋权属；

（五）法定继承人通过继承承受土地、房屋权属；

（六）依照法律规定应当予以免税的外国驻华使馆、领事馆和国际组织驻华代表机构承受土地、房屋权属。

根据国民经济和社会发展的需要，国务院对居民住房需求保障、企业改制重组、灾后重建等情形可以规定免征或者减征契税，报全国人民代表大会常务委员会备案。

第七条　省、自治区、直辖市可以决定对下列情形免征或者减征契税：

（一）因土地、房屋被县级以上人民政府征收、征用，重新承受土地、房屋权属；

（二）因不可抗力灭失住房，重新承受住房权属。

前款规定的免征或者减征契税的具体办法，由省、自治区、直辖市人民政府提出，报同级人民代表大会常务委员会决定，并报全国人民代表大会常务委员会和国务院备案。

（一）契税减免的一般规定

国家机关、事业单位、社会团体、军事单位承受土地、房屋用于办公、教学、医疗、科研和军事设施的，免征契税。

城镇职工按规定第一次购买公有住房，免征契税。

此外，财政部、国家税务总局规定：自 2000 年 11 月 29 日起，对各类公有制单位为解决职工住房而采取集资建房方式建成的普通住房，或由单位购买的普通商品住房，经当地县以上人民政府房改部门批准、按照国家房改政策出售给本单位职工的，如属职工首次购买住房，均可免征契税。

自 2008 年 11 月 1 日起对个人首次购买 90 平方米以下普通住房的，契税税率暂统一下调到 1%。

因不可抗力灭失住房而重新购买住房的，酌情减免。不可抗力是指自然灾害、战争等不能预见、不可避免，并不能克服的客观情况。

土地、房屋被县级以上人民政府征用、占用后，重新承受土地、房屋权属的，由省级人民政府确定是否减免。

承受荒山、荒沟、荒丘、荒滩土地使用权，并用于农、林、牧、渔业生产的，免征契税。

经外交部确认，依照中国有关法律规定以及中国缔结或参加的双边和多边条约或协定，应当予以免税的外国驻华使馆、领事馆、联合国驻华机构及其外交代表、领事官员和其他外交人员承受土地、房屋权属的，免征契税。

企业改制重组过程中，同一投资主体内部所属企业之间土地、房屋权属的无偿划转，包括母公司与其全资子公司之间，同一公司所属全资子公司之间，同一自然人与其设立的个人独资企业、一人有限公司之间土地、房屋权属的无偿划转，不征收契税。

（二）契税减免的特殊规定

1. 企业公司制改造

非公司制企业，按照《中华人民共和国公司法》的规定，整体改建为有限责任公司（含国有独资公司）或股份有限公司，或者有限责任公司整体改建为股份有限公司的，对改建后的公司承受原企业土地、房屋权属，免征契税。

非公司制国有独资企业或国有独资有限责任公司，以其部分资产与他人组建新公司，且该国有独资企业（公司）在新设公司中所占股份超过 50%的，对新设公司承受该国有独资企业（公司）的土地、房屋权属，免征契税。

公司制企业在重组过程中，以名下土地、房屋权属对其全资子公司进行增资，属同一投资主体内部资产划转，对全资子公司承受母公司土地、房屋权属的行为，不征收契税。

2. 企业股权重组

在股权转让中，单位、个人承受企业股权，企业土地、房屋权属不发生转移，不征收契税。

经国务院批准实施债权转股权的企业，对债权转股权后新设立的公司承受原企业的土地、房屋权属，免征契税。

国有、集体企业实施"企业股份合作制改造"，由职工买断企业产权，或向其职工转让部分产权，或者通过其职工投资增资扩股，将原企业改造为股份合作制企业的，对改造后的股份合作制企业承受原企业的土地、房屋权属，免征契税。

为进一步支持国有企业改制重组，国有控股公司投资组建新公司有关契税政策规定如下：

（1）对国有控股公司以部分资产投资组建新公司，且该国有控股公司占新公司股份85%以上的，对新公司承受该国有控股公司土地、房屋权属免征契税。上述所称国有控股公司，是指国家出资额占有限责任公司资本总额50%以上，或国有股份占股份有限公司股本总额50%以上的国有控股公司。

（2）以出让方式承受原国有控股公司土地使用权的，不属于本规定的范围。

3. 企业合并与分立

两个或两个以上的企业，依据法律法规或合同约定，合并改建为一个企业，对其合并后的企业承受原合并各方的土地和房屋权属，免征契税。

企业依照法律规定、合同约定分设为两个或两个以上投资主体相同的企业，对派生方、新设方承受原企业土地、房屋权属，不征收契税。

4. 房屋附属设施

对于承受与房屋相关的附属设施（包括停车位、汽车库、自行车库、顶层阁楼以及储藏室，下同）所有权或土地使用权的行为，按照契税法律、法规的规定征收契税；对于不涉及土地使用权和房屋所有权转移变动的，不征收契税。

5. 继承土地、房屋权属

对于《中华人民共和国继承法》规定的法定继承人（包括配偶、子女、父母、兄弟姐妹、祖父母、外祖父母）继承土地、房屋权属，不征契税。

按照《中华人民共和国继承法》规定，非法定继承人根据遗嘱承受死者生前的土地、房屋权属，属于赠与行为，应征收契税。

6. 其他情形

（1）对拆迁居民因拆迁重新购置住房的，对购房成交价格中相当于拆迁补偿款的部分免征契税；成交价格超过拆迁补偿款的，对超过部分征收契税。

（2）政府主管部门对国有资产进行行政性调整和划转过程中发生的土地、房屋权属转移，不征收契税。

（3）自2011年9月1日起，婚姻关系存续期间，房屋、土地权属原归夫妻一方所有，变更为夫妻双方共有的，免征契税。

三、契税具体免征事项及相关文件

通过核对《国家税务总局减免税政策代码目录表（20220627）》的列举事项，经查阅现行有效的税收政策文件，归集整理契税之不征和免税优惠，共计55项：

（一）不征和免税之一改善民生类

1. 已购公有住房补缴土地出让金和其他出让费用，免征契税

《财政部、国家税务总局关于国有土地使用权出让等有关契税问题的通知》（文号：财税〔2004〕134号）

2. 对廉租住房经营管理单位回购经适房继续用于经适房房源，免征契税

《财政部、国家税务总局关于廉租住房经济适用住房和住房租赁有关税收政策的通知》（文号：财税〔2008〕24号）

3. 军建离退休干部住房及附属用房移交地方政府管理的，免征契税

《财政部、国家税务总局关于免征军建离退休干部住房移交地方政府管理所涉及契税的通知》（文号：财税字〔2000〕176号）

4. 棚户区经营管理单位回购改造安置住房继续用于安置房源，免征契税

《财政部、国家税务总局关于棚户区改造有关税收政策的通知》（文号：财税〔2013〕101号）

5. 夫妻之间变更房屋、土地权属或共有份额，免征契税

在婚姻关系存续期间，房屋、土地权属原归夫妻一方所有，变更为夫妻双方共有或另一方所有的，或者房屋、土地权属原归夫妻双方共有，变更为其中一方所有的，或者房屋、土地权属原归夫妻双方共有，双方约定、变更共有份额的，免征契税。

《财政部、国家税务总局关于夫妻之间房屋土地权属变更有关契税政策的通知》（文号：财税〔2014〕4号）

后续文件：《财政部、税务总局关于契税法实施后有关优惠政策衔接问题的公告》（文号：财政部、税务总局公告2021年第29号）

6. 土地使用权、房屋交换价格相等的免征契税，不相等的差额征收契税

《中华人民共和国契税暂行条例细则》（文号：财法字〔1997〕52号）

7. 土地房屋被县级以上政府征用、占用后，重新承受土地房屋权属，减免契税

《中华人民共和国契税暂行条例细则》（文号：财法字〔1997〕52号）第十五条第（一）款

8. 因不可抗力灭失住房而重新购买住房，减征或免征契税

《中华人民共和国契税法》（中华人民共和国主席令第五十二号）

相关文件：《财政部、国家税务总局关于认真落实抗震救灾及灾后重建税收政策问题的通知》（文号：财税〔2008〕62号）第四条

9. 棚户区征收取得货币补偿用于购买安置住房，免征契税

10. 棚户区征收进行房屋产权调换取得安置住房，免征契税

上述 9~10 项，均适用《财政部、国家税务总局关于棚户区改造有关税收政策的通知》（文号：财税〔2013〕101 号）

11. 易地扶贫搬迁人口取得安置住房，免征契税

12. 易地扶贫搬迁实施主体取得安置住房土地，免征契税

对易地扶贫搬迁项目实施主体取得用于建设安置住房的土地，免征契税。

13. 易地扶贫搬迁实施主体安置住房房源，免征契税

对项目实施主体购买商品住房或者回购保障性住房作为安置房房源的，免征契税。

上述 11~13 项，均适用《财政部、国家税务总局关于易地扶贫搬迁税收优惠政策的通知》（文号：财税〔2018〕135 号）

后续文件：《财政部、税务总局关于延长部分税收优惠政策执行期限的公告》（文号：财政部、税务总局公告 2021 年第 6 号）

14. 公共租赁住房经营管理单位购买住房作为公共租赁住房，免征契税

《财政部、税务总局关于公共租赁住房税收优惠政策的公告》（文号：财政部、税务总局公告 2019 年第 61 号）

后续文件：《财政部、税务总局关于延长部分税收优惠政策执行期限的公告》（文号：财政部、税务总局公告 2021 年第 6 号）

15. 法定继承人通过继承承受土地房屋，免征契税

对于《中华人民共和国继承法》规定的法定继承人（包括配偶、子女、父母、兄弟姐妹、祖父母、外祖父母）继承土地、房屋权属，不征契税。

16. 地方政府征收、征用土地使用权置换，免征契税

17. 地方政府征收、征用货币补偿重新购置土地、房屋的，免征契税

上述 15~17 项，均适用《契税法》（中华人民共和国主席令第五十二号）

18. 青藏铁路公司承受土地、房屋权属用于办公及运输主业，免征契税

《财政部、国家税务总局关于青藏铁路公司运营期间有关税收等政策问题的通知》（文号：财税〔2007〕11 号）

19. 公有住房补缴土地出让价款成为完全产权住房，免征契税

公有制单位为解决职工住房而采取集资建房方式建成的普通住房或由单位购买的普通商品住房，经县级以上地方人民政府房改部门批准、按照国家房改政策出售给本单位职工的，如属职工首次购买住房，比照公有住房免征契税。

20. 城镇职工第一次购买公有住房，免征契税

21. 地方政府征收、征用产权调换（房屋产权调换），免征契税

22. 地方政府因不可抗力灭失住房重新承受住房，减征或免征契税

上述 19~22 项，均适用《财政部、税务总局关于契税法实施后有关优惠政策衔接问题的公告》（文号：财政部、税务总局公告 2021 年第 29 号）

23. 夫妻因离婚分割共同财产发生土地房屋权属变更的，免征契税

《财政部、税务总局关于契税法实施后有关优惠政策衔接问题的公告》（文号：财政部、税务总局公告 2021 年第 29 号）

24. 承受房屋、土地用于社区养老、托育、家政服务，免征契税

《财政部、税务总局、发展改革委、民政部、商务部、卫生健康委关于养老、托育、家政等社区家庭服务业税费优惠政策的公告》（文号：财政部、税务总局、发展改革委、民政部、商务部、卫生健康委公告 2019 年第 76 号）的第一条第（三）款

25. 对饮水工程运营管理单位为建设饮水工程而承受土地使用权，免征契税

《财政部、国家税务总局关于支持农村饮水安全工程建设运营税收政策的通知》（文号：财税〔2012〕30 号）

后续文件：《财政部、国家税务总局关于继续实行农村饮水安全工程建设运营税收优惠政策的通知》（文号：财税〔2016〕19 号）

《财政部、税务总局关于继续实行农村饮水安全工程税收优惠政策的公告》（文号：财政部、税务总局公告 2019 年第 67 号）

（二）不征和免税之二企业改制重组类

26. 企业改制后公司承受原企业土地、房屋权属，免征契税

27. 事业单位改制企业承受原单位土地、房屋权属，免征契税

28. 公司合并后承受原公司土地、房屋权属，免征契税

29. 公司分立后承受原公司土地、房屋权属，免征契税

30. 符合条件的企业承受破产企业抵偿债务的土地、房屋权属，免征契税

31. 承受行政性调整、划转土地、房屋权属，免征契税

32. 承受同一投资主体内部划转土地、房屋权属，免征契税

33. 子公司承受母公司增资土地、房屋权属，免征契税

34. 债权转股权后新设公司承受原企业的土地、房屋权属，免征契税

上述 26~34 项，均适用《关于继续执行企业事业单位改制重组有关契税政策的公告》（财政部、税务总局公告 2021 年第 17 号）

历史文件：

①《财政部、国家税务总局关于企业改革中有关契税政策的通知》（文号：财税〔2001〕161 号）

②《财政部、国家税务总局关于企业改制重组若干契税政策的通知》（文号：财税〔2003〕184 号）

③《财政部、国家税务总局关于延长企业改制重组若干契税政策执行期限的通知》

（文号：财税〔2006〕41号）

④国家税务总局农业税征收管理局《关于当前契税政策执行中若干具体问题的操作意见》（文号：农便函〔2006〕28号 发布日期：2006-10-31）

⑤《财政部、国家税务总局关于事业单位改制有关契税政策的通知》（文号：财税〔2010〕22号 发布日期：2010-03-24）

⑥《财政部、国家税务总局关于企业事业单位改制重组契税政策的通知》（文号：财税〔2012〕4号）

⑦《财政部、国家税务总局关于进一步支持企业事业单位改制重组有关契税政策的通知》（文号：财税〔2015〕37号 发布日期：2015-03-31）

⑧《财政部、税务总局关于继续支持企业事业单位改制重组有关契税政策的通知》（文号：财税〔2018〕17号）

35. 新设行政机构接收原事业单位的土地、房屋，免征契税

对承担行政职能的事业单位转为行政机构的，在转为行政机构过程中，对新设行政机构接收原事业单位的土地、房屋，免征契税。转为行政机构后，涉及的土地、房屋权属变动，按照税法的规定依法纳税。

36. 改革重新办理法人登记的事业单位接收原事业单位土地、房屋权属，免征契税。此后，涉及的土地、房屋权属变动，按照税法的规定依法纳税

上述35~36项，均适用《国务院办公厅关于印发分类推进事业单位改革配套文件的通知》（文号：国办发〔2011〕37号 发布日期：2011-07-24）

（三）不征和免税之三其他类

37. 金融资产公司按规定收购、承接和处置政策性剥离不良资产，免征契税

《财政部、国家税务总局关于中国信达等4家金融资产管理公司税收政策问题的通知》（文号：财税〔2001〕10号）

后续文件：

①《财政部、国家税务总局关于4家资产管理公司接收资本金项下的资产在办理过户时有关税收政策问题的通知》（文号：财税〔2003〕21号），第一条

②《财政部、国家税务总局关于中国东方资产管理公司处置港澳国际（集团）有限公司有关资产税收政策问题的通知》（文号：财税〔2003〕212号），第二条第二项，第三条第三项、第四条第三项

38. 农村信用社接收农村合作基金会的房屋、土地使用权，免征契税

《中国人民银行、农业部、国家发展计划委员会、财政部、国家税务总局关于免缴农村信用社接收农村合作基金会财产产权过户税费的通知》（文号：银发〔2000〕21号）

39. 农村集体经济组织股份制改革，免征契税

对进行股份合作制改革后的农村集体经济组织承受原集体经济组织的土地、房屋权属，免征契税。

40. 农村集体经济组织清产核资，免征契税

对农村集体经济组织以及代行集体经济组织职能的村民委员会、村民小组进行清产核资收回集体资产而承受土地、房屋权属，免征契税。

对农村集体土地所有权、宅基地和集体建设用地使用权及地上房屋确权登记，不征收契税。

上述 39～40 项，均适用《财政部、税务总局关于支持农村集体产权制度改革有关税收政策的通知》（文号：财税〔2017〕55 号）

41. 社会力量办学、用于教学承受的土地、房屋，免征契税

《财政部、国家税务总局关于教育税收政策的通知》（文号：财税〔2004〕39 号）

42. 国家石油储备基地第一期项目，免征契税

《财政部、国家税务总局关于国家石油储备基地建设有关税收政策的通知》（文号：财税〔2005〕23 号）

43. 符合法律规定的外国驻华使馆、领事馆和国家组织驻华代表机构承受土地房屋，免征契税

《契税法》（中华人民共和国主席令第五十二号）第六条第（六）项

44. 外交部确认的外交人员承受土地、房屋权属，免征契税

《中华人民共和国契税暂行条例细则》（文号：财法字〔1997〕52 号）

45. 国家机关、事业单位、社会团体、军事单位承受用于办公、教学、医疗、科研和军事设施的土地、房屋，免征契税

《契税法》（中华人民共和国主席令第五十二号）

46. 售后回租期满承租人回购原房屋、土地权属，免征契税

对金融租赁公司开展售后回租业务，承受承租人房屋、土地权属的，照章征税。对售后回租合同期满，承租人回购原房屋、土地权属的，免征契税。

47. 个人房屋被征收用补偿款新购房屋，免征契税

48. 个人房屋征收房屋调换，免征契税

49. 个体工商户、合伙企业与其经营者个人之间转移房屋和土地权属，免征契税

个体工商户的经营者将其个人名下的房屋、土地权属转移至个体工商户名下，或个体工商户将其名下的房屋、土地权属转回原经营者个人名下，免征契税。

合伙企业的合伙人将其名下的房屋、土地权属转移至合伙企业名下，或合伙企业将其名下的房屋、土地权属转回原合伙人名下，免征契税。

上述 46～49 项，均适用《财政部、国家税务总局关于企业以售后回租方式进行融资等有关契税政策的通知》（文号：财税〔2012〕82 号）

50. 非营利性的学校、医疗机构、社会福利机构承受土地房屋用于办公、教学、医疗、科研、养老、救助，免征契税

《契税法》（中华人民共和国主席令第五十二号）

51. 银监会各级派出机构，承受中国人民银行各分支行无偿划转土地房屋用于办公设施，免征契税

《财政部、国家税务总局关于银监会各级派出机构从中国人民银行各分行支行划拨房屋土地有关税收问题的函》（文号：财税〔2005〕149号）

52. 对监狱管理部门承受土地、房屋直接用于监狱建设，免征契税

《国家税务总局关于对监狱管理部门承受土地房屋直接用于监狱建设免征契税的批复》（文号：国税函〔1999〕572号 发布日期：1999-08-23）

53. 被撤销金融机构接收债务方土地使用权、房屋所有权免征契税

《财政部、国家税务总局关于被撤销金融机构有关税收政策问题的通知》（文号：财税〔2003〕141号）

54. 按规定改制的外商独资银行承受原外国银行分行的房屋权属，免征契税

外国银行分行按照《中华人民共和国外资银行管理条例》等相关规定改制为外商独资银行（或其分行），改制后的外商独资银行（或其分行）承受原外国银行分行的房屋权属的，免征契税。

《财政部、税务总局关于契税法实施后有关优惠政策衔接问题的公告》（文号：财政部、税务总局公告2021年第29号）

55. 银行业金融机构、金融资产管理公司接收抵债资产，免征契税

《财政部、税务总局关于银行业金融机构、金融资产管理公司不良债权以物抵债有关税收政策的公告》（文号：财政部、税务总局公告2022年第31号）

四、契税具体减免事项及相关文件

通过核对《国家税务总局减免税政策代码目录表（20220627）》的列举事项，经查阅现行有效的税收政策文件，归集整理契税之减免优惠，共计11项：

1. 个人购买家庭唯一普通住房，减半征收契税

《财政部、国家税务总局、住房和城乡建设部关于调整房地产交易环节契税个人所得税优惠政策的通知》（文号：财税〔2010〕94号）

2. 个人购买90平方米及以下家庭唯一普通住房，减按1%征收

《财政部、国家税务总局、住房和城乡建设部关于调整房地产交易环节契税个人所得税优惠政策的通知》（文号：财税〔2010〕94号）

后续文件：《财政部、国家税务总局、住房城乡建设部关于调整房地产交易环节契税 营业税优惠政策的通知》（文号：财税〔2016〕23号）

3. 棚户区个人首次购买 90 平方米以下改造安置住房，减按 1% 征收契税

4. 棚户区个人购买符合普通住房标准的 90 平方米以上改造安置住房，减半征收契税

上述 3~4 项，均适用《财政部、国家税务总局关于棚户区改造有关税收政策的通知》（文号：财税〔2013〕101 号）

5. 个人购买家庭唯一住房 90 平方米以上，减按 1.5% 征收契税

6. 个人购买家庭第二套改善性住房 90 平方米及以下，减按 1% 征收契税

7. 个人购买家庭第二套住房 90 平方米以上，减按 2% 征收契税

上述 5~7 项，均适用《财政部、国家税务总局、住房城乡建设部关于调整房地产交易环节契税 营业税优惠政策的通知》（文号：财税〔2016〕23 号）

8. 地方政府征收、征用重新承受土地房屋超出补偿部分，减半征收契税

《契税法》（中华人民共和国主席令第五十二号）

9. 非债权人承受所购企业土地、房屋与原企业超过 30% 的职工签订不少于三年劳动合同的，减半征收契税

企业依照有关法律法规规定实施破产，债权人（包括破产企业职工）承受破产企业抵偿债务的土地、房屋权属，免征契税；对非债权人承受破产企业土地、房屋权属，凡按照《中华人民共和国劳动法》等国家有关法律法规政策妥善安置原企业全部职工，与原企业全部职工签订服务年限不少于三年的劳动用工合同的，对其承受所购企业土地、房屋权属，免征契税；与原企业超过 30% 的职工签订服务年限不少于三年的劳动用工合同的，减半征收契税。

《关于继续执行企业事业单位改制重组有关契税政策的公告》（文号：财政部、税务总局公告 2021 年第 17 号）

10. 经营性文化事业单位转制涉及契税按规定享受优惠政策

《关于继续实施文化体制改革中经营性文化事业单位转制为企业若干税收政策的通知》（文号：财税〔2019〕16 号）

11. 个人购买经济适用住房，减半征收契税

《财政部、国家税务总局关于廉租住房经济适用住房和住房租赁有关税收政策的通知》（文号：财税〔2008〕24 号）

相关文件及具体规定：

财政部　国家税务总局
关于继续执行企业事业单位改制重组有关契税政策的公告

财政部　税务总局公告 2021 年第 17 号

为支持企业、事业单位改制重组，优化市场环境，现就继续执行有关契税政策公告如下：

一、企业改制

企业按照《中华人民共和国公司法》有关规定整体改制，包括非公司制企业改制为有限责任公司或股份有限公司，有限责任公司变更为股份有限公司，股份有限公司变更为有限责任公司，原企业投资主体存续并在改制（变更）后的公司中所持股权（股份）比例超过 75%，且改制（变更）后公司承继原企业权利、义务的，对改制（变更）后公司承受原企业土地、房屋权属，免征契税。

二、事业单位改制

事业单位按照国家有关规定改制为企业，原投资主体存续并在改制后企业中出资（股权、股份）比例超过 50% 的，对改制后企业承受原事业单位土地、房屋权属，免征契税。

三、公司合并

两个或两个以上的公司，依照法律规定、合同约定，合并为一个公司，且原投资主体存续的，对合并后公司承受原合并各方土地、房屋权属，免征契税。

四、公司分立

公司依照法律规定、合同约定分立为两个或两个以上与原公司投资主体相同的公司，对分立后公司承受原公司土地、房屋权属，免征契税。

五、企业破产

企业依照有关法律法规规定实施破产，债权人（包括破产企业职工）承受破产企业抵偿债务的土地、房屋权属，免征契税；对非债权人承受破产企业土地、房屋权属，凡按照《中华人民共和国劳动法》等国家有关法律法规政策妥善安置原企业全部职工规定，与原企业全部职工签订服务年限不少于三年的劳动用工合同的，对其承受所购企业土地、房屋权属，免征契税；与原企业超过 30% 的职工签订服务年限不少于三年的劳动用工合同的，减半征收契税。

六、资产划转

对承受县级以上人民政府或国有资产管理部门按规定进行行政性调整、划转国有土地、房屋权属的单位，免征契税。

同一投资主体内部所属企业之间土地、房屋权属的划转，包括母公司与其全资子公司之间，同一公司所属全资子公司之间，同一自然人与其设立的个人独资企业、一人有限公司之间土地、房屋权属的划转，免征契税。

母公司以土地、房屋权属向其全资子公司增资，视同划转，免征契税。

七、债权转股权

经国务院批准实施债权转股权的企业，对债权转股权后新设立的公司承受原企业的土地、房屋权属，免征契税。

八、划拨用地出让或作价出资

以出让方式或国家作价出资（入股）方式承受原改制重组企业、事业单位划拨用地的，不属上述规定的免税范围，对承受方应按规定征收契税。

九、公司股权（股份）转让

在股权（股份）转让中，单位、个人承受公司股权（股份），公司土地、房屋权属不发生转移，不征收契税。

十、有关用语含义

本公告所称企业、公司，是指依照我国有关法律法规设立并在中国境内注册的企业、公司。

本公告所称投资主体存续，是指原改制重组企业、事业单位的出资人必须存在于改制重组后的企业，出资人的出资比例可以发生变动。

本公告所称投资主体相同，是指公司分立前后出资人不发生变动，出资人的出资比例可以发生变动。

十一、本公告自2021年1月1日起至2023年12月31日执行。自执行之日起，企业、事业单位在改制重组过程中，符合本公告规定但已缴纳契税的，可申请退税；涉及的契税尚未处理且符合本公告规定的，可按本公告执行。

财政部　国家税务总局

2021年4月26日

第二节　城镇土地使用税和耕地占用税

城镇土地使用税

城镇土地使用税是指国家在城市、县城、建制镇、工矿区范围内，对使用土地的单位和个人，以其实际占用的土地面积为计税依据，按照规定的税额计算征收的一种税。

目前，该税种尚未立法，现行《中华人民共和国城镇土地使用税暂行条例》（中华人民共和国国务院令第 483 号），是国务院于 2006 年 12 月 31 日修改颁布实施的。

【纳税义务人】

1. 拥有土地使用权的单位和个人是纳税人；

2. 拥有土地使用权的单位和个人不在土地所在地的，其土地的实际使用人和代管人为纳税人；

3. 土地使用权未确定的或权属纠纷未解决的，其实际使用人为纳税人；

4. 土地使用权共有的，共有各方都是纳税人，由共有各方分别纳税。

例如：几个单位共有一块土地使用权，一方占 60%，另两方各占 20%，如果算出的税额为 100 万，则分别按 60、20、20 的数额负担土地使用税。

【征税范围】

城镇土地使用税是对占用土地的行为征税，实行差别幅度税额。征税对象是土地，征税范围包括：城市、县城、建制镇和工矿区的国家所有、集体所有的土地。从 2007 年 7 月 1 日起，外商投资企业、外国企业及其在华机构的用地也要征收城镇土地使用税。

2006 年 12 月 31 日，国务院发布了《关于修改〈中华人民共和国城镇土地使用税暂行条例〉的决定》（国务院令第 483 号），自 2007 年 1 月 1 日起，将外商投资企业纳入城镇土地使用税的征收范围。

城镇土地使用税的税收优惠与房产税的税收优惠是基本相同的。其税收优惠主要分为两类：一是国家预算收支单位的自用地的减免税；二是国有重点扶植项目的减免税。

一、法定减免和特定减免

（一）法定减免

2006 年 12 月，国务院关于修改《中华人民共和国城镇土地使用税暂行条例》的决定（国务院令第 483 号），第六条和第七条规定如下：

第六条　下列土地免缴土地使用税：

（一）国家机关、人民团体、军队自用的土地；

（二）由国家财政部门拨付事业经费的单位自用的土地；

（三）宗教寺庙、公园、名胜古迹自用的土地；

（四）市政街道、广场、绿化地带等公共用地；

（五）直接用于农、林、牧、渔业的生产用地；

（六）经批准开山填海整治的土地和改造的废弃土地，从使用的月份起免缴土地使用税 5 年至 10 年；

（七）由财政部另行规定免税的能源、交通、水利设施用地和其他用地。

第七条　除本条例第六条规定外，纳税人缴纳土地使用税确有困难需要定期减免的，由县以上税务机关批准。

其中，"宗教寺庙自用的土地，是指举行宗教仪式等的用地和寺庙内的宗教人员生活用地。"这里的"宗教寺庙"包括寺、庙、宫、观、教堂等各种宗教活动场所。

（二）特定土地减免

根据国家税务局关于发布《关于土地使用税若干具体问题的解释和暂行规定》的通知（国税地字〔1988〕15号）规定，下列土地的征免由各省级地税局确定：

（一）个人所有的居住房屋及院落用地；

（二）房产管理部门在房租调整改革前征租的居民住房用地；

（三）免税单位职工家属的宿舍用地；

（四）集体和个人举办的各类学校、医院、托儿所、幼儿园用地。

（三）特定项目用地减免

根据国家税务局关于印发《关于土地使用税若干具体问题的补充规定》的通知（国税地字〔1989〕140号）规定，下列用地，由各省级地税局确定免征或减征土地使用税：

（一）国家产业政策扶持发展的大型基建项目占地面积大、建设周期长，在建期间没有经营收入，纳税确有困难的；

（二）对企业范围内的荒山、林地、湖泊等占地，尚未利用的；

（三）对免税单位无偿使用纳税单位的土地（如公安、海关等单位使用铁路、民航等单位的土地），免征土地使用税；对纳税单位无偿使用免税单位的土地，纳税单位应照章缴纳土地使用税。

（四）厂区以外的公共绿化用地和向社会开放的公园用地，暂免征收土地使用税；

（五）对各类危险品仓库、厂房所需的防火、防爆、防毒等安全防范用地；

（六）对企业的铁路专用线、公路等用地，在厂区以外，与社会公用地段未加隔离的，暂免征收土地使用税。

（七）对落实私房政策后已归还产权，但房主尚未收回的房屋用地，纳税有困难的；

（八）城镇集贸市场用地。

城镇内的集贸市场（农贸市场）用地，按规定应征收土地使用税。为了促进集贸市场的发展及照顾各地的不同情况，各省、自治区、直辖市税务局可根据具体情况自行确定对集贸市场用地征收或者免征土地使用税。

二、税收优惠分类

（一）国家预算收支单位的自用地，免征城镇土地使用税

1. 国家机关、人民团体、军队自用的土地；

2. 由国家财政部门拨付事业经费的单位自用的土地；

3. 宗教寺庙、公园、名胜古迹自用的土地；

4. 市政街道、广场、绿化地带等公共用地；

5. 直接用于农、林、牧、渔业的生产用地；

6. 经批准开山填海整治的土地和改造的废弃土地，从使用的月份起免缴城镇土地使用税 5 年至 10 年；

7. 对非营利性医疗机构、疾病控制机构和妇幼保健机构等卫生机构自用地；

对营利性医疗机构自用的土地，自 2000 年起免征城镇土地使用税 3 年。

8. 企业办的学校、医院、托儿所、幼儿园，其能与企业其他用地明确区分的用地；

9. 免税单位无偿使用纳税单位的土地（如公安、海关等单位使用铁路、民航等单位的土地），免征城镇土地使用税；

10. 对行使国家行政管理职能的中国人民银行总行（含国家外汇管理局）所属分支机构自用的土地。

但是，如果是上述用地对外出租或经营使用，则要交土地使用税。

纳税单位无偿使用免税单位的土地，纳税单位应照章缴纳城镇土地使用税。纳税单位与免税单位共同使用、共有使用权的土地上的多层建筑，对纳税单位可按其占用的建筑面积占建筑总面积的比例计征城镇土地使用税。例如栋是 15 层的大厦，一单位租用 5 层，一单位租用 10 层，则并不是只占有一层的单位交税。

（二）国有重点扶植项目，暂免征收土地使用税

1. 对企业的铁路专用线，公路等用地，在厂区以外，与社会公用地段未加隔离的，暂免征收土地使用税；

2. 对企业厂区以外的公共绿化用地和向社会开放的公园用地，暂免征收城镇土地使用税；

3. 对水利设施及其管护用地（如水库库区，大坝，堤防，灌渠，泵站等用地），免征土地使用税；其他用地，如生产，办公，生活用地，应照章征收土地使用税；

4. 对林区的有林地，运材道，防火道，防火设施用地，免征土地使用税。林业系统的森林公园，自然保护区，可比照公园免征土地使用税；

5. 对高校后勤实体用地，免征城镇土地使用税。

（三）其他分类

困难（灾害）减免、涉农减免、涉能减免、涉军减免和其他减免。

三、具体减免事项及相关文件

通过核对《国家税务总局减免税政策代码目录表（20220627）》的列举事项，经查阅现行有效的税收政策文件，归集整理城镇土地使用税优惠，共计 63 项：

（一）免税类优惠（共计 56 项）

1. 地震造成纳税困难的企业，免征城镇土地使用税

《财政部、国家税务总局关于认真落实抗震救灾及灾后重建税收政策问题的通知》（文号：财税〔2008〕62 号）

2. 出租方为承租方减免租金减，免征城镇土地使用税

《国家发展改革委等 14 部门印发〈关于促进服务业领域困难行业恢复发展的若干政策〉的通知》（文号：发改财金〔2022〕271 号）

3. 棚户区改造安置住房建设用地，免征城镇土地使用税

《财政部、国家税务总局关于棚户区改造有关税收政策的通知》（文号：财税〔2013〕101 号）

4. 易地扶贫搬迁安置住房用地，免征城镇土地使用税

《财政部、国家税务总局关于易地扶贫搬迁税收优惠政策的通知》（文号：财税〔2018〕135 号）

后续文件：《财政部、税务总局关于延长部分税收优惠政策执行期限的公告》（文号：财政部、税务总局公告 2021 年第 6 号）

5. 公共租赁住房用地，免征城镇土地使用税

《财政部、税务总局关于公共租赁住房税收优惠政策的公告》（文号：财政部、税务总局公告 2019 年第 61 号）

后续文件：《财政部、税务总局关于延长部分税收优惠政策执行期限的公告》（文号：财政部、税务总局公告 2021 年第 6 号）

6. 安置残疾人就业单位用地，减免城镇土地使用税

《财政部、国家税务总局关于安置残疾人就业单位城镇土地使用税等政策的通知》（文号：财税〔2010〕121 号）

7. 福利性非营利性老年服务机构用地，免征城镇土地使用税

《财政部、国家税务总局关于对老年服务机构有关税收政策问题的通知》（文号：财税〔2000〕97 号）

8. 社区养老、托育、家政机构用地，免征城镇土地使用税

《财政部、税务总局、发展改革委、民政部、商务部、卫生健康委关于养老、托

育、家政等社区家庭服务业税费优惠政策的公告》（文号：财政部、税务总局、发展改革委、民政部、商务部、卫生健康委公告 2019 年第 76 号）

9. 农贸市场（集贸市场）用地，免征城镇土地使用税

《国家税务局关于印发〈关于土地使用税若干具体问题的补充规定〉的通知》（文号：国税地字〔1989〕140 号）

10. 农产品批发市场、农贸市场用地，免征城镇土地使用税

《财政部、税务总局关于继续实行农产品批发市场农贸市场房产税、城镇土地使用税优惠政策的通知》（文号：财税〔2019〕12 号）

后续文件：《财政部、税务总局关于延长部分税收优惠政策执行期限的公告》（文号：财政部、税务总局公告 2022 年第 4 号）

11. 物流企业大宗商品仓储设施用地，城镇土地使用税优惠

《财政部、国家税务总局关于继续实施物流企业大宗商品仓储设施用地城镇土地使用税优惠政策的通知》（文号：财税〔2017〕33 号）

《财政部、税务总局关于继续实施物流企业大宗商品仓储设施用地城镇土地使用税优惠政策的公告》（文号：财政部、税务总局公告 2020 年第 16 号）

12. 非营利性科研机构自用土地，免征城镇土地使用税

《财政部、国家税务总局关于非营利性科研机构税收政策的通知》（文号：财税〔2001〕5 号）

13. 科技企业孵化器、大学科技园和众创空间，免征城镇土地使用税

《财政部、税务总局、科技部、教育部关于科技企业孵化器 大学科技园和众创空间税收政策的通知》（文号：财税〔2018〕120 号）

后续文件：《财政部、税务总局关于延长部分税收优惠政策执行期限的公告》（文号：财政部、税务总局公告 2022 年第 4 号）

14. 转制科研机构的科研开发自用土地，免征城镇土地使用税

《财政部、国家税务总局关于转制科研机构有关税收政策问题的通知》（文号：财税〔2003〕137 号）

15. 青藏铁路公司及其所属单位自用土地，免征城镇土地使用税

《财政部、国家税务总局关于青藏铁路公司运营期间有关税收等政策问题的通知》（文号：财税〔2007〕11 号）

16. 大秦公司市场化运作前其自用土地，免征城镇土地使用税

《财政部、国家税务总局关于大秦铁路改制上市有关税收问题的通知》（文号：财税〔2006〕32 号）

17. 广深公司承租广铁集团铁路运输用地，免征城镇土地使用税

《财政部、国家税务总局关于广深铁路股份有限公司改制上市和资产收购有关税

收问题的通知》（文号：财税〔2008〕12 号）

18. 企业搬迁原场地不使用的，免征城镇土地使用税

《国家税务局关于印发〈关于土地使用税若干具体问题的补充规定〉的通知》（文号：国税地字〔1989〕140 号）

19. 去产能和调结构政策关停企业，免征城镇土地使用税

《财政部、税务总局关于去产能和调结构房产税 城镇土地使用税政策的通知》（文号：财税〔2018〕107 号）

20. 企业厂区以外的公共绿化用地，免征城镇土地使用税

《国家税务局关于印发〈关于土地使用税若干具体问题的补充规定〉的通知》（文号：国税地字〔1989〕140 号）

21. 天然林二期工程专用土地，免征城镇土地使用税

22. 天然林二期工程森工企业闲置土地，免征城镇土地使用税

《财政部、国家税务总局关于天然林保护工程（二期）实施企业和单位房产税、城镇土地使用税政策的通知》（文号：财税〔2011〕90 号）

23. 居民供热使用土地，免征城镇土地使用税

《财政部、税务总局关于延续供热企业增值税、房产税、城镇土地使用税优惠政策的通知》（文号：财税〔2019〕38 号）

后续文件：《财政部、税务总局关于延长部分税收优惠政策执行期限的公告》（文号：财政部、税务总局公告 2021 年第 6 号）

24. 电力行业部分用地，免征城镇土地使用税

《国家税务局关于电力行业征免土地使用税问题的规定》（文号：国税地字〔1989〕13 号）

25. 核工业总公司所属企业部分用地，免征城镇土地使用税

《国家税务局关于对核工业总公司所属企业征免土地使用税问题的若干规定》（文号：国税地字〔1989〕第 007 号）

26. 核电站部分用地，免征城镇土地使用税

《财政部、国家税务总局关于核电站用地征免城镇土地使用税的通知》（文号：财税〔2007〕124 号）

27. 企业已售房改房占地，免征城镇土地使用税

国家税务总局关于房改后房产税城镇土地使用税征免问题的批复（文号：国税函〔2001〕659 号）

《财政部、国家税务总局关于房改房用地未办理土地使用权过户期间城镇土地使用税政策的通知》（文号：财税〔2013〕44 号）

28. 盐场的盐滩、盐矿的矿井用地，免征城镇土地使用税

《国家税务局关于对盐场、盐矿征免城镇土地使用税问题的通知》（文号：国税地字〔1989〕141 号）

29. 四家金融资产公司处置房地产，免征城镇土地使用税

《财政部、国家税务总局关于中国信达资产管理股份有限公司等 4 家金融资产管理公司有关税收政策问题的通知》（文号：财税〔2013〕56 号）

后续文件：《财政部、国家税务总局关于中国信达等 4 家金融资产管理公司税收政策问题的通知》（文号：财税〔2001〕10 号）

30. 农村饮水工程运营管理单位自用土地，免征城镇土地使用税

《财政部、税务总局关于继续实行农村饮水安全工程税收优惠政策的公告》（文号：财政部、税务总局公告 2019 年第 67 号）

后续文件：《财政部、税务总局关于延长部分税收优惠政策执行期限的公告》（文号：财政部、税务总局公告 2021 年第 6 号）

31. 学校、托儿所、幼儿园自用土地，免征城镇土地使用税

《财政部、国家税务总局关于教育税收政策的通知》（文号：财税〔2004〕39 号）

后续文件：《国家税务局关于检发〈关于土地使用税若干具体问题的解释和暂行规定〉的通知》（文号：国税地字〔1988〕15 号）第十七、十八条

32. 大型民用客机发动机、中大功率民用涡轴涡桨发动机研制项目自用土地，免征城镇土地使用税

33. 从事大型客机研制项目的纳税人及其全资子公司自用土地，免征城镇土地使用税

上述 32-33 项，均适用《财政部、税务总局关于民用航空发动机、新支线飞机和大型客机税收政策的公告》（文号：财政部、税务总局公告 2019 年第 88 号）

后续文件：《财政部、税务总局关于延长部分税收优惠政策执行期限的公告》（文号：财政部、税务总局公告 2021 年第 6 号）

34. 林业系统相关用地，免征城镇土地使用税

《国家税务局关于林业系统征免土地使用税问题的通知》（文号：国税函发〔1991〕1404 号）

35. 航空航天公司专属用地，免征城镇土地使用税

《财政部、国家税务总局关于对中国航空、航天、船舶工业总公司所属军工企业免征土地使用税的若干规定的通知》（文号：财税〔1995〕27 号）

36. 铁道部所属铁路运输企业自用土地，免征城镇土地使用税

《财政部、国家税务总局关于调整铁路系统房产税城镇土地使用税政策的通知》（文号：财税〔2003〕149 号）

37. 地方铁路运输企业自用土地，免征城镇土地使用税

《财政部、国家税务总局关于明确免征房产税城镇土地使用税的铁路运输企业范围及有关问题的通知》（文号：财税〔2004〕36号）

38. 港口的码头用地，免征城镇土地使用税

《国家税务局关于对交通部门的港口用地征免土地使用税问题的规定》（文号：国税地字〔1989〕123号）

39. 民航机场规定用地，免征城镇土地使用税

《国家税务局关于对民航机场用地征免土地使用税问题的规定》（文号：国税地字〔1989〕32号）

40. 股改铁路运输企业及合资铁路运输公司自用土地，免征城镇土地使用税

《财政部、国家税务总局关于股改及合资铁路运输企业房产税、城镇土地使用税有关政策的通知》（文号：财税〔2009〕132号）

41. 厂区外未加隔离的企业铁路专用线用地，免征城镇土地使用税

《国家税务局关于印发〈关于土地使用税若干具体问题的补充规定〉的通知》（文号：国税地字〔1989〕140号）

42. 城市公交站场等运营用地，免征城镇土地使用税

《财政部、国家税务总局关于城市公交站场道路客运站场、城市轨道交通系统城镇土地使用税优惠政策的通知》（文号：财税〔2016〕16号）

《财政部、税务总局关于继续对城市公交站场 道路客运站场 城市轨道交通系统减免城镇土地使用税优惠政策的通知》（文号：财税〔2019〕11号）

后续文件：《财政部、税务总局关于延长部分税收优惠政策执行期限的公告》（文号：财政部、税务总局公告2022年第4号）

43. 国家石油储备基地第一期项目用地，免征城镇土地使用税

《财政部、国家税务总局关于国家石油储备基地建设有关税收政策的通知》（文号：财税〔2005〕23号）

44. 商品储备管理公司及其直属库自用土地，免征城镇土地使用税

《关于延续执行部分国家商品储备税收优惠政策的公告》（文号：财政部、税务总局公告2022年第8号）

45. 血站自用的土地，免征城镇土地使用税

《财政部、国家税务总局关于血站有关税收问题的通知》（文号：财税字〔1999〕264号）

46. 非营利性医疗，疾病控制，妇幼保健机构自用的土地，免征城镇土地使用税

《财政部、国家税务总局关于医疗卫生机构有关税收政策的通知》（文号：财税〔2000〕42号）第一条第（五）项、第三条第（二）项

47. 营利性医疗机构自用的土地3年内，免征城镇土地使用税

《财政部、国家税务总局关于医疗卫生机构有关税收政策的通知》（文号：财税〔2000〕42号）

48. 免税单位无偿使用的土地，免征城镇土地使用税

《国家税务局关于印发〈关于土地使用税若干具体问题的补充规定〉的通知》（文号：国税地字〔1989〕140号）

49. 劳改劳教单位相关用地，免征城镇土地使用税

《国家税务局关于对司法部所属的劳改劳教单位征免土地使用税问题的规定》（文号：国税地字〔1989〕第119号）

50. 采摘观光的种植养殖土地，免征城镇土地使用税

《财政部、国家税务总局关于房产税城镇土地使用税有关政策的通知》（文号：财税〔2006〕186号）

51. 水利设施及其管护用地，免征城镇土地使用税

《国家税务局关于水利设施用地征免土地使用税问题的规定》（文号：国税地字〔1989〕14号）

52. 防火防爆防毒等安全用地，免征城镇土地使用税

《国家税务局关于印发〈关于土地使用税若干具体问题的补充规定〉的通知》（文号：国税地字〔1989〕140号）

53. 矿山企业生产专用地，免征城镇土地使用税

《国家税务局关于对矿山企业征免土地使用税问题的通知》（文号：国税地字〔1989〕122号）

后续文件：《国家税务局关于建材企业的采石场、排土场等用地征免土地使用税问题的批复》（文号：国税函发〔1990〕853号）

54. 煤炭企业规定用地，免征城镇土地使用税

《国家税务局关于对煤炭企业用地征免土地使用税问题的规定》（文号：财税字〔1994〕第089号）

55. 石油天然气生产企业部分用地，免征城镇土地使用税

《财政部、国家税务总局关于石油天然气生产企业城镇土地使用税政策的通知》（文号：财税〔2015〕76号）

56. 廉租房用地，免征城镇土地使用税

《财政部、国家税务总局关于廉租住房经济适用住房和住房租赁有关税收政策的通知》（文号：财税〔2008〕24号）

（二）减税类优惠（共计7项）

57. 核电站应税土地在基建期内，减半征收土地使用税

《财政部、国家税务总局关于核电站用地征免城镇土地使用税的通知》（文号：财

税〔2007〕124 号）

58. 符合条件的体育场馆，减免城镇土地使用税

《财政部、国家税务总局关于体育场馆房产税和城镇土地使用税政策的通知》（文号：财税〔2015〕130 号）

59. 地下建筑用地暂按 50% 征收城镇土地使用税

《财政部、国家税务总局关于房产税城镇土地使用税有关问题的通知》（文号：财税〔2009〕128 号）

60. 企业的荒山、林地、湖泊等占地，减半征收城镇土地使用税

《财政部、国家税务总局关于企业范围内荒山 林地 湖泊等占地城镇土地使用税有关政策的通知》（文号：财税〔2014〕1 号）

61. 个体工商户城镇土地使用税减征

62. 小型微利企业城镇土地使用税减征

上述 61-62 项，均适用《财政部、税务总局关于进一步实施小微企业"六税两费"减免政策的公告》（文号：财政部、税务总局公告 2022 年第 10 号）

63. 物流企业承租用于大宗商品仓储设施的土地城镇土地使用税优惠政策

《财政部、税务总局关于物流企业承租用于大宗商品仓储设施的土地城镇土地使用税优惠政策的通知》（文号：财税〔2018〕62 号）

后续文件：《财政部、税务总局关于继续实施物流企业大宗商品仓储设施用地城镇土地使用税优惠政策的公告》（文号：财政部、税务总局公告 2020 年第 16 号）。

耕地占用税

耕地占用税是对占用耕地建房或从事其他非农业建设的单位和个人征收的税。采用定额税率，其标准取决于人均占有耕地的数量和经济发展程度。目的是为了合理利用土地资源，加强土地管理，保护农用耕地。

耕地占用税具有特定性、一次性、限制性和开发性等不同于其他税收的特点。开征耕地占用税是为了合理利用土地资源，加强土地管理，保护农用耕地，利用经济手段限制乱占滥用耕地，促进农业生产的稳定发展，补偿占用耕地所造成的农业生产力的损失。

耕地占用税适用地区差别定额税率，该税率是以县为单位，按各地区人均占有耕地面积的多少和经济发展情况，规定高低不同的耕地占用税税率。

1987 年 4 月 1 日，国务院发布《中华人民共和国耕地占用税暂行条例》即日起施行。征税目的在于限制非农业建设占用耕地，建立发展农业专项资金，促进农业生产的全面协调发展。2007 年 12 月 1 日，我国国务院颁布新修订的《耕地占用税暂行条

例》，自 2008 年 1 月 1 日起施行。《耕地占用税法》已由我国第十三届全国人民代表大会常务委员会第七次会议于 2018 年 12 月 29 日通过，现予公布，自 2019 年 9 月 1 日起施行。

最初，耕地占用税是由被占用耕地所在地乡财政部门负责征收的。2009 年底，完成了征管职能由地方财政部门划转到地方税务局，改由税务局征收。

四、税种特点

耕地占用税作为一个出于特定目的、对特定的土地资源课征的税种，与其他税种相比，具有比较鲜明的特点，主要表现在：

（一）兼具资源税与特定行为税的性质

耕地占用税以占用农用耕地建房或从事其他非农用建设的行为为征税对象，以约束纳税人占用耕地的行为、促进土地资源的合理运用为课征目的，除具有资源占用税的属性外，还具有明显的特定行为税的特点。

（二）采用地区差别税率

耕地占用税采用地区差别税率，根据不同地区的具体情况，分别制定差别税额，以适应我国地域辽阔、各地区之间耕地质量差别较大、人均占有耕地面积相差悬殊的具体情况，具有因地制宜的特点。

（三）在占用耕地环节一次性课征

耕地占用税在纳税人获准占用耕地的环节征收，除对获准占用耕地后超过两年未使用者须加征耕地占用税外，此后不再征收耕地占用税。因而，耕地占用税具有一次性征收的特点。

（四）税收收入专用于耕地开发与改良

耕地占用税收入按规定应用于建立发展农业专项基金，主要用于开展宜耕土地开发和改良现有耕地之用，因此，具有"取之于地、用之于地"的补偿性特点。

五、耕地占用税优惠

（一）法定免税

根据《耕地占用税法》（主席令第 18 号）第七条规定：

第七条 军事设施、学校、幼儿园、社会福利机构、医疗机构占用耕地，免征耕地占用税。

铁路线路、公路线路、飞机场跑道、停机坪、港口、航道、水利工程占用耕地，减按每平方米二元的税额征收耕地占用税。

农村居民在规定用地标准以内占用耕地新建自用住宅，按照当地适用税额减半征收耕地占用税；其中农村居民经批准搬迁，新建自用住宅占用耕地不超过原宅基地面积的部分，免征耕地占用税。

农村烈士遗属、因公牺牲军人遗属、残疾军人以及符合农村最低生活保障条件的农村居民，在规定用地标准以内新建自用住宅，免征耕地占用税。

根据国民经济和社会发展的需要，国务院可以规定免征或者减征耕地占用税的其他情形，报全国人民代表大会常务委员会备案。

为贯彻落实《耕地占用税法》，财政部、税务总局、自然资源部、农业农村部、生态环境部制定了《中华人民共和国耕地占用税法实施办法》，明确规定：

第四条　基本农田，是指依据《基本农田保护条例》划定的基本农田保护区范围内的耕地。

第五条　免税的军事设施，具体范围为《中华人民共和国军事设施保护法》规定的军事设施。

第六条　免税的学校，具体范围包括县级以上人民政府教育行政部门批准成立的大学、中学、小学，学历性职业教育学校和特殊教育学校，以及经省级人民政府或其人力资源社会保障行政部门批准成立的技工院校。

学校内经营性场所和教职工住房占用耕地的，按照当地适用税额缴纳耕地占用税。

第七条　免税的幼儿园，具体范围限于县级以上人民政府教育行政部门批准成立的幼儿园内专门用于幼儿保育、教育的场所。

第八条　免税的社会福利机构，具体范围限于依法登记的养老服务机构、残疾人服务机构、儿童福利机构、救助管理机构、未成年人救助保护机构内，专门为老年人、残疾人、未成年人、生活无着的流浪乞讨人员提供养护、康复、托管等服务的场所。

第九条　免税的医疗机构，具体范围限于县级以上人民政府卫生健康行政部门批准设立的医疗机构内专门从事疾病诊断、治疗活动的场所及其配套设施。

医疗机构内职工住房占用耕地的，按照当地适用税额缴纳耕地占用税。

第十条　减税的铁路线路，具体范围限于铁路路基、桥梁、涵洞、隧道及其按照规定两侧留地、防火隔离带。

专用铁路和铁路专用线占用耕地的，按照当地适用税额缴纳耕地占用税。

第十一条　减税的公路线路，具体范围限于经批准建设的国道、省道、县道、乡道和属于农村公路的村道的主体工程以及两侧边沟或者截水沟。

专用公路和城区内机动车道占用耕地的，按照当地适用税额缴纳耕地占用税。

第十二条　减税的飞机场跑道、停机坪，具体范围限于经批准建设的民用机场专门用于民用航空器起降、滑行、停放的场所。

第十三条　减税的港口，具体范围限于经批准建设的港口内供船舶进出、停靠以及旅客上下、货物装卸的场所。

第十四条 减税的航道，具体范围限于在江、河、湖泊、港湾等水域内供船舶安全航行的通道。

第十五条 减税的水利工程，具体范围限于经县级以上人民政府水行政主管部门批准建设的防洪、排涝、灌溉、引（供）水、滩涂治理、水土保持、水资源保护等各类工程及其配套和附属工程的建筑物、构筑物占压地和经批准的管理范围用地。

（二）耕地占用税免税范围

对耕地占用税纳税人的具体占地项目免征税款的范围。包括：

1. 军事设施用地；
2. 铁路线路、飞机场跑道和停机坪用地；
3. 炸药库用地；
4. 学校、幼儿园、敬老院、医院用地；
5. 殡仪馆、火葬场用地；
6. 直接为农业生产服务的农田水利设施用地，水利工程以发电、旅游为主的除外；
7. 安置水库移民、灾民、难民的房屋占用地；
8. 农村居民搬迁，原宅基地恢复耕种，并且新建住宅占用耕地少于原宅基地的。

免税的军事设施，具体范围包括：地上、地下的军事指挥、作战工程；军用机场、港口、码头；营区、训练场、试验场；军用洞库、仓库；军用通信、侦察、导航、观测台站和测量、导航、助航标志；军用公路、铁路专用线，军用通讯、输电线路，军用输油、输水管道；其他直接用于军事用途的设施。

免税的学校，具体范围包括县级以上人民政府教育行政部门批准成立的大学、中学、小学、学历性职业教育学校以及特殊教育学校。由国务院人力资源社会保障行政部门，省、自治区、直辖市人民政府或其人力资源社会保障行政部门批准成立的技工院校。学校内经营性场所和教职工住房占用应税土地的，按照当地适用税额缴纳耕地占用税。

免税的幼儿园，具体范围限于县级以上人民政府教育行政部门登记注册或者备案的幼儿园内专门用于幼儿保育、教育的场所。

免税的养老院，具体范围限于经批准设立的养老机构内专门为老年人提供生活照顾的场所。

免税的医院，具体范围限于县级以上人民政府卫生行政部门批准设立的医院内专门用于提供医护服务的场所及其配套设施。医院内职工住房占用应税土地的，按照当地适用税额缴纳耕地占用税。

（三）减征耕地占用税

对一些特殊行业占地、农村居民建房用地应缴纳的耕地占用税给予减征照顾。

1. 减征耕地占用税的范围:

(1) 铁路线路、公路线路、飞机场跑道、停机坪、港口、航道、水利工程占用耕地，减按每平方米 2 元的税额征收耕地占用税。

根据实际需要，国务院财政、税务主管部门商国务院有关部门并报国务院批准后，可以对前款规定的情形免征或者减征耕地占用税。

减税的铁路线路，具体范围限于铁路路基、桥梁、涵洞、隧道及其按照规定两侧留地。专用铁路和铁路专用线占用应税土地的，按照当地适用税额缴纳耕地占用税。

减税的公路线路，具体范围限于经批准建设的国道、省道、县道、乡道和属于农村公路的村道的主体工程以及两侧边沟或者截水沟。专用公路和城区内机动车道占用应税土地的，按照当地适用税额缴纳耕地占用税。

减税的飞机场跑道、停机坪，具体范围限于经批准建设的民用机场专门用于民用航空器起降、滑行、停放的场所。

减税的港口，具体范围限于经批准建设的港口内供船舶进出、停靠以及旅客上下、货物装卸的场所。

减税的航道，具体范围限于在江、河、湖泊、港湾等水域内，供船舶安全航行的通道。

(2) 农村居民占用耕地新建住宅，按照当地适用税额减半征收耕地占用税。

减税的农村居民占用应税土地新建住宅，是指农村居民经批准在户口所在地按照规定标准占用应税土地建设自用住宅。

农村居民经批准搬迁，原宅基地恢复耕种，新建住宅占用应税土地超过原宅基地面积的，对超过部分按照当地适用税额减半征收耕地占用税。

(3) 农村烈士家属、残疾军人、鳏寡孤独以及革命老根据地、少数民族聚居区和边远贫困山区生活困难的农村居民，在规定用地标准以内新建住宅缴纳耕地占用税确有困难的，经所在地乡（镇）人民政府审核，报经县级人民政府批准后，可以免征或者减征耕地占用税。

农村烈士家属，包括农村烈士的父母、配偶和子女。

2. 减征的幅度和金额:

(1) 农村革命烈士家属、革命残废军人、鳏寡孤独以及革命老根据地、少数民族聚居地和边远贫困山区生活困难的农户，在规定的用地标准内，新建住房纳税确有困难的，可在减半征收的基础上，进一步给予减免照顾。减免税额，一般应控制在农村居民新建住宅用地计征税额总额的 10% 以内；少数省、自治区贫困地区较多的，减免比例最高不得超过 15%。

(2) 对民政部门所办的福利工厂，确属安置残疾人就业的，可按残疾人占工厂人员的比例，酌情给予减税照顾。

（3）国家在"老、少、边、穷"地区采取以工代赈办法修筑公路，缴税确有困难的，由省、自治区审查核定，提出具体意见报经财政部批准后，可酌情给予减税照顾。

（4）农村居民在规定的用地标准内新建住房，按规定税额减半征税。

（5）对于公路建设耕地占用税，可在国务院规定的适用税额范围内，按低限税额征收。1990年，财政部统一了公路建设耕地占用税税额标准，原核定的平均税额在每平方米5元以上的，按每平方米2元计征；平均税额每平方米不足5元的，按每平方米1.5元计征。

六、具体减免事项及相关文件

通过核对《国家税务总局减免税政策代码目录表（20220627）》的列举事项，经查阅现行有效的税收政策文件，归集整理城镇土地使用税优惠，共计14项：

1. 农村住房搬迁，免征耕地占用税

2. 学校、幼儿园占用耕地，免征耕地占用税

3. 军事设施占用耕地，免征耕地占用税

4. 医疗机构占用耕地，免征耕地占用税

上述1-4项，均适用《耕地占用税法》（主席令第18号）

5. 对北京2022年冬奥会场馆及其配套设施建设占用耕地，免征耕地占用税（同时适用于北京冬奥组委、北京冬奥会测试赛赛事组委会）

《财政部、税务总局、海关总署关于北京2022年冬奥会和冬残奥会税收政策的通知》（文号：财税〔2017〕60号）

6. 石油储备基地第一期项目，免征耕地占用税

《财政部、国家税务总局关于国家石油储备基地建设有关税收政策的通知》（文号：财税〔2005〕23号）

7. 耕地占用税困难性减免

8. 农村宅基地，减征耕地占用税

9. 水利工程占用耕地，减征耕地占用税

10. 交通运输设施占用耕地，减征耕地占用税

上述7-10项，均适用《耕地占用税法》（中华人民共和国主席令第18号）

11. 增值税小规模纳税人耕地占用税减征

12. 个体工商户城市耕地占用税减征

13. 小型微利企业城市耕地占用税减征

上述11-13项，均适用《财政部、税务总局关于进一步实施小微企业"六税两费"减免政策的公告》（文号：财政部、税务总局公告2022年第10号）

14. 关于内蒙古自治区呼准鄂铁路防火隔离带适用耕地占用税优惠政策

《国家税务总局关于内蒙古自治区呼准鄂铁路防火隔离带适用耕地占用税优惠政策的批复》（文号：税总函〔2017〕332号）

附件：

财政部　税务总局
关于进一步实施小微企业"六税两费"减免政策的公告
文号：财政部、税务总局公告2022年第10号　发布日期：2022-03-01

为进一步支持小微企业发展，现将有关税费政策公告如下：

一、由省、自治区、直辖市人民政府根据本地区实际情况，以及宏观调控需要确定，对增值税小规模纳税人、小型微利企业和个体工商户可以在50%的税额幅度内减征资源税、城市维护建设税、房产税、城镇土地使用税、印花税（不含证券交易印花税）、耕地占用税和教育费附加、地方教育附加。

二、增值税小规模纳税人、小型微利企业和个体工商户已依法享受资源税、城市维护建设税、房产税、城镇土地使用税、印花税、耕地占用税、教育费附加、地方教育附加其他优惠政策的，可叠加享受本公告第一条规定的优惠政策。

三、本公告所称小型微利企业，是指从事国家非限制和禁止行业，且同时符合年度应纳税所得额不超过300万元、从业人数不超过300人、资产总额不超过5000万元等三个条件的企业。

从业人数，包括与企业建立劳动关系的职工人数和企业接受的劳务派遣用工人数。所称从业人数和资产总额指标，应按企业全年的季度平均值确定。具体计算公式如下：

季度平均值＝（季初值+季末值）÷2

全年季度平均值＝全年各季度平均值之和÷4

年度中间开业或者终止经营活动的，以其实际经营期作为一个纳税年度确定上述相关指标。

小型微利企业的判定以企业所得税年度汇算清缴结果为准。登记为增值税一般纳税人的新设立的企业，从事国家非限制和禁止行业，且同时符合申报期上月末从业人数不超过300人、资产总额不超过5000万元等两个条件的，可在首次办理汇算清缴前按照小型微利企业申报享受第一条规定的优惠政策。

四、本公告执行期限为2022年1月1日至2024年12月31日。

特此公告。

国家税务总局
关于房产税、城镇土地使用税有关政策规定的通知

文号：国税发〔2003〕89 号　发布日期：2003-07-15

各省、自治区、直辖市和计划单列市地方税务局，局内各单位：

随着我国房地产市场的迅猛发展，涉及房地产税收的政策问题日益增多，经调查研究和广泛听取各方面的意见，现对房产税、城镇土地使用税有关政策问题明确如下：

一、关于房地产开发企业开发的商品房征免房产税问题

鉴于房地产开发企业开发的商品房在出售前，对房地产开发企业而言是一种产品，因此，对房地产开发企业建造的商品房，在售出前，不征收房产税；但对售出前房地产开发企业已使用或出租、出借的商品房应按规定征收房产税。

二、关于确定房产税、城镇土地使用税纳税义务发生时间问题

（一）购置新建商品房，自房屋交付使用之次月起计征房产税和城镇土地使用税。

（二）购置存量房，自办理房屋权属转移、变更登记手续，房地产权属登记机关签发房屋权属证书之次月起计征房产税和城镇土地使用税。

（三）出租、出借房产，自交付出租、出借房产之次月起计征房产税和城镇土地使用税。

（四）房地产开发企业自用、出租、出借本企业建造的商品房，自房屋使用或交付之次月起计征房产税和城镇土地使用税。

【飞狼财税通编注：根据 2006 年 12 月 25 日财税〔2006〕186 号《财政部、国家税务总局关于房产税城镇土地使用税有关政策的通知》本文"第二条第四款中有关房地产开发企业城镇土地使用税纳税义务发生时间的规定自 2007 年 1 月 1 日起废止。】

第三节　房产税

房产税是以房屋为征税对象，以房屋的计税余值或租金收入为计税依据，每年按季向产权所有人征收的一种财产税。

我国现行的房产税，是从 1986 年 10 月 1 日开征的。目前，该税种尚未立法，施行的是国务院发布的《中华人民共和国房产税暂行条例》（国发〔1986〕90 号）。

中华人民共和国成立后，1950 年 1 月政务院公布的《全国税政实施要则》，规定全国统一征收房产税。同年 6 月，将房产税和地产税合并为房地产税。

1951 年 8 月 8 日，政务院公布《城市房地产税暂行条例》。

1973 年简化税制，将试行工商税的企业缴纳的城市房地产税并入工商税，只对有房产的个人、外国侨民和房地产管理部门继续征收城市房地产税。1984 年 10 月，国营企业实行第二步利改税和全国改革工商税制时，确定对企业恢复征收城市房地产税。

同时，鉴于我国城市的土地属于国有，使用者没有土地产权的实际情况，将城市房地产税分为房产税和土地使用税。

1986 年 9 月 15 日，国务院发布《房产税暂行条例》，决定从当年 10 月 1 日起施行。然而，对在中国有房产的外商投资企业、外国企业和外籍人员仍征收城市房地产税。

根据 2008 年 12 月 31 日国务院发布的第 546 号令，自 2009 年 1 月 1 日起，废止《中华人民共和国城市房地产税暂行条例》，外商投资企业、外国企业和组织以及外籍个人（包括港澳台资企业和组织以及华侨、港澳台同胞，以下统称外资企业及外籍个人）依照《房产税暂行条例》（国发〔1986〕90 号）缴纳房产税。

一、法定减免

《房产税暂行条例》第五条规定，下列房产免纳房产税：

（1）国家机关，人民团体，军队自用的房产；

（2）由国家财政部门拨付事业经费的单位自用的房产；

（3）宗教寺庙，公园，名胜古迹自用的房产；

（4）个人所有非营业用的房产；

（5）经财政部批准免税的其他房产。

第六条 除本条例第五条规定者外，纳税人纳税确有困难的，可由省、自治区、直辖市人民政府确定，定期减征或者免征房产税。

二、一般优惠之免税

通过核对《国家税务总局减免税政策代码目录表（20220627）》的列举事项，经查阅现行有效的税收政策文件，具体减免事项及相关文件归集起来，房产税减免税优惠，共计 47 项：

1. 地震毁损不堪和危险房屋，免房产税

《财政部、国家税务总局关于认真落实抗震救灾及灾后重建税收政策问题的通知》（文号：财税〔2008〕62 号）

2. 出租方为承租方减免租金，减免房产税

《国家发展改革委等 14 部门印发〈关于促进服务业领域困难行业恢复发展的若干政策〉的通知》（文号：发改财金〔2022〕271 号）

3. 按政府规定价格出租的公有住房和廉租住房，免征房产税

《财政部、国家税务总局关于调整住房租赁市场税收政策的通知》（文号：财税〔2000〕125 号）

后续文件：

①《财政部、国家税务总局关于廉租住房经济适用住房和住房租赁有关税收政策的通知》（文号：财税〔2008〕24 号）第二条第（三）、第（四）项

②《财政部、国家税务总局关于企业和自收自支事业单位向职工出租的单位自有住房房产税和营业税政策的通知》（文号：财税〔2013〕94 号）

4. 廉租住房租金收入，免征房产税

《财政部、国家税务总局关于廉租住房经济适用住房和住房租赁有关税收政策的通知》（文号：财税〔2008〕24 号）

5. 公共租赁住房，免征房产税

《财政部、税务总局关于公共租赁住房税收优惠政策的公告》（文号：财政部、税务总局公告 2019 年第 61 号）

后续文件：

《财政部、税务总局关于延长部分税收优惠政策执行期限的公告》（文号：财政部、税务总局公告 2021 年第 6 号）

6. 非营利性老年服务机构自用房产，免征房产税

《财政部、国家税务总局关于对老年服务机构有关税收政策问题的通知》（文号：财税〔2000〕97 号）

7. 社区养老、托育、家政机构自用房产，免征房产税

《财政部、税务总局、发展改革委、民政部、商务部、卫生健康委关于养老、托育、家政等社区家庭服务业税费优惠政策的公告》（文号：财政部、税务总局、发展改革委、民政部、商务部、卫生健康委公告 2019 年第 76 号）

8. 农产品批发市场、农贸市场自用房产，免征房产税

《财政部、税务总局关于继续实行农产品批发市场 农贸市场房产税 城镇土地使用税优惠政策的通知》（文号：财税〔2019〕12 号）

后续文件：

《财政部、税务总局关于延长部分税收优惠政策执行期限的公告》（文号：财政部、税务总局公告 2022 年第 4 号）

9. 非营利性科研机构自用的房产，免征房产税

《财政部、国家税务总局关于非营利性科研机构税收政策的通知》（文号：财税〔2001〕5 号）

10. 科技企业孵化器、大学科技园和众创空间自用房产，免征房产税

《财政部、税务总局、科技部、教育部关于科技企业孵化科技园和众创空间税收政策的通知》（文号：财税〔2018〕120号）

后续文件：《财政部、税务总局关于延长部分税收优惠政策执行期限的公告》（文号：财政部、税务总局公告2022年第4号）

11. 转制科研机构的科研开发自用房产，免征房产税

《财政部、国家税务总局关于延长转制科研机构有关税收政策执行期限的通知》（文号：财税〔2005〕14号）

后续文件：《财政部、国家税务总局关于转制科研机构有关税收政策问题的通知》（文号：财税〔2003〕137号）第一条、第二条

12. 青藏铁路公司及所属单位自用房产，免征房产税

《财政部、国家税务总局关于青藏铁路公司运营期间有关税收等政策问题的通知》（文号：财税〔2007〕11号）

13. 大秦公司完全按市场化运作前其自用房产，免征房产税

《财政部、国家税务总局关于大秦铁路改制上市有关税收问题的通知》（文号：财税〔2006〕32号）

14. 去产能和调结构政策关停企业自用房产，免征房产税

《财政部、税务总局关于去产能和调结构房产税、城镇土地使用税政策的通知》（文号：财税〔2018〕107号）

15. 天然林二期工程的专用房产，免征房产税

16. 天然林二期工程森工企业闲置房产，免征房产税

上述15~16项，均适用《财政部、国家税务总局关于天然林保护工程（二期）实施企业和单位房产税、城镇土地使用税政策的通知》（文号：财税〔2011〕90号）

17. 为居民供热所使用的厂房，免征房产税

《财政部、税务总局关于延续供热企业增值税 房产税 城镇土地使用税优惠政策的通知》（文号：财税〔2019〕38号）

后续文件：《财政部、税务总局关于延长部分税收优惠政策执行期限的公告》（文号：财政部、税务总局公告2021年第6号）

18. 被撤销金融机构清算期间的房地产，免征房产税

《财政部、国家税务总局关于被撤销金融机构有关税收政策问题的通知》（文号：财税〔2003〕141号）

19. 东方资产管理公司接收港澳国际（集团）公司的房地产，免征房产税

《财政部、国家税务总局关于中国东方资产管理公司处置港澳国际（集团）有限公司有关资产税收政策问题的通知》（文号：财税〔2003〕212号）

20. 四家金融资产管理公司及分支机构处置不良资产，免征房产税

《财政部、国家税务总局关于中国信达资产管理股份有限公司等4家金融资产管理公司有关税收政策问题的通知》（文号：财税〔2013〕56号）

后续文件：《财政部、国家税务总局关于中国信达等4家金融资产管理公司税收政策问题的通知》（文号：财税〔2001〕10号）

21. 农村饮水工程运营管理单位自用房产，免征房产税

《财政部、税务总局关于继续实行农村饮水安全工程税收优惠政策的公告》（文号：财政部、税务总局公告2019年第67号）

后续文件：《财政部、税务总局关于延长部分税收优惠政策执行期限的公告》（文号：财政部、税务总局公告2021年第6号）

22. 学校、托儿所、幼儿园自用的房产，免征房产税

《财政部、国家税务总局关于教育税收政策的通知》（文号：财税〔2004〕39号）

后续文件：《财政部、国家税务总局关于房产税若干具体问题的解释和暂行规定》（文号：财税地字〔1986〕8号）第十条

23. 高校学生公寓，免征房产税

《财政部、税务总局关于高校学生公寓房产税、印花税政策的通知》（文号：财税〔2019〕14号）

后续文件：《财政部、税务总局关于延长部分税收优惠政策执行期限的公告》（文号：财政部、税务总局公告2022年第4号）

24. 转制文化企业自用房产，免征房产税

《关于继续实施文化体制改革中经营性文化事业单位转制为企业若干税收政策的通知》（文号：财税〔2019〕16号）

25. 大型民用客机发动机、中大功率民用涡轴涡桨发动机研制项目自用房产，免征房产税

《财政部、税务总局关于民用航空发动机、新支线飞机和大型客机税收政策的公告》（文号：财政部、税务总局公告2019年第88号）

26. 从事大型客机研制项目的纳税人及其全资子公司自用房产，免征房产税

《财政部、税务总局关于民用航空发动机、新支线飞机和大型客机税收政策的公告》（文号：财政部、税务总局公告2019年第88号）

后续文件：《财政部、税务总局关于延长部分税收优惠政策执行期限的公告》（文号：财政部、税务总局公告2021年第6号）

27. 铁路运输企业自用房产，免征房产税

《财政部、国家税务总局关于明确免征房产税城镇土地使用税的铁路运输企业范围的补充通知》（文号：财税〔2006〕17号）

28. 地方铁路运输企业自用房产，免征房产税

《财政部、国家税务总局关于明确免征房产税城镇土地使用税的铁路运输企业范围及有关问题的通知》（文号：财税〔2004〕36 号）

29. 股改铁路运输企业及合资铁路运输公司自用房产，免征房产税

《财政部、国家税务总局关于股改及合资铁路运输企业房产税、城镇土地使用税有关政策的通知》（文号：财税〔2009〕132 号）

30. 商品储备管理公司及其直属库自用房产，免征房产税

《关于延续执行部分国家商品储备税收优惠政策的公告》（文号：财政部、税务总局公告 2022 年第 8 号）

31. 血站自用的房产，免征房产税

《财政部、国家税务总局关于血站有关税收问题的通知》（文号：财税字〔1999〕264 号）

32. 非营利性医疗机构、疾病控制机构和妇幼保健机构等卫生机构自用的房产，免征房产税

《财政部、国家税务总局关于医疗卫生机构有关税收政策的通知》（文号：财税〔2000〕42 号）第一条第（五）项

33. 营利性医疗机构自用的房产，免征三年房产税

《财政部、国家税务总局关于医疗卫生机构有关税收政策的通知》（文号：财税〔2000〕42 号）第二条第（一）项、第三条第（二）项

34. 劳教单位的自用房产，免征房产税

《财政部、税务总局关于对司法部所属的劳改劳教单位征免房产税问题的补充通知》（文号：〔87〕地字第 029 号）

35. 司法部门所属监狱等房产，免征房产税

《财政部、税务总局关于对司法部所属的劳改劳教单位征免房产税问题的通知》（文号：〔87〕财税地字第 021 号）

36. 基建工地临时性房屋，免征房产税

《财政部、税务总局关于房产税若干具体问题的解释和暂行规定》（文号：〔86〕财税地字第 008 号）

37. 大修停用的房产，免征房产税

《财政部、税务总局关于房产税若干具体问题的解释和暂行规定》（文号：〔86〕财税地字第 008 号）

三、一般优惠之减税

38. 减征增值税小规模纳税人房产税

39. 减征个体工商户房产税

40. 减征小型微利企业房产税

上述 38~40 项，均适用《财政部、税务总局关于进一步实施小微企业"六税两费"减免政策的公告》（文号：财政部、税务总局公告 2022 年第 10 号）

41. 符合条件的体育场馆，减免房产税

《财政部、国家税务总局关于体育场馆房产税和城镇土地使用税政策的通知》（文号：财税〔2015〕130 号）

42. 地下建筑，减征房产税

《财政部、国家税务总局关于具备房屋功能的地下建筑征收房产税的通知》（文号：财税〔2005〕181 号）

43. 企事业单位向个人出租住房房产税，减按 4%税率征收

《财政部、国家税务总局关于廉租住房经济适用住房和住房租赁有关税收政策的通知》（文号：财税〔2008〕24 号）

44. 向专业化规模化住房租赁企业出租住房，减按 4%征收房产税

《财政部、税务总局、住房城乡建设部关于完善住房租赁有关税收政策的公告》（文号：财政部、税务总局、住房城乡建设部公告 2021 年第 24 号）

45. 向个人出租住房减按 4%征收房产税

46. 向个人出租符合条件的保障性租赁住房减按 4%征收房产税

47. 向专业化规模化住房租赁企业出租符合条件的保障性租赁住房减按 4%征收房产税

上述 45~47 项，均适用《财政部、税务总局、住房城乡建设部关于完善住房租赁有关税收政策的公告》（文号：财政部、税务总局、住房城乡建设部公告 2021 年第 24 号）

附件：

国家税务总局
关于进一步实施小微企业"六税两费"减免政策
有关征管问题的公告

文号：总局公告 2022 年第 3 号　发布日期：2022-03-04

为贯彻落实党中央、国务院关于持续推进减税降费的决策部署，进一步支持小微企业发展，根据《财政部、税务总局关于进一步实施小微企业"六税两费"减免政策的公告》（2022 年第 10 号），现就资源税、城市维护建设税、房产税、城镇土地使用税、印花税（不含证券交易印花税）、耕地占用税和教育费附加、地方教育附加（以下简称"六税两费"）减免政策有关征管问题公告如下：

一、关于小型微利企业"六税两费"减免政策的适用

（一）适用"六税两费"减免政策的小型微利企业的判定以企业所得税年度汇算清缴（以下简称汇算清缴）结果为准。登记为增值税一般纳税人的企业，按规定办理汇算清缴后确定是小型微利企业的，除本条第（二）项规定外，可自办理汇算清缴当年的 7 月 1 日至次年 6 月 30 日申报享受"六税两费"减免优惠；2022 年 1 月 1 日至 6 月 30 日期间，纳税人依据 2021 年办理 2020 年度汇算清缴的结果确定是否按照小型微利企业申报享受"六税两费"减免优惠。

（二）登记为增值税一般纳税人的新设立企业，从事国家非限制和禁止行业，且同时符合申报期上月末从业人数不超过 300 人、资产总额不超过 5000 万元两项条件的，按规定办理首次汇算清缴申报前，可按照小型微利企业申报享受"六税两费"减免优惠。

登记为增值税一般纳税人的新设立企业，从事国家非限制和禁止行业，且同时符合设立时从业人数不超过 300 人、资产总额不超过 5000 万元两项条件的，设立当月依照有关规定按次申报有关"六税两费"时，可申报享受"六税两费"减免优惠。

按规定办理首次汇算清缴后确定不属于小型微利企业的一般纳税人，自办理汇算清缴的次月 1 日至次年 6 月 30 日，不得再申报享受"六税两费"减免优惠；按次申报的，自首次办理汇算清缴确定不属于小型微利企业之日起至次年 6 月 30 日，不得再申报享受"六税两费"减免优惠。

新设立企业按规定办理首次汇算清缴后，按规定申报当月及之前的"六税两费"的，依据首次汇算清缴结果确定是否可申报享受减免优惠。

新设立企业按规定办理首次汇算清缴申报前，已按规定申报缴纳"六税两费"的，不再根据首次汇算清缴结果进行更正。

（三）登记为增值税一般纳税人的小型微利企业、新设立企业，逾期办理或更正汇算清缴申报的，应当依据逾期办理或更正申报的结果，按照本条第（一）项、第（二）项规定的"六税两费"减免税期间申报享受减免优惠，并应当对"六税两费"申报进行相应更正。

二、关于增值税小规模纳税人转为一般纳税人时"六税两费"减免政策的适用

增值税小规模纳税人按规定登记为一般纳税人的，自一般纳税人生效之日起不再按照增值税小规模纳税人适用"六税两费"减免政策。增值税年应税销售额超过小规模纳税人标准应当登记为一般纳税人而未登记，经税务机关通知，逾期仍不办理登记的，自逾期次月起不再按照增值税小规模纳税人申报享受"六税两费"减免优惠。

上述纳税人如果符合本公告第一条规定的小型微利企业和新设立企业的情形，或登记为个体工商户，仍可申报享受"六税两费"减免优惠。

三、关于申报表的修订

修订《财产和行为税减免税明细申报附表》《〈增值税及附加税费申报表（一般纳税人适用）〉附列资料（五）》《〈增值税及附加税费预缴表〉附列资料》《〈消费税及附加税费申报表〉附表6（消费税附加税费计算表）》，增加增值税小规模纳税人、小型微利企业、个体工商户减免优惠申报有关数据项目，相应修改有关填表说明（具体见附件）。

四、关于"六税两费"减免优惠的办理方式

纳税人自行申报享受减免优惠，不需额外提交资料。

五、关于纳税人未及时申报享受"六税两费"减免优惠的处理方式

纳税人符合条件但未及时申报享受"六税两费"减免优惠的，可依法申请抵减以后纳税期的应纳税费款或者申请退还。

六、其他

（一）本公告执行期限为2022年1月1日至2024年12月31日。《国家税务总局关于增值税小规模纳税人地方税种和相关附加减征政策有关征管问题的公告》（2019年第5号）自2022年1月1日起废止。

（二）2021年新设立企业，登记为增值税一般纳税人的，小型微利企业的判定按照本公告第一条第（二）项、第（三）项执行。

（三）2024年办理2023年度汇算清缴后确定是小型微利企业的，纳税人申报享受"六税两费"减免优惠的日期截止到2024年12月31日。

（四）本公告修订的表单自各省（自治区、直辖市）人民政府确定减征比例的规定公布当日正式启用。各地启用本公告修订的表单后，不再使用《国家税务总局关于简并税费申报有关事项的公告》（2021年第9号）中的《财产和行为税减免税明细申报附表》和《国家税务总局关于增值税消费税与附加税费申报表整合有关事项的公

告》（2021 年第 20 号）中的《〈增值税及附加税费申报表（一般纳税人适用）〉附列资料（五）》《〈增值税及附加税费预缴表〉附列资料》《〈消费税及附加税费申报表〉附表 6（消费税附加税费计算表）》。

特此公告。

附：国家税务总局关于《国家税务总局关于进一步实施小微企业"六税两费"减免政策有关征管问题的公告》的解读

一、《公告》出台的主要背景是什么？

答：为贯彻落实党中央、国务院决策部署，进一步减轻小微企业税费负担，更好地服务市场主体发展，财政部、税务总局联合下发了 2022 年第 10 号公告，明确由省、自治区、直辖市人民政府根据本地区实际情况以及宏观调控需要，确定对增值税小规模纳税人、小型微利企业、个体工商户可以在 50% 的税额幅度内减征资源税、城市维护建设税、房产税、城镇土地使用税、印花税（不含证券交易印花税）、耕地占用税和教育费附加、地方教育附加（以下简称"六税两费"）。为确保纳税人能够及时、准确、便利享受减免优惠政策，税务总局制定了《公告》。

二、小型微利企业如何确定是否能够申报享受"六税两费"减免优惠？

答：按照企业所得税有关规定，纳税人在办理年度汇算清缴后才能最终确定是否属于小型微利企业。为增强政策确定性和可操作性，将政策红利及时送达市场主体，避免因汇算清缴后追溯调整增加办税负担，《公告》规定，小型微利企业的判定以企业所得税年度汇算清缴（以下简称汇算清缴）结果为准。企业办理汇算清缴后确定是小型微利企业的，可自办理汇算清缴当年的 7 月 1 日至次年 6 月 30 日享受"六税两费"减免优惠；2022 年 1 月 1 日至 6 月 30 日期间，纳税人依据 2021 年办理 2020 年度汇算清缴的结果确定是否按照小型微利企业享受"六税两费"减免优惠。

三、新设立企业首次办理汇算清缴前，如何确定是否能申报享受"六税两费"减免优惠？

答：在首次办理汇算清缴前，新设立企业尚无法准确预判是否属于小型微利企业。为增强政策确定性和可操作性，《公告》第一条第（二）项规定：1. 登记为增值税一般纳税人的新设立企业，从事国家非限制和禁止行业，且同时符合申报期上月末从业人数不超过 300 人、资产总额不超过 5000 万元两项条件的，在首次办理汇算清缴前，可按照小型微利企业申报享受"六税两费"减免优惠。2. 登记为增值税一般纳税人的新设立企业，从事国家非限制和禁止行业，且同时符合设立时从业人数不超过 300 人、资产总额不超过 5000 万元两项条件的，设立当月依照有关规定按次申报有关"六税两费"时，可申报享受"六税两费"减免优惠。

例如：C 公司于 2021 年 6 月成立，从事国家非限制和禁止行业，12 月 1 日登记为增值税一般纳税人，2022 年 3 月 31 日的从业人数、资产总额分别为 280 人和 4500 万元。C 公司按规定于 2022 年 4 月 10 日申报 2022 年 3 月的资源税和 2022 年 1~6 月房产税时，尚未办理 2021 年度汇算清缴申报，是否可申报享受减免优惠？

答：可以。C 公司 4 月 10 日尚未办理首次汇算清缴，可采用 4 月的上月末，即 2022 年 3 月 31 日的从业人数、资产总额两项条件，判断其是否可按照小型微利企业申报享受"六税两费"减免优惠。C 公司 2022 年 3 月 31 日的从业人数不超过 300 人，并且资产总额不超过 5000 万元，可按照小型微利企业申报享受"六税两费"减免优惠。

四、新设立企业首次办理汇算清缴后，对于申报前已按规定申报缴纳的"六税两费"是否需要进行更正？

答：根据《公告》第一条第（二）项，新设立企业按规定办理首次汇算清缴申报前，已按规定申报缴纳"六税两费"的，不再根据首次汇算清缴结果进行更正。

五、新设立企业完成首次汇算清缴申报的当月，按次申报"六税两费"如何确定是否可申报享受减免优惠？

答：根据《公告》第一条第（二）项，按规定办理首次汇算清缴后确定不属于小型微利企业的一般纳税人，按次申报的，自首次办理汇算清缴确定不属于小型微利企业之日起至次年 6 月 30 日，不得再申报享受"六税两费"减免优惠。

六、新设立企业完成首次汇算清缴申报后，按规定申报之前的"六税两费"，如何确定是否可申报享受减免优惠？按年申报的如何处理？

答：根据《公告》第一条第（二）项，新设立企业按规定办理首次汇算清缴后确定不属于小型微利企业，自办理汇算清缴的次月 1 日至次年 6 月 30 日，不得申报享受"六税两费"减免优惠；新设立企业按规定办理首次汇算清缴后，按规定申报当月及之前的"六税两费"的，依据首次汇算清缴结果确定是否可申报享受减免优惠。

第四节　印花税

印花税是个小税种，但是，小税种不小且独有的特殊性，点缀着其大智慧，贴印花就非常完美地诠释着其为行为税的显著特征。印花税是对在经济活动和经济交往中书立的具有法律效力的凭证的行为征收的一种税。其因采用在应税凭证上粘贴印花税票作为完税的标志而得名。《中华人民共和国印花税法》（以下简称《印花税法》）是调整印花税征纳关系的法律规范的总称，已由中华人民共和国第十三届全国人民代表大会常务委员会二十九次会议于 2021 年 6 月 10 日通过并颁布，自 2022 年 7 月 1 日起施行。

2022 年 6 月 24 日，国家知识产权局发布公告：《印花税法》征收范围不包括"权利、许可证照"，国家知识产权局将自 2022 年 7 月 1 日起终止印花税代征业务。对政府部门发给的权利、许可证照，领受人为印花税纳税义务人，是由来已久的，也是不应该取消的，此次立法取消是欠妥的。权利、许可证照为"四证一照"，分别包括政府部门发给的房屋产权证、商标注册证、专利证、土地使用证和工商营业执照，以后就都不用再贴 5 元印花税票啦！

一、印花税概述

印花税于 1624 年创始于荷兰，民国时期的北洋政府效仿西方，于 1912 年公布了印花税法，1913 年首先在北京开征，以后陆续推行至各省。

由中华人民共和国第十三届全国人民代表大会常务委员会二十九次会议于 2021 年 6 月 10 日通过的《印花税法》，自 2022 年 7 月 1 日起施行。原《中华人民共和国印花税暂行条例》，自 1988 年 10 月 1 日起施行。

谈谈我国税收发展历程，短短几十年，称为历史尚且太短。新中国的税收征管历程，确切地说是从 1982 年开始的，至今仅仅四十年。

证券交易税是证券交易印花税的简称，是印花税的一个分支或一部分，不是单独的一个税种。《印花税法》（2021 年 6 月 10 日颁布）的第三条表述如下：

本法所称证券交易，是指转让在依法设立的证券交易所、国务院批准的其他全国性证券交易场所交易的股票和以股票为基础的存托凭证。

证券交易印花税对证券交易的出让方征收，不对受让方征收。

存托凭证（Depository Receipts，DR），又称存券收据或存股证，是指在一国证券市场流通的代表外国公司有价证券的可转让凭证，由存托人签发，以境外证券为基础在境内发行，代表境外基础证券权益的证券。

从投资人的角度来说，存托凭证是由存托银行所发行的几种可转让股票凭证，证明一定数额的某外国公司股票已寄存在该银行在外国的保管机构，而凭证的持有人实际上是寄存股票的所有人，其所有的权利与原股票持有人相同。存托凭证一般代表公司股票，但有时也代表债券。

甲行家的印花税公式：

印花税征税对象＝合同协议＋产权书据＋营业账簿＋证券交易

印花税＝纳税＋贴花（划销）　　　印花税处罚＝滞纳金＋罚款

二、印花税优惠

(一) 法定免税规定

《印花税法》的第十二条规定：

下列凭证免征印花税：

(一) 应税凭证的副本或者抄本；

(二) 依照法律规定应当予以免税的外国驻华使馆、领事馆和国际组织驻华代表机构为获得馆舍书立的应税凭证；

(三) 中国人民解放军、中国人民武装警察部队书立的应税凭证；

(四) 农民、家庭农场、农民专业合作社、农村集体经济组织、村民委员会购买农业生产资料或者销售农产品书立的买卖合同和农业保险合同；

(五) 无息或者贴息借款合同、国际金融组织向中国提供优惠贷款书立的借款合同；

(六) 财产所有权人将财产赠与政府、学校、社会福利机构、慈善组织书立的产权转移书据；

(七) 非营利性医疗卫生机构采购药品或者卫生材料书立的买卖合同；

(八) 个人与电子商务经营者订立的电子订单。

根据国民经济和社会发展的需要，国务院对居民住房需求保障、企业改制重组、破产、支持小型微型企业发展等情形可以规定减征或者免征印花税，报全国人民代表大会常务委员会备案。

其中，已缴纳印花税的凭证的副本或抄本免征印花税，但以副本或抄本视同正本使用的，应另贴印花税票。具体免征印花税的规定还有：

1. 农林作物、牧业畜类保险合同，免征印花税；

2. 出版合同，免征印花税；

3. 书、报、刊发行单位之间，发行单位与订阅人之间书立的凭证，免征印花税；

4. 房地产管理部门与个人签订的用于生活居住的租赁合同，免征印花税；

5. 自 2008 年 11 月 1 日起对个人销售或购买住房，暂免征收印花税；

6. 对证券投资者保护基金的免税。包括：

(1) 证券投资者保护基金公司新设立的资金账簿，免征印花税；

(2) 证券投资者保护基金公司与中国人民银行签订的再贷款合同、与证券公司行政清算机构签订的借款合同，免征印花税；

(3) 证券投资者保护基金公司接收被处置证券公司财产签订的产权转移书据，免征印花税；

(4) 证券投资者保护基金公司以保护基金自有财产和接收的受偿资产与保险公司

签订的财产保险合同，免征印花税。

但对与证券投资者保护基金公司签订上述应税合同或产权转移书据的其他当事人照章征收印花税。

7. 对经国务院和省级人民政府决定或批准进行政企脱钩、对企业（集团）进行改组和改变管理体制、变更企业隶属关系，以及国有企业改制、盘活国有企业资产，而发生的国有股权无偿划转行为，暂不征收证券交易印花税。

对不属于前述情况的国有股权无偿转让行为，仍应征收证券交易印花税。

（二）优惠事项分类及相关文件

虽然是个小税种，但优惠政策并不少，根据税务总局发布的《减免税优惠政策目录》（2022 年 6 月 13 日更新）进行归集整理，印花税优惠政策有八大类 73 项，具体如下：改善民生之住房类：10 项；改善民生之社会保障类：7 项；企业转制升级类：7 项；支持金融和资本市场类：20 项；支持文化教育体育类：16 项；涉农印花税优惠类：4 项；其他类：9 项。

1. 个人销售或购买住房合同，暂免征收印花税

《关于调整房地产交易环节税收政策的通知》（文号：财税〔2008〕137 号）第二条

2. 对廉租住房、经济适用住房经营管理单位与廉租住房、经济适用住房相关的印花税以及廉租住房承租人、经济适用住房购买人涉及的印花税，予以免征

《财政部、国家税务总局关于廉租住房经济适用住房和住房租赁有关税收政策的通知》（文号：财税〔2008〕24 号）第一条第（四）项

3. 保障性住房，免征印花税

《财政部、国家税务总局关于棚户区改造有关税收政策的通知》（文号：财税〔2013〕101 号）第一条

4. 开发商建造廉租房和经济适用住房有关合同，免征印花税

《财政部、国家税务总局关于廉租住房经济适用住房和住房租赁有关税收政策的通知》（文号：财税〔2008〕24 号）第一条第（四）项

5. 个人出租承租住房签订的租赁合同，免征印花税

《财政部、国家税务总局关于廉租住房经济适用住房和住房租赁有关税收政策的通知》（文号：财税〔2008〕24 号）第二条第（二）项

6. 易地扶贫搬迁实施主体取得安置住房土地，免征印花税

《财政部、国家税务总局关于易地扶贫搬迁税收优惠政策的通知》（文号：财税〔2018〕135 号）第二条第（一）款

7. 易地扶贫搬迁安置住房建设和分配过程中的合同，免征印花税

《财政部、国家税务总局关于易地扶贫搬迁税收优惠政策的通知》（文号：财税〔2018〕135 号）第二条第（二）款

8. 易地扶贫搬迁实施主体安置住房房源，免征印花税

《财政部、国家税务总局关于易地扶贫搬迁税收优惠政策的通知》（文号：财税〔2018〕135 号）第二条第（五）款

9. 公租房经营管理单位建造、管理公租房、购买住房作为公租房，免征印花税

《财政部、税务总局关于公共租赁住房税收优惠政策的公告》（文号：财政部 税务总局公告 2019 年第 61 号）第二条、第三条

10. 公共租赁住房双方租赁协议，免征印花税

《财政部、税务总局关于公共租赁住房税收优惠政策的公告》（文号：财政部 税务总局公告 2019 年第 61 号）第三条

上述 6~10 项的优惠延续执行政策，均适用《财政部、税务总局关于延长部分税收优惠政策执行期限的公告》（文号：财政部 税务总局公告 2021 年第 6 号）

11. 房地产管理部门与个人订立的租房合同，免征印花税

《国家税务局关于印花税若干具体问题的规定》（文号：国税地字〔1988〕第 025 号）第三条

12. 铁路、公路、航运、水路承运快件行李包裹，开具的托运单据，免征印花税

《国家税务局关于印花税若干具体问题的规定》（文号：国税地字〔1988〕第 025 号）第六条

13. 社保基金会、社保基金投资管理人管理的社保基金转让非上市公司股权，免征印花税

《财政部、税务总局关于全国社会保障基金有关投资业务税收政策的通知（文号：财税〔2018〕94 号）第三条

14. 社保基金会、养老基金投资管理机构管理的养老基金转让非上市公司股权，免征印花税

《财政部、税务总局关于基本养老保险基金有关投资业务税收政策的通知》（文号：财税〔2018〕95 号）第三条

15. 划转非上市公司股份的，对划出方与划入方签订的产权转移书据，免征印花税

《财政部、人力资源和社会保障部、国资委、税务总局、证监会关于全面推开划转部分国有资本充实社保基金工作的通知》（文号：财资〔2019〕49 号）附件第五条第（二十四）项

16. 划转上市公司股份和全国中小企业股份转让系统挂牌公司股份的，免征证券交易印花税

《财政部、人力资源和社会保障部、国资委、税务总局、证监会关于全面推开划转部分国有资本充实社保基金工作的通知》（文号：财资〔2019〕49 号）附件第五条第（二十四）项

17. 对划入方因承接划转股权而增加的实收资本和资本公积，免征印花税

《财政部、人力资源和社会保障部、国资委、税务总局、证监会关于全面推开划转部分国有资本充实社保基金工作的通知》（文号：财资〔2019〕49 号）附件第五条第（二十四）项

18. 青藏铁路公司及其所属单位营业账簿，免征印花税

《财政部、国家税务总局关于青藏铁路公司运营期间有关税收等政策问题的通知》（文号：财税〔2007〕11 号）第二条

19. 对金融机构与小型企业、微型企业签订的借款合同，免征印花税

《财政部、税务总局关于支持小微企业融资有关税收政策的通知》（文号：财税〔2017〕77 号）

延续执行政策：《财政部、税务总局关于延长部分税收优惠政策执行期限的公告》（文号：2021 年第 6 号）第二条

20. 减征增值税小规模纳税人印花税

《财政部、税务总局关于进一步实施小微企业"六税两费"减免政策的公告》（文号：财政部 税务总局公告 2022 年第 10 号）

21. 减征个体工商户印花税

《财政部、税务总局关于进一步实施小微企业"六税两费"减免政策的公告》（文号：财政部 税务总局公告 2022 年第 10 号）

22. 减征小型微利企业印花税

《财政部、税务总局关于进一步实施小微企业"六税两费"减免政策的公告》（文号：财政部 税务总局公告 2022 年第 10 号）

23. 企业改制、重组过程中印花税予以免征之一

《财政部、国家税务总局关于中国邮政储蓄银行改制上市有关税收政策的通知》（文号：财税〔2013〕53 号）第五条

24. 对中国铁路总公司改革过程中涉及的印花税进行减免

《财政部、国家税务总局关于组建中国铁路总公司有关印花税政策的通知》（文号：财税〔2015〕57 号）

25. 企业改制、重组过程中印花税予以免征之二

《财政部、国家税务总局关于明确中国邮政集团公司邮政速递物流业务重组改制过程中有关契税和印花税政策的通知》（文号：财税〔2010〕92 号）第二、第三、第四条

26. 企业改制、重组过程中印花税予以免征之三

《财政部、国家税务总局关于企业改制过程中有关印花税政策的通知》（文号：财税〔2003〕183 号）

27. 对企业改制、资产整合过程中涉及的所有产权转移书据及股权转让协议，印花税予以免征

《财政部、国家税务总局关于中国联合网络通信集团有限公司转让 CDMA 网及其用户资产企业合并资产整合过程中涉及的增值税营业税印花税和土地增值税政策问题的通知》（文号：财税〔2011〕13 号）第五、第六、第七条

28. 对联通新时空移动通信有限公司接受中国联合网络通信集团固定通信资产增加资本金涉及的印花税予以免征

《财政部、国家税务总局关于中国联合网络通信集团有限公司转让 CDMA 网及其用户资产企业合并资产整合过程中涉及的增值税营业税印花税和土地增值税政策问题的通知》（文号：财税〔2011〕13 号）第八条

29. 对 2011 年中国移动增加的资本公积、股权调整协议、盈余公积转增实收资本印花税予以免征

《财政部、国家税务总局关于中国移动集团股权结构调整及盈余公积转增实收资本有关印花税政策的通知》（文号：财税〔2012〕62 号）第一、第二条

30. 买卖封闭式证券投资基金，免征印花税

《财政部、国家税务总局关于对买卖封闭式证券投资基金继续予以免征印花税的通知》（文号：财税〔2004〕173 号）

31. 股权分置改革过程中发生的股权转让，免征印花税

《财政部、国家税务总局关于股权分置试点改革有关税收政策问题的通知》（文号：财税〔2005〕103 号）第一条

32. 贴息贷款合同，免征印花税

《财政部、国家税务总局关于国家开发银行缴纳印花税问题的复函》（文号：财税字〔1995〕47 号）第一条

33. 国有股东向全国社会保障基金理事会转持国有股，免征证券（股票）交易印花税

《财政部、国家税务总局关于境内证券市场转持部分国有股充实全国社会保障基金有关证券（股票）交易印花税政策的通知》（文号：财税〔2009〕103 号）

34. 企业改制、重组过程中印花税予以免征之四

《财政部、国家税务总局关于外国银行分行改制为外商独资银行有关税收问题的通知》（文号：财税〔2007〕45 号）第三条

35. 信贷资产证券化，免征印花税

《财政部、国家税务总局关于信贷资产证券化有关税收政策问题的通知》（文号：财税〔2006〕5 号）第一条

36. 证券投资者保护基金，免征印花税

《财政部、国家税务总局关于证券投资者保护基金有关印花税政策的通知》（文号：财税〔2006〕104 号）

37. 无息、贴息贷款合同，免征印花税

《印花税暂行条例实施细则》（文号：财税字〔1988〕255 号）第十三条第（二）项

38. 被撤销金融机构接收债权、清偿债务签订的产权转移书据，免征印花税

《财政部、国家税务总局关于被撤销金融机构有关税收政策问题的通知》（财税〔2003〕141 号）第二条第（一）项

39. 外国政府或者国际金融组织向我国政府及国家金融机构提供优惠贷款所书立的合同，免征印花税

《印花税暂行条例实施细则》（文号：财税字〔1988〕255 号）第十三条第（三）项

40. 新设立的资金账簿，免征印花税

《财政部、税务总局关于保险保障基金有关税收政策问题的通知》（文号：财税〔2018〕41 号）第二条第一款

延续执行政策：《财政部、税务总局关于延长部分税收优惠政策执行期限的公告》（文号：2021 年第 6 号）

41. 对保险公司进行风险处置和破产救助过程中签订的产权转移书据，免征印花税

《财政部、税务总局关于保险保障基金有关税收政策问题的通知》（文号：财税〔2018〕41 号）第二条第二款

延续执行政策：《财政部、税务总局关于延长部分税收优惠政策执行期限的公告》（文号：2021 年第 6 号）

42. 对保险公司进行风险处置过程中与中国人民银行签订的再贷款合同，免征印花税

《财政部、税务总局关于保险保障基金有关税收政策问题的通知》（文号：财税〔2018〕41 号）第二条第三款

延续执行政策：《财政部、税务总局关于延长部分税收优惠政策执行期限的公告》（文号：2021 年第 6 号）

43. 以保险保障基金自有财产和接收的受偿资产与保险公司签订的财产保险合同，免征印花税

《财政部、税务总局关于保险保障基金有关税收政策问题的通知》（文号：财税〔2018〕41 号）第二条第四款

延续执行政策：《财政部、税务总局关于延长部分税收优惠政策执行期限的公》（文号：告 2021 年第 6 号）

44. 国有商业银行划转给金融资产管理公司的资产，免征印花税

《财政部、国家税务总局关于 4 家资产管理公司接收资本金项下的资产在办理过户时有关税收政策问题的通知》（文号：财税〔2003〕21 号）

45. 证券投资基金，免征印花税

《关于开放式证券投资基金有关税收问题的通知》（文号：财税〔2002〕128 号）第三条

46. 金融资产管理公司收购、承接、处置不良资产，免征印花税

《财政部、国家税务总局关于中国信达等 4 家金融资产管理公司税收政策问题的通知》（文号：财税〔2001〕10 号）

47. 农村信用社接受农村合作基金会财产产权转移书据，免征印花税

《中国人民银行 农业部 国家发展计划委员会 财政部 国家税务总局关于免缴农村信用社接收农村合作基金会财产产权过户税费的通知》（文号：银发〔2000〕21 号）

48. 对中国信达资产管理股份有限公司、中国华融资产管理股份有限公司及其分支机构处置剩余政策性剥离不良资产以及出让上市公司股权，免征印花税

《财政部、国家税务总局关于中国信达资产管理股份有限公司等 4 家金融资产管理公司有关税收政策问题的通知》（文号：财税〔2013〕56 号第一条）

49. 对农民专业合作社与本社成员签订的农业产品和农业生产资料购销合同，免征印花税

《财政部、国家税务总局关于农民专业合作社有关税收政策的通知》（文号：财税〔2008〕81 号）第四条

50. 国家指定的收购部门与村民委员会、农民个人书立的农副产品收购合同，免纳印花税

《印花税暂行条例实施细则》（文号：财税字〔1988〕255 号）第十三条第（一）项

51. 农村集体经济组织清产核资，免征印花税

《财政部、税务总局关于支持农村集体产权制度改革有关税收政策的通知》（文号：财税〔2017〕55 号）第二条第二款

52. 饮水工程运营管理单位为建设饮水工程取得土地使用权签订的产权转移书据，以及与施工单位签订的建设工程承包合同，免征印花税

《财政部、税务总局关于继续实行农村饮水安全工程税收优惠政策的公告》（文号：财政部 税务总局公告 2019 年第 67 号）第二条

延续执行政策：《财政部、税务总局关于延长部分税收优惠政策执行期限的公告》（文号：2021 年第 6 号）

53. 对财产所有人将财产赠给学校所书立的书据，免征印花税

《财政部、国家税务总局关于教育税收政策的通知》（文号：财税〔2004〕39 号）

第二条

54. 高校学生公寓租赁合同，免征印花税

《财政部、税务总局关于高校学生公寓房产税 印花税政策的通知》（文号：财税〔2019〕14 号）第二条

延续执行政策：《财政部 国家税务总局关于延长部分税收优惠政策执行期限的公告》（财政部 税务总局公告 2022 年第 4 号）

55. 对北京冬奥组委、北京冬奥会测试赛赛事组委会使用的营业账簿和签订的各类合同，免征印花税

《财政部 国家税务总局 海关总署关于北京 2022 年冬奥会和冬残奥会税收政策的通知》（文号：财税〔2017〕60 号）第一条第（九）款

56. 对国际奥委会签订的与北京 2022 年冬奥会有关的各类合同，免征国际奥委会的印花税

《财政部 国家税务总局 海关总署关于北京 2022 年冬奥会和冬残奥会税收政策的通知》（文号：财税〔2017〕60 号）第二条第（二）款

57. 对中国奥委会签订的与北京 2022 年冬奥会有关的各类合同，免征中国奥委会的印花税

《财政部 国家税务总局 海关总署关于北京 2022 年冬奥会和冬残奥会税收政策的通知》（文号：财税〔2017〕60 号）第二条第（二）款

58. 国际残奥委会取得的与北京 2022 年冬残奥会有关的收入，免征印花税

《财政部 国家税务总局 海关总署关于北京 2022 年冬奥会和冬残奥会税收政策的通知》（文号：财税〔2017〕60 号）第二条第（五）款

59. 对中国残奥委会取得的由北京冬奥组委分期支付的收入，免征印花税

《财政部 国家税务总局 海关总署关于北京 2022 年冬奥会和冬残奥会税收政策的通知》（文号：财税〔2017〕60 号）第二条第（六）款

60. 对财产所有人将财产捐赠给北京冬奥组委所书立的产权转移书据，免征印花税

《财政部 国家税务总局 海关总署关于北京 2022 年冬奥会和冬残奥会税收政策的通知》（文号：财税〔2017〕60 号）第三条第（四）款

61. 财产所有人将财产捐赠给执委会所书立的产权转移书据，免征印花税

《财政部 国家税务总局 海关总署关于第七届世界军人运动会税收政策的通知》（文号：财税〔2018〕119 号）第二条第（三）项

62. 国际奥委会相关实体与北京冬奥组委签订的各类合同，免征国际奥委会相关实体应缴纳的印花税

《财政部 国家税务总局 海关总署关于北京 2022 年冬奥会和冬残奥会税收优惠政策的公告》（文号：财政部公告 2019 年第 92 号）第六条

63. 对杭州 2022 年亚运会和亚残运会及其测试赛组委会使用的营业账簿和签订的各类合同等应税凭证，免征组委会应缴纳的印花税

《财政部 国家税务总局 海关总署关于杭州 2022 年亚运会和亚残运会税收政策的公告》（文号：财政部公告 2020 年第 18 号）第七条

64. 对财产所有人将财产（物品）捐赠给杭州 2022 年亚运会和亚残运会及其测试赛组委会所书立的产权转移书据，免征印花税

《财政部 国家税务总局 海关总署关于杭州 2022 年亚运会和亚残运会税收政策的公告》（文号：财政部公告 2020 年第 18 号）第八条

65. 对三项国际综合运动会的执行委员会、组委会使用的营业账簿和签订的各类合同等应税凭证，免征执行委员会、组委会应缴纳的印花税

《财政部 国家税务总局 海关总署关于第 18 届世界中学生运动会等三项国际综合运动会税收政策的公告》（文号：财政部公告 2020 年第 19 号）第七条

66. 对财产所有人将财产（物品）捐赠给三项国际综合运动会的执行委员会、组委会所书立的产权转移书据，免征印花税

《财政部 国家税务总局 海关总署关于第 18 届世界中学生运动会等三项国际综合运动会税收政策的公告》（文号：财政部公告 2020 年第 19 号）第八条

67. 发行单位之间，发行单位与订阅单位或个人之间书立的征订凭证，暂免征印花税

《国家税务局关于图书、报刊等征订凭证征免印花税问题的通知》（文号：国税地字（1989）第 141 号）第二条

68. 文化单位转制为企业时的印花税优惠

《关于继续实施文化体制改革中经营性文化事业单位转制为企业若干税收政策的通知》（文号：财税〔2019〕16 号）第一条第（四）项

69. 财产所有人将财产赠给政府、社会福利单位、学校的书据，免征印花税

《中华人民共和国印花税暂行条例》国务院令第 11 号 第四条第 2 项

70. 特殊货运凭证，免征印花税

《国家税务局关于货运凭证征收印花税几个具体问题的通知》（文号：国税发〔1990〕173 号）

71. 对国家石油储备基地第一期项目建设过程中涉及的印花税，予以免征

《财政部、国家税务总局关于国家石油储备基地建设有关税收政策的通知》（文号：财税〔2005〕23 号）第一条

72. 商品储备管理公司及其直属库资金账簿，免征印花税

73. 商品储备管理公司及其直属库承担商品储备业务购销合同，免征印花税

上述 72~73 项的政策依据，均适用《财政部、税务总局关于部分国家储备商品有

关税收政策的公告》（文号：财政部 税务总局公告 2019 年第 77 号）第一条

延续执行政策：《关于延续执行部分国家商品储备税收优惠政策的公告》（文号：财政部、税务总局公告 2022 年第 8 号）

74. 银行业金融机构、金融资产管理公司接收、处置抵债资产过程中涉及的合同、产权转移书据和营业账簿，免征印花税 2022 年 8 月 1 日至 2023 年 7 月 31 日，对银行业金融机构、金融资产管理公司接收、处置抵债资产过程中涉及的合同、产权转移书据和营业账簿免征印花税，对合同或产权转移书据其他各方当事人应缴纳的印花税照章征收

《财政部、税务总局关于银行业金融机构、金融资产管理公司不良债权以物抵债有关税收政策的公告》（文号：财政部、税务总局公告 2022 年第 31 号 发布日期：2022-09-30）

财政部　国家税务总局
关于印花税若干事项政策执行口径的公告

文号：财政部、税务总局公告 2022 年第 22 号　发布日期：2022-06-12

为贯彻落实《中华人民共和国印花税法》，现将印花税若干事项政策执行口径公告如下：

一、关于纳税人的具体情形

（一）书立应税凭证的纳税人，为对应税凭证有直接权利义务关系的单位和个人。

（二）采用委托贷款方式书立的借款合同纳税人，为受托人和借款人，不包括委托人。

（三）按买卖合同或者产权转移书据税目缴纳印花税的拍卖成交确认书纳税人，为拍卖标的的产权人和买受人，不包括拍卖人。

二、关于应税凭证的具体情形

（一）在中华人民共和国境外书立在境内使用的应税凭证，应当按规定缴纳印花税。包括以下几种情形：

1. 应税凭证的标的为不动产的，该不动产在境内；

2. 应税凭证的标的为股权的，该股权为中国居民企业的股权；

3. 应税凭证的标的为动产或者商标专用权、著作权、专利权、专有技术使用权的，其销售方或者购买方在境内，但不包括境外单位或者个人向境内单位或者个人销售完全在境外使用的动产或者商标专用权、著作权、专利权、专有技术使用权；

4. 应税凭证的标的为服务的，其提供方或者接受方在境内，但不包括境外单位或者个人向境内单位或者个人提供完全在境外发生的服务。

（二）企业之间书立的确定买卖关系、明确买卖双方权利义务的订单、要货单等单据，且未另外书立买卖合同的，应当按规定缴纳印花税。

（三）发电厂与电网之间、电网与电网之间书立的购售电合同，应当按买卖合同税目缴纳印花税。

（四）下列情形的凭证，不属于印花税征收范围：

1. 人民法院的生效法律文书，仲裁机构的仲裁文书，监察机关的监察文书。

2. 县级以上人民政府及其所属部门按照行政管理权限征收、收回或者补偿安置房地产书立的合同、协议或者行政类文书。

3. 总公司与分公司、分公司与分公司之间书立的作为执行计划使用的凭证。

三、关于计税依据、补税和退税的具体情形

（一）同一应税合同、应税产权转移书据中涉及两方以上纳税人，且未列明纳税人各自涉及金额的，以纳税人平均分摊的应税凭证所列金额（不包括列明的增值税税款）确定计税依据。

（二）应税合同、应税产权转移书据所列的金额与实际结算金额不一致，不变更应税凭证所列金额的，以所列金额为计税依据；变更应税凭证所列金额的，以变更后的所列金额为计税依据。已缴纳印花税的应税凭证，变更后所列金额增加的，纳税人应当就增加部分的金额补缴印花税；变更后所列金额减少的，纳税人可以就减少部分的金额向税务机关申请退还或者抵缴印花税。

（三）纳税人因应税凭证列明的增值税税款计算错误导致应税凭证的计税依据减少或者增加的，纳税人应当按规定调整应税凭证列明的增值税税款，重新确定应税凭证计税依据。已缴纳印花税的应税凭证，调整后计税依据增加的，纳税人应当就增加部分的金额补缴印花税；调整后计税依据减少的，纳税人可以就减少部分的金额向税务机关申请退还或者抵缴印花税。

（四）纳税人转让股权的印花税计税依据，按照产权转移书据所列的金额（不包括列明的认缴后尚未实际出资权益部分）确定。

（五）应税凭证金额为人民币以外的货币的，应当按照凭证书立当日的人民币汇率中间价折合人民币确定计税依据。

（六）境内的货物多式联运，采用在起运地统一结算全程运费的，以全程运费作为运输合同的计税依据，由起运地运费结算双方缴纳印花税；采用分程结算运费的，以分程的运费作为计税依据，分别由办理运费结算的各方缴纳印花税。

（七）未履行的应税合同、产权转移书据，已缴纳的印花税不予退还及抵缴税款。

（八）纳税人多贴的印花税票，不予退税及抵缴税款。

四、关于免税的具体情形

（一）对应税凭证适用印花税减免优惠的，书立该应税凭证的纳税人均可享受印花税减免政策，明确特定纳税人适用印花税减免优惠的除外。

（二）享受印花税免税优惠的家庭农场，具体范围为以家庭为基本经营单元，以农场生产经营为主业，以农场经营收入为家庭主要收入来源，从事农业规模化、标准化、集约化生产经营，纳入全国家庭农场名录系统的家庭农场。

（三）享受印花税免税优惠的学校，具体范围为经县级以上人民政府或者其教育行政部门批准成立的大学、中学、小学、幼儿园，实施学历教育的职业教育学校、特殊教育学校、专门学校，以及经省级人民政府或者其人力资源和社会保障行政部门批准成立的技工院校。

（四）享受印花税免税优惠的社会福利机构，具体范围为依法登记的养老服务机构、残疾人服务机构、儿童福利机构、救助管理机构、未成年人救助保护机构。

（五）享受印花税免税优惠的慈善组织，具体范围为依法设立、符合《中华人民共和国慈善法》规定，以面向社会开展慈善活动为宗旨的非营利性组织。

（六）享受印花税免税优惠的非营利性医疗卫生机构，具体范围为经县级以上人民政府卫生健康行政部门批准或者备案设立的非营利性医疗卫生机构。

（七）享受印花税免税优惠的电子商务经营者，具体范围按《中华人民共和国电子商务法》有关规定执行。

本公告自 2022 年 7 月 1 日起施行。

国家知识产权局
关于终止代征印花税有关事宜的公告

文号：国家知识产权局公告第 489 号　发布日期：2022-06-24

根据 2022 年 7 月 1 日起施行的《中华人民共和国印花税法》，现就终止代征印花税业务有关事项公告如下：

一、《中华人民共和国印花税法》征收范围不包括"权利、许可证照"，国家知识产权局将自 2022 年 7 月 1 日起终止印花税代征业务。

二、为更好地维护权利人的权益，对多缴、错缴、重缴且未满三年的印花税，请相关权利人于 2022 年 12 月 1 日（含）前，提交意见陈述书（关于费用）办理代征印花税退还业务。12 月 1 日后，国家知识产权局将分批为权利人办理代征印花税退还业务。

特此公告。

财政部　国家税务总局
关于印花税法实施后有关优惠政策衔接问题的公告

文号：财政部、税务总局公告 2022 年第 23 号　　发布日期：2022-06-27

为贯彻落实《中华人民共和国印花税法》，现将税法实施后有关印花税优惠政策衔接问题公告如下：

一、继续执行本公告附件 1 中所列文件及相关条款规定的印花税优惠政策。

二、本公告附件 2 中所列文件及相关条款规定的印花税优惠政策予以废止。相关政策废止后，符合印花税法第十二条规定的免税情形的，纳税人可依法享受相关印花税优惠。

三、本公告附件 3 中所列文件及相关条款规定的印花税优惠政策予以失效。

四、本公告自 2022 年 7 月 1 日起施行。

特此公告。

继续执行的印花税优惠政策文件及条款目录

序号	文件标题及条款	文号
1	《国家税务局关于印花税若干具体问题的规定》第六条	〔1988〕国税地字第 25 号
2	《国家税务局关于对保险公司征收印花税有关问题的通知》第二条	〔1988〕国税地字第 37 号
3	《国家税务局关于图书、报刊等征订凭证征免印花税问题的通知》第二条	〔1989〕国税地字第 142 号
4	《国家税务总局关于货运凭证征收印花税几个具体问题的通知》第五条第 1 项、第 2 项	国税发〔1990〕173 号
5	《财政部、国家税务总局关于铁道部所属单位恢复征收印花税问题的补充通知》第二条、第三条、第四条	财税字〔1997〕182 号
6	《财政部、国家税务总局关于中国信达等 4 家金融资产管理公司税收政策问题的通知》第三条第 4 项中"对资产公司成立时设立的资金账簿免征印花税。对资产公司收购、承接和处置不良资产，免征购销合同和产权转移书据应缴纳的印花税"的政策	财税〔2001〕10 号
7	《国家税务总局关于中国石油天然气集团和中国石油化工集团使用的"成品油配置计划表"有关印花税问题的通知》	国税函〔2002〕424 号

续表

序号	文件标题及条款	文号
8	《财政部、国家税务总局关于4家资产管理公司接收资本金项下的资产在办理过户时有关税收政策问题的通知》第一条和第二条中关于印花税的政策	财税〔2003〕21号
9	《财政部、国家税务总局关于全国社会保障基金有关印花税政策的通知》第一条、第二条	财税〔2003〕134号
10	《财政部、国家税务总局关于被撤销金融机构有关税收政策问题的通知》第二条第1项	财税〔2003〕141号
11	《财政部、国家税务总局关于企业改制过程中有关印花税政策的通知》第一条第1项、第2项，第二条，第三条	财税〔2003〕183号
12	《财政部、国家税务总局关于中国东方资产管理公司处置港澳国际（集团）有限公司有关资产税收政策问题的通知》第二条第1项、第三条第1项、第四条第1项	财税〔2003〕212号
13	《国家税务总局关于办理上市公司国有股权无偿转让暂不征收证券（股票）交易印花税有关审批事项的通知》第一条	国税函〔2004〕941号
14	《财政部、国家税务总局关于股权分置试点改革有关税收政策问题的通知》第一条	财税〔2005〕103号
15	《财政部、国家税务总局关于信贷资产证券化有关税收政策问题的通知》第一条第（三）、（四）、（五）项	财税〔2006〕5号
16	《财政部、国家税务总局关于证券投资者保护基金有关印花税政策的通知》第一条、第二条、第三条、第四条	财税〔2006〕104号
17	《财政部、国家税务总局关于印花税若干政策的通知》第二条	财税〔2006〕162号
18	《财政部、国家税务总局关于青藏铁路公司运营期间有关税收等政策问题的通知》第二条	财税〔2007〕11号
19	《财政部、国家税务总局关于外国银行分行改制为外商独资银行有关税收问题的通知》第三条	财税〔2007〕45号
20	《财政部、国家税务总局关于廉租住房经济适用住房和住房租赁有关税收政策的通知》第一条第（四）项中关于经济适用住房的印花税政策、第二条第（二）项	财税〔2008〕24号
21	《财政部、国家税务总局关于调整房地产交易环节税收政策的通知》第二条	财税〔2008〕137号

续表

序号	文件标题及条款	文号
22	《财政部、国家税务总局关于境内证券市场转持部分国有股充实全国社会保障基金有关证券（股票）交易印花税政策的通知》	财税〔2009〕103号
23	《国家税务总局关于中国海洋石油总公司使用的"成品油配置计划表"有关印花税问题的公告》	国家税务总局公告2012年第58号
24	《财政部、国家税务总局关于棚户区改造有关税收政策的通知》第一条中关于印花税的政策	财税〔2013〕101号
25	《财政部、国家税务总局关于融资租赁合同有关印花税政策的通知》第二条	财税〔2015〕144号
26	《财政部、国家税务总局关于落实降低企业杠杆率税收支持政策的通知》第二条第（七）项中关于印花税的政策	财税〔2016〕125号
27	《财政部、国家税务总局、证监会关于深港股票市场交易互联互通机制试点有关税收政策的通知》第五条	财税〔2016〕127号
28	《财政部、税务总局关于支持农村集体产权制度改革有关税收政策的通知》第二条中关于印花税的政策	财税〔2017〕55号
29	《财政部、税务总局、海关总署关于北京2022年冬奥会和冬残奥会税收政策的通知》第一条第（九）项、第二条第（二）项、第二条第（五）和（六）项中关于印花税的政策、第三条第（四）项	财税〔2017〕60号
30	《财政部、税务总局关于支持小微企业融资有关税收政策的通知》第二条	财税〔2017〕77号
31	《财政部、税务总局关于保险保障基金有关税收政策问题的通知》第二条	财税〔2018〕41号
32	《财政部、税务总局关于全国社会保障基金有关投资业务税收政策的通知》第三条	财税〔2018〕94号
33	《财政部、税务总局关于基本养老保险基金有关投资业务税收政策的通知》第三条	财税〔2018〕95号
34	《财政部、税务总局关于易地扶贫搬迁税收优惠政策的通知》第二条第（一）、（二）、（四）、（五）项中关于印花税的政策	财税〔2018〕135号
35	《财政部、税务总局关于高校学生公寓房产税印花税政策的通知》第二条	财税〔2019〕14号

序号	文件标题及条款	文号
36	《财政部、税务总局、中央宣传部关于继续实施文化体制改革中经营性文化事业单位转制为企业若干税收政策的通知》第一条第（四）项中关于印花税的政策	财税〔2019〕16 号
37	《财政部、人力资源和社会保障部、国资委、税务总局、证监会关于全面推开划转部分国有资本充实社保基金工作的通知》第五条第（二十四）项中关于印花税的政策	财资〔2019〕49 号
38	《财政部、税务总局关于公共租赁住房税收优惠政策的公告》第二条和第三条中关于印花税的政策	财政部、税务总局公告 2019 年第 61 号
39	《财政部、税务总局关于继续实行农村饮水安全工程税收优惠政策的公告》第二条	财政部、税务总局公告 2019 年第 67 号
40	《财政部、税务总局、海关总署关于北京 2022 年冬奥会和冬残奥会税收优惠政策的公告》第六条	财政部、税务总局、海关总署公告 2019 年第 92 号
41	《财政部、税务总局、海关总署关于杭州 2022 年亚运会和亚残运会税收政策的公告》第七条、第八条	财政部、税务总局、海关总署公告 2020 年第 18 号
42	《财政部、税务总局、海关总署关于第 18 届世界中学生运动会等三项国际综合运动会税收政策的公告》第七条、第八条	财政部、税务总局、海关总署公告 2020 年第 19 号
43	《财政部、税务总局关于延长部分税收优惠政策执行期限的公告》中关于印花税的政策	财政部、税务总局公告 2021 年第 6 号
44	《财政部、税务总局关于延长部分税收优惠政策执行期限的公告》中关于印花税的政策	财政部、税务总局公告 2022 年第 4 号
45	《财政部、税务总局关于延续执行部分国家商品储备税收优惠政策的公告》第一条	财政部、税务总局公告 2022 年第 8 号
46	《财政部、税务总局关于进一步实施小微企业"六税两费"减免政策的公告》第一条中关于印花税的政策	财政部、税务总局公告 2022 年第 10 号

第五节 车船税和车辆购置税

车船税

车船税是对我国境内依法应当到公安、交通、农业、渔业、军事等管理部门办理登记的车辆、船舶，根据其种类，按照规定的计税单位和年税额标准计算征收的一种财产税。

《中华人民共和国车船税法》（以下简称《车船税法》），由我国第十一届全国人民代表大会常务委员会第十九次会议于 2011 年 2 月 25 日通过，自 2012 年 1 月 1 日起施行。2006 年 12 月 29 日国务院公布的《中华人民共和国车船税暂行条例》（以下简称《车船税暂行条例》）同时废止。

简单回顾一下：新中国成立后，中央人民政府政务院于 1951 年颁布了《车船使用牌照税暂行条例》，对车船征收车船使用牌照税。1986 年 9 月国务院在实施工商税制改革时，又发布了《中华人民共和国车船使用税暂行条例》。2006 年 12 月，《车船税暂行条例》就是在《车船使用牌照税暂行条例》和《车船使用税暂行条例》基础上合并修订而成的。

从 2007 年 7 月 1 日开始，有车族需要在投保交强险时一并缴纳车船税。

2018 年 8 月 1 日，财政部、税务总局、工业和信息化部、交通运输部下发《关于节能新能源车船享受车船税优惠政策的通知》，要求对符合标准的新能源车船免征车船税，对符合标准的节能汽车减半征收车船税。

车辆的具体适用税额，是由省、自治区、直辖市人民政府在规定的子税目税额幅度内确定，房产税的计税余值和城镇土地使用税的具体税率也是如此。

一、车船税税收优惠

（一）法定减免

《车船税法》关于车船税减免的具体规定如下：

第三条 下列车船免征车船税：

（一）捕捞、养殖渔船；

（二）军队、武装警察部队专用的车船；

（三）警用车船；

（四）悬挂应急救援专用号牌的国家综合性消防救援车辆和国家综合性消防救援专用船舶；

（五）依照法律规定应当予以免税的外国驻华使领馆、国际组织驻华代表机构及其有关人员的车船。

第四条　对节约能源、使用新能源的车船可以减征或者免征车船税；对受严重自然灾害影响纳税困难以及有其他特殊原因确需减税、免税的，可以减征或者免征车船税。具体办法由国务院规定，并报全国人民代表大会常务委员会备案。

第五条　省、自治区、直辖市人民政府根据当地实际情况，可以对公共交通车船，农村居民拥有并主要在农村地区使用的摩托车、三轮汽车和低速载货汽车定期减征或者免征车船税。

《中华人民共和国车船税法实施条例》进行相应的细化，具体内容如下：

第七条　车船税法第三条第一项所称的捕捞、养殖渔船，是指在渔业船舶登记管理部门登记为捕捞船或者养殖船的船舶。

第八条　车船税法第三条第二项所称的军队、武装警察部队专用的车船，是指按照规定在军队、武装警察部队车船登记管理部门登记，并领取军队、武警牌照的车船。

第九条　车船税法第三条第三项所称的警用车船，是指公安机关、国家安全机关、监狱、劳动教养管理机关和人民法院、人民检察院领取警用牌照的车辆和执行警务的专用船舶。

第十条　节约能源、使用新能源的车船可以免征或者减半征收车船税。免征或者减半征收车船税的车船的范围，由国务院财政、税务主管部门商国务院有关部门制订，报国务院批准。

对受地震、洪涝等严重自然灾害影响纳税困难以及其他特殊原因确需减免税的车船，可以在一定期限内减征或者免征车船税。具体减免期限和数额由省、自治区、直辖市人民政府确定，报国务院备案。

（二）特定减免

1. 经批准临时入境的外国车船和香港特别行政区、澳门特别行政区、台湾地区的车船，不征收车船税。

2. 按照规定缴纳船舶吨税的机动船舶，自《车船税法》实施之日起 5 年内免征车船税。

3. 依法不需要在车船登记管理部门登记的机场、港口、铁路站场内部行驶或作业的车船，自《车船税法》实施之日起 5 年内免征车船税。

（三）一般减免优惠

1. 使用新能源的车船，免征车船税

《财政部、税务总局、工业和信息化部、交通运输部关于节能新能源车船税优惠政策的通知》（文号：财税〔2018〕74 号）

2. 节约能源的车船，减征车船税

《财政部、税务总局、工业和信息化部、交通运输部关于节能新能源车船税优惠政策的通知》（文号：财税〔2018〕74号）

3. 北京冬奥组委、北京冬奥会测试赛赛事组委会用车，免征车船税

《财政部、税务总局、海关总署关于北京2022年冬奥会和冬残奥会税收政策的通知》（文号：财税〔2017〕60号）第一条第（十）款

4. 公安现役部队和武警、黄金、森林、水电部队换发地方机动车牌证的车辆，免征换发当年车船税

《财政部、税务总局关于公安现役部队和武警黄金森林水电部队改制后车辆移交地方管理有关税收政策的通知》（文号：财税〔2018〕163号）

5.《享受车船税减免优惠的节约能源、使用新能源汽车车型目录》（第一批至第四十批）

对于减免车船税的节约能源、使用新能源车船，由财政部、国家税务总局、工业和信息化部通过联合发布《节约能源使用新能源车辆（船舶）减免车船税的车型（船型）目录》实施管理。

对于不属于车船税征收范围的纯电动乘用车、燃料电池乘用车，由财政部、国家税务总局、工业和信息化部通过联合发布《不属于车船税征收范围的纯电动燃料电池乘用车车型目录》实施管理。

相关文件及具体规定：

国家税务总局
关于加强《车船税减免税证明》管理有关工作的通知
文号：国税发〔2011〕130号　　发布日期：2011-12-31

为贯彻落实《中华人民共和国车船税法》及其实施条例，规范车船税减免税管理，切实做好车船税的征收管理工作，现就车船税减免税凭证的印制、管理和开具等事项通知如下：

一、减免税证明的印制

（一）《车船税减免税证明》的格式（见附件）由国家税务总局统一规定。各省、自治区、直辖市和计划单列市税务机关根据本通知所附的样式，自行印制《车船税减免税证明》。

（二）《车船税减免税证明》一式三联：第一联（存根），由税务机关留存；第二联（证明），由纳税人在购买机动车交通事故责任强制保险（以下简称交强险）时交保险机构或者在办理车船登记、检验手续时交车船管理部门留存；第三联（备查），

纳税人留存备查。各省、自治区、直辖市和计划单列市税务机关也可根据工作需要增加联次。

（三）各地税务机关要根据相关征管文书的管理规定，做好《车船税减免税证明》的印制、保管、发放、存档等工作。

二、减免税证明的办理

（一）对符合车船税减免税有关规定且需要纳税人办理减免税事项的，税务机关应在审查纳税人提供的相关资料后，向纳税人开具减免税证明。

税务机关与扣缴义务人、车船管理部门已实现车船税信息联网的地区，可以不开具纸质减免税证明，但税务机关应通过网络将减免税证明的相关信息及时传递给扣缴义务人和相关车船管理部门。纳税人因到异地办理机动车交强险等原因需要开具纸质证明的，税务机关应予以办理。

（二）需要纳税人到税务机关办理减免税事项的车船范围，纳税人办理减免税事项需要提供的相关资料，哪级税务机关受理、批准减免税申请和开具减免税证明，由各省、自治区、直辖市和计划单列市税务机关根据车船税法、实施条例及相关规定确定。

本通知自2012年1月1日起施行。在执行过程中发现的新情况、新问题应及时向国家税务总局（征管和科技发展司、财产和行为税司）报告。

财政部　国家税务总局　工业和信息化部　交通运输部
关于节能、新能源车船享受车船税优惠政策的通知

文号：财税〔2018〕74号　发布日期：2018-07-10

为促进节约能源，鼓励使用新能源，根据《中华人民共和国车船税法》及其实施条例有关规定，经国务院批准，现将节约能源、使用新能源（以下简称节能、新能源）车船的车船税优惠政策通知如下：

一、对节能汽车，减半征收车船税。

（一）减半征收车船税的节能乘用车应同时符合以下标准：

1. 获得许可在中国境内销售的排量为1.6升以下（含1.6升）的燃用汽油、柴油的乘用车（含非插电式混合动力、双燃料和两用燃料乘用车）；

2. 综合工况燃料消耗量应符合标准，具体要求见附件1。

（二）减半征收车船税的节能商用车应同时符合以下标准：

1. 获得许可在中国境内销售的燃用天然气、汽油、柴油的轻型和重型商用车（含非插电式混合动力、双燃料和两用燃料轻型和重型商用车）；

2. 燃用汽油、柴油的轻型和重型商用车综合工况燃料消耗量应符合标准，具体标

准见附件2、附件3。

二、对新能源车船，免征车船税。

（一）免征车船税的新能源汽车是指纯电动商用车、插电式（含增程式）混合动力汽车、燃料电池商用车。纯电动乘用车和燃料电池乘用车不属于车船税征税范围，对其不征车船税。

（二）免征车船税的新能源汽车应同时符合以下标准：

1. 获得许可在中国境内销售的纯电动商用车、插电式（含增程式）混合动力车、燃料电池商用车；

2. 符合新能源汽车产品技术标准，具体标准见附件4；

3. 通过新能源汽车专项检测，符合新能源汽车标准，具体标准见附件5；

4. 新能源汽车生产企业或进口新能源汽车经销商在产品质量保证、产品一致性、售后服务、安全监测、动力电池回收利用等方面符合相关要求，具体要求见附件6。

（三）免征车船税的新能源船舶应符合以下标准：

船舶的主推进动力装置为纯天然气发动机。发动机采用微量柴油引燃方式且引燃油热值占全部燃料总热值的比例不超过5%的，视同纯天然气发动机。

三、符合上述标准的节能、新能源汽车，由工业和信息化部、税务总局不定期联合发布《享受车船税减免优惠的节约能源使用新能源汽车车型目录》（以下简称《目录》）予以公告。

四、汽车生产企业或进口汽车经销商（以下简称汽车企业）可通过工业和信息化部节能与新能源汽车财税优惠目录申报管理系统，自愿提交节能车型报告、新能源车型报告（报告样本见附件7、附件8），申请将其产品列入《目录》，并对申报资料的真实性负责。

工业和信息化部、税务总局委托工业和信息化部装备工业发展中心负责《目录》组织申报、宣传培训及具体技术审查、监督检查工作。工业和信息化部装备工业发展中心审查结果在工业和信息化部网站公示5个工作日，没有异议的，列入《目录》予以发布。对产品与申报材料不符、产品性能指标未达到标准或者汽车企业提供其他虚假信息，以及列入《目录》后12个月内无产量或进口量的车型，在工业和信息化部网站公示5个工作日，没有异议的，从《目录》中予以撤销。

五、船舶检验机构在核定检验船舶主推进动力装置时，对满足本通知新能源船舶标准的，在其船用产品证书上标注"纯天然气发动机"字段；在船舶建造检验时，对船舶主推进动力装置船用产品证书上标注有"纯天然气发动机"字段的，在其检验证书服务簿中标注"纯天然气动力船舶"字段。

对使用未标记"纯天然气发动机"字段主推进动力装置的船舶，船舶所有人或者管理人认为符合本通知新能源船舶标准的，在船舶年度检验时一并向船舶检验机构提出认定申请，同时提交支撑材料，并对提供信息的真实性负责。船舶检验机构通过审核材料和现场检验予以确认，符合本通知新能源船舶标准的，在船舶检验证书服务簿中标注"纯天然气动力船舶"字段。

纳税人凭标注"纯天然气动力船舶"字段的船舶检验证书享受车船税免税优惠。

六、财政部、税务总局、工业和信息化部、交通运输部根据汽车和船舶技术进步、产业发展等因素适时调整节能、新能源车船的认定标准。在开展享受车船税减免优惠的节能、新能源车船审查和认定等相关管理工作过程中，相关部门及其工作人员存在玩忽职守、滥用职权、徇私舞弊等违法行为的，按照《公务员法》、《行政监察法》《财政违法行为处罚处分条例》等有关国家规定追究相应责任；涉嫌犯罪的，移送司法机关处理。

对提供虚假信息骗取列入《目录》资格的汽车企业，以及提供虚假资料的船舶所有人或者管理人，应依照相关法律法规予以处理。

七、本通知发布后，列入新公告的各批次《目录》（以下简称新《目录》）的节能、新能源汽车，自新《目录》公告之日起，按新《目录》和本通知相关规定享受车船税减免优惠政策。新《目录》公告后，第一批、第二批、第三批车船税优惠车型目录同时废止；新《目录》公告前已取得的列入第一批、第二批、第三批车船税优惠车型目录的节能、新能源汽车，不论是否转让，可继续享受车船税减免优惠政策。

八、本通知自发布之日起执行。《财政部、国家税务总局、工业和信息化部关于节约能源使用新能源车船车船税优惠政策的通知》（财税〔2015〕51号）以及财政部办公厅、税务总局办公厅、工业和信息化部办公厅《关于加强〈享受车船税减免优惠的节约能源使用新能源汽车车型目录〉管理工作的通知》（财办税〔2017〕63号）同时废止。

车辆购置税

车辆购置税是对在境内购置规定车辆的单位和个人征收的一种税，它由车辆购置附加费演变而来。根据《国务院批转财政部、国家计委等部门〈交通和车辆税费改革实施方案〉的通知》（国发〔2000〕34号）和《中华人民共和国车辆购置税暂行条例》（国务院令第294号）的规定，从2001年1月1日起开征车辆购置税取代车辆购置附加费。车辆购置税为中央税，作为中央收入上缴中央财政。

2018年12月29日，第十三届全国人民代表大会常务委员会第七次会议通过《车辆购置税法》，自2019年7月1日起施行。2000年10月22日国务院公布的《中华人民共和国车辆购置税暂行条例》同时废止。

车辆购置税是实行一次课征制的一种特殊的财产税，税率单一，价外征收，税负不发生转嫁。即车辆购置税的计税依据中不包含车辆购置税税额，车辆购置税税额是附加在价格之外的，且纳税人即为负税人，税负不发生转嫁。车辆购置税在车辆上牌使用时征收，具有源泉控制的特点，它可以配合有关部门在打击走私、惩治犯罪等方面起到积极的作用。

车辆购置税的纳税人是指境内购置应税车辆的单位和个人。其中，购置是指购买使用行为、进口使用行为、受赠使用行为、自产自用行为、获奖使用行为以及以拍卖、抵债、走私、罚没等方式取得并使用的行为，这些行为都属于车辆购置税的应税行为。

2022 年 5 月 31 日，财政部、税务总局联合发布《关于减征部分乘用车车辆购置税的公告》（财政部 税务总局公告 2022 年第 20 号）。对购置日期在 2022 年 6 月 1 日至 2022 年 12 月 31 日期间内且单车价格（不含增值税）不超过 30 万元的 2.0 升及以下排量乘用车，减半征收车辆购置税。

二、车辆购置税税收优惠

（一）法定减免

《车辆购置税法》（主席令第 19 号）

第九条　下列车辆免征车辆购置税：

（一）依照法律规定应当予以免税的外国驻华使馆、领事馆和国际组织驻华机构及其有关人员自用的车辆；

（二）中国人民解放军和中国人民武装警察部队列入装备订货计划的车辆；

（三）悬挂应急救援专用号牌的国家综合性消防救援车辆；

（四）设有固定装置的非运输专用作业车辆；

（五）城市公交企业购置的公共汽电车辆。

根据国民经济和社会发展的需要，国务院可以规定减征或者其他免征车辆购置税的情形，报全国人民代表大会常务委员会备案。

（二）一般减免优惠

1. 防汛车辆，免征车辆购置税

《财政部、国家税务总局关于防汛专用等车辆免征车辆购置税的通知》（文号：财税〔2001〕39 号）

后续文件：《财政部、国家税务总局关于 2016 年防汛专用车免征车辆购置税的通知》（文号：财税〔2016〕123 号）

2. 新能源汽车，免征车辆购置税

《财政部、税务总局、工业和信息化部关于新能源汽车免征车辆购置税有关政策的公告》（财政部、税务总局、工业和信息化部公告 2020 年第 21 号）详见各批次的《免征车辆购置税的新能源汽车车型目录》和《享受车船税减免优惠的节约能源使用

新能源汽车车型目录》（第一批至第五十六批）

免征车辆购置税的新能源汽车是指纯电动汽车、插电式混合动力（含增程式）汽车、燃料电池汽车。

对购置日期在 2023 年 1 月 1 日至 2023 年 12 月 31 日期间内的新能源汽车，免征车辆购置税。《财政部、税务总局、工业和信息化部关于延续新能源汽车免征车辆购置税政策的公告》（文号：财政部、税务总局、工业和信息化部公告 2022 年第 27 号发布日期：2022-09-18）

3. 北京冬奥组委、北京冬奥会测试赛赛事组委会用车，免征新购车辆的车辆购置税

《财政部、税务总局、海关总署关于北京 2022 年冬奥会和冬残奥会税收政策的通知》（文号：财税〔2017〕60 号）

4. "母亲健康快车"项目专用车辆，免征车辆购置税

《财政部、国家税务总局关于"母亲健康快车"项目专用车辆免征车辆购置税的通知》（文号：财税〔2006〕176 号）

后续文件：《财政部、国家税务总局关于继续执行的车辆购置税优惠政策的公告》（文号：财税〔2019〕75 号）

5. 挂车车辆购置税，减半征收

《财政部、税务总局、工业和信息化部关于对挂车减征车辆购置税的公告》（文号：财政部、税务总局、工业和信息化部公告 2018 年 69 号）

后续文件：《财政部、税务总局关于延长部分税收优惠政策执行期限的公告》（文号：财政部、税务总局公告 2021 年第 6 号）

6. 森林消防车辆，免征车辆购置税

《财政部、国家税务总局关于防汛专用等车辆免征车辆购置税的通知》（文号：财税〔2001〕39 号）

后续文件：《财政部、国家税务总局关于 2016 年森林消防专用车免征车辆购置税的通知》（文号：财税〔2016〕102 号）

7. 来华专家购置车辆，免征车辆购置税

8. 留学人员购买车辆，免征车辆购置税

上述 7-8 项，均适用《财政部、国家税务总局关于防汛专用等车辆免征车辆购置税的通知》（文号：财税〔2001〕39 号）

9. 部队改挂车辆，免征车辆购置税

《财政部、税务总局关于公安现役部队和武警黄金森林水电部队改制后车辆移交地方管理有关税收政策的通知》（文号：财税〔2018〕163 号）

10. 部分乘用车，减征车辆购置税

《财政部、税务总局关于减征部分乘用车车辆购置税的公告》（文号：财政部、税

务总局公告 2022 年第 20 号）

11. 计划生育流动服务车，免征车辆购置税

《财政部、国家税务总局关于免征计划生育流动服务车车辆购置税的通知》（文号：财税〔2010〕78 号）

12. 对购置日期在 2022 年 6 月 1 日至 2022 年 12 月 31 日期间内且单车价格（不含增值税）不超过 30 万元的 2.0 升及以下排量乘用车，减半征收车购税。

13. 设有固定装置的非运输专用作业车辆，免征车辆购置税

《财政部、税务总局、工业和信息化部关于设有固定装置的非运输专用作业车辆免征车辆购置税有关政策的公告》（文号：财政部、税务总局、工业和信息化部公告 2020 年第 35 号）

相关文件及具体规定：

财政部　国家税务总局

关于减征部分乘用车车辆购置税的公告

财政部、税务总局公告 2022 年第 20 号

在《财政部、税务总局关于车辆购置税有关具体政策的公告》（财政部、税务总局公告 2019 年第 71 号）公告中明确：

地铁、轻轨等城市轨道交通车辆，装载机、平地机、挖掘机、推土机等轮式专用机械车，以及起重机（吊车）、叉车、电动摩托车，不属于应税车辆。

财政部、国家税务总局

关于继续执行的车辆购置税优惠政策的公告

文号：财政部、税务总局公告 2019 年第 75 号　发布日期：2019-06-28

为贯彻落实《车辆购置税法》，现将继续执行的车辆购置税优惠政策公告如下：

一、回国服务的在外留学人员用现汇购买 1 辆个人自用国产小汽车和长期来华定居专家进口 1 辆自用小汽车免征车辆购置税。防汛部门和森林消防部门用于指挥、检查、调度、报汛（警）、联络的由指定厂家生产的设有固定装置的指定型号的车辆免征车辆购置税。具体操作按照《财政部、国家税务总局关于防汛专用等车辆免征车辆购置税的通知》（财税〔2001〕39 号）有关规定执行。

二、自 2018 年 1 月 1 日至 2020 年 12 月 31 日，对购置新能源汽车免征车辆购置税。具体操作按照《财政部、税务总局、工业和信息化部、科技部关于免征新能源汽

车车辆购置税的公告》（财政部、税务总局、工业和信息化部、科技部公告2017年第172号）有关规定执行。

三、自2018年7月1日至2021年6月30日，对购置挂车减半征收车辆购置税。具体操作按照《财政部、税务总局 工业和信息化部关于对挂车减征车辆购置税的公告》（财政部、税务总局、工业和信息化部公告2018年第69号）有关规定执行。

四、中国妇女发展基金会"母亲健康快车"项目的流动医疗车免征车辆购置税。

五、北京2022年冬奥会和冬残奥会组织委员会新购置车辆免征车辆购置税。

六、原公安现役部队和原武警黄金、森林、水电部队改制后换发地方机动车牌证的车辆（公安消防、武警森林部队执行灭火救援任务的车辆除外），一次性免征车辆购置税。

本公告自2019年7月1日起施行。

中华人民共和国车辆购置税法

（2018年12月29日第十三届全国人民代表大会常务委员会第七次会议通过）

第一条　在中华人民共和国境内购置汽车、有轨电车、汽车挂车、排气量超过一百五十毫升的摩托车（以下统称应税车辆）的单位和个人，为车辆购置税的纳税人，应当依照本法规定缴纳车辆购置税。

第二条　本法所称购置，是指以购买、进口、自产、受赠、获奖或者其他方式取得并自用应税车辆的行为。

第三条　车辆购置税实行一次性征收。购置已征车辆购置税的车辆，不再征收车辆购置税。

第四条　车辆购置税的税率为百分之十。

第五条　车辆购置税的应纳税额按照应税车辆的计税价格乘以税率计算。

第六条　应税车辆的计税价格，按照下列规定确定：

（一）纳税人购买自用应税车辆的计税价格，为纳税人实际支付给销售者的全部价款，不包括增值税税款；

（二）纳税人进口自用应税车辆的计税价格，为关税完税价格加上关税和消费税；

（三）纳税人自产自用应税车辆的计税价格，按照纳税人生产的同类应税车辆的销售价格确定，不包括增值税税款；

（四）纳税人以受赠、获奖或者其他方式取得自用应税车辆的计税价格，按照购置应税车辆时相关凭证载明的价格确定，不包括增值税税款。

第七条　纳税人申报的应税车辆计税价格明显偏低，又无正当理由的，由税务机关依照《税收征管法》的规定核定其应纳税额。

第八条　纳税人以外汇结算应税车辆价款的，按照申报纳税之日的人民币汇率中间价折合成人民币计算缴纳税款。

第九条　下列车辆免征车辆购置税：

（一）依照法律规定应当予以免税的外国驻华使馆、领事馆和国际组织驻华机构及其有关人员自用的车辆；

（二）中国人民解放军和中国人民武装警察部队列入装备订货计划的车辆；

（三）悬挂应急救援专用号牌的国家综合性消防救援车辆；

（四）设有固定装置的非运输专用作业车辆；

（五）城市公交企业购置的公共汽电车辆。

根据国民经济和社会发展的需要，国务院可以规定减征或者其他免征车辆购置税的情形，报全国人民代表大会常务委员会备案。

第十条　车辆购置税由税务机关负责征收。

第十一条　纳税人购置应税车辆，应当向车辆登记地的主管税务机关申报缴纳车辆购置税；购置不需要办理车辆登记的应税车辆的，应当向纳税人所在地的主管税务机关申报缴纳车辆购置税。

第十二条　车辆购置税的纳税义务发生时间为纳税人购置应税车辆的当日。纳税人应当自纳税义务发生之日起六十日内申报缴纳车辆购置税。

第十三条　纳税人应当在向公安机关交通管理部门办理车辆注册登记前，缴纳车辆购置税。

公安机关交通管理部门办理车辆注册登记，应当根据税务机关提供的应税车辆完税或者免税电子信息对纳税人申请登记的车辆信息进行核对，核对无误后依法办理车辆注册登记。

第十四条　免税、减税车辆因转让、改变用途等原因不再属于免税、减税范围的，纳税人应当在办理车辆转移登记或者变更登记前缴纳车辆购置税。计税价格以免税、减税车辆初次办理纳税申报时确定的计税价格为基准，每满一年扣减百分之十。

第十五条　纳税人将已征车辆购置税的车辆退回车辆生产企业或者销售企业的，可以向主管税务机关申请退还车辆购置税。退税额以已缴税款为基准，自缴纳税款之日至申请退税之日，每满一年扣减百分之十。

第十六条　税务机关和公安、商务、海关、工业和信息化等部门应当建立应税车辆信息共享和工作配合机制，及时交换应税车辆和纳税信息资料。

第十七条　车辆购置税的征收管理，依照本法和《税收征管法》的规定执行。

第十八条　纳税人、税务机关及其工作人员违反本法规定的，依照《税收征管法》和有关法律法规的规定追究法律责任。

第十九条　本法自2019年7月1日起施行。2000年10月22日国务院公布的《中华人民共和国车辆购置税暂行条例》同时废止。

国家税务总局
关于车辆购置税征收管理有关事项的公告

文号：国家税务总局公告 2019 年第 26 号　发布日期：2019-06-21

为落实《车辆购置税法》（以下简称《车辆购置税法》），规范车辆购置税征收管理，现就有关事项公告如下：

一、车辆购置税实行一车一申报制度。

二、《车辆购置税法》第六条第四项所称的购置应税车辆时相关凭证，是指原车辆所有人购置或者以其他方式取得应税车辆时载明价格的凭证。无法提供相关凭证的，参照同类应税车辆市场平均交易价格确定其计税价格。

原车辆所有人为车辆生产或者销售企业，未开具机动车销售统一发票的，按照车辆生产或者销售同类应税车辆的销售价格确定应税车辆的计税价格。无同类应税车辆销售价格的，按照组成计税价格确定应税车辆的计税价格。

三、购置应税车辆的纳税人，应当到下列地点申报纳税：

（一）需要办理车辆登记的，向车辆登记地的主管税务机关申报纳税。

（二）不需要办理车辆登记的，单位纳税人向其机构所在地的主管税务机关申报纳税，个人纳税人向其户籍所在地或者经常居住地的主管税务机关申报纳税。

四、《车辆购置税法》第十二条所称纳税义务发生时间，按照下列情形确定：

（一）购买自用应税车辆的为购买之日，即车辆相关价格凭证的开具日期。

（二）进口自用应税车辆的为进口之日，即《海关进口增值税专用缴款书》或者其他有效凭证的开具日期。

（三）自产、受赠、获奖或者以其他方式取得并自用应税车辆的为取得之日，即合同、法律文书或者其他有效凭证的生效或者开具日期。

五、纳税人办理纳税申报时应当如实填报《车辆购置税纳税申报表》（见附件1），同时提供车辆合格证明和车辆相关价格凭证。

六、纳税人在办理车辆购置税免税、减税时，除按本公告第五条规定提供资料外，还应当根据不同的免税、减税情形，分别提供相关资料的原件、复印件。

（一）外国驻华使馆、领事馆和国际组织驻华机构及其有关人员自用车辆，提供机构证明和外交部门出具的身份证明。

（二）城市公交企业购置的公共汽电车辆，提供所在地县级以上（含县级）交通运输主管部门出具的公共汽电车辆认定表。

（三）悬挂应急救援专用号牌的国家综合性消防救援车辆，提供中华人民共和国应急管理部批准的相关文件。

（四）回国服务的在外留学人员购买的自用国产小汽车，提供海关核发的《中华人民共和国海关回国人员购买国产汽车准购单》。

（五）长期来华定居专家进口自用小汽车，提供国家外国专家局或者其授权单位核发的专家证或者a类和b类《外国人工作许可证》。

七、免税、减税车辆因转让、改变用途等原因不再属于免税、减税范围的，纳税人在办理纳税申报时，应当如实填报《车辆购置税纳税申报表》。发生二手车交易行为的，提供二手车销售统一发票；属于其他情形的，按照相关规定提供申报材料。

八、已经缴纳车辆购置税的，纳税人向原征收机关申请退税时，应当如实填报《车辆购置税退税申请表》（见附件2），提供纳税人身份证明，并区别不同情形提供相关资料。

（一）车辆退回生产企业或者销售企业的，提供生产企业或者销售企业开具的退车证明和退车发票。

（二）其他依据法律法规规定应当退税的，根据具体情形提供相关资料。

九、纳税人应当如实申报应税车辆的计税价格，税务机关应当按照纳税人申报的计税价格征收税款。纳税人编造虚假计税依据的，税务机关应当依照《税收征管法》及其实施细则的相关规定处理。

十、本公告要求纳税人提供的资料，税务机关能够通过政府信息共享等手段获取相关资料信息的，纳税人不再提交。

十一、税务机关应当在税款足额入库或者办理免税手续后，将应税车辆完税或者免税电子信息，及时传送给公安机关交通管理部门。

税款足额入库包括以下情形：纳税人到银行缴纳车辆购置税税款（转账或者现金），由银行将税款缴入国库的，国库已传回《税收缴款书（银行经收专用）》联次；纳税人通过横向联网电子缴税系统等电子方式缴纳税款的，税款划缴已成功；纳税人在办税服务厅以现金方式缴纳税款的，主管税务机关已收取税款。

十二、纳税人名称、车辆厂牌型号、发动机号、车辆识别代号（车架号）、证件号码等应税车辆完税或者免税电子信息与原申报资料不一致的，纳税人可以到税务机关办理完税或者免税电子信息更正，但是不包括以下情形：

（一）车辆识别代号（车架号）和发动机号同时与原申报资料不一致。

（二）完税或者免税信息更正影响到车辆购置税税款。

（三）纳税人名称和证件号码同时与原申报资料不一致。

税务机关核实后，办理更正手续，重新生成应税车辆完税或者免税电子信息，并且及时传送给公安机关交通管理部门。

十三、《车辆购置税法》第九条所称"设有固定装置的非运输专用作业车辆"，是指列入国家税务总局下发的《设有固定装置的非运输专用作业车辆免税图册》（以下简称免税图册）的车辆。

纳税人在办理设有固定装置的非运输专用作业车辆免税申报时，除按照本公告第五条规定提供资料外，还应当提供车辆内、外观彩色5寸照片，主管税务机关依据免税图册办理免税手续。

【飞狼财税通编注：根据2020.12.05税务总局、工业和信息化部公告2020年第20号《税务总局、工业和信息化部关于设有固定装置的非运输专用作业车辆免征车辆购置税有关管理事项的公告》税务机关对2020年12月31日之前申报的、符合免税条件的车辆编列下发最后一期《免税图册》后，本文第十三条废止。】

十四、本公告所称车辆合格证明，是指整车出厂合格证或者《车辆电子信息单》（见附件3）。

本公告所称车辆相关价格凭证是指：境内购置车辆为机动车销售统一发票或者其他有效凭证；进口自用车辆为《海关进口关税专用缴款书》或者海关进出口货物征免税证明，属于应征消费税车辆的还包括《海关进口消费税专用缴款书》。

本公告所称纳税人身份证明是指：单位纳税人为《统一社会信用代码证书》，或者营业执照或者其他有效机构证明；个人纳税人为居民身份证，或者居民户口簿或者入境的身份证件。

十五、《车辆购置税纳税申报表》《车辆购置税退税申请表》，样式由国家税务总局统一规定，国家税务总局各省、自治区、直辖市和计划单列市税务局自行印制，纳税人也可以在税务机关网站下载、提交。

十六、纳税人2019年6月30日（含）前购置属于《中华人民共和国车辆购置税暂行条例》规定的应税车辆，在2019年7月1日前未申报纳税的，应当按照规定的申报纳税期限申报纳税。

十七、本公告自2019年7月1日起施行。《车辆购置税全文废止和部分条款废止的文件目录》（见附件4）同日生效。

特此公告。

第六节　环境保护税

环境保护税是针对污水、废气、噪声和废弃物等突出的"显性污染"进行强制征税。2018年1月，我国首部环境保护税法正式施行，在全国范围对大气污染物、水污染物、固体废物和噪声等4大类污染物、共计117种主要污染因子进行征税。环境保护税征税范围包括4大类：大气污染物（不包含温室气体二氧化碳）、水污染物、固体废物（煤矸石、尾矿、危险废物、冶炼渣、粉煤灰、炉渣以及其他固定废物）、噪声（仅包含工业噪声）。**环境保护税税款全部作为地方财政收入。**

根据《环境保护税法》（中华人民共和国主席令第61号）第十二条规定：

下列情形，暂予免征环境保护税：

（一）农业生产（不包括规模化养殖）排放应税污染物的；

（二）机动车、铁路机车、非道路移动机械、船舶和航空器等流动污染源排放应税污染物的；

（三）依法设立的城乡污水集中处理、生活垃圾集中处理场所排放相应应税污染物，不超过国家和地方规定的排放标准的；

（四）纳税人综合利用的固体废物，符合国家和地方环境保护标准的；

（五）国务院批准免税的其他情形。

前款第五项免税规定，由国务院报全国人民代表大会常务委员会备案。

纳税人排放应税大气污染物或者水污染物的浓度值低于国家和地方规定的污染物排放标准百分之三十的减征环境保护税

纳税人排放应税大气污染物或者水污染物的浓度值低于国家和地方规定的污染物排放标准百分之五十的减征环境保护税

中华人民共和国环境保护税法

文号：主席令第61号　发布日期：2016-12-25

《中华人民共和国环境保护税法》已由中华人民共和国第十二届全国人民代表大会常务委员会第二十五次会议于2016年12月25日通过，现予公布，自2018年1月1日起施行。

中华人民共和国主席　习近平

2016年12月25日

中华人民共和国环境保护税法

第一章　总　则

第一条　为了保护和改善环境，减少污染物排放，推进生态文明建设，制定本法。

第二条　在中华人民共和国领域和中华人民共和国管辖的其他海域，直接向环境排放应税污染物的企业事业单位和其他生产经营者为环境保护税的纳税人，应当依照本法规定缴纳环境保护税。

第三条 本法所称应税污染物，是指本法所附《环境保护税税目税额表》《应税污染物和当量值表》规定的大气污染物、水污染物、固体废物和噪声。

第四条 有下列情形之一的，不属于直接向环境排放污染物，不缴纳相应污染物的环境保护税：

（一）企业事业单位和其他生产经营者向依法设立的污水集中处理、生活垃圾集中处理场所排放应税污染物的；

（二）企业事业单位和其他生产经营者在符合国家和地方环境保护标准的设施、场所贮存或者处置固体废物的。

第五条 依法设立的城乡污水集中处理、生活垃圾集中处理场所超过国家和地方规定的排放标准向环境排放应税污染物的，应当缴纳环境保护税。

企业事业单位和其他生产经营者贮存或者处置固体废物不符合国家和地方环境保护标准的，应当缴纳环境保护税。

第六条 环境保护税的税目、税额，依照本法所附《环境保护税税目税额表》执行。

应税大气污染物和水污染物的具体适用税额的确定和调整，由省、自治区、直辖市人民政府统筹考虑本地区环境承载能力、污染物排放现状和经济社会生态发展目标要求，在本法所附《环境保护税税目税额表》中规定的税额幅度内提出，报同级人民代表大会常务委员会决定，并报全国人民代表大会常务委员会和国务院备案。

第二章 计税依据和应纳税额

第七条 应税污染物的计税依据，按照下列方法确定：

（一）应税大气污染物按照污染物排放量折合的污染当量数确定；

（二）应税水污染物按照污染物排放量折合的污染当量数确定；

（三）应税固体废物按照固体废物的排放量确定；

（四）应税噪声按照超过国家规定标准的分贝数确定。

第八条 应税大气污染物、水污染物的污染当量数，以该污染物的排放量除以该污染物的污染当量值计算。每种应税大气污染物、水污染物的具体污染当量值，依照本法所附《应税污染物和当量值表》执行。

第九条 每一排放口或者没有排放口的应税大气污染物，按照污染当量数从大到小排序，对前三项污染物征收环境保护税。

每一排放口的应税水污染物，按照本法所附《应税污染物和当量值表》，区分第一类水污染物和其他类水污染物，按照污染当量数从大到小排序，对第一类水污染物按照前五项征收环境保护税，对其他类水污染物按照前三项征收环境保护税。

省、自治区、直辖市人民政府根据本地区污染物减排的特殊需要，可以增加同一排放口征收环境保护税的应税污染物项目数，报同级人民代表大会常务委员会决定，并报全国人民代表大会常务委员会和国务院备案。

第十条　应税大气污染物、水污染物、固体废物的排放量和噪声的分贝数，按照下列方法和顺序计算：

（一）纳税人安装使用符合国家规定和监测规范的污染物自动监测设备的，按照污染物自动监测数据计算；

（二）纳税人未安装使用污染物自动监测设备的，按照监测机构出具的符合国家有关规定和监测规范的监测数据计算；

（三）因排放污染物种类多等原因不具备监测条件的，按照国务院环境保护主管部门生态环境主管部门规定的排污系数、物料衡算方法计算；

（四）不能按照本条第一项至第三项规定的方法计算的，按照省、自治区、直辖市人民政府环境保护主管部门生态环境主管部门规定的抽样测算的方法核定计算。

第十一条　环境保护税应纳税额按照下列方法计算：

（一）应税大气污染物的应纳税额为污染当量数乘以具体适用税额；

（二）应税水污染物的应纳税额为污染当量数乘以具体适用税额；

（三）应税固体废物的应纳税额为固体废物排放量乘以具体适用税额；

（四）应税噪声的应纳税额为超过国家规定标准的分贝数对应的具体适用税额。

第三章　税收减免

第十二条　下列情形，暂予免征环境保护税：

（一）农业生产（不包括规模化养殖）排放应税污染物的；

（二）机动车、铁路机车、非道路移动机械、船舶和航空器等流动污染源排放应税污染物的；

（三）依法设立的城乡污水集中处理、生活垃圾集中处理场所排放相应应税污染物，不超过国家和地方规定的排放标准的；

（四）纳税人综合利用的固体废物，符合国家和地方环境保护标准的；

（五）国务院批准免税的其他情形。

前款第五项免税规定，由国务院报全国人民代表大会常务委员会备案。

第十三条　纳税人排放应税大气污染物或者水污染物的浓度值低于国家和地方规定的污染物排放标准百分之三十的，减按百分之七十五征收环境保护税。纳税人排放应税大气污染物或者水污染物的浓度值低于国家和地方规定的污染物排放标准百分之五十的，减按百分之五十征收环境保护税。

第四章　征收管理

第十四条　环境保护税由税务机关依照《税收征管法》和本法的有关规定征收管理。

环境保护主管部门生态环境主管部门依照本法和有关环境保护法律法规的规定负责对污染物的监测管理。

县级以上地方人民政府应当建立税务机关、环境保护主管部门生态环境主管部门和其他相关单位分工协作工作机制，加强环境保护税征收管理，保障税款及时足额入库。

第十五条 环境保护主管部门生态环境主管部门和税务机关应当建立涉税信息共享平台和工作配合机制。

环境保护主管部门生态环境主管部门应当将排污单位的排污许可、污染物排放数据、环境违法和受行政处罚情况等环境保护相关信息，定期交送税务机关。

税务机关应当将纳税人的纳税申报、税款入库、减免税额、欠缴税款以及风险疑点等环境保护税涉税信息，定期交送环境保护主管部门生态环境主管部门。

第十六条 纳税义务发生时间为纳税人排放应税污染物的当日。

第十七条 纳税人应当向应税污染物排放地的税务机关申报缴纳环境保护税。

第十八条 环境保护税按月计算，按季申报缴纳。不能按固定期限计算缴纳的，可以按次申报缴纳。

纳税人申报缴纳时，应当向税务机关报送所排放应税污染物的种类、数量，大气污染物、水污染物的浓度值，以及税务机关根据实际需要要求纳税人报送的其他纳税资料。

第十九条 纳税人按季申报缴纳的，应当自季度终了之日起十五日内，向税务机关办理纳税申报并缴纳税款。纳税人按次申报缴纳的，应当自纳税义务发生之日起十五日内，向税务机关办理纳税申报并缴纳税款。

纳税人应当依法如实办理纳税申报，对申报的真实性和完整性承担责任。

第二十条 税务机关应当将纳税人的纳税申报数据资料与环境保护主管部门生态环境主管部门交送的相关数据资料进行比对。

税务机关发现纳税人的纳税申报数据资料异常或者纳税人未按照规定期限办理纳税申报的，可以提请环境保护主管部门生态环境主管部门进行复核，环境保护主管部门生态环境主管部门应当自收到税务机关的数据资料之日起十五日内向税务机关出具复核意见。税务机关应当按照环境保护主管部门生态环境主管部门复核的数据资料调整纳税人的应纳税额。

第二十一条 依照本法第十条第四项的规定核定计算污染物排放量的，由税务机关会同环境保护主管部门生态环境主管部门核定污染物排放种类、数量和应纳税额。

第二十二条 纳税人从事海洋工程向中华人民共和国管辖海域排放应税大气污染物、水污染物或者固体废物，申报缴纳环境保护税的具体办法，由国务院税务主管部门会同国务院海洋主管部门生态环境主管部门规定。

第二十三条 纳税人和税务机关、环境保护主管部门生态环境主管部门及其工作人员违反本法规定的，依照《税收征管法》、《中华人民共和国环境保护法》和有关法律法规的规定追究法律责任。

第二十四条　各级人民政府应当鼓励纳税人加大环境保护建设投入，对纳税人用于污染物自动监测设备的投资予以资金和政策支持。

第五章　附　则

第二十五条　本法下列用语的含义：

（一）污染当量，是指根据污染物或者污染排放活动对环境的有害程度以及处理的技术经济性，衡量不同污染物对环境污染的综合性指标或者计量单位。同一介质相同污染当量的不同污染物，其污染程度基本相当。

（二）排污系数，是指在正常技术经济和管理条件下，生产单位产品所应排放的污染物量的统计平均值。

（三）物料衡算，是指根据物质质量守恒原理对生产过程中使用的原料、生产的产品和产生的废物等进行测算的一种方法。

第二十六条　直接向环境排放应税污染物的企业事业单位和其他生产经营者，除依照本法规定缴纳环境保护税外，应当对所造成的损害依法承担责任。

第二十七条　自本法施行之日起，依照本法规定征收环境保护税，不再征收排污费。

第二十八条　本法自 2018 年 1 月 1 日起施行。

中华人民共和国环境保护税法实施条例

文号：国务院令第 693 号　发布日期：2017-12-25

第一章　总　则

第一条　根据《中华人民共和国环境保护税法》（以下简称环境保护税法），制定本条例。

第二条　环境保护税法所附《环境保护税税目税额表》所称其他固体废物的具体范围，依照环境保护税法第六条第二款规定的程序确定。

第三条　环境保护税法第五条第一款、第十二条第一款第三项规定的城乡污水集中处理场所，是指为社会公众提供生活污水处理服务的场所，不包括为工业园区、开发区等工业聚集区域内的企业事业单位和其他生产经营者提供污水处理服务的场所，以及企业事业单位和其他生产经营者自建自用的污水处理场所。

第四条　达到省级人民政府确定的规模标准并且有污染物排放口的畜禽养殖场，应当依法缴纳环境保护税；依法对畜禽养殖废弃物进行综合利用和无害化处理的，不属于直接向环境排放污染物，不缴纳环境保护税。

第二章　计税依据

第五条　应税固体废物的计税依据，按照固体废物的排放量确定。固体废物的排放量为当期应税固体废物的产生量减去当期应税固体废物的贮存量、处置量、综合利用量的余额。

前款规定的固体废物的贮存量、处置量，是指在符合国家和地方环境保护标准的设施、场所贮存或者处置的固体废物数量；固体废物的综合利用量，是指按照国务院发展改革、工业和信息化主管部门关于资源综合利用要求以及国家和地方环境保护标准进行综合利用的固体废物数量。

第六条　纳税人有下列情形之一的，以其当期应税固体废物的产生量作为固体废物的排放量：

（一）非法倾倒应税固体废物；（二）进行虚假纳税申报。

第七条　应税大气污染物、水污染物的计税依据，按照污染物排放量折合的污染当量数确定。

纳税人有下列情形之一的，以其当期应税大气污染物、水污染物的产生量作为污染物的排放量：

（一）未依法安装使用污染物自动监测设备或者未将污染物自动监测设备与环境保护主管部门的监控设备联网；

（二）损毁或者擅自移动、改变污染物自动监测设备；

（三）篡改、伪造污染物监测数据；

（四）通过暗管、渗井、渗坑、灌注或者稀释排放以及不正常运行防治污染设施等方式违法排放应税污染物；

（五）进行虚假纳税申报。

第八条　从两个以上排放口排放应税污染物的，对每一排放口排放的应税污染物分别计算征收环境保护税；纳税人持有排污许可证的，其污染物排放口按照排污许可证载明的污染物排放口确定。

第九条　属于环境保护税法第十条第二项规定情形的纳税人，自行对污染物进行监测所获取的监测数据，符合国家有关规定和监测规范的，视同环境保护税法第十条第二项规定的监测机构出具的监测数据。

第三章　税收减免

第十条　环境保护税法第十三条所称应税大气污染物或者水污染物的浓度值，是指纳税人安装使用的污染物自动监测设备当月自动监测的应税大气污染物浓度值的小时平均值再平均所得数值或者应税水污染物浓度值的日平均值再平均所得数值，或者监测机构当月监测的应税大气污染物、水污染物浓度值的平均值。

依照环境保护税法第十三条的规定减征环境保护税的，前款规定的应税大气污染物浓度值的小时平均值或者应税水污染物浓度值的日平均值，以及监测机构当月每次监测的应税大气污染物、水污染物的浓度值，均不得超过国家和地方规定的污染物排放标准。

第十一条　依照环境保护税法第十三条的规定减征环境保护税的，应当对每一排放口排放的不同应税污染物分别计算。

第四章　征收管理

第十二条　税务机关依法履行环境保护税纳税申报受理、涉税信息比对、组织税款入库等职责。

环境保护主管部门依法负责应税污染物监测管理，制定和完善污染物监测规范。

第十三条　县级以上地方人民政府应当加强对环境保护税征收管理工作的领导，及时协调、解决环境保护税征收管理工作中的重大问题。

第十四条　国务院税务、环境保护主管部门制定涉税信息共享平台技术标准以及数据采集、存储、传输、查询和使用规范。

第十五条　环境保护主管部门应当通过涉税信息共享平台向税务机关交送在环境保护监督管理中获取的下列信息：

（一）排污单位的名称、统一社会信用代码以及污染物排放口、排放污染物种类等基本信息；

（二）排污单位的污染物排放数据（包括污染物排放量以及大气污染物、水污染物的浓度值等数据）；

（三）排污单位环境违法和受行政处罚情况；

（四）对税务机关提请复核的纳税人的纳税申报数据资料异常或者纳税人未按照规定期限办理纳税申报的复核意见；

（五）与税务机关商定交送的其他信息。

第十六条　税务机关应当通过涉税信息共享平台向环境保护主管部门交送下列环境保护税涉税信息：

（一）纳税人基本信息；

（二）纳税申报信息；

（三）税款入库、减免税额、欠缴税款以及风险疑点等信息；

（四）纳税人涉税违法和受行政处罚情况；

（五）纳税人的纳税申报数据资料异常或者纳税人未按照规定期限办理纳税申报

的信息；

（六）与环境保护主管部门商定交送的其他信息。

第十七条 环境保护税法第十七条所称应税污染物排放地是指：

（一）应税大气污染物、水污染物排放口所在地；

（二）应税固体废物产生地；

（三）应税噪声产生地。

第十八条 纳税人跨区域排放应税污染物，税务机关对税收征收管辖有争议的，由争议各方按照有利于征收管理的原则协商解决；不能协商一致的，报请共同的上级税务机关决定。

第十九条 税务机关应当依据环境保护主管部门交送的排污单位信息进行纳税人识别。

在环境保护主管部门交送的排污单位信息中没有对应信息的纳税人，由税务机关在纳税人首次办理环境保护税纳税申报时进行纳税人识别，并将相关信息交送环境保护主管部门。

第二十条 环境保护主管部门发现纳税人申报的应税污染物排放信息或者适用的排污系数、物料衡算方法有误的，应当通知税务机关处理。

第二十一条 纳税人申报的污染物排放数据与环境保护主管部门交送的相关数据不一致的，按照环境保护主管部门交送的数据确定应税污染物的计税依据。

第二十二条 环境保护税法第二十条第二款所称纳税人的纳税申报数据资料异常，包括但不限于下列情形：

（一）纳税人当期申报的应税污染物排放量与上一年同期相比明显偏低，且无正当理由；

（二）纳税人单位产品污染物排放量与同类型纳税人相比明显偏低，且无正当理由。

第二十三条 税务机关、环境保护主管部门应当无偿为纳税人提供与缴纳环境保护税有关的辅导、培训和咨询服务。

第二十四条 税务机关依法实施环境保护税的税务检查，环境保护主管部门予以配合。

第二十五条 纳税人应当按照税收征收管理的有关规定，妥善保管应税污染物监测和管理的有关资料。

第五章 附 则

第二十六条 本条例自2018年1月1日起施行。2003年1月2日国务院公布的《排污费征收使用管理条例》同时废止。

第六章　实务与应用

在公平税负和税收中性的一般原则下，渗透着税收优惠的政策。税收优惠政策无疑为企业依据税收杠杆导向，即依据税负的轻重择取有利于切身利益最大化的经营理财行为提供了动力，也为税务筹划提供了一定的客观条件。目前，我国税收优惠政策的目标体现为多元化的特点，如为了调整产业结构，给予外商投资企业的优惠集中于生产性企业上，又特别鼓励高新技术企业、出口创汇企业、举办技术或知识密集型项目以及投资于基础设施的企业。

税收筹划的前提条件是必须符合国家法律及税收法规规定，必须要以符合税收政策法规为导向或指引的，合法（不违法）性；税收筹划的发生必须是在生产经营和投资理财活动之前，事前谋划如何将或有收益实现权益最大化，事前（预知）性；税收筹划的目标是使纳税人的税收利益最大化，实现纳税零风险和收益最大化。所谓"税收利益最大化"，包括税负最轻、税后利润最大化、企业价值最大化等内涵，而不仅仅是指的税负最轻，既有可以度量的看得见摸得着的，也有无形的，如纳税信誉和商标商誉等无形资产。

第一节　税收筹划的应用

甲行家税收筹划金字塔，第一层是基础和前提条件，即税收优惠，第二层是应用和技术战术，即纳税规划，第三层是统筹和谋略，即纳税筹划。本节主要阐述税收优惠的应用，如何在纳税筹划中运用税收优惠。

应该说，税收筹划根本就不是如何利用现行税收政策的缺陷、不足和漏洞。税收筹划方式多种多样，风险或有或无，或多或少，其中利用税收优惠政策进行税收筹划是风险最小的。

优惠政策的应用是企业进行纳税筹划的主要思路之一。节税筹划事实上就是大量地应用税收优惠，依法依规、合理地享受大家应当享受的优惠。应享尽享政策是国家给纳税人的权利，很多企业花挺大的成本去偷逃税，而放着目前的优惠不去用，是咎由自取。充分利用税收优惠政策进行企业所得税纳税筹划离不开税务局的有力宣传和企业自身的深入解读与应用。通过纳税筹划能达到提高企业经济效益，实现社会资源优化配置，促进社会发展，形成政府与企业的良性互动。

一、充分运用税收优惠政策是最基本的纳税筹划

对税收优惠政策进行研究和运用，充分利用税收优惠条款，享受节税效益。用好用足税收优惠政策本身，是纳税筹划最重要的课题之一。

税收优惠政策是税法中用以减轻某些特定纳税人税收负担的特殊规定。将税法的优惠政策使用齐全，符合税法的导向，可以使纳税人获得合法的节税利益，对整个国家的经济建设也是非常有利的。国家也鼓励企业这么做，因为纳税筹划不仅减轻了企业的税收负担，同时它也促进了国家的宏观调控。企业在各个不同生命时期都可以利用国家出台的优惠政策进行纳税筹划。

税收优惠是税制设计的基本要素，国家为了实现税收调节功能，一般在每个税种设计时，都设有税收优惠条款，企业如果充分利用税收优惠条款，就可享受节税效益，因此，用好税收优惠政策本身就是纳税筹划的过程。我们选择税收优惠作为纳税筹划突破口时，应注意两个问题：一是不要曲解税收优惠条款而滥用税收优惠，以欺骗手段获取税收优惠利益；二是应充分了解税收优惠条款，并按规定程序进行纳税申报和备案处理，避免因程序不当资料不全而失去应有权益。

利用税收优惠政策开展纳税筹划，可以通过选择投资地区与行业的方式落地。

开展纳税筹划的一个重要条件就是投资于不同的地区和不同的行业以享受不同的税收优惠政策。目前，企业所得税税收优惠政策形成了以产业优惠为主、区域优惠为辅、兼顾社会进步的新的税收优惠格局。区域税收优惠只保留了西部大开发税收优惠政策，其他区域优惠政策已基本取消。产业税收优惠政策主要体现在促进技术创新和科技进步，鼓励基础设施建设，鼓励农业发展及环境保护与节能等方面。因此，我们利用税收优惠政策开展纳税筹划，主要体现在以下几个方面。

（一）低税率及减计收入优惠政策

对符合条件的小型微利企业实行20%的优惠税率；资源综合利用企业的收入总额减计10%，税法对小型微利企业在应纳税所得额、从业人数和资产总额等方面进行了明确界定。

（二）产业投资的税收优惠政策

对国家需要重点扶持的高新技术企业减按 15% 税率征收所得税；对农林牧渔业给予免税；对国家重点扶持基础设施投资享受三免三减半税收优惠；对环保、节能节水、安全生产等专用设备投资额的 10% 从企业当年应纳税额中抵免。

（三）就业安置的优惠政策

企业安置残疾人员所支付的工资加计 100% 扣除，安置特定人员（如下岗、待业、专业人员等）就业支付的工资也给予一定的加计扣除。企业只要录用下岗员工、残疾人士等都可享受加计扣除的税收优惠。企业可以结合自身经营特点，分析哪些岗位适合安置国家鼓励就业的人员，测算录用上述人员与录用一般人员在工薪成本、培训成本、劳动生产率等方面的差异，纳税筹划在不影响企业效率的基础上尽可能录用可以享受优惠的特定人员。

二、税收优惠是实现纳税筹划目的的工具，不是目标

纳税筹划工作必须建立在熟悉并遵守国家税法的基础上，主要有两个筹划途径：一是选择低税负方案；二是争取迟延纳税时间。税收优惠是构成低税负的合法的核心元素，充分运用优惠政策实现降低整体税负，达到零风险节税的目的，实现利益最大化目标。**纳税筹划绝不能本末倒置，为了享受某项或几项税收优惠政策而进行筹划，去靠拢优惠政策或为了筹划而筹划**。因为，如果税收优惠政策期限很短，为了享受这种优惠，必须对原有经营结构做大的调整，则企业付出的机会成本就会很大。并且，很多税收优惠是有期限限制的，一些没有期限限制的优惠政策，也存在随时调整或修改的可能性。

例如，2008 年 1 月 1 日施行的《企业所得税法》，是按照"简税制、宽税基、低税率、严征管"的基本原则对税收优惠政策进行了调整，鼓励企业加大技术开发投入、促进技术创新。特别鼓励自主技术创新，相应的优惠政策主要有：

（1）一个纳税年度内，居民企业技术转让所得不超过 500 万元的部分，免征企业所得税；超过 500 万元的部分，减半征收企业所得税。

（2）企业为开发新技术、新产品、新工艺发生的研究开发费用，未形成无形资产计入当期损益的，在按照规定据实扣除的基础上，按照研究开发费用的 50% 加计扣除；形成无形资产的，按照无形资产成本的 150% 摊销。

（3）国家需要重点扶持的高新技术企业，减按 15% 的税率征收企业所得税。

（4）创业投资企业采取股权投资方式投资于未上市的中小高新技术企业 2 年以上的，可以按照其投资额的 70% 在股权持有满 2 年的当年抵扣该创业投资企业的应纳税所得额；当年不足抵扣的，可以在以后纳税年度结转抵扣。

（5）企业的固定资产由于技术进步等原因，确需加速折旧的，可以缩短折旧年限

或者采取加速折旧的方法。

　　企业应当顺势而动，设立自己的研发机构，加大研发经费投入，努力获得发成果，从而享受上述税收优惠。

　　例如：1999 年颁布的《技术改造国产设备投资抵免企业所得税暂行办法》（简称《办法》）就是运用税收优惠鼓励企业搞技术改造，调动企业对科技投入的积极性，拉动经济全面增长的税收政策。《办法》规定：对在我国境内通过银行贷款或自筹资金投资凡符合国家产业政策技术改造项目的企业，其项目所需国产设备投资的 40%可以从企业技术改造项目设备购置当年比前一年新增的企业所得税中抵免；如果当年新增的企业所得税不足抵免时，未予抵免的投资额，可以用以后年度企业比此设备购置前一年新增的企业所得税延续抵免，但抵免的期限最长不得超过五年。可以看出，这些优惠政策实际上是国家拿国库的钱支持企业进行技术改造，促进企业以科技打造核心竞争力。优惠政策的实施可以极大地缓解企业技术改造资金不足的紧张局面。同时，《办法》强调了允许抵免的国产设备是指国内企业生产制造的生产经营性设备，不包括从国外进口的以"三来一补"方式制造的设备，这对引导企业购买国内商品、拉动内需也有着积极的促进作用。但是《办法》也规定要用新增的所得税来抵免投资额，这样有利于激励企业创造更多净利来争取享受这一优惠政策，同时也有利于约束企业的盲目投资。所以，有计划进行技术改造的企业都可把如何享受更多的投资税收抵免作为税收筹划的重点。因此，要把握国家政策的宏观走向，顺应国家的产业导向，对政府政策作出积极反应，尽量享受国家的优惠政策是税收筹划的首选。

　　从税收优惠切入，用好、用足优惠政策本身，就是纳税筹划的过程。

三、滥用税收优惠具有巨大风险

　　纳税筹划利用国家优惠政策节税的风险，称为政策性风险。政策性风险主要是指企业进行纳税筹划时，由于筹划方案与现行的税法政策和规定冲突，导致企业经济利益的流出或承担法律责任，给企业带来负面影响的风险。纳税筹划的政策性风险包括政策选择风险和政策变化风险。

　　（一）选择风险与隐形成本

　　纳税筹划的政策性风险之一是政策选择错误的风险，即自认为采取的行为符合一个国家的政策精神，但实际上不符合多数国家承认的国家政策精神，结果成为钻税法漏洞的伪筹划，会因违法而蒙受损失。比如纳税人利用避税地制定的低税负方案，应该说是符合避税地国的政策精神的，但却不符合大多数国家的反避税政策精神。最近，经济合作与发展组织（OECD）出版的报告表明，OECD 将致力于消除投资与财务决策中有害税收竞争的扭曲效应及对国家税基产生的后果。"有害税收竞争"（harmfultax-competition）主要是指避税地政府的低税政策，还包括实行与国内税收制度部分或完全隔离的税收优惠制度。

（二）变化风险与机会成本

随着时间的推移，政府税收政策要变化，旧的政策不断地取消或改变，新的政策不断推出，因此政府一些税收政策，特别是优惠政策具有不定期或相对较短的时效性。政策的这种不定期时效性使得纳税筹划，特别是长期纳税筹划产生一定的风险，周期越长则风险越大。由于纳税筹划是尽量使纳税人合法和合理地减少税收负担，所以纳税筹划的主要风险来自政策变化。政策变化风险主要有两种：一是国内政策变化风险，它是指国内政策发生变化引起的风险，国内纳税筹划一般只要考虑国内政策变化风险；二是国外政策变化风险，它是指有关国家政策变化引起的风险，国际税收筹划除了要考虑国内政策变化风险，还要考虑国外政策变化风险。

并不是说政策变化就一定有风险，一定会使得纳税筹划失败。如果政策变化没有超出预测的范围和程度，纳税筹划还是完全可以达到预期目标的。政策变化风险可以通过政策变化风险分析来防范，所以，纳税筹划的政策风险分析有着重要的意义，政策变化风险分析与预测能力，称为纳税筹划的一项核心能力。

纳税筹划是有成本的，对需要进行纳税筹划的企业来说，要重点分析对其财务利益有重大影响的筹划显性成本和隐性成本，只有筹划成本低于收益时，方案才是可行的，可操作的。在权衡成本的同时，更应该充分考虑风险，特别是滥用税收优惠政策，选择税收优惠作为纳税筹划的突破口时，应注意两个问题：一是纳税人不能曲解税收优惠条款，滥用税收优惠，以欺骗手段骗取税收优惠，被税务局发现后认定逃税或骗税而进行补税、加收滞纳金和行政处罚的巨大风险，甚至涉嫌违法犯罪被移送司法处理；二是纳税人应充分了解税收优惠条款，并按法定程序进行申请，避免因程序不当、备查资料不全而失去应有的权益。

四、企业所得税的纳税筹划——充分利用税收优惠政策

企业所得税的优惠政策丰富多彩，多种多样，我们应当充分了解各项减免税政策法规，在注册地址、组建形式、股权结构、经营方式上，要充分参考所得税优惠政策，以达到总体税负的优化。企业所得税的减免优惠政策，是多半都有一定时效的。此外，企业在减免税快到期时，将未来收益在减免税期间内实现，将亏损推迟到征税期再实现，也可以达到规避一部分所得税的目的。如何充分利用企业所得税的优惠政策，实现纳税筹划达到降低税负获取相关收益呢？

经税务局审核，符合下列条件的企业，可按下述规定给予减税或免税优惠：

（一）为了支持和鼓励发展第三产业企业，可按产业政策在一定期限内减征或免征所得税。

1. 对农村的为农业生产的产前、产中、产后服务的行为，即乡村的农技推广站、

植保站、水管站、林业站、畜牧兽医站、水产站、种子站、农机站、气象站，以及农民专业技术协会、专业合作社，对其提供的技术服务或劳务所得，以及城镇其他各类事业单位开展上述技术服务或劳务所得的收入，暂免征收所得税。

2. 对科研单位和大专院校服务于各业的技术成果转让、技术培训、技术咨询、技术服务、技术承包所取得的技术性服务收入，暂免征收所得税。

3. 对新办的独立核算的从事咨询业（包括科技、法律、会计、审计、税务等咨询）、信息业、技术服务业的企业或经营性单位，自开业之日起，第一年至第二年免征所得税。

4. 对新办的三产企业经营业务的，按其经营业务（以其实际经营额计算）来确定减免税政策。

（二）企业利用废水、废气、废渣等废弃物为主要原料进行生产的，可在五年内减征或免征所得税。

1. 企业在原设计规定的产品以外，综合利用本企业生产过程中产生的、在《资源综合利用目录》内的资料和主要原料生产的产品的所得，自生产经营之日起，免征所得税五年。

2. 企业利用本企业的大宗煤矸石、炉渣、粉煤灰作主要原料，生产建筑产品的所得，自生产经营之日起，免征所得税五年。

3. 为处理利用其他企业废弃的、在《资源综合利用目录》内的资源而新办的企业，经主管税务局批准后，可减征或免征所得税一年。

4. 国家确定的"老、少、边、穷"地区新办的企业，可在三年内减征或免征所得税，即在国家规定的老革命根据地、少数民族地区、边远地区、贫困地区新办的企业，经主管税务局批准后，可减征或免征所得税三年。

（三）新办的劳动就业服务企业，当年安置城镇待业人员达到规定比例的，可减征或免征所得税。

1. 新办的城镇劳动就业服务企业，当年安置待业人员超过企业从业人员总数的60%的，经主管税务局审查批准，可免征所得税三年。当年安置待业人员比例的计算公式为：当年安置待业人员比例＝当年安置待业人员人数÷（企业原从业人员总数+当年安置待业人员人数）×100%。

2. 劳动就业服务企业免税期满，当年新安置待业人员占企业原从业人员总数30%以上的，经主管税务局审查批准，可减半征收所得税二年，当年安置待业人员比例的计算公式：

当年安置待业人员比例＝当年安置待业人员人数÷企业原从业人员总数×100%。

3. 享受税收优惠的待业人员包括待业青年、国有企业转换经营机制的富余职工、机关事业单位精简机构的富余人员、农转非人员和两劳释放人员。

4. 劳动就业服务企业从业人员总数包括在该企业工作的各类人员，含聘用的临时工、合同工及离退休人员。

（四）民政部门举办的福利生产企业，可减征或免征所得税

1. 对民政部门举办的福利工厂和街道办的非中途转办的社会福利生产单位，凡安置"四残"人员占生产人员总数 35% 以上的，暂免征收所得税。凡安置"四残"人员占生产人员总数的比例超过 10% 未达到 35% 的，减半征收所得税。

2. 享受税收优惠政策的"四残"人员的范围包括盲、聋、哑和肢体残疾。

3. 享受税收优惠政策的福利生产企业必须符合下列条件：

①具有国家规定的开办企业的条件。②安置"四残"人员达到规定的比例。③生产和经营项目符合国家的产业政策，并适宜残疾人从事生产劳动或经营。④每个残疾职工都有适当的劳动岗位。⑤有必要的适合残疾人生理状况的安全生产条件和劳动保护措施。⑥有严格、完善的各项管理制度，并建立了"四表一册"（企业基本情况表，残疾职工工种安排表、企业职工工资表、利税分配使用报表、残疾职工名册）。

（五）外商投资企业和外国企业的所得税的优惠政策

为了有利于吸引外资，引进先进技术和设备，加速我国经济的发展，在涉外税收法律、行政法规中作出了许多分地区、有重点、多层次鼓励投资的税收优惠政策，为外商节税筹划提供了诸多方便。

1. 减按 15% 税率缴纳企业所得税的优惠

减按 15% 税率缴纳所得税的地区和企业包括：

①设在经济特区的外商投资企业和在经济特区设立机构、场所从事生产、经营的外国企业。②设在经济技术开发区的生产性外商投资企业。③在沿海经济开放区、经济技术开发区所在城市设立的生产性外商投资企业，经国家税务总局批准的。④在经济特区和经国务院批准的其他地区设立的外资银行；外资银行分行、中外合资银行以及财务公司等金融机构，外国投资者投入资本或分行由总行拨入营运资金超过 1000 万美元，经营期在 10 年以上的。⑤从事港口、码头建设的中外合资经营企业。⑥在国务院确定的国家高新技术开发区设立的被认定为高新技术企业的外商投资企业，以及在北京市新技术开发试验区设立的被认定为高新技术企业的外商投资企业。

上述适用 15% 税率缴纳所得税的，仅限于企业在相应地区内从事生产、经营所得。因此，存在着地区节税策划和经营内容的策划问题。

2. 定期减免税的优惠

坚持鼓励外商投资实施地区倾斜政策与产业倾斜政策相结合的原则。为引导外资投向，鼓励采用先进技术、设备，以及产品全部或大部分出口的外商投资企业。对按照产业政策鼓励投资的企业，除给予低税率照顾之外，还给予定期免税、减税的优惠，即所谓"免二减三"。

①对生产性外商投资企业，经营期在 10 年以上的，从开始获利的年度起，第 1 年和第 2 年免征企业所得税，第 3 年至第 5 年减半征税。但属于石油、天然气、稀有金属、贵重金属等资源开采项目的，由国务院另行规定。②从事农、林、牧业的外商投资企业和设在不发达地区的外商投资企业，依照税法规定享受 2 年免税、3 年减半征税期满后，经企业申请，国家税务总局批准，在以后的 10 年内可以继续按应纳税额减纳 15%~30% 的企业所得税。③从事港口、码头建设的中外合资经营企业，经营期在 15 年以上的，经企业申请，所在地省、自治区、直辖市税务局批准，从开始获利年度起，第 1 年至第 5 年免征企业所得税，第 6 年至第 10 年减半征收。④在海南经济特区设立的从事机场、港口、码头、铁路、公路、电站、煤矿、水利等基础设施项目的外商投资企业和从事农业开发经营的外商投资企业，经营期在 15 年以上的，经企业申请，海南省税务局批准，从开始获利的年度起，第 1 年至第 5 年免征企业所得税，第 6 年至第 10 年减半征收企业所得税。

3. 再投资退税优惠

为了鼓励外国投资者将企业取得的利润用于在我国境内再投资，税法作了再投资退税的优惠规定。所谓外商再投资，是指外商投资企业的外国投资者将其从该企业取得的利润在提取前直接用于增加注册资本，或者在提取后直接用于投资举办其他外商投资企业的行为。对外国投资者的再投资行为，我国采取了对原已缴纳的外商投资企业所得税金全部或部分退税的措施。

① 全部退税。外国投资者在我国境内直接再投资开办、扩建产品出口企业或先进技术企业，以及外国投资者将从海南经济特区的企业获得的利润直接再投资海南经济特区的基础设施建设项目和农业开发企业，可以依照规定，全部退还其再投资部分已缴的企业所得税税款。外国投资者直接投资开办、扩建的企业，自开始生产、经营起 3 年内没有达到产品出口企业标准的，或者没有被继续确认为先进技术企业的，应当缴回已退税款的 60%。

② 部分退税。外商投资企业的外国投资者，将从企业取得的利润直接再投资于该企业，增加注册资本，或者作为资本开办其他外商投资企业，经营期不少于 5 年的，可经法定程序，退还其再投资部分已缴纳所得税的 40% 税款。再投资不满 5 年撤出的，应当缴回已退的税款。关于退税，投资者须进一步掌握退税程序、计算和限定条件。

（六）综合分析权衡利弊

利用税收优惠政策获取税收利益，以实现税后利润最大化，是企业实施税收筹划常用的方式。由于税收优惠政策条款繁杂，适用要求高，不同的优惠政策所带来的预期税收利益和筹划成本，以及对税后利润总额的影响是不一样的。当税收利益大于筹划成本时，税收优惠政策的运用才具有可行性。

1. 在适用多项税收优惠政策时，必须进行比较分析，综合权衡利弊后作出选择税收优惠政策筹划的重点，在于根据自身的情况和现行税收优惠政策的规定，通过合理选择和运用，以达到节税或其他税收筹划的目的。

当企业同时适用多项税收优惠政策，并要在其中作出相应选择时，必须通过比较分析，综合权衡后，以获取税后利益最大化或特定税收目标效率最大化为标准作出选择。某项税收优惠政策是针对特定的税种而设计的，而企业一般需要同时缴纳多种税，这些税之间往往存在此消彼长的关系，因此，评价某项税收优惠政策带来的税收利益，主要是通过实施该项政策后所产生的税后总收益或优惠期内产生的税后总收益的现值等指标来反映。

2. 充分考虑税收优惠政策的筹划成本

税收优惠政策的筹划成本包括直接成本和间接成本。

直接成本主要是指为满足某一税收优惠政策的要求，对目前企业经济状况的改变而发生的经济资源的消耗。此外，直接成本还包括税收筹划中实际发生的费用。直接成本一般可用货币表示。间接成本主要是指税收优惠政策实施过程中可能出现的不确定因素而造成的风险费用。例如，因社会经济因素的变化而使正在执行的优惠政策突然被取消而给企业带来的损失，或者在税收优惠政策实施过程中，因企业经营策略的改变，或其他意外因素使企业不再具备或不再完全符合税收优惠政策的条件，而被迫取消享受优惠政策的资格。间接成本的发生一般具有不确定性，因此，在筹划过程中难以用货币予以计量，但在进行方案选择时应予以充分考虑。

当税收利益大于筹划成本时，税收优惠政策的运用才具有可行性。税收利益一般根据优惠政策带来的净收益现值与筹划成本现值的差额确定。

3. 跨国纳税人必须关注收益来源国与居住国政府是否签订税收饶让协议

国际税收饶让是指纳税人在收益来源国取得的税收优惠被视为已纳税收，在向居住国政府申报纳税时，这部分被视为已纳税收入允许从应税收入中抵免。跨国纳税人在收益来源国享受的税收优惠待遇，能否拥有这种税收饶让待遇，关键是看收益来源国与居住国政府是否签订了税收饶让协定，如果签订了这一协议，则跨国纳税人在收益来源国享受的税收优惠，便可最终获取其税收利益；如果没有签订这一协议，则在收益来源国获得的减免税，在向居住国政府申报纳税时，必须依法把该减免税额缴纳。因此，跨国纳税人在进行税收优惠政策筹划之前，必须搞清楚居住国与收益来源国之间是否已签订税收饶让协议。如果没有签订这一协议，一般收益来源国的税收优惠并不能给跨国纳税人带来实际的税收利益；如果已经签订这一协议，还应仔细研读有关的条款，搞清饶让的方法，以便更好地确定税收利益的预期。

五、高新技术企业要用足税收优惠

国家对高新技术企业在税收方面是特别优惠的，对一般企业的优惠均可享受，另外还有众多专门对高新技术企业的优惠。其中产业、行业政策优惠尤为突出，加上高新技术企业的设立地点、内外资形式都可选择，高新技术企业相比其他企业而言税收优惠的范围广，差别大，方式多，内容丰富，因此高新技术企业税收筹划的活动空间广阔，节税的潜力大。这些优惠主要反映在对高新技术企业生产经营有较大影响的流转税、关税和企业所得税中。

（一）关税优惠

1. 对企业（包括外商投资企业、外国企业）为生产《国家高新技术产品目录》的产品而进口所需的自用设备及按照合同随设备进口的技术及配套件、备件，除按照国发〔1997〕37号文件规定《国内投资项目不予免税的进口商品目录》所列商品外，免征关税。

2. 对企业（包括外商投资企业、外国企业）引进属于《国家高新技术产品目录》所列的先进技术，按合同规定向境外支付的软件费，免征关税。

3. 直接用于科学研究、科学实验和教学的进口仪器、设备，免征关税。

（二）增值税优惠

1. 自2001年1月1日起至2010年年底，一般纳税人销售其自行开发生产的计算机软件产品，可按法定17%的税率征收后，对实际税负超过3%的部分实行即征即退。**退税款由企业用于研究开发软件产品和扩大再生产。**

2. 符合国家产业政策要求的国内投资项目，在投资总额内进口的自用设备（特殊规定不予免税的少数商品除外），免进口环节的增值税。

3. 直接用于科学研究、科学实验和教学的进口仪器、设备，免进口环节增值税。

4. 转让企业全部产权涉及的应税货物的转让，不征增值税。

5. 自2003年1月1日起，以无形资产投资入股，参与投资方的利润分配、共同承担投资风险的行为，不征营业税。在投资后转让其股权的也不征收营业税。营改增后，优惠政策依然有效，就是不征增值税。

6. 对单位和个人（包括外商投资企业、外商投资设立的研究开发中心、外国企业和外籍个人）从事技术转让、技术开发业务和与之相关的技术咨询、技术服务业务取得的收入，免征增值税。

（三）企业所得税优惠

1. 具备条件的软件开发企业实际发放的工资，在计算应纳税所得额时准予扣除。

2. 企业研究开发新产品、新技术、新工艺所发生的各项费用逐年增长，增长幅度在10%以上（含10%）的企业，可再按实际发生额的50%抵扣应税所得额。

3. 内资企业资助非关联的科研机构和高等学校研究开发新产品、新技术、新工艺所发生的研究开发经费，经主管税务局审核确定，其资助支出可以全额在当年度应纳税所得额中扣除。

4. 外商投资企业和外国企业资助非关联科研机构和高等学校研究开发经费，参照《企业所得税法》中有关捐赠的税务处理办法，可以在资助企业计算企业应纳税所得税额时金额扣除。

5. 自 2001 年 1 月 1 日起，制药、食品（包括保健品、饮料）、日化、家电、通信、软件开发、集成电路、房地产开发、体育文化和家具建材商城等行业的企业，每一纳税年度可在销售（营业）收入 8% 的比例内据实扣除广告支出，超过比例部分的广告支出可无限期向以后纳税年度结转。

6. 从事软件开发、集成电路制造及其他业务的高新技术企业，互联网站，从事高新技术创业投资的风险投资企业，自登记成立之日起 5 个纳税年度内，广告支出可据实扣除。

7. 固定资产加速折旧：

①对在国民经济中具有重要地位、技术进步快的电子生产企业、船舶工业企业、生产"母机"的机械企业、飞机制造企业、汽车制造企业、化工生产企业、医药生产企业和经财政部批准的企业机器设备。②促进科技进步、环境保护和国家鼓励投资项目的关键设备，以及常年处于震动、超强度使用或受酸、碱等强烈腐蚀的机器设备。③集成电路生产企业的生产设备。④外购的达到固定资产标准或构成无形资产的软件。

8. 凡在我国境内投资于符合国家产业政策的技术改造项目的企业，其项目所需国产设备投资的 40% 可从企业技术改造项目设备购置当年比前一年新增的企业所得税中抵免。

9. 在国务院批准的高新技术产业开发区内的高新技术企业，减按 15% 的税率征收企业所得税；新办的高新技术企业，自投产年度起免征企业所得税 2 年。

10. 生产型外资企业生产经营期在 10 年以上的，可从获利年度起的第一年和第二年免征所得税，第三年至第五年减半征收所得税。

因此，高新技术企业相对其他类型企业的税收法律环境更为宽松，税收筹划的空间更广阔，节税的潜力更强。对于高新技术企业而言，充分享受国家的税收优惠政策，用好用足，是税收筹划的核心。

第二节　核定征收与税收优惠

"对外国企业常驻代表机构在中国境内从事居间介绍等业务所取得的收入，各地税务机关凡是可以按其实际收入申报征税的，或已掌握其签订合同以及佣金率等情况，都应当依照《暂行规定》，分别采用按实申报或核定征收的方法计算征税。"这是最早出现"核定征收"一词，是在《财政部、国家税务总局关于对外国企业常驻代表机构征税方法问题的通知》（文号：财税外字〔1985〕200号 发布日期：1985-09-19）（失效法规废止日期：2008-01-01）中出现的。

现行《税收征管法》中没有"核定征收"的概念或表述，是"核定应纳税额"，具体内容是这样规定的：

"第三十五条 纳税人有下列情形之一的，税务机关有权核定其应纳税额：

（一）依照法律、行政法规的规定可以不设置账簿的；

（二）依照法律、行政法规的规定应当设置账簿但未设置的；

（三）擅自销毁账簿或者拒不提供纳税资料的；

（四）虽设置账簿，但账目混乱或者成本资料、收入凭证、费用凭证残缺不全，难以查账的；

（五）发生纳税义务，未按照规定的期限办理纳税申报，经税务机关责令限期申报，逾期仍不申报的；

（六）纳税人申报的计税依据明显偏低，又无正当理由的。

税务机关核定应纳税额的具体程序和方法由国务院税务主管部门规定。

第三十六条 企业或者外国企业在中国境内设立的从事生产、经营的机构、场所与其关联企业之间的业务往来，应当按照独立企业之间的业务往来收取或者支付价款、费用；不按照独立企业之间的业务往来收取或者支付价款、费用，而减少其应纳税的收入或者所得额的，税务机关有权进行合理调整。

第三十七条 对未按照规定办理税务登记的从事生产、经营的纳税人以及临时从事经营的纳税人，由税务机关核定其应纳税额，责令缴纳；不缴纳的，税务机关可以扣押其价值相当于应纳税款的商品、货物。扣押后缴纳应纳税款的，税务机关必须立即解除扣押，并归还所扣押的商品、货物；扣押后仍不缴纳应纳税款的，经县以上税务局（分局）局长批准，依法拍卖或者变卖所扣押的商品、货物，以拍卖或者变卖所得抵缴税款。"

可以这样理解：一般情况下，核定征收就是核定应纳税额，在实际工作中，核定征收分为两类：日常征管核定征收和稽查（反避税调查）执法核定征收，核定征收既不是税收优惠政策，更不属于税收优惠方式，打着税收优惠旗号的核定征收都是在滥用核定权或核定权被滥用，其涉税违法风险奇高。

一、准确认识核定征收或核定应纳税额

（一）相关概念

1. 查账征收

查账征收也称"查账计征"，是指由纳税人依据账簿记载，先自行计算缴纳，事

后经税务局查账核实，如有不符时，可多退少补。这种征收方式主要对已建立会计账簿，会计记录完整的单位所适用的。与其对应的是核定征收。

这种征收方式适用于账簿、凭证、财务核算制度比较健全，能够据以如实核算，反映生产经营成果，正确计算应纳税款的纳税人。

2. 核定征收

核定征收是指由税务局对于账簿、凭证、财务核算制度不健全，不能据以如实核算、真实反映生产经营成果的纳税人，在正常生产经营条件下，或对其生产的应税产品查实核定产量和销售额，或根据用水用电等真实经营成本及发生的费用数据核定主营业务收入，然后依照税法规定的税率征收税款的征收方式。

核定征收税款是指由于纳税人的会计账簿不健全，资料残缺难以查账，或者其他原因难以准确确定纳税人应纳税额时，由税务局采用合理的方法依法核定纳税人应纳税款的一种征收方式，简称核定征收。

3. 核定应纳税额

核定应纳税额是指对生产不固定，会计账簿不健全的纳税人，由税务局依据纳税人的生产经营设备、从业人员和正常条件下的生产经营或提供劳务情况，对其生产经营或提供劳务的应税项目进行调查核实后，参考同地区同行业同规模纳税人的税负率，查定其应纳税税额（量）的一种征收方式。这种征收方式一般适用于会计账簿不健全的纳税人。

4. 核定征收所得税

核定应税所得率征收是指由主管税务局按税法规定的标准、程序和方法，预先核定纳税人的应税所得率，由纳税人根据纳税年度内的收入总额等项目的实际发生额，按预先核定的应税所得率计算应纳税所得额征收所得税的一种征收方式。

5. 核定征收方式

核定征收方式又包括定额征收和核定应税所得率征收两种办法，后者的交税总额等于企业销售额×应税所得率×25%（适用税率），各个行业的应税所得率有所不同。

核定应税所得率征收是指税务局按照一定的标准、程序和方法，预先核定纳税人的应税所得率，由纳税人根据纳税年度内的收入总额或成本费用等项目的实际发生额，按预先核定的应税所得率计算缴纳企业所得税的办法。

6. 征收方式

征收方式是税务局根据各税种的不同特点和征纳税双方的具体条件而对纳税人应纳税款入库所确定的计算、征收税款的形式和方法。一般情况下，征收方式包括四种：查账征收、核定征收、核定应税所得率征收和定期定额征收。

① 查账征收，是指由纳税人自行换算出计税金额向税务局申报，税务局对纳税人进行定期或不定期检查，检查其会计账目和会计凭证，核实其应纳税额。实行此种征

收方式的纳税人必须具备的条件是：财务会计制度健全，按照企业财务通则、企业财务会计准则和财务会计制度的规定建立账簿，填制凭证记录完整，可以根据其会计记录计算其应纳税额；企业设有专职的办税人员，能按税务局的规定按期算出应纳税额向税务局申报纳税；遵守税收法规。

② 核定征收，是指对生产不固定，会计账簿不健全的纳税人，由税务局依据纳税人的生产经营设备、从业人员和正常条件下的生产经营或提供劳务情况，对其生产经营或提供劳务的应税项目进行查定应税额（量）的一种征收方式。

③ 核定应税所得率征收，是指税务局按照一定的标准、程序和方法，预先核定纳税人的应税所得率，由纳税人根据纳税年度内的收入总额或成本费用等项目的实际发生额，按预先核定的应税所得率计算缴纳企业所得税的办法。

④ 定期定额征收，是指税务局对无建账能力，或虽设账簿，但记录简单，难以准确计算出计税金额的纳税人，采取由税务局核定在一定时期内，按照一个固定的计税金额（定额）依规定的税率计算征收。

（二）核定征收的具体规定

1. 核定应纳税额的对象

根据《税收征管法》的规定，有下列情形之一的纳税人，税务局有权核定其应纳税额：

① 依照法律、行政法规的规定可以不设置账簿的；

② 依照法律、行政法规的规定应当设置账簿但未设置的；

③ 擅自销毁账簿或者拒不提供纳税资料的；

④ 虽设置账簿，但账目混乱或者成本资料、收入凭证、费用凭证残缺不全，难以查账的；

⑤ 发生纳税义务，未按照规定的期限办理纳税申报，经税务机关责令限期申报，逾期仍未申报的；

⑥ 纳税人申报的计税依据明显偏低，又无正当理由的；

⑦ 未按照规定办理税务登记的从事生产、经营的纳税人及临时经营的纳税人。

2. 核定应纳税额的方式

① 参照当地同类行业或者类似行业中经营规模和收入水平相近的纳税人的收入额和利润率核定；

② 按照成本加合理费用和利润核定；

③ 按照耗用的原材料、燃料、动力等推算或者核算核定；

④ 按照其他合理的方法核定。

采用其中一种方法不足以正确核定应纳税额时，可以同时采用两种以上的方法核定。

3. 税额核定征收的计算公式

实行核定应税所得率征收办法的，应纳所得税额的计算公式为：

应纳所得税额=应纳税所得额×适用税率

应纳税所得额=收入总额×应税所得率

或：成本费用支出额÷（1−应税所得率）×应税所得率

其中，应税所得率应按规定的标准执行。

4.《税收征收管理法实施细则》的相关规定：

第四十七条　纳税人有税收征管法第三十五条或者第三十七条所列情形之一的，税务机关有权采用下列任何一种方法核定其应纳税额：

（一）参照当地同类行业或者类似行业中经营规模和收入水平相近的纳税人的税负水平核定；

（二）按照营业收入或者成本加合理的费用和利润的方法核定；

（三）按照耗用的原材料、燃料、动力等推算或者测算核定；

（四）按照其他合理方法核定。

采用前款所列一种方法不足以正确核定应纳税额时，可以同时采用两种以上的方法核定。

纳税人对税务机关采取本条规定的方法核定的应纳税额有异议的，应当提供相关证据，经税务机关认定后，调整应纳税额。

（三）个体工商户定期定额征收

定期定额征收，核心是税额核定，其适用对象仅为个体工商户。根据国家税务总局 2008 第 16 号令，关于《个体工商户税收定期定额征收管理办法》第二条规定，个体工商户定期定额征收，是指税务局依照法律、行政法规的规定，对个体工商户在一定经营地点、一定经营时期、一定经营期限、一定经营范围内的应纳税经营额或所得额进行核定，并以此为计税依据，确定其应纳税额的一种征收方式。这里税额核定条件是经主管税务局认定和批准的生产、经营规模小，达不到国家税务总局 2008 第 17 号令，关于《个体工商户建账管理暂行办法》规定设置账簿标准的个体工商户，即所谓"双定户"，其征收方式为定期定额征收。

按照《个体工商户税收定期定额征收管理办法》规定的核定程序重新核定定额并通知纳税人。告知纳税人享有申请行政复议或者提起行政诉讼的权利。

主管税务局应当将定期定额户进行分类，在年度内按行业、区域选择一定数量并具有代表性的定期定额户，对其经营和所得情况进行典型调查。

经税务局检查发现定期定额户在以前定额执行期发生的经营额、所得额超过定额，或者当期发生的经营额、所得额超过定额一定幅度而未向税务局进行纳税申报及结清应纳税款的，税务局应当追缴税款、加收滞纳金，并按照法律、行政法规规定予以处理。其经营额、所得额连续纳税期超过定额，税务局应当按照《个体工商户税收定期定额征收管理办法》第十八条的规定重新核定其定额。

一般情况下，征管核定征收就是指个体工商户定期定额征收。

二、核定征收的历史变革

（一）历史变革之一：【2005 年】

《关于严格按照税收征管法确定企业所得税核定征收范围的通知》

（失效法规，废止日期：2008-01-01）

文号：国税发〔2005〕64 号　发布日期：2005-04-19

各省、自治区、直辖市和计划单列市国家税务局、地方税务局：

据了解，一些地区的税务机关违反《税收征管法》（以下简称《征管法》）第三十五条的规定，**对符合查账征收条件的纳税人大面积采取核定征收办法**，在纳税人中造成不良的影响，严重损害了税务部门的执法形象。这种做法，不仅违背了依法治税原则，也不利于企业所得税杠杆作用的发挥。为进一步贯彻依法治税原则，按照科学化、精细化管理的要求，现对核定征收企业所得税的有关问题通知如下：

一、各地主管税务机关要严格按照《征管法》第三十五条和《核定征收企业所得税暂行办法》的通知，国家税务总局关于印发〈核定征收企业所得税暂行办法〉的通知》（国税发〔2000〕38 号）规定的范围，掌握实行核定征收企业所得税的标准，不得违规扩大核定征收范围。要坚决杜绝不论是否符合查账征收条件，对销售（营业）收入额在一定数额以下或者对某一行业的纳税人一律实行核定征收的做法。

二、**对符合查账征收企业所得税条件的纳税人，要一律实行查账征收，严禁采取各种形式的核定征收。**对已实行核定征收的纳税人，一旦其具备查账征收条件，要及时改为查账征收。

三、对新办企业，主管税务机关要进行深入调查了解，符合查账征收条件的要坚决实行查账征收；**对确不符合查账征收条件的，方可采取核定征收办法。要禁止在企业生产经营开始之前采取事先核定的办法。**

四、各级税务机关要严格按照《征管法》及其有关规定确定企业所得税核定征收范围，对本地区核定征收企业所得税情况进行自查自纠，对突破核定征收标准和范围的，要及时予以纠正。

（二）历史变革之二：【2007 年】

国家税务总局
关于调整核定征收企业所得税应税所得率的通知

（失效法规　废止日期：2011-01-04）

文号：国税发〔2007〕104 号　发布日期：2007-08-30

各省、自治区、直辖市和计划单列市国家税务局、地方税务局：

为进一步规范企业所得税核定征收工作，完善核定征税办法，经研究，对《国家税务总局关于印发〈核定征收企业所得税暂行办法〉的通知》（国税发〔2000〕38 号，以下简称《暂行办法》）规定的应税所得率标准进行调整，现通知如下：

一、《暂行办法》第十条规定的应税所得率调整为按下表规定的标准执行：

应税所得率表

行　业	应税所得率（%）
农、林、牧、渔业	3~10
制造业	5~15
批发和零售贸易业	4~15
交通运输业	7~15
建筑业	8~20
饮食业	8~25
娱乐业	15~30
其他行业	10~30

二、房地产开发企业按照《国家税务总局关于房地产开发业务征收企业所得税问题的通知》（国税发〔2006〕31 号）的有关规定执行。

三、各省、自治区、直辖市和计划单列市国家税务局、地方税务局应结合本地实际情况，在本通知规定的应税所得率范围内联合确定本地区的具体应税所得率，并报国家税务总局备案。

四、本通知自 2007 年 1 月 1 日起执行，《暂行办法》第十条规定的《应税所得率表》同时废止。

（三）历史变革之三：【2008 年】

国家税务总局
关于印发《企业所得税核定征收办法》（试行）的通知

文号：国税发〔2008〕30 号　发布日期：2008-03-06

各省、自治区、直辖市和计划单列市国家税务局、地方税务局税务局：

为加强和规范企业所得税核定征收工作，税务总局制定了《企业所得税核定征收办法（试行）》，现印发给你们，请遵照执行。

一、严格按照规定的范围和标准确定企业所得税的征收方式。不得违规扩大核定征收企业所得税范围。严禁按照行业或者企业规模大小，"一刀切"地搞企业所得税核定征收。

二、按公平、公正、公开原则核定征收企业所得税。应根据纳税人的生产经营行业特点，综合考虑企业的地理位置、经营规模、收入水平、利润水平等因素，分类逐户核定应纳所得税额或者应税所得率，保证同一区域内规模相当的同类或者类似企业的所得税税负基本相当。

三、做好核定征收企业所得税的服务工作。核定征收企业所得税的工作部署与安排要考虑方便纳税人，符合纳税人的实际情况，并在规定的时限内及时办结鉴定和认定工作。

四、推进纳税人建账建制工作。税务机关应积极督促核定征收企业所得税的纳税人建账建制，改善经营管理，引导纳税人向查账征收方式过渡。对符合查账征收条件的纳税人，要及时调整征收方式，实行查账征收。

五、加强对核定征收方式纳税人的检查工作。**对实行核定征收企业所得税方式的纳税人，要加大检查力度，将汇算清缴的审核检查和日常征管检查结合起来，合理确定年度稽查面，防止纳税人有意通过核定征收方式降低税负。**

六、国家税务局和地方税务局密切配合。要联合开展核定征收企业所得税工作，共同确定分行业的应税所得率，共同协商确定分户的应纳所得税额，做到分属国家税务局和地方税务局管辖，生产经营地点、经营规模、经营范围基本相同的纳税人，核定的应纳所得税额和应税所得率基本一致。

企业所得税核定征收办法（试行）

第一条　为了加强企业所得税征收管理，规范核定征收企业所得税工作，保障国家税款及时足额入库，维护纳税人合法权益，根据《企业所得税法》及其实施条例、

《税收征管法》及其实施细则的有关规定，制定本办法。

第二条　本办法适用于居民企业纳税人。

第三条　纳税人具有下列情形之一的，核定征收企业所得税：

（一）依照法律、行政法规的规定可以不设置账簿的；

（二）依照法律、行政法规的规定应当设置但未设置账簿的；

（三）擅自销毁账簿或者拒不提供纳税资料的；

（四）虽设置账簿，但账目混乱或者成本资料、收入凭证、费用凭证残缺不全，难以查账的；

（五）发生纳税义务，未按照规定的期限办理纳税申报，经税务机关责令限期申报，逾期仍不申报的。

（六）申报的计税依据明显偏低，又无正当理由的。

特殊行业、特殊类型的纳税人和一定规模以上的纳税人不适用本办法。上述特定纳税人由国家税务总局另行明确。

【飞狼财税通编注：2009 年 7 月 14 日《国家税务总局关于企业所得税核定征收若干问题的通知》对本款所称"特定纳税人"范围进行了明确，自 2009 年 1 月 1 日起执行，详见：国税函〔2009〕377 号。】

【飞狼财税通编注：2012 年 6 月 19 日《国家税务总局关于企业所得税核定征收有关问题的公告》规定："专门从事股权（股票）投资业务的企业，不得核定征收企业所得税"，自 2012 年 1 月 1 日起施行，详见：国家税务总局公告 2012 年第 27 号。】

【飞狼财税通编注：2012 年 12 月 27 日《国家税务总局关于印发〈企业所得税核定征收办法〉（试行）的通知》规定："汇总纳税企业不得核定征收企业所得税。"，自 2013 年 1 月 1 日起施行，详见：国家税务总局公告 2012 年第 57 号。】

【飞狼财税通编注：2016 年 12 月 29 日《国家税务总局关于修订企业所得税 2 个规范性文件的公告》对国税函〔2009〕377 号"特定纳税人"范围第（一）项进行了修订，适用于 2016 年度及以后年度企业所得税汇算清缴，详见：国家税务总局公告 2016 年第 88 号。】

【飞狼财税通编注：2019 年 10 月 26 日《国家税务总局关于跨境电子商务综合试验区零售出口企业所得税核定征收有关问题的公告》规定对符合条件的跨境电商零售出口企业核定征收企业所得税，应税所得率确定统一按照 4% 执行，自 2020 年 1 月 1 日起施行，详见：国家税务总局公告 2019 年第 36 号。】

第四条　税务机关应根据纳税人具体情况，对核定征收企业所得税的纳税人，核定应税所得率或者核定应纳所得税额。具有下列情形之一的，核定其应税所得率：

（一）能正确核算（查实）收入总额，但不能正确核算（查实）成本费用总额的；

（二）能正确核算（查实）成本费用总额，但不能正确核算（查实）收入总额的；

（三）通过合理方法，能计算和推定纳税人收入总额或成本费用总额的。

纳税人不属于以上情形的，核定其应纳所得税额。

第五条　税务机关采用下列方法核定征收企业所得税：

（一）参照当地同类行业或者类似行业中经营规模和收入水平相近的纳税人的税负水平核定；

（二）按照应税收入额或成本费用支出额定率核定；

（三）按照耗用的原材料、燃料、动力等推算或测算核定；

（四）按照其他合理方法核定。

采用前款所列一种方法不足以正确核定应纳税所得额或应纳税额的，可以同时采用两种以上的方法核定。采用两种以上方法测算的应纳税额不一致时，可按测算的应纳税额从高核定。

第六条　采用应税所得率方式核定征收企业所得税的，应纳所得税额计算公式如下：

应纳所得税额＝应纳税所得额×适用税率

应纳税所得额＝应税收入额×应税所得率

或：应纳税所得额＝成本（费用）支出额／（1－应税所得率）×应税所得率

【飞狼财税通编注：2009 年 7 月 14 日《国家税务总局关于企业所得税核定征收若干问题的通知》规定，本条"应税收入额"等于收入总额减去不征税收入和免税收入后的余额。用公式表示为：应税收入额＝收入总额－不征税收入－免税收入；其中，收入总额为企业以货币形式和非货币形式从各种来源取得的收入，自 2009 年 1 月 1 日起执行，详见：国税函〔2009〕377 号。】

第七条　实行应税所得率方式核定征收企业所得税的纳税人，经营多业的，无论其经营项目是否单独核算，均由税务机关根据其主营项目确定适用的应税所得率。

主营项目应为纳税人所有经营项目中，收入总额或者成本（费用）支出额或者耗用原材料、燃料、动力数量所占比重最大的项目。

第八条　应税所得率按下表规定的幅度标准确定：

行　业	应税所得率（％）
农、林、牧、渔业	3～10
制造业	5～15

续表

行 业	应税所得率（%）
批发和零售贸易业	4～15
交通运输业	7～15
建筑业	8～20
饮食业	8～25
娱乐业	15～30
其他行业	10～30

第九条 纳税人的生产经营范围、主营业务发生重大变化，或者应纳税所得额或应纳税额增减变化达到20%的，应及时向税务机关申报调整已确定的应纳税额或应税所得率。

第十条 主管税务机关应及时向纳税人送达《企业所得税核定征收鉴定表》（表样附后），及时完成对其核定征收企业所得税的鉴定工作。具体程序如下：

（一）纳税人应在收到《企业所得税核定征收鉴定表》后10个工作日内，填好该表并报送主管税务机关。《企业所得税核定征收鉴定表》一式三联，主管税务机关和县税务机关各执一联，另一联送达纳税人执行。主管税务机关还可根据实际工作需要，适当增加联次备用。

（二）主管税务机关应在受理《企业所得税核定征收鉴定表》后20个工作日内，分类逐户审查核实，提出鉴定意见，并报县税务机关复核、认定。

（三）县税务机关应在收到《企业所得税核定征收鉴定表》后30个工作日内，完成复核、认定工作。

纳税人收到《企业所得税核定征收鉴定表》后，未在规定期限内填列、报送的，税务机关视同纳税人已经报送，按上述程序进行复核认定。

第十一条 税务机关应在每年6月底前对上年度实行核定征收企业所得税的纳税人进行重新鉴定。重新鉴定工作完成前，纳税人可暂按上年度的核定征收方式预缴企业所得税；重新鉴定工作完成后，按重新鉴定的结果进行调整。

第十二条 主管税务机关应当分类逐户公示核定的应纳所得税额或应税所得率。主管税务局应当按照便于纳税人及社会各界了解、监督的原则确定公示地点、方式。

纳税人对税务机关确定的企业所得税征收方式、核定的应纳所得税额或应税所得率有异议的，应当提供合法、有效的相关证据，税务局经核实认定后调整有异议的事项。

第十三条 纳税人实行核定应税所得率方式的，按下列规定申报纳税：

（一）主管税务机关根据纳税人应纳税额的大小确定纳税人按月或者按季预缴，年终汇算清缴。预缴方法一经确定，一个纳税年度内不得改变。

（二）纳税人应依照确定的应税所得率计算纳税期间实际应缴纳的税额，进行预缴。按实际数额预缴有困难的，经主管税务机关同意，可按上一年度应纳税额的1/12或1/4预缴，或者按经主管税务机关认可的其他方法预缴。

（三）纳税人预缴税款或年终进行汇算清缴时，应按规定填写《中华人民共和国企业所得税月（季）度预缴纳税申报表（b类）》，在规定的纳税申报时限内报送主管税务机关。

第十四条　纳税人实行核定应纳所得税额方式的，按下列规定申报纳税：

（一）纳税人在应纳所得税额尚未确定之前，可暂按上年度应纳所得额的1/12或1/4预缴，或者按经主管税务机关认可的其他方法，按月或按季分期预缴。

（二）在应纳所得税额确定以后，减除当年已预缴的所得税额，余额按剩余月份或季度均分，以此确定以后各月或各季的应纳税额，由纳税人按月或按季填写《中华人民共和国企业所得税月（季）度预缴纳税申报表（b类）》，在规定的纳税申报期限内进行纳税申报。

（三）纳税人年度终了后，在规定的时限内按照实际经营额或实际应纳税额向税务机关申报纳税。申报额超过核定经营额或应纳税额的，按申报额缴纳税款；申报额低于核定经营额或应纳税额的，按核定经营额或应纳税额缴纳税款。

第十五条　对违反本办法规定的行为，按照《税收征管法》及其实施细则的有关规定处理。

第十六条　各省、自治区、直辖市和计划单列市国家税务局、地方税务局税务局，根据本办法的规定联合制定具体实施办法，并报国家税务总局备案。

第十七条　本办法自2008年1月1日起执行。《国家税务总局关于印发〈核定征收企业所得税暂行办法〉的通知》（国税发〔2000〕38号）同时废止。

国家税务总局
关于加强企业所得税管理的意见

文号：国税发〔2008〕88号　发布日期：2008-08-18

"对生产经营收入、年应纳税所得额或者年应纳所得税额中等或较小的企业，主要由当地税务机关负责加强税源、税基、汇算清缴和纳税评估等管理工作。根据税务总局制定的《企业所得税核定征收办法》规定的核定征收条件，对达不到查账征收条件的企业核定征收企业所得税，促使其完善会计核算和财务管理；达到查账征收条件后要及时转为查账征收。"

（四）历史变革之四：【2009 年】

国家税务总局
关于企业所得税核定征收若干问题的通知

文号：国税函〔2009〕377 号　发布日期：2009-07-14

各省、自治区、直辖市和计划单列市国家税务局、地方税务局：

《国家税务总局关于印发〈企业所得税核定征收办法〉（试行）的通知》（国税发〔2008〕30 号）下发后，各地反映需要对有关问题进一步明确。为规范企业所得税核定征收工作，现对企业所得税核定征收若干问题通知如下：

一、国税发〔2008〕30 号文件第三条第二款所称"特定纳税人"包括以下类型的企业：

（一）享受《企业所得税法》及其实施条例和国务院规定的一项或几项企业所得税优惠政策的企业（不包括仅享受《企业所得税法》第二十六条规定免税收入优惠政策的企业、第二十八条规定的符合条件的小型微利企业）；

【飞狼财税通编注：根据 2016 年 12 月 29 日国家税务总局公告 2016 年第 88 号《国家税务总局关于修订企业所得税 2 个规范性文件的公告》本文第一条第（一）项修订为：享受《企业所得税法》及其实施条例和国务院规定的一项或几项企业所得税优惠政策的企业（不包括仅享受《企业所得税法》第二十六条规定免税收入优惠政策的企业、第二十八条规定的符合条件的小型微利企业）。】

（二）汇总纳税企业；

（三）上市公司；

（四）银行、信用社、小额贷款公司、保险公司、证券公司、期货公司、信托投资公司、金融资产管理公司、融资租赁公司、担保公司、财务公司、典当公司等金融企业；

（五）会计、审计、资产评估、税务、房地产估价、土地估价、工程造价、律师、价格鉴证、公证机构、基层法律服务机构、专利代理、商标代理以及其他经济鉴证类社会中介机构；

（六）国家税务总局规定的其他企业。

对上述规定之外的企业，主管税务机关要严格按照规定的范围和标准确定企业所得税的征收方式，不得违规扩大核定征收企业所得税范围；对其中达不到查账征收条件的企业核定征收企业所得税，并促使其完善会计核算和财务管理，达到查账征收条件后要及时转为查账征收。

二、国税发〔2008〕30 号文件第六条中的"应税收入额"等于收入总额减去不征税收入和免税收入后的余额。用公式表示为：

应税收入额＝收入总额−不征税收入−免税收入

其中，收入总额为企业以货币形式和非货币形式从各种来源取得的收入。

三、本通知从 2009 年 1 月 1 日起执行。

国家税务总局
关于印发《土地增值税清算管理规程》的通知

文号：国税发〔2009〕91 号　发布日期：2009−05−12

土地增值税清算管理规程（节选）

第五章　核定征收

第三十三条　在土地增值税清算过程中，发现纳税人符合核定征收条件的，应按核定征收方式对房地产项目进行清算。

第三十四条　在土地增值税清算中符合以下条件之一的，可实行核定征收。

（一）依照法律、行政法规的规定应当设置但未设置账簿的；

（二）擅自销毁账簿或者拒不提供纳税资料的；

（三）虽设置账簿，但账目混乱或者成本资料、收入凭证、费用凭证残缺不全，难以确定转让收入或扣除项目金额的；

（四）符合土地增值税清算条件，企业未按照规定的期限办理清算手续，经税务机关责令限期清算，逾期仍不清算的；

（五）申报的计税依据明显偏低，又无正当理由的。

第三十五条　符合上述核定征收条件的，由主管税务机关发出核定征收的税务事项告知书后，税务人员对房地产项目开展土地增值税核定征收核查，经主管税务机关审核合议，通知纳税人申报缴纳应补缴税款或办理退税。

第三十六条　对于分期开发的房地产项目，各期清算的方式应保持一致。

（五）历史变革之五：【2010年】

国家税务总局关于印发
《非居民企业所得税核定征收管理办法》的通知

文号：国税发〔2010〕19号　发布日期：2010-02-20

为规范非居民企业所得税核定征收工作，税务总局制定了《非居民企业所得税核定征收管理办法》，现印发给你们，请遵照执行。执行中发现的问题请及时反馈税务总局（国际税务司）。

非居民企业所得税核定征收管理办法

第一条　为了规范非居民企业所得税核定征收工作，根据《企业所得税法》（以下简称企业所得税法）及其实施条例和《税收征管法》（以下简称税收征管法）及其实施细则，制定本办法。

第二条　本办法适用于企业所得税法第三条第二款规定的非居民企业，外国企业常驻代表机构企业所得税核定办法按照有关规定办理。

第三条　非居民企业应当按照税收征管法及有关法律法规设置账簿，根据合法、有效凭证记账，进行核算，并应按照其实际履行的功能与承担的风险相匹配的原则，准确计算应纳税所得额，据实申报缴纳企业所得税。

第四条　非居民企业因会计账簿不健全，资料残缺难以查账，或者其他原因不能准确计算并据实申报其应纳税所得额的，税务机关有权采取以下方法核定其应纳税所得额。

（一）按收入总额核定应纳税所得额：适用于能够正确核算收入或通过合理方法推定收入总额，但不能正确核算成本费用的非居民企业。计算公式如下：

应纳税所得额＝收入总额×经税务机关核定的利润率

（二）按成本费用核定应纳税所得额：适用于能够正确核算成本费用，但不能正确核算收入总额的非居民企业。计算公式如下：

应纳税所得额＝成本费用总额／（1-经税务机关核定的利润率）×经税务机关核定的利润率

（三）按经费支出换算收入核定应纳税所得额：适用于能够正确核算经费支出总额，但不能正确核算收入总额和成本费用的非居民企业。计算公式：

应纳税所得额＝经费支出总额／（1-经税务机关核定的利润率-营业税税率）×经税务机关核定的利润率

【飞狼财税通编注：根据 2016 年 5 月 5 日税务总局公告 2016 年第 28 号《国家税务总局关于修改按经费支出换算收入方式核定非居民企业应纳税所得额计算公式的公告》本文第四条第三项规定的计算公式自 2016 年 5 月 1 日修改为：应纳税所得额＝本期经费支出额／（1－核定利润率）×核定利润率。】

第五条　税务机关可按照以下标准确定非居民企业的利润率：

（一）从事承包工程作业、设计和咨询劳务的，利润率为 15%～30%；

（二）从事管理服务的，利润率为 30%～50%；

（三）从事其他劳务或劳务以外经营活动的，利润率不低于 15%。

税务机关有根据认为非居民企业的实际利润率明显高于上述标准的，可以按照比上述标准更高的利润率核定其应纳税所得额。

第六条　非居民企业与中国居民企业签订机器设备或货物销售合同，同时提供设备安装、装配、技术培训、指导、监督服务等劳务，其销售货物合同中未列明提供上述劳务服务收费金额，或者计价不合理的，主管税务机关可以根据实际情况，参照相同或相近业务的计价标准核定劳务收入。无参照标准的，以不低于销售货物合同总价款的 10% 为原则，确定非居民企业的劳务收入。

第七条　非居民企业为中国境内客户提供劳务取得的收入，凡其提供的服务全部发生在中国境内的，应全额在中国境内申报缴纳企业所得税。凡其提供的服务同时发生在中国境内外的，应以劳务发生地为原则划分其境内外收入，并就其在中国境内取得的劳务收入申报缴纳企业所得税。税务机关对其境内外收入划分的合理性和真实性有疑义的，可以要求非居民企业提供真实有效的证明，并根据工作量、工作时间、成本费用等因素合理划分其境内外收入；如非居民企业不能提供真实有效的证明，税务机关可视同其提供的服务全部发生在中国境内，确定其劳务收入并据以征收企业所得税。

第八条　采取核定征收方式征收企业所得税的非居民企业，在中国境内从事适用不同核定利润率的经营活动，并取得应税所得的，应分别核算并适用相应的利润率计算缴纳企业所得税；凡不能分别核算的，应从高适用利润率，计算缴纳企业所得税。

第九条　拟采取核定征收方式的非居民企业应填写《非居民企业所得税征收方式鉴定表》（见附件，以下简称《鉴定表》），报送主管税务机关。主管税务机关应对企业报送的《鉴定表》的适用行业及所适用的利润率进行审核，并签注意见。

对经审核不符合核定征收条件的非居民企业，主管税务机关应自收到企业提交的《鉴定表》后 15 个工作日内向其下达《税务事项通知书》，将鉴定结果告知企业。非居民企业未在上述期限内收到《税务事项通知书》的，其征收方式视同已被认可。

【飞狼财税通编注：2015 年 4 月 20 日国家税务总局公告 2015 年第 22 号《国家税务总局关于修改《非居民企业所得税核定征收管理办法》等文件的公告》将本文第九

条修改为："主管税务机关应及时向非居民企业送达《非居民企业所得税征收方式鉴定表》（见附件，以下简称《鉴定表》），非居民企业应在收到《鉴定表》后10个工作日内，完成《鉴定表》的填写并送达主管税务机关，主管税务机关在受理《鉴定表》后20个工作日内，完成该项征收方式的确认工作。"同时，对《鉴定表》做了相应修改，自2015年6月1日起施行。详见：国家税务总局公告2015年第22号附件。】

第十条　税务机关发现非居民企业采用核定征收方式计算申报的应纳税所得额不真实，或者明显与其承担的功能风险不相匹配的，有权予以调整。

第十一条　各省、自治区、直辖市和计划单列市国家税务局和地方税务局税务局可按照本办法第五条规定确定适用的核定利润率幅度，并根据本办法规定制定具体操作规程，报国家税务总局（国际税务司）备案。

第十二条　本办法自发布之日起施行。

（六）历史变革之六：【2012年】

国家税务总局
关于企业所得税核定征收有关问题的公告
文号：国家税务总局公告2012年第27号　发布日期：2012-06-19

根据《企业所得税法》及其实施条例、《国家税务总局关于印发〈企业所得税核定征收办法〉（试行）的通知》（国税发〔2008〕30号）和《国家税务总局关于企业所得税核定征收若干问题的通知》（国税函〔2009〕377号）的相关规定，现就企业所得税核定征收若干问题公告如下：

一、专门从事股权（股票）投资业务的企业，不得核定征收企业所得税。

二、依法按核定应税所得率方式核定征收企业所得税的企业，取得的转让股权（股票）收入等转让财产收入，应全额计入应税收入额，按照主营项目（业务）确定适用的应税所得率计算征税；若主营项目（业务）发生变化，应在当年汇算清缴时，按照变化后的主营项目（业务）重新确定适用的应税所得率计算征税。

三、本公告自2012年1月1日起施行。企业以前年度尚未处理的上述事项，按照本公告的规定处理；已经处理的，不再调整。

第三节　减免备案与纳税申报

税收优惠由来已久，税务局的优惠管理也由来已久。经历了"审批→备案→备查"的发展过程，四个阶段，标志性文件依次是：

第一阶段：1982 年至 2004 年，税收征管以实体（政策）管理为核心，税务局绝对权威，减免税严格执行审批。

第二阶段：2005 年至 2015 年，税收征管核心转变为程序管理，出台相关制度文件，减免税仍然是以审批为主，已经注重加强规范管理。

国家税务总局关于印发《税收减免管理办法（试行）》的通知（文号：国税发〔2005〕129 号 发布日期：2005-08-03）

根据 2015.06.08 总局公告 2015 年第 43 号《国家税务总局关于发布〈税收减免管理办法〉的公告》，本文自 2015 年 8 月 1 日起废止。

第三阶段：2016 年至 2017 年，随着政府部门"放管服"的逐渐深入，大多数减免税审批被取消，转为备案管理。

国家税务总局关于发布《税收减免管理办法》的公告（文号：总局公告 2015 年第 43 号 发布日期：2015-06-08）

根据 2017.12.29 国家税务总局令第 42 号《国家税务总局关于公布失效废止的税务部门规章和税收规范性文件目录的决定》本文全文失效废止。

第四阶段：2018 年至今，随着备查制度的推广深入，减免税备案转为备查。

国家税务总局关于城镇土地使用税等"六税一费"优惠事项资料留存备查的公告（文号：总局公告 2019 年第 21 号 发布日期：2019-05-28）

一、相关概念

（一）行政审批制度

行政审批是指行政机关（包括有行政审批权的其他组织）根据自然人、法人或者其他组织提出的申请，经过依法审查，采取"批准""同意""年检"发放证照等方式，准予其从事特定活动、认可其资格资质、确认特定民事关系或者特定民事权利能力和行为能力的行为。

行政审批是行政审核和行政批准的合称。行政审批是根据法律规定的条件，由实际执法部门来审核是否符合条件的行为。

（二）行政审批的分类

政府具有审批性的管理行为归纳为四大类：审批、核准、审核、备案。

1. 审批

是指政府机关或授权单位，根据法律、法规、行政规章及有关文件，对相对人从事某种行为、申请某种权利或资格等进行具有限制性管理的行为。审批有三个基本要素：一是指标额度限制；二是审批机关有选择决定权；三是一般都是终审。审批最主要特点是审批机关有选择决定权，即使符合规定的条件，也可以不批准。

2. 核准

是指政府机关或授权单位，根据法律、法规、行政规章及有关文件，对相对人从事某种行为，申请某种权利或资格等，依法进行确认的行为。因此，在批准相对人的申请时，只是按照有关条件进行确认。只要符合条件，一般都予以准许。核准的条件都比较明确具体，便于确认。

3. 审核

是指由本机关审查核实，报上级机关或其他机关审批的行为。

4. 备案

是指相对人按照法律、法规、行政规章及相关性文件等规定，向主管部门报告制定的或完成的事项的行为。

（三）行政审批的特点

1. 行政审批的主体是行政机关、法律法规授权的组织、规章委托的组织，而不是其他自然人、法人和组织。

2. 行政审批是为实现行政管理目的服务的。

3. 行政审批主要是为了限制不利于公共利益的行为，防止公民和法人对权利和自由的滥用。

4. 行政审批是一项权力，更是一种职责和义务。

5. 行政审批属于事前管理。

6. 审批权具有时效性。

7. 行政审批具有一定的自由裁量权。

（四）行政审批改革

2011 年 11 月 14 日，国务院召开深入推进行政审批制度改革工作电视电话会议。会议明确，行政审批制度改革是行政管理体制改革的重要内容，是民主政治建设的重要内容，是政府职能转变的关键环节，一定要坚定不移地继续推进，进一步破除制约经济社会发展的体制机制障碍。

要求各级政府及行政管理部门，要坚定不移地继续推进行政审批制度改革，推动政府职能转变取得实质性进展，推动行政管理体制改革取得实质性进展。

1. 进一步清理、减少和调整行政审批事项，推进政府职能转变

坚持市场优先和社会自治原则，凡市场机制能够有效调节的，公民、法人及其他

组织能够自主决定的，行业组织能够自律管理的，政府就不要设定行政审批；凡可以采用事后监管和间接管理方式的，就不要再搞前置审批。突出三个重点领域：一是投资领域。进一步深化投资体制改革，真正确立企业和公民个人的投资主体地位。二是社会事业领域。加大审批事项的清理、精简和调整力度，放宽限制，打破垄断，扩大开放，公平准入，鼓励竞争。三是非行政许可审批领域。清理一些部门和地方利用"红头文件"等对公民、企业和其他社会组织提出的限制性规定，没有法律法规依据、不按法定程序设定的登记、年检、监制、认定、审定以及准销证、准运证等，要一律取消。

2. 严格依法设定和实施审批事项，推进法治政府建设

行政机关设定审批事项必须于法有据，严格遵循法定程序，进行合法性、必要性、合理性审查论证；涉及人民群众切身利益的，要通过公布草案、公开听证等方式广泛听取意见。没有法律法规依据，行政机关不得设定或变相设定行政审批事项。

3. 创新行政审批服务方式，推进服务型政府建设

按照公开透明、便民高效的要求，依法进一步简化和规范审批程序，创新服务方式，优化流程，提高效能。加强政务中心建设，原则上实行一个部门、一级地方政府一个窗口对外。加强电子政务建设。进一步推进行政审批公开，实行网上公开申报、受理、咨询和办复，为群众办事提供更多便利。推行服务质量公开承诺制和亲切服务。

4. 强化对权力运行的监督制约，推进反腐倡廉建设

加快建立健全决策、执行、监督相对分离、相互制约的行政运行机制。建立健全行政审批责任制度。强化行政审批的全过程监控。建立健全相关制度，保障行政审批利益相关方的知情权、陈述权、申辩权、监督权。违法设定和实施行政审批侵害当事人合法权益的，要依法追究责任，并给予当事人合理赔偿。

（五）备案制度

备案制度是指依照法定程序报送有关机关备案，对符合法定条件的，有关机关应当予以登记的法律性要求。

备案登记是备案审查制度的基础性环节。

（六）备查

国家税务总局在《关于城镇土地使用税等"六税一费"优惠事项资料留存备查的公告》（税务总局公告 2019 年第 21 号）中明确了减免税留存备查管理：

国家税务总局决定，对城镇土地使用税、房产税、耕地占用税、车船税、印花税、城市维护建设税、教育费附加（以下简称"六税一费"）享受优惠有关资料实行留存备查管理方式：

纳税人享受"六税一费"优惠实行**"自行判别、申报享受、有关资料留存备查"办理方式**，申报时无须再向税务机关提供有关资料。纳税人应该根据具体政策规定自

行判断是否符合优惠条件，符合条件的，纳税人申报享受税收优惠，并将有关资料留存备查。

纳税人对"六税一费"优惠事项留存备查资料的真实性、合法性承担法律责任。各级税务局根据国家税收法律、法规、规章、规范性文件等规定开展"六税一费"减免税的后续管理。对不应当享受减免税的，依法追缴已享受的减免税款，并予以相应处理。

二、税收优惠管理

（一）"自行判别、申报享受、有关资料留存备查"

我国的税收优惠（减免税）管理，经历了"审批→备案→备查"的发展过程，四个阶段：第一和第二阶段：是依申请行为，除了法定减免以外，都需要先报税务局审批，审批后再进行纳税申报而享受优惠；第三阶段：是小部分减免税事项继续审批，大多数的事项是不再审批而是改为备案，在进行纳税申报的同时将应报送的材料报税务局备案，由税务局归档留存；未备案的，不得享受优惠。第四阶段，既不需要审批也不需要备案，符合条件应该享受税收优惠（减免税）的纳税人，直接通过纳税申报享受即可，相关材料不再报送到税务局，自行归档留存，做好税务局核查的准备，随时接受税务局的核查或检查。

国家税务总局
关于下放城镇土地使用税困难减免税审批权限有关事项的公告
总局公告 2014 年第 1 号

一、各省、自治区、直辖市和计划单列市税务机关（以下简称省税务机关）要根据纳税困难类型、减免税金额大小及本地区管理实际，按照减负提效、放管结合的原则，合理确定省、市、县税务机关地方税务机关的审批权限，做到审批严格规范、纳税人办理方便。

二、困难减免税按年审批，纳税人申请困难减免税应在规定时限内向主管税务机关或有权审批的税务机关提交书面申请并报送相关资料。纳税人报送的资料应真实、准确、齐全。

三、申请困难减免税的情形、办理流程、时限及其他事项由省税务机关确定。省税务机关在确定申请困难减免税情形时要符合国家关于调整产业结构和促进土地节约集约利用的要求。对因风、火、水、地震等造成的严重自然灾害或其他不可抗力因素遭受重大损失、从事国家鼓励和扶持产业或社会公益事业发生严重亏损，缴纳城镇土地使用税确有困难的，可给予定期减免税。

对从事国家限制或不鼓励发展的产业不予减免税。

四、省税务机关要按照本公告的要求尽快修订并公布本地区困难减免税审批管理办法，明确困难减免税的审批权限、申请困难减免税的情形、办理流程及时限等。同时，要加强困难减免税审批的后续管理和监督，坚决杜绝违法违规审批。要建立健全审批管理和风险防范制度。要加大检查力度，及时发现和解决问题，不断完善本地区困难减免税审批管理办法。

五、负责困难减免税审批的税务机关要坚持服务与管理并重的原则，切实做好审批工作。要加强宣传和解释，及时让纳税人知晓申请困难减免税的情形、受理机关、办理流程、需报送的资料等。要优化困难减免税审批流程，简化审批手续，创新审批管理工作方式，推进网上审批。同时，要加强困难减免税审批的事中事后管理，明确各部门、各岗位的职责和权限，严格过错追究。要设立困难减免税审批台账，定期向上级税务机关报送困难减免税批准情况。对情形发生变化的，要重新进行审核；对骗取减免税的，应及时追缴税款并按规定予以处罚。

六、本公告未涉及的事项，按照《国家税务总局关于印发〈税收减免管理办法（试行）〉的通知》（国税发〔2005〕129号）及有关规定执行。

本公告自2014年1月1日起施行。

国家税务总局
关于纳税人既享受增值税即征即退、先征后退政策又享受免抵退税政策有关问题的公告
总局公告2011年第69号

现将纳税人既享受增值税即征即退、先征后退政策，又享受免抵退税政策有关问题公告如下：

一、纳税人既有增值税即征即退、先征后退项目，也有出口等其他增值税应税项目的，增值税即征即退和先征后退项目不参与出口项目免抵退税计算。纳税人应分别核算增值税即征即退、先征后退项目和出口等其他增值税应税项目，分别申请享受增值税即征即退、先征后退和免抵退税政策。

二、用于增值税即征即退或者先征后退项目的进项税额无法划分的，按照下列公式计算：

无法划分进项税额中用于增值税即征即退或者先征后退项目的部分=当月无法划分的全部进项税额×当月增值税即征即退或者先征后退项目销售额÷当月全部销售额、营业额合计

本公告自2012年1月1日起执行。

（二）备案管理

《××省国家税务局关于加强企业所得税管理有关问题通通知》（×国税函〔2009〕279 号）第二条"关于企业所得税税收优惠管理的问题"的规定：

对于事前备案的项目，纳税人应在取得享受相关企业所得税税收优惠条件后向主管税务局报送备案资料；

对于事后备案的项目，纳税人应在企业所得税年度纳税申报的同时，向主管税务局报送备案资料。

主管国税局应在接受纳税人企业所得税税收优惠备案申请后，在 7 个工作日内对其备案资料的完整性和符合性进行审核，并出具意见，以《企业所得税税收优惠备案表》的形式告知纳税人，纳税人据此在进行软件申报时作为扣除依据。

纳税人未报送备案申请或备案申请未被主管税务局受理的，不得在企业所得税季度预缴申报或年度申报中享受相关企业所得税税收优惠，不得在进行软件申报时进行税前扣除。

（三）某省企业所得税收优惠的备案（报批）

按照《××省国家税务局企业所得税税收优惠管理办法（试行）》（省局公告 2011年第 7 号）的有关规定，对于享受税收优惠的纳税人，要辅导其做好相关备案（报批）工作。

实务 1：资产损失税前扣除的申报

1. 企业发生的资产损失，应当按照规定的程序和要求向主管税务局申报后方能在税前扣除。未经申报的损失，不得在税前扣除。

2. **企业申报后，主管税务局税源部门要对纳税申报进行纳税评估；所得税管理部门应及时对税源管理部门纳税评估情况进行复核。**

3. 总机构及其分支机构发生的资产损失，应按专项申报和清单申报的有关规定，各自分别向当地主管国税局申报。

4. 对企业发生的单笔（或单项）金额在 2000 万元（含）以上，且已经主管税务局复核过的资产损失，由复核部门于复核工作完成后的 5 个工作日内上报至市州局所得税管理部门进行复审，各市州局应在 30 个工作日内完成复审工作，出具复审报告，并交主管税务局执行。

5. 企业销售收入小于销售成本，属于企业在正常经营管理活动中，按照公允价格销售、转让、变卖非货币资产的损失。对出现这种情况的企业，各地要注意核实。对于确实发生的，要提醒企业进行清单申报。

实务 2：政策性搬迁备案

1. 企业应当自搬迁开始年度，至次年 5 月 31 日前，向主管税务局（包括迁出地和迁入地）报送政策性搬迁依据、搬迁规划等相关材。逾期未报的，除特殊原因并经主管税务机关认可外，按非政策性搬迁处理，不得执行本办法的规定。

实务 3：不征税收入备案

1. 纳税人发生不征税收入调减事项的，应在 5 月 31 日前向主管税务局备案。

2. 备案资料应包括：①《税务事项附报资料报告书》；②资金拨付文件；③资金管理办法或具体的管理要求；④依法上缴的，要有政府性基金和行政事业型收费的依据文件。其中，资金管理办法和管理要求要特别关注。

实务 4：特殊重组备案

企业发生重组，选择特殊性税务处理的，当事各方应在该重组业务完成当年企业所得税年度申报时，向主管税务局提交书面备案资料，证明其符合各类特殊性重组规定的条件。企业未按规定书面备案的，一律不得按特殊重组业务进行税务处理。

实务 5：减免税的监督管理

1. 纳税人是否符合减免税的资格条件，是否以隐瞒有关情况或者提供虚假材料等手段骗取减免税；

2. 纳税人享受核准类减免税的条件发生变化时，是否根据变化情况经税务局重新审查后办理减免税；

3. 纳税人是否存在编造虚假计税依据骗取减免税的行为；

4. 减免税税款有规定用途的，纳税人是否按照规定用途使用减免税款；

5. 减免税有规定减免期限的，是否到期停止享受税收减免；

6. 是否存在纳税人应经而未经税务局批准自行享受减免税的情况；

7. 已享受减免税是否按时申报。

《××省国家税务局企业所得税税收优惠管理办法（试行）》节选内容如下：

第二十四条　税务机关需要对纳税人提交的减免税材料内容进行实地核实的，应当指派 2 名以上工作人员按照规定程序进行实地核查，并将核查情况记录在案。上级税务机关对减免税实地核查工作量大、耗时长的，可委托企业所在地的区县税务机关具体组织实施。

因税务机关的责任批准或者核实错误，造成企业未缴或少缴税款，依照税收征管法的有关规定处理。

税务机关越权减免税的，除依照税收征管法规定撤销其擅自作出的决定外，补征应征未征税款，并由上级机关追究直接负责的主管人员和其他直接责任人员的行政责任；构成犯罪的，依法追究刑事责任。

第二十五条　税务机关应对享受减免税企业的实际经营情况进行事后监督检查。检查中，发现有关专业技术或经济鉴证部门认定失误的，应及时与有关认定部门协调沟通，提请纠正后，及时取消有关纳税人的优惠资格，督促追究有关责任人的法律责任。有关部门非法提供证明，导致未缴、少缴税款的，依照税收征管法的有关规定处理。

第二十七条 各省、自治区、直辖市和计划单列市国家税务局、地方税务局可根据本办法制定具体实施办法。

（四）优惠管理相关文件目录

1. 《财政部、国家税务总局关于防范税收风险若干增值税政策的通知》（文号：财税〔2013〕112号）

2. 《国家税务总局关于出口货物劳务退（免）税管理有关问题的公告》（文号：总局公告2014年第51号）

3. 《国家税务总局关于发布适用增值税零税率应税服务退（免）税管理办法的公告》（文号：总局公告2014年第11号）

4. 《财政部、税务总局关于非营利组织免税资格认定管理有关问题的通知》（文号：财税〔2018〕13号）

5. 《软件企业认定管理办法》（文号：工信部联软〔2013〕64号）

6. 国家税务总局关于发布《促进残疾人就业增值税优惠政策管理办法》的公告（文号：总局公告2016年第33号）

7. 国家税务总局关于发布《企业所得税优惠政策事项办理办法》的公告（文号：总局公告2015年第76号）

8. 国家税务总局关于发布修订后的《企业所得税优惠政策事项办理办法》的公告（文号：总局公告2018年第23号）

9. 国家税务总局关于发布研发机构采购国产设备增值税退税管理办法的公告（文号：总局公告2017年第5号）

10. 国家税务总局关于发布《营业税改征增值税跨境应税行为增值税免税管理办法（试行）》的公告（文号：总局公告2016年第29号）

11. 科技部、财政部、国家税务总局关于修订印发《高新技术企业认定管理办法》的通知（文号：国科发火〔2016〕32号）

12. 科技部、财政部、国家税务总局关于印发《科技型中小企业评价办法》的通知（文号：国科发政〔2017〕115号）

13. 文化部、财政部、国家税务总局关于印发《动漫企业认定管理办法（试行）》的通知（文号：文市发〔2008〕51号）

14. 国家税务总局关于发布《用于生产乙烯、芳烃类化工产品的石脑油、燃料油退（免）消费税暂行办法》的公告（文号：总局公告2012年第36号）

三、纳税申报

纳税申报是指纳税人、扣缴义务人在发生法定纳税义务后，按照税法或税务局相关行政法规所规定的内容，在申报期限内，以书面形式向主管税务局提交有关纳税事项及应缴税款的法律行为。

它是纳税人履行纳税义务、承担法律责任的主要依据，也是税务局税收管理信息的主要来源和税务管理的一项重要制度。纳税申报的主要方式：

（一）直接申报，也称上门申报，是指纳税人和扣缴义务人在规定的申报期限内，自行到税务局指定的办税服务场所报送纳税申报表、代扣代缴、代收代缴报告表及有关资料。

（二）邮寄申报，是指经税务局批准，纳税人、扣缴义务人使用统一的纳税申报专用信封，通过邮政部门办理交寄手续，并以邮政部门收据作为申报凭据的一种申报方式。

（三）数据电文申报，也称电子申报，是指纳税人、扣缴义务人在规定的申报期限内，通过与税务局接受办理纳税申报、代扣代缴及代收代缴税款申报的电子系统联网的电脑终端，按照规定和系统发出的指示输入申报内容，以完成纳税申报或者代扣代缴及代收代缴税款申报的方式。

（四）简易申报，是指实行定期定额的纳税人，通过以缴纳税款凭证代替申报或简并征期的一种申报方式。

正确、准确、全面认识和理解纳税申报，不是很重要而是非常重要的。相关内容请查阅《纳税评估理论与实务》（上下册）（贾忠华著，台海出版社 2020 年 1 月出版）的上册第一章第三节纳税申报。

四、相关文件及核心事项

下面是关于税收优惠管理的相关文件节选内容，以此举例说明十三项税收优惠管理事项。

财政部　国家税务总局
关于防范税收风险若干增值税政策的通知
财税〔2013〕112 号

为进一步堵塞税收漏洞，防范打击虚开增值税专用发票和骗取出口退税违法行为，现将有关增值税政策通知如下：

一、增值税纳税人发生虚开增值税专用发票或者其他增值税扣税凭证、骗取国家出口退税款行为（以下简称增值税违法行为），被税务机关行政处罚或审判机关刑事处罚的，其销售的货物、提供的应税劳务和营业税改征增值税应税服务（以下统称货物劳务服务）执行以下政策：

（一）享受增值税即征即退或者先征后退优惠政策的纳税人，自税务机关行政处罚决定或审判机关判决或裁定生效的次月起 36 个月内，暂停其享受上述增值税优惠政策。纳税人自恢复享受增值税优惠政策之月起 36 个月内再次发生增值税违法行为的，自税务机关行政处罚决定或审判机关判决或裁定生效的次月起停止其享受增值税即征即退或者先征后退优惠政策。

事项一：【出口退税改免税】

（二）出口企业或其他单位发生增值税违法行为对应的出口货物劳务服务，视同内销，按规定征收增值税（骗取出口退税的按查处骗税的规定处理）。出口企业或其他单位在本通知生效后发生 2 次增值税违法行为的，自税务机关行政处罚决定或审判机关判决或裁定生效之日的次日起，其出口的所有适用出口退（免）税政策的货物劳务服务，一律改为适用增值税免税政策。纳税人如果已被停止出口退税权的，适用增值税免税政策的起始时间为停止出口退税权期满后的次日。

（三）以农产品为原料生产销售货物的纳税人发生增值税违法行为的，自税务机关行政处罚决定生效的次月起，按 50% 的比例抵扣农产品进项税额；违法情形严重的，不得抵扣农产品进项税额。具体办法由国家税务总局商财政部另行制定。

（四）本通知所称虚开增值税专用发票或其他增值税扣税凭证，是指有为他人虚开、为自己虚开、让他人为自己虚开、介绍他人虚开增值税专用发票或其他增值税扣税凭证行为之一的，但纳税人善意取得虚开增值税专用发票或其他增值税扣税凭证的除外。

事项二：【"连续 12 个月内"】

二、出口企业购进货物的供货纳税人有属于办理税务登记 2 年内被税务机关认定为非正常户或被认定为增值税一般纳税人 2 年内注销税务登记，且符合下列情形之一的，自主管其出口退税的税务机关书面通知之日起，在 24 个月内出口的适用增值税退（免）税政策的货物劳务服务，改为适用增值税免税政策。

（一）外贸企业使用上述供货纳税人开具的增值税专用发票申报出口退税，在连续 12 个月内达到 200 万元以上（含本数，下同）的，或使用上述供货纳税人开具的增值税专用发票，连续 12 个月内申报退税额占该期间全部申报退税额 30% 以上的；

（二）生产企业在连续 12 个月内申报出口退税额达到 200 万元以上，且从上述供货纳税人取得的增值税专用发票税额达到 200 万元以上或占该期间全部进项税额 30% 以上的；

（三）外贸企业连续 12 个月内使用 3 户以上上述供货纳税人开具的增值税专用发票申报退税，且占该期间全部供货纳税人户数 20% 以上的；

（四）生产企业连续 12 个月内有 3 户以上上述供货纳税人，且占该期间全部供货纳税人户数 20% 以上的。

本条所称"连续12个月内",外贸企业自使用上述供货纳税人开具的增值税专用发票申报退税的当月开始计算,生产企业自从上述供货纳税人取得的增值税专用发票认证当月开始计算。

三、自本通知生效后,有增值税违法行为的企业或税务机关重点监管企业,出口或销售给出口企业出口的货物劳务服务,在出口环节退(免)税或销售环节征税时,除按现行规定管理外,还应实行增值税"税收(出口货物专用)缴款书"管理,增值税税率为17%(现行13%)和13%的货物,税收(出口货物专用)缴款书的预缴率分别按6%和4%执行。

四、执行本通知第一条、第二条、第三条政策的纳税人,如果变更《税务登记证》纳税人名称或法定代表人担任新成立企业的法定代表人的企业,应继续执行完本通知对应的第一条、第二条、第三条规定;执行本通知第一条政策的纳税人,如果注销税务登记,在原地址有经营原业务的新纳税人,除法定代表人为非注销税务登记纳税人法定代表人的企业外,主管税务局应在12个月内,对其购进、销售、资金往来、纳税等情况进行重点监管。

被停止出口退税权的纳税人在停止出口退税权期间,如果变更《税务登记证》纳税人名称或法定代表人担任新成立企业的法定代表人的企业,在被停止出口退税权的纳税人停止出口退税权期间出口的货物劳务服务,实行增值税征税政策。

五、出口企业或其他单位出口的适用增值税退(免)税政策的货物劳务服务,如果货物劳务服务的国内收购价格或出口价格明显偏高且无正当理由的,该出口货物劳务服务适用增值税免税政策。主管税务局按照下列方法确定货物劳价格是否偏高:

(一)按照该企业最近时期购进或出口同类货物劳务服务的平均价格确定。

(二)按照其他企业最近时期购进或出口同类货物劳务服务的平均价格确定。

(三)按照组成计税价格确定。组成计税价格的公式为:组成计税价格=成本×(1+成本利润率),成本利润率由国家税务总局统一确定并公布。

六、出口企业或其他单位存在下列情况之一的,其出口适用增值税退(免)税政策的货物劳务服务,一律适用增值税免税政策:

(一)法定代表人不知道本人是法定代表人的;

(二)法定代表人为无民事行为能力人或限制民事行为能力人的。

七、增值税纳税人发生增值税违法行为,被税务机关行政处罚或审判机关刑事处罚后,行政机关或审判机关对上述处罚决定有调整的,按调整后的决定适用政策,调整前已实行的政策可按调整后的适用政策执行。

八、本通知自2014年1月1日起执行。

研发机构采购国产设备增值税退税管理办法

税务总局公告 2017 年第 5 号

第二条　适用退税政策的研发机构（包括内资研发机构和外资研发中心，以下简称"研发机构"）采购的国产设备，按本办法实行全额退还增值税。

第三条　本办法第二条所称研发机构、采购的国产设备的范围，按财税〔2016〕121 号文件规定执行。

事项三：【首次申报退税备案】

第五条　研发机构享受采购国产设备退税政策，应于首次申报退税时，持以下资料向主管税务机关主管国税机关办理采购国产设备的退税备案手续：

（一）符合财税〔2016〕121 号文件第一条、第二条规定的研发机构的证明资料；

（二）内容填写真实、完整的《出口退（免）税备案表》（附件1），其中"退税开户银行账号"须从税务登记的银行账号中选择一个填报；

（三）主管税务机关要求提供的其他资料。

本办法下发前已办理采购国产设备退税备案的，无须再办理采购国产设备的退税备案。

第九条　研发机构采购国产设备退税的申报期限，为采购国产设备之日（以发票开具日期为准）次月1日起至次年4月30日前的各增值税纳税申报期。逾期申报的，主管税务机关不再受理研发机构采购国产设备退税申报。

2016年研发机构采购国产设备退税申报期限延长至2017年6月30日前的增值税纳税申报期。

第十条　已备案的研发机构应在退税申报期内，凭下列资料向主管税务机关办理采购国产设备退税：

（一）《购进自用货物退税申报表》（附件2）；

（二）采购国产设备合同；

（三）增值税专用发票，或者开具时间为2016年1月1日至本办法发布之日前的增值税普通发票；

（四）主管税务机关要求提供的其他资料。

上述增值税专用发票，为认证通过或通过增值税发票选择确认平台选择确认的增值税专用发票。

事项四：【退税台账及后续管理】

第十三条　研发机构采购国产设备的应退税额，为增值税发票（包括增值税专用发票、增值税普通发票，下同）上注明的税额。

第十四条　研发机构采购国产设备取得的增值税专用发票，已申报进项税额抵扣的，不得申报退税；已申报退税的，不得申报进项税额抵扣。

第十五条　主管税务机关应建立研发机构采购国产设备退税情况台账，记录国产设备的型号、发票开具时间、价格、已退税额等情况。

第十六条　研发机构已退税的国产设备，自增值税发票开具之日起3年内，设备所有权转移或移作他用的，研发机构须按照下列计算公式，向主管税务机关补缴已退税款。

应补税款=增值税发票上注明的金额×（设备折余价值÷设备原值）×增值税适用税率

设备折余价值=设备原值-累计已提折旧

设备原值和已提折旧按照企业所得税法的有关规定计算。

科技部　财政部　国家税务总局
关于印发《科技型中小企业评价办法》通知
国科发政〔2017〕115号

事项五：【中小企业】

第六条　科技型中小企业须同时满足以下条件：

（一）在中国境内（不包括港、澳、台地区）注册的居民企业。

（二）职工总数不超过500人、年销售收入不超过2亿元、资产总额不超过2亿元。

（三）企业提供的产品和服务不属于国家规定的禁止、限制和淘汰类。

（四）企业在填报上一年及当年内未发生重大安全、重大质量事故和严重环境违法、科研严重失信行为，且企业未列入经营异常名录和严重违法失信企业名单。

（五）企业根据科技型中小企业评价指标进行综合评价所得分值不低于60分，且科技人员指标得分不得为0分。

第八条　符合第六条第（一）项至第（四）项条件的企业，若同时符合下列条件中的一项，则可直接确认符合科技型中小企业条件：

（一）企业拥有有效期内高新技术企业资格证书；

（二）企业近五年内获得过国家级科技奖励，并在获奖单位中排在前三名；

（三）企业拥有经认定的省部级以上研发机构；

（四）企业近五年内主导制定过国际标准、国家标准或行业标准。

关联文件——《财政部、国家税务总局、科技部关于提高科技型中小企业研究开发费用税前加计扣除比例的通知》（财税〔2017〕34号）

科技部　财政部　国家税务总局
关于修订印发《高新技术企业认定管理办法》的通知

国科发火〔2016〕32号

第九条　通过认定的高新技术企业，其资格自颁发证书之日起有效期为三年。

第十条　企业获得高新技术企业资格后，自高新技术企业证书颁发之日所在年度起享受税收优惠，可依照本办法第四条的规定到主管税务机关办理税收优惠手续。

第十七条　高新技术企业发生更名或与认定条件有关的重大变化（如分立、合并、重组以及经营业务发生变化等）应在三个月内向认定机构报告。经认定机构审核符合认定条件的，其高新技术企业资格不变，对于企业更名的，重新核发认定证书，编号与有效期不变；不符合认定条件的，自更名或条件变化年度起取消其高新技术企业资格。

第十八条　跨认定机构管理区域整体迁移的高新技术企业，在其高新技术企业资格有效期内完成迁移的，其资格继续有效；跨认定机构管理区域部分搬迁的，由迁入地认定机构按照本办法重新认定。

事项六：【高新技术企业】

高新技术企业须同时满足条件：

（一）企业申请认定时须注册成立一年以上；

（二）企业通过自主研发、受让、受赠、并购等方式，获得对其主要产品（服务）在技术上发挥核心支持作用的知识产权的所有权；

（三）对企业主要产品（服务）发挥核心支持作用的技术属于《国家重点支持的高新技术领域》规定的范围；

（四）企业从事研发和相关技术创新活动的科技人员占企业当年职工总数的比例不低于10%；

（五）企业近三个会计年度（实际经营期不满三年的按实际经营时间计算，下同）的研究开发费用总额占同期销售收入总额的比例符合如下要求：

1. 最近一年销售收入小于5000万元（含）的企业，比例不低于5%；

2. 最近一年销售收入在5000万元至2亿元（含）的企业，比例不低于4%；

3. 最近一年销售收入在2亿元以上的企业，比例不低于3%。

其中，企业在中国境内发生的研究开发费用总额占全部研究开发费用总额的比例不低于60%；

（六）近一年高新技术产品（服务）收入占企业同期总收入的比例不低于60%；

（七）企业创新能力评价应达到相应要求；

（八）企业申请认定前一年内未发生重大安全、重大质量事故或严重环境违法行为。

事项七：【高新技术企业认定程序】

（一）企业申请

企业对照本办法进行自我评价。认为符合认定条件的在"高新技术企业认定管理工作网"注册登记，向认定机构提出认定申请。申请时提交材料：

1. 高新技术企业认定申请书；

2. 证明企业依法成立的相关注册登记证件；

3. 知识产权相关材料、科研项目立项证明、科技成果转化、研究开发的组织管理等相关材料；

4. 企业高新技术产品（服务）的关键技术和技术指标、生产批文、认证认可和相关资质证书、产品质量检验报告等相关材料；

5. 企业职工和科技人员情况说明材料；

6. 经具有资质的中介机构出具的企业近三个会计年度研究开发费用和近一个会计年度高新技术产品（服务）收入专项审计或鉴证报告，并附研究开发活动说明材料；

7. 经具有资质的中介机构鉴证的企业近三个会计年度的财务会计报告（包括会计报表、会计报表附注和财务情况说明书）；

8. 近三个会计年度企业所得税年度纳税申报表。

（二）专家评审

认定机构应在符合评审要求的专家中，随机抽取组成专家组。专家组对企业申报材料进行评审，提出评审意见。

（三）审查认定

认定机构结合专家组评审意见，对申请企业进行综合审查，提出认定意见并报领导小组办公室。认定企业由领导小组办公室在"高新技术企业认定管理工作网"公示10个工作日，无异议的，予以备案，并在"高新技术企业认定管理工作网"公告，由认定机构向企业颁发统一印制的"高新技术企业证书"；有异议的，由认定机构进行核实处理。

第十三条　企业获得高新技术企业资格后，应每年5月底前在"高新技术企业认定管理工作网"填报上一年度知识产权、科技人员、研发费用、经营收入等年度发展情况报表。

财政部　税务总局
关于非营利组织免税资格认定管理有关问题的通知
财税〔2018〕13 号

事项八：【非营利组织的条件】

一、依据本通知认定的符合条件的非营利组织，**必须同时满足以下条件：**

（一）依照国家有关法律法规设立或登记的事业单位、社会团体、基金会、社会服务机构、宗教活动场所、宗教院校以及财政部、税务总局认定的其他非营利组织；

（二）从事公益性或者非营利性活动；

（三）取得的收入除用于与该组织有关的、合理的支出外，全部用于登记核定或者章程规定的公益性或者非营利性事业；

（四）财产及其孳息不用于分配，但不包括合理的工资薪金支出；

（五）按照登记核定或者章程规定，该组织注销后的剩余财产用于公益性或者非营利性目的，或者由登记管理机关采取转赠给与该组织性质、宗旨相同的组织等处置方式，并向社会公告；

（六）投入人对投入该组织的财产不保留或者享有任何财产权利，本款所称投入人是指除各级人民政府及其部门外的法人、自然人和其他组织；

（七）工作人员工资福利开支控制在规定的比例内，不变相分配该组织的财产，其中：工作人员平均工资薪金水平不得超过税务登记所在地的地市级（含地市级）以上地区的同行业同类组织平均工资水平的两倍，工作人员福利按照国家有关规定执行；

（八）对取得的应纳税收入及其有关的成本、费用、损失应与免税收入及其有关的成本、费用、损失分别核算。

二、申请享受免税资格的非营利组织，需报送以下材料：

（一）申请报告；

（二）事业单位、社会团体、基金会、社会服务机构的组织章程或宗教活动场所、宗教院校的管理制度；

（三）非营利组织注册登记证件的复印件；

（四）上一年度的资金来源及使用情况、公益活动和非营利活动的明细情况；

（五）上一年度的工资薪金情况专项报告，包括薪酬制度、工作人员整体平均工资薪金水平、工资福利占总支出比例、重要人员工资薪金信息（至少包括工资薪金水平排名前 10 的人员）；

（六）具有资质的中介机构鉴证的上一年度财务报表和审计报告；

（七）登记管理机关出具的事业单位、社会团体、基金会、社会服务机构、宗教

活动场所、宗教院校上一年度符合相关法律法规和国家政策的事业发展情况或非营利活动的材料;

（八）财政、税务部门要求提供的其他材料。

三、经省级（含省级）以上登记管理机关批准设立或登记的非营利组织，凡符合规定条件的，应向其所在地省级税务主管机关提出免税资格申请，并提供本通知规定的相关材料；经地市级或县级登记管理机关批准设立或登记的非营利组织，凡符合规定条件的，分别向其所在地的地市级或县级税务主管机关提出免税资格申请，并提供本通知规定的相关材料。

财政、税务部门按照上述管理权限，对非营利组织享受免税的资格联合进行审核确认，并定期予以公布。

四、非营利组织免税优惠资格的有效期为五年。非营利组织应在免税优惠资格期满后六个月内提出复审申请，不提出复审申请或复审不合格的，其享受免税优惠的资格到期自动失效。

非营利组织免税资格复审，按照初次申请免税优惠资格的规定办理。

事项九：【取消非营利组织享受免税优惠资格】

六、已认定的享受免税优惠政策的非营利组织有下述情形之一的，应自该情形发生年度起取消其资格：

（一）登记管理机关在后续管理中发现非营利组织不符合相关法律法规和国家政策的；

（二）在申请认定过程中提供虚假信息的；

（三）纳税信用等级为税务部门评定的 C 级或 D 级的；

（四）通过关联交易或非关联交易和服务活动，变相转移、隐匿、分配该组织财产的；

（五）被登记管理机关列入严重违法失信名单的；

（六）从事非法政治活动的。

因上述第（一）项至第（五）项规定的情形被取消免税优惠资格的非营利组织，财政、税务部门自其被取消资格的次年起一年内不再受理该组织的认定申请；因上述第（六）项规定的情形被取消免税优惠资格的非营利组织，财政、税务部门将不再受理该组织的认定申请。

被取消免税优惠资格的非营利组织，应当依法履行纳税义务；未依法纳税的，主管税务机关应当自其存在取消免税优惠资格情形的当年起予以追缴。

税收减免税管理办法（试行）

国税发〔2005〕129 号

第二条　本办法所称的减免税是指国家对特定纳税人或征税对象，给予减轻或者免除税收负担的一种税收优惠措施，包括税基式减免、税率式减免和税额式减免三类。

不包括出口退税和财政部门办理的减免税。

事项十：【减免税的分类及条件】

第四条　减免税分为核准类减免税和备案类减免税。核准类减免税是指法律、法规规定应由税务机关核准的减免税项目；备案类减免税是指不需要税务机关核准的减免税项目。

第五条　纳税人享受核准类减免税，应当提交核准材料，提出申请，经依法具有批准权限的税务机关按本办法规定核准确认后执行。未按规定申请或虽申请但未经有批准权限的税务机关核准确认的，纳税人不得享受减免税。

纳税人享受备案类减免税，应当具备相应的减免税资质，并履行规定的备案手续。

第七条　纳税人实际经营情况不符合减免税规定条件的或者采用欺骗手段获取减免税的、享受减免税条件发生变化未及时向税务机关报告的，以及未按照本办法规定履行相关程序自行减免税的，税务机关依照税收征管法有关规定予以处理。

事项十一：【核准类减免税的申报和核准实施】

1. 应当在政策规定的减免税期限内，向税务机关提出书面申请，并按要求报送相应的材料。

2. 税务机关对纳税人提出的减免税申请，应当根据情况分别审核并作出处理。

3. 税务机关受理或者不予受理减免税申请，应当出具加盖本机关专用印章和注明日期的书面凭证。

4. 减免税申请符合法定条件、标准的，税务机关应当在规定的期限内作出准予减免税的书面决定。依法不予减免税的，应当说明理由，并告知纳税人享有依法申请行政复议以及提起行政诉讼的权利。

事项十二：【纳税人的义务】

第八条　纳税人申请核准类减免税的，应当在政策规定的减免税期限内，向税务机关提出书面申请，并按要求报送相应的材料。

纳税人对报送材料的真实性和合法性承担责任。

第十一条　减免税的审核是对纳税人提供材料与减免税法定条件的相关性进行审核，不改变纳税人真实申报责任。

第十三条　纳税人在减免税书面核准决定未下达之前应按规定进行纳税申报。纳税人在减免税书面核准决定下达之后，所享受的减免税应当进行申报。纳税人享受减免税的情形发生变化时，应当及时向税务机关报告，税务机关对纳税人的减免税资质进行重新审核。

事项十三：【备案类减免税的申报和备案实施】

第十四条 备案类减免税的实施可以按照减轻纳税人负担、方便税收征管的原则，要求纳税人在首次享受减免税的申报阶段在纳税申报表中附列或附送材料进行备案，也可以要求纳税人在申报征期后的其他规定期限内提交报备资料进行备案。

第一，必须备案！

第二，应当在税务机关规定的减免税期限内！

第十七条 税务机关受理或者不予受理减免税备案，应当出具加盖本机关专用印章和注明日期的书面凭证。

有条件受理备案材料！

第十八条 税务机关对纳税人提请的减免税备案，应当根据以下情况分别作出处理：

（一）备案的减免税材料存在错误的，应当告知并允许纳税人更正；

（二）备案的减免税材料不齐全或者不符合法定形式的，应当场一次性书面告知纳税人；

（三）备案的减免税材料齐全、符合法定形式的，或者纳税人按照税务机关的要求提交全部补正减免税材料的，应当受理纳税人的备案。

纳税人对报送材料的真实性和合法性承担责任。

第十九条 税务机关对备案材料进行收集、录入，纳税人在符合减免税资质条件期间，备案材料一次性报备，在政策存续期可一直享受。

第二十条 纳税人享受备案类减免税的，应当按规定进行纳税申报。纳税人享受减免税到期的，应当停止享受减免税，按照规定进行纳税申报。纳税人享受减免税的情形发生变化时，应当及时向税务机关报告。

第四节 减免税的账务处理

每个税种的各种税收优惠方式，当企业享受税收优惠时，有的事项不需要进行账务处理，如加计扣除事项，只在纳税申报报表中填写；大多数减免税事项是需要在完成相应税务优惠管理规定的同时，进行账务处理的。

一、增值税

增值税的减税情形比较复杂，减税方式不同，会计核算和账务处理也不同。

(一) 会计科目设置

增值税一般纳税人应当在"应交税费"科目下设置"应交增值税""未交增值税""预交增值税""待抵扣进项税额""待认证进项税额""待转销项税额""增值税留抵税额""简易计税""转让金融商品应交增值税""代扣代交增值税"等明细科目。

增值税一般纳税人应在"应交增值税"明细账内设置"进项税额""销项税额抵减""已交税金""转出未交增值税""减免税款""出口抵减内销产品应纳税额""销项税额""出口退税""进项税额转出""转出多交增值税"等专栏。其中:"减免税款"专栏,记录一般纳税人按现行增值税制度规定而减免的增值税额。

对企业减免及返还的增值税,除按照国家规定有指定用途的项目以外,都应并入企业利润,照章征收企业所得税。根据财政部、国家税务总局《关于减免及返还的流转税并入企业利润征收所得税的通知》(财税字〔1994〕074号),对企业有关会计处理问题规定如下:

一、企业实际收到即征即退、先征先退、先征税后返还的营业税、消费税,借记"银行存款"科目,贷记"产品销售税金及附加""商品销售税金附加""营业税金及附加"等科目。对于直接减免的营业税、消费税,不作账务处理。

二、企业实际收到即征即退、先征后退、先征税后返还的增值税,借记"银行存款"科目,贷记"补贴收入"科目。

(二) 减免增值税的账务处理

对于当期直接减免的增值税,借记"应交税金——应交增值税(减免税款)"科目,贷记损益类相关科目,如"其他收益"科目。

1. 税控系统专用设备和技术维护费用抵减增值税额的账务处理

按现行增值税制度规定,企业初次购买增值税税控系统专用设备支付的费用以及缴纳的技术维护费允许在增值税应纳税额中全额抵减的,按规定抵减增值税应纳税额。根据《增值税会计处理规定》(财会〔2016〕22号)的相关规定进行会计处理,如果是抵减一般纳税人一般计税项目应纳税额,借记"应交税费——应交增值税(减免税款)"科目,贷记"其他收益"等科目;如果是抵减一般纳税人简易计税项目应纳税额,借记"应交税费——简易计税"科目,贷记"其他收益"等科目;如果是抵减小规模纳税人应纳税额,借记"应交税费——应交增值税"科目,贷记"其他收益"或"管理费用"等科目。

2. 小微企业未达起征点免税的账务处理

小微企业未达起征点免税是指小规模纳税人发生应税行为,按月纳税月度销售额不超过10万元,按季度纳税季度销售额不超过30万元,免征增值税。未达起征点免税的享受主体仅限于小规模纳税人,只要其销售额未超过起征点,无论发生何种应税行为，均可免征增值税。

根据《增值税会计处理规定》（财会〔2016〕22号）的规定，小微企业在取得销售收入时，应当按照税法的规定计算应交增值税，并确认为应交税费，在达到增值税制度规定的免征增值税条件时，将有关应交增值税转入当期损益。至于当期损益对应的具体科目，该文并未明确指定，小微企业免征的增值税是从销售收入中分离出来的，不符合免征条件时应当价税分离，将税额单独确认，符合免征条件时税额不单独确认，应"回归"至销售收入。因此，小微免征的税额，应当记入"主营业务收入"或"其他业务收入"科目。

【例题7】乙公司为小规模纳税人商贸企业，按季度纳税，2020年7~9月销售商品共取得价款30.3万元，适用1%的征收率，未开具专用发票。

取得销售收入时，乙公司应对收取的价款进行价税分离，确认不含税收入30.3÷1.01＝30万元，增值税税额0.3万元：

　　借：银行存款　　　　　　　　　　　30.3
　　　　贷：主营业务收入　　　　　　　　　　30
　　　　　　应交税费——应交增值税　　　　　0.3

10月纳税申报时，达到符合小微免税的条件，将税额转入主营业务收入：

　　借：应交税费——应交增值税　　　　0.3
　　　　贷：主营业务收入　　　　　　　　　　0.3

3. 销售使用过的固定资产的账务处理

一般纳税人销售其使用过的固定资产，按照简易办法依照3%征收率减按2%征收增值税的，其享受的1%减税，应记入"资产处置损益""营业外收入""营业外支出"等科目。

【例题8】丙公司为一般纳税人，2020年10月销售1台使用过的机器设备，收取价款10.3万元，该设备购入价格20万元，处置时已计提折旧8万元，该设备购入时按照增值税政策不得抵扣进项税额，且丙公司未抵扣进项税额。

　　借：固定资产清理　　　　　　　　　12
　　　　累计折旧　　　　　　　　　　　8
　　　　贷：固定资产　　　　　　　　　　　20
　　借：银行存款　　　　　　　　　　　10.3
　　　　贷：固定资产清理　　　　　　　　　10
　　　　　　应交税费——简易计税　　　　　0.3
　　借：资产处置损益　　　　　　　　　1.9
　　　　应交税费——简易计税　　　　　0.1
　　　　贷：固定资产清理　　　　　　　　　2

小规模纳税人销售使用过的固定资产，疫情防控期间可以直接享受免税（湖北省小规模纳税人）或者 1% 征收率，其会计处理参见本文相关内容。如果按照减按 2% 征收增值税的，比照一般纳税人进行会计处理，即将享受的 1% 减税计入当期损益。

4. 招用退役士兵或重点群体就业扣减增值税的账务处理

根据现行增值税政策的规定，企业招用退役士兵或重点群体就业可以在三年内按照一定的额度定额依次扣减增值税、城市维护建设税、教育费附加、地方教育附加和企业所得税。

扣减的增值税，也应区分纳税人资格以及不同计税方法，分别借记"应交税费——应交增值税（减免税款）""应交税费——简易计税""应交税费——应交增值税"等科目，贷记"其他收益"等科目。

【例题 9】丁公司为一般纳税人建筑企业，2020 年招用 10 名退役士兵，10 月与其签订三年期劳动合同并开始缴纳社会保险，根据相关规定，丁公司可以扣减税额的额度为每人每年 9000 元。

2020 年 10 月份，丁公司增值税简易计税应纳税额为 4000 元，一般计税应纳税额为 6000 元，本月退役士兵减免税总额为 10×9000÷12＝7500 元，扣减增值税税额 7500 元，假定该企业先扣减简易计税应纳税额再扣减一般计税应纳税额：

借：应交税费——简易计税 4000
　　应交税费——应交增值税（减免税款） 3500
　贷：其他收益等 7500

（三）"免、抵、退"税的计算

从 2002 年 1 月 1 日起，我国对生产企业自营或委托外贸企业代理出口自产货物，除另有规定外，增值税一律实行免、抵、退的管理办法。实行免、抵、退税办法的"免"税，是指对生产企业出口的自产货物，免征本企业生产销售环节增值税；"抵"税，是指生产企业出口自产货物所耗用的原材料、零部件、燃料、动力等所含应予退还的进项税额，抵顶内销货物的应纳税额；"退"税，是指生产企业出口的自产货物在当月内应抵顶的进项税额大于应纳税额时，对未抵顶完的部分予以退税。相关文件有两份：《财政部、国家税务总局关于进一步推进出口货物实行免抵退税办法的通知》（文号：财税〔2002〕7 号 发布日期：2002-01-23 失效法规废止日期：2012-07-01），该文件的替代文件是《财政部、国家税务总局关于出口货物劳务增值税和消费税政策的通知》（文号：财税〔2012〕39 号 发布日期：2012-05-25），具体内容如下：

1. 增值税退（免）税的计税依据

出口货物劳务的增值税退（免）税的计税依据，按出口货物劳务的出口发票（外销发票）、其他普通发票或购进出口货物劳务的增值税专用发票、海关进口增值税专用缴款书确定。

① 生产企业出口货物劳务（进料加工复出口货物除外）增值税退（免）税的计税依据，为出口货物劳务的实际离岸价（FOB）。实际离岸价应以出口发票上的离岸价为准，但如果出口发票不能反映实际离岸价，主管税务局有权予以核定。

② 生产企业进料加工复出口货物增值税退（免）税的计税依据，按出口货物的离岸价（FOB）扣除出口货物所含的海关保税进口料件的金额后确定。其中，海关保税进口料件，是指海关以进料加工贸易方式监管的出口企业从境外和特殊区域等进口的料件。包括出口企业从境外单位或个人购买并从海关保税仓库提取且办理海关进料加工手续的料件，以及保税区外的出口企业从保税区内的企业购进并办理海关进料加工手续的进口料件。

③ 生产企业国内购进无进项税额且不计提进项税额的免税原材料加工后出口的货物的计税依据，按出口货物的离岸价（FOB）扣除出口货物所含的国内购进免税原材料的金额后确定。

④ 外贸企业出口货物（委托加工修理修配货物除外）增值税退（免）税的计税依据，为购进出口货物的增值税专用发票注明的金额或海关进口增值税专用缴款书注明的完税价格。

⑤ 外贸企业出口委托加工修理修配货物增值税退（免）税的计税依据，为加工修理修配费用增值税专用发票注明的金额。外贸企业应将加工修理修配使用的原材料（进料加工海关保税进口料件除外）作价销售给受托加工修理修配的生产企业，受托加工修理修配的生产企业应将原材料成本并入加工修理修配费用开具发票。

⑥ 出口进项税额未计算抵扣的已使用过的设备增值税退（免）税的计税依据，按下列公式确定：

退（免）税计税依据＝增值税专用发票上的金额或海关进口增值税专用缴款书注明的完税价格×已使用过的设备固定资产净值÷已使用过的设备原值

已使用过的设备净值＝已使用过的设备原值－已使用过的设备已提累计折旧

已使用过的设备，是指出口企业根据财务会计制度已经计提折旧的固定资产。

⑦ 免税品经营企业销售的货物增值税退（免）税的计税依据，为购进货物的增值税专用发票注明的金额或海关进口增值税专用缴款书注明的完税价格。

⑧ 中标机电产品增值税退（免）税的计税依据，生产企业为销售机电产品的普通发票注明的金额，外贸企业为购进货物的增值税专用发票注明的金额或海关进口增值税专用缴款书注明的完税价格。

⑨ 生产企业向海上石油天然气开采企业销售的自产的海洋工程结构物增值税退（免）税的计税依据，为销售海洋工程结构物的普通发票注明的金额。

另外，输入特殊区域的水电气增值税退（免）税的计税依据，为作为购买方的特殊区域内生产企业购进水（包括蒸汽）、电力、燃气的增值税专用发票注明的金额。

2. "免、抵、退"税的计算

① 当期应纳税额的计算

当期应纳税额＝当期内销货物的销项税额－（当期进项税额－当期免抵退税不得免征和抵扣税额）

② 免抵退税额的计算

免抵退税额＝出口货物离岸价×外汇人民币牌价×出口货物退税率－免抵退税额抵减额

免抵退税额抵减额＝免税购进原材料价格×出口货物退税率

其中：出口货物离岸价（FOB）以出口发票计算的离岸价为准。出口发票不能如实反映实际离岸价的，企业必须按照实际离岸价向主管国税机关进行申报，同时主管税务局有权依照《税收征收管理法》《增值税暂行条例》等有关规定予以核定。

免税购进原材料包括从国内购进免税原材料和进料加工免税进口料件，其中进料加工免税进口料件的价格为组成计税价格，组成计税价格＝货物到岸价+海关实征关税和消费税

③ 当期应退税额和免抵税额的计算

首先，如当期期末留抵税额≤当期免抵退税额，则

当期应退税额＝当期期末留抵税额

当期免抵税额＝当期免抵退税额－当期应退税额

其次，如当期期末留抵税额>当期免抵退税额，则

当期应退税额＝当期免抵退税额

当期免抵税额＝0

当期期末留抵税额根据当期《增值税纳税申报表》中"期末留抵税额"确定。

④ 免抵退税不得免征和抵扣税额的计算

免抵退税不得免征和抵扣税额＝出口货物离岸价×外汇人民币牌价×（出口货物征税率－出口货物退税率）－免抵退税不得免征和抵扣税额抵减额

免抵退税不得免征和抵扣税额抵减额＝免税购进原材料价格×（出口货物征税率－出口货物退税率）

（四）"免、抵、退"税及免退税的账务处理

1. 简易核算

① 货物出口并确认收入实现时，根据出口销售额（FOB价）做如下会计处理：

借：应收账款（或银行存款等）

　　贷：主营业务收入（或其他业务收入等）

② 月末根据《免抵退税汇总申报表》中计算出的"免抵退税不予免征和抵扣税额"做如下会计处理：

借：主营业务成本

　　贷：应交税金——应交增值税（进项税额转出）

③ 月末根据《免抵退税汇总申报表》中计算出的"应退税额"做如下会计处理：

借：其他应收款——出口退税

　　贷：应交税金——应交增值税（出口退税）

④ 月末根据《免抵退税汇总申报表》中计算出的"免抵税额"做如下会计处理：

借：应交税金——应交增值税（出口抵减内销应纳税额）

　　贷：应交税金——应交增值税（出口退税）

⑤ 收到出口退税款时，做如下会计处理：

借：银行存款

　　贷：其他应收款——出口退税

2. 一般纳税人实行"免、抵、退"的会计核算

① 货物出口并确认收入实现时，根据出口销售额（FOB价）账务处理如下：

借：应收账款（或银行存款等）

　　贷：主营业务收入（或其他业务收入等）——免抵退出口收入

② 当月根据当期《生产企业免抵退税汇总申报表》中的免抵退税不得免征和抵扣税额账务处理如下：

借：主营业务成本

　　贷：应交税费——应交增值税（进项税额转出）

③ 次月根据税务机关审核确认的上期《生产企业免抵退税汇总申报表》中的应退税额账务处理如下：

借：应收出口退税款——增值税

　　贷：应交税费——应交增值税（出口退税）

④ 次月根据税务机关审核确认的上期《生产企业免抵退税汇总申报表》中免抵税额账务处理如下（因其是作为税务机关免抵调库的依据，一般出口企业不作此笔会计处理没有问题，不影响增值税的核算）：

借：应交税费——应交增值税（出口抵减内销产品应纳税额）

　　贷：应交税费——应交增值税（出口退税）

⑤ 收到出口退税款时，账务处理如下：

借：银行存款

　　贷：应收出口退税款——增值税

（五）不属于政府补助损益计入"其他收益"的依据是什么？

根据《企业会计准则第16号——政府补助》（财会〔2017〕15号）的相关规定，"其他收益"科目核算总额法下与日常活动相关的政府补助以及其他与日常活动相关

且应直接记入本科目的项目。根据《关于修订印发 2019 年度一般企业财务报表格式的通知》（财会〔2019〕6 号），利润表中的"其他收益"项目，反映计入其他收益的政府补助，以及其他与日常活动相关且计入其他收益的项目。

《企业会计准则第 16 号——政府补助》应用指南规定，除税收返还之外，税收优惠还包括直接减征、免征、增加计税抵扣额、抵免部分税额等形式，它们体现了政策导向，但政府并未直接向企业无偿提供资产，因此不作为政府补助准则规范的政府补助处理。

税收返还是指政府按规定采取先征后返（退）、即征即退等办法向企业返还的税款，属于以税收优惠形式给予的一种政府补助。所以增值税即征即退、先征后退、先征后返属于政府补助，应记入"营业外收入——政府补助"科目，而增值税直接免征、直接减征属于企业非日常经营活动产生的经济利益的流入，应将其记入"其他收益"科目，是不需要缴纳企业所得税的。

二、企业所得税

对于减免的企业所得税，企业不应该将其重新计入当期损益的，应正确地进行减免所得税的会计处理。如果不是法定减免，应该将减免税额记入"资本公积"。

（一）减免企业所得税的会计处理

1. 征前减免

征前减免就是在企业所得税征收入库之前即给予减免，企业无须实际缴纳税款。在此情况下，企业仍然需要计算应纳所得税，待税务局审批之后再确认减免税。

企业在计算应纳所得税时，借记"所得税"，贷记"应交税金——企业所得税"；确认减免税时，借记"应交税金——企业所得税"，贷记"所得税"。

由于冲减了所得税费用科目，在期末结转账务的时候，相应增加了企业期末账面利润（然后按照规定进行分配）或者减少了账面亏损。

2. 即征即退与先征后退

即征即退是指企业按照规定向税务局申报纳税，税务局按照规定为企业当场办理退税手续。先征后退是指企业按照规定申报缴纳所得税后税务局再按照规定程序为企业办理减免。

企业在计算应纳所得税的时候，借记"所得税"，贷记"应交税金——企业所得税"；缴纳税款时，借记"应交税金——企业所得税"，贷记"现金"或者"银行存款"科目；确认减免收到退税款时，借记"银行存款"，贷记"所得税"。

由于冲减了所得税费用科目，在期末结转账务的时候，相应增加了企业期末账面利润（然后按照规定进行分配）或者减少了账面亏损，对企业税后利润产生了影响。

3. 有指定用途的退税

有些情况下，企业所得税退税款有其指定的用途，企业并不能全额获得退税款。其常见情形如下。

① 所得税退税款作为国家投资，形成专门的国家资本。收到退税时，借记"银行存款"科目，贷记"实收资本——国家资本金"科目。

② 所得税退税款作为国家对所有投资人的赠与，用于企业发展再生产。收到退税时，借记"银行存款"科目，贷记"资本公积——其他资本公积"科目。

③ 所得税退税款作为专项用于某个项目、设备、特定人群的资金。收到退税时，借记"银行存款"科目，贷记"其他应交款——××部门""其他应付款——××项目"科目。使用的时候，借记"其他应付款——××项目"科目，贷记"银行存款""现金"科目。

上述①至③项退税均没有对企业税后利润产生影响。

④ 所得税退税款部分用于企业的发展、部分按照规定上缴有关部门。收到退税时，借记"银行存款"科目，按照金额分别贷记"资本公积——其他资本公积"、"其他应交款——××部门"。使用的时候，分别借记"其他应付款——××部门"科目，贷记"银行存款"、"现金"科目。

（二）软件企业"两免三减半"的会计处理

1. 税务规定

《财政部、国家税务总局关于企业所得税若干优惠政策的通知》（财税〔2008〕1号）规定，我国境内新办软件生产企业经认定后，自获利年度起，第一年和第二年免征企业所得税，第三年至第五年减半征收企业所得税。

《财政部、国家税务总局关于进一步鼓励软件产业和集成电路产业发展企业所得税政策的通知》（财税〔2012〕27号）规定，我国境内新办的集成电路设计企业和符合条件的软件企业，经认定后，在 2017 年 12 月 31 日前自获利年度起计算优惠期，第一年至第二年免征企业所得税，第三年至第五年按照 25% 的法定税率减半征收企业所得税，并享受至期满为止。

第十条规定，本通知所称集成电路设计企业或符合条件的软件企业，指以集成电路设计或软件产品开发为主营业务并同时符合下列条件的企业，即 2011 年 1 月 1 日后依法在中国境内成立并经认定取得集成电路设计企业资质或软件企业资质的法人企业。

2. 会计处理

软件企业所得税的"两免三减半"，属于所得税直接减免，会计上不做账务处理。但是根据财政部发布的《企业会计准则 18——所得税》要求，我国所得税会计采用资产负债表债务法。资产负债表日，对于递延所得税资产和递延所得税负债，应当根据税法规定，按照预期收回该资产或清偿该负债期间的适用税率计量。关于所得税会计的核算，关键应理解以下关系：

"递延所得税负债"科目的期末余额＝应纳税暂时性差异的期末金额×未来转回时的所得税税率

"递延所得税资产"科目的期末余额＝可抵扣暂时性差异的期末金额×未来转回时的所得税税率

所得税费用（或收益）＝当期所得税费用+递延所得税费用（−递延所得税收益）

软件企业在享受"两免三减半"期间，在资产负债表日，应按照会计准则计算各项资产和负债的暂时性差异，并按照预期收回该资产或清偿该负债期间的适用税率，计算确认递延所得税资产或负债，此时就涉及确认递延所得税资产和负债的适用税率的问题。从理论上来讲，软件企业在享受"两免三减半"期间，预期适用税率可能存在 3 种：零税率、减半税率和 25% 税率。

对于暂时性差异，有些能预计转回的时间，则可以按照预计转回的时税率确认递延所得税资产，例如固定资产折旧、开办费摊销等，但有一些暂时性差异无法预计转回的时间，例如各种资产减值准备，包括应收款项计提的坏账准备、存货计提的存货跌价准备等，则难以预计暂时性差异转回的时间，相应地确认递延所得税资产的所得税税率也难以确定的情况下，应遵循谨慎性原则，对于递延所得税资产的确认，按照最低可能的税率计算确认（前提是预计未来可以获利）。

3. 案例

甲公司是 2011 年 1 月 1 日后依法在中国境内成立并经认定取得软件企业资质的法人企业，经认定后，2011 年盈利，法定所得税税率为 25%，根据有关规定，甲公司可享受"两免三减半"的税收优惠政策，公司 2011 年、2012 年免缴企业所得税，2013 年—2015 年按 25% 的税率减半缴纳企业所得税。

甲公司的一项固定资产初始成本为 12000 元，会计采用直线法分 6 年折旧，计税时采用直线法分 3 年折旧，2011 年为甲公司首个获得年度。假设 2011 年—2016 年每年利润为 10000 元，无其他纳税调整事项。

2011 年会计处理：

借：所得税费用　　　　　　　　　　250

　贷：递延所得税负债　　　　　　　　　　250

注：2011 年为免税期，"应交税费——应交企业所得税"为 0，本年账面价值大于计税基础，产生应纳税暂时性差异 2000 元，该差异在 2014 年转回，税率为 12.5%。

2012 年会计处理：

借：所得税费用　　　　　　　　　　250

　贷：递延所得税负债　　　　　　　　　　250

注：2012 年为免税期，"应交税费——应交企业所得税"为 0，本年账面价值大于计税基础，产生应纳税暂时性差异 2000 元，该差异在 2015 年转回，税率为 12.5%。

2013 年会计处理：

借：所得税费用　　　　　　　　　　　　1550

　　贷：递延所得税负债　　　　　　　　　　300

　　　　应交税费——应交企业所得税　　　1250

注：本期应缴所得税开始减半，2000 元暂时性差异在 2016 年转回，税率为 15%。

2014 年会计处理：

借：所得税费用　　　　　　　　　　　　1000

　　递延所得税负债　　　　　　　　　　　250

　　贷：应交税费——应交企业所得税　　　1250

注：本期所得税继续减半，并转回 2011 年应纳税暂时性差异，递延所得税负债相应的调整为借方。

2015 年会计处理：

借：所得税费用　　　　　　　　　　　　1000

　　递延所得税负债　　　　　　　　　　　250

　　贷：应交税费——应交企业所得税　　　1250

注：本期所得税继续减半，并转回 2012 年应纳税暂时性差异，递延所得税负债相应的调整为借方。

2016 年会计处理：

借：所得税费用　　　　　　　　　　　　1200

　　递延所得税负债　　　　　　　　　　　300

　　贷：应交税费——应交企业所得税　　　1500

注：本期所得税"两免三减半"优惠期结束，本期应缴所得税应按照 15% 计算缴纳，本期转回 2013 年确认的应纳税暂时性差异。至此，应纳税暂时性差异全部转回，递延所得税负债借方转回 300 元后，该科目期末余额为 0。

（三）纳税调整的会计处理

企业的纳税调整一般有两种情况：一是由于有关法规规定不同，使财务会计与税务会计计算不一；二是由于纳税人计算差错或违规，分为是平时（年内）错账、或是上年度企业采用的核算方法不同。错账时间不同，其纳税调整的会计处理也不相同。

1. 平时使用"应付税款法"进行的纳税调整

因为在"应付税款法"下，当期税前会计利润与应税所得之间的差异造成的影响纳税金额直接计入当期损益，而不是递延到以后各期，使当期的应交所得税与所得税费用金额相等，因此，对调整的差异本身无须进行会计处理。

2. 年度内错账的会计处理

由于年度内错账金额只影响本年度的税款，因此，发现后只需调整本年度相关会计科目即可。

3. 年终汇算清缴的纳税调整

对企业年度发生的以前年度调整事项，应通过"以前年度损益调整"科目调整本年利润，由此影响企业缴纳所得税的，可视为当年损益，进行所得税会计处理。

对调整增加的以前年度利润或调整减少的以前年度亏损，借记有关科目，贷记本科目；调整减少的以前年度利润或调整增加的以前年度亏损，借记本科目，贷记有关科目。

由于调整增加或减少以前年度利润或亏损而相应增加的所得税，借记本科目，贷记"应交税金——应交所得税"科目；由于调整减少或增加以前年度利润或亏损而相应减少的所得税，做相反会计分录。

经上述调整后，应同时将本科目的余额转入"利润分配——未分配利润"科目。本科目如为贷方余额，借记本科目，贷记"利润分配——未分配利润"；如为借方余额，做相反会计分录。结转后本科目无余额。

三、消费税

按照规定，除国家限制出口的应税消费品外，纳税人出口的应税消费品免征消费税。生产企业直接出口应税消费品或通过外贸企业出口应税消费品，按规定直接予以免税的，可不计算应交消费税。

通过外贸企业出口应税消费品时，如按规定实行先纳税后退税方法的，按下列方法进行会计处理：

（一）外贸企业代理出口

外贸企业代理出口应税消费品的生产企业，应在计算消费税时，按应交消费税税额借记"应收账款"科目，贷记"应交税金——应交消费税"科目。实际缴纳消费税时，借记"应交税金——应交消费税"科目，贷记"银行存款"科目。

应税消费品出口收到外贸企业退回的税金，借记"银行存款"科目，贷记"应收账款"科目。

发生退关、退货而补缴已退的消费税时，做相反的会计分录。

代理出口应税消费品的外贸企业将应税消费品出口后，收到税务局退回生产企业缴纳的消费税，借记"银行存款"科目，贷记"应付账款"科目。

将此项税金退还生产企业时，借记"应付账款"科目，贷记"银行存款"科目。

发生退关、退货而补缴已退的消费税，借记"应收账款——应收生产企业消费税"科目，贷记"银行存款"科目，收到生产企业退还的税款，做相反的会计分录。

（二）外贸企业自营出口

将应税消费品销售给外贸企业，由外贸企业自营出口的，企业应将应税消费品销售给外贸企业时，按照应交消费税额，借记"经营税金及附加"科目，贷记"应交税金——应交消费税"科目。

实际缴纳消费税时，借记"应交税金——应交消费税"科目，贷记"银行存款"科目。

发生销货退回及退税时做相反的会计分录。

出口应税消费品的外贸企业，应在应税消费品报关出口后申请出口退税时，借记"应收补贴款——出口退税"科目，贷记"主营业务成本"科目。

实际收到应税消费品退回的税金，借记"银行存款"科目，贷记"应收补贴款——出口退税"科目。发生退关或退货而补缴已退的消费税，做相反的会计分录。

相关文件及具体规定：

国家税务总局
关于纳税人既享受增值税即征即退、先征后退政策又享受
免抵退税政策有关问题的公告

文号：国家税务总局公告 2011 年第 69 号　发布日期：2011-12-01

现将纳税人既享受增值税即征即退、先征后退政策又享受免抵退税政策有关问题的公告如下：

一、纳税人既有增值税即征即退、先征后退项目，也有出口等其他增值税应税项目的，增值税即征即退和先征后退项目不参与出口项目免抵退税计算。纳税人应分别核算增值税即征即退、先征后退项目和出口等其他增值税应税项目，分别申请享受增值税即征即退、先征后退和免抵退税政策。

二、用于增值税即征即退或者先征后退项目的进项税额无法划分的，按照下列公式计算：

无法划分进项税额中用于增值税即征即退或者先征后退项目的部分=当月无法划分的全部进项税额×当月增值税即征即退或者先征后退项目销售额÷当月全部销售额、营业额合计

本公告自 2012 年 1 月 1 日起执行。《国家税务总局关于飞机维修业务增值税问题的批复》（国税函〔2008〕842 号）、《国家税务总局关于飞机维修业务增值税处理方式的公告》（2011 年第 5 号）同时废止。

附件：

会计科目中英对照表

发布日期：2021-03-02

1001	现金	cash on hand
1002	银行存款	cash in bank
1009	其他货币资金	other monetary fund
100901	外埠存款	deposit in other cities
100902	银行本票	cashier´s cheque
100903	银行汇票	bank draft
100904	信用卡	credit card
100905	信用保证金	deposit to creditor
100906	存出投资款	cash in investing account
1101	短期投资	short-term investments
110101	股票	short-term stock investments
110102	债券	short-term bond investments
110203	基金	short-term fund investments
110110	其他	other short-term investments
1102	短期投资跌价准备	provision for loss on decline in value of short-term invest-ments
1111	应收票据	notes receivable
1121	应收股利	dividends receivable
1131	应收账款	accounts receivable
1133	其他应收款	other receivable
1141	坏账准备	provision for bad debts
1151	预付账款	advance to suppliers
1161	应收补贴款	subsidy receivable
1201	物资采购	materials purchased
1211	原材料	raw materials
1221	包装物	containers
1231	低值易耗品	low cost and short lived articles
1232	材料成本差异	cost variances of material

1241	自制半成品	semi-finished products
1243	库存商品	merchandise inventory
1244	商品进销差价	margin between selling and purchasing price on merchandise
1251	委托加工物资	material on consignment for further processing
1261	委托代销商品	goods on consignment- out
1271	受托代销商品	goods on consignment-in
1281	存货跌价准备	provision for impairment of inventories
1291	分期收款发出商品	goods on installment sales
1301	待摊费用	prepaid expense
1401	长期股权投资	long-term equity investments
140101	股票投资	long-term stock investments
140102	其他股权投资	other long-term equity investments
1402	长期债权投资	long-term debt investments
140201	债券投资	long-term bond investments
140202	其他债权投资	other long-term debt investments
1421	长期投资减值准备	provision for impairment of long-term investments
1431	委托贷款	entrusted loan
143101	本金	principal of entrusted loan
143102	利息	interest of entrusted loan
143103	减值准备	provision for impairment of entrusted loan
1501	固定资产	fixed assets-cost
1502	累计折旧	accumulated depreciation
1505	固定资产减值准备	provision for impairment of fixed assets
1601	工程物资	construction material
160101	专用材料	specific purpose materials
160102	专用设备	specific purpose equipments
160103	预付大型设备款	prepayments for major equipments
160104	为生产准备的工具及器具	tools and instruments prepared for production
1603	在建工程	construction in process
1605	在建工程减值准备	provision for impairment of construction in process
1701	固定资产清理	disposal of fixed assets
1801	无形资产	intangible assets

续表

1815	未确认融资费用	unrecognized financing charges
1901	长期待摊费用	long-term deferred expenses
1911	待处理财产损溢	profit & loss of assets pending disposal
191101	待处理流动资产损溢	profit & loss of current-assets pending disposal
191102	待处理固定资产损溢	profit & loss of fixed assets pending disposal
2101	短期借款	short-term loans
2111	应付票据	notes payable
2121	应付账款	accounts payable
2131	预收账款	advance from customers
2141	代销商品款	accounts of consigned goods
2151	应付工资	wages payable
2153	应付福利费	welfare payable
2161	应付股利	dividends payable
2171	应交税金	taxes payable
217101	应交增值税	value added tax payable
21710101	进项税额	input vat
21710102	已交税金	payment of vat
21710103	转出未交增值税	outgoing of unpaid vat
21710104	减免税款	vat relief
21710105	销项税额	output vat
21710106	出口退税	refund of vat for export
21710107	进项税额转出	outgoing of input vat
21710108	出口抵减内销产品应纳税额	merchandise vat from expert to domestic sale
21710109	转出多交增值税	outgoing of over-paid vat
217102	未交增值税	unpaid vat
217103	应交营业税	business tax payable
217104	应交消费税	consumer tax payable
217105	应交资源税	tax on natural resources payable
217106	应交所得税	income tax payable
217107	应交土地增值税	land appreciation tax payable
217108	应交城市维护建设税	urban maintenance and construction tax payable
217109	应交房产税	real estate tax payable

续表

217110	应交土地使用税	land use tax payable
217111	应交车船使用税	vehicle and vessel usage tax payable
217112	应交个人所得税	personal income tax payable
2176	其他应交款	other fund payable
2181	其他应付款	other payables
2191	预提费用	accrued expenses
2201	待转资产价值	pending transfer value of assets
2211	预计负债	estimable liabilities
2301	长期借款	long-term loans
2311	应付债券	bonds payable
231101	债券面值	par value of bond
231102	债券溢价	bond premium
231103	债券折价	bond discount
231104	应计利息	accrued bond interest
2321	长期应付款	long-term payable
2331	专项应付款	specific account payable
2341	递延税款	deferred tax
3101	实收资本（或股本）	paid-in capital (or share capital)
3103	已归还投资	retired capital
3111	资本公积	capital reserve
311101	资本（或股本）溢价	capital (or share capital) premium
311102	接受捐赠非现金资产准备	restricted capital reserve of non-cash assets donation received
311103	接受现金捐赠	reserve of cash donation received
311104	股权投资准备	restricted capital reserve of equity investments
311105	拨款转入	government grants received
311106	外币资本折算差额	foreign currency capital conversion difference
311107	其他资本公积	other capital reserve
3121	盈余公积	surplus reserve
312101	法定盈余公积	statutory surplus reserve
312102	任意盈余公积	discretionary earning surplus
312103	法定公益金	statutory public welfare fund
312104	储备基金	reserve fund

312105	企业发展基金	enterprise development fund
312106	利润归还投资	profit return for investment
3131	本年利润	profit & loss summary
3141	利润分配	distribution profit
314101	其他转入	other adjustments
314102	提取法定盈余公积金	extract for statutory surplus reserve
314103	提取法定公益金	extract for statutory public welfare fund
314104	提取储备基金	extract for reserve fund
314105	提取企业发展基金	extract for enterprise development fund
314106	提取职工奖励及福利基金	extract for staff bonus and welfare fund
314107	利润归还投资	profit return of capital invested
314108	应付优先股股利	preference share dividend payable
314109	提取任意盈余公积	extract for discretionary earning surplus
314110	应付普通股股利	ordinary share dividend payable
314111	转作资本（或股本）的普通股股利	ordinary share dividend transfer to capital（or share）
314115	未分配利润	undistributed profit
4101	生产成本	cost of production
410101	基本生产成本	basic production cost
410102	辅助生产成本	auxiliary production cost
4105	制造费用	manufacturing overheads
4107	劳务成本	labor cost
5101	主营业务收入	sales revenue
5102	其他业务收入	revenues from other operations
5201	投资收益	investment income
5203	补贴收入	subsidy income
5301	营业外收入	non-operating profit
5401	主营业务成本	cost of sales
5402	主营业务税金及附加	sales tax
5405	其他业务支出	cost of other operations
5501	营业费用	operating expenses
5502	管理费用	general and administrative expenses

续表

5503	财务费用	financial expenses
5601	营业外支出	non-operating expenses
5701	所得税	income tax
5801	以前年度损益调整	prior period profit & loss adjustment

第五节　如何提高税务管理能力

能力，不是遗传因素所能决定的，需要不断地学习、积累、锻炼形成并定期更新或自我提升。字面解释：能力是生命物体对自然探索、认知、改造水平的度量。如人解决问题的能力，动物、植物的生存繁衍能力等。现实理解：能力是某人或团队完成一项目标或者任务所体现出来的综合素质，其掌握和运用知识技能所需的心理特征，也是为了达成一个目的所具备的条件和水平。心理学的概念：能力是一个人相对于某事物而言，能够给此事物创造的利益（广义上指一切好的事物），能够给此事物创造的利益的大小，是其成功完成某种活动所必须具备的个性心理特征。

《吕氏春秋·适威》："民进则欲其赏，退则畏其罪，知其能力之不足也！"

我们的伟大领袖毛泽东主席，在《纪念白求恩》中写道："一个人能力有大小，但只要有这点精神，就是一个高尚的人。"

以能力所表现的活动领域的不同，可以分为：一般能力、特殊能力、再造能力、创造能力、认知能力、应变能力，甚至是特异功能的超能力。

一、管理能力

作为企业和团队的主心骨或领导者，要想管理好别人，必须首先管理好自己；要想领导好别人，必须首先领导好自己。

（一）管理能力

一般而言，作为一个主管，在自我管理方面应该具备九项自我管理的能力，您可以结合自己的实际情况，有目的地去锻炼提升自我能力：

角色定位能力——认清自我价值，清晰职责定位，忌自以为是；

目标管理能力——把握处世原则，明确奋斗目标，须明确可行；

时间管理能力——学会管理时间，做到事半功倍，应以身作则；

高效沟通能力——掌握沟通技巧，实现简捷高效，要诚实守信；

情商管理能力——提升情绪智商，和谐人际关系，须公正公平；

生涯管理能力——厘清职业路径，淡化同行沟通，忌拉帮结派；

人脉经营能力——经营人脉资源，达到互帮互助，忌唯利是图；

健康管理能力——促进健康和谐，保持旺盛精力，应劳逸结合；

学习创新能力——不断学习创新，持续发展进步，应营造氛围。

（二）领导能力

自我管理能力和团队领导能力是主管必须具备的两大基本能力系统，二者缺一不可。一般而言，主管的领导能力可以从以下九个方面来进行提升和训练：

领导能力——掌握领导技巧，尊重劳动，提升人格魅力；

决策能力——学会科学决策，敢于担当，避免重大失误；

绩效管理能力——重视目标执行，奖惩分明，提高团队绩效；

激励下属能力——运用激励技巧，有诺必践，点燃下属激情；

教练下属能力——教练培训下属，任人唯贤，提升下属能力；

授权能力——善于授权放权，创造机会，修炼无为而治；

团队学习创新能力——不断学习创新，保持团队活力，绝不能故步自封；

员工管理能力——抓住员工需求，体验快乐管理，营造互助友爱；

团队组织能力——学会团队协调，促进团结凝聚，要荣辱与共。

人与人的区别，能力高低，决定其自身和实现自我价值的大小。

二、什么是管理

管理是指一定组织中的管理者，通过实施计划、组织、领导、协调、控制等职能来协调他人的活动，使别人同自己一起实现既定目标的活动过程。管理是人类各种组织活动中最普通和最重要的一种活动。

管理是由计划、组织、指挥、协调及控制等职能为要素组成的活动过程。作为一种知识体系，管理学是管理思想、管理原理、管理技能和方法的综合。

（一）核心人物与观点

"科学管理之父"弗雷德里克·泰勒（Frederick Winslow Taylor）认为："管理就是确切地知道你要别人干什么，并使他用最好的方法去干。"（《科学管理原理》）在泰勒看来，管理就是指挥他人能用最好的办法去工作。

亨利·法约尔（Henri Fayol）在其名著《工业管理与一般管理》中给出管理概念：管理是所有的人类组织都有的一种活动，这种活动由五项要素组成的：计划、组织、指挥、协调和控制。法约尔对管理的看法颇受后人的推崇与肯定，形成了管理过程学派，对西方管理理论的发展具有重大的影响力。

彼得·德鲁克（Peter F. Drucker）在其名著《管理：任务、责任、实践》中如此阐述："管理是一种工作，它有自己的技巧、工具和方法；管理是一种器官，是赋予组织以生命的、能动的、动态的器官；管理是一门科学，一种系统化的并到处适用的知识；同时管理也是一种文化。"

管理是指在特定的时空条件下，通过计划、组织、指挥、协调、控制、反馈等手段，对系统所拥有的生物、非生物、资本、信息、能量等资源要素进行优化配置，并实现既定系统诉求的生物流、非生物流、资本流、信息流目标的过程。

控制就是按既定目标和标准对组织的活动进行监督、检查，发现偏差，采取纠正措施，使工作能按原定计划进行，或适当调整计划以达预期目的。控制工作是一个延续不断的、反复发生的过程，其目的在于保证组织实际的活动及其成果同预期目标相一致。

诺贝尔奖获得者赫伯特·西蒙（Herbert A. Simon）对管理的定义是："管理就是制定决策。"（《管理决策新科学》）。管理就是制定决策并有效执行！

决策是组织或个人为了实现某个目的而对未来一定时期内有关活动的方向、内容及方式的选择或者调整过程。简单地说决策就是定夺、决断和选择。决策是计划的核心问题只有对计划目标和实施方法等要素进行科学的决策，才能制订出科学合理的计划。一般认为决策是管理工作的本质。

（二）管理对象

世间的事物多种多样，纷纭复杂，千变万化。管理些什么？科学家们提出了五个主要管理对象：人员、财产、物品、时间和信息。

1. 人员

人，是管理中最活跃的因素。机构是由人组成的，管理职权是由人行使的，政策与法是由人制定的。发挥人的积极性和创造性是搞好管理的重要手段；

人，是社会财富的创造者、物的掌管者、时间的利用者和信息的沟通者，是管理对象中的核心和基础。只有管好人，才有可能管好财、物、时间和信息。

2. 财产，是人类衣、食、住及其进行交往的基础。管理者必须考虑运用有限的财力，收到更多的经济效益。

3. 物品，是人类创造财富的源泉。管理者要充分合理和有效地运用它们，使之为社会系统服务。

4. 时间，反映为速度、效率，一个高效率的管理系统，必须充分考虑如何尽可能利用最短的时间，办更多的事。

5. 信息，只有管理信息，及时掌握信息，正确地运用信息，才能使管理立于不败之地。数据是信息的形式和载体，数据是静态的，信息是动态的，分析数据得到信息的过程，就是透过现象看清本质的过程。

数据和信息是管理的重要手段，也是核心的管理目标。

管理要具备五个要素：管理的主体、客体、目标、方法和制度。管理还有五个职

能：**计划、组织、指挥、监督和调节，计划是最基本的职能。**

管理的任务是设计和维持一种环境，使在这一环境中工作的人员能够用尽可能少的支出实现既定的目标，或者以现有的资源实现最大的目标。细分为四种情况：产出不变，支出减少；支出不变，产出增多；支出减少，产出增多；支出增多，产出增加更多。这里的支出包括资金、人力、时间、物料、能源等的消耗。总之，管理基本的原则是"用力少，见功多"，以最少的资源投入、耗费，取得最佳的功业、效果。

三、税务管理

因为管理主体不同，税收管理和税务管理是不能混淆的。

以各级税务局和税务工作人员为主体，以纳税义务人和扣缴义务人为客体，在为国家组织税收收入的活动中，即收税过程中实施的对税收活动全过程进行决策、计划、组织、协调和监督等一系列工作的总称。应称之为税收管理，税收管理活动主要包括纳税服务、行政执法和行政管理。

以纳税人或扣缴义务人和办税人员为主体，在按照税收法律法规要求依法纳税过程中，以"规范纳税行为、降低纳税成本、提高经营效益、规避税务风险"为目的的一系列活动，称之为税务管理，企业税务管理活动主要包括会计核算、税务登记、发票管理、纳税申报、涉税自查、税务咨询、税收优惠（减免缓退抵）、纳税规划、纳税筹划和税收法律救济等内容。

（一）税收管理概述

税收管理是指税收征收管理单位为了贯彻、执行国家税收法律制度，加强税收工作，协调征税关系而开展的一项有目的的活动。一般包括：（1）税制体系的建立和完善；（2）税收政策、法令、规定以及各种管理制度和办法的制订、颁布、解释与执行；（3）确立税收管理体制，在中央和地方之间正确划分各级管理权限并贯彻执行；（4）税款的组织征收入库；（5）执行税收计划、编报税收收入，积累和统计税务资料、管理税收票证等；（6）干部的培训管理等。

税收管理的主体是指国家，即由国家负责管理。各级政府主管税收工作的职能部门是税收管理的具体执行机构，代表国家行使税收管理权限。税收管理的客体是指税收分配的全过程。从宏观角度分析，税收分配涉及国家与企业、中央与地方等的分配关系；从微观分析，税收分配是指各级税务局与纳税人之间的征纳关系。前者构成税收管理体制问题，后者形成税收征收管理的重要内容。从狭义的角度讲，税收管理的客体主要是指税收的征收管理过程。

税收管理是实现税收分配目标的手段，因此税收分配的目标也就是税收管理的目标。税收分配的目标通常表现在两个方面：一是财政目标，即筹集收入的目标；二是调节经济的目标，即实现宏观调控、促进经济稳定和发展的目标。在日常工作中，税收管理的目标又具体表现在各项管理活动中。

税收管理是国家以法律为依据，根据税收的特点及其客观规律，对税收参与社会分配活动全过程进行决策、计划、组织、协调和监督控制，以保证税收职能作用得以实现的一种管理活动，也是政府通过税收满足自身需求，促进经济结构合理化的一种活动。

税收管理的具体内容包括：税收法制管理、税收征收管理、税收计划管理，以及税务行政管理。

1. 税收法制管理是指税法的制定和实施，具体包括税收立法、税收执法和税收司法的全过程。税法是国家法律的组成部分，是整个国家税收制度的核心，是税收分配活动的准则和规范。税收立法工作由国家立法机关负责，税收执法工作由各级税务局承担，税收司法工作由国家司法机关来执行。

税收立法是整个国家立法活动的一部分。与一般的立法的含义相对应，税收立法也有广义和狭义之分。广义的税收立法指国家机关依照法定权限和程序，制定各种不同规范等级和效力等级的税收规范性文件的活动。狭义的税收立法则是指立法机关制定税收法律的活动。税收立法是由制定、修改和废止税收法律、法规的一系列活动构成的。税收立法管理是税收管理的首要环节，只有通过制定法律，把税收征纳关系纳入法律调整范围，才能做到依法治税。

2. 税收征收管理是一种执行性管理，是指税法制定之后，税务局组织、计划、协调、指挥税务人员，将税法具体实施的过程。具体包括税务登记管理、纳税申报管理、税款征收管理、减税免税及退税管理、税收票证管理、纳税检查和税务稽查、行政处罚和纳税档案资料管理等。

3. 税收计划管理主要包括：税收计划管理、税收重点税源管理、税收会计管理，以及税收统计管理。

4. 税务行政管理，又称税务组织管理，是对税务局内部的机构设置和人员配备进行的管理。具体包括税务机构的设置管理、征收机关的组织与分工管理、税务工作的程序管理、税务人员的组织建设与思想建设管理、对税务人员的监督与考核、税务行政复议与行政诉讼的管理。

（二）企业税务管理的主要内容

"大"的综合的企业财税管理，应该包括五方面的内容：财务核算的会计、内控管理的审计、经营分析的统计、财务管理和税务管理，纳税筹划是税务管理的一个分支，内控风险管理是审计的一部分。

企业税务管理作为企业管理的重要组成部分，在规范企业行为、降低企业税收成本、提高企业经营效益、规避税务风险、提高企业税务管理水平和效率方面有积极的作用。也在很大程度上关系着企业的生产经营和发展，直接影响着企业经营的好坏，然而，当前国内很多企业高管存在着税务管理的认识偏差，甚至是错误的，严重影响到了企业税务管理工作的顺利开展。然而，随着世界经济一体化进程的加快，企业间竞争日趋激烈，加强企业税务管理显得尤为重要。

【工作原则】

1. 要坚持依法纳税并自觉维护税法的原则。企业在加强税务管理中，要充分了解税法，严格按税法规定办事，自觉维护税法的严肃性，不能因为企业的故意或疏忽，将加强税务管理引入偷税、逃税和不正当避税的歧途。

2. 设置税务管理机构，配备专业专职人员。企业内部应设置专门的税务管理部门或机构（可设在财务部），并配备专业素质和业务水平高的专职人员，研究国家的各项税收法规，把有关的税收优惠政策在企业的生产经营活动中用好、用足，并对企业的纳税行为进行统一筹划、统一管理，减少企业不必要的损失。

3. 做好事先预测和协调工作。企业生产经营活动多种多样，经营活动内容不同，纳税人和征税对象不同，适用的税收法律和税收政策也不同，必须在实际纳税业务发生之前，与涉及经营活动的各个部门协调好，对各项活动进行合理安排，选用税法允许的最优纳税方案。如果企业在经济活动（纳税义务）发生后，才考虑减轻税负，就很容易出现偷（逃）税行为，这是法律所不允许的。

4. 利用社会中介机构，争取给税务部门帮助。目前，社会中介机构如税务师事务所、会计师事务所等日趋成熟，企业可以聘请这些机构的专业人员进行税务代理或咨询，提高税务管理水平。同时，要与税务局官员协调好关系，争取得到税务局在税法执行方面的指导和帮助，以充分运用有关税收优惠政策。

【主要内容】

企业税务管理的主要内容有哪些？以企业生产经营流程（生产工艺）为主线，企业税务管理的主要内容包括：

1. 涉税信息管理，包括企业外部税务信息收集和内部信息（数据）的整理、传输、保管，以及分析、研究与培训等；

2. 纳税规划管理，包括涉税咨询、纳税筹划、重要经营活动或重大项目的税负测算、纳税筹划方案的优化和选择、年度纳税规划的制定、税负率的分析与控制等；

3. 纳税筹划管理，包括企业经营决策、投资、营销、筹资、技术研发和商务合同筹划管理，企业税务会计管理、企业薪酬福利管理等；

4. 纳税实务管理，企业纳税实务包括税务登记、纳税申报、税款缴纳、发票管理、减免税管理、出口退税、税收抵免、延期纳税申报和非常损失报告等；

5. 税收法律救济，一般包括税务稽查和行政处罚的应对、税务行政复议申请与跟踪、税务行政诉讼、税务行政赔偿申请和办理等。

税务管理是企业财务管理的重要组成部分，加强税务管理的前提是加强企业税务管理人员的培训，提高人员的专业素质。通过加强税务管理，运用多种税务管理方法，有助于降低企业纳税成本，降低税收风险，提高税法遵从度。加强企业税务管理，有助于提高企业财务管理水平。企业的纳税风险主要包括：因迟延纳税加收税款滞纳金、税收违法被行政处罚（罚款和信用等级降级）、纳税信誉降级（黑名单）、追究刑事责任和减免税优惠政策损失风险。

四、如何提高税务管理能力

如何拥有被别人羡慕甚至是妒忌的能力？如何提高自身的税务管理能力或财税执业能力？需要水滴石穿的耐心耐得住寂寞，需要潜心钻研的细心日积月累，更需要一个由量变到质变的过程和时间。在掌握企业的核心组织机构设置及分工、基本生产工艺流程和供求市场总体情况的前提下，**依次分别锻炼和提高下面七项能力**，最终达到全面提高和拥有与众不同的企业税务管理能力：

第一，要具备准确的企业会计核算能力

会计核算，是指以货币为主要计量单位，通过确认、计量、记录和报告等环节，对特定主体的经济活动进行记账、算账和报账，为相关会计信息使用者提供决策所需的会计信息。

会计核算贯穿于经济活动的整个过程，是会计最基本和最重要的职能，又叫反映职能。记账是指对特定主体的经济活动采用一定的记账方法，在账簿中进行登记，以反映在账面上；算账是指在日常记账的基础上，对特定主体一定时期内的收入、费用、利润和某一特定日期的资产、负债、所有者权益进行计算，以算出该时期的经营成果和该日期的财务状况；报账就是在算账的基础上，将特定会计主体的财务状况、经营成果和现金流量情况，以会计报表的形式向各方报告。

会计核算能力是财税执业者，应该具备的最基本能力，税是伴随会计核算衍生的，会计核算是计算应履行纳税义务的前提条件和前置环节。

在一个会计期间，所发生的经济业务，都要通过"填制原始凭证、记账、做报表"这三个环节进行会计处理，将大量的经济业务转换为系统的会计信息。这个转换过程，即从填制和审核凭证到登记账簿，直至编出会计报表周而复始的变化过程，就是一般称谓的会计循环。其基本内容是：经济业务发生后，经办人员要填制或取得原始凭证，经会计人员审核整理后，按照设置的会计科目，运用复式记账法，编制记账凭证，并据以登记账簿；要依据凭证和账簿记录对生产经营过程中发生的各项费用进行成本计算，并依据财产清查对账簿记录加以核实，在保证账实相符的基础上，定期编制会计报表。需要精通和掌握的会计核算能力，具体包括以下八方面内容：设置会计科目、复式记账、填制审核会计凭证、登记账簿、成本计算、财产清查、编制会计报表和出具财务分析报告。

需要"四会",即会做凭证、会看懂账、会报表分析和会查账。要不折不扣地执行会计核算的十二项基本原则：

1. 客观性原则

客观性原则是指会计核算必须以实际发生的经济业务及反映经济业务发生的合法凭证为依据，如实地反映财务状况和经营成果，做到内容真实、数字准确、资料可靠。客观性原则是对会计核算与会计信息的基本质量要求。

2. 相关性原则

相关性原则是指会计核算应能满足各有关方面对会计信息的需求。会计核算所产生的数据应当满足国家宏观经济管理的需求，满足有关各方面了解企业财务状况和经营成果的需要，满足企业加强内部经营管理的需要。

3. 可比性原则

可比性原则是指会计核算必须按照规定的处理方法进行，使会计信息口径一致，相互可比。保证会计信息的可比性，有利于经济管理和宏观经济决策。

4. 一贯性原则

一贯性原则是指企业采用的会计处理方法和程序前后各期必须一致，企业在一般情况下不得随意变更会计处理方法和程序。一贯性原则是在可比性原则基础上产生的，是实现可比性原则的保证。

5. 及时性原则

及时性原则是指会计核算工作要讲求实效，会计处理应及时进行，以便会计信息得以及时利用。

6. 明晰性原则

明晰性原则是指会计记录与会计报表应清晰、简明、便于理解和利用。

7. 权责发生制原则

权责发生制原则是指收入和费用的确认应当以实际发生和影响作为确认计量的标准。凡是本期已经实现的收入和已经发生或应当负担的费用，不论款项是否收付，都应作为本期的收入和费用处理；凡是不属于当期的收入和费用，即使款项已经在当期收付，也不应作为当期的收入和费用。根据权责发生制进行收入与费用的核算，能够准确地反映特定会计期间企业真实的财务状况和经营成果。

8. 配比原则

配比原则是指营业收入和与其相对应的成本、费用应当相互配合。它要求一个会计期间内的各项收入和与其相关联的成本、费用，应当在同一个会计期间予以确认、计量，要求企业根据一定期间收入与费用之间存在的因果关系，对本期的收入与费用进行确认和计量。坚持配比原则，有利于正确计算和考核经营成果。

9. 历史成本原则

历史成本原则是指企业的各项财产物资应当按取得时的实际成本进行核算。所谓历史成本，就是取得或制造某项财产物资时所实际支付的现金及其他等价物。历史成本原则要求对企业资产、负债、权益的计量，应以经济业务的实际交易价格或成本为依据，而不考虑市场价格变动的影响。物价变动时，除另有规定外，一律不调整其账面价值。

10. 划分收益性支出与资本性支出原则

基于会计分期的前提，会计核算应遵循划分收益性支出与资本性支出的原则。该原则是指会计核算应当严格区分收益性支出与资本性支出的界限，以正确地计算企业当期损益。凡支出的效益与本会计年度相关的，应当作为收益性支出，凡支出的效益与几个会计年度相关的，应作为资本性支出。

11. 谨慎性原则

谨慎性原则又称稳健性原则，是指会计人员对某些经营业务或会计事项如有不同处理方法和程序可供选择时，应考虑可能发生的风险，合理核算可能发生的损失和费用。谨慎性原则是针对经济活动中存在的不确定因素，要求在会计处理上持谨慎小心的态度，充分估计风险和损失，尽量少计或不计可能发生的收益，是会计信息的使用者或决策者提高警惕，以应对外部经济环境的变化，尽量规避风险将其限制在最小范围内。计提坏账准备和计提折旧的做法体现了谨慎性原则。

12. 重要性原则

重要性原则是指在会计核算过程中，对经济业务或会计事项应区别其重要程度，采用不同的会计处理方法和程序。遵循重要性原则，要求对那些重要的会计事项（如事关企业经营决策或对会计信息使用者具有重要意义），应分别核算、分享反应，力求准确，并在会计报告中作重点说明；而对于那些次要的会计事项，在不影响会计信息真实性的情况下，可适当简化会计核算，予以合并反映。

第二，熟悉相关的税收法律法规

税收法定原则是指由立法者决定全部税收问题的税法基本原则，即如果没有相应法律作前提，政府则不能征税，公民也没有纳税的义务。近年来我国税收立法进程不断加快，那么我国已立法的税收法律有哪些呢？

【我国的税收法律目录】

01-《中华人民共和国个人所得税法》实施时间：1980-09-10

02-《中华人民共和国税收征管法》实施时间：2001-05-01

03-《中华人民共和国企业所得税法》实施时间：2008-01-01

04-《中华人民共和国车船税法》实施时间：2012-01-01

05-《中华人民共和国环境保护税法》实施时间：2018-01-01

06-《中华人民共和国烟叶税法》实施时间：2018-07-01

07-《中华人民共和国船舶吨税法》实施时间：2018-07-01

08-《中华人民共和国车辆购置税法》实施时间：2019-07-01

09-《中华人民共和国耕地占用税法》实施时间：2019-09-01

10-《中华人民共和国资源税法》实施时间：2020-09-01

11-《中华人民共和国契税法》实施时间：2021-09-01

12-《中华人民共和国城市维护建设税法》实施时间：2021-09-01

13-《中华人民共和国印花税法》实施时间：2022-07-01

涉税相关法律，主要包括：

行政法基本理论；行政许可法律制度；行政处罚法律制度；行政强制法律制度；行政复议法律制度；行政诉讼法律制度；民法典基本制度；个人独资企业法律制度；合伙企业法律制度；公司法律制度；破产法律制度；电子商务法律制度；社会保险法律制度；民事诉讼法律制度；刑事法律制度；刑事诉讼法律制度；监察法律制度。

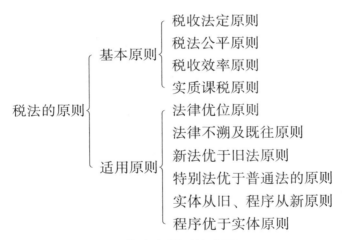

税收法定原则构成图

税收法定原则，起源于欧洲中世纪时期的英国。按照当时封建社会"国王自理生计"的财政原则，王室及其政府支出的费用是要由国王负担的。当时英国国王的收入，主要有王室地产的收入、王室的法庭收入和贡金等。由于战争、王室奢侈等因素的影响，这些收入难以维持其支出。为了缓解财政上的紧张局面，国王开始在上述收入之外采取诸如借款、出卖官职、征税等手段来增加收入。在其采取这些新的增加收入手段的过程中，基于"国王未征求意见和得到同意，则不得行动"这一传统的观念，议会与国王之间逐渐就该问题产生了矛盾。这种矛盾主要体现为封建贵族和新兴资产阶级与国王争夺课税权的斗争。

1215年，在双方的斗争中处于弱势的国王一方被迫签署了《大宪章》。该《大宪章》对国王征税问题作出了明确的限制。"其历史意义在于宣告国王必须服从法律"。1225年，在重新颁布的《大宪章》中，补充了御前大会议有权批准赋税的条款，明确了批税权的归属。在这以后，双方在此方面的斗争从未间断，国王和议会在斗争的过程中又分别制定了《无承诺不课税法》和《权利请愿书》，它们都进一步限制了国王的征税权。1668年"光荣革命"爆发，国王按照国会的要求制定了《权利法案》，再次强调了未经国会同意的课税应当被禁止。

至此，税收法定主义在英国得到了最终的确立。后来，随着资本主义在全球的发展和兴起，该税收法定主义越来越多地体现为对公民财产权益的保护，于是很多国家都将其作为一项宪法原则而加以采纳。"即便是没有明文规定税收法定主义的国家，释宪者们也往往通过对宪法解释，从人民主权、宪法基本权利，权力分立等规定中推演出相关的内涵，以显示其与世界税法发展步伐的一致性。"

【我国税收制度的法律级次】

一、全国人民代表大会及其常务委员会制定的法律和有关规范性文件

《中华人民共和国宪法》规定，全国人民代表大会和全国人民代表大会常务委员会行使国家立法权。《中华人民共和国立法法》第八条规定，税收基本制度，只能由全国人民代表大会及其常务委员会制定法律。税收法律在中华人民共和国主权范围内普遍适用，具有仅次于宪法的法律效力。

二、国务院制定的行政法规和有关规范性文件

1. 税收的基本制度。根据《中华人民共和国立法法》第九条规定，税收基本制度尚未制定法律的，全国人民代表大会及其常务委员会有权授权国务院制定行政法规。比如，现行增值税、土地增值税、房产税、城镇土地使用税等诸多税种的税收条例。

2. 法律实施条例或实施细则。全国人民代表大会及其常务委员会制定的《个人所得税法》《企业所得税法》《车船税法》《税收征管法》，由国务院制定相应的实施条例或实施细则。

3. 税收的非基本制度。国务院根据实际工作需要制定的规范性文件，包括国务院或者国务院办公厅发布的通知、决定等。

4. 对税收行政法规具体规定所做的解释。

5. 国务院所属部门发布的，经国务院批准的规范性文件，视同国务院文件。比如2006年3月财政部、国家税务总局经国务院批准发布的《关于调整和完善消费税政策的通知》（财税〔2006〕33号）。

三、国务院财税主管部门制定的规章及规范性文件

国务院财税主管部门，主要是财政部、国家税务总局、海关总署和国务院关税税则委员会。它们可以根据法律和行政法规的规定，在本部门权限范围内发布有关税收

事项的规章和规范性文件，包括命令、通知、公告等文件形式。

四、地方人民代表大会及其常务委员会制定的地方性法规和有关规范性文件，地方人民政府制定的地方政府规章和有关规范性文件

省、自治区、直辖市人民代表大会及其常务委员会和省、自治区人民政府所在地的市以及经国务院批准的较大的市的人民代表大会及其常务委员会，可以制定地方性法规。省、自治区、直辖市人民政府，以及省、自治区人民政府所在地的市及经国务院批准的较大的市的人民政府，可以根据法律和国务院行政法规制定规章。

五、省以下税务局制定的规范性文件

这是指省或者省以下税务局在其权限范围内制定的适用于其管辖区域内的具体税收规定。通常是有关税收征管的规定，在特定区域内生效。这些规范性文件的制定依据，是税收法律、行政法规、规章及上级税务局的规范性文件。

六、中国政府与外国政府（地区）签订的税收协定

税收协定是两个或两个以上的主权国家，为了协调相互之间在处理跨国纳税人征税事务和其他涉税事项，依据国际关系准则，签订的协议或条约。税收协定属于国际法中"条约法"的范畴，是划分国际税收管辖权的重要法律依据，对当事国具有同国内法效力相当的法律约束力。

第三，清楚本行业的经营流程和生产制造工艺

业务流程，是为达到特定的价值目标而由不同的人分别共同完成的一系列活动。活动之间不仅有严格的先后顺序限定，而且活动的内容、方式、责任等也都必须有明确的安排和界定，以使不同活动在不同岗位角色之间进行转手交接成为可能。活动与活动之间在时间和空间上的转移可以有较大的跨度。业务流程就是过程节点及执行方式有序组成的工作过程。

简言之，业务流程是企业中一系列创造价值的活动的组合。ISO9000 的定义：业务流程是一组将输入转化为输出的相互关联或相互作用的活动。

业务流程对于企业的意义，不仅仅在于对企业关键业务的一种描述；更在于对企业的业务运营有着指导意义，这种意义体现在对资源的优化、对企业组织机构的优化以及对管理制度的一系列改变。

这种优化的目的实际也是企业所追求的目标：降低企业的运营成本，提高对市场需求的响应速度，争取企业利润的最大化。

工艺是指劳动者利用各类生产工具对各种原材料、半成品进行加工或处理，最终使之成为成品的方法与过程。生产工艺是指生产工人利用生产工具和设备，对各种原料、材料、半成品进行加工或处理，最后使之成为成品的工作、方法和技术。它是人们在劳动中积累起来并经总结的操作技术经验，也是生产工人和有关工程技术人员应遵守的技术规程。生产工艺是生产低成本、高质量产品的前提和保证，是利用生产工

具对原材料加工为成品的过程。

制定工艺的原则是：技术上的先进和经济上的合理。由于不同的工厂的设备生产能力、精度以及工人熟练程度等因素都大不相同，所以对于同一种产品而言，不同的工厂制定的工艺可能是不同的；甚至同一个工厂在不同的时期做的工艺也可能不同。

例如，饮食业业务经营流程：是由饮食业独具的经营特点所决定的生产、销售、服务的业务活动程序。具体内容包括：

1. 采购原材料，其中主食品原材料交仓库验收和保管，副食品原材料和调味品可以直接交厨房保管使用。

2. 烹饪加工，厨房根据销售需要，把从仓库领取的主食品原材料和自己掌管的副食品及调味品，加工烹制成饮食品。

3. 对外销售和堂食服务，厨房烹制的饮食品放在店堂、餐厅或外卖部出售，为顾客提供服务。

第四，能够精通财务分析

财务分析是以会计核算和报表资料及其他相关资料为依据，采用一系列专门的分析技术和方法，对企业等经济组织过去和现在有关筹资活动、投资活动、经营活动、分配活动的盈利能力、营运能力、偿债能力和增长能力状况等进行分析与评价的经济管理活动。

财务分析的方法与分析工具众多，具体应用应根据分析者的目的而定。最经常用到的还是围绕财务指标进行单指标、多指标综合分析、再加上借用一些参照值（如抽样、预算、目标等），运用一些分析方法（比率、趋势、结构、因素和数字模型等）进行分析。常用的财务分析的基本方法有：

1. 比较分析法

比较分析法，是通过对比两期或连续数期财务报告中的相同指标，确定其增减变动的方向、数额和幅度来说明企业财务状况或经营成果变动趋势的一种方法。

比较分析法的具体运用主要有重要财务指标的比较、会计报表的比较和会计报表项目构成的比较三种方式，既可以静态对比，也可以做动态趋势分析。

（1）不同时期财务指标的比较，主要有以下两种方法：

① 定基动态比率，是以某一时期的数额为固定的基期数额而计算出来的动态比率。

② 环比动态比率，是以每一分析期的数据与上期数据相比较计算出来的动态比率。

（2）会计报表的比较。

（3）会计报表项目构成的比较：是以会计报表中的某个总体指标作为100%，再计算出各组成项目占该总体指标的百分比，从而比较各个项目百分比的增减变动，以此来判断有关财务活动的变化趋势。

（4）采用比较分析法时，应当注意的问题：

① 用于对比的各个时期的指标，其计算口径必须保持一致；

② 应剔除偶发性项目的影响，使分析所利用的数据能反映正常的生产经营状况；

③ 应运用例外原则对某项有显著变动的指标作重点分析。

2. 比率分析法

比率分析法是通过计算各种比率指标来确定财务活动变动程度的方法。比率指标的类型主要有构成比率、效率比率和相关比率三类。

（1）构成比率

构成比率又称结构比率，是某项财务指标的各组成部分数值占总体数值的百分比，反映部分与总体的关系。

（2）效率比率

效率比率，是某项财务活动中所费与所得的比率，反映投入与产出的关系。

（3）相关比率

相关比率，是以某个项目和与其有关但又不同的项目加以对比所得的比率，反映有关经济活动的相互关系。

比如，将流动资产与流动负债进行对比，计算出流动比率，可以判断企业的短期偿债能力。采用比率分析法时，应当注意的地方：

① 对比项目的相关性；

② 对比口径的一致性；

③ 衡量标准的科学性。

3. 因素分析法

因素分析法是依据分析指标与其影响因素的关系，从数量上确定各因素对分析指标影响方向和影响程度的一种方法。

因素分析法具体有两种：连环替代法和差额分析法。采用因素分析法时，必须注意的问题：

（1）因素分解的关联性；

（2）因素替代的顺序性；

（3）顺序替代的连环性；

（4）计算结果的假定性。

财务分析的对象是企业的各项基本活动。财务分析就是从报表中获取符合报表使用人分析目的的信息，认识企业活动的特点，评价其业绩，发现其问题。

企业的基本活动分为筹资活动、投资活动和经营活动三类。筹资活动是指筹集企业投资和经营所需要的资金，包括发行股票和债券、取得借款，以及利用内部积累资金等。投资活动是指将所筹集到的资金分配于资产项目，包括购置各种长期资产和流动资产。投资是企业基本活动中最重要的部分。经营活动是指在必要的筹资和投资前提下，运用资产赚取收益的活动，它至少包括研究与开发、采购、生产、销售和人力资源管理等五项活动。经营活动是企业收益的主要来源。

企业的这三项基本活动是相互联系的，在业绩评价时不应把它们割裂开来。

财务分析的起点是阅读财务报表，终点是作出某种判断（包括评价和找出问题），中间的财务报表分析过程，由比较、分类、类比、归纳、演绎、分析和综合等认识事物的步骤和方法组成。其中分析与综合是两种最基本的逻辑思维方法。因此，财务分析的过程也可以说是分析与综合的统一。

第五，很熟悉"纳税评估（税务审计）+税务稽查（日常检查）"的流程和方法

纳税评估是指税务局运用数据信息比对分析的方法，对纳税人和扣缴义务人纳税申报的真实性、准确性进行分析，通过税务函告、税务约谈和实地调查等方法进行核实，从而作出定性、定量判断，并采取进一步征管措施的管理行为。

国家税务总局《纳税评估管理办法（试行）》中所指纳税申报情况的真实准确性，集中体现为计税依据与应纳税税额等关键数据指标的真实准确性。**由于应纳税额是由申报的计税依据乘以适用税率计算得出，所以关键数据指标是指纳税人申报计税依据的真实准确性。由此可知，纳税评估的核心不是对税收评估，而是对纳税人申报税源的真实准确性进行评估。评估纳税人税收经济关系的合理性，不是指申报数据所反映的税收经济关系合理性，而是申报应纳税额与真实税源之间的相关合理性。所以，纳税评估不是对纳税人缴纳税款的评估，而是对纳税人取得的生产经营收入和经济效益的评估。**

1. 纳税评估一般在税务局内工作场所进行。纳税评估的主体是主管税务局（所），由评估专业人员具体实施。客体是纳税义务人和扣缴义务人。在实施纳税评估时，一般仅限于税务局内部，不对客体进行实地稽查。

2. 纳税评估的基础信息资料来源广泛。纳税评估的信息资料主要来源于税务管理信息系统存储的信息资料，包括税务登记、纳税申报、行政审批、发票、财务核算等资料，以及从银行、政府机关、行业协会和媒体等取得的外部信息数据。

3. 纳税评估侧重的是事后评估。纳税评估的工作环节一般在纳税人、扣缴义务人按期缴纳税款及办理有关申报纳税事项之后。

4. 纳税评估必须借助于计算机技术和数理统计学等现代科学手段，对评估客体的各项涉税指标等进行比较和分析，以揭示其异常波动程度，作为评定纳税人申报税款是否真实、准确的参照。

5. 纳税评估注重评估客体的陈述申辩。在实施评估过程中，由于纳税评估的全面

性与信息资料的局限性之间存在差异，评估主体可以通过约谈、提供纳税资料的方式，要求评估客体陈述举证，降低评估误差，进而提高评估的准确性。

税务稽查是税收征收管理工作的重要步骤和环节，是税务局代表国家依法对纳税人的纳税情况进行检查监督的一种形式。税务稽查的依据是具有各种法律效力的各种税收法律、法规及各种政策规定。具体包括日常稽查、专项稽查和专案稽查。

第六，具备对行政（司法）处罚的应对能力

税收法律救济是国家机关为排除税务具体行政行为对税收相对人的合法权益的侵害，通过解决税收争议，制止和矫正违法或不当的税收行政侵权行为，从而使税收相对人的合法权益获得补救的法律制度的总称。

在现代行政法理论，依法行政是一项基本原则。以法律手段来控制并纠正违法或不当行政行为，使行政相对人的合法权益得到保护和救济，是世界各国立法的一个重要任务。税收法定原则是依法行政原则的必然要求，它不仅要求税收的确定和征收都必须基于法律的规定，税务局必须依法行使权力，而且要求制定相应的解决税收争议的法律规范，以对税收相对人受到损害的权益给予必要的救济。有关解决税收争议的法律规范统称为税收救济法，又称为税收争讼法。税收救济法并不是一个法律部门，作为一种法律制度，它是行政法这一部门法的重要组成部分。明确税收救济法是一种行政救济法律制度，其意义在于确认其在行政法中的法律地位与价值。

【税收法律救济】

应该了解和掌握的是发生纳税争议事项后，涉税的行政和司法救济方式及程序，即税收法律救济——**行政处罚听证、税务行政复议、行政诉讼（税务）和国家行政赔偿**！税务行政处罚的听证是行政管理主体与行政管理相对方的双方当事人的质证，是为维护自身合法权益，向作出行政处罚的税务部门提出的补救措施；税务行政复议是纳税人或扣缴义务人为维护自身合法权益，向作出行政处罚或处理决定的税务部门的上一级机构的法规部门提出的救济措施；行政诉讼（税务）是纳税人或扣缴义务人为维护自身合法权益，向做出税务行政处罚、税务处理决定或税务行政复议的税务部门对应层级的人民法院提出的救济措施；国家赔偿是当纳税人或扣缴义务人的合法权益受到税务部门或税务人员的侵害并造成损失时，向国家提出赔偿的救济措施。如果税务人员在依法征税过程中，存在索贿受贿等侵害纳税人或扣缴义务人的合法权益的行为时，纳税人或扣缴义务人还可以通过纪检监察的信访途径解决。

如果学习详细内容及案例，请查阅《税收法律救济》（中国商业出版社 贾忠华著 2021年出版）。

第七，分析+预测+趋势判断

最后一项能力，是前面各项能力的综合运用。人间正道是沧桑，始终要坚信正义必然战胜邪恶，持之以恒地坚定必胜信念——以事实为依据（实事求是），以法律为准绳（依法行政），依据是否充分，证据是否确凿，公开公正公平地依法纳税且依法维护自身合法权益，通过合法合理合情的"智力"获取最大权益。反"客"为主，充分运用税收法律救济的途径和方式，伸张正义，敢于直视公权力、敢于对"滥用职权、玩忽职守、徇私舞弊"的税务工作人员的"权大于法"强权意识说"不!"、敢于对他们侵害私权利权益的违反党纪国法行为进行光明正大的反击。

第六节　准确认识纳税筹划

税收筹划的概念，是 20 世纪 90 年代中叶由西方引入我国的，英文为 tax-planning，也可译为：税务筹划、纳税筹划、税务计划等。作为一门涉及多门学科知识的新兴的现代边缘学科，税务筹划在我国已呈泛滥之势，多为伪筹划，就是打着筹划名义在实施偷逃抗骗税的违法或涉嫌犯罪行为。

税收筹划是以合法或不违法为基本原则的，应该是零纳税风险的。

税收筹划又称为纳税筹划，是指在遵循税收法律、法规的情况下，纳税人为实现自身价值最大化或企业股东权益最大化，在法律许可的范围内，自行或委托代理人，通过对经营、投资、理财等事项的统筹安排和决策计划，以充分利用税法所提供的包括减免税在内的一切优惠，对多种纳税方案进行测算和筹划成本对比后再优化选择的一种财务管理活动。即"在法律规定许可的范围内，通过对经营、投资、理财活动的事先筹划和安排，尽可能取得节税的经济利益。"

对于节税的理解，甲行家的观点是**不多缴、不少交、不该缴的不交**。

纳税筹划的前提条件是必须符合国家法律及税收法规，必须要以符合税收政策法规为导向或指引的，合法（不违法）性；纳税筹划的发生必须是在生产经营和投资理财活动之前，事前谋划如何将或有收益实现权益最大化，事前（预知）性；纳税筹划的目标是使纳税人的税收利益最大化，实现纳税零风险和收益最大化，零风险且有收益性。所谓"税收利益最大化"，包括税负最轻、税后利润最大化、企业价值最大化等内涵，而不仅仅是指税负最轻，收益，既有可以度量的看得见摸得着的，也有无形的，如纳税信誉和商标商誉等无形资产。

纳税筹划的目的只有一个：不多缴、不少交，不该缴的不交，零风险。

纳税筹划的宗旨只有两个：客观真实，合法如实准确纳税不偷逃税；实事求是，及时履行纳税义务不拖欠税。纳税筹划的结果只有四个：零涉税风险、降低税负少纳税获取资金利益、迟延纳税获取该笔税款的时间价值收益和企业价值最大化。迟延纳税的时间价值，就是相当于纳税人在迟延期内得到一笔与迟延纳税税款相等的政府无息贷款，获取等于这部分如果是贷款而应支付的利息的收益。

　　纳税筹划的核心特征，主要有六个：合法性——不违法且筹划引起的纳税风险为零；前瞻性——事前筹划；目的性——税收筹划具有明确的目的；隐蔽性——"神"不知"鬼"不觉；专业性——具备"经营+会计+税收"综合能力的专业机构专业人员实施筹划；可操作性——接地气而非纸上谈兵。

　　筹划是为了避税但不是为了不交和少缴税，是为了避免多缴早缴税。静悄悄地开始，无声无息地结束，外部的税务（审计）查不出、内部的会计核算看不懂！

一、纳税筹划的主要内容

（一）避税筹划

　　此项纳税筹划的目的，是合法选择或制造低税负不违法，通过降低税负或纳税成本而少纳税，即节省税款。

　　避税筹划，主要是指纳税人采用不违法手段，利用税法中的漏洞、征管政策的空白和错误的执法习性等获取税收利益的。不违法手段，就是形式上符合税法条文但实质上违背税收公平原则或立法精神的手段，法律形式是合法的，经济实质是不公平或不合理的，亦为零纳税风险的。纳税人利用经济发展超前与相应的税收立法相对滞后而产生的法规与管理的漏洞而实施的减少或免除税赋的行为，零纳税风险的所有者权益最大化。

　　避税筹划，或是不违法但合法，或是合法但不合理，或是不违法也不合理，它与纳税人不依法纳税而故意地偷逃税，是有着本质区别的。国家只能采取反避税措施加以控制（即不断地完善税法，填补空白，堵塞漏洞）或加强纳税评估（税务审计）、税务稽查和执法检查给予纠正和处理。避税筹划的典型方案：

　　1. 通过关联交易，控制价格而转移利润（少缴税）

　　转移定价法是工业和商贸企业避税的常用方法，在经济活动中，关联企业双方为了分摊利润或转移利润而在产品交换或买卖过程中，不是按照市场价格公平交易的，而是根据双方的共同利益而进行产品定价的方法。采用该方法时，产品的转让价格可以高于或低于市场公平价格，以达到少纳税或不缴税的目的。

　　转移定价的避税原则，一般适用于税率有差异的关联企业。通过内部转移定价，控制利润降低税负，使税率高的企业部分利润转移到税率低的企业，最终减少两家企业的整体纳税总额而降低税负，达到少纳税获取多收益。

　　2. 充分分摊费用，实现税前利润最小化（迟延纳税获取时间价值）

　　企业生产经营过程中发生的各项费用，是要按一定的会计核算方法摊入成本的。费用分摊，企业在保证费用必要支出的前提下，想方设法从账目找到平衡，使费用摊入成本时尽可能地最大摊入，从而实现最大限度的避税。

　　费用分摊原则，一般包括实际费用分摊、平均摊销和不规则摊销等。只要仔细分析一下折旧计算法，可总结出一条规律：无论采用哪一种分摊，只要让费用尽早地摊入成本，使早期摊入成本的费用越大，那么就越能够最大限度地达到避税的目的。至于哪一种分摊方法最能够帮助企业实现最大限度的避税目的，需要根据预期费用发生的时间及数额进行计算、分析和比较后，最后择优确定。

（二）节税筹划

此项纳税筹划的目的，是充分利用现行有效的税收优惠而合法合理的少纳税。

纳税人在完全合法的前提下，充分利用税法中固有的起征点、减免税率（计税依据）、低税率等一系列的优惠政策，通过对筹资、投资和经营等活动的统筹计划及安排实施，达到少缴税或不缴税目的的行为。

随着各税种新税法的颁布实施，都是将减免税的权力收归全国人大常委会和国务院，有效遏制以前的减免税之乱象，同时，税法又规定了各税种优惠政策。只要有税收，税收优惠就会一直存在的，或多，或少，问题是如何用足税收优惠政策，如高新技术开发区的高新技术企业，企业所得税减按 15% 的税率征收；新办的高新技术企业，从投产年度起免征企业所得税 2 年；利用"三废"作为主要原料的企业，可在 5 年内减征或免征企业所得税等。加强这方面优惠政策的研究，调整本企业的产业布局或主营业务，争取最大限度地享受各种优惠政策，不多缴税。

节税筹划，一般都是在应税行为发生之前，进行主动的规划、设计和安排的。是可以在事先测算出节税效果的，因而具有超前策划性。这种超前策划，既要求纳税人充分了解税收政策法规，又要精通自身经济业务流程或生产工艺，从而有效利用并享受政策优惠，进行有效充分的筹划。节税筹划，通常要随同企业的生产经营管理活动一同进行，甚至要早于生产经营活动，因势利导、顺势而为之。

节税筹划和避税筹划，都是主动的善意的筹划或完全可控的内部纳税筹划，转嫁筹划就是相对被动的，甚至是恶意的，多是通过损人而利己的。

（三）转嫁筹划

转嫁筹划，是指纳税人为了达到自己减轻税负的目的，采用纯经济的手段，通过产品交易的价格变动将税款部分或全部地转移给他人负担。

为了达到自身减轻税负的目的，在采购或销售时，通过价格调整将税负转嫁给上游或下游纳税人承担的经济行为。通过对外控制价格转嫁，增加他人税负而实现降低自己税负的。这是对自身有利的排他性财务管理活动，是合法不合理的，甚至是缺德行为。

在转嫁条件下，纳税人和负税人是可分离的，纳税人只是法律意义上的纳税主体，负税人是经济上的承担主体。

典型的税负转嫁或狭义的税负转嫁是指商品流通过程中，纳税人提高销售价格或压低购进价格，将税负转移给购买者或供应者。转嫁的判断标准有：

1. 转嫁和商品价格是直接联系的，与价格无关的不能纳入税负转嫁范畴。

2. 转嫁是个客观过程，没有税负的转移过程不能算转嫁。

3. 税负转嫁是纳税人的主动行为，与纳税人主动行为无关的价格再分配性质的价值转移不能算转嫁。

明确这三点判断标准，有利于明确转嫁筹划与逃税、避税、节税的主要区别：

1. 转嫁不影响税收收入，它只是导致纳税义务承担者不同，国家利益没有损失而归宿不同，逃税、避税、节税则是直接导致国家税收收入的减少。

2. 转嫁筹划主要依靠价格变动来实现，而逃税、避税、节税的实现途径则是多种多样的，五花八门的，丰富多彩的，甚至是变本加厉的。

3. 转嫁筹划是零纳税风险的，不存在法律上的问题，更没有法律责任，而逃税、避税和节税都不同程度地存在纳税风险和法律责任等问题。

4. 商品的供求弹性将直接影响税负转嫁的程度和方向，而逃税、避税及节税则不受其影响。比如，正常交易市价卖十元钱的东西，再加价一块钱还能卖出去，就能够转嫁筹划；正常交易市价卖十元钱的东西，再减价一元钱都没人要而卖不出去的，就无法转嫁筹划。

就转嫁与避税而言，两者的共同点明显都是减少税负，获得更多的可支配收入；两者都没有违法，税务局不得用行政或法律手段加以干预或制裁。

纳税人在商品流通过程中提高销售价格或压低购进价格，将税负转移给购买者或者供应商的做法就是典型的税负转嫁。税收负担能否转嫁以及如何转嫁，取决于多种因素的影响。企业应根据自己所生产的产品的需求弹性、供给弹性等特点及市场的供求状况，来制定符合自身产品的税负转嫁筹划方案，过度影响正常市价的干预行为，会迟早善恶因果报应的。

（四）实现涉税零风险

涉税零风险是指纳税人账目清楚，纳税申报正确，税款缴纳及时、足额，不会出现任何关于纳税方面的经济损失（如加收滞纳金或行政处罚罚款等），即没有任何纳税风险，或风险极小可以忽略不计的一种状态。这种状态的实现，虽然不能使纳税人直接获取税收上的好处，但能间接地获取一定的经济利益，而且这种状态的实现，避免发生不必要的经济损失，更有利于企业的长远发展。

我国的企业，对税法的理解不到位，普遍存在着纳税风险问题，筹划不仅需要把规避纳税风险、实现纳税零风险纳入进来，而且是必须的。

实现涉税零风险，实际上是消极性节税的一种方法，其意义在于：可以避免发生不必要的经济损失；可以避免发生不必要的声誉损失；使企业账目更加清楚有利于企业生产经营活动；也能减轻纳税人担心受罚的精神成本，这也是一种有助心理健康的精神收益。

二、企业生命周期的实际应用

企业生命周期有四个阶段，分别是初创期、成长期、成熟期和衰退期。将税收筹划与企业各生命周期阶段相结合，在法律规定许可的范围内，通过对筹资、投资、经营、理财活动的事先筹划和安排，尽可能地取得减轻税负带来的所有者权益最大化。

（一）筹资过程中的纳税筹划

初创期，筹集资金是企业开展经营活动的先决条件，企业可以从多种渠道以不同方式筹集所需的资金，这就需要进行筹资决策。在筹资决策中进行纳税筹划，有助于企业降低资金成本，优化资金结构，增加所有者收益。筹资方案避税法是指利用一定的筹资技术使企业达到最大获利水平和税负减少的方法，主要包括筹资渠道的选择及还本付息方法的选择两部分内容。

一般来说，企业筹资渠道有七种方式：财政资金、金融机构信贷资金、企业自我积累、民间借贷（企业间拆借）、企业内部集资、发行债券股票、商业信用等。从纳税角度来看，这些筹资渠道的税负水平是完全不同的，有很大的差异，对某些筹资渠道的利用可有效地帮助企业减轻税负，获得筹划收益。

针对避税而言，企业内部集资和企业之间拆借方式效果最好，金融机构贷款次之，自我积累效果最差。通过内部集资和企业之间的拆借涉及的人员和机构较多，容易使纳税利润规模分散而降低。同样，金融机构贷款亦可带来避税效果，企业归还利息后，企业利润有所降低，财务费用作为抵税项目可在税前列支，企业也就可以少纳所得税。如果为了避税而贷款，要清楚筹资成本过高，是否得不偿失需要进行评估。利用贷款从事生产经营活动是减轻税负合理避开部分税款的一个途径。企业自我积累资金由于资金所有者和占用者为一体，税收难以分摊和抵销，避税效果最差。

同时，贷款、拆借、集资等形式都涉及还本付息的问题，因而就涉及如何计算成本和如何将各有关费用摊入成本的问题。金融机构贷款计算利息的方法和利率比较稳定、幅度较小，实行避税的选择余地不大。而企业与经济组织的资金拆借在利息计算和资金回收期限方面均有较大弹性和回收余地，从而为避税提供了有利条件或可操作性可能。

如果发行股票，需要支付给股东的股利却是由税后利润支付的，与发行债券方案比较的话，是要多纳所得税的。因此，企业筹资时在不违反国家经济政策的前提下，可通过税收筹划既能实现资金的筹措又可达到节税增资的目的。当然，应该注意到，在筹资决策的纳税筹划中，有时税收负担的减少并不一定等于所有者收益的增加。

（二）投资过程中的纳税筹划

税负轻重，将对企业的投资决策产生重大影响。在投资决策中的纳税筹划，主要从投资方式、投资地点、投资形式及投资伙伴的选择等方面综合考虑，多方案测算，进行优化后选择最适合的。什么是最合适的？收益最大和成本最低，往往是成本最低的最为合适。

1. 投资方式选择法

投资方式选择法是指纳税人利用税法的有关规定，通过对投资方式的选择，以达到减轻税收负担的目的。一般包括现金、有形资产、无形资产投资等方式。

投资方式选择，要根据所投资企业的具体情况来透彻分析。以中外合资经营企业为例，投资者可以用货币方式投资，也可以用建筑物、厂房、机械设备或其他物件、工业产权、专有技术、场地使用权等作价投资。无形资产虽不具有实物形态，但能给企业带来经济效益，包括专利权、非专利技术、商标权、著作权、土地使用权等。

为了鼓励中外合资经营企业引进国外先进机械设备，我国税法规定，按照合同规定作为外国合营者出资的机械设备、零部件和其他物料，合营企业以投资总额内的资金进口的机械设备、零部件和其他物料，以及经审查批准，可免征关税和进口环节的增值税。

以货币方式进行投资能否起到避税的效果，以中外合资经营企业为例，中外合资经营者在投资总额内或以追加投入的资本进口机械设备、零部件等可免征关税和进口环节的增值税。这就是说合资中外双方均以货币方式投资，用其投资总额内的资本或追加投入的资本进口的机械设备、零部件等，同样可以享受免征关税和进口环节增值税的税收优惠。

上述投资都是直接投资，直接投资涉及的税收问题更多，需面临各种流转税、收益税、财产税和行为税等。另外，还有间接投资。间接投资是指对股票或债券等金融资产的投资。税法规定，购买国库券取得的利息收入可免征所得税，购买企业债券取得的收入需缴纳所得税，购买股票取得的股利为税后收入不缴税，但风险较大。这就需要进行权衡。当企业选择直接投资时，还要在货币资金和非货币资金等投资方式上进行综合分析比较，以选择最佳方案。

企业以固定资产和无形资产对外投资时，必须进行资产评估，被投资企业可按经评估确认的价值，确定有关资产的计税成本。如被评估资产合理增值，投资方应确认非货币资产转让所得，并计入应纳税所得额。如转让所得数额较大，纳税确有困难，经税务局批准，可在五年内分期摊入各期的应纳税所得额中。被投资方则可多列固定资产折旧费和无形资产摊销费，减少当期应税利润。如评估资产减值，则投资方可确认为非货币资产转让损失，减少应税所得额。

2. 投资产业选择法

投资产业选择法是指投资者根据国家产业政策和税收优惠规定，通过对投资产业的选择，以达到减轻税负的目的。

生产性企业主要包括从事以下行业的企业：（1）机械制造、电子工业；（2）能源工业（不含开采石油、天然气）；（3）冶金、化学建材工业；（4）轻工、纺织、包装工业；（5）医疗器械、制药工业；（6）农业、林业、畜牧业、渔业和水利业；（7）建筑业；（8）交通运输业（不含客运）；（9）直接为生产服务的科技开发、地质普查、产业信息咨询和生产设备、精密仪器维修服务；（10）经国务院税务主管部门确定的其他行业，如从事建筑、安装、装配工程设计和为工程项目提供劳务（包括咨询劳务）；从事饲养、养殖、种植业；从事生产技术的科学研究和开发；用自有的运输工具和储藏设施，直接为客户提供仓储、运输服务。

非生产性企业是指除上述企业以外的其他企业。

生产性企业和非生产性企业的税收差别，主要体现在企业所得税。

对生产性外商投资企业，经营期在10年以上的，从开始获利年度起，第一年和第二年免征企业所得税，第三年至第五年减半征收企业所得税。另外还对从事农、林、牧业、能源、交通、港口、码头、机场以及产品出口和先进技术企业规定了更优惠的税收政策。然而，对非生产性企业则没有减免企业所得税的优惠。

投资者在进行投资决策时，要使投资行为既符合国家的产业政策，又要体现出税收的政策导向，通过对生产性企业和非生产性企业不同税收优惠的分析比较，综合考虑流转税和所得税的总体负担，选择最佳投资方案。

在实践中，典型的避税方法有：综合利用避税，即企业通过综合利用"三废"开发产品从而享受减免税待遇；出口退税避税，即利用中国税法规定的出口退税政策进行避税的方法。企业采用出口退税避税法，一定要熟悉有关退税范围及退税计算方法，努力使本企业出口符合合理退税的要求，不是骗取"出口退税"。

（三）经营过程中的纳税筹划

企业财务政策是指依照国家规定所允许的成本核算方法、计算程序、费用分摊、利润分配等一系列规定进行企业内部核算活动。通过有效的筹划，使成本、费用和利润达到最佳值，实现减轻税负的目的。必须高度重视和引起注意的是，企业财务政策一旦确定，是不得随意变更的，故在选择财务政策上要有前瞻性。

1. 存货计价方法的选择与纳税筹划

材料计算法是指企业在计算材料成本时，为使成本值最大所采取的最有利于企业本身的成本计算方法。

材料是企业产品的重要组成部分，材料价格是生产成本的重要部分，因此，材料价格波动必然影响产品成本变动，材料费用如何计入成本，直接影响当期成本值的大小，进而影响利润和企业所得税应纳税所得额的多少。根据我国财务制度规定，企业材料费用计入成本的计价方法有：先进先出法、加权平均法、移动平均法、个别计价法和后进先出法。

上述5种不同的计价方法，产生的结果对企业成本多少及利润多少或纳税多少的影响是不同的。一般来说，材料价格总是不断上涨的，后进的材料先出去，计入成本的费用就高；而先进先出法势必使计入成本的费用相对较低。企业可根据实际情况，灵活选择使用。如果企业正处所得税的免税期，企业获得的利润越多，其得到的免税额就越多，这样，企业就可以通过选择先进先出计算材料费用，以减少材料费用的当期摊入，扩大当期利润；相反，如果企业正处于征税期，其实现利润越多，则缴纳所得税越多，那么，企业就可以选择后进先出法，将当期的材料费用尽量扩大，以达到减少当期利润，少缴纳所得税的目的。

2. 折旧方法的选择与纳税筹划

由于折旧要计入产品成本或期间费用，直接关系到企业当期成本、费用的大小，利润的高低和应纳所得税的多少，因此，折旧方法的选择、折旧的计算尤为重要。

折旧的核算是一个成本分摊的过程，即将固定资产取得成本按合理而系统的方式，在它的估计有效使用期间内进行摊配。这不仅是为了收回投资，使企业在将来有能力重置固定资产，而且是为了把资产的成本分配于各个受益期，实现期间收入与费用的正确配比。不同的折旧方法对纳税企业会产生不同的税收影响。企业正是利用这些差异来比较和分析，以选择最优的折旧方法达到最佳税收效益。固定资产折旧方法有平均年限法、工作量法、年数总和法和双倍余额递减法等，不同的折旧方法对纳税人产生不同的影响。如选择双倍余额递减法或年数总和法等加速折旧法，可使得在资产使用前期提取的折旧较多，使得企业少纳所得税，起到推迟纳税时间和隐性减税的作用。延缓纳税对于企业来说，无疑是从国家取得了一笔无息贷款，降低了企业的资金成本。

3. 费用列支的选择与纳税筹划

对费用列支，筹划的指导思想是在税法允许的范围内，尽可能地列支当期费用，预计可能发生的损失，减少应交所得税和合法递延纳税时间来获得税收利益。通常做法是：

① 已发生费用及时核销入账，如已发生的坏账、存货盘亏及毁损的合理部分都应及早列作费用；

② 能够合理预计发生额的费用、损失，采用预提方式及时入账，如业务招待费、公益救济性捐赠等应准确掌握允许列支的限额，将限额以内的部分充分列支；

③ 尽可能地缩短成本费用的摊销期，以增大前几年的费用，递延纳税时间，达到节税目的。

（四）撤资或注销过程中的纳税筹划

在市场经济中，出于整体战略调整、投融安排、业务架构优化等考虑，股权退出已经成为一种较为普遍的投资行为。撤资减资会涉及股东层面的涉税问题和被投资企业的涉税问题两个方面。

实务中，常见的股权退出方式主要包括股权转让、撤资减资、解散清算等。不同的退出方式，涉及的企业所得税处理规则存在明显差异。企业在选择退出方式时，需结合交易各方的经营情况与利润分配方案等综合考虑。

1. 转让股权

除了直接转让，还有更好地选择股权转让，指投资者依法将自己的股东权益有偿转让给他人，进而实现套现退出的目的。股权转让作为目前最常见的股权退出方式之一，具有操作简便、手续简单等特点。在设计股权转让方案时，相关纳税人要重点考虑"转让所得"的影响。

2. 撤资减资

可收回资金影响路径设计股东可以通过减少注册资本退出投资，即减资撤资。通过这种方式实现退出投资，无须和潜在投资者谈判，只要现有股东同意即可。在设计方案时，相关纳税人要提前评估可收回资金，具体情况具体分析。

3. 解散清算

处置环节前置可以弥补亏损，解散清算适用于不再继续经营或实施重组的被投资公司。采用这种方式退出投资，优点在于，减少继续经营带来的风险和损失，能收回部分投资；缺点则是投资可能面临亏损。

三、税收筹划的作用或意义

（一）筹划有助于抑制偷逃税的行为

贪婪是动物的本性，人也如此，减少税负的动机是客观存在。但是，其行为方式可能是多种多样的。如果用违法的手段达到偷逃税的目的，显然是社会所竭力反对的，也是税法所不容的。用合法的纳税筹划手段达到减轻税负的目的，显然有助于抑制偷逃税的行为发生。

（二）筹划不仅不会减少国家税收总量，甚至可能增加国家税收总量

节税筹划的作用是调整投资方向，做到国民经济有计划、按比例稳定发展，提高企业经济效益和社会效益。因此，企业虽然减按较低税率纳税，但随着企业收入和利润等税基的扩大，实际上对国家今后税收不仅不会减少反而会有所增加。

（三）筹划有助于企业强化法律意识

同一减少税负的动机，有的采取合法手段，有的采取非法或违法手段，根本问题是纳税人的法律意识问题。纳税筹划是以遵守税法和拥护税法为前提的，是建立在对税法深刻认识和理解的专业基础上的，因而有助于人们强化法律意识。

（四）筹划有助于优化产业结构与投资方向，促进依法纳税法制环境建设

筹划是利用税基与税率的差别，以达到减轻税负的目的。而税法中税基与税率的差别，是国家利用税收杠杆来引导纳税人的投资行为，达到调整国民经济结构与生产

力布局的目的。尽管纳税人主观上是为了减轻自身的税负，但在客观上却在国家税收杠杆作用下，走向了优化产业结构和生产力合理布局的道路。筹划是根据税法的规定达到减轻税负的目的，也将有助于促进税法不断完善。

（五）筹划有助于提高企业的财务核算和经营管理水平

资金、成本和利润，是企业经营管理和会计管理的三要素，而筹划的理论目标，正是为了实现资金、成本和利润的最佳。所以，筹划理论也是企业经营管理和会计管理理论的重要组成部分。国外一些企业在选择高级财务会计主管时，总是将应聘人员的税收筹划知识和能力的考核作为人员录取的标准之一。筹划理论与实践的发展程度，实际上是衡量企业经营管理水平和会计管理水平的重要指标。

纳税筹划有风险，实施筹划须谨慎，只有零风险才能有收益或高收益。

四、纳税筹划的风险

纳税筹划是有风险的，导致企业纳税筹划失败，纳税风险骤增的主要因素有以下几个方面。

（一）伪筹划实偷税，筹划基础不稳导致的筹划失败

企业开展纳税筹划，需要良好的基础条件。只有企业的管理决策层和相关人员对纳税筹划有准确的认识，会计核算和财务管理水平良好，正常诚信经营和依法纳税，专业的筹划团队提供筹划方案并组织实施，才能做好纳税筹划。如果中小企业管理决策层对纳税筹划不了解、不重视、甚至认为纳税筹划就是搞关系、找路子、钻空子、少纳税；或是企业会计核算不健全，账证不完整，会计信息严重失真，甚至企业还有偷逃税款的前科，或频频违反税法规定并受到处罚等，都是造成纳税筹划失败的不利因素，在这样的基础上进行筹划的风险性极强。

（二）单一地利用优惠政策，因税收政策变化而筹划失败

相对于市场经济发展，税收政策的滞后性和变化性是客观存在的。税收政策变化是指国家税收法规时效的不确定性。随着我国社会主义市场经济的快速发展变化，国家产业政策和经济结构的调整，税收政策总是要作出相应的变更，以适应国民经济的发展。因此，国家税收优惠政策具有不定期或相对较短的时效性。筹划是事前筹划，每一项筹划从最初的项目选择到最终获得成功都需要一个过程，而在此期间，如果核心税收优惠政策发生变化，就有可能使得依据原税收政策设计的纳税筹划方案，由合法方案变成不合法方案，或由合理方案变成不合理方案，从而导致筹划的失败。

（三）税务行政执法不规范，确认筹划违法而导致的风险

纳税筹划与避税，本质上的区别在于它是合法的，是符合立法者意图的，但现实中这种合法性还需要税务局的行政执法部门的确认。在确认过程中，客观上存在由于

税务行政执法不规范从而导致筹划失败的风险。因为无论哪一种税，税法都在纳税范围上留有一定的弹性空间，只要税法未明确的行为，税务局和税务执法人员就有权根据自身判断认定是否为应纳税行为，加上税务行政执法人员的素质参差不齐和其他各方面因素影响，税收政策执行偏差的可能性是客观存在的，其结果是：企业合法的税收筹划行为，可能由于税务行政执法偏差导致筹划方案成为一纸空文，或被认为是恶意避税或偷税行为而加以处罚；或将企业本属于明显违反税法的筹划行为暂且放任不管，使企业对纳税筹划产生错觉，为以后产生更大的筹划风险埋下隐患。

（四）筹划目的不明确，导致的风险

纳税筹划活动是企业财务管理活动的一个组成部分，税后利润最大化也只是纳税筹划的阶段性目标，而实现纳税人的企业价值最大化才是它的最终目标。因此，筹划要服务于企业财务管理的目标，为实现企业战略管理目标服务。如果企业纳税筹划方法不符合生产经营的客观要求，税负抑减效应行之过度而扰乱了企业正常的经营理财秩序，那么将导致企业内在经营机制的紊乱，最终将导致企业更大的潜在损失风险的发生。纳税筹划成本包括显性成本和隐含成本，其中显性成本是指开展该项筹划所发生的全部实际成本费用它已在筹划方案中予以考虑。隐含成本就是机会成本，是指纳税人由于采用拟定的筹划方案而放弃的利益。例如，企业由于采用获得税收利益的方案而致使资金占用量增加，资金占用量的增加实质上是投资机会的丧失，这就是机会成本。在筹划实务中，企业常常会忽视这样的机会成本，从而产生筹划成果小于筹划成本得不偿失。

纳税筹划是为企业价值最大化服务的，是一种方法与手段，而不是企业的最终目的，无论是筹划严重干扰或影响正常经营，还是单纯为了少缴税而筹划，忽视生产经营，本末倒置的做法，对企业有百害无一利，必然导致企业整体利益的损失，从而使得整体纳税筹划失败。

附 件

附件一：

国家税务总局
关于企业所得税资产损失资料留存备查有关事项的公告

税务总局公告 2018 年第 15 号

为了进一步深化税务系统"放管服"改革，简化企业纳税申报资料报送，减轻企业办税负担，现就企业所得税资产损失资料留存备查有关事项公告如下：

一、企业向税务机关申报扣除资产损失，仅需填报企业所得税年度纳税申报表《资产损失税前扣除及纳税调整明细表》，不再报送资产损失相关资料。相关资料由企业留存备查。

二、企业应当完整保存资产损失相关资料，保证资料的真实性、合法性。

三、本公告规定适用于 2017 年度及以后年度企业所得税汇算清缴。《国家税务总局关于发布〈企业资产损失所得税税前扣除管理办法〉的公告》（国家税务总局公告 2011 年第 25 号）第四条、第七条、第八条、第十三条有关资产损失证据资料、会计核算资料、纳税资料等相关资料报送的内容同时废止。

特此公告。

国家税务总局
2018 年 4 月 10 日

《关于企业所得税资产损失资料留存备查有关事项的公告》的解读：

一、公告发布背景

为深入贯彻落实税务系统"放管服"改革要求，优化税收营商环境，减轻企业办税负担，制定了《国家税务总局关于企业所得税资产损失资料留存备查有关事项的公告》（以下简称《公告》）。

二、公告主要内容

（一）明确取消企业资产损失报送资料

简化企业资产损失资料报送，是为了切实减轻企业办税负担。同时，考虑到现行企业所得税年度纳税申报表已有资产损失栏目，企业可以通过填列资产损失具体数额的方式，实现资产损失申报。因此，《公告》第一条明确，企业向税务机关申报扣除资产损失，仅需填报企业所得税年度纳税申报表《资产损失税前扣除及纳税调整明细表》，不再报送资产损失相关资料。相关资料由企业留存备查。《公告》发布后，企业按照《国家税务总局关于发布〈企业资产损失所得税税前扣除管理办法〉的公告》（国家税务总局公告2011年第25号）有关规定，对资产损失相关资料进行收集、整理、归集，并妥善保管，不需在申报环节向税务机关报送。

（二）明确企业资产损失资料留存备查要求

企业资产损失资料是证明企业资产损失真实发生的重要依据，也是税务机关有效监管的重要抓手。因此，《公告》第二条明确，企业应当完整保存资产损失相关资料，保证资料的真实性、合法性，否则要承担《中华人民共和国税收征收管理法》等法律、行政法规规定的法律责任。

（三）明确公告规定适用时间

目前2017年度企业所得税汇算清缴尚未结束，公告规定适用于2017年度及以后年度企业所得税汇算清缴。

附件二：

财政部、税务总局关于进一步实施小微企业
"六税两费"减免政策的公告

文号：财政部、税务总局公告2022年第10号　发布日期：2022-03-01

【飞狼财税通编注：2022.03.04 为确保纳税人能够及时、准确、便利享受减免优惠政策，国家税务总局制定发布了《关于进一步实施小微企业"六税两费"减免政策有关征管问题的公告》，详见：国家税务总局公告2022年第3号。】

为进一步支持小微企业发展，现将有关税费政策公告如下：

一、由省、自治区、直辖市人民政府根据本地区实际情况，以及宏观调控需要确定，对增值税小规模纳税人、小型微利企业和个体工商户可以在50%的税额幅度内减征资源税、城市维护建设税、房产税、城镇土地使用税、印花税（不含证券交易印花税）、耕地占用税和教育费附加、地方教育附加。

二、增值税小规模纳税人、小型微利企业和个体工商户已依法享受资源税、城市维护建设税、房产税、城镇土地使用税、印花税、耕地占用税、教育费附加、地方教育附加其他优惠政策的，可叠加享受本公告第一条规定的优惠政策。

三、本公告所称小型微利企业，是指从事国家非限制和禁止行业，且同时符合年度应纳税所得额不超过300万元、从业人数不超过300人、资产总额不超过5000万元

等三个条件的企业。

从业人数，包括与企业建立劳动关系的职工人数和企业接受的劳务派遣用工人数。所称从业人数和资产总额指标，应按企业全年的季度平均值确定。具体计算公式如下：

季度平均值＝（季初值+季末值）÷2

全年季度平均值＝全年各季度平均值之和÷4

年度中间开业或者终止经营活动的，以其实际经营期作为一个纳税年度确定上述相关指标。

小型微利企业的判定以企业所得税年度汇算清缴结果为准。登记为增值税一般纳税人的新设立的企业，从事国家非限制和禁止行业，且同时符合申报期上月末从业人数不超过300人、资产总额不超过5000万元等两个条件的，可在首次办理汇算清缴前按照小型微利企业申报享受第一条规定的优惠政策。

四、本公告执行期限为2022年1月1日至2024年12月31日。

特此公告。

附件三：

国家税务总局关于进一步实施小微企业"六税两费"减免政策有关征管问题的公告

文号：国家税务总局公告2022年第3号　发布日期：2022-03-04

为贯彻落实党中央、国务院关于持续推进减税降费的决策部署，进一步支持小微企业发展，根据《财政部、税务总局关于进一步实施小微企业"六税两费"减免政策的公告》（2022年第10号），现就资源税、城市维护建设税、房产税、城镇土地使用税、印花税（不含证券交易印花税）、耕地占用税和教育费附加、地方教育附加（以下简称"六税两费"）减免政策有关征管问题公告如下：

一、关于小型微利企业"六税两费"减免政策的适用

（一）适用"六税两费"减免政策的小型微利企业的判定以企业所得税年度汇算清缴（以下简称汇算清缴）结果为准。登记为增值税一般纳税人的企业，按规定办理汇算清缴后确定是小型微利企业的，除本条第（二）项规定外，可自办理汇算清缴当年的7月1日至次年6月30日申报享受"六税两费"减免优惠；2022年1月1日至6月30日期间，纳税人依据2021年办理2020年度汇算清缴的结果确定是否按照小型微利企业申报享受"六税两费"减免优惠。

（二）登记为增值税一般纳税人的新设立企业，从事国家非限制和禁止行业，且同时符合申报期上月末从业人数不超过300人、资产总额不超过5000万元两项条件

的，按规定办理首次汇算清缴申报前，可按照小型微利企业申报享受"六税两费"减免优惠。

登记为增值税一般纳税人的新设立企业，从事国家非限制和禁止行业，且同时符合设立时从业人数不超过300人、资产总额不超过5000万元两项条件的，设立当月依照有关规定按次申报有关"六税两费"时，可申报享受"六税两费"减免优惠。

按规定办理首次汇算清缴后确定不属于小型微利企业的一般纳税人，自办理汇算清缴的次月1日至次年6月30日，不得再申报享受"六税两费"减免优惠；按次申报的，自首次办理汇算清缴确定不属于小型微利企业之日起至次年6月30日，不得再申报享受"六税两费"减免优惠。

新设立企业按规定办理首次汇算清缴后，按规定申报当月及之前的"六税两费"的，依据首次汇算清缴结果确定是否可申报享受减免优惠。

新设立企业按规定办理首次汇算清缴申报前，已按规定申报缴纳"六税两费"的，不再根据首次汇算清缴结果进行更正。

（三）登记为增值税一般纳税人的小型微利企业、新设立企业，逾期办理或更正汇算清缴申报的，应当依据逾期办理或更正申报的结果，按照本条第（一）项、第（二）项规定的"六税两费"减免税期间申报享受减免优惠，并应当对"六税两费"申报进行相应更正。

二、关于增值税小规模纳税人转为一般纳税人时"六税两费"减免政策的适用

增值税小规模纳税人按规定登记为一般纳税人的，自一般纳税人生效之日起不再按照增值税小规模纳税人适用"六税两费"减免政策。增值税年应税销售额超过小规模纳税人标准应当登记为一般纳税人而未登记，经税务机关通知，逾期仍不办理登记的，自逾期次月起不再按照增值税小规模纳税人申报享受"六税两费"减免优惠。

上述纳税人如果符合本公告第一条规定的小型微利企业和新设立企业的情形，或登记为个体工商户，仍可申报享受"六税两费"减免优惠。

三、关于申报表的修订

修订《财产和行为税减免税明细申报附表》《〈增值税及附加税费申报表（一般纳税人适用）〉附列资料（五）》《〈增值税及附加税费预缴表〉附列资料》《〈消费税及附加税费申报表〉附表6（消费税附加税费计算表）》，增加增值税小规模纳税人、小型微利企业、个体工商户减免优惠申报有关数据项目，相应修改有关填表说明（具体见附件）。

四、关于"六税两费"减免优惠的办理方式

纳税人自行申报享受减免优惠，不需额外提交资料。

五、关于纳税人未及时申报享受"六税两费"减免优惠的处理方式

纳税人符合条件但未及时申报享受"六税两费"减免优惠的，可依法申请抵减以

后纳税期的应纳税费款或者申请退还。

六、其他

（一）本公告执行期限为 2022 年 1 月 1 日至 2024 年 12 月 31 日。《国家税务总局关于增值税小规模纳税人地方税种和相关附加减征政策有关征管问题的公告》（2019 年第 5 号）自 2022 年 1 月 1 日起废止。

（二）2021 年新设立企业，登记为增值税一般纳税人的，小型微利企业的判定按照本公告第一条第（二）项、第（三）项执行。

（三）2024 年办理 2023 年度汇算清缴后确定是小型微利企业的，纳税人申报享受"六税两费"减免优惠的日期截止到 2024 年 12 月 31 日。

（四）本公告修订的表单自各省（自治区、直辖市）人民政府确定减征比例的规定公布当日正式启用。各地启用本公告修订的表单后，不再使用《国家税务总局关于简并税费申报有关事项的公告》（2021 年第 9 号）中的《财产和行为税减免税明细申报附表》和《国家税务总局关于增值税消费税与附加税费申报表整合有关事项的公告》（2021 年第 20 号）中的《〈增值税及附加税费申报表（一般纳税人适用）〉附列资料（五）》《〈增值税及附加税费预缴表〉附列资料》《〈消费税及附加税费申报表〉附表 6（消费税附加税费计算表）》。

特此公告。

附件四：

财政部、税务总局关于延长部分税收
优惠政策执行期限的公告

文号：财政部、税务总局公告 2022 年第 4 号　发布日期：2022-01-29

为帮助企业纾困解难，促进创业创新，现将有关税收政策公告如下：

一、《财政部、税务总局、科技部、教育部关于科技企业孵化器、大学科技园和众创空间税收政策的通知》（财税〔2018〕120 号）、《财政部、税务总局关于继续对城市公交站场道路客运站场城市轨道交通系统减免城镇土地使用税优惠政策的通知》（财税〔2019〕11 号）、《财政部、税务总局关于继续实行农产品批发市场农贸市场房产税城镇土地使用税优惠政策的通知》（财税〔2019〕12 号）、《财政部、税务总局关于高校学生公寓房产税印花税政策的通知》（财税〔2019〕14 号）、《财政部、税务总局、退役军人部关于进一步扶持自主就业退役士兵创业就业有关税收政策的通知》（财税〔2019〕21 号）、《财政部、税务总局、国家发展改革委、生态环境部关于从事污染防治的第三方企业所得税政策问题的公告》（财政部、税务总局、国家发展改革委、生态环境部公告 2019 年第 60 号)、《财政部、税务总局关于支持新型冠状病毒感染的肺炎疫情防控有关个人所得税政策的公告》(财政部、税务总局公告 2020 年第 10 号)中规定的税收优惠政策,执行期限延长至 2023 年 12 月 31 日。

二、本公告发布之日前,已征的相关税款,可抵减纳税人以后月份应缴纳税款或予以退还。

特此公告。

附件五:

财政部、应急部关于印发《企业安全生产费用
提取和使用管理办法》的通知

文号:财资〔2022〕136 号   发布日期:2022-11-21

各省、自治区、直辖市、计划单列市财政厅(局)、应急管理厅(局),新疆生产建设兵团财政局、应急管理局,各中央管理企业:

为贯彻安全发展新理念,推动企业落实主体责任,加强企业安全生产投入,根据《中华人民共和国安全生产法》等法律法规,我们对 2012 年印发的《企业安全生产费用提取和使用管理办法》进行了修订,现予印发,自印发之日起施行。

执行中如有问题,请及时反馈我部。

企业安全生产费用提取和使用管理办法
目录

第一章　总则

第一条　为加强企业安全生产费用管理，建立企业安全生产投入长效机制，维护企业、职工以及社会公共利益，依据《中华人民共和国安全生产法》等有关法律法规和《中共中央　国务院关于推进安全生产领域改革发展的意见》、《国务院关于进一步加强安全生产工作的决定》（国发〔2004〕2号）、《国务院关于进一步加强企业安全生产工作的通知》（国发〔2010〕23号）等，制定本办法。

第二条　本办法适用于在中华人民共和国境内直接从事煤炭生产、非煤矿山开采、石油天然气开采、建设工程施工、危险品生产与储存、交通运输、烟花爆竹生产、民用爆炸物品生产、冶金、机械制造、武器装备研制生产与试验（含民用航空及核燃料）、电力生产与供应的企业及其他经济组织（以下统称企业）。

第三条　本办法所称企业安全生产费用是指企业按照规定标准提取，在成本（费用）中列支，专门用于完善和改进企业或者项目安全生产条件的资金。

第四条　企业安全生产费用管理遵循以下原则：

（一）筹措有章。统筹发展和安全，依法落实企业安全生产投入主体责任，足额提取。

（二）支出有据。企业根据生产经营实际需要，据实开支符合规定的安全生产费用。

（三）管理有序。企业专项核算和归集安全生产费用，真实反映安全生产条件改善投入，不得挤占、挪用。

（四）监督有效。建立健全企业安全生产费用提取和使用的内外部监督机制，按规定开展信息披露和社会责任报告。

第五条　企业安全生产费用可由企业用于以下范围的支出：

（一）购置购建、更新改造、检测检验、检定校准、运行维护安全防护和紧急避险设施、设备支出［不含按照"建设项目安全设施必须与主体工程同时设计、同时施工、同时投入生产和使用"（以下简称"三同时"）规定投入的安全设施、设备］；

（二）购置、开发、推广应用、更新升级、运行维护安全生产信息系统、软件、网络安全、技术支出；

（三）配备、更新、维护、保养安全防护用品和应急救援器材、设备支出；

（四）企业应急救援队伍建设（含建设应急救援队伍所需应急救援物资储备、人员培训等方面）、安全生产宣传教育培训、从业人员发现报告事故隐患的奖励支出；

（五）安全生产责任保险、承运人责任险等与安全生产直接相关的法定保险支出；

（六）安全生产检查检测、评估评价（不含新建、改建、扩建项目安全评价）、评审、咨询、标准化建设、应急预案制修订、应急演练支出；

（七）与安全生产直接相关的其他支出。

第二章　企业安全生产费用的提取和使用

第一节　煤炭生产企业

第六条　煤炭生产是指煤炭资源开采作业有关活动。

批准进行联合试运转的基本建设煤矿，按照本节规定提取使用企业安全生产费用。

第七条　煤炭生产企业依据当月开采的原煤产量，于月末提取企业安全生产费用。提取标准如下：

（一）煤（岩）与瓦斯（二氧化碳）突出矿井、冲击地压矿井吨煤50元；

（二）高瓦斯矿井，水文地质类型复杂、极复杂矿井，容易自燃煤层矿井吨煤30元；

（三）其他井工矿吨煤15元；

（四）露天矿吨煤5元。

矿井瓦斯等级划分执行《煤矿安全规程》（应急管理部令第8号）和《煤矿瓦斯等级鉴定办法》（煤安监技装〔2018〕9号）的规定；矿井冲击地压判定执行《煤矿安全规程》（应急管理部令第8号）和《防治煤矿冲击地压细则》（煤安监技装〔2018〕8号）的规定；矿井水文地质类型划分执行《煤矿安全规程》（应急管理部令第8号）和《煤矿防治水细则》（煤安监调查〔2018〕14号）的规定。

多种灾害并存矿井，从高提取企业安全生产费用。

第八条　煤炭生产企业安全生产费用应当用于以下支出：

（一）煤与瓦斯突出及高瓦斯矿井落实综合防突措施支出，包括瓦斯区域预抽、保护层开采区域防突措施、开展突出区域和局部预测、实施局部补充防突措施等两个"四位一体"综合防突措施，以及更新改造防突设备和设施、建立突出防治实验室等支出；

（二）冲击地压矿井落实防冲措施支出，包括开展冲击地压危险性预测、监测预警、防范治理、效果检验、安全防护等防治措施，更新改造防冲设备和设施，建立防冲实验室等支出；

（三）煤矿安全生产改造和重大事故隐患治理支出，包括通风、防瓦斯、防煤尘、防灭火、防治水、顶板、供电、运输等系统设备改造和灾害治理工程，实施煤矿机械化改造、智能化建设，实施矿压、热害、露天煤矿边坡治理等支出；

（四）完善煤矿井下监测监控、人员位置监测、紧急避险、压风自救、供水施救和通信联络等安全避险设施设备支出，应急救援技术装备、设施配置和维护保养支出，事故逃生和紧急避难设施设备的配置和应急救援队伍建设、应急预案制修订与应急演练支出；

（五）开展重大危险源检测、评估、监控支出，安全风险分级管控和事故隐患排查整改支出，安全生产信息化建设、运维和网络安全支出；

（六）安全生产检查、评估评价（不含新建、改建、扩建项目安全评价）、咨询、标准化建设支出；

（七）配备和更新现场作业人员安全防护用品支出；

（八）安全生产宣传、教育、培训和从业人员发现并报告事故隐患的奖励支出；

（九）安全生产适用新技术、新标准、新工艺、煤矿智能装备及煤矿机器人等新装备的推广应用支出；

（十）安全设施及特种设备检测检验、检定校准支出；

（十一）安全生产责任保险支出；

（十二）与安全生产直接相关的其他支出。

第二节 非煤矿山开采企业

第九条 非煤矿山开采是指金属矿、非金属矿及其他矿产资源的勘探作业和生产、选矿、闭坑及尾矿库运行、回采、闭库等有关活动。

第十条 非煤矿山开采企业依据当月开采的原矿产量，于月末提取企业安全生产费用。提取标准如下：

（一）金属矿山，其中露天矿山每吨5元，地下矿山每吨15元；

（二）核工业矿山，每吨25元；

（三）非金属矿山，其中露天矿山每吨3元，地下矿山每吨8元；

（四）小型露天采石场，即年生产规模不超过50万吨的山坡型露天采石场，每吨2元。

上款所称原矿产量，不含金属、非金属矿山尾矿库和废石场中用于综合利用的尾砂和低品位矿石。

地质勘探单位按地质勘查项目或工程总费用的2%，在项目或工程实施期内逐月提取企业安全生产费用。

第十一条 尾矿库运行按当月入库尾矿量计提企业安全生产费用，其中三等及三等以上尾矿库每吨4元，四等及五等尾矿库每吨5元。

尾矿库回采按当月回采尾矿量计提企业安全生产费用，其中三等及三等以上尾矿库每吨1元，四等及五等尾矿库每吨1.5元。

第十二条 非煤矿山开采企业安全生产费用应当用于以下支出：

（一）完善、改造和维护安全防护设施设备（不含"三同时"要求初期投入的安全设施）和重大事故隐患治理支出，包括矿山综合防尘、防灭火、防治水、危险气体监测、通风系统、支护及防治边帮滑坡、防冒顶片帮设备、机电设备、供配电系统、运输（提升）系统和尾矿库等完善、改造和维护支出以及实施地压监测监控、露天矿边坡治理等支出；

（二）完善非煤矿山监测监控、人员位置监测、紧急避险、压风自救、供水施救和通信联络等安全避险设施设备支出，完善尾矿库全过程在线监测监控系统支出，应急救援技术装备、设施配置及维护保养支出，事故逃生和紧急避难设施设备的配置和应急救援队伍建设、应急预案制修订与应急演练支出；

（三）开展重大危险源检测、评估、监控支出，安全风险分级管控和事故隐患排查整改支出，机械化、智能化建设，安全生产信息化建设、运维和网络安全支出；

（四）安全生产检查、评估评价（不含新建、改建、扩建项目安全评价）、咨询、标准化建设支出；

（五）配备和更新现场作业人员安全防护用品支出；

（六）安全生产宣传、教育、培训和从业人员发现并报告事故隐患的奖励支出；

（七）安全生产适用的新技术、新标准、新工艺、智能化、机器人等新装备的推广应用支出；

（八）安全设施及特种设备检测检验、检定校准支出；

（九）尾矿库闭库、销库费用支出；

（十）地质勘探单位野外应急食品、应急器械、应急药品支出；

（十一）安全生产责任保险支出；

（十二）与安全生产直接相关的其他支出。

第三节 石油天然气开采企业

第十三条 石油天然气（包括页岩油、页岩气）开采是指陆上采油（气）、海上采油（气）、钻井、物探、测井、录井、井下作业、油建、海油工程等活动。

煤层气（地面开采）企业参照陆上采油（气）企业执行。

第十四条 陆上采油（气）、海上采油（气）企业依据当月开采的石油、天然气产量，于月末提取企业安全生产费用。其中每吨原油20元，每千立方米原气7.5元。

钻井、物探、测井、录井、井下作业、油建、海油工程等企业按照项目或工程造价中的直接工程成本的2%逐月提取企业安全生产费用。工程发包单位应当在合同中单独约定并及时向工程承包单位支付企业安全生产费用。

石油天然气开采企业的储备油、地下储气库参照危险品储存企业执行。

第十五条 石油天然气开采企业安全生产费用应当用于以下支出：

（一）完善、改造和维护安全防护设施设备支出（不含"三同时"要求初期投入的安全设施），包括油气井（场）、管道、站场、海洋石油生产设施、作业设施等设施设备的监测、监控、防井喷、防灭火、防坍塌、防爆炸、防泄漏、防腐蚀、防颠覆、防漂移、防雷、防静电、防台风、防中毒、防坠落等设施设备支出；

（二）事故逃生和紧急避难设施设备的配置及维护保养支出，应急救援器材、设备配置及维护保养支出，应急救援队伍建设、应急预案制修订与应急演练支出；

（三）开展重大危险源检测、评估、监控支出，安全风险分级管控和事故隐患排查整改支出，安全生产信息化、智能化建设、运维和网络安全支出；

（四）安全生产检查、评估评价（不含新建、改建、扩建项目安全评价）、咨询、标准化建设支出；

（五）配备和更新现场作业人员安全防护用品支出；

（六）安全生产宣传、教育、培训和从业人员发现并报告事故隐患的奖励支出；

（七）安全生产适用的新技术、新标准、新工艺、新装备的推广应用支出；

（八）安全设施及特种设备检测检验、检定校准支出；

（九）野外或海上作业应急食品、应急器械、应急药品支出；

（十）安全生产责任保险支出；

（十一）与安全生产直接相关的其他支出。

第四节 建设工程施工企业

第十六条 建设工程是指土木工程、建筑工程、线路管道和设备安装及装修工程，包括新建、扩建、改建。

井巷工程、矿山建设参照建设工程执行。

第十七条 建设工程施工企业以建筑安装工程造价为依据，于月末按工程进度计算提取企业安全生产费用。提取标准如下：

（一）矿山工程3.5%；

（二）铁路工程、房屋建筑工程、城市轨道交通工程3%；

（三）水利水电工程、电力工程2.5%；

（四）冶炼工程、机电安装工程、化工石油工程、通信工程2%；

（五）市政公用工程、港口与航道工程、公路工程1.5%。

建设工程施工企业编制投标报价应当包含并单列企业安全生产费用，竞标时不得删减。国家对基本建设投资概算另有规定的，从其规定。

本办法实施前建设工程项目已经完成招投标并签订合同的，企业安全生产费用按照原规定提取标准执行。

第十八条 建设单位应当在合同中单独约定并于工程开工日一个月内向承包单位支付至少50%企业安全生产费用。

总包单位应当在合同中单独约定并于分包工程开工日一个月内将至少50%企业安全生产费用直接支付分包单位并监督使用，分包单位不再重复提取。

工程竣工决算后结余的企业安全生产费用，应当退回建设单位。

第十九条 建设工程施工企业安全生产费用应当用于以下支出：

（一）完善、改造和维护安全防护设施设备支出（不含"三同时"要求初期投入的安全设施），包括施工现场临时用电系统、洞口或临边防护、高处作业或交叉作业防护、临时安全防护、支护及防治边坡滑坡、工程有害气体监测和通风、保障安全的机械设备、防火、防爆、防触电、防尘、防毒、防雷、防台风、防地质灾害等设施设备支出；

（二）应急救援技术装备、设施配置及维护保养支出，事故逃生和紧急避难设施设备的配置和应急救援队伍建设、应急预案制修订与应急演练支出；

（三）开展施工现场重大危险源检测、评估、监控支出，安全风险分级管控和事故隐患排查整改支出，工程项目安全生产信息化建设、运维和网络安全支出；

（四）安全生产检查、评估评价（不含新建、改建、扩建项目安全评价）、咨询和标准化建设支出；

（五）配备和更新现场作业人员安全防护用品支出；

（六）安全生产宣传、教育、培训和从业人员发现并报告事故隐患的奖励支出；

（七）安全生产适用的新技术、新标准、新工艺、新装备的推广应用支出；

（八）安全设施及特种设备检测检验、检定校准支出；

（九）安全生产责任保险支出；

（十）与安全生产直接相关的其他支出。

第五节 危险品生产与储存企业

第二十条 危险品生产与储存是指经批准开展列入国家标准《危险货物品名表》（gb12268）、《危险化学品目录》物品，以及列入国家有关规定危险品直接生产和聚积保存的活动（不含销售和使用）。

危险品运输适用第六节规定。

第二十一条 危险品生产与储存企业以上一年度营业收入为依据，采取超额累退方式确定本年度应计提金额，并逐月平均提取。具体如下：

（一）上一年度营业收入不超过1000万元的，按照4.5%提取；

（二）上一年度营业收入超过1000万元至1亿元的部分，按照2.25%提取；

（三）上一年度营业收入超过1亿元至10亿元的部分，按照0.55%提取；

（四）上一年度营业收入超过10亿元的部分，按照0.2%提取。

第二十二条　危险品生产与储存企业安全生产费用应当用于以下支出：

（一）完善、改造和维护安全防护设施设备支出（不含"三同时"要求初期投入的安全设施），包括车间、库房、罐区等作业场所的监控、监测、通风、防晒、调温、防火、灭火、防爆、泄压、防毒、消毒、中和、防潮、防雷、防静电、防腐、防渗漏、防护围堤和隔离操作等设施设备支出；

（二）配备、维护、保养应急救援器材、设备支出和应急救援队伍建设、应急预案制修订与应急演练支出；

（三）开展重大危险源检测、评估、监控支出，安全风险分级管控和事故隐患排查整改支出，安全生产风险监测预警系统等安全生产信息系统建设、运维和网络安全支出；

（四）安全生产检查、评估评价（不含新建、改建、扩建项目安全评价）、咨询和标准化建设支出；

（五）配备和更新现场作业人员安全防护用品支出；

（六）安全生产宣传、教育、培训和从业人员发现并报告事故隐患的奖励支出；

（七）安全生产适用的新技术、新标准、新工艺、新装备的推广应用支出；

（八）安全设施及特种设备检测检验、检定校准支出；

（九）安全生产责任保险支出；

（十）与安全生产直接相关的其他支出。

第六节　交通运输企业

第二十三条　交通运输包括道路运输、铁路运输、城市轨道交通、水路运输、管道运输。

道路运输是指《中华人民共和国道路运输条例》规定的道路旅客运输和道路货物运输；铁路运输是指《中华人民共和国铁路法》规定的铁路旅客运输和货物运输；城市轨道交通是指依规定批准建设的，采用专用轨道导向运行的城市公共客运交通系统，包括地铁、轻轨、单轨、有轨电车、磁浮、自动导向轨道、市域快速轨道系统；水路运输是指以运输船舶为工具的经营性旅客和货物运输及港口装卸、过驳、仓储；管道运输是指以管道为工具的液体和气体物资运输。

第二十四条　交通运输企业以上一年度营业收入为依据，确定本年度应计提金额，并逐月平均提取。具体如下：

（一）普通货运业务1%；

（二）客运业务、管道运输、危险品等特殊货运业务1.5%。

第二十五条 交通运输企业安全生产费用应当用于以下支出：

（一）完善、改造和维护安全防护设施设备支出（不含"三同时"要求初期投入的安全设施），包括道路、水路、铁路、城市轨道交通、管道运输设施设备和装卸工具安全状况检测及维护系统、运输设施设备和装卸工具附属安全设备等支出；

（二）购置、安装和使用具有行驶记录功能的车辆卫星定位装置、视频监控装置、船舶通信导航定位和自动识别系统、电子海图等支出；

（三）铁路和城市轨道交通防灾监测预警设备及铁路周界入侵报警系统、铁路危险品运输安全监测设备支出；

（四）配备、维护、保养应急救援器材、设备支出和应急救援队伍建设、应急预案制修订与应急演练支出；

（五）开展重大危险源检测、评估、监控支出，安全风险分级管控和事故隐患排查整改支出，安全生产信息化、智能化建设、运维和网络安全支出；

（六）安全生产检查、评估评价（不含新建、改建、扩建项目安全评价）、咨询和标准化建设支出；

（七）配备和更新现场作业人员安全防护用品支出；

（八）安全生产宣传、教育、培训和从业人员发现并报告事故隐患的奖励支出；

（九）安全生产适用的新技术、新标准、新工艺、新装备的推广应用支出；

（十）安全设施及特种设备检测检验、检定校准、铁路和城市轨道交通基础设备安全检测支出；

（十一）安全生产责任保险及承运人责任保险支出；

（十二）与安全生产直接相关的其他支出。

第七节　冶金企业

第二十六条 冶金是指黑色金属和有色金属冶炼及压延加工等生产活动。

第二十七条 冶金企业以上一年度营业收入为依据，采取超额累退方式确定本年度应计提金额，并逐月平均提取。具体如下：

（一）上一年度营业收入不超过1000万元的，按照3%提取；

（二）上一年度营业收入超过1000万元至1亿元的部分，按照1.5%提取；

（三）上一年度营业收入超过1亿元至10亿元的部分，按照0.5%提取；

（四）上一年度营业收入超过10亿元至50亿元的部分，按照0.2%提取；

（五）上一年度营业收入超过50亿元至100亿元的部分，按照0.1%提取；

（六）上一年度营业收入超过100亿元的部分，按照0.05%提取。

第二十八条 冶金企业安全生产费用应当用于以下支出：

（一）完善、改造和维护安全防护设备设施支出（不含"三同时"要求初期投入的安全设施），包括车间、站、库房等作业场所的监控、监测、防高温、防火、防爆、防坠落、防尘、防毒、防雷、防窒息、防触电、防噪声与振动、防辐射和隔离操作等设施设备支出；

（二）配备、维护、保养应急救援器材、设备支出和应急救援队伍建设、应急预案制修订与应急演练支出；

（三）开展重大危险源检测、评估、监控支出，安全风险分级管控和事故隐患排查整改支出，安全生产信息化、智能化建设、运维和网络安全支出；

（四）安全生产检查、评估评价（不含新建、改建、扩建项目安全评价）和咨询及标准化建设支出；

（五）安全生产宣传、教育、培训和从业人员发现并报告事故隐患的奖励支出；

（六）配备和更新现场作业人员安全防护用品支出；

（七）安全生产适用的新技术、新标准、新工艺、新装备的推广应用支出；

（八）安全设施及特种设备检测检验、检定校准支出；

（九）安全生产责任保险支出；

（十）与安全生产直接相关的其他支出。

第八节　机械制造企业

第二十九条　机械制造是指各种动力机械、矿山机械、运输机械、农业机械、仪器、仪表、特种设备、大中型船舶、海洋工程装备、石油炼化装备、建筑施工机械及其他机械设备的制造活动。

按照《国民经济行业分类与代码》（GB/T 4754），本办法所称机械制造企业包括通用设备制造业，专用设备制造业，汽车制造业，铁路、船舶、航空航天和其他运输设备制造业（不含第十一节民用航空设备制造），电气机械和器材制造业，计算机、通信和其他电子设备制造业，仪器仪表制造业，金属制品、机械和设备修理业等8类企业。

第三十条　机械制造企业以上一年度营业收入为依据，采取超额累退方式确定本年度应计提金额，并逐月平均提取。具体如下：

（一）上一年度营业收入不超过1000万元的，按照2.35%提取；

（二）上一年度营业收入超过1000万元至1亿元的部分，按照1.25%提取；

（三）上一年度营业收入超过1亿元至10亿元的部分，按照0.25%提取；

（四）上一年度营业收入超过10亿元至50亿元的部分，按照0.1%提取；

（五）上一年度营业收入超过50亿元的部分，按照0.05%提取。

第三十一条　机械制造企业安全生产费用应当用于以下支出：

（一）完善、改造和维护安全防护设施设备支出（不含"三同时"要求初期投入的安全设施），包括生产作业场所的防火、防爆、防坠落、防毒、防静电、防腐、防尘、防噪声与振动、防辐射和隔离操作等设施设备支出，大型起重机械安装安全监控管理系统支出；

（二）配备、维护、保养应急救援器材、设备支出和应急救援队伍建设、应急预案制修订与应急演练支出；

（三）开展重大危险源检测、评估、监控支出，安全风险分级管控和事故隐患排查整改支出，安全生产信息化、智能化建设、运维和网络安全支出；

（四）安全生产检查、评估评价（不含新建、改建、扩建项目安全评价）、咨询和标准化建设支出；

（五）安全生产宣传、教育、培训和从业人员发现并报告事故隐患的奖励支出；

（六）配备和更新现场作业人员安全防护用品支出；

（七）安全生产适用的新技术、新标准、新工艺、新装备的推广应用支出；

（八）安全设施及特种设备检测检验、检定校准支出；

（九）安全生产责任保险支出；

（十）与安全生产直接相关的其他支出。

第九节　烟花爆竹生产企业

第三十二条　烟花爆竹是指烟花爆竹制品和用于生产烟花爆竹的民用黑火药、烟火药、引火线等物品。

第三十三条　烟花爆竹生产企业以上一年度营业收入为依据，采取超额累退方式确定本年度应计提金额，并逐月平均提取。具体如下：

（一）上一年度营业收入不超过1000万元的，按照4%提取；

（二）上一年度营业收入超过1000万元至2000万元的部分，按照3%提取；

（三）上一年度营业收入超过2000万元的部分，按照2.5%提取。

第三十四条　烟花爆竹生产企业安全生产费用应当用于以下支出：

（一）完善、改造和维护安全设备设施支出（不含"三同时"要求初期投入的安全设施），包括作业场所的防火、防爆（含防护屏障）、防雷、防静电、防护围墙（网）与栏杆、防高温、防潮、防山体滑坡、监测、检测、监控等设施设备支出；

（二）配备、维护、保养防爆机械电器设备支出；

（三）配备、维护、保养应急救援器材、设备支出和应急救援队伍建设、应急预案制修订与应急演练支出；

（四）开展重大危险源检测、评估、监控支出，安全风险分级管控和事故隐患排查整改支出，安全生产信息化、智能化建设、运维和网络安全支出；

（五）安全生产检查、评估评价（不含新建、改建、扩建项目安全评价）、咨询和标准化建设支出；

（六）安全生产宣传、教育、培训和从业人员发现并报告事故隐患的奖励支出；

（七）配备和更新现场作业人员安全防护用品支出；

（八）安全生产适用新技术、新标准、新工艺、新装备的推广应用支出；

（九）安全设施及特种设备检测检验、检定校准支出；

（十）安全生产责任保险支出；

（十一）与安全生产直接相关的其他支出。

第十节　民用爆炸物品生产企业

第三十五条　民用爆炸物品是指列入《民用爆炸物品品名表》的物品。

第三十六条　民用爆炸物品生产企业以上一年度营业收入为依据，采取超额累退方式确定本年度应计提金额，并逐月平均提取。具体如下：

（一）上一年度营业收入不超过1000万元的，按照4%提取；

（二）上一年度营业收入超过1000万元至1亿元的部分，按照2%提取；

（三）上一年度营业收入超过1亿元至10亿元的部分，按照0.5%提取；

（四）上一年度营业收入超过10亿元的部分，按照0.2%提取。

第三十七条　民用爆炸物品生产企业安全生产费用应当用于以下支出：

（一）完善、改造和维护安全防护设施设备（不含"三同时"要求初期投入的安全设施），包括车间、库房、罐区等作业场所的监控、监测、通风、防晒、调温、防火、灭火、防爆、泄压、防毒、消毒、中和、防潮、防雷、防静电、防腐、防渗漏、防护屏障、隔离操作等设施设备支出；

（二）配备、维护、保养应急救援器材、设备支出和应急救援队伍建设、应急预案制修订与应急演练支出；

（三）开展重大危险源检测、评估、监控支出，安全风险分级管控和事故隐患排查整改支出，安全生产信息化、智能化建设、运维和网络安全支出；

（四）安全生产检查、评估评价（不含新建、改建、扩建项目安全评价）、咨询和标准化建设支出；

（五）配备和更新现场作业人员安全防护用品支出；

（六）安全生产宣传、教育、培训和从业人员发现并报告事故隐患的奖励支出；

（七）安全生产适用的新技术、新标准、新工艺、新设备的推广应用支出；

（八）安全设施及特种设备检测检验、检定校准支出；

（九）安全生产责任保险支出；

（十）与安全生产直接相关的其他支出。

第十一节　武器装备研制生产与试验企业

第三十八条　武器装备研制生产与试验，包括武器装备和军工危险化学品的科研、生产、试验、储运、销毁、维修保障等。

第三十九条　武器装备研制生产与试验企业以上一年度军品营业收入为依据，采取超额累退方式确定本年度应计提金额，并逐月平均提取。

（一）军工危险化学品研制、生产与试验企业，包括火炸药、推进剂、弹药（含战斗部、引信、火工品）、火箭导弹发动机、燃气发生器等，提取标准如下：

1. 上一年度营业收入不超过 1000 万元的，按照 5% 提取；

2. 上一年度营业收入超过 1000 万元至 1 亿元的部分，按照 3% 提取；

3. 上一年度营业收入超过 1 亿元至 10 亿元的部分，按照 1% 提取；

4. 上一年度营业收入超过 10 亿元的部分，按照 0.5% 提取。

（二）核装备及核燃料研制、生产与试验企业，提取标准如下：

1. 上一年度营业收入不超过 1000 万元的，按照 3% 提取；

2. 上一年度营业收入超过 1000 万元至 1 亿元的部分，按照 2% 提取；

3. 上一年度营业收入超过 1 亿元至 10 亿元的部分，按照 0.5% 提取；

4. 上一年度营业收入超过 10 亿元的部分，按照 0.2% 提取。

（三）军用舰船（含修理）研制、生产与试验企业，提取标准如下：

1. 上一年度营业收入不超过 1000 万元的，按照 2.5% 提取；

2. 上一年度营业收入超过 1000 万元至 1 亿元的部分，按照 1.75% 提取；

3. 上一年度营业收入超过 1 亿元至 10 亿元的部分，按照 0.8% 提取；

4. 上一年度营业收入超过 10 亿元的部分，按照 0.4% 提取。

（四）飞船、卫星、军用飞机、坦克车辆、火炮、轻武器、大型天线等产品的总体、部分和元器件研制、生产与试验企业，提取标准如下：

1. 上一年度营业收入不超过 1000 万元的，按照 2% 提取；

2. 上一年度营业收入超过 1000 万元至 1 亿元的部分，按照 1.5% 提取；

3. 上一年度营业收入超过 1 亿元至 10 亿元的部分，按照 0.5% 提取；

4. 上一年度营业收入超过 10 亿元至 100 亿元的部分，按照 0.2% 提取；

5. 上一年度营业收入超过 100 亿元的部分，按照 0.1% 提取。

（五）其他军用危险品研制、生产与试验企业，提取标准如下：

1. 上一年度营业收入不超过 1000 万元的，按照 4% 提取；

2. 上一年度营业收入超过 1000 万元至 1 亿元的部分，按照 2% 提取；

3. 上一年度营业收入超过 1 亿元至 10 亿元的部分，按照 0.5% 提取；

4. 上一年度营业收入超过 10 亿元的部分，按照 0.2% 提取。

第四十条 核工程按照工程造价3%提取企业安全生产费用。企业安全生产费用在竞标时列为标外管理。

第四十一条 武器装备研制生产与试验企业安全生产费用应当用于以下支出：

（一）完善、改造和维护安全防护设施设备支出（不含"三同时"要求初期投入的安全设施），包括研究室、车间、库房、储罐区、外场试验区等作业场所监控、监测、防触电、防坠落、防爆、泄压、防火、灭火、通风、防晒、调温、防毒、防雷、防静电、防腐、防尘、防噪声与振动、防辐射、防护围堤和隔离操作等设施设备支出；

（二）配备、维护、保养应急救援、应急处置、特种个人防护器材、设备、设施支出和应急救援队伍建设、应急预案制修订与应急演练支出；

（三）开展重大危险源检测、评估、监控支出，安全风险分级管控和事故隐患排查整改支出，安全生产信息化、智能化建设、运维和网络安全支出；

（四）高新技术和特种专用设备安全鉴定评估、安全性能检验检测及操作人员上岗培训支出；

（五）安全生产检查、评估评价（不含新建、改建、扩建项目安全评价）、咨询和标准化建设支出；

（六）安全生产宣传、教育、培训和从业人员发现并报告事故隐患的奖励支出；

（七）军工核设施（含核废物）防泄漏、防辐射的设施设备支出；

（八）军工危险化学品、放射性物品及武器装备科研、试验、生产、储运、销毁、维修保障过程中的安全技术措施改造费和安全防护（不含工作服）费用支出；

（九）大型复杂武器装备制造、安装、调试的特殊工种和特种作业人员培训支出；

（十）武器装备大型试验安全专项论证与安全防护费用支出；

（十一）特殊军工电子元器件制造过程中有毒有害物质监测及特种防护支出；

（十二）安全生产适用新技术、新标准、新工艺、新装备的推广应用支出；

（十三）安全生产责任保险支出；

（十四）与安全生产直接相关的其他支出。

第十二节 电力生产与供应企业

第四十二条 电力生产是指利用火力、水力、核力、风力、太阳能、生物质能以及地热、潮汐能等其他能源转换成电能的活动。

电力供应是指经营和运行电网，从事输电、变电、配电等电能输送与分配的活动。

第四十三条 电力生产与供应企业以上一年度营业收入为依据，采取超额累退方式确定本年度应计提金额，并逐月平均提取。

（一）电力生产企业，提取标准如下：

1.上一年度营业收入不超过1000万元的，按照3%提取；

2. 上一年度营业收入超过 1000 万元至 1 亿元的部分，按照 1.5% 提取；

3. 上一年度营业收入超过 1 亿元至 10 亿元的部分，按照 1% 提取；

4. 上一年度营业收入超过 10 亿元至 50 亿元的部分，按照 0.8% 提取；

5. 上一年度营业收入超过 50 亿元至 100 亿元的部分，按照 0.6% 提取；

6. 上一年度营业收入超过 100 亿元的部分，按照 0.2% 提取。

（二）电力供应企业，提取标准如下：

1. 上一年度营业收入不超过 500 亿元的，按照 0.5% 提取；

2. 上一年度营业收入超过 500 亿元至 1000 亿元的部分，按照 0.4% 提取；

3. 上一年度营业收入超过 1000 亿元至 2000 亿元的部分，按照 0.3% 提取；

4. 上一年度营业收入超过 2000 亿元的部分，按照 0.2% 提取。

第四十四条　电力生产与供应企业安全生产费用应当用于以下支出：

（一）完善、改造和维护安全防护设备、设施支出（不含"三同时"要求初期投入的安全设施），包括发电、输电、变电、配电等设备设施的安全防护及安全状况的完善、改造、检测、监测及维护，作业场所的安全监控、监测以及防触电、防坠落、防物体打击、防火、防爆、防毒、防窒息、防雷、防误操作、临边、封闭等设施设备支出；

（二）配备、维护、保养应急救援器材、设备设施支出和应急救援队伍建设、应急预案制修订与应急演练支出；

（三）开展重大危险源检测、评估、监控支出，安全风险分级管控和事故隐患排查整改支出（不含水电站大坝重大隐患除险加固支出、燃煤发电厂贮灰场重大隐患除险加固治理支出），安全生产信息化、智能化建设、运维和网络安全支出；

（四）安全生产检查、评估评价（不含新建、改建、扩建项目安全评价）、咨询和标准化建设支出；

（五）安全生产宣传、教育、培训和从业人员发现并报告事故隐患的奖励支出；

（六）配备和更新现场作业人员安全防护用品支出；

（七）安全生产适用的新技术、新标准、新工艺、新设备的推广应用支出；

（八）安全设施及特种设备检测检验、检定校准支出；

（九）安全生产责任保险支出；

（十）与安全生产直接相关的其他支出。

第三章　企业安全生产费用的管理和监督

第四十五条　企业应当建立健全内部企业安全生产费用管理制度，明确企业安全生产费用提取和使用的程序、职责及权限，落实责任，确保按规定提取和使用企业安全生产费用。

第四十六条　企业应当加强安全生产费用管理，编制年度企业安全生产费用提取和使用计划，纳入企业财务预算，确保资金投入。

第四十七条　企业提取的安全生产费用从成本（费用）中列支并专项核算。符合本办法规定的企业安全生产费用支出应当取得发票、收据、转账凭证等真实凭证。

本企业职工薪酬、福利不得从企业安全生产费用中支出。企业从业人员发现报告事故隐患的奖励支出从企业安全生产费用中列支。

企业安全生产费用年度结余资金结转下年度使用。企业安全生产费用出现赤字（即当年计提企业安全生产费用加上年初结余小于年度实际支出）的，应当于年末补提企业安全生产费用。

第四十八条　以上一年度营业收入为依据提取安全生产费用的企业，新建和投产不足一年的，当年企业安全生产费用据实列支，年末以当年营业收入为依据，按照规定标准计算提取企业安全生产费用。

第四十九条　企业按本办法规定标准连续两年补提安全生产费用的，可以按照最近一年补提数提高提取标准。

本办法公布前，地方各级人民政府已制定下发企业安全生产费用提取使用办法且其提取标准低于本办法规定标准的，应当按照本办法进行调整。

第五十条　企业安全生产费用月初结余达到上一年应计提金额三倍及以上的，自当月开始暂停提取企业安全生产费用，直至企业安全生产费用结余低于上一年应计提金额三倍时恢复提取。

第五十一条　企业当年实际使用的安全生产费用不足年度应计提金额60%的，除按规定进行信息披露外，还应当于下一年度4月底前，按照属地监管权限向县级以上人民政府负有安全生产监督管理职责的部门提交经企业董事会、股东会等机构审议的书面说明。

第五十二条　企业同时开展两项及两项以上以营业收入为安全生产费用计提依据的业务，能够按业务类别分别核算的，按各项业务计提标准分别提取企业安全生产费用；不能分别核算的，按营业收入占比最高业务对应的提取标准对各项合计营业收入计提企业安全生产费用。

第五十三条　企业作为承揽人或承运人向客户提供纳入本办法规定范围的服务，且外购材料和服务成本高于自客户取得营业收入85%以上的，可以将营业收入扣除相关外购材料和服务成本的净额，作为企业安全生产费用计提依据。

第五十四条　企业内部有两个及两个以上独立核算的非法人主体，主体之间生产和转移产品和服务按本办法规定需提取企业安全生产费用的，各主体可以以本主体营业收入扣除自其它主体采购产品和服务的成本（即剔除内部互供收入）的净额，作为企业安全生产费用计提依据。

第五十五条　承担集团安全生产责任的企业集团母公司（一级，以下简称集团总部），可以对全资及控股子公司提取的企业安全生产费用按照一定比例集中管理，统筹使用。子公司转出资金作为企业安全生产费用支出处理，集团总部收到资金作为专项储备管理，不计入集团总部收入。

集团总部统筹的企业安全生产费用应当用于本办法规定的应急救援队伍建设、应急预案制修订与应急演练，安全生产检查、咨询和标准化建设，安全生产宣传、教育、培训，安全生产适用的新技术、新标准、新工艺、新装备的推广应用等安全生产直接相关支出。

第五十六条　在本办法规定的使用范围内，企业安全生产费用应当优先用于达到法定安全生产标准所需支出和按各级应急管理部门、矿山安全监察机构及其他负有安全生产监督管理职责的部门要求开展的安全生产整改支出。

第五十七条　煤炭生产企业和非煤矿山企业已提取维持简单再生产费用的，应当继续提取，但不得重复开支本办法规定的企业安全生产费用。

第五十八条　企业由于产权转让、公司制改建等变更股权结构或者组织形式的，其结余的企业安全生产费用应当继续按照本办法管理使用。

第五十九条　企业调整业务、终止经营或者依法清算的，其结余的企业安全生产费用应当结转本期收益或者清算收益。下列情形除外：

（一）矿山企业转产、停产、停业或者解散的，应当将企业安全生产费用结余用于矿山闭坑、尾矿库闭库后可能的危害治理和损失赔偿；

（二）危险品生产与储存企业转产、停产、停业或者解散的，应当将企业安全生产费用结余用于处理转产、停产、停业或者解散前的危险品生产或者储存设备、库存产品及生产原料支出。

第（一）和（二）项企业安全生产费用结余，有存续企业的，由存续企业管理；无存续企业的，由清算前全部股东共同管理或者委托第三方管理。

第六十条　企业提取的安全生产费用属于企业自提自用资金，除集团总部按规定统筹使用外，任何单位和个人不得采取收取、代管等形式对其进行集中管理和使用。法律、行政法规另有规定的，从其规定。

第六十一条　各级应急管理部门、矿山安全监察机构及其他负有安全生产监督管理职责的部门和财政部门依法对企业安全生产费用提取、使用和管理进行监督检查。

第六十二条　企业未按本办法提取和使用安全生产费用的，由县级以上应急管理部门、矿山安全监察机构及其他负有安全生产监督管理职责的部门和财政部门按照职责分工，责令限期改正，并依照《中华人民共和国安全生产法》、《中华人民共和国会计法》和相关法律法规进行处理、处罚。情节严重、性质恶劣的，依照有关规定实施联合惩戒。

第六十三条　建设单位未按规定及时向施工单位支付企业安全生产费用、建设工程施工总承包单位未向分包单位支付必要的企业安全生产费用以及承包单位挪用企业安全生产费用的，由建设、交通运输、铁路、水利、应急管理、矿山安全监察等部门按职责分工依法进行处理、处罚。

第六十四条　各级应急管理部门、矿山安全监察机构及其他负有安全生产监督管理职责的部门和财政部门及其工作人员，在企业安全生产费用监督管理中存在滥用职权、玩忽职守、徇私舞弊等违法违纪行为的，按照《中华人民共和国安全生产法》、《中华人民共和国监察法》等有关规定追究相应责任。构成犯罪的，依法追究刑事责任。

第四章　附则

第六十五条　企业安全生产费用的会计处理，应当符合国家统一的会计制度规定。企业安全生产费用财务处理与税收规定不一致的，纳税时应当依法进行调整。

第六十六条　本办法第二条规定范围以外的企业为达到应当具备的安全生产条件所需的资金投入，从成本（费用）中列支。

自营烟花爆竹储存仓库的烟花爆竹销售企业、自营民用爆炸物品储存仓库的民用爆炸物品销售企业，分别参照烟花爆竹生产企业、民用爆炸物品生产企业执行。

实行企业化管理的事业单位参照本办法执行。

第六十七条　各省级应急管理部门、矿山安全监察机构可以结合本地区实际情况，会同相关部门制定特定行业具体办法，报省级人民政府批准后实施。

县级以上应急管理部门应当将本地区企业安全生产费用提取使用情况纳入定期统计分析。

第六十八条　本办法由财政部、应急部负责解释。

第六十九条　本办法自印发之日起施行。《企业安全生产费用提取和使用管理办法》（财企〔2012〕16号）同时废止。

附件六：

税收违法违纪行为处分规定

文号：监察部令 2012 年第 26 号　发布日期：2012-06-06

《税收违法违纪行为处分规定》已经 2012 年 3 月 16 日监察部第 2 次部长办公会议、2012 年 2 月 27 日人力资源和社会保障部第 87 次部务会议、2011 年 10 月 10 日国家税务总局第 2 次局务会议、2012 年 2 月 17 日国家公务员局第 34 次局务会议审议通过。现予公布，自 2012 年 8 月 1 日起施行。

监察部部长：马馼

人力资源和社会保障部部长：尹蔚民

国家税务总局局长：肖捷

税收违法违纪行为处分规定

第一条　为了加强税收征收管理，惩处税收违法违纪行为，促进税收法律法规的贯彻实施，根据《中华人民共和国税收征收管理法》、《中华人民共和国行政监察法》、《中华人民共和国公务员法》、《行政机关公务员处分条例》及其他有关法律、行政法规，制定本规定。

第二条　有税收违法违纪行为的单位，其负有责任的领导人员和直接责任人员，以及有税收违法违纪行为的个人，应当承担纪律责任。属于下列人员的（以下统称有关责任人员），由任免机关或者监察机关按照管理权限依法给予处分：

（一）行政机关公务员；

（二）法律、法规授权的具有公共事务管理职能的组织中从事公务人员；

（三）行政机关依法委托从事公共事务管理活动的组织中从事公务人员；

（四）企业、事业单位、社会团体中由行政机关任命的人员。

法律、行政法规、国务院决定和国务院监察机关、国务院人力资源和社会保障部门制定的处分规章对税收违法违纪行为的处分另有规定的，从其规定。

第三条　税务机关及税务人员有下列行为之一的，对有关责任人员，给予警告或者记过处分；情节较重的，给予记大过或者降级处分；情节严重的，给予撤职处分：

（一）违反法定权限、条件和程序办理开业税务登记、变更税务登记或者注销税务登记的；

（二）违反规定发放、收缴税控专用设备的；

（三）违反规定开具完税凭证、罚没凭证的；

（四）违反法定程序为纳税人办理减税、免税、退税手续的。

第四条　税务机关及税务人员有下列行为之一的，对有关责任人员，给予记过或者记大过处分；情节较重的，给予降级或者撤职处分；情节严重的，给予开除处分：

（一）违反规定发售、保管、代开增值税专用发票以及其他发票，致使国家税收遭受损失或者造成其他不良影响的；

（二）违反规定核定应纳税额、调整税收定额，导致纳税人税负水平明显不合理的。

第五条 税务机关及税务人员有下列行为之一的，对有关责任人员，给予警告或者记过处分；情节较重的，给予记大过或者降级处分；情节严重的，给予撤职处分：

（一）违反规定采取税收保全、强制执行措施的；

（二）查封、扣押纳税人个人及其所扶养家属维持生活必需的住房和用品的。

第六条 税务机关及税务人员有下列行为之一的，对有关责任人员，给予记过或者记大过处分；情节较重的，给予降级或者撤职处分；情节严重的，给予开除处分：

（一）对管辖范围内的税收违法行为，发现后不予处理或者故意拖延查处，致使国家税收遭受损失的；

（二）徇私舞弊或者玩忽职守，不征或者少征应征税款，致使国家税收遭受损失的。

第七条 税务机关及税务人员违反规定要求纳税人、扣缴义务人委托税务代理，或者为其指定税务代理机构的，对有关责任人员，给予记过或者记大过处分；情节较重的，给予降级或者撤职处分；情节严重的，给予开除处分。

第八条 税务机关领导干部的近亲属在本人管辖的业务范围内从事与税收业务相关的中介活动，经劝阻其近亲属拒不退出或者本人不服从工作调整的，给予记过或者记大过处分；情节较重的，给予降级或者撤职处分；情节严重的，给予开除处分。

第九条 税务人员有下列行为之一的，对有关责任人员，给予记过或者记大过处分；情节较重的，给予降级或者撤职处分；情节严重的，给予开除处分：

（一）在履行职务过程中侵害公民、法人或者其他组织合法权益的；

（二）滥用职权，故意刁难纳税人、扣缴义务人的；

（三）对控告、检举税收违法违纪行为的纳税人、扣缴义务人以及其他检举人进行打击报复的。

第十条 税务机关及税务人员有下列行为之一的，对有关责任人员，给予记过或者记大过处分；情节较重的，给予降级或者撤职处分；情节严重的，给予开除处分：

（一）索取、接受或者以借为名占用纳税人、扣缴义务人财物的；

（二）以明显低于市场的价格向管辖范围内纳税人购买物品的；

（三）以明显高于市场的价格向管辖范围内纳税人出售物品的；

（四）利用职权向纳税人介绍经营业务，谋取不正当利益的；

（五）违反规定要求纳税人购买、使用指定的税控装置的。

第十一条 税务机关私分、挪用、截留、非法占有税款、滞纳金、罚款或者查封、扣押的财物以及纳税担保财物的，对有关责任人员，给予记大过处分；情节较重的，给予降级或者撤职处分；情节严重的，给予开除处分。

第十二条 税务机关及税务人员有下列行为之一的，对有关责任人员，给予记过或者记大过处分；情节较重的，给予降级或者撤职处分；情节严重的，给予开除处分：

（一）隐匿、毁损、伪造、变造税收违法案件证据的；

（二）提供虚假税务协查函件的；

（三）出具虚假涉税证明的。

第十三条 有下列行为之一的，对有关责任人员，给予警告或者记过处分；情节较重的，给予记大过或者降级处分；情节严重的，给予撤职处分：

（一）违反规定作出涉及税收优惠的资格认定、审批的；

（二）未按规定要求当事人出示税收完税凭证或者免税凭证而为其办理行政登记、许可、审批等事项的；

（三）违反规定办理纳税担保的；

（四）违反规定提前征收、延缓征收税款的。

第十四条 有下列行为之一的，对有关责任人员，给予记过或者记大过处分；情节较重的，给予降级或者撤职处分；情节严重的，给予开除处分：

（一）违反法律、行政法规的规定，摊派税款的；

（二）违反法律、行政法规的规定，擅自作出税收的开征、停征或者减税、免税、退税、补税以及其他同税收法律、行政法规相抵触的决定的。

第十五条 不依法履行代扣代缴、代收代缴税款义务，致使国家税款遭受损失的，对有关责任人员，给予记过或者记大过处分；情节较重的，给予降级或者撤职处分；情节严重的，给予开除处分。

第十六条 未经税务机关依法委托征收税款，或者虽经税务机关依法委托但未按照有关法律、行政法规的规定征收税款的，对有关责任人员，给予警告或者记过处分；情节较重的，给予记大过或者降级处分；情节严重的，给予撤职处分。

第十七条 有下列行为之一的，对有关责任人员，给予记大过处分；情节较重的，给予降级或者撤职处分；情节严重的，给予开除处分：

（一）违反规定为纳税人、扣缴义务人提供银行账户、发票、证明或者便利条件，导致未缴、少缴税款或者骗取国家出口退税款的；

（二）向纳税人、扣缴义务人通风报信、提供便利或者以其他形式帮助其逃避税务行政处罚的；

（三）逃避缴纳税款、抗税、逃避追缴欠税、骗取出口退税的；

（四）伪造、变造、非法买卖发票的；

（五）故意使用伪造、变造、非法买卖的发票，造成不良后果的。

税务人员有前款第（二）项所列行为的，从重处分。

第十八条 受到处分的人员对处分决定不服的，可以依照《中华人民共和国行政监察法》、《中华人民共和国公务员法》、《行政机关公务员处分条例》等有关规定申请复核或者申诉。

第十九条　任免机关、监察机关和税务行政主管部门建立案件移送制度。

任免机关、监察机关查处税收违法违纪案件，认为应当由税务行政主管部门予以处理的，应当及时将有关案件材料移送税务行政主管部门。税务行政主管部门应当依法及时查处，并将处理结果书面告知任免机关、监察机关。

税务行政主管部门查处税收管理违法案件，认为应当由任免机关或者监察机关给予处分的，应当及时将有关案件材料移送任免机关或者监察机关。任免机关或者监察机关应当依法及时查处，并将处理结果书面告知税务行政主管部门。

第二十条　有税收违法违纪行为，应当给予党纪处分的，移送党的纪律检查机关处理。涉嫌犯罪的，移送司法机关依法追究刑事责任。

第二十一条　有关税、船舶吨税及海关代征税收违法违纪行为的，按照法律、行政法规及有关处分规章的规定处理。

第二十二条　本规定由监察部、人力资源和社会保障部和国家税务总局负责解释。

第二十三条　本规定自 2012 年 8 月 1 日起施行。

附件七：

表一　我国现行税种及其计税依据汇总表（截至 2022 年 3 月）

序号	税种	计税依据
1	个人所得税	工资、薪金所得；劳务报酬所得；稿酬所得；特许权使用费所得；经营所得；利息、股息、红利所得；财产租赁所得；财产转让所得；偶然所得
2	企业所得税	居民企业：来源于中国境内、境外所得。非居民企业：在境内设立机构、场所的，应当就其所设机构、场所取得的来源于中国境内的所得，以及发生在中国境内但与其所设机构、场所有实际联系的所得，场所但取得的所得与其所设机构、场所没有实际联系的，应当就其来源于中国境内的所得
3	增值税	法定增值额
4	消费税	从价计征：应税消费品的销售额；从量计征：应税消费品的重量、容积或数量
5	城市维护建设税	纳税人依法实际缴纳的增值税、消费税税额。城市维护建设税的计税依据应当按照规定扣除期末留抵退税退还的增值税税额
6	关税	成交价格+到岸运费+保险费用
7	烟叶税	烟叶收购金额=收购价款×（1+10%）
8	资源税	从价计征：销售额；从量计征：销售数量
9	车辆购置税	计税价格，外购：不含增值税价款；进口：关税完税价格+关税+消费税；自产自用：同类应税车辆不含增值税销售价格；受赠、获奖或其他方式取得：购置应税车辆进相关凭证载明的不含增值税价格确定
10	车船税	乘用车：按发动机汽缸容量（排气量）分档 [（每辆核定载客人数 9 人（含）以下）]；商用车货车：[（包括半挂牵引车、三轮汽车和低速载货汽车等）分档；每辆（核定载客人数 9 人以上，包括电车（不包括拖拉机）]；商用客车：每辆（核定载客人数 9 人以上，包括电车（不包括拖拉机），其他车辆轮式专用机械车；挂车、其他车辆专用作业车（不包括拖拉机），其他轮式专用机械车（不包括拖拉机）；摩托车：每辆；船舶机动船舶、船舶游艇：净吨位每吨；整备质量每吨，艇身长度每米
11	土地增值税	转让房地产所得的增值额
12	城镇土地使用税	纳税人实际占用的土地面积

续表

序号	税种	计税依据
13	耕地占用税	纳税人实际占用的耕地面积，按照规定的适用税额一次性征收
14	房产税	从价计征：房屋原值一次减除10%~30%后的余值；从租计征：房产租金收入
15	契税	（一）土地使用权出让、出售，房屋买卖，为土地、房屋权属转移合同确定的成交价格，包括应交付的货币以及实物、其他经济利益对应的价款； （二）土地使用权互换、房屋互换，为所互换的土地使用权、房屋价格的差额； （三）土地使用权赠与、房屋赠与以及其他没有价格的转移土地、房屋权属行为，为税务机关参照土地使用权出售、房屋买卖的市场价格依法核定的价格
16	印花税	（一）应税合同的计税依据，为合同所列的金额，不包括列明的增值税税款； （二）应税产权转移书据的计税依据，为产权转移书据所列的金额，不包括列明的增值税税款； （三）应税营业账簿的计税依据，为账簿记载的实收资本（股本）、资本公积合计金额； （四）证券交易的计税依据，为成交金额。应税合同、产权转移书据未列明金额的，印花税的计税依据按照实际结算的金额确定。证券交易无转让价格的，按照办理过户登记手续时该证券前一个交易日收盘价计算确定；无收盘价的，按照证券面值计算确定计税依据
17	环境保护税	（一）应税大气污染物按照污染物排放量折合的污染当量数确定； （二）应税水污染物按照污染物排放量折合的污染当量数确定； （三）应税固体废物按照固体废物的排放量确定； （四）应税噪声按照超过国家规定标准的分贝数确定
18	船舶吨税	船舶净吨位

表二　我国现行税种税目税率（额）汇总表（截至 2022 年 3 月）

序号	税种	税目、税率
1	个人所得税	（一）综合所得（工资、薪金所得；劳务报酬所得；稿酬所得；特许权使用费所得）：3%～45% 的超额累进税率。（二）经营所得：5%～35% 的超额累进税率。（三）利息、股息、红利所得；财产租赁所得；财产转让所得；偶然所得：20% 比例税率
2	企业所得税	应纳税所得额，包括销售货物所得、提供劳务所得、转让财产所得、股息红利等权益性投资所得、利息所得、租金所得、特许权使用费所得、接受捐赠所得
3	增值税	小规模纳税人增值税征收率为 3%，国务院另有规定的除外。一般纳税人和特殊规定如下： （一）纳税人销售货物、劳务、有形动产租赁服务或者进口货物，税率一般为 13%，有例外适用 9% 低税率的货物类。（1）粮食等农产品（含动物骨粒、干姜、姜黄、人工合成牛胚胎；不含麦芽、复合胶、人发、淀粉）、食用植物油（含棕榈油、棉籽油、茴油、毛椰子油、核桃油、橄榄油、花椒油、杏仁油、葡萄籽油、牡丹籽油；不含环氧大豆油、氢化植物油、肉桂油、桉油、香茅油）、鲜奶（含按规定标准生产的巴氏杀菌乳、灭菌乳，不含调制乳）。（2）自来水、暖气、冷气、热水、煤气、石油液化气、天然气、沼气、居民用煤炭制品、二甲醚。（3）图书、报纸、杂志；音像制品；电子出版物。（4）饲料、化肥、农药、农机（含密集型烤房设备、频振式杀虫灯、自动虫情测报灯、粘虫板、农用挖掘机、养鸡设备系列、养猪设备系列产品、动物尸体降解处理机、蔬菜清洗机、农膜）。（5）食用盐。 （二）纳税人销售交通运输、邮政、基础电信、建筑、不动产租赁服务，销售不动产，转让土地使用权，税率为 9%。 （三）现代服务（租赁服务除外）、增值电信服务、金融服务、生活服务、销售无形资产（不含转让土地使用权），税率为 6%。 （四）零税率：（1）纳税人出口货物，税率为零；但是，国务院另有规定的除外。（2）境内单位和个人跨境销售国务院规定范围内的服务、无形资产，税率为零。主要包括国际运输服务；航天运输服务；向境外单位提供的完全在境外消费的下列服务：研发服务、合同能源管理服务、设计服务、广播影视节目（作品）制作和发行服务、软件服务、电路设计及测试服务、信息系统服务、业务流程管理服务、离岸服务外包业务、转让技术。（3）其他零税率政策：按照国家有关规定取得相关资质的国际运输服务项目，纳税人取得相关资质的适用零税率政策，未取得的，适用增值税免税政策；境内单位和个人以无运输工具承运方式提供的国际运输服务，由境内实际承运人适用增值税零税率；无运输工具承运业务的经营者适用增值税免税政策。 （五）一般纳税人发生特定的应税销售行为，可选择按照简易计税办法依照 3% 的征收率计算缴纳增值税：（1）县级及县级以下小型水力发电单位生产的电力。小型水力发电单位，是指各类投资主体建设的装机容量为 5 万千瓦以下（含 5 万千瓦）的小型水力发电单位。（2）自产建筑用和生产建筑材料所用的砂、土、石料。（3）以自己采掘的砂、土、石料或其他矿物连续生产的砖、瓦、石灰（不含黏土实心砖、瓦）。（4）自己用微生物、微生物代谢产物、动物毒素、人或动物的血液或组织制成的生物制品。（5）自产的自来水。（6）自产的商品混凝土（仅限于以水泥为原料生产的水泥混凝土）。（7）单采血浆站销售非临床用人体血液。（8）药品经营企业销售生物制品。（9）公共交通运输服务，包括轮客渡、公交客运、地铁、城市轻轨、出租车、长途客运、班车。其中，班车是指按固定路线、固定时间运营并在固定站点停靠的运送旅客的陆路运输。（10）经认定的动漫企业为开发动漫产品提供的动漫脚本编撰、形象设计、背景设计、动

续表

序号	税种	税目、税率
		画设计、分镜、动画制作、摄制、描线、上色、画面合成、配音、配乐、音效合成、剪辑、字幕制作、压缩转码（面向网络动漫、手机动漫格式适配）服务，以及在境内转让动漫版权（包括动漫品牌、形象或者内容的授权及再授权）。（11）电影放映服务、仓储服务、装卸搬运服务、收派服务和文化体育服务。（12）资管产品管理人运营资管产品过程中发生的增值税应税行为，暂适用简易计税方法，按照3%的征收率缴纳增值税。（13）提供物业管理服务的纳税人，向服务方收取的自来水费，以扣除其对外支付的自来水费后的余额为销售额，按照简易计税方法依3%的征收率计算缴纳增值税。（14）提供非学历教育服务、教育辅助服务。（15）以清包工方式提供的建筑服务。（16）销售电梯的同时提供安装服务，其安装服务可以按照甲供工程选择适用简易计税方法计税。（17）自2018年5月1日起，增值税一般纳税人生产销售和批发、零售抗癌药品，可选择按照简易办法依照3%征收率计算缴纳增值税。（18）自2019年3月1日起，增值税一般纳税人生产销售和批发、零售罕见病药品，可选择按照简易办法依照3%征收率计算缴纳增值税。（19）自2018年5月1日起，对进口抗癌药品，减按3%征收进口环节增值税。对进口罕见病药品，自2019年3月1日起，减按3%征收进口环节增值税。
		（六）一般纳税人发生特定的应税销售行为，应按照简易计税办法依照3%的征收率计算缴纳增值税：（1）寄售店代销寄售物品（包括居民个人寄售的物品在内）。（2）典当业销售死当物品。（3）自来水公司销售自来水。
		（七）按照3%征收率减按2%征收增值税：（1）小规模纳税人销售自己使用过的固定资产（有形动产，下同），适用简易办法依照3%征收率减按2%征收增值税。也可以放弃减税，按照简易办法依照3%征收率缴纳增值税，并可开具增值税专用发票。（2）一般纳税人销售自己使用过的不得抵扣且未抵扣进项税额的固定资产，适用简易办法依照3%征收率减按2%征收增值税。也可以放弃减税，按照简易办法依照3%征收率缴纳增值税，并可以开具增值税专用发票。（3）纳税人（含一般纳税人和小规模纳税人）销售旧货，按照简易办法依照3%征收率减按2%征收增值税。不得开具专票。所称旧货，是指进入二次流通的具有部分使用价值的货物（含旧汽车、旧摩托车和旧游艇），但不包括自己使用过的物品。
		（八）适用5%的征收率计算增值税：（1）小规模纳税人销售自建或者取得的不动产。（2）一般纳税人选择简易计税方法计税的不动产销售。（3）房地产开发企业中的小规模纳税人销售自行开发的房地产项目。（4）其他个人销售其取得（不含自建）的不动产（不含其购买的住房）。（5）一般纳税人选择简易计税方法计税的不动产经营租赁。（6）小规模纳税人出租（经营租赁）其取得的不动产（不含个人出租住房）。（7）其他个人出租（经营租赁）其取得的不动产（不含住房）。（8）一般纳税人2016年4月30日前签订的不动产融资租赁。（9）一般纳税人收取试点前开工的一级公路、二级公路、桥、闸通行费，选择适用简易计税方法的。（10）一般纳税人提供人力资源外包服务，选择适用简易计税方法的。（11）纳税人转让2016年4月30日前取得的土地使用权，选择适用简易计税方法的。
		（九）按照5%的征收率减按1.5%计算应纳税额的特殊情况：个人出租住房，应按照5%的征收率减按1.5%计算应纳税额。（1）使用征收率计税就要求纳税人采用简易征收办法缴税，不能抵扣该项目相关的进项税额。（2）采用征收率计算的税额，不能称其为销项税额，对于小规模纳税人直接就是应纳税额；对于一般纳税人，是其应纳税额的组成部分

续表

序号	税种	税目、税率
4	消费税	（一）烟：税率 11%～56%，定额 0.003～0.005 元/支。（二）白酒：20%加 0.5 元/500 克（或者 500 毫升）；黄酒：240 元/吨；啤酒：250 元或 220 元/吨；其他酒：10%。（三）高档化妆品：15%。（四）金银、铂金饰品和钻石及钻石饰品：5%；其他贵金属首饰 10%。（五）鞭炮、烟火：15%。（六）成品油：1.20 元/升～1.52 元/升。（七）小汽车：1%～40%。（八）高尔夫球及球具：10%。（九）高档手表：20%。（十）游艇：10%。（十一）木质一次性筷子：5%。（十二）实木地板：5%。（十三）电池：4%。（十四）涂料：4%
5	城市维护建设税	（一）纳税人所在地在市区的，税率为 7%；（二）纳税人所在地在县城、镇的，税率为 5%；（三）纳税人所在地不在市区、县城或者镇的，税率为 1%
6	关税	关税税目以世界海关组织《商品名称及编码协调制度》（以下简称《协调制度》）为基础，由税则号列和目录条文等组成。 进口关税设置最惠国税率、协定税率、特惠税率、普通税率、关税配额税率等税率。对进口货物在一定期限内可以实行暂定税率。出口关税设置出口税率。对出口货物在一定期限内可以实行暂定税率
7	烟叶税	烟叶税的税率为 20%

序号	税种	资源税税目税率表			
		税目		征税对象	税率
8	资源税	能源矿产	原油	原矿	6%
			天然气、页岩气、天然气水合物	原矿	6%
			煤	原矿或者选矿	2%～10%
			煤成（层）气	原矿	1%～2%
			铀、钍	原矿	4%
			油页岩、油砂、天然沥青、石煤	原矿或者选矿	1%～4%
			地热	原矿	1%～20%或者每立方米 1～30 元
		金属矿产	黑色金属 铁、锰、铬、钒、钛	原矿或者选矿	1%～9%
			有色金属 铜、铅、锌、锡、镍、锑、镁、钴、铋、汞	原矿或者选矿	2%～10%
			有色金属 铝土矿	原矿或者选矿	2%～9%
			有色金属 钨	选矿	6.5%
			有色金属 钼	选矿	8%
			有色金属 金、银	原矿或者选矿	2%～6%
			有色金属 铂、钯、钌、锇、铱、铑	原矿或者选矿	5%～10%
			有色金属 轻稀土	选矿	7%～12%

序号	税种	税目、税率				
		资源税税目税率表				
		税目			征税对象	税率
8	资源税	金属矿产	有色金属	中重稀土	选矿	20%
				铍、锂、锆、锶、铷、铯、铌、钽、锗、镓、铟、铊、铪、铼、镉、硒、碲	原矿或者选矿	2%～10%
		非金属矿产	矿物类	高岭土	原矿或者选矿	1%～6%
				石灰岩	原矿或者选矿	1%～6%或者每吨（或者每立方米）1～10元
				磷	原矿或者选矿	3%～8%
				石墨	原矿或者选矿	3%～12%
				萤石、硫铁矿、自然硫	原矿或者选矿	1%～8%
				天然石英砂、脉石英、粉石英、水晶、工业用金刚石、冰川石、蓝晶石、硅线石（矽线石）、长石、滑石、刚玉、菱镁矿、颜料矿物、天然碱、芒硝、钠硝石、明矾石、砷、硼、碘、溴、膨润土、硅藻土、陶瓷土、耐火粘土、铁矾土、凹凸棒石粘土、海泡石粘土、伊利石粘土、累托石粘土	原矿或者选矿	1%～12%
				叶蜡石、硅灰石、透辉石、珍珠岩、云母、沸石、重晶石、毒重石、方解石、蛭石、透闪石、工业用电气石、白垩、石棉、蓝石棉、红柱石、石榴子石、石膏	原矿或者选矿	2%～12%
				其他粘土（铸型用粘土、砖瓦用粘土、陶粒用粘土、水泥配料用粘土、水泥配料用红土、水泥配料用黄土、水泥配料用泥岩、保温材料用粘土）	原矿或者选矿	1%～5%或者每吨（或者每立方米）0.1～5元

序号	税种	税目、税率			
8	资源税	资源税税目税率表			
		税目		征税对象	税率
		非金属矿产	岩石类 大理岩、花岗岩、白云岩、石英岩、砂岩、辉绿岩、安山岩、闪长岩、板岩、玄武岩、片麻岩、角闪岩、页岩、浮石、凝灰岩、黑曜岩、霞石正长岩、蛇纹岩、麦饭石、泥灰岩、含钾岩石、含钾砂页岩、天然油石、橄榄岩、松脂岩、粗面岩、辉长岩、辉石岩、正长岩、火山灰、火山渣、泥炭	原矿或者选矿	1%~10%
			砂石	原矿或者选矿	1%~5%或者每吨（或者每立方米）0.1~5元
			宝玉石类 宝石、玉石、宝石级金刚石、玛瑙、黄玉、碧玺	原矿或者选矿	4%~20%
		水气矿产	二氧化碳气、硫化氢气、氦气、氡气	原矿	2%~5%
			矿泉水	原矿	1%~20%或者每立方米1~30元
		盐	钠盐、钾盐、镁盐、锂盐	选矿	3%~15%
			天然卤水	原矿	3%~15%或者每吨（或者每立方米）1~10元
			海盐		2%~5%
9	车辆购置税	车辆购置税的税率为10%。			

序号	税种	税目、税率				
		税 目		计税单位	年基准税额	备注
10	车船税	乘用车〔按发动机汽缸容量（排气量）分档〕	1.0升（含）以下的	每辆	60元至360元	核定载客人数9人（含）以下
			1.0升以上至1.6升（含）的		300元至540元	
			1.6升以上至2.0升（含）的		360元至660元	
			2.0升以上至2.5升（含）的		660元至1200元	
			2.5升以上至3.0升（含）的		1200元至2400元	
			3.0升以上至4.0升（含）的		2400元至3600元	
			4.0升以上的		3600元至5400元	
		商用车	客车	每辆	480元至1440元	核定载客人数9人以上，包括电车
			货车	整备质量每吨	16元至120元	包括半挂牵引车、三轮汽车和低速载货汽车等
		挂车		整备质量每吨	按照货车税额的50%计算	
		其他车辆	专用作业车	整备质量每吨	16元至120元	不包括拖拉机
			轮式专用机械车	整备质量每吨	16元至120元	
		摩托车		每辆	36元至180元	
		船舶	机动船舶	净吨位每吨	3元至6元	拖船、非机动驳船分别按照机动船舶税额的50%计算
			游艇	艇身长度每米	600元至2000元	
11	土地增值税	增值额未超过扣除项目金额50%的部分，税率为30%； 增值额超过扣除项目金额50%、未超过扣除项目金额100%的部分，税率为40%； 增值额超过扣除项目金额100%、未超过扣除项目金额200%的部分，税率为50%； 增值额超过扣除项目金额200%的部分，税率为60%				
12	城镇土地使用税	每平方米年税额： （一）大城市1.5元至30元； （二）中等城市1.2元至24元； （三）小城市0.9元至18元； （四）县城、建制镇、工矿区0.6元至12元				

序号	税种	税目、税率		
13	耕地占用税	适用税额： （一）人均耕地不超过一亩的地区（以县、自治县、不设区的市、市辖区为单位，下同），每平方米为10元至50元； （二）人均耕地超过一亩但不超过二亩的地区，每平方米为8元至40元； （三）人均耕进超过二亩但不超过三亩的地区，每平方米为6元至30元； （四）人均耕进超过三亩的地区，每平方米为5元至25元。 占用基本农田的，应当按照本法第四条第二款或者第五条确定的当地适用税额，加按150%征征		
14	房产税	房产税的税率，依照房产余值计算缴纳的，税率为1.2%；依照房产租金收入计算缴纳的，税率为12%		
15	契税	契税税率为3%至1%		
16	印花税	**印花税税目税率表**		
		税 目	税 率	备 注
		合同（指书面合同） — 借款合同	借款金额的万分之零点五	指银行业金融机构、经国务院银行业监督管理机构批准设立的其他金融机构与借款人（不包括同业拆借）的借款合同
		融资租赁合同	租金的万分之零点五	
		买卖合同	价款的万分之三	指动产专卖合同（不包括个人书立的动产买卖合同）
		承揽合同	报酬的万分之三	
		建设工程合同	价款的万分之三	
		运输合同	运输费用的万分之三	指货运合同和多式联运合同（不包括管道运输合同）
		技术合同	价款、报酬或者使用费的万分之三	不包括专利权、专有技术使用权转让书据
		租赁合同	租金的千分之一	
		保管合同	保管费的千分之一	
		仓储合同	仓储费的千分之一	
		财产保险合同	保险费的千分之一	不包括再保险合同

续表

序号	税种	税目、税率			
16	印花税	印花税税目税率表			

印花税税目税率表

税目		税率	备注
产权转移书据	土地使用权出让书据	价款的万分之五	转让包括买卖（出售）、继承、赠与、互换、分割
	土地使用权、房屋等建筑物和构筑物所有权转让书据（不包括土地承包经营权和土地经营权转移）	价款的万分之五	
	股权转让书据（不包括应缴纳证券交易印花税的）	价款的万分之五	
	商标专用权、著作权、专利权、专有技术使用权转让书据	价款的万分之三	
营业账簿		实收资本（股本）、资本公积合计金额的万分之二点五	
证券交易		成交金额的千分之一	

环境保护税税目税率表

税目		计税单位	税额	备注
大气污染物		每污染当量	1.2 元至 12 元	
水污染物		每污染当量	1.4 元至 14 元	
固体废物	煤矸石	每吨	5 元	
	尾矿	每吨	15 元	
	危险废物	每吨	1000 元	
	冶炼渣、粉煤灰、炉渣、其他固体废物（含半固态、液态废物）	每吨	25 元	
噪声	工业噪声	超标 1~3 分贝	每月 350 元	1. 一个单位边界上有多处噪声超标，根据最高一处超标声级计算应纳税额；当沿边界长度超过 100 米有两处以上噪声超标，按照两个单位计算应纳税额。 2. 一个单位有不同地点作业场所的，应当分别计算应纳税额，合并计征
		超标 4~6 分贝	每月 700 元	

序号 17 环境保护税

序号	税种	税目、税率			

环境保护税税目税率表

税目		计税单位	税额	备注
噪声	工业噪声	超标 7~9 分贝	每月 1400 元	3. 昼、夜均超标的环境噪声，昼、夜分别计算应纳税额，累计计征。
		超标 10~12 分贝	每月 2800 元	4. 声源一个月内超标不足 15 天的，减半计算应纳税额。
		超标 13~15 分贝	每月 5600 元	5. 夜间频繁突发和夜间偶然突发厂界超标噪声，按等效声级和峰值噪声两种指标中超标分贝值高的一项计算应纳税额
		超标 16 分贝以上	每月 11200 元	

应税污染物和当量值表

一、第一类水污染物污染当量值

污染物	污染当量值（千克）
1. 总汞	0.0005
2. 总镉	0.005
3. 总铬	0.04
4. 六价铬	0.02
5. 总砷	0.02
6. 总铅	0.025
7. 总镍	0.025
8. 苯并芘	0.0000003
9. 总铍	0.01
10. 总银	0.02

二、第二类水污染物污染当量值

污染物	污染当量值（千克）	备注
11. 悬浮物（SS）	4	
12. 生化需氧量（BOD_5）	4	同一排放口中的化学需氧量、生化需氧量和总有机碳，只征收一项
13. 化学需氧量（COD_{cr}）	1	
14. 总有机碳（TOC）	0.49	
15. 石油类	0.1	

序号 17　环境保护税

续表

序号	税种	税目、税率		
		污染物	污染当量值（千克）	备注
17	环境保护税	16. 动植物油	0.16	
		17. 挥发酚	0.08	
		18. 总氰化物	0.05	
		19. 硫化物	0.125	
		20. 氨氮	0.8	
		21. 氟化物	0.5	
		22. 甲醛	0.125	
		23. 苯胺类	0.2	
		24. 硝基苯类	0.2	
		25. 阴离子表面活性剂（LAS）	0.2	
		26. 总铜	0.1	
		27. 总锌	0.2	
		28. 总锰	0.2	
		29. 彩色显影剂（CD-2）	0.2	
		30. 总磷	0.25	
		31. 单质磷（以 P 计）	0.05	
		32. 有机磷农药（以 P 计）	0.05	
		33. 乐果	0.05	
		34. 甲基对硫磷	0.05	
		35. 马拉硫磷	0.05	
		36. 对硫磷	0.05	
		37. 五氯酚及五氯酚钠（以五氯酚计）	0.25	
		38. 三氯甲烷	0.04	
		39. 可吸附有机卤化物（AOX）（以 CI 计）	0.25	
		40. 四氯化碳	0.04	
		41. 三氯乙烯	0.04	
		42. 四氯乙烯	0.04	
		43. 苯	0.02	
		44. 甲苯	0.02	
		45. 乙苯	0.02	
		46. 邻-二甲苯	0.02	
		47. 对-二甲苯	0.02	
		48. 间-二甲苯	0.02	

序号	税种	税目、税率		

		污染物	污染当量值（千克）	备注
		49. 氯苯	0.02	
		50. 邻二氯苯	0.02	
		51. 对二氯苯	0.02	
		52. 对硝基氯苯	0.02	
		53. 2，4-二硝基氯苯	0.02	
		54. 苯酚	0.02	
		55. 间-甲酚	0.02	
		56. 2，4-二氯酚	0.02	
		57. 2，4，6-三氯酚	0.02	
		58. 邻苯二甲酸二丁酯	0.02	
		59. 邻苯二甲酸二辛酯	0.02	
		60. 丙烯腈	0.125	
		61. 总硒	0.02	

三、pH 值、色度、大肠功群数、余氯量水污染物污染当量值

污染物		污染当量值（千克）	备注
1. pH 值	1. 0~1，13~14	0.06 吨污水	pH 值 5~6 指大于等于 5，小于 6；
	2. 1~2，12~13	0.125 吨污水	
	3. 2~3，11~12	0.25 吨污水	
	4. 3~4，10~11	0.5 吨污水	pH 值 9~10 指大于 9，小于等于 10，其余类推
	5. 4~5，9~10	1 吨污水	
	6. 5~6	5 吨污水	
2. 色度		5 吨水·倍	
3. 大肠菌群数（超标）		3.3 吨污水	大肠菌群数和余氯量只征收一项
4. 余氯量（用氯消毒的医院废水）		3.3 吨污水	

序号 17 环境保护税

四、禽畜养殖业、小型企业和第三产业水污染物污染当量值
（本表仅适用于计算无法进行实际监测或者物料衡算的禽畜养殖业、小型企业和第三产业等小型排污者的水污染物污染当量数）

类型	污染当量值	备注
1. 牛	0.1 头	仅对存栏规模大于 50 头牛、500 头猪、5000 羽鸡鸭等的禽畜养殖场征收
2. 猪	1 头	
3. 鸡、鸭等家禽	30 羽	

序号	税种	税目、税率		

类型		污染当量值	备注
4. 小型企业		1.8 吨污水	
5. 饮食娱乐服务业		0.5 吨污水	
6. 医院	消毒	0.14 床	医院病床数大于 20 张的按照本表计算污染当量数
		2.8 吨污水	
	不消毒	0.07 床	
		1.4 吨污水	

五、大气污染物污染当量值

污染物	污染当量值（千克）
1. 二氧化硫	0.95
2. 氮氧化物	0.95
3. 一氧化碳	16.7
4. 氯气	0.34
5. 氯化氢	10.75
6. 氟化物	0.87
7. 氰化氢	0.005
8. 硫酸雾	0.6
9. 铬酸雾	0.0007
10. 汞及其化合物	0.0001
11. 一般性粉尘	4
12. 石棉尘	0.53
13. 玻璃棉尘	2.13
14. 碳黑尘	0.59
15. 铅及其化合物	0.02
16. 镉及其化合物	0.03
17. 铍及其化合物	0.0004
18. 镍及其化合物	0.13
19. 锡及其化合物	0.27
20. 烟尘	2.18
21. 苯	0.05
22. 甲苯	0.18
23. 二甲苯	0.27
24. 苯并芘	0.00002

序号：17　税种：环境保护税

续表

序号	税种	税目、税率		
17	环境保护税	污染物	污染当量值（千克）	
		25. 甲醛	0.09	
		26. 乙醛	0.45	
		27. 丙烯醛	0.06	
		28. 甲醇	0.67	
		29. 酚类	0.35	
		30. 沥青烟	0.19	
		31. 苯胺类	0.21	
		32. 氯苯类	0.72	
		33. 硝基苯	0.17	
		34. 丙烯腈	0.22	
		35. 氯乙烯	0.55	
		36. 光气	0.04	
		37. 硫化氢	0.29	
		38. 氨	9.09	
		39. 三甲胺	0.32	
		40. 甲硫醇	0.04	
		41. 甲硫醚	0.28	
		42. 二甲二硫	0.28	
		43. 苯乙烯	25	
		44. 二硫化碳	20	

吨税税目税率表

税目（按船舶净吨位划分）	普通税率（按执照期限划分）			优惠税率（按执照期限划分）			备注
	1年	90日	30日	1年	90日	30日	
不超过2000净吨	12.6	4.2	2.1	9.0	3.0	1.5	1. 拖船按照发动机功率每千瓦折合净吨位0.67吨。2. 无法提供净吨位证明文件的游艇。按照发动机功率每千瓦折合净吨位0.05吨。3. 拖船和非机动驳船分别按相同净吨位船舶税率的50%计征税款
超过2000净吨，但不超过10000净吨	24.0	8.0	4.0	17.4	5.8	2.9	
超过10000净吨，但不超过50000净吨	27.6	9.2	4.6	19.8	6.6	3.3	
超过50000净吨	31.8	10.6	5.3	22.8	7.6	3.8	

序号18 船舶吨税

后　记

　　霜降刚过的北京，我行驶在郊区的高速公路上，透过云雾和尘埃的太阳，红彤彤的。车辆不多，都很快。高速两侧是红、绿、黄色为主色调，五彩斑斓的各种树叶叠加在一起。最近几天这本书的初稿就要定稿，心中充满了感慨。

　　税收筹划的宗旨是什么？原则、初衷又是什么？主体时间、地点、事项和成效，都是为什么呢？我认为，宗旨是税收筹划不创造社会价值，是在守法诚信经营的前提下，依法纳税，合法或不违法地适当获取部分救济利益，留存收益最大化和获取资金使用时间价值。原则是**"不多缴、不少交，不该缴的不交！"**初衷是实现纳税零风险。谁筹划和为谁筹划是起点，地点和事项的选择是选择，因势利导而顺势而为，时间和成效是成正比例的，会计看不懂、税务查不出、审计找不到，最终或是以税收法律救济终局。经营创造价值、管理产生效益、资产衍生财富、筹划不创造价值，筹划可以提高效益，甲行家筹划能够实现所有者权益最大化。

　　甲行家财税系列图书，为谁而著？公平和正义！其中税收筹划的三部曲：《税收优惠》、《纳税规划》和《税务筹划》。《税收优惠》解决的是如何充分及时享受税收优惠政策而达到"不多缴"税的目的；《纳税规划》阐述的是怎么样及时准确地发现并预防纳税风险而实现"不少交"税和纳税零风险；《税务筹划》达到的是依托精通生产经营工艺流程，通过重塑股权结构或组织形式，在"不多缴、不少交"的基础上，事前策划、主动统筹参与企业所创造的剩余价值分配的方式和时机，实现筹划主体的边际利润和应获得权益最大化。

　　2022年10月22日，中国共产党第二十次全国代表大会胜利闭幕。这是在全党全国各族人民迈上全面建设社会主义现代化国家新征程、向第二个百年奋斗目标进军的关键时刻召开的一次十分重要的大会。下面的内容摘自二十大报告：

　　严格公正司法。深化司法体制综合配套改革，全面准确落实司法责任制，加快建设公正高效权威的社会主义司法制度，努力让人民群众在每一个司法案件中感受到公平正义。

　　江山就是人民，人民就是江山。中国共产党领导人民打江山、守江山，守的是人民的心。治国有常，利民为本。为民造福是立党为公、执政为民的本质要求。必须坚持在发展中保障和改善民生，鼓励共同奋斗创造美好生活，不断实现人民对美好生活的向往。

　　坚决打赢反腐败斗争攻坚战持久战。腐败是危害党的生命力和战斗力的最大毒瘤，反腐败是最彻底的自我革命。只要存在腐败问题产生的土壤和条件，反腐败斗争就一刻不能停，必须永远吹冲锋号。坚持不敢腐、不能腐、不想腐一体推进，同时发力、同向发力、综合发力。以零容忍态度反腐惩恶，决不姑息。

　　全党要坚持全心全意为人民服务的根本宗旨，树牢群众观点，贯彻群众路线，尊重人民首创精神，坚持一切为了人民、一切依靠人民，从群众中来、到群众中去，始终保持同人民群众的血肉联系，始终接受人民批评和监督……

　　在矛盾中生活和生活在矛盾中，严防疫情，暂时的收入下降和自由受限，可以换来健康和希望；若躺平，收入未必上涨和无拘无束的自由自在，得到的将是无法承受或难以弥补的损失。开车不堵车了，却不愿意外出了。感恩和感谢每一位奋战在抗疫前线的工作者和志愿者，祝好人一生平安！

　　相信，再大的困难都是暂时的，办法总比困难多！

夏忠华

2022 年 12 月 2 日星期五